Third Edition
Organization Theory
Modern, Symbolic, and Postmodern Perspectives

Mary Jo Hatch with Ann L. Cunliffe

Hatch 組織論
3つのパースペクティブ

大月博司・日野健太・山口善昭
訳

同文舘出版

Copyright © Mary Jo Hatch 2013
"Organization Theory: Modern, Symbolic And Postmodern Perspectives, Third Edition" was originally published in English in 2013. This translation is published by arrangement with Oxford University Press.

初版はしがき

　あらゆるナラティブ（物語）が，その語り手のパースペクティブと所在に依存する。私のパースペクティブは，ビジネススクールで教育を受け仕事をし，1980年代90年代にアメリカとヨーロッパでマネジメントと組織論を教え，研究成果を発表してきたアメリカの組織論者のものである。私の公式学歴といえば，コロラド大学で建築学，インディアナ大学では英文学とクリエイティブ・ライティングを学んだ後，ファイナンス分野でMBAを取得し，さらにスタンフォード大学で，組織理論に重きをおく組織行動論の分野でPhDを得た。教員となってからは，アメリカのサンディエゴ州立大学，カリフォルニア大学ロサンゼルス校（UCLA），デンマークのコペンハーゲン・ビジネススクール，そして今は，イギリスのクランフィールド経営大学院で研究を行っている。これらと平行して，アメリカ経営学会（AOM），イギリス経営学会（BAM），組織シンボリズム学会（SCOS），ヨーロッパ組織研究学会（EGOS）といった学会のメンバーとして研究を続けてきた。

　ここ数年は，イギリスの片田舎のある村で，美しい田園風景を望む16世紀後期に建てられた茅葺きの小さな家に住んで，研究，読書，執筆，研究会への出張，さまざまな大学での講義・セミナー，そして少々だが絵描きのまねごとをして日々を過ごしている。研究関心は，組織文化，組織アイデンティティとイメージ，組織をめぐるシンボリックな理解，組織パラドックスの指標としての経営上のユーモア・曖昧さ・矛盾，そして組織化の美的（特にナラティブ的かつ形而上学的）側面にある。また，解釈学的エスノグラフィとディスコース分析の間に位置する研究手法を用いるシンボリック-解釈的研究者であると自負している。私が語る組織論の基盤は以上のような経験すべてである。組織論とその歴史を語る際に避けられないバイアス（偏見）は，以上のようなその人ならではの経験に由来するので，読者の皆さんが手にしている本書は，私が説明しがたいような影響を受けている。組織論を他の方法で説明することは可能であるし，それは，組織についての別のバージョンの語り，ということになろう。

i

私が本書を執筆したのは，組織論を教えるシンボリック-解釈主義の研究者として，講義で用いる教科書が限られていることに不満を持ったからである。当時は，2つの選択肢，1つは明確にコントロール（統制）を軸とし合理性指向の組織論の内容を取り上げたモダニスト的解説，もう1つはモダニスト的アプローチを批判することに焦点を当て，その実質的な貢献をほとんど無視するような急進的な代替案のどちらかしかないように思われた。私がほしかったのは，モダニストのパースペクティブに対してもっともと思えるような敬意を払いつつも，彼らの発見事実の詳述を超えて，モダニスト的観念にしばしば挑戦するエスノグラフィックな研究の貢献を探るような本であった。このような本であれば，組織論は管理体制主義の道具にすぎないという批判のみならず，社会科学上の学際的研究から生まれつつある代替案にも光を当てられるであろう。私が悟ったのは，もしそうした本がほしいのなら，誰かがそれを書くまで待つか，あるいは自分で書くかである。私は，せっかちな性分なので書くことにしたのである。

　しかし，せっかちさが本を書いてくれるわけではない。結局のところ，1980年代半ばに構想した執筆という作業を完遂するのに10年間もかかってしまった。本が姿を現してくるプロセスは，組織論分野へ情熱を注ぎつつ，読者にとって信じるのが難しく，つまらなく，極端にいえば退屈な素材をどのように提示するかを決めることであった。私の漠然としたイメージを本書に表すのに必要だったのは，私自身の実体験を深掘りし，情熱の理由を明らかにし，またそれを他者に伝える方法を編み出すことだった。こうした作業に学生たちへの講義が役立った。この作品を映画にたとえればエンドロールのクレジットに名前をのせるべきは，私の学生たち，もっとも彼らは私の教師でもあったといえるが，である。

　本書の各章は，いろいろなアイディアを講義で提示するという反復的かつ相互作用的なプロセスを介して発展した。それに続くディスカッションでは学生たちが注意を向けようとしたことに耳を傾け，応じた。そこには通常，彼らの個人的な，職業的な，また将来の経営者・管理者としての人生のいくつかの局面で，これらのアイディアがどのように応用できるかについての評価が含まれ

ていた。このようにして，提示した素材を学生たちがいかに扱うのか，何に最も興味を持つのか，そして，それをどのように応用できると考えているのかを観察することができたのである。その過程で発見した議論する際に素材を提示する最善の方法は，トピックの中で自分が面白いと思ったことをよく考えてみること，講義の直前に何か新しいことを学べと自分にプレッシャーをかけること（そのおかげで私は積極的な学習モードにあった），そして，オープンな討議を通じて刺激的だと思ったことやいまだに学習途上にあることを共有することである。学生たちはこのアプローチによく応じてくれ，私の努力を評価してくれた。なぜなら，彼らが話してくれたように，講義素材について私が論じる情熱が伝わったからである。

　学習ベースの教育法を開発して気づいたのは，学生たちがディスカッションの中で私の真似をすることだった。いく人かの学生が，彼らに関連があったり魅力的だったりすることに焦点を当て始め，自己の経験を新しい素材と結びつけて洞察を得て，ついにはそのあふれる情熱が，（学期末に向けて皆が）素材に関心を持つよう他の学生に拡散し，クラスの大半が組織論は面白くて役に立つことを発見する機会を，少なくとも人生において一度は持つことになった。クラス全体への効果として，私がこうした努力に時間を費やすことで，学生たちは自分たち自身に対する教育により積極的になり，進んで学ぶようになった。もちろん，どんなクラスにもグズグズ学生がいるように，これは普遍的な真実とまではいえない。しかし，全般的に見て，興味のあることに集中することによって，また，組織論を探求する中で自分たちの集団としての直観に従うことによって，私たちは一緒になって組織論の知の現れだと思えるようなことを掘り起こせた。私はこのことを嬉しく思う。私が，学生と（本書が展開するテーマの専門家である）同僚によるレビューを繰り返して，本書を洗練したことは確かだが，全体として見れば本書は学生との対話の産物であり，その内容は，彼らが見識ある未来の経営者になるための努力に持ち込み，消化しようとしたことを反映している。

　私の教育・学習スタイルの要諦は，学生に自らの好奇心が示す方向を探れるようにすることである。それゆえ私は，彼らの自然発生的な好奇心が本物の興

味関心へと，またその問題を熟慮することへと発展するように努めてきた。このプロセスは始められればうまくいったも同然であり，この本は，組織化のさまざまな側面についてディスカッションするためのきっかけを集めたものと見ることができる。これらの側面は，私と学習経験を共有してきたさまざまな学生たちが変わらず興味を持っている問題である。そんなわけで，本書の内容は，長年にわたる学部生，大学院生（MBA, PhD），経営者の教育を通して開発されたものである。組織論が提供する複雑な理解を単純化したのではなく，むしろ組織論のアイディアが最初に（ときには後に）提示された際の言葉を明らかにしたので，本書の素材はさまざまな読者にとって有用かつ魅力的で，利用しやすいと思う。

　本書にはここで言及すべきもう1つの側面がある。私が博士課程での教育を終え，教員としての最初の職を得たころ，アメリカでは，ビジネススクールを国際化する圧力が最高潮に達した。その当時私は，ビジネススクールのカリキュラムを国際化する試みが，しばしば外国に本社を置いたり事業を行ったりする企業の事例を取り上げるだけにすぎないことに気づき，文化の研究者として，国際化に対するこのようなアプローチに疑問を持った。なぜなら，取り上げられる事例はいつも，その著者の体験に基づいた概念とパースペクティブを用いて提示されることに気づいたからである。つまり，他の文化を訪れたことがなかったり，訪れてもわずかだけという書き手の分析は，国際的なパースペクティブにはなりにくい。デンマークで暮らし働く機会を得たことは，まさにこのように思った瞬間であるし，それによって他の選択肢があることを実感した。デンマークに移住（3年半にわたって生活した）し，私は講義科目の内容とともに自分自身が国際的になる機会を得ることができた。経験から教えられたことであるが，国際化は提供される事例や知識にとどまらない。記述・分析・説明のアプローチに影響する理解の仕方，換言すれば，理論化の方法における根本的な変化なのである。

　私自身も，本書の草稿を詳しく書いているのと同じころに国際化したと思う。この2つが同時期であったことは，本書にもいくつかの重要な影響を与えている。第1に，英語が堪能だがネイティブでないデンマーク人を教えたことは，

語彙を制限すべきだという気づきにつながった。デンマーク人は，複雑で抽象的な議論に容易についてくることができ，米国人としての経験からいえば，明らかにまた心からそのような議論を好んでくれたが，同時に，複雑なアイディアを説明する際に言葉を単純にしたことを評価してくれた。私はアイディアそのものの複雑さを保ちつつも，それを説明する際の複雑さは小さくするという難題にのめり込んでいった。教育と執筆を同時にしていたので，学生と使った言葉がテキストブックのページに自然と並んでいくことになった。結果として，ありがたいことに，こうして複雑な事柄を扱いつつも英語がある程度できる人なら誰でも読めるような本を書くという厄介な仕事を改善することができた。2年後にアメリカに戻り，原稿をMBAのクラスでテキストに使用してみたが，そのポジティブな反応の強さに驚いた。振り返ると，複雑なアイディアを読みやすく示すことが非ネイティブのみならずネイティブの英語の使い手にも評価されたことは，びっくりすることでないと思う。

　デンマーク時代の第2の影響は，多元的パースペクティブに対する根本的な評価である。私は，多元的パースペクティブというアイディアは，研究について教育を受けている時代からすでに知っていた。定性的手法と定量的手法のどちらが組織化を記述するのにより優れた手法なのかをめぐる論争，つまり，私が博士課程で教育を受けていたころに盛んだった論争を経験していたからである。しかし，デンマークに移ってみると，多元的パースペクティブを受け入れるというアイディアは新しい意味を持ち始めた。まず，気が付いたことは，ヨーロッパの社会科学の知的伝統は存在論と認識論を重視しており，アメリカの知的伝統は，理論と手法の問題により関心を払う，ということだった。最初は，私が好んできた言葉〈理論と方法〉を彼らの用語法〈存在論と認識論〉で置き換えただけであったが，次第に，その差を認識するようになった。こうして私は，あらゆる種類の翻訳に見られるわずかな違いによって，どの程度意味が失われるのかを理解し，それに基づいて，類似性が強調される別々の見解を橋渡ししつつもそれらの差異を保つことに関心を払うようになった。この経験から，組織論は，理解について基本的に多様なアプローチを提供するものだ，という私の見方は形成され始めた。スカンディナビアの友人ならば，本書を1冊にま

とめる「赤い糸」はこのテーマだといってくれるであろう。

　組織論が与えてくれるものを理解するのに私が重要だと考えるパースペクティブを，モダニスト，シンボリック（より正確にはシンボリック‐解釈主義），ポストモダンと名づけたが，これはこの分野の今日のトレンドに従ったからである。時と場所によって，これらのパースペクティブは異なった呼び方をされてきた。モダニストのパースペクティブは，合理的パースペクティブ，オープンシステム観，実証学派，定量的アプローチとして知られてきた。シンボリック‐解釈主義のパースペクティブは，定性的アプローチとして知られ，ときに，組織文化学派と同一視された。ポストモダン・パースペクティブは，批判的組織論，労働過程学派と結びつけられ，さらにラディカル・フェミニズムばかりかポスト構造主義や文学論と結びつけられている。本書ではこれら3つのパースペクティブが区分されるが，最後には，例外なくパースペクティブの輪郭は移り，変化し，アイディアの分類の最終形などあり得ないということを受け入れなければならない。

　しかしなお，少なくともこの場でパースペクティブには違いがあるということを明らかにする価値があろう。まず，知的視野が広がり想像力が刺激されるので，知を構築し創造力を養うことに役立つ。次に，多元的なパースペクティブの評価と活用を学ぶことは，他者の見方を許容する度量を豊かにし，多元的パースペクティブの多様性を組織と人生において肯定的に活用する能力を身につけさせる。つまり，理論の実践に対する価値を認識しているのであれば，多元的なパースペクティブをマスターしなければならないといいたい。というのは，さまざまな問題やアイディアを知のテーブルにのせていればこそ，われわれは自分たちの組織実践において役立ち，かつ革新的になる方法を学ぶからである。

　読者の皆さんには，私が組織論の多様なパースペクティブの統合を試みているのではないことをぜひとも知ってほしい。どのパースペクティブも，私が組織についての理解を重ねる上で役立ってきたので，私はその理解を学部学生，大学院生，実務家を問わず組織論の対象を学ぶ学生にお話ししたい。これらのアイディアに対する私自身の情熱を学生たちに伝えようとしてきたし，また読

者の皆さんに対してもそうしたい。本書は，一般的にはモダニストから始まり，シンボリック-解釈主義を経て，ポストモダニストにいたるアイディアを時系列的に展開するという構造を持つ。これは，いずれかの視点が優れているというのではない。学生には，組織論の発展に及ぼしてきた大きな流れ（ただし，世界史の観点では必ずしもその順番通りでない）に沿って，これらのアイディアを当事者を想像しつつ経験してもらいたい，と思う。

　とりわけ，学生には自由に多様なアイディアを活用してほしいが，重要な研究をするための訓練もしてほしい。他者のアイディアを一生懸命学ぶ経験によって，自由な思考が可能になる。本書は厄介である。本書を使った学生は，すべてが重要に思えるので全部に下線を引かなければならないと感じる，と口にする。彼らは，各章を何度も読まねばならなかった（し，そうしたよ！）という。最も重要なことは，これらのアイディアについてクラスで議論を始めること，そして彼ら彼女らの報告によれば，クラス外でもそうすることである。本書は組織論への関心を引き出すようだが，それこそが本書最大の長所だと思う。

　とはいえ，本書に欠点がないわけではない。確かに欠点は多くある。中でも最大の問題は不完全な点である。ダイナミックに推移する研究分野のあらゆる本と同じように，本書も進行途上にある。また，本書が矛盾する意見を噴出させることもわかっている。ポストモダニストは，本書はポストモダンには足らないと不満をもらし，モダニストは行き過ぎたと述べている。私の見解では，組織論はオープンな研究分野であり，議論と矛盾で満ちている。私は本書が組織論の多くの側面を反映し，この分野とともに成長してほしいと思う。この点で，私は読者の皆さんの支持とフィードバックに頼っている。読者の皆さんとともに，版を重ねることで本書をよりよいものにすることができる。しかし，私自身はここで一歩先んじることにする。すでに多くのフィードバックをいただいた方々，また，今，読者の皆さんの手元にある本書を作ってくださった方々に感謝したい。

　この企てを鼓舞してくれたこと，またその進展過程でのフィードバックに感謝したい最も重要なグループは，クラス内外での議論に興じた仲間である多くの学生たちである。学習経験を共有したことで，本書は可能になったし，また

執筆が楽しいものになった。この初版を仕上げるまで，同僚と友人たちからは多くの助言を得た。彼らはすべての章についてアドバイザーとして専門知識を提供し，内容をチェック・訂正し，議論の流れと構造について提案してくれた。その的を射た批判，指導，激励がなければ，本書を刊行するのに必要な自信を持てなかったであろう。深甚のお礼を申し上げたいのは，リア・アンダーセン，デイビッド・ボージェ，フィン・ボーラム，フランク・ドービン，アイギリ・フィフェルスダー，ジョー・ハーダー，ゲリー・ジョンソン，クリスチャン・クレイナー，リビア・マルコッツィー，バート・オーヴァーラート，スーザン・シュナイダー，エレン・オコナー，ジェスパー・ストランダー・ペダーソン，メアリー・ティーガーデン，キャロル・ヴェナブル，ドボラ・ヤノウ，そしてお名前を挙げない数名のレビュアーである。さらに，関連するクラスの教材作りと多くの研究プロジェクトでお世話になったメイケン・シュルツ，マイケル・オーエン・ジョーンズに感謝したい。

　上記に挙げた方々に加え，その特別の貢献によって本書の質を格段に高めてくれた2人を明らかにしたい。それは，私の夫，ダグ・コナーとオックスフォード大学出版部（OUP）の編集者，デイビッド・ミュッソンである。2人は何度も最初から最後まで各章を読み，スタイルと内容について多くの有益な助言を与えてくれた。また，原稿段階から出版にこぎ着けられた点では，クランフィールド大学のアン・デイビス，OUPのドナルド・ストラッチャンとブレンダン・ランボンに感謝したい。サンディエゴ州立大学，コペンハーゲン・ビジネススクール，クランフィールド大学はそれぞれ，さまざまな重大な時期にも執筆が進むよう支援してくれた。私の親友であるクリステン＆ジェイコブ・ブラナー夫妻の友情，支援，刺激は，刊行までの長い期間，私を支えてくれた。最後に，とりわけ私の娘，ジェニファー・クロンに感謝したい。私が彼女の世界の見方について混乱しているのを見て，彼女はびっくりした。この経験が，多様な解釈を探究する無数の可能性へと私の心を開いてくれたのである。

M.J.H
クランフィールド
1996年9月

第2版はしがき

Organization Theory: Modern, Symbolic, and Postmodern Perspectives の初版を書いてから大きな変化があった。その1つが，組織論研究分野の拡大である。その広がりを取り上げるために，アン・カンリフがこの第2版を生み出すに当たって欠かせぬ働きをしてくれたことを喜びたい。アンはイギリス・マンチェスターの出身で，ランカスター大学で修士・博士課程を終え，1987年からアメリカにいる。現在は，ニューメキシコ大学で教育・研究を行い，砂漠の高原での生活を楽しんでいる。

私自身も現在，再びアメリカにいる。マッキンタイヤ商科スクールに採用された2000年に，バージニア大学が所属先になった。シャーロッテビル郊外の森の小屋に移ることは，イングランドの藁葺きの小さな家を諦めることを意味した。私はここで執筆と絵画を楽しんでいる。わが家の外壁すべてを食べつくさんばかりのエボシクマゲラくんの定期的な訪問を別にして，ここでは物事がきわめて平和的でとても美しい。

読者は第2版におけるいくつかの大きな変更に気づくものの，初版から多くを引き継いでいることもわかるだろう。最も重要な継続性は，組織論を多様なパースペクティブが交織する多元的な学問分野として示したことである。各パースペクティブは，膨大でかつ発展し続けている研究の集合体によって作られ，拡張され，挑戦されてきた。その発展を正当に評価することは，第2版の執筆におけるアンと私にとって重要な課題であった。

第2版での主要な変更の例に，クリティカル（批判）理論が，ここ10年で組織論分野に広く普及したことを踏まえ，多くの箇所に追加したことが挙げられる。初版が書かれたときでさえ，クリティカル理論はイギリスやヨーロッパ中のいくつかの研究者集団では大きな影響力を持っていたが，それは1990年代のある時期に組織論のその他の分野でポストモダニズムが注目されたことによって，顕著になっただけであるし，当時はこれら2つの分野の違いは明確ではなかった。しかし時とともに，この違いが明確になってきたので，この第2

版では，以前は無視されていた違いがわかるようにした。クリティカル理論についていえば，最も大きいと思われる変更は，組織のパワー（権力），ポリティクス，コンフリクト（対立）を扱う章を第Ⅱ部のコアの概念と理論に加えたことである。この章の追加は，この分野で新たにクリティカル理論の重要性が確立したことの反映である。

もちろん，第Ⅱ部が取り上げるコア概念にパワー，ポリティクス，コンフリクトを追加することは，初版の第Ⅲ部の内容を大幅に変えることを意味した。こうして，アンと私はその他の重要な貢献を扱うスペースを得て，組織の理論化の応用に焦点を当てた2つの章，つまり実践についての章と最近の発展についての章を追加した。新しい第Ⅲ部の9章は，学生がよく尋ねた質問，つまり「これは実際の世界とどう関係があるんですか？」という問いに対する回答の章であり，10章は，組織論者ないし組織論者を目指す人によって最もよく尋ねられる疑問，つまり「組織論は今後どうなるのか？」に対する回答の章である。

初版と比べて他にも重要な変更がなされた。シンボリック解釈的パースペクティブとポストモダン・パースペクティブは，組織論においてその影響度が増していることを反映し，第2版ではより多くの記述をあてた。読者が概念と理論化の能力を開発できるようになる方法を示唆するとともに，本書全体を通してより多くの事例が取り入れられた。私はあたうる限り初版のスタイルを踏襲したし，ポストモダニズムの語彙を使ったわけではあるが！，初版同様に，読者が著述を近づきやすいと感じてくれることを望む。

第2版で取り上げた新しいトピックは数多く，あますことなく示すことはできないが次のようなものが挙げられる。社会構造とテクノロジーのシンボリックおよびポストモダンの側面についての詳細な議論。組織分析に対するナラティブ，ストーリーテリング，ディスコース，ポスト構造主義的アプローチの採用。ジェンダー，ヘゲモニー，規律訓練権力，内省に関する問題。もちろん，多くのおなじみのテーマも扱っているが，私が譲歩した最も大きな点は，戦略の章を外したことである。戦略論分野は，ここ10年以上にわたって組織論同様に成長し，両者を追い続けることは不可能だとわかった。しかし，組織論に最も直接的に関わる戦略的思考のいくつかは留め置いたので，初版でカバーし

ていたことのほとんどが，本書全体を通じてのさまざまな議論に溶け込んでいることにお気づきいただけると思う。

　アンは，改版に多大な貢献をしたばかりか，対応したウェブサイトを構築してくれた。ウェブサイトには，ケースや示唆のような有用なものが掲載され，さらに追加的な材料につながるウェブリンク，教育に役立つ考え方や資料，そして試験問題用のリンクを含む多くの魅力的なものを見つけられるだろう（先生専用です！！！）。

　いつものように，感謝すべき人のリストは長くなってしまう。私たちの学生は，本書の改版プロセスにおいて，最も重要なパートナーであった。そしてページを繰るにつれ取り上げられる著作を生み出した先人たちすべての洞察から恩恵を受けている。さらに，マッキンタイヤ・スクールのフィル・ミリヴィスと同僚たちから得た支援や洞察に多大の感謝をしたい。アンは私に，メアリー・エレン・プラットとマイケル・クリフォードの惜しみない援助にお礼をいうように求めたが，もちろん異存はない。匿名のレビュアーたちからは，各章をよくするために助言を多くいただいた。そして，第2版を想像のものから現実のものにするために助けていただいたオックスフォード大学出版部の関係者すべてに感謝したい。

　最後に，初版を手に取ってくれた多くの友人たちに，第2版も楽しんでね，と申し上げたい。アンと私は，有用かつ楽しめる勉強ツールを作るために努力を重ねたが，将来の第3版をよりよいものにするため，読者の皆さんからさらに意見と示唆をいただくことを楽しみにしている。

M.J.H
バージニア州シャーロットビル
2005年7月

第3版はしがき

　まず，この本が取り上げる組織論アプローチに関心深い多くの方々に感謝申し上げたい。彼らの，また，オックスフォード大学出版局（OUP）のフランチェスカ・グリフィンの支援と励ましがなければ，この第3版が世に出ることはなかったと思う。この再び新たになった *Organization Theory: Modern, Symbolic, and Postmodern Perspectives* が，これら古い友人たちのお役に立つと同時に，新たな友人たちを，この豊穣で有用な研究分野へといざなうことを望んでいる。

　第2版を上梓してからの数年間は，セミリタイアをしたので，絵画に打ち込めるようになったが，一方で自由に新旧の学術拠点を訪れられるようにもなった。バージニア大学を2007年に退職して以降，コペンハーゲン・ビジネススクールとイエテボリ大学ビジネス＆デザイン研究室の客員教授として研究を続けている。前者では現在，カールスバーグ・グループに焦点を当てた研究プロジェクトに関わっている。後者は，ビジネス・経済・法学部とクラフト＆デザイン学部の学際的パートナーシップである。スイス・イタリア語圏大学（ルガーノ大学）とシンガポール経営大学は，講演，コース教育，研究者との協働の場を与えてくれたし，オックスフォード大学のコーポレートレピュテーションセンターの国際フェローとなったことで，学会に参加し，コーポレート・ブランディングとレピュテーションマネジメントに関心を共有する研究者と相互作用することが可能になった。これらの大学の学生と教員，また彼らのビジネス・パートナーのおかげで，私は組織論が経営の実践に対して持つ価値について理解を深め続けている。そんなわけで，私の望み通りに，放浪の，そして，ますます芸術に造詣の深い組織論者として人生は豊かになっているようである。

　数年前，OUPから，同社の Very Short Introduction（1冊でわかる）シリーズの1巻を書かないかとのお誘いを受けた。『組織論－ベリーショート・イントロダクション』を準備する中で，私の組織論に関する思考は明確になり，この分野が向かいつつあるものについての新たな理解と評価を得ることができ

た。私が第3版に持ち込んだのは、この新しい視点である。この差を明確にすることは難しいが、この新版が前版よりも読みやすくまとまっていると受け止められると同時に、新しい読者にとっても取り付きやすく、魅力的であることを望んでいる。

　第1部における大きな変更は、3つのパースペクティブの枠組みに規範的な関心を取り入れたことである。この第1章で明確に示した再構成は、第2部、第3部でも行ったが、その意図は理論と実践の架橋をはっきりさせることにある。具体的には、組織論のモダン・シンボリック・ポストモダンのパースペクティブが、組織と組織化についての説明・理解・クリティカル（批判的）／美の認識として役立つことを示した。説明・理解・認識が組織論とそのコアコンセプトにもたらした違いを強調することによって、読者は、多角的パースペクティブを用いることが、どのように組織化の実践に役立つのかを理解しやすくなるはずである。組織論の実践的側面を大いに強調することで、より多くの読者が、組織と組織化を体験・探究する手段としての理論化の虜になってくれれば、と願っている。

　第2部を構成する各章は、第2版以降に出版された関連する資料によって書き改められたし、いくつかの新しいトピックは、新たな第3部にまとめられた。第3部では、実践とプロセスの理論が、組織のデザイン、変革、学習、アイデンティティについての現在進行中の理論的論争と結びつけられている。実践とプロセスの理論化を扱うパースペクティブとして2つ、プラグマティズムと聖書解釈学が、モダン・ポストモダン・シンボリックのパースペクティブに加わる候補として取り上げられている。また組織論が発展していくように思えるその他の方向を先取りすべく、分散した現象、逃走線、ハックティビズムが、組織文化・構造、技術との関連で議論されている。大まかには、第3部は、この本が依拠する3つのパースペクティブという枠組みを超えて、すでに組織論の分野が進化している様子を示している。したがって、この枠組みが、別の枠組みによって置き換えられるのは必然であろう。このような自己脱構築は、これらのページで示したように、組織論を実践することによる妥当な結果であるように思えるし、もし理論化に堪え得るモデルでないとしても、刺激を与えられ

れば，と思う。

　組織論が生み出し続ける知のみならず，この知を創造し応用する興奮をも共有したい，ということが，初版からの私の野心である。もしこの第3版がこれまでの2版よりもこの理想に近づけていれば，この目的を達成したということになるだろうし，そうでなければその責は私にある。この版はほとんど私自身の手によるものである。アンの名前が表紙にあるが，これは，彼女が第2版から引き継いだもののいくつかを執筆したという経緯による。つまり，彼女は，その不適切さの責めを負うものではない。

M. J. H.

イプスウィッチ，マサチューセッツ

2012年5月

この版の新たな点

　この版は，アイディアのプレゼンテーションを強固にし，洗練し，より明確かつ説得力を増すように編集された。

　第2章は，この分野の経時的進化の中で，規範理論が果たしてきた役割を扱うように拡張された。第3部は，「過去を振り返り，将来を見据える」のテーマのもとに構成され，歴史的概観を行い，その連続性を展望している。

　用語法は時代に合わせるため，また，議論を明確にするために修正されている。パースペクティブは，それらを用いる論者の動機を明らかにするために，再度検討された。すなわち，説明（モダン），理解（シンボリック），認識（ポストモダン）である。これらの動機が，本全体を通して用いられ，取り上げられるトピックに対する3つのアプローチにおける差異を説明している。

　この本で取り上げられた新たなコンセプトとパースペクティブは，実践とプロセス理論，プラグマティズムと解釈学，分散した現象，軌跡，そしてハックティビズムである。

日本語版序文

　1970年代に日本からもたらされたビジネスの成功物語は，アメリカの組織論者に，文化が重要だということを教えてくれた。1981年に上梓されたウイリアム・オオウチ教授の『セオリーZ』と，リチャード・パスカル教授の『ジャパニーズ・マネジメント』は，日本からアメリカへとアイディアをもたらした最初の1冊である。トヨタやホンダといった日本企業から彼らが描き出した例は，組織論のシンボリック・パースペクティブへと続く扉を開いた。これら日本のマネジャーたちは，世界をモダンのマネジメントの実践であるTQM，TPM，JIT，QCサークル，リーン生産へと導いた。しかし，これらの例が，西洋社会に，そして特に私自身のような研究者に同時に教えてくれたのは，組織の成功には技術的優位性や，厳格なコントロール以上の何かがあるということであった。日本の例は，組織化における人間の要素は，エラーの原因であるだけでなく，創造性を解き放つということを思い出させてくれた。

　創造性ということでいえば，野中郁次郎教授の1995年の，組織的知識創造プロセスについてのアイディアは特に示唆に富む。野中教授の主張に従えば，知は組織内部のどこでも，トップ，ボトム，そしてミドルに存在するが，この知識を展開する鍵は，組織がどのように学習するか，つまりミドル-アップ-ダウンプロセスを通じて学習することを理解することにある。野中が彼の理論の例として示したのは，ホンダの若きデザインチームであった。彼らは，世代交代する日本市場の中で，この会社を導く車を設計するよう求められ，「シティ」を生み出したのだった。もちろん，エレクトロニクスに目を転じてみれば，デザインの重要さは，ソニーのウォークマンが世界中で成功したことによってすでに明らかにされていた。ファッション，マンガ，アニメにおけるリーダーシップによって，日本は，世界に対してデザインと創造性が文化的に，また組織的に重要な役割を果たすことを示す例であり続けている。

　ほとんどの学生と実務家は，モダンマネジメントがそれを受け入れた社会に対して，大きな繁栄と多くの便利さを作り出したことがわかっているので，モ

ダニストに対するシンボリックおよびポストモダンからの挑戦に目を向けてもらうことは，なかなか困難な課題である．すでに述べたように，日本は，人間に対する関心を刷新する場，特に組織を理解する文化的アプローチの場となったが，多くの人にとって，経営管理の技術ツール及び文化をふまえた理解の両方を同時に必要とするということを受け入れるのは難しいことである．人間は，組織内での，また組織自体の意味ある経験を解釈し共有しようとする傾向を持つ．この傾向に敏感であることが，経営者や管理者が成功の道筋を見つけることや，組織がモダンマネジメントアプローチに頼るだけ以上の生産性を手にすることに，どのように，また，なぜ役立つのか．本書はこの問いに答えている．

ポストモダニズムは，組織とその経営者・管理者について異なるストーリーを提供してくれる．組織論の確立された一領域となったパースペクティブとしては最新であるだけに，ポストモダニズムは，組織化やマネジメントが労働者，市民，社会の生活において果たす役をクリティカルに，またある場合は，美的に判断することに，そのルーツがある．多くのポストモダンの組織論者が，そのクリティカルな傾向ゆえに注目するのは，いかに組織がやすやすと多数の不利益の上に，少数者（通常，経営者や所有者）によって支配されてしまうのか，ということである．このパースペクティブには，民主的価値観の表現を目指す強い底流が流れているものの，実現に向かって実際の努力を行うかは別の話である．その代わり，ポストモダニストは経営者と所有者の動機を詳細に検討し，彼らの行為がもたらす負の効果を暴露することで，強力な企業の利益志向を退けられれば，社会とその守護者に多数の善のためにパワーの不均衡を正す道具を与えることができると考えている．日本が「オキュパイ運動」や「アラブの春」につながった抗議を必要としているという根拠はこれまでのところ見当たらないが，原発「安全神話」や非正規労働者の窮状，職場における女性の立場，満たされぬ「サラリーマン」は，ポストモダン・パースペクティブのクリティカルな研究志向と一致する．この世に貢献している組織や企業がどのようにしばしば道を誤り，その方向を正すのにどのような助けを必要とするのかを理解することは，ポストモダニズムが組織研究にもたらした知るべき貢献の1つである．

日本語版序文

　ポストモダニズムは，美に関わる要素として，野中が組織的知識創造の観点で記した創造性というテーマを取り上げるが，彼のモダニスト的応用にとどまらずに拡張する。組織論者として活動するポストモダニストの中には，組織化と組織を，これらが世界に対して与えている感情や美（または醜）の点で，どのように評価し得るかについて考察する研究者がいる。彼らの動機は，批判することではなく組織化が最大によりよいことをもたらせるように支援を動員することである。東日本大震災の被災者を支援するための自発的な組織化のような，大災害時にあらかじめ計画されていたわけでもないのに生じる反応が，この組織化の例である。アラブの春やオキュパイ運動の自発的参加者のようなクリティカルな意図に動機づけられたわけではないが，災害救援活動のオーガナイザーたちは，組織化と結びついたパワーをどのように美と人類の進歩に用いることができるのかを示している。

　さて，私の立場について述べたい。私自身は長らく自分をシンボリック‐解釈主義の研究者だと考えてきた。どうであれその思いは以前よりも強くなっている。というのは，このパースペクティブが，私自身の組織化パワーに気づかせ，これらをそこから他者が学べるように示すことを教え続けてくれたからである。しかし他のパースペクティブを含む本を書いた理由は，どのパースペクティブもこの研究分野の知識基盤のそれぞれ重要な部分をなしているからである。すべての組織学徒は，この科目について十分な見識を身につけるべく，これらのパースペクティブについて知る必要がある。さらに，1つ以上のパースペクティブから組織を見られるようになれば，組織と組織化のみならずこれら同様にあなたにとって重要な他の事柄についても考えてみようという気になるはずだ。私自身は，シンボリック‐解釈主義に共感するところがあるが，研究者としての私の著作のほとんどがそうであるように，すべてのパースペクティブから刺激を受け，教えられてきたし，可能な限りクロス・パースペクティブな理論化を実践している。このように苦心することによって，私はモダンとシンボリック由来の洞察を組み合わせた組織文化とアイデンティティについての理論と，解釈主義およびポストモダン・パースペクティブを組み合わせたアートとマネジメントの著作を生み出すことができた。それゆえ私は組織論者とし

てこの本を書いているが,これまでの研究は,すべてのパースペクティブから知識を得,それぞれとの接触から深められた。しかし,同時に,この本をどう読むか,どのような意見を持つかは,読んだあなたにおまかせしたい。

　この本が,モダニストの原理原則と理論に従って,組織化とマネジメントをいかに改善するかについての有益な知識を伝えると同時に,解釈がどのようにその関係者の生活に組織がもたらす意味を形成するのかを理解する助けとなり,さらには,組織化がもたらす固有の美醜とパワーを認識するように促すことを願っている。私は,あなたがこの本のページをめくるごとに,組織とは何かを学び,どのように組織化が生じるのかを理解し,将来組織がどうなるのかを想像するように,お誘いしたい。

M. J. H.

目　次

初版はしがき　　i
第 2 版はしがき　　ix
第 3 版はしがき　　xii
日本語版序文　　xv

第 I 部　組織論とは何か？

第 1 章　なぜ組織論を学ぶのか？

理論とは何か？ ··· 4
 理論，現象，概念，抽象化を定義する　　6
 チャンク化（chunking）と普遍性　　8
 理論化に挑戦する　　9
パースペクティブはどういうものか ··························· 12
 パースペクティブの哲学：存在論と認識論　　16
本書を利用するにあたっての概念枠組みとヒント ············ 23

第 2 章　組織論の歴史

組織論前史 ··· 31
 アダム・スミス（Adam Smith）：スコットランドの政治経済学者（1723–1790）　　33
 カール・マルクス（Karl Marx）：ドイツの哲学者，経済学者，革命家（1818–1883）　　35
 エミール・デュルケーム（Emile Durkheim）：フランスの社会学者（1858–1917）　　37

カール・エミリ・マクシミリアン（マックス）・ウェーバー（Karl Emile Maximillian Weber）：ドイツの社会学者（1864−1920） 38

フレデリック・ウィンスロー・テイラー（Frederick Winslow Taylor）：アメリカの技師,管理者,そして科学的管理法の父（1856−1915） 40

メアリー・パーカー・フォレット（Mary Parker Follett）：アメリカの学者,社会改革者,そして政府・企業のコンサルタント（1868−1933） 42

アンリ・ファヨール（Henri Fayol）：フランスの技師,CEO,管理論者（1841−1925） 44

ルーサー・H・ギューリック（Luther H. Gulick）：アメリカの管理論者（1892−1992） 45

チェスター・バーナード（Chester Barnard），アメリカの経営者,経営論者（1886−1961） 45

モダン組織論 ……………………………………46

一般システム理論　48

社会―技術システム論　50

コンティンジェンシー理論　52

シンボリック・パースペクティブへの扉を開ける ……………53

社会構築理論　55

イナクトメント理論　56

制度と制度化　58

文化　59

ナラティブ（説話）と内省　64

ポストモダンの影響 ……………………………………65

啓蒙プロジェクト，進歩神話，そして大きな物語　67

言語と言語ゲーム　68

真実の主張，権力／知，そして沈黙に声を与える　70

言説と言説的実践　71

脱構築，差延作用　74

シミュラークルとハイパーリアル（simulacra and hyperreality）　76

第Ⅱ部　コアの概念と理論

第3章　組織と環境の関係

- 組織環境を定義し分析する：モダン・パースペクティブ･････････94
  - 組織間ネットワーク，ステークホルダー，サプライチェーン　96
  - 組織環境の状況と傾向　99
  - 国際化，地域化，グローバル化　104
- モダンの組織—環境関係理論･････････････････････････････108
  - 環境コンティンジェンシー理論　108
  - 資源依存理論　112
  - ポピュレーション・エコロジー（組織の個体群生態学）　115
- シンボリックな環境分析･･･････････････････････････････････118
  - 組織—環境関係の制度論　119
  - イナクトされた環境　123
- ポストモダニズムと組織—環境間関係･･･････････････････････126
  - 工業化の3局面　127
  - ステークホルダー理論　132
  - ポストモダン理論のモラル—ヘゲモニー（支配）を避ける　133

第4章　組織の社会構造

- 社会構造概念の起源･･147
  - ウェーバーの理念的官僚制　147
  - 分業　148
  - 権限の階層　149
  - 公式化された規則と手続き　150
  - 組織の社会構造を測定する　151
- 組織の社会構造のモダニスト理論･･･････････････････････････154
  - 構造コンティンジェンシー理論　155

機械的組織と有機的組織，集権化，そしてリーダーシップスタイル　　155
　　分化と統合　158
　　組織規模　160
　　コンティンジェンシー理論の現在　162
　　類型と分類法　163
　　構造変化のモデル　165
　　組織のライフサイクル　166
　　組織構造発展のオープンシステムモデル　170
　　構造化理論　173
　シンボリック・アプローチ：社会的実践,制度的論理,コミュニティ････177
　　社会的実践：ルーティンと即興　178
　　制度的論理としての社会構造　181
　　コミュニティとしての社会構造　182
　ポストモダンの社会構造：脱・分化，フェミニスト組織，反・統治･･･184
　　脱・分化　185
　　フェミニスト組織　187
　　反・統治理論　188

第5章　テクノロジー

　モダニストによるテクノロジー（技術）の定義づけと3つの類型･････200
　　テクノロジーの類型　203
　　トンプソンの類型　207
　　ペローの類型　210
　　3つの技術類型の使用　212
　シンボリック・パースペクティブのテクノロジー･･････････････214
　　新（コンピュータをベースにした）技術　214
　　テクノロジーの社会的構築　218
　ポストモダニズムとテクノロジー･････････････････････220
　　コントロール（支配）と表現の技術　221
　　サイバー組織（Cyborgnization）　224
　　アクター・ネットワーク論　226

テクノロジー，社会構造，環境の結合 ･････････････････228
　　技術的要請　229
　　技術的複雑性，不確実性およびルーティン性　230
　　タスクの相互依存と調整メカニズム　233
　　情報処理と新技術　237
　　テクノロジーと構造化理論　238
　　地球村（グローバル・ビレッジ）：テクノロジーとグローバル化　240

第6章　組織文化

定義：文化，下位文化，サイロ，文化強度 ･･････････････251
組織論における組織文化の歴史 ････････････････････････254
組織文化論におけるモダニストのパースペクティブ ････････257
　　国の文化が組織に及ぼす影響　257
　　シャインの組織文化理論　265
　　組織文化質問票　271
シンボリックな組織文化調査 ･･････････････････････････272
　　シンボル，シンボリズム，シンボリックな行動　275
　　濃密な描写（Thick description）　278
　　組織のストーリーとストーリーテリング　279
　　組織研究におけるナラティブ（説話）と内省　284
　　劇場メタファー：ドラマツルギーと行為遂行的発話　287
ポストモダニズムと組織文化 ･･････････････････････････291
　　断片化としての文化　292
　　組織文化を脱構築する　293
文化と変化：規範への回帰 ････････････････････････････295
　　モダン・パースペクティブ：コントロールとしての文化　296
　　変化に対するシンボリック・パースペクティブ：戦略とアイデンティティと
　　　しての文化　298
　　組織文化のダイナミクス　301
　　ポストモダン・パースペクティブ：異なる規範　306

第7章　組織の物的構造

時空間の中での配置としての組織 ・・・・・・・・・・・・・・・・・・・・・・・・・・・323
　組織地理：空間，時間，場所　323
　レイアウトと修景　327
　デザインの特徴，装飾，服装（ドレス）　334

物的構造と組織アイデンティティ ・・・・・・・・・・・・・・・・・・・・・・・・・・338
　組織アイデンティティのシンボリックな表現　339
　活動領域境界を用いて集団のアイデンティティを強調する　341
　個人アイデンティティの標識と個人化　342

組織と組織化の理論における物的構造 ・・・・・・・・・・・・・・・・・・・・・344
　物的構造と文化：シンボリック条件づけ　344
　身体化組織論：社会構造と物的構造の再結合　346
　構造化理論が描く空間と時間における進化　348

ポストモダン・パースペクティブ ・・・・・・・・・・・・・・・・・・・・・・・・・・・・351

第8章　組織のパワー（権力）、コントロール（統制）、コンフリクト（対立）

パワー，ポリティクス，コントロール ・・・・・・・・・・・・・・・・・・・・・・・370
　パワー（権力）とは何か　372
　ポリティクスとは何か　375
　コントロール（統制）とは何か　376

組織のパワーとポリティクスの諸理論 ・・・・・・・・・・・・・・・・・・・・・377
　戦略的コンティンジェンシー理論　377
　資源依存理論　379

組織コントロールの諸理論 ・・・・・・・・・・・・・・・・・・・・・・・・・・・・・・・・381
　サイバネティック・コントロールシステム　383
　エージェンシー理論　385
　市場，官僚制，クラン　387

パワーとコントロールのクリティカル・スタディーズ（批判的研究）・・・390
　イデオロギー，管理体制主義，ヘゲモニー　391
　権力（パワー）の3つの顔　393

労働過程説と労働の非熟練化　394
　　コミュニケーション的合理性　395
　　職場民主主義　396
権力（パワー）と統制（コントロール）に対するフェミニスト・パースペクティブとポストモダン・パースペクティブ ················397
　　複層化と二重労働市場理論　398
　　組織理論におけるジェンダー研究　399
　　規律訓練権力（パワー），監視，自己監視　402
組織コンフリクトの諸理論 ································406
　　組織業績とコンフリクトのレベル　406
　　部門間コンフリクトモデル　408

第Ⅲ部　過去を振り返り，将来を見据える

第9章　理論と実践

プラグマティズムは新しい規範的なパースペクティブなのか？ ·····432
組織をどのようにデザインするのか？ ······················434
　　一般的な組織デザイン　436
　　組織化の新しい形態　452
　　組織デザインに対するデザイナー的アプローチ　457
組織変革と変革マネジメント ······························464
　　レヴィンによる計画的組織変革の規範モデル　464
　　ウェーバーによるカリスマのルーティン化（日常化）と変革の
　　　リーダーシップ　468
　　制度変化と制度的企業家：文化についてはどうか？　471
実践論とプロセス論 ·····································474
　　実践論　474
　　プロセス論　476

| 第10章 | 仮の結論：組織論における将来有望な新しいアイディア |

組織学習，暗黙知，知識転換 ・・・・・・・・・・・・・・・・・・・・・・・・・・・・・・・・・486
  活用と開発　　488
  ダブルループ学習と自己組織化システム　　488
  多様性（ダイバーシティ）による組織学習，企業の社会的責任，サステイナビリティ，ブランド化　　490
  組織学習についての若干の注意　　496
組織アイデンティティ ・・・・・・・・・・・・・・・・・・・・・・・・・・・・・・・・・・・・498
分散した現象 ・・・507
組織と組織化の美学 ・・・・・・・・・・・・・・・・・・・・・・・・・・・・・・・・・・・・510
解釈学 ・・・514

あとがき　　526
訳者あとがき　　527
事項索引　　533
人名索引　　541

Hatch 組織論
－3つのパースペクティブ－

第 I 部

組織論とは何か？
What is Organization Theory?

理論家（theorist）：〔名詞〕理論を持っている人，あるいは理論を作る人
理論化する（theorize）：〔動詞〕理論を発展させる，あるいは理論を立てる
理論（theory）：〔名詞〕1．何かを説明するアイディアの想定，あるいは体系，特に，説明すべき特定な出来事から独立した普遍的な原則に基づくもの（対語：仮説）（原子論，進化論），2．推測的（特に，想像力に富む）な見方（私のペット論），3．抽象的な知識ないし思弁的な思考の空間（これは理論においてよくあるが，実際にどう働くのか？），4．科学原理の説明（音楽論），5．数学。問題の原則を例証する仮説の集合（確率論，方程式論）

『オックスフォード百科英語辞典』

Why study organization theory?

第 1 章

なぜ組織論を学ぶのか？

　「わからない」といって逃げ出してしまう前に，こう考えて欲しい。組織論を研究する多様な理由が明らかにされてきたが，自分に当てはまるものがあるにちがいないということを。例えば，好奇心から研究している人がいるが，彼らは，組織的に考えること，組織化プロセスに入り込むこと，あるいは，組織を体系化するパターンの理解に興味を持つからである。また，新しいことに取り組む機会に魅力を感じるからという人もいる。組織論は，自然科学，人文科学，芸術に依拠しているため，組織を研究する人は，人類の知識全般にわたる学際的思考という知的挑戦を受けること間違いなしである。

　その上さらに，実践的な理由も必要なのだろうか。社会心理学の創始者クルト・レヴィン（Kurt Lewin）は，かつて「良い理論ほど実践的なものはない」[1]といった。実務家たちも組織論を受け入れた方が，企業，役所，非営利組織で成功する経営者になれる確率が高まることを知っている。組織論が実践で役に立つというイメージを持ってもらうために，表1.1に，いろいろな経営分野での組織論の応用例を示しておいた。

　白状すると，組織論を研究する理由が，上述とは別の人もいる。それは，強制的に研究を余儀なくされる人の場合で，私は大学院博士課程でこの分野を研究せざるを得なかったのである。かなり控えめにいっても，私は最初のころ，組織論の良さが理解できなかった。組織論は，抽象的で，無味乾燥で，理論的すぎるように思えたのだ！　ある意味，この最初の反応が，本書執筆を思いつかせたといえるかもしれない。大学で教鞭をとり始めたころ，学生が組織論を

どうしたら生き生きしたものだと感じてくれるかを考えていた。そのことがあって私は，組織論がいかに面白く，役に立つものであるかがわかったのである。そういった意味では，組織論に対する最初の印象と後の経験とが対照的であったために，組織論嫌いの学生時代から熱狂的組織論者に変貌したといえる。こうしたことから，本書を書くまでにさほど時間はかからなかった。

もしあなたが私の場合と同じだとしたら，組織論を理解するのに必要な，一連の概念や技能を身につけ，理論構築を始めるまでにある程度時間を要するかもしれない。しかし研究に励み続けていれば，本書が，魅力的なアイディアを提供するし，またそれらのアイディアを実際の組織へ応用する際に，そして自身で組織を作ったり理論構築する際に，どのようにしたら独創的な方法を見つけ出せるかの手助けになると確信している。

理論とは何か？

オックスフォード英語辞典によれば，「理論」は「抽象的知識の領域」として定義されている。このような定義は，理論がすべて厳密なものであるような印象を与える。そのため，誰でもすでに理論を使ったことがあるし，おそらく毎日使っていると聞かされたら驚くかもしれない。その例として，子どものころに習った古い諺を取り上げてみよう。「馬を水辺に連れて行くことはできても，水を飲ませることはできない」という諺は，母が教えてくれたたくさんの諺の中でも好例である。このような馴染みの諺は，世界がどのように機能しているかについての理論を示してくれる。

理論は応用することで，実践指導になる。「連れて行く—馬を—水辺に」理論を応用するために，あなた自身を馬，組織論を水，私の仕事を組織論へあなたを誘うこと，に置き換えて考えてみてほしい。この諺は，「水を飲むか」どうかを決める権利は，あなたにあることを気づかせてくれる。組織論を学ぶこと，理論化の技能を開発することの責務の多くは，あなた自身の肩にかかっていることがわかっていただけるだろうか。

自分自身や現実というものを考え始めると，人は，事物，意識，経験，価値観，

表 1.1　組織論の実践的適用

戦略／ファイナンス	企業価値を高めたい人は，戦略的目標を達成するために組織作りの方法を知る必要がある；業績をモニタリングし，コントロールしたい人は，活動を構造化する方法と組織プロセスをデザインする方法を理解しなければならない。それらは，組織文化のコンテクストで意味をなし，必要とされる人間の成長と創造性を可能にするものである。
マーケティング	市場で売買する人は，成功するブランドを作るために，組織はブランド・プロミスを体現し伝えることを知らなければならない；「組織は何か」「組織はどのように行動するか」についてよく理解すれば，ブランド戦略とブランドアイデンティティを組織的に調整する試みをより確実で生産的なものにするだろう。
情報技術（IT）	組織内での情報の流れ方は，仕事のプロセスと成果に影響する。そのため，組織論について知ることは，IT 専門家にとって，彼らが情報システムを設計し，その利用を促すため，組織の求める情報を発見・理解し，それに対応するのに有用である。
オペレーション	バリューチェーン・マネジメントで，マネジャーはサプライヤー，流通業者，顧客との組織化プロセスを相互に連結することが求められる；組織論はサプライチェーンの技術的な側面と事業システムの統合を支援するだけではなく，それらの政治的，社会的，文化的側面も説明する。
人的資源（HR）	採用から報酬にいたるすべての HR 活動は，組織的インプリケーションをもつため，組織論によって提供される知識から得るものがある；組織開発と組織変革は，組織の深い知識を求める HR にとって特に重要な要素であり，組織論は，経営者の訓練プログラムのコンテンツを提供する。
コミュニケーション	コミュニケーションシステムを設計するために，企業のコミュニケーション専門家は従業員とその他のステイクホルダーの解釈プロセスに敏感でなければならない；組織論は，情報と知識を共有させるために，どのように人びとが相互作用するか，そしてどのように環境と相互作用するかを理解する手助けとなる。

期待についてのアイディアを必ず形成する。そしてそうしたアイディアは，理論化を促すはずである。努力と訓練をしなければ，先ほどの古い諺でいっている常識を繰り返すまでもないが，ほとんどの人が理論を作ることはない。しかし日々研鑽に励めば，理論化の技能は，関心対象が何であれ，それを明確に認識でき，理解でき，説明できるまでに向上するはずである。ありふれた理論化と高度な理論化の違いは，基本的に，専門家が理論作りを特定し，思案し，そこにある間違いを修正し，自己の理論と他者の理論を関連づけるという手間をかけているかどうかである。したがって，高度な理論は，知識の蓄積に貢献する。

理論，現象，概念，抽象化を定義する

最も単純にいえば，**理論**（theory）とは概念の集合であり，そこで提示された概念の関係性によって**関心現象**（phenomenon of interest）が説明され，理解され，認識されるものである。物体がエネルギーとどのように関連しているかについてのアルバート・アインシュタイン（Albert Einstein）の理論を考えてみよう。E(エネルギー)がアインシュタインの関心現象である。これを彼は，質量（m）と光速（c：一定，なぜならアインシュタインは，光速は不変と仮定している）の概念を用いて説明した。質量mに光速cの2乗を乗じて，質量と光速の概念がどのようにエネルギーと関係しているかを示すと，$E = mc^2$である。

公式 $E = mc^2$ は，概念の集合とそれらの関係性から関心現象についての理論がどのように作られるかを示してくれる。しかし，いつもそう簡単にいくわけではない。理論家が，社会的行動と直面している場合，もしくは組織と組織化についての理解や良さを伝えたいという目的を持っている場合に，理論はそう簡単に $E = mc^2$ のような公式的表現にはならない。にもかかわらず，理論とは何かに関するこの基本定義が，理論を議論する最初の出発点といえる。理論の基礎的な構成単位は，エネルギーや質量のような概念である。

概念（concepts）は，頭の中に分類区分を作り上げるもので，人はその区分を用いて，記憶の中にあるアイディアを整理し，体系化し，蓄積することが可能となる。それらは**抽象化**（abstraction）によって形成され，そのプロセスに

おいてある事柄に関するアイディアの特定の部分だけが思考上分離される。一旦アイディアが部分的に抽出されると，ラベルを割り当てて，その概念について一般的な方法で語ることが可能となる。われわれのほとんどが共通して抱いている「犬」という概念を取り上げてみよう。あなたの用いる「犬」概念は，私のもそうだが，すべての犬に当てはまるものであり，犬について語るときに，それを使用する。しかしわれわれは各自，特定動物との個人的な体験をもとに概念を作り上げている。その意味でわれわれの犬概念はそれぞれ，まったく同じではないかもしれない。あなたの概念は，飼っていたり，触れ合ったことがあったり，あるいは噛まれたといった典型例に基づいているが，ネコやヤギといった犬以外のものとは結びついてはいない。概念は，ポジティブな例に基づいて作られることもあれば，ネガティブな例に基づいて作られることもある。概念形成は，その概念を使っているすべての人たちがまったく同じというわけでもない。そうではあるが，抽象化によって，われわれは皆，同一の特徴と類似の理解にいたるのである。

　ここまで見てきたように，概念は特定の例と結びついてはいるが，それらについて得たすべての情報の総体というわけではない。概念は，総体よりもコンパクトなものである。概念を形成する際に，特定例のユニークな部分は無視され，すべてに共通している部分のみに注意が向けられる。したがって，「犬」概念は，4本の脚，1本の尻尾，健康時の冷たく濡れた鼻，そして2つの耳，と結びついてはいるが，黒の斑，大きな脚，見知らぬ人に吠え，飛び掛かる習性といった特定の犬の特徴があっても，すべての犬の特徴を持たないものとは結びついていない。

　特定例のユニークな部分を取り除くことで，抽象概念が生み出される。抽象化プロセスの中で，一連の例から共通した側面が抽出され，記憶という知識構造の中にそれが配置される。このようにして1つの抽象概念が形成されるが，それは既知のすべての例に当てはまるだけでなく，将来遭遇する同種の別の例にも当てはまるのである。

　概念を構築する際に，なぜ体験した中の細かい部分を削ぎ落とさなければならないのかということに，あなたは疑問を持つかもしれない。だが，そうすれ

ば，情報処理に要する時間を短縮できるという利点がある。熟成された概念なら，新しい例に遭遇した場合，古い知識を新しい例にすぐに適用できるのである。例えば，その動物が犬であるとわかれば，怖がらせると唸り声を上げ，噛みついてくる可能性を一瞬にして知ることになる。つまり，情報処理速度を上げることに加えて，抽象概念化すれば，自分の持っている知識を伝えることができるようになる。犬に関する知識によって，自分が唸り声を上げる犬に手を出さなくなるだけでなく，子どもに犬とはどういうものかを教え，自分の知識を伝えることもできるのである。

チャンク化（chunking）と普遍性

　処理速度の向上および知識伝達に加えて，抽象化によって膨大な量の知識を単一概念にまとめることが可能になると，今までに知ったことを効率的に処理することができる。そして効率的な処理の重要性は，チャンク化として知られる認知現象の観点から説明できる。認知心理学者によれば，人間が一度に考えることのできる能力は，おおよそ7(プラス／マイナス2)情報チャンクである[2]。

　チャンク化（chunking）とは，人は犬について7種なら考えられるが，それ以上は考えられないという意味であり，抽象概念を用いてさらにより大きなチャンクを作れば，地球上にいるすべての犬（1種）とその他に6種の動物も考えることができるという意味である。人は動物界全体を考えることさえできるが，その場合，犬の他に6種の動物について考えられる余地があるということである。チャンク化は，抽象化によって抽出された知識の大きな塊を操作していくつかの概念に変えることを可能にする。つまり，組織は環境というさらに複雑な現象に埋め込まれているが，その組織という複雑な現象を理解し，その展開をし続けなければならない場合に，チャンク化すれば，それを手に負える大きさにできるのである。

　チャンク化は，理論化の際に重要な役割を果たす，つまり計りしれない知識のそれぞれを結びつけてくれるし，それらを操作して新しい知識を生み出すことを可能にしてくれる。理論とは，元々一組の概念の関係性のことであることを思い出してもらいたい。理論構築のもとになる概念の抽象度が最高の場合，

理論は**普遍性**（generalizability）を持つ。すなわち，ほとんど例外条件をつけずに多くの状況に適用できることになる，つまり $E=mc^2$ のように。

人生における多くの事柄がそうであるように，普遍性には，利点もあるが欠点もある。例えば，自分の知識が実際より普遍性が高いと勘違いしていたら，間違った状況にその知識を適用してしまうかもしれないし，もっとありそうなのは，そうするのが不適切あるいは間違っている場合に，他者に自分の思いを押し付けてしまうことである。最大の利点は，理論が普遍性を増せば増すほど，適用範囲が広がる点である。しかし普遍性を得るには，特殊性を犠牲にするので，理論の普遍性が増すと，その応用法がはっきりしなくなるし，直接使えないかもしれない。私の母は，厄介な問題は細かなところに潜んでいて，その難問には抽象化することで対処する，とよくいっていたものだ。

抽象概念は，いろいろな事柄を素早くしかも効率的に考えることを可能にするが，それらに含まれる豊かで細かな点を見失わせる。理論を応用しようと考える当該組織に固有の事柄を考慮しなければ，うまく応用するのに知っておかなければならない微妙な違いを見逃すことになるだろう。抽象的な理論や概念を応用したいと考える場合に，抽象化プロセスを逆転させ，重要な細目を構図に書き戻す必要がある。別の言い方をすると，概念や理論を今対処している組織に合致するようにするには，それらをカスタマイズする必要がある。理論を応用するには創造性が必要なのである。

理論化に挑戦する

『オックスフォード英語辞典』によれば，「理論を作る人」とは，理論を導き出す人，もしくは理論に携わる人のことである。あなたにとって，理論化は，携わるものなのか，それとも導き出すものなのか。変わらなければならないが，変わることのできない人もいる。そこで，はじめに組織論が無味乾燥でつまらないものに思えた人は，次のことを考えてもらいたい。組織論を研究している中であなたが構築した概念は，おそらく，そこにある豊かな味わいのようなものを知る前に構築されたものである。新しい概念に出会い，それが空虚で無意味なものに思えたなら，それはおそらく，あなたにとって空虚で無意味なもの

であろう。しかしその概念がそのようなままであるとは限らない。

　「犬」概念を構築したときと同じように，よくわからない概念を個人的な体験に結びつければ豊かなものにすることができる。すぐに新しい概念に合致する例を探しに，あなたの記憶の世界に探検してみてほしい。そしてアイディアのうちどれが自分にとって，そして既知の組織や新しく出会う組織に対して洞察をもたらしてくれるかを試してもらいたい。このような行為は，きっと楽しいし，将来役に立つはずである。もしそうでなかったら，努力不足だからもっと勉強すべきである。興味がある組織に関する本を読み，それらの事例に組織論を応用してほしい。

　ここで私が，概念化と理論化につながる道のスタートラインに立てる例を提供するとはいえ，さらに，できるだけ多くの事例を集めてもらいたい。その理由は，私にできるのは私自身の例を提示することだけだからである。事例は，あなたが自分の体験を連想するきっかけになることを示してくれる。それは私にとって，あなたを水辺に連れて行く行為だと考えられるし，そこで願わくは水を飲んでほしい。このような方法でテキストを読むということは，今までの読み方以上の努力を必要とするかもしれないが，苦あれば楽ありである。

　概念と理論を扱う能力は，本書を読み続けるにつれて格段に向上していくはずだ。もしどれくらい進歩したかを知りたければ，そのときどきで，以下の質問を自問自答してほしい。

- 自分の体験で以前は気づかなかったり，見過ごしていたりした側面を見つけたか。
- どんな驚きや洞察が，過去において自分の考え方，態度，そして／または行動を変えたのか。
- 今，自分は「組織」をどのように捉えているのか。

　これらの質問に対して現在と将来の答え方が違う点で，達成した進歩の度合いを計ることができる。そしてそうなれば，たとえ混乱状態に陥ったとしても，あるいは現に陥っているとしても，自分は組織論を学び続けているのだという

自信が得られる。

　本書に載っている題材を論じる能力は，それを発揮し実践してみることで増大する。したがって，もし読んでいて内容が難しすぎると感じたら，後で読み返すようにするのがよいだろう。いくつもの題材を何度も読まなければと思っても，それはあなただけではないから心配はいらない。そして，本書の中にある太字の用語は，専門用語だけにとどまっていないことに注意してもらいたい。それらは，組織論の基本語彙であり，理論を構成する概念である。自らの理論構築を始める前に，その多くを自分のものにしておく必要がある。そうしないと，この分野を勉強していて難しすぎる，とまた感じることになるからである。

　抽象化は1つの手段で起こることはない，すなわち概念化プロセスが完了することはないということを忘れないでほしい。本書を読み進むにつれて，自分の形成する概念がますます豊かなものになっていくことに気づくだろう。犬を訓練する人が，常に犬のことを学んでいるように，組織や組織論に関する知識も成長するのである。諸概念がどのように関係しているかという理論の根幹部分を着実に太くしていけば，あなたは実際に専門家になるだろうが，それは研究に終わりはないということをも意味している。

　いろいろな理由で，私を含めほとんどの人が，ときに組織論の学習に挫折しそうになる。ほぼいえることは，他人の抽象概念，理論，パースペクティブを自分のものに取り込む中で混乱すれば，訳のわからない状態に陥るということである。特に概念と理論が増殖し始めるとそれは起こるのである。しかし，概念化と理論化の技能が確実なものとなってくると，きっと迷いがはれ，洞察を得る瞬間が訪れるはずである。そうなれば，組織論のワクワク感を味わうことになるだろう。その後は，容易にとはいえないが，大きな進歩が待っている。

　理論は自分が直面する問題に直接答えてくれないので，何の役にも立たないという不満をよく耳にしてきた。理論自体が個々の問題を解決することはなく，理論の応用を通じてのみ問題は解決できるのである。実践的価値が見いだせないという理由で，理論を拒絶するのは間違った判断である。なぜならば，それはまだ理論の使い方が学習されていないからである。

結局のところ，理論を作ることの方が，おそらく，理論を学ぶことよりも大切である。しかし理論を学ばなければ理論は作れない。昔の中国の諺だったと思うが，「人に魚を与えれば，その人は1日食べられる。人に魚の釣り方を教えれば，その人は一生食べられる」という言い伝えがある。組織論は魚で満ち溢れているかもしれないが，その中での一番の贈り物は，組織と組織化を向上するためのアイディアを釣り上げる方法を教えてくれることである。組織論者は，組織を認識し，理解し，説明するための新しい方法を絶え間なく見つけ出している。本書は組織論者の学んできたことを紹介するが，この中で学ぶ内容は，まさにあなたがそうであるように，変化するだろうということを留意しておいてもらいたい。

パースペクティブはどういうものか

概念間の関係性を明らかにすることで理論が構築されるが，関連する理論はさらに大きなまとまりを形成する。これが**理論パースペクティブ**（theoretical perspective）である。理論パースペクティブは，現象を定義し，理論化し，研究する方法が類似していることから生まれてくる。本書では主に以下の3つを取り上げるが，それらは過去50年以上にわたって組織論で優位を占めてきたものである。すなわち，モダン・パースペクティブ，シンボリック・パースペクティブ，ポストモダン・パースペクティブである[3]。この3つのパースペクティブは，いずれも，組織と組織化によっていかに成功するのか，という規範的知識に対する実践的要求が高まった経営学先史時代末期にまで遡れるものである。規範的知識が，この3つのパースペクティブの中には編み込まれているが，それは，理論と実践を融合するという願望は，決してなくなることがないからである。この願望があまりに深く浸透していることから，それ自体，1つのパースペクティブと見なすこともできる。

規範的パースペクティブ（normative perspective）は，理論をその実践での応用を通して明らかにすることを意味している。規範的とは，現象を理想，標準，あるいは物事がどうあるべきかというモデルをもとに判断することである。

組織にとってその目的に最適な技術や社会的構造を提示する，あるいは工場やオフィスの最も効率的なレイアウトを提示する，といったことが規範の実例として一般的である。今日の規範的パースペクティブの好例は，**ベストプラクティス**（best practice）と**ベンチマーキング**（benchmarking）である。ベストプラクティスとベンチマーキングによる規範論の主張は，最も成功している組織の方法や技術を模倣すれば，同じ成功を手に入れられる，というものである。だが，それらの危うい点は，ある組織の成功をそのまま別の組織に転用できると仮定しているところである。**客観的証拠に基づいた実践**（evidence-based practice）を求めることは，規範的解決策の転用可能性を高める1つの方法ではあるが，客観的証拠の提示は，別のパースペクティブの理論に学問的基礎をおいて規範的助言を行うということを意味している。

モダン・パースペクティブ（modern perspective）は，因果関係の**説明**（explanation）に関心を向けている。すなわち，関心現象の原因と結果を明らかにしようとする[4]。その方法は，しばしば数学的根拠に頼っている。しかしながら，モダン・パースペクティブの主張者は，確かに理論物理学のように数学的厳密性を得ようと努力はするが，彼らが用いるデータはいい加減すぎてその目的を達成できない。物体やエネルギーの運動と比べて組織行動はより幅広い変動性を持つので，多くの場合その解明は，統計確率に頼ったり，因果関係の有無を示すために相関関係に頼ったりしている。例えば，モダン・パースペクティブの人は，推論を次のような質問に変えてしまう。「組織の技術は，構造とパフォーマンスの関係にどのように影響するのか」。このアプローチの持つ重大な危険性は，相関関係を因果関係と混同することにある。モダンの組織論者は，定量的なデータ分析に基づいて因果関係の推論を立証するために，数学的手法を開発し，テストし，応用することに多くの時間と労力を費やしているのである。

シンボリック・パースペクティブ（symbolic perspective）は，主観性に根ざした現象を研究するために，モダニスト好みの知の方法が持つ限界を打破している。例えば，文化，シンボルの活用，ナラティブ，意味形成などは，シンボリック派の研究者が組織論に持ち込んだ現象の中でも重要なものである。主観的経

験や解釈プロセスに強い興味を持つことで理解（understanding）が生まれる。そしてそれが，シンボリック・パースペクティブがもたらす知識への貢献である。シンボリック・パースペクティブの採用は，自らを理解しようとしている人たちが作った状況に身を置き，彼らが関心を持つ現象をどのように定義し，相互作用し，解釈しているかを研究することである。定性的記述法，特に民族誌学的方法が因果関係の説明よりも好まれるが，その理由は2つある。第1は，その方が，主観的経験をよりうまく伝えられるから，第2は，主観的経験を客観的に表現するのが非常に困難だからである。ここでの危険性は，研究者による過度の一般化，例えば，彼らがある集団で研究した現象の解釈を研究していない人たちに適用できると仮定すること，すなわち，彼ら自身の主観的経験を誰か他の人のものとすり替えることにある。

ポストモダン・パースペクティブ（postmodern perspective）は，説明や理解を追及するというよりも，批判や別形式の認識（appreciation）を提示する。ポストモダニストの興味を引く主な現象は，モダンの経営実践である。ポストモダニストが好む手法は，モダニズムの概念と理論に対して批判的ないし美学的スタンスをとって，それらを再構成することである。例えば，ポストモダニストは，下層レベルの従業員，社会，環境に悪影響を及ぼすことに対して，モダニストの組織論者がマネジャーの見地と関心をしばしば無批判に（例えば，何の自覚も内省もなく）取り入れていることを指摘する。ポストモダニストは，以下の2点に関して代替的な認識をする。1つは，説明と理解に代わるものとしての認識であり，もう1つは，いかなるパースペクティブからの管理化，組織化，理論化に対しても，その道徳的，倫理的意味合いを内省させ強く自覚させるものとしての認識である。パワー（権力），およびその使用と誤用に関する認識を強めることにより，彼らは，階層制のようなモダニストの組織実践による支配からの脱却を引き起こそうと考えた。そして，その研究は，人間の自由へのあらゆる制約に対して反抗意識を強める感情的共感と美学的認識の上に成り立っている。

表1.2では，2つの次元を用いて本書の枠組みをなすパースペクティブを比較している。表の内容を見れば，各パースペクティブの理論化に対する典型的

な思考方法がわかる。ここで用いられる2×2のマトリックスに注目してもらいたい。これは，社会学の分析ツールを組織論へ転用したものであり，後の章で何度も目にすることになる。

表1.2に示されている2×2は，パースペクティブ間の類似性と相違性から導かれた2つの次元—どの学問が理論化の着想のもととなっているのか，理論化に際して理論家がどのような役割を担うのか—から成り立っている。これらの違いを探求することで，この2つの次元をよりうまく活用できるようになる。アイディアを深く掘り下げることは，理論展開に際して理論家がよくやることである。

この枠組みの第1次元（表1.2の縦の列を参照）は，異なるパースペクティブで研究している理論家は，どちらが着想のもととなっているかを示している。科学に着想のもとを得ている理論，例えば，モダン・パースペクティブや規範的パースペクティブの理論は，芸術や人文科学に着想のもとを得ているシンボリック・パースペクティブやポストモダン・パースペクティブの理論とはきわめて対照的である。この差異は，以下のような見識違いによっている。すなわち，科学は結果を予言しコントロールする力があるので発展しているという見識を持ち，例えば，モダンの理論や規範の助言はこの見識から導き出されている。その一方，芸術や人文科学のおかげで創造性，自己洞察，自由開放がもたらされるという見識を持つことがシンボリックやポストモダンの理論の中心的関心事であり貢献である。

パースペクティブを識別する第2の方法（表1.2の横の列を参照）は，各パースペクティブで論者が担う役割を考えるというものである。どのような理論で

表1.2　パースペクティブによる理論，理論家，そして理論化実践

	科学によってもたらされる理論	人文学によってもたらされる理論
観察者としての理論家	モダン・パースペクティブ：因果説明としての理論	シンボリック・パースペクティブ：奥深い理解としての理論
影響者としての理論家	規範的パースペクティブ：実践としての理論	ポストモダン・パースペクティブ：批判的認識としての理論

もその規範的応用に際して意思決定や行為に影響を及ぼすが，その一方で，異なるパースペクティブを持つ論者は，関心現象を調べるにあたって現象に影響を及ぼすことを皆等しく快く思っているわけではない。モダンの論者とシンボリックの論者は，調査対象者からの不必要な干渉をすべて排除して現象を観察することの重要性を強調する。それに対して，他者を変化させることが，規範の論者とポストモダンの論者にとっては研究調査を行う目的そのものなのである。この影響者としての役割を心地よく感じている人たちの間の主な違いをいえば，規範的パースペクティブを主張する人は，主に自分たちが確信している成功要因をもとに影響を及ぼそうと画策しているのに対し，ポストモダン・パースペクティブをとる人の変えようとする努力は，倫理的，道徳的，美学的な考察がもとになっている。

　第Ⅱ部では，モダン，シンボリック，ポストモダンの各パースペクティブから選び出した概念や理論を中心に提示するが，ときにはそれらの規範的応用に言及する場合もある。こうしたパースペクティブを切り替えて用いる余裕が出てきてから，組織論と部分的に競合する他分野の見方を紹介する。例えば，実用主義哲学を用いて規範論を復権させようとする研究であるが，その議論は第Ⅲ部で行う。

パースペクティブの哲学：存在論と認識論

　説明，理解，認識，そして実践への手引きに対する貢献という点に加えて，パースペクティブの差異は，存在論と認識論の観点からも述べることができる。**存在論（ontology）**は，哲学の一部門であり，存在についての仮定と現実の定義を研究するものである。**認識論（epistemology）**は，それとは異なり，人はいかに知るのか，何を知識と見なすのか，を研究するものである。この2つは相互に関連している。なぜなら，われわれの認識論上の仮定が特定の知識を明らかにし，その知識を用いてなす存在論上の仮定が何を現実であるかを明らかにするからである。

　意識しているかどうかは別として，例えば，現実について考え議論する場合，われわれは常に，何が存在しているのかについて仮定を設定する。存在論が，

組織論にとって重要なのは，パースペクティブが異なると存在論上の仮定も異なり，その結果，関心現象（現実の様相）も異なってくるからである。概念や理論を作り上げるときは常に，知識がいかに形成されるのかに関して同様の仮定作りが行われ，そして同じように，その仮定はパースペクティブにより異なる。

　真実を評価するための基準がパースペクティブごとに異なるので，一方において真実と考えるものが，別のものでは否定されることもあり，論争や誤解のもととなっている。例えば，客観的存在論，解釈的認識論，あるいは現実を構成する言語利用を重視すると，他の理論パースペクティブに資格なしと主張することになる。したがって，それは他のパースペクティブを切り捨てることを意味する。モダン・パースペクティブとシンボリック・パースペクティブの存在論と認識論の違いは，組織論において最初に問題になった点である。しかし，その後しばらくして，哲学における言語論的転回を採用することで，ポストモダンの組織論者は，モダン・パースペクティブに対して反対の立場を明確にした。

客観主義対主観主義としての存在論

　モダニストは**客観的存在論**（objective ontology）をとっている。つまり彼らは，外界に存在する揺るぎのない現実というものを信奉しているのである。彼らにとって事物（客体）は，それについての知識が外部に存在するため，それらだけを観察することで知識を検証できる。知識は常に事物についての知識である，というモダニストの立てる仮定に注目してほしい。すべての現象をあたかも客体であるかのように扱うこと，つまり厳密には客体でなくてもそれを客観化して扱うことが，モダニストのパースペクティブの特徴である。

　独立観察とは，人が違っていても，すべての人は客体に対して同じ関係性を有している点から，事物に関して同じ（信頼できる）観察をすることができる，ということを意味している。観察は，現象に対する観察者の主観的感覚，すなわち，それに対する先入観や期待によって偏らされるべきではない。筋金入りの客観主義者にとって，主観的理解は，存在についての確固たる知識を確立す

るには取り除く必要のある個人的偏見と変わらないものといえる。したがって，モダン・パースペクティブにおいて知識とは，現実世界を客観的に観察し，現実社会での客観的観察を通して理論が検証されることで作り出されるものである。

　主観的存在論（subjective ontology）をとる人は，客観的存在論をとっていては，多くの現象を理解することはできないと確信している。例えば文化は，主観的にしか取り組むことのできないものを体験し，伝える能力がなければ観察不可能である。客観主義者が偏見を心配したのとは対照的に，主観主義者は，私的な思考，感覚で明らかになるもの，そして自己を文脈の影響下に置くことで明らかになるものに，意図的に焦点を向ける。そのため，主観主義者の興味を引く現象については，客観主義者が研究上の発見を信頼できないものにする，として退けた観察上の偏りが非常に多い方法を用いる必要がある。

　存在論（何を現実と見なすか）と認識論（どのように現実を知ることができるか）に対するそれぞれの立場を明確にすれば，モダン・パースペクティブとシンボリック・パースペクティブの擁護者が同調するには無理がある，ということに気づくのは当然である。しかしこの話には続きがある。主観主義者の興味を引く現象は，五感だけを使って知覚するのは不可能とまではいえないが，難しい。それゆえ，それらを知るためには，感情移入，そして理性ならびに直感が必要である。このことから，認識論上の問題が持ち上がってくる。

実証主義対解釈主義としての認識論

　人は，現象に対する2つの主観的体験を同一とは思わないので，解釈をどのようにするかという問題が持ち上がってくる。実証主義的認識論の立場をとる人は，解釈を主観的偏見が持ち込まれるという理由で無視するが，解釈主義者からすると，解釈は主観的体験を理解し伝える唯一の方法なのである。

　実証主義者の認識論（positivist epistemology）は，現象に関する真実は科学的方法を用いて発見できると仮定している。知識として認められるには，理論のもととなる仮説と命題を立て，それらを外的現実と比較できるようにしてくれるデータの収集・分析によって検証することが必要である。

解釈主義者の認識論（interpretivist epistemology）は，知識とは，体験に意味を与える文脈を通してのみ作られ，理解できるものであると仮定している。つまり，われわれは誰でも，そのときに直面している状況およびその状況についての記憶や期待に基づいて，何が起こったかの意味を決定しているのである。この仮定は，同じ場所と時間に共存している現実に対して，そこに関わる人次第で，異なる理解と解釈が数多く存在するかもしれない，ということを意味している。

　解釈主義者は，すべての知識は主観のフィルターを通したものと確信しているので，そのほとんどは，客観的存在論は肯定できないと確信している。したがって，解釈主義者は，伝統的な科学的手法を拒絶し，芸術や人文科学の分野で開発された解釈的手法を用いる。どの方法論を選択したかで，研究者として自分がどのように振る舞ったらよいのか，何をデータと見なすのか，そのデータをどのように収集するのかが決まってくる。例えば，実証主義的な組織論者は，財務記録から探り出した数字や，大きなサンプル集合から抽出した数字といった「ハード」なデータを好む。解釈主義者は，構造化されていないインタビューによって得られたデータや，研究者自身が，研究協力者の生活している文脈の中で参与観察することによって得られるような「ソフト」なデータを好む。

　客観主義者の中にも，観察からすべての偏見を取り除くことは不可能なので，主観主義者の主張を部分的に受け入れている人もいる。すなわち，何事も解釈抜きには知り得ないと。しかしその後，客観主義者は，この修正版客観主義者の存在論を解釈主義的認識論の必要性を否定するために用いる。「われわれは，このように解釈を常に取り入れてうまくやってきている，なぜ変えなければならないのか」。シンボリック・パースペクティブに哲学領域の一部をいやいや譲り渡す代わりに，彼らは，シンボリック・パースペクティブは，知識に対して何ら独自の貢献をしていないと主張するのである。

　この駆け引きのすべてを見ていたポストモダニストは，次のように主張する。モダニストのこの修正版客観主義は，主観主義の存在論の立場を受け入れたというよりも，勝手に使ったのであり，そこにモダニストの覇権的意図が見られ

る。ポストモダニストは，支配権を維持するためだけに彼らの立場を弱めようとしている，とみなしてモダニストを非難する。ポストモダニストがどのように自己の立場を正当化するのかを理解するには，芸術と人文科学の分野で行われた言語論的転回を知っておく必要があるし，またこの感性がどのように組織論に入ってきたのかその理由を知っておく必要がある。

ポストモダン的（言語論的）転回

　ポストモダニズムは，言葉が事物を表すということを否定することから始まっている。ポストモダニストは，言語が現実を構成していると確信したのではなく，話されていることが現実だとしたのである（少なくとも別の発言によって覆されるまでは）。ドイツの哲学者であるマーティン・ハイデガー（Martin Heidegger）がそのことを次のように述べている。「諺にあるように，世界は表現されるように作られる，ということが起こる」。現実を言語論的に明らかにすること—言語論的転回（linguistic turn）—で，ハイデガーは，プラトンがこれらの存在物の存在を何が認めるかということに注意を払わずに，事物とその特性に焦点を当てたことで後継者を誤った方向に導いた，として非難した。

　ハイデガーは，実体のあるものとして—事物として—どのように現れてくるかを知りたかった。そして話す，書く，読むことによって作り出される言語とディスコース（言説）によって実体のあるものとして現状がもたらされると結論づけた。ハイデガーのおかげで，存在とは実体のないものであるということが確認されたため，ポストモダニズムにその出発点がもたらされることとなった。すなわち，世界は言語に映し出されているというよりも，むしろ言語によって作られているという主張である。ポストモダニストは，モダニストが言語をして，実物を映す鏡として扱う場合，彼らは言語効果を無視していると主張する。ポストモダニストは，モダニストが隠していた間違いを暴き，それらを修正することを試みたのである。

　言語論的転回を体験するために，「私は」で始まる文の主語「私」について考えることにしよう。そしてこの言明を使ってあなたの存在が構成されると仮定する。それはちょうど誰かが，これ「は」あるいはあれ「は」ということが，

現実を構成しているのと同じである。ポストモダン・パースペクティブをとるということは，言語の中に形成されかつ言語によって形成されることがなければ，自己の存在も現実も存在し得ないということを意味している。その理由は，言語がわれわれや周りにある事物，現れているものが何であるにせよ，それらの存在を認めているからである。

　言語の文脈内で，事物は，発言や書面からなるディスコース（言説）において話され，記されたテクストとして存在する。ディスコースは，文脈を提供する。その文脈が，言語をどのように使用し，どのように制限するかを決めるが，それはテクストとディスコースが用いられる言語の中に形成され，逆に使われている言語によってテクストとディスコースが形成されるのと同じである。ポストモダニストにとって，すべての事物は1つ以上のディスコースに出てくるテクストなので，言語効果が無視されることはない（この仮定をとることで，言語論的転回が成し遂げられる）。認識論的に見ると，ポストモダニストは，人は何事もありのままに知ることはできないと確信している。この確信は，一部のポストモダニストが主張しているような認識論そのものを否定するものではない。むしろ，それ自体を認識論上の仮定と見なすことができるのである。同様に，ポストモダンの言語外の現実の存在否定は，人によっては虚無主義的に思えるかもしれないが，存在論上の立場を明確にするものである。

　多くのポストモダニストは，言語論的転回に由来するいくつかの確信を共有している。第1の確信は，われわれが携わっているディスコースが，言語をどのように使い，何について語るか（例えば，事物とプロセス：組織と組織化）に影響を及ぼすことを通して，われわれの現実を形成する，というものである。第2の確信は，話者，話の内容，発言は，すべて言語の中で構成されるし，言語を通して構成される，というものである。そして最後の確信は，意味は固定したものではあり得なく，現実もまた固定したものではあり得ない——意味も現実も漂流し続けているということであり，その理由は，それらはディスコース内およびディスコース間で究極的には新しい発言があるたびに移動してしまうからである——というものである。モダニストが仮定しているような，知識を検証するための独立した現実というものは存在せず，すべては絶え間なく変化し

ている状態の一瞬を読み込み実行したテクストなのである。したがって、ポストモダニズムは、反哲学的というよりは、その基礎が永遠に続く変化の中で漂流を続けるという哲学なのである。

権力とコミュニケーションが、ポストモダニズムでは重要な現象となる。その理由は、ディスコースを制する者が、事物の存在・消滅を自由にできるからである。例えば、多発性硬化症（MS）や注意欠陥多動性障害（ADHD）といった病気は、権力をもつ医師による医学界でのディスコースにおいてその存在が明らかにされるまでは、治療できるものとは考えられなかった。この言葉が作られた後は、ADHDという診断が下れば強力な向精神作用性薬剤での治療が可能となった。言葉の権力は、ディスコースの中心に近づけたり、影響力を及ぼせたりする人たち、例えば、専門家、ジャーナリスト、著名人などに移転する。権力によるコミュニケーションの歪曲が行われるのは、何が現実を作っているかについて無知なために権力の不均衡が生じ、特定の人に現実を、他の人たちも暮らしていかなければならない現実を定義することを許してしまう、つまり搾取と乱用を可能にしてしまう場合である。

言語的に引き起こされた搾取から解放されるには、ディスコースに埋め込まれた言語がどのように現実を作り上げているのかを知る以外に方法はない。言語が、人を言語で構成されているディスコースに書き込んだり、書き込み直したりしているわけであるから、そのことがまた解放への道筋を示してくれる。ポストモダニストは、ディスコースへの参加による権力の獲得という選択肢を提示している。内省的にそうすること、すなわち、言語効果を意識しながら参加することで、望ましい変化がもたらされる。もし組織化のプロセスが侮辱的あるいは搾取的なものだと思えたら、自分の利害を声に出す必要があり、そうすることによって、自分たちが反対するものを支持していたディスコース的現実が変えられるのである。

例えば、組織や政府を批判することは、不当行為から解放される重要な第一歩である。フェイスブックのことを少し考えてみよう。2011年のアラブの春運動に参加した人たちは、政府を批判しているのは自分一人ではないということに気づき、チュニジアやエジプトで現実を変えた新しいディスコースを作り

出すために表通りに繰り出していった。ウォール街を占拠せよ運動で抗議する人たちも，同様に，富裕層のみに役立っていると彼らが信じる支配的ディスコースの変更を求めた。そこには，ポストモダニズムが浸透した，民主主義の香りが満ち溢れている。そしてそれは，今までの存在論や認識論の仮定への反対と一体となって，倫理的／道徳的立場を明確にするのに役立っている。

表1.3は，モダン，シンボリック，ポストモダンの各パースペクティブを構成している哲学上の重要な差異とそれらの理論への意味合いをまとめたものである。ここでは規範パースペクティブを除外したが，その理由は，その仮定がどんなものであるにせよ，依拠する理論によって異なってしまうからである。規範論の役割に関する考えは，この領域の将来像を議論する第Ⅲ部で再び取り上げることにする。

最後に付け加える点だが，本章で取り上げた題材が十分理解できないと感じたら，時間を置いてもう一度読み返してもらいたい。また十分「理解できた」と感じている場合でも，第Ⅱ部に取り組んだ後でもう一度読み直してもらいたい。そうすればきっとあなたの学習に，より深い洞察とより大きな成果をもたらしてくれるはずである。

本書を利用するにあたっての概念枠組みとヒント

ここまでのところ，組織や組織化については何も述べてこなかった。その理由は，本書を通じて次の質問に取り組むからである。つまり，組織とは何か。この厄介な問題は，図1.1で示される6つの大きなチャンクとして示されている項目で見られ，各チャンクは，第Ⅱ部でそれぞれ独自の章として扱われる。

（しかし）図1.1の図を理論と勘違いしないでもらいたい。それは，組織論が扱う領域を分割する枠組みにすぎない。この図に示されている非常に抽象的な概念—環境，技術，社会的構造と物的構造，文化，そしてパワー（権力）—は，どれも他の概念や理論のすべてと関係を持っている。またどの概念も，組織，組織のタイプ，組織化のやり方に何かしらの違いがあることを明らかにしてくれるはずである。このように組織についての考え方に違いがあるが，それ

表1.3 組織論におけるモダン，シンボリック，ポストモダン・パースペクティブ

モダン・パースペクティブ	シンボリック・パースペクティブ	ポストモダン・パースペクティブ
存在論	**存在論**	**存在論**
客観主義－存在自体がそれについての知識に依存せずに現実が外部にあるという信念；世界は発見されることを待つ独立した客体である	主観主義－主観的な認識から切り離して外部の現実や客観的現実を知ることはできないとする信念；存在とそれがわれわれのために存在するかに対する合意は間主観的な認識にある	ポストモダニズム－話すこと，書くこと，あるいはその他の表現形式から切り離されて存在するものはないという信念；帰着するものは何ひとつもないため，世界は対象ではなく，言語，ディスコース，アートワークによって作られる
認識論	**認識論**	**認識論**
実証主義－真理は客観的世界に対する知識のテストを可能にする妥当性のある概念化と信頼性のある測定尺度によって発見される；知識は蓄積され，人間を前進・進化させる	解釈主義－真理は知っている人と関連し，直接関与する個人の観点からのみ理解されうる；真理は知識をもつ主体による多様な解釈を通じて社会的に構築される，したがって，真理は相互に構成され，時間とともに変化する	ポストモダニズム－独立した現実がないため，真理は虚構概念であり，存在しない；事実はなく，（解釈をともなう）表現と解釈だけがあり，すべての知識の主張はただパワープレーだけである
組織とは	**組織とは**	**組織とは**
現実世界で機能する客観的かつ現実的な実在である；うまくデザイン・管理される場合組織は，定められた目標を達成するために，合理性，効率性，有効性の規範下で決定し行為するシステム	絶えず構成されるコンテクストが，そのメンバーのシンボリックに媒介された相互作用（例；組織的ドラマ）によって再構築されるもの：意味の連鎖のように社会的に構築された現実は，感情の結びつきとメンバー間のシンボリックな連結を生み出す	パワー関係を実現する場所である。そこでは，抑圧，非合理性，偽りだけでなく，ユーモアと皮肉が生まれる；テクストやドラマのように，人間の愚痴と軽視からわれわれを解放するために，組織を書き換える
組織論の焦点	**組織論の焦点**	**組織論の焦点**
組織を統治する普遍的な原則や法則の発見，組織と組織のパフォーマンスを説明する理論の規定，理論とそのインプリケーションをテストするメソッドの開発；構造，ルール，標準化，ルーティンを強調する	どのように組織化が行われるかを理解するために，儀式とその他の意味深い活動という組織的コンテクストにおいて，どのように（われわれの）生活が繰り広げられるか記述すること；前提，価値，人工物，プラクティスから組織文化を明らかにするため，シンボルを解釈することが好まれる	経営主義のイデオロギーを明らかにし，組織化と理論化に対するモダニストの様式を不安定にするために組織のテクストを評価および分解する；軽視されがちで抑圧される観点を好む；理論化と組織化の再帰的，包括的形式を助長する

らが重複する点が存在する。図 1.1 の円の重なり合っている部分である。その部分の意味は，1 つの概念を他の概念群から抜き出した際に議論される。

　組織論を学ぶ学生にとって，ほとんどの研究課題で，特定組織を分析するための手引きとして図 1.1 を用いることが必要となる。もし組織が直面する現実の問題に焦点を当てる場合，すなわち，ある問題を想定する場合に，この図は役に立つはずである。例えば，組織が，競争戦略を考え直し，新技術を実行し，あるいは文化変革に取り組む必要が出てくるかもしれない。具体的な問題の文脈において，本書で示される概念や理論のどれかが，洞察を与えてくれたり，望ましい行動指針を示唆してくれたりする可能性を秘めている。しかし，それらを実際に試してみるまで，どの概念と理論が取り組んでいる問題に最適かはわからない。

　どの概念と理論が応用できるかのみを考えてはいけない。私のいいたいのは，できるだけ多くの概念と理論を用いて当該組織とその問題を観察し続けるということである。少なくとも，（組織を）説明し，理解し，認識するための苦労が洞察と驚きとして実を結び始めるまでは。図 1.1 の円モデルは，重要なものを見落とさないためのチェックリストとして役に立つ——例えば，パワーを忘れていないか，物的構造を見過ごしていないか——しかし，それらの観念を特定の概念や理論に一度適用してみるまでは，これらの包括的観念から多くの洞察を得ることはないだろう。

　自分の体験例に概念や理論を当てはめてみることが，実践経験になるし，組織論の知識に深みを持たせてくれる。同時に，図 1.1 のいろいろな部分を相互に関連づけられるようになるのに役立つはずである。利用できる組織論の中から適切な概念，理論，パースペクティブを思い通りに選び，そして具体的な事例にそれらを応用する方法がわかれば，組織に関する理論を構築することができるようになる。組織と組織化の経験に関して説明，理解，そして／または認識ができる驚くべき結論を引き出すことができたとき，理論づくりを始めていることがわかるはずである。組織論が有用なものに，研究した組織がより豊かなものに，そして自分の観察や内省がより価値のあるものに思えてくるはずである。それは読者のあなたが努力した結果なのである。

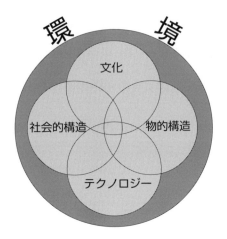

図 1.1　組織の概念的モデル

この図で示したモデルの，5つの円が交差する部分は，相互に関係する5つの現象が概念化された組織を表わしている。6つ目の現象であるパワーは，薄いグレー色の部分で示されている。これらの6つの概念は本書の第2部で詳細に検討される。

要　約

　本書は，組織理論を提示するものであるが，それは実際には1つの理論というよりも理論群といえるものである。1つの理論は，一組の概念から作られていて，それらの概念の関係性から，理論化の際に焦点を当てた関心現象に対する認識，記述，説明を行うのである。組織論者にとって関心のある主要な現象は，広く組織として定義される。そこには，さまざまな種類の組織が含まれるだけでなく，組織化の活動やプロセスも含まれる。

　最高の組織理論とは，組織および組織化に関する個人的体験と矛盾しないものであると私は確信している。本書を通して読者は，他人が作った概念や理論を学び，彼らがどのように，そしてなぜ作ったのかを学ぶことになる。そうすることで理論化の基礎を身につけてもらうだけでなく，組織理論が提示する知識と組織論という学問分野を学んでもらいたい。

　組織論を学ぶ学生であれば，概念，抽象化，理論化の利用法を学びたいはずである。それがわかれば，情報処理を速くしかも効率的に行えるし，アイディアを認識し，理解し，説明し，伝達することが可能となるからである。しかし次のことは肝に銘じておいてもらいたい。抽象概念を使って論証した理論からだけでは，問題を分析し解決するのに必要なすべてを手に入れられないし，ある特定の組織を観察した利点を生かせなくなってしまう。理論を活用するためには，抽象的な表現に重要な実際の細かな事柄を書き戻せる能力が必要である。個人の幅広い経験に基づいて概念を開発し，理論化の技能を磨ければ，特定状況に合わせて概念や理論を活用する際に抽象化を具体化するのに役立つだろう。

　最後に，読者のあなたにも，それぞれ組織論を研究する理由があるはずだ。私の場合は，組織論が組織や広い意味での世界に対する自分の見方を広げてくれるし，新しいアイディアや可能性に対して私の頭を柔軟にしてくれるからであり，組織を研究することで私は進化し続けている。つまり組織論の研究をし続けることで，私は新しい概念を生み出し，それらを使って創造的に問題を解決する技能が磨かれ，その他の確信を生み出せるのである。あなたには私とは異なる他の理由があるかもしれないが，私の組織論に対する熱い思いや経験例が刺激となり，知識を高め，創造性を豊かにし，キャリアを高めるためにも，組織論を探求し，その利用法を学んでもらえればと願っている。

重要用語

理論（theory）
関心現象（phenomenon of interest）
概念(コンセプト)（concepts）
抽象化（abstraction）
(意味の)グループ化（chunking）
理論的パースペクティブ（theoretical perspective）：
　規範的（normative）
　モダン（modern）
　シンボリック（symbolic）
　ポストモダン（postmodern）

説明（explanation）
理解（understanding）
認識（appreciation）
存在論（ontology）：
　客観主義者（objectivist）
　主観主義者（subjectivist）
認識論（epistemology）：
　実証主義者（positivist）
　解釈主義者（interpretivist）
言語論的転回（the linguistic turn）

注

1. Lewin (1951:169).
2. Miller (1956).
3. Thomas Kuhn (1970) の『科学革命の構造（*The Structure of Scientific Revolutions*）』とキューバ危機を3つの理論的パースペクティブから分析したGraham Allison (1971) の『決定の本質（*The Essence of Decision*）』は多くの組織論者に多元的パースペクティブを促した。Burrell & Morgan (1979) は，機能主義，解釈主義，ラディカル人間主義，ラディカル構造主義といったパースペクティブで区分けした組織理論の包括的なサーベイを最初に行った。Hassard (1991), Hassard & Pym (1990), Hassard & Cox (2012) は，バレル＝モーガンの枠組みを促進・拡大してきた。多元的パースペクティブで組織理論を作ろうとしたその他としては，W. R. Scott (1981/1992, 合理システム，自然システム，オープンシステム）とJoanne Martin (1992, 統合，分化，分散) がいる。
4. Whetten (1989).

参考文献

Allison, Graham (1971) *The Essence of Decision: Explaining the Cuban Missile Crisis.* Boston: Little, Brown.（宮里政玄訳『決定の本質：キューバ・ミサイル危機の分析』中央公論新社, 1977）

Burrell, Gibson, and Morgan, Gareth (1979) *Sociological Paradigms and Organizational Analysis.* London: Heinemann.（鎌田伸一・金井一頼・野中郁次郎訳『組織理論のパラダイム』千倉書房, 1986）

Hassard, John (1991) Multiple paradigms and organizational analysis: A case study. *Organization Studies*, 12/2: 275-99.

—— and Cox, Julie W. (2012) Organizational analysis: Paradigmatic possibilities for post-paradigms times. *Academy of Management Annual Meeting.* Boston, MA.

—— and Pym, Denis (1990) (eds.) *The Theory and Philosophy of Organizations: Critical Issues and New Perspectives.* London: Routledge.

Kuhn, T. S. (1970) *The Structure of Scientific Revolutions.* Chicago: University of Chicago Press.（中山茂訳『科学革命の構造』みすず書房, 1971）

Lewin, Kurt (1951) *Field Theory in Social Science: Selected Theoretical Papers* (Dorwin Cartwright edn.). Oxford: Harpers.（猪股佐登留訳『社会科学における場の理論』誠心書房, 1979）

Martin, Joanne (1992) *Cultures in Organizations: Three Perspectives.* Oxford: Oxford University Press.

Miller, George A. (1956) The magical number seven, plus or minus two: Some limits on our capacity for processing information. *Psychological Review*, 63/2: 81-97.

Scott, W. Richard (1992) *Organizations: Rational, Natural, and Open Systems* (3rd edn., first edition published 1981). Englewood Cliffs, NJ: Prentice-Hall.

Whetten, D. A. (1989) What constitutes a theoretical contribution? *Academy of Management Review*, 14: 490-95.

さらに理解を深める文献

Corley K. G. and Gioia, D. A. (2011) Building theory about theory building: What constitutes a theoretical contribution. *Academy of Management Review*, 38/1: 12-32.

Sutton, R. I. and Staw, B. M. (1995) What theory is not. *Administrative Science Quarterly*, 40, 371-84.

Weick, K. E. (1989) Theory construction as disciplined imagination. *Academy of Management Review*, 14: 516-31.

A brief history of organization theory

第 2 章

組織論の歴史

　組織論を研究する魅力の1つは，それが描き出す学際的なアイディアにある。いろいろな領域で考え出されたアイディアを指摘するとともに，時間を経てそれらのアイディアが組織論に入り込んでくるのを指摘する，という私流のやり方を図2.1に図式化して示しておいた。この歴史的全体像には，いろいろなパースペクティブが組織論の中で最初に確立した時期，そのもととなっている学問，その展開に寄与した思想家が示されている。

　図2.1の歴史年表は，不完全なものであり，もっと多くのパースペクティブが組織論の中に定着しているはずである。本書の第Ⅲ部では，今最も注目されている研究者の何人かを紹介する。その一方，第Ⅱ部では，モダン，シンボリック，ポストモダンの各パースペクティブで展開された概念や理論に焦点を向けている。しかしながら，これらのパースペクティブは，その起源を組織論誕生以前にまで遡れるので，ここでの歴史は組織論が誕生する以前の思想家たちから始まることになる。

▍組織論前史

　ヨーロッパやアメリカで工業化の時代を迎えた18世紀後半から19世紀前半にかけて，組織や組織化に関する特筆すべき書物はほとんどなかった。しかしこの分野で後に二大勢力となる人たちから，この分野の知識を渇望する声が高まりつつあった。すなわち，経営者やコンサルタントといった実務家は，生産

                                                              美学
                                                          文化論
                                                       文学
                                                    ポストモダン建築学
                                                 ポスト構造主義哲学
                                              言語学、記号論、解釈学
                                        民俗学
                                     文化人類学
                               社会心理学
                            生物学－生態学
                       政治学
                    社会学
              工学
        経済学

前史 1900-1950年代	モダン 1960年代と1970年代	シンボリック 1980年代	ポストモダン 1990年代
Smith(1776) Marx(1839-41, 1867) Durkheim(1893) Taylor(1911) Follett(1918,1924) Fayol(1919) Weber(1924) Barnard(1938)	Bertalanffy (1950,1968) Trist and Bamforth (1951) Boulding(1956) March and Simon (1958) Woodward (1958,1965) Burns and Stalker (1961) Lawrence and Lorsch (1967) Thompson(1967)	Schütz(1932) Whyte(1943) Herskowitz(1948) Selznick(1949) Goffman(1959) Berger and Luckmann (1966) Weick(1969) Geertz(1973)	Foucault(1972,1973) Bell(1973,1976) Jencks (1977,1992,1996) Derrida(1976,1978) Lyotard(1979) Rorty(1980) Clifford and Marcus (1986) Baudrillard(1988)

図2.1 組織論のパースペクティブをもたらしたインスピレーションの源泉

この図の中段にあるボックスは，モダン，シンボリック，ポストモダンのパースペクティブが組織論の中で確立した時期を年代順に示している。年表の上の部分には，これらのパースペクティブのもととなった学問が大雑把ではあるが最初に影響を与えた順に並べられている。また，下の部分には，貢献のあった理論家たちがリストアップしてあり，その右に研究が出版された年が記されているので，この章の最後で参照することができる。

性を高める最善の組織および管理法の研究にもっぱら関心を向けていた。その一方で，経済学者や社会学者といった学者たちの関心は，工業化しつつあった社会を背景に組織形態の変化や組織の役割の変化に向けられていた。学者たちが工業生産の効率向上のための組織作りから，官僚制の合理化へと概念的飛躍を遂げたことで，工業経営の実践的問題に向けられていた関心は瞬く間に政府機関およびその他の公共機関へと拡大されていった。

組織論の発見に寄与した経営者やコンサルタントたちは，共通の組織的問題に対する解決策を提示し，その解決策を実行する人たちに対して助言を行った。彼らの信奉者には，企業経営者，政府役人，その他公共機関の役人が多かったので，彼らは古典派経営論者あるいは管理論者として知られるようになった。彼らの研究は，ほとんどの場合，規範的原則という形で提示された。それらは産業の成熟度が，どのように経済や社会生活を変えていったかを克明に研究していた政治経済学者や組織社会学者たちの足跡をたどっていると見ることもできる。同時に，これらの多様な関心が組織論を研究領域として成立させた。

すでに成立時からあった多様な規範的で学問的な関心が，この領域の歴史を通じてずっと存在する，実践と理論の間の緊張関係を作り上げた[1]。組織*理論*という呼び名から，実践は重要度の低いものという印象を与えるかもしれない。しかし，理論の実践的応用は，この応用科学にとって常に重要であり続けてきた。理論を応用するという難問，特に抽象概念を用いて具体的な状況を説明するという難問は未解決のままである。理論と実践の利害関係は，うまくすれば生産的な緊張関係を作り上げるし，下手をすれば政治的派閥争いの様相を呈してしまうものである。

この後，歴史を彩る古典派の経営論者や管理論者，政治経済学者，そして社会学者たちと立て続けに出会うことになる。彼らのアイディアが，実践と理論から生み出された組織論として結実したのである。

アダム・スミス（Adam Smith）：スコットランドの政治経済学者（1723－1790）

組織作りや経営については，古代エジプトのピラミッドに多くの痕跡を見る

ことができるが,それよりはるか以前の人類史の中で生まれたことは間違いない。しかし,公式の記録は,そこまで古くはない[2]。私たちにわかっていることは,アダム・スミスが,記録の上では組織論に関する本を最初に書いた人物ということである。1776年にアダム・スミスが出版した『諸国民の富の性質と原因の研究(*An Inquiry into the Nature and Causes of the Wealth of Nations*)(国富論)』では,**分業(division of labor)**が,どれほど経済効率を上げるかが説明されている。注意しておかなければならないのは,スミスは,自分の理論をピン製造の効率化にどのように応用するのかを説明しているので,実践を意識していたことは間違いない。

> 例を挙げれば,……分業はピン製造者たちの間では,よく話題になる。この仕事に未熟練で(分業はこの仕事をまったく別の仕事にしてしまっている),使用機械に不慣れな労働者(そのような機械の発明のきっかけになったのもおそらくこの分業である)は,この業界の端から端まで見渡しても,おそらく1日にピンを1本は作れたとしても,20本を作ることはできなかった。しかし現在この業界でとられているやり方は,全体的に見れば特殊な職務である。それはいくつもの小作業に分割されるが,それでもその大部分は同様に特殊な職務である。1人が針金を引っ張り出すと,次の男がそれをまっすぐに伸ばし,3人目がそれを切断し,4人目がその先を尖らせ,5人目がピンの頭の形になるように先端を磨くのである。ピンの頭を作るためには,2,3の別個の作業が必要となる。ピンを置くこと自体1つの仕事であり,ピンを白く塗るのは別の仕事である。ピンを紙に刺すことも1つの職である。ピン製造における重要な職務は,かように,約18の異なった作業に分割されていた。それぞれの作業は,いくつかの工場ではすべて別の従業員が担当していたが,残りの工場では1人が2,3の作業を担当していた。……私が見たのは,従業員がたった10人の工場で,彼らの何人かは結果的に2,3の異なった作業を担当していた。彼らは非常に貧乏であったが,必要な機械を公平に融通し合い,頑張れば,1日に12ポンドほどのピンを作ることができた。1ポンドで中サイズのピンが4,000本以上あった。したがって,この10人の人間で1日に48,000本以上のピンを作ることができた。つまり1人分にすると,48,000本の10分の1を作ったことになるので,4,800本以上の

ピンを1日で作ったことになる。しかしもし彼らがすべて別々に独立して働き，誰もこの奇妙な職務について訓練されていなかったとしたら，彼らは1人で1日に20本は絶対に作れないし，おそらく1本も作れないだろう。すなわち，彼らの作業を適切に分割し組み合わせた結果としての現在の遂行能力の240分の1どころか4800分の1にもおそらく満たないということである。

他の職業や製造業のすべてで，分業効果は，今回の軽作業の場合と同様であった。そのような作業の多くでは，生産活動は，それほど細かく分割できなかったし，極度に単純作業といえるほどまで減らすこともできなかった。しかしながら，分業はそれが導入されていれば，どのような職業においても，それなりに労働者の生産力の増大をもたらしていた[3]。

経済成果に対する分業効果についてのスミス理論には，産業経営の実践にとって重要なことが書かれている。これが生産の単純化や時間・動作研究のような管理技法の普及につながったのである。課業の分化（differentiation）や労働の専門化（specialization）を含む分業の概念は，社会構造（social structure）概念の中心であり，組織論の中心概念の1つである。しかしながら，スミスが，工業化が経済的成功と社会進歩をもたらすと仮定している一方，カール・マルクスを筆頭に，この仮定の論拠を懐疑的に捉えている人たちもいた。

カール・マルクス（Karl Marx）：ドイツの哲学者，経済学者，革命家（1818-1883）

マルクスの資本論（theory of capital）は，人間の欲求は生存欲求から始まり，そしてひとたび生存欲求が充足されると，金持ちになりたいという欲望が出てくるとしている。マルクスによれば，生存欲求は経済秩序を作り上げる。それは人間が危険や衣食住に自ら対処しようとするとき，協働やそれを支える社会構造の経済効率に気づくからである。経済効率（efficiency）は結果的に原材料や時間といった資源の余剰を生み出し，この余剰は人間の自己顕示欲や上昇願望を満たすための文化向上に向けることができる[4]。

このことは仕方のないことではあるが，権力問題が起こるのは必至である。

マルクス理論において，それを基に人びとが文化を築き上げる経済の基礎は，資本家と労働者の利害の間で繰り広げられる権力関係に従うこととなる。この権力関係は，道具，設備，工場といった生産手段を所有する資本家と，生産プロセスのアウトプットを生み出す労働者とを対立させることになる。この二者間の反目は，資本主義の神髄に存在する。

資本家と労働者間の利害闘争は，財やサービスが市場で費用を上回る価格で取引されたときに生まれる余剰利益を，どう配分するかに関して発生する。利益は，労働と資本の組み合わせで生み出されるので，マルクスの考えでは，両者ともこの余剰を要求する権利がある。労働者たちは，自分たちの労働が有益なものであったことを根拠に要求し，資本家たちは，自分たちの投資がなければ労働者は利益を生んだ仕事に絶対に就くことはできなかったと主張する。

労働と資本の間の**社会的コンフリクト**(social conflict)が，**収益性**(profitability)に対する要求を激化させた場合をマルクスは続けて説明する。利益がなければ，個人企業の生存ひいては資本主義経済全体が危機に瀕することになる。なぜならば，資本が投資されることはなくなり，職は消滅するからである。収益性は，労働活動が行なわれる組織に依存しているが，その組織は競争原理に従っている。

他社との競争が，製品サービスの価格引き下げ圧力となる。そしてこの圧力によって，資本家は，利益を確保するための製造コスト引き下げ策を考えるようになる。最大の製造コストは何といっても労働者なので，資本家は労働者にもっと効率的に（少なくともっと安く）働くよう圧力をかける。そしてこのことは，労働プロセスに新種の経営コントロールをかけ続けることによって達成される。しかしそれによって労働者の要求する利益配分はより多く搾取されることになる。

資本主義の下での労働者の物語は，さらに悲しい方向に進んでいく。マルクスの指摘では，効率に駆り立てられた資本家は，**労働**(labor)を製造コストと決めつける。この考え方は，労働を市場で売買されている他の商品と同等に見なすものである。そして個人の関係を職務能力に対する経済的価値に基づいた純粋に道具的関係にする。この労働の**商品化**(commodification)を許すと，その経済的価値を搾取されている他の原材料と労働を同様に扱うことが可能と

なる。

　労働者や社会福祉よりも仕事の経済性に目を向けることになるため，労働の商品化は，資本家による労働の**搾取**（exploitation）をもたらし，さらに労働者に自分の仕事からの**疎外**（alienation）をもたらすことになる。疎外が発生するのは，自分の労働を売りたい商品と見なしている労働者が，資本家の利害に合致した雇用条件を受け入れることで自己搾取に関わった場合である。例えば，労働組合を結成するなど，労働者が**経営コントロール**（managerial control）に組織的抵抗を示さない限り，資本主義の下では労働搾取と労働疎外は避けられないのである。

　マルクスは，次のように予言している。資本主義者の経済力学が社会を維持できるのは，文化がその発展の経済的基盤である資本主義を打倒しようとするまでのことである。この部分はマルクスが自らの理論から導き出した予言の中でも最も議論のあるところである。多くの人たちは，ソビエト連邦における共産主義崩壊こそマルクスが間違っていたことの証であると解釈している。しかしながら，「アラブの春」，「怒った人びと（Los indignados）」，「ウォール街を占拠せよ」といった運動から始まった最近の社会変革は，マルクス理論が，次のようなことに対して洞察力を持っていた証なのかもしれない。すなわち，資本主義の下で生産された富の分配に疑問を持った新しいサブカルチャーが，なぜ生産とそこで消費し統制されている物的資源をまとめあげるいくつかの新手法を作り出したり，その出現を予言しているのかに対してである。

　マルクスの労働と資本に関するアイディアは，批判理論のきっかけとなり，そこから専門経営者を批判する土台がもたらされたのである。政治的影響を受けた資本主義経済内での社会的コンフリクトや変化の力学に向けられたマルクスの焦点は，デュルケームやウェーバーから始まるより調和のとれた構想とは大きく異なっている。

エミール・デュルケーム（Emile Durkheim）：フランスの社会学者（1858-1917）

　1893年に出版されたデュルケームの『社会分業論（*The Division of Labor*

in Society)』では,農業社会から工業社会への構造転換を,工業化によって引き起こされた労働の専門化の結果であるという観点から説明している。デュルケーム理論は,アダム・スミスの二番煎じではあったが,**階層**(hierarchy)と仕事役割やタスクの**相互依存性**(interdependence)を分業に新たに付け加えている。ひとくくりに**社会構造**(social structure)として知られるこれらのアイディアは,組織論でモダン・パースペクティブをとる人たちにとっての中核概念となった。デュルケームが『社会的方法の規準(*The Rules of Sociological Method*)』と『自殺論(*Suicide*)』という別の2冊で奨励した統計的な記述と分析という**計量的調査法**(quantitative research methods)も同様に中核概念となった。

公式組織の社会構造を明らかにした上で,デュルケームは**非公式組織**(informal organization)の概念を提案した。このアイディアは,労働者の社会的欲求を強調するものであり,分業,階層,タスクの相互依存性を本質とする**公式組織**(formal organization)とは対照をなすものである。非公式組織の効果を明らかにしようとする諸研究が,組織行動論や産業・組織心理学の成立に一役買うこととなった。またそれらの研究は,組織論に組織文化が登場できるお膳立てを整えてくれた。さらにデュルケームによる公式組織と非公式組織の区別が,組織論に,組織化の経済的側面(ハード)と人間的側面(ソフト)の緊張をもたらした。この緊張は,理論と実践を1つの学問の下で統合しようという挑戦に匹敵するものである[5]。

カール・エミリ・マクシミリアン(マックス)・ウェーバー(Karl Emile Maximillian Weber):ドイツの社会学者(1864-1920)

マルクスやデュルケーム同様,ウェーバーも工業化が社会にどのような影響を及ぼしたかということに関心を持った。彼が特に関心を持ったのは,工業化組織がもたらした新種の**権威構造**(authority structure)であった。ウェーバーによれば,工業化以前の自然発生的社会(societies organized themselves)では,伝統的権威もしくはカリスマ的権威のいずれかが用いられていたが,工業化とともに合法的権威が用いられるようになった。

伝統的権威 (traditional authority) は,血筋や財産所有権といったものによって明確にされ,維持されてきた身分を相続することにその基礎を置いている。例えば,貴族社会は,財産や身分を親から子へと移転する。伝統的社会において,伝統は社会秩序をもたらすが,その一方で身分や権力を相続した人が指揮するにふさわしい,もしくは指揮する意思を持っているとは限らない。特定の個人の魅力によって彼らの他者への影響が正当化され,正統化されるカリスマ的権威 (charismatic authority) によって組織された社会でも相続は問題となる。古代においては,イエス・キリストやムハンマドがカリスマ性を発散させた。最近の例では,ガンジー,ジョン・フィッツジェラルド・ケネディ,マーティン・ルーサー・キング・ジュニアにカリスマ性を見いだすことができる。そして彼らの死のそれぞれが,彼らが生きた社会に混乱をもたらした。

　ウェーバーは,次のように予言した。合法的権威(rational-legal authority)が,身内ひいきの伝統的権威とパーソナリティ崇拝のカリスマ的権威に取って代わり,その結果合理的に作られた規則や法で実施される能力重視の選抜になるだろう。合法的権威に基づく社会は,基本的に,支配者たちの適切な行動を確保できる。その方法は,指揮する権利を定めたのと同じ法律や規則で彼らを縛り付けるのである。さらにいえば,そのような社会は,豊富で質の良い指導者予備軍を利用するはずである。なぜならば,合法的権威に基づいた社会の規則や法律に従うことにより,ほとんど誰でも指揮することが可能となるからである。

　ウェーバーは,合法的権威の約束事が,現実の世界では決して実現しないことに気づいていた。彼はその危険性を 1924 年出版の『社会と経済組織の理論 (*The Theory of Social and Economic Organization*)』の中で書いている。本の中でウェーバーは,官僚制 (bureaucracy) が,社会秩序を合理化することで,産業組織の技術的効率性を社会のあらゆるものに拡大できると提言している。彼の洞察の根拠は,技術がビジネス組織の経済秩序を合理化する方法と官僚制が政府機関のような組織の効率を同じように改善する方法の類似性にあった。ウェーバーの類似性は,1950 年代 1960 年代になるとウェーバーの指摘とは逆であると信じるモダンニストの組織論者を生み出すことになる。すなわち官僚制的合理性が技術的合理性を高めるという関係である。

ウェーバーは、官僚制的合理性がもたらす成果は、人間の価値観に依存していることに気づいた最初の人物である。そこでウェーバーは、形式合理性と実質合理性を区別した。**形式合理性**（formal rationality）とは、技師たちが技術的効率を測定するためや管理者たちがコストを記録したり削減したりするために開発されたものであり、計算技法に関係したものである。**実質合理性**（substantive rationality）は、行為の望ましい目的に関係するものである。この行為の望ましい目的は、形式合理性の計算的あるいは「ハードな」技法の利用を方向づける。このことは、経営目的を疑ってみる必要があるということを意味している。ウェーバーは、どちらの合理性も必要であると考えていた。

実質合理性を熟慮することなく形式合理性を利用した場合、すべての人間を「常に動いている機械の歯車[6]」にしかねない**鉄の檻**（iron cage）に導くことになるとウェーバーは警告している。批判的なポストモダニストは、この警告に応え、経営実践における拘束性はほとんどすべて形式合理性が原因であると確信し、自分たちはこの拘束から人類を解放するために闘っているのだと主張した。ウェーバーは同時に文化的価値、確信、慣習、そして道徳性といったものが社会的行動にどのような影響を及ぼすのかにも関心を持っていたが、この関心が後に組織論のシンボリック・パースペクティブに寄与することとなる[7]。

フレデリック・ウィンスロー・テイラー（Frederick Winslow Taylor）：アメリカの技師、管理者、そして科学的管理法の父（1856-1915）

わずか28歳でテイラーは、ミッドベール・スチール社の主任技師に任命された。そこでの管理職としての最初の仕事は、当時一般的であった強制的説得だった。テイラーは、このやり方に疑問を抱くようになるが、それは彼が労働者を効率的に管理するためには、仕事の技術的側面と労働者の心理的動機づけを知っておく必要があると悟ったからである。科学的研究手法を応用すれば管理実践の改善につながるという確信のもと、テイラーは科学的実験をベツレヘム・スチール社やその他のところで行った。実験の中心は、原材料の取り扱い方であり、道具や機械の使い方であり、労働者の動機づけであった。

実験は、テイラーに**科学的管理法**（scientific management）のアイディア

を閃かせただけでなく，いくつもの管理原則を生んだ。その原則には，次のようなものがある。目標作業量を提示するための（労働者が普通に働いた平均作業量よりも高く設定するための）作業標準の利用や労働者が目標を確実に達成できるようにするための作業の標準化があり，ここには指示カード，作業手順指示書，工具の標準化，在庫管理システムなども含まれる。テイラーは，この他にも，技能に基づいた職務配置，監督法，誘因策を提示している。

テイラーは，科学的研究や実験に基づいた標準や原則が，経営者に高賃金低生産コストを可能にさせると確信していた。彼は，これにより社会に対する工場の便益が極大化され，そして高次元での労使協調が可能になると確信していた。テイラーによれば，科学的管理法を実践すれば，労働者は設定された標準以上で働くことに動機づけられるので,資本家に極大利益をもたらす。同時に，生産性に応じて労働者に公正に賃金を支払うことにより，マルクスが予言した資本主義を崩壊させる社会的コンフリクトが回避できるのである。

テイラーの研究は，国際的な能率増進運動を引き起こした。彼のアイディアを最初に取り入れた人たちの中には，時間・動作研究の専門家であったフランクとリリアンのガルブレイス（Frank and Lillian Gilbreth）夫妻がいた。この夫婦は，労働者の生産性向上に人生を捧げた人たちである。例えば，フランク・ガルブレイスは，レンガ積みの方法を考案した。それはレンガを積むのに必要とされる動作数を 18 から 2 へと削減するものであり，職人 1 人当たりのレンガ積数を 1 時間当たり 120 から 350 へと増加させるものであった。

このように劇的に生産性が向上したことで,レーニン，スターリン，ヘンリー・フォードを含む数多くの国家指導者やビジネス・リーダーたちが科学的管理法，すなわち，多くの人たちが**テイラリズム**（Taylorism）と呼んでいるものを採用した。評価目的とコントロール目的で労働者のインプットとアウトプットを定量化するのは，今日のビジネス界では，世界中どこでも当たり前に見られる光景である。特に組立ラインでの生産に応用した場合，テイラー的管理実践をヘンリー・フォードに敬意を払って**フォーディズム**（Fordism）と呼ぶ人もいるが，これは科学的管理法の技法をほとんどそのまま採り入れたものである[8]。

テイラーの科学的管理法が登場したとき，多くの労働者だけでなく企業家で

さえ，これは危険で破壊的だと考えた。彼らは科学的管理法が労使間の信頼と協調を破壊すると信じていたし，マルクスがかつて予言したように資本主義を脅威にさらすものと考えていた。このような時代背景の下で，政府機関へのテイラーの諸原則導入が試みられた。しかしこの試みは，労働組合の反発とストライキを引き起こし，その結果急遽，連邦議会で科学的管理法調査委員会が開かれることとなった。しかし，科学的管理法に対する脅威は，すぐに共産主義の脅威に置き換えられることとなる。そしてここからアメリカにおけるマルクス理論迫害が始まる。一方，イギリス，フランス，スウェーデン，デンマークといった国々では，労働者の権利はマルクス理論に沿って保護され，科学的管理法は長い間阻止されていた。今日では，これらの社会がテイラリズムに屈服したのは明らかである。それは技術的効率性および形式合理性を重視する風潮がグローバル化した経済全体に広まっていったからである。

　テイラーの客観的測定には力があるという確信と労働者を効率的に統治する法則の発見に対する確信は，モダン・パースペクティブに引き継がれた。そこでは科学的管理法の技法というだけで，**合理化** (rationalization) 案のすべてのやり方が正当化されてしまう。批判的なポストモダニストたちは，テイラリズムを効率を通じて組織を合理的にする方法であるとは考えなかった。つまり彼らはテイラリズムを資本家や経営者が，今日享受している過去に前例のない権力を正当化するための理論的根拠と考えたのである。

メアリー・パーカー・フォレット（Mary Parker Follett）：アメリカの学者，社会改革者，そして政府・企業のコンサルタント（1868-1933）

　コミュニティ・センター，政府，企業でのコンサルタント経験をもとにフォレットは理論を作り上げた。彼女は，社会共同体を強くする諸原則は，政府やその他の組織をうまく作り出すのに応用できると考えた。1924年に彼女は，自己統治の原則に基づいた管理理論を発表するが，そこで，自己統治は「個人の成長だけでなく彼らが所属する集団の成長」も促進すると主張している。さらに，「共通目的達成に向けてお互い直接相互作用することで，集団メンバーは，集団が発展していく過程を実感でき満足する」と論じている。彼女の

アイディアは，何十年もたった現在の関心事である**職場民主主義**（workplace democracy）や**無階層ネットワーク**（nonhierarchical networks）を予期していたことになる。

フォレットは，民主主義社会における組織では民主主義の理想が信奉されるべきであり，権力は，人びとを支配する権力ではなく，人びととともにある権力であるべきである，という見方を広めた。彼女は次のように述べている。

> 目的を作ってもいないのに，目的を調整することなどできない，これは同じプロセスの一部である。工場の目的達成を労働者と共有したいと思っている人たちがいるが，その人たちは，そのことが工場の目的設定の共有も含んでいるとは考えていない[9]。

このように，マルクスとは反対に，フォレットは，権力とは創造的エネルギーの源であるというアイディアを提案している。彼女は，コンフリクト状況において合体した権力を作り出すプロセスを，権力を支配に基づいた競合する力と捉える見方に代わるものと考えていた。

フォレットは，支配をコンフリクト解決に対して考え得る3つのアプローチの1つにすぎないと考えた。妥協は，2番目のものであり，支配と同様消極的なものであり，どの集団の利害も完全には満足させられないものである。3つの中で唯一，問題を創造的に再定義する統合だけがすべての人の利害を守るのである。統合を説明するにあたって，フォレットは，図書館で本を読んでいる2人を例に挙げている。1人は窓を開けてほしく，もう1人は窓を閉めてほしい2人である。支配的な人間は，他者の利害を消し去るように自分の意志を行使する。一方，統合的アプローチをとると，隣の部屋の窓を開けることになる。フォレットが統合的解決に到達したのは，次のことに気づいたからである。窓を開けてほしい人は，ただ新鮮な空気が欲しかった（窓を開けることが，この目的を達成する唯一の手段である）だけであり，窓を閉めてほしいという人は，単に直接風に当たりたくないだけだと，彼女は気づいたのである。この解決策は，妥協ではない。なぜならば，両者とも自分の望むもの（新鮮な空気と無風状態）を手に入れたからである。

フォレットの研究は，現在，再注目の兆しがある。そこで多くの人たちが驚いたのは，組織論の歴史的サーベイで，彼女が無視されることが多かったことである。対照的に日本では，彼女の研究が昔から認められていた。その理由は，彼女のアイディアの普及を目的とするメアリー・パーカー・フォレット協会が1980年代から存在しているからである。何人かのフェミニストたちは，ヨーロッパやアメリカでフォレットのアイディアが注目されるのに時間がかかったのは，彼女が女性だったからではないかという，権力の影響としては支配に概念化される面白いコメントをしている。そうだったとしても，組織を共同体として捉えるフォレットの研究は，知識，実践，学習の共同体として組織を捉える理論に貢献しているし，彼女の組織の民主的諸原則は，民主主義を理想として掲げる職場ならどこでも利用できるものである。

アンリ・ファヨール（Henri Fayol）：フランスの技師，CEO，管理論者（1841-1925）

鉱山技師であり経営者でもあったファヨールは，経営難に陥っていたフランスの鉱山会社を復活させた偉大な管理法を考え出した。引退後は管理研究所を設立したが，それは彼が現役中に従っていた**管理諸原則**（administrative principles）を集大成し，後世に伝えるためだった。彼は，1919年に出版された著書『産業ならびに一般の管理（*General and Industrial Management*）』の中で組織行動を合理的に管理するのに応用できる普遍的諸原則を提示した。

ファヨールの合理的諸原則の中に**統制の範囲の原則**（span of control）というものがあるが，これは1人の管理者が監督する最適な部下の数を明らかにするものである。そしてこの部下たちは，ルーティン（routine）な問題を標準化された作業手続きを用いて処理すべきであるというのが，**権限委譲**（delegation）の原則である。これは発生する例外事項を処理するために，管理者を自由にさせておくために構想されたものである。**部門化**（departmentalization）の原則は，似通った活動をいくつかの単位（もしくは部門）に分類することに関連している。それぞれの単位は，組織の全体活動の担当部分に対して責任を負うことになる。**命令の統一**（unity of command）の

原則は，各部下は唯一人の上司の監督下にあるべきということをいっている。

ファヨールは，また団結心(esprit de corps)を呼びかけている。その内容は，組織を円滑に機能させるために，従業員の心を1つにし，調和を図るというものである。このアイディアは，後にモダン・パースペクティブをとる組織論がよく使う強い文化の概念で再登場することになる。

ルーサー・H・ギューリック（Luther H. Gulick）：アメリカの管理論者（1892-1992）

コロンビア大学で行政学と管理学の教授であったルーサー・ギューリックは，1937年にリンドール・アーウィック（Lyndall Urwick）とともにいろいろな論者の論文を集めた『管理学論文集（*Papers on the Science of Administration*）』という本を編集した。その本の「組織論に関する草案(notes)」と名づけられた彼の担当章で，政府組織の効率を以下の方法で向上させることができると書いている。すなわち，仕事をいくつかの小さな専門化された部分に分割し，熟練した技術を持った人にその仕事を割り当て，それを指揮，タスクの明確化，指導，命令を通じて調整することで向上できると述べている。

ギューリックは，管理学は経営管理と公共管理を合理化し専門職化する手段たり得ると考えていたので，この野心実現に向けてファヨールの5つの機能リスト《計画化，組織化，命令，調整，統制》をもとに7つの機能を提案した。彼の有名なPOSDCoRBという覚え方で人びとの心を捉えたリストは，計画化（P），組織化（O），配置（S），指揮（D），調整（Co），報告（R），予算（B）である。

チェスター・バーナード（Chester Barnard），アメリカの経営者，経営論者（1886-1961）

1938年に出版された『経営者の役割（*The Functions of Executive*）』の中で，ニュージャージー・ベル電話会社の元社長であったバーナードは，次のようなことを示唆した。良い経営者になるために一番重要な役割は，デュルケムによって明らかにされた非公式組織を管理することである。バーナードは，

組織を社会協働システム（cooperative social systems）へと発展させるための規範的アドバイスを行っている。すなわち，**目的**（goals）を伝えることで職場の努力を**統合**（integration）すること，そして労働者の**モティベーション**（motivation）に注意を払うこと。このアイディアは，フレデリック・テイラーはもちろんのことメアリー・パーカー・フォレットにも呼応するものである。

ポストモダニストは，バーナードが組織の協働的側面を重要視したために，マルクスの示唆したすべての組織の根本にある対立の重大さから初期の組織論者，特にアメリカの理論家の目をそらさせたと非難する。それにもかかわらず，バーナードが行った職場での価値と感情の問題に対する考察は，いくつかの論題を明らかにした。この論題は，組織文化，意味，シンボリズムに対するシンボリック的研究において再び取り上げられることとなる。

現在から振り返れば，産業経営における実践が社会にどのような影響を及ぼすかに関する経済学や社会学の理論と，労働者を組織しコントロールする最善の方法に目を向けていた初期の経営学や管理学が渾然一体となっていたことがわかる。これらのアイディアが集まって，組織論が作られる地盤が整備されていった。そしてそこに建てられた最初の建造物は，モダン・パースペクティブが定義したフレームワークに納まる形状をしていた。

モダン組織論

モダン・パースペクティブの名前の由来ともなっているモダニズムの物語は，18世紀ヨーロッパの啓蒙運動にまで遡る。理性の時代としても知られるこの時代は，暗黒の時代から引き継いだ苦難を抱えてはいたが，人類進歩の希望に満ち溢れていた。ルネ・デカルト（Rene Descartes）（フランス），ジョン・ロック（John Locke）（イギリス），イマヌエル・カント（Immanuel Kant）（ドイツ）といった高名な啓蒙思想家は，理性の力を借りて隷属や迷信から解放された人間を思い描いていた。彼らは，合理的知識の積み重ねが人間を常に前進させると信じていたが，このアイディアは啓蒙運動のかなり以前からあったものである。

1159年にソールズベリー侯ジョン（John of Salisbury）は，「われわれは，

巨人たちの肩の上に立っている」という革新的アイディアをフランスの哲学者シャルトル侯ベルナルド（Bernard of Chartres）が次のように語ったとしている。

> われわれは，新しい知識をどんどん増やしているが，それはわれわれの人間としての能力が進化しているからではなく，他の人の知力の支えがあるからであり，先祖から受け継いだ知的財産を持っているからである。シャルトル侯ベルナルドは，われわれを巨人の肩に乗っている小人によくたとえられる。侯がおっしゃるには，われわれが先達より幅広くかつ詳細な知識を持っているように見えるのは，われわれが高みにいるからでも鋭敏な目を持っているからでもない。われわれが先達の巨大な影像の上に持ち上げられ高い場所で生まれただけなのだ[10]。

カントの理想は，正義と個人の自由によって人類が1つになるというものであるが，これがモダニズムのもう1つの起源となっている。残念なことに，ポストモダニストの批判によれば，これらの理想はイデオロギーとなってしまった。このイデオロギーは，20世紀になると植民地主義を正当化するために用いられた。その論拠は，人類の状況をあまねく改善するというものであったが，世界中の土着文化の崩壊をもたらした。モダニストの不当な野心から文化を守るために，カントのモダニズムを近代化（modernization）と定義し直す人たちもいた。すなわち，このイデオロギーには反対するが，物質的利益を獲得するために西洋の科学的進歩を模倣することには価値があるとしたのである。

現在，モダン・パースペクティブの立場をとるとは，一般的に，競争優位および収益性を創出するために，組織の問題を診断し解決策を探索することを意味している。このパースペクティブでは，次のことが推奨される。組織が内外からの圧力の均衡を図ること，コア・コンピタンスを作ること，そして変化に適応することである。これらはすべて希少資源の利用を最小化してくれる効率の達成をもたらしやすくしてくれる。ここで3つのアイディアがモダン・パースペクティブの主張の雰囲気をわからさせてくれる。すなわち，一般システム理論，社会－技術システム論，コンティンジェンシー理論である。

一般システム理論

1950年代に，オーストリア生まれの生物学者ルードヴィヒ・フォン・ベルタランフィー（Ludwig von Bertalanffy）は，すべての科学を理論的に統一する可能性を模索していた。**一般システム理論**（general systems theory）と呼ばれる彼のアイディアは，次のような観察に基づいている。社会は集団から成り立っていて，集団は個人から，個人は器官から，器官は細胞から，細胞は分子から，以下同様に続いていく。フォン・ベルタランフィーは，これらの現象の各々，そこにはそれぞれの学問分野があったが，それらを**システム**（system）であると見なし，それらすべてに当てはまる法則や原則を探した。彼の信奉者の1人であるアメリカの経済学者ケネス・ボールディング（Kenneth Boulding）は，**システム階層**（hierarch of systems）を明らかにしたが，これは表2.1に示した。そこに彼は，社会の上に超越レベルを設定した[11]。

ボールディングのフレームワークは，モダニストの組織論者を悩ませ続けることになる次のような疑問を提起した。組織を分析するのに適した**分析レベル**（level of analysis）はどこなのか。関心現象を分析するレベルを見つけるためには，まずその現象を主システムとして定義し，次にその上のレベルを上位システムと見なし，そして下のレベルを構成し相互作用をしているものを下位システムと見なすことになる。全体としての組織を研究する場合，組織が分析レベルであり，その中の単位や部門は下位システムとなり，環境は上位システムの役割を果たす。もし部門を主システムとする場合には，部門の中の集団／または個人メンバーが下位システムを形成し，組織が上位システムとなる。

理論上は，システム分析においては，そのシステムが存在するレベルに固有のものを分離することが可能であり，そのことにより同じレベルにある他のシステムとの比較が可能となる。しかし，もし分析の途中で，あるレベルから別のレベルへ焦点を移す場合には，そのことによって作り出される混乱に用心する必要がある。同じレベルで対峙しているシステムの重要性をわかってもらうために，自動車の例を考えてみよう。どんなに自動車の各下位システム（例えば，電気系統の配線，燃料ポンプ，エンジン）に詳しかったとしても，すべての部品がどのように関連しているのかを理解していなければ，実際に動くように車を組み立てることは難しいし，故障した車を修理することも難しいのである。

表2.1　ボウルディングのシステム階層

レベル	特徴	例
1. フレームワーク	・ラベルと専門用語 ・分類システム	解剖図，地図 リスト，索引，カタログ
2. クロックワークス	・周期的な出来事 ・単純で定期的 ・（もしくは調整された）動作 ・平衡または均衡状態	太陽系 単純な機械 （時計もしくは滑車） 経済の均衡システム
3. コントロール	・自己コントロール ・フィードバック ・情報伝達	サーモスタット 恒常性 自動操縦
4. オープン（生物）	・自己保存 ・物質のスループット ・エネルギー投入 ・再生産	細胞 川 炎
5. 遺伝	・分業（細胞） ・分化と相互依存 ・「設計図」通りの成長	工場
6. 動物	・移動性 ・自己認識 ・特殊な感覚受容器官 ・高度に発達した神経システム ・知識構造（イメージ）	犬 猫 象 クジラまたはイルカ
7. 人間	・自意識 ・シンボルを作り出し，吸収し，解釈する能力	あなた 私
8. 社会組織	・価値システム ・意味	ビジネス 政府
9. 超越的	・「絶対に理解できないもの」	形而上学 美学

出所：Boulding（1956）を基に作成。

システム論には，その下位システムを「全体は部分の総和以上のものである」という陳腐な決まり文句で表現し説明するのではシステムのすべてを明らかにできないほどの意味が含まれている。同様に，上位システム—例えば，自動車が走る地形であり，自動車をどのように運転するかを決めた地元の法律など—を無視することもできない。たとえその文脈を知ることが，自動車に特段関係がないと思えても無視できない。例えば，経済学者や社会学者はどちらも，組織をブラック・ボックスとする傾向がある。それは組織成果を歴史パターン，社会的パターンや傾向という上位システムだけから予言しようという彼らの目論見からである。社会レベルの高みから眺めている彼らには，特定組織の中で活動している下位システムは見えないし，他の組織と比較すればユニークなものを持っているのもわからない。したがって，彼らがある組織の経営者に伝えることのできる知識は，競争相手に伝えることのできる知識と同じものに限定される。

次のことも理解してもらいたい。社会組織を説明するということは，おそらく人間の理解の限界を超えている。社会組織レベルの組織を語るには，組織と同じ思考方法を学習する必要がある。これはモダン・パースペクティブの組織論がそうしていると約束しているものであるが，これを批判する人たちは，それは不可能だと考えている。したがって，システム論の持っている驚くべき意味合いの1つは，人間は問題の解決策を見つけられるほど賢くはなく，解決策は，はるか考えの及ばないところにあるということである。その一方で，分析の下位レベルを用いて全体的問題を断片的に検討するという代替案は，それが不完全であるがゆえに常に失敗するはずである。これまでのところ，システム論を批判する論文の忠告を受け入れて，人間より上のレベルで定義された問題の解決を諦めたモダニストはいない。

社会−技術システム論

1960年代，組織の2つの下位システム間—社会構造と技術—の相互作用に関心が向かい，社会−技術システム論の展開につながった。イギリスにあるタビストック人間関係研究所は，技術におけるいかなる変化であっても仕事上の

社会的関係，態度，感覚に影響を及ぼし，それが再び技術の利用と利用法に影響を及ぼすことを理論化した。最終的にタビストックの研究者は，特定目的達成のための技術システムと社会システムの最適組み合わせを見つけ出すことを推奨したが，それは驚くべきことに2つの下位システムの一方あるいは両方の最適化を諦めてもよいことを意味していた。

社会—技術システム論（socio-technical systems theory）は，タビストックの研究者であったエリック・トリスト（Eric Trist）とケン・バムフォース（Ken Bamforth）の研究から発展した。彼らは技術が労働者の生産性，モティベーション，モラル，ストレスに及ぼす影響を1950年代初期のイギリスの炭鉱で調査した[12]。その当時，石炭を掘る工法としてはロングウォール工法が主流であり，すべての炭鉱夫たちは採掘現場で長々と敷設されたベルトコンベアーに沿ってバラバラに働いていた。この危険で単調な環境で働いていた炭鉱夫たちは，自分の仕事に影響を及ぼすことも仲間の仕事に影響を及ぼすこともなかったが，それは人的接触が必要最低限しかなかったためである。トリストとバムフォースは，この工法の問題点をいくつも指摘している。具体的には，ストレス，欠勤率，離職率が高く，生産性が低く，さらに仲間，特に別のシフトの者たちの仕事ぶりが悪いと年がら年中文句をいっている，といった内容である。

イングランド北東部ダラムの1つの採掘場で，ショートウォール工法が採用されていた。そこでは多能工集団が，自分たちのシフトの石炭採掘のすべてに責任を負っていた。労働者集団は，自分たちの仕事の割り振りをコントロールしていたし，生産性も管理していた。トリストとバムフォースは，次のことを発見した。**自律的作業集団**（autonomous work groups）によって開発されたこの工法は，技師によって設計された工法ほど計算上効率がよくないはずだが，実際はより多くの仕事が成し遂げられ，労働者たちは職務からより多くの満足を得ていた。言い換えると，彼らが観察した技術システムと社会システムは準最適状態だったが，この2つのシステムが合体したときに業績を逆説的に最適化させたのである。そして彼らはこのことは他の作業状況にも当てはまると確信した。

もう1人のタビストックの研究者フレッド・エメリー（Fred Emery）は，技術システムと社会システムが個人の心理的欲求に及ぼす影響を調査した。それは，生産システムをチームワーク，多能工，自己管理が可能なものに設計し直す必要があることを示すためであった[13]。彼によると，組織パフォーマンスは，各下位システム（集団）が諸問題に対処できるか，他の下位システムそれぞれと統合できるか，そして全体とも統合できるか，に左右される。このエメリーのアイディアの多くは，自己組織化システム論や複雑系理論で活用されている。

　タビストックの研究者による研究は，さまざまな人的問題にその関心を向けていた。具体的には，社会システムとしての組織，職務設計の社会的および心理的影響，個人と比較した職場集団の重要さ，そしてスキルやタスクの多様性を減少させるのではなく増加させることを考えた分業の必要性などである。彼らは，自己管理集団が組織設計の基本要素となるべきであるということも示唆している。そうすることで階層組織を作る必要性が減るからである。

　おわかりのように，社会−技術論の提案は，科学的管理法の諸原則の多くと対立するものである。しかしテイラーもそうであったように提案者たちの意図は，すべての努力を無にする，マルクスが資本主義の特性とした社会的コンフリクトに向かう傾向を克服するための手段を提供することにあった。タビストックの研究者たちは世界中のさまざまな組織で仕事をしたが，そこには，インドの更紗工場，ノルウェーの造船所と肥料工場，アメリカの鉱山会社，イギリスとカナダの石油精製工場などがある。また社会−技術システム論は，マトリックス構造やネットワークといったより新しい組織形態に根拠を与えるものであるし，フォレットの職場民主主義のアイディアやデュルケームの非公式組織のアイディアを擁護する存在でもある。

コンティンジェンシー理論

　1960年代ごろまで，組織論者を突き動かしていた中心的関心事は，最適な業績を上げる組織化の最善の方法を科学的に発見することであった。しかし科学は役に立たず，組織設計の唯一最善の方法について曖昧な解答しか出せな

かった。このことが，最善となるかどうかは，関係する環境，目的，技術，人間といった要因に依存しているということに思い至るきっかけとなった。彼らのアプローチは，コンティンジェンシー理論（contingency theory）として知られるようになるが，それは一般システム理論と社会−技術システム論の研究者たちの研究を拡張したものであった[14]。コンティンジェンシー論者にとって有効な組織とは，多種多様な下位システムが特定状況でパフォーマンスを極大化するために連携している状態である。

コンティンジェンシー論者は，各状況でキーとなる条件を明らかにし，状況と条件間の最善の適合関係を決定しようとした。コンティンジェンシー・アプローチは，「もしこのような状況が存在するならば…その場合にはこれがなされなければならない」というフレーズでよく表現される。例えば，次のようになる。もし製造業の組織で，激しい競争環境にさらされていて，厳しい品質基準のある規格品を毎日大量に作らなければならないとしたら—その場合には，製造プロセスは高度に標準化されるべきであり，明確な生産目標を持ち，標準や作業手続きが整備され，上司による厳しいコントロールが行われるべきである。

今日，コンティンジェンシー理論は，モダン・パースペクティブの中で不動の地位を築いているが，条件をどんどん列挙したことによる複雑化が，この理論をますます扱いにくいものとしている。コンティンジェンシー理論が高い人気を長年にわたって保っている理由の1つは，この理論が成功のレシピを魅惑的に提示しているからである。しかし注意しなければならないのは，コンティンジェンシー理論は典型的に技術合理性や効率の規準で判断しており，他のパースペクティブと比べて思考方法に窮屈さがある点である。

シンボリック・パースペクティブへの扉を開ける

組織論の創始者たちは，より包容力のあるパースペクティブを持っていたことは確かである。しかしそれはモダン・パースペクティブが組織論の主流の地位を固めるまでのことである。しかし，ほとんどの人たちが忘れてしまっているが，モダン・パースペクティブが組織および組織化を考える唯一の方法では

ない。組織論者が、モダン・パースペクティブを探求することやその応用法を開発することに血眼になっていたころ、他の領域——特に解釈主義社会学、社会心理学、文化人類学——では主観や解釈に基礎を置いた代替案の開発が始まっていた。

1928年にアメリカの社会学者ウイリアム・アイザック・トーマス（William Isaac Thomas）が、新しいアプローチに関する神のお告げともいうべきアイディアを示した。「もし人が自分たちの状況を現実と定義すれば、その状況は、彼らの頭の中では現実となる。[15]」同様にシンボリック・パースペクティブは、次のことを示唆している。主観的確信が、客観的現実とまったく同じように行動に影響を及ぼすとしたら、その場合「社会的事実」は、正しく現実であり、存在論的にいえば客観的事実である。アメリカの詩人ウォレス・スティーヴンス（Wallace Stevens）は、モダン・パースペクティブとシンボリック・パースペクティブの違いを1937年出版の詩『青いギターを持った男（*The Man with the Blue Guitar*）』の中で見事に表現している。

They said, 'You have a blue guitar, You do not play things as they are.'	楽譜が言った、「あなたは青いギターを持っている。あなたはありのままに弾いてくれない。」
The man replied, 'Things as they are Are changed upon the blue guitar.'[16]	男は応えて言った「ありのままに弾いても青いギターの上で変わってしまうのだ。」

シンボリック・パースペクティブから見ると、解釈が、詩の中の青いギターのように、現実を変える。現実に対するこのような見方は、組織や組織化の観念の周りに設定された客観的境界に不満を抱いていた組織論者の心を捉えた。彼らは、解釈から生じる微妙な理解の違いが、実証主義的説明を補完してくれると感じていた。その理由は視野の中に、組織や組織化の別の様相を持ち込んでくるからである。このことは、特に、解釈を多く含むシンボルや意味に関わる現象で顕著である。社会構築、イナクトメント、制度化および文化は、彼らが民族誌学の濃密な描写、ナラティブ（説話）、内省的理論化（reflexive theorizing）といった手法を用いて探究している現象にあたる。

社会構築理論

　1966年に出版された『現実の社会的構成（*The Social Construction of Reality*）』という短い本の中で，ドイツの社会学者ピーター・バーガー（Peter Berger）とトーマス・ラックマン（Thomas Luckmann）は，次のような大きなアイディアを提示した。すなわち，社会的世界は，物体，言葉，行為，出来事に対するわれわれの解釈によって，交渉され，組織され，構築されており，そのすべてがシンボルを通して伝えられている。彼らは，**社会的に構築された現実**（socially constructed reality）の中では，シンボリズム──構造ではなく──が社会秩序を作り出し維持すると主張する。

　バーガーとラックマンは，解釈とは，間主観的に形成された暗黙の理解に基づくものであるとする。**間主観性**（intersubjectivity）とは，人びとの間で発生する主観的体験の領域であり，この領域が歴史観や文化を共有している感覚をもたらす。間主観性に社会構築プロセスを合体させることで，この現実に関する理論が社会理論になるのである。これは，人間の経験とは独立した客観的現実であるとする，モダニストの定義とは対照をなすものである。

　バーガーとラックマンによれば，社会構築は，外面化，客観化，内面化という3つのメカニズムで行われる。**シンボル**（symbols）──意味を付与された物体，行為，言葉──の使い方を学ぶことで，人間は意味を外面化できるようになる。**外面化**（externalization）が起こるのは，意味がシンボルによって伝えられてきたり，逆にシンボルを通じて伝えたりする場合である。その理由は，このようにして意味は，ある個人の自我という純粋私的領域の外へ旅立つからである。このように間主観的に作り出された理解は，客観的現実のように見えるが，実はそうではなく客観化なのである。**客観化**（objectification）は，客観的ではないのに客観として扱うことである。**内面化**（internalization）において，人は，社会集団が間主観的に外面化し，客観化した，理解を何の疑いもなく現実として受け入れる。外面化，客観化，内面化のプロセスが長期間綿々と続くことで，社会的に構築され，共有された現実が維持され，次の世代へと伝えられていくのである。

　人は，新しい組織に社会化されるとき，常にこの社会構築プロセスを思い知

ることになる。社会化（socialization）の初日，われわれは，疲労困憊して家に帰ってくることだろう。それも大して疲れるようなことをしていなかったにもかかわらず。このことは間主観性が働いている証であり，他の人たちが外面化し，客観化し，社会的に構築した現実を，必死に内面化しようとしているからである。結局，人は，その組織の行動様式を身につけ，それが第2の性質となるにつれ，居場所を見つけることになる。皮肉なことだが，たとえ社会化されることを拒否したとしても，不適応人というアイデンティティは，この特定集団での残留・排除を定めた社会的に構築された方法を，受容したことになるのである。

社会的に構築された現実を研究するには困難が伴うことは，すぐに想像がつくだろう。それは局地的な現象であり，どこで始まりどこに向かうかわからず，過去にも未来にも拡大できるからである。つまり関与できるのは，社会的に構築された現実のほんの一部にすぎないということである。現実として現れてくるのは，客観化と外面化を通して人が知覚したものである。それは社会的に構築された現実であり，自分が関わった他者との相互作用の中にのみ存在するものである。したがって，社会的に現実を構築するプロセスは，その規定者たち（enactors）が皆で分担しているのであり，彼らは皆その間ずっと絶え間ない変化を経験しているのである。

社会的に構築された現実が変化するのは，何か新しいことが外面化され（例えば，他集団からのシンボル借用や新シンボル考案によって），それを受容し利用することを通じて客観化され，そして内面化されたときである。これらすべてが同じ進行中の社会構築プロセスの中で起こり，そして安定がもたらされる。安定と変化は，新しいシンボルが古い意味と結びついたり，古いシンボルが新たな意味を手に入れたりと，時が経つにつれて絡み合っていく。

イナクトメント理論

現実を精神的想像力の産物として捉える認知心理学をたどってみると，アメリカの社会心理学者カール・ワイク（Karl Weick）が，組織を認知プロセスと見なした最初の人物の1人であることがわかる。彼の主張では，組織は，そ

のメンバーの心の中にのみ存在し，そこで社会的に構築された現実の認知マップの役を担う[17]。ワイクが地図作製をメタファーとして使っているのは，人間は心の中に地図を作って，自分たちが存在すると思い込んでいるものに辿り着こうとしているのを示すためである。彼は，組織をそのメンバーにその存在を語らせる「便利な虚構」と呼び，組織論者の関心を向けるべき現象は組織ではなく，組織化であると主張する。名詞形ではなく動詞形が，彼の理論づくりの発想の原点である。

ワイクは，バーガーとラックマンの外面化と客観化を一体化して認知プロセスの**具象化**（reification）《あるものを現実にさせること》とした。彼は，認知マップを縄張りであると思い込むことで，人は組織を具体的なものと見なし，それにしたがって相互作用するよう命じると主張する。もちろん，地図作成プロセスにおける人間の相互作用には，ある程度の協働が当然含まれる。ワイク理論の最も説得力のある主張の1つは，組織は，意味の集団的探索の産物であり，そのことにより経験が整理される，というものである。このような整理は，何が現実であるかという確信を**イナクトメント**（enactment）することを通じてなされる。したがって，**センスメーキング**（sensemaking）は，真実を発見することではなく，理解を作り出す（意味を決定する）ように経験を編成することで，真実を創造することなのである。このことすべては，認知的知覚に残され，それが組織として具象化されるのである。

ワイクは『組織化の社会心理学（*The Social Psychology of Organizing*）』の中で，次のように述べている。イナクトメントという用語を慎重に選んだのは「管理者が周囲にある多くの『客観的』事物を構築し，再整理し，選び出し，破壊していることをイナクトメントという用語で強調したかったからである。…人が行動を起こすとき，人は変数を無作為に選んでいるわけではなく，何らかの秩序に従っている痕跡があり，実際，自分に制約を課している。[18]」ワイクや他の研究者は，イナクトメント理論を株取引でのバンドワゴン効果現象の解明に用いている。2008年に起きた世界金融危機は，イナクトメントに環境を一変させる力があることを明確に証明している。

ワイクによれば，あるトレーダーに値上がり株を見つける達人であるという

噂が立つと，他のトレーダーたちは，彼の購買行動を真似るようになる。すると，その株の取引が活発になり，大抵株価が上昇し（すなわち，株価を高騰させ），その結果あるトレーダーの評判が守られる。あるトレーダーの信用が立証されると真似をする人がさらに増え，買い手をさらに引き付け，少なくともしばらくの間はその株の株価がさらに上昇する。ワイクが述べているように，「株の中身ではなく，バンドワゴン効果が株価を押し上げたという事実は，投資の世界では，イナクトメントが重要な経路であることを示している。[19]」このことはまたイナクトメント，センスメーキング，社会構築が，純粋に客観的で合理的なモダン組織論のパースペクティブでは説明不可能な行動を説明するために，どのように連関しているかを示している。

制度と制度化

1949年にアメリカの社会学者フィリップ・セルズニック（Philip Selznick）は，テネシー川流域開発公社（Tennessee Valley Authority）に関する本を出版した。合衆国政府は，TVAに資金を拠出し，発電と重要な農業地帯であったテネシー川流域を洪水から守るためのダムを建設した。さらにこの計画では，森林保護と休暇村の建設，地元農民への援助が約束されていた。

セルズニックはその著書『TVAと農業地帯—公式組織の社会学的研究（*TVA and the Grass Roots: A Study in the Sociology of Formal Organization*）』において，地域社会の利益を目指した農業地域プロジェクトとして発足したTVAが，農科大学，地元自治体，政治家，ビジネス・リーダーといったさまざまな利害関係者をどのように取り込んでいったかを書いている。彼は，**取り込み**（co-optation）が，資源の効率的分配者でありタスクの調整者であったこの組織を，注目すべきアメリカの制度へと変貌させたと主張する。しかし，制度化が進行するにつれ，TVAは初期の目的を忘れていってしまう。

1957年出版の『組織とリーダーシップ（*Leadership in Administration*）』の中でセルズニックは，彼がかつてTVAにおいて目の当たりにした制度の正当性のパラドックスを，組織と制度をその価値観の違いから区別することで説明している。セルズニックにとって組織とは，経済効率達成のための合理的手段

である。それゆえ，もしより効率的な組織が出現した場合，それが最初のものに取って代わることになる。つまり組織は，置き換え可能なのである。それではTVAのような非合理的組織の永続性をどう説明するのか。セルズニックは，その答えとして制度化の概念を持ち込み，次のように主張する。制度とは，自らを社会にとって価値のあるものであると強く主張し，なくてはならない存在であると思わせようとするものである。それはかつてアメリカでTVAが，農業地域の民主化という理想と自己を結びつけた行為である。実際には，その行動は，その正当性の主張から期待されるものとは大きくかけ離れたものであったが。

後にアメリカの社会学者ジョン・メイヤー（John Meyer）とブライアン・ローワン（Brian Rowan）が説明しているように，**制度化（institutionalization）**は，神話をでっち上げ，それによって組織の行動を世間の目から隠し，資源の取り込みを長期間見つからないようにする。「大きすぎて潰せない」という大銀行の主張は，非効率な組織行動だけでなく組織的不正行為さえも擁護してしまう，制度的神話の力を物語る直近の例であると考えている人たちもいる。

制度の正当性の確保を，神話や価値観に祈願するというアイディアは，組織文化の果たす役割に目を向けさせることとなった[20]。結局のところ，神話や価値観は文化の本質である。しかしセルズニックの制度化論のシンボリックな側面に刺激を受けた組織論者のほとんどは，社会的価値の取り込みとしての制度化には関心を示すことはなく，組織文化のような現象により強い関心を示した。それゆえ，学者の中にはセルズニックから文化人類学に着想の源を切り替える者もいた。

文化

アメリカの文化人類学者クリフォード・ギアツ（Clifford Geertz）は**文化（culture）**を他ならぬマックス・ウェーバー——多くのモダニストたちが自己の正当性の証として頼りにしているドイツの社会学者——を引き合いに出して明らかにした。1973年に出版された彼の著書『文化の解釈学（*The Interpretation of Culture*）』の冒頭で，ギアツは彼自身とウェーバーをうまく結びつけている。

> マックス・ウェーバーもそうだと思っているが，人は，自分で紡いだ意味の蜘蛛の巣に吊り下げられた動物です。私は文化というものは，そのような蜘蛛の巣だと考えています。したがって，文化の分析とは法則を探し出す経験科学ではなく，意味を探し出す解釈学だと考えています[21]。

ウェーバーを取り込んだことで，ギアツはシンボリック・パースペクティブの中での彼の主張を確固たるものとした。そして彼の文化へのアプローチは，モダン・パースペクティブに代わるアプローチを探していた大勢の若い組織研究者を引き付けた。濃密な描写というギアツの方法論は，彼らに民族誌学（エスノグラフィ）を初めて体験させたし，少なくとも民族誌学のシンボリック・バージョンを体験させた。

濃密な描写（thick description）は，文化の果たす役割を示すために，日常の出来事の表面ではなく裏に潜むシンボリックな意味を暴き出す。ギアツの民族誌学の一節から，彼のやり方を垣間見ることができる。民族誌学的調査を行うためにバリ島に到着したばかりのギアツ夫妻が，どのように一般には打ち解けにくく，よそ者を透明人間として扱うバリの人たちに受け入れられていったかを説明している件（くだり）を紹介する。ギアツの文章は例外なく次のようなものである。

> われわれがここに来てから10日かそれくらいが経った。大がかりな闘鶏が，町の広場で学校の新築資金集めのために開かれている。……もちろん，禁酒法時代の飲酒，現在のマリファナの吸飲，と同じように，闘鶏は，「バリの人たちの生活様式」の一部になっている，にもかかわらず，ハップニングが起こり続けている，そして非常に頻繁に思い知らされる。そして禁酒法時代かマリファナのように，時折，警官（少なくとも1958年当時は，そのほとんどがバリの人ではなくジャワの人であった）が，一斉検挙を目的に身体検査を要求し，鶏と蹴爪を没収し，何人かに罰金を科し，その当時はもちろん現在でも何人かは体罰として1日中南国の太陽の下にさらされ，この体罰にはまったく効き目がないのだが，そしてときには，本当に稀にではあるが，さらされた人が死ぬこともある。

その結果，ふだんの試合は村はずれの隠れた街角で行われていて，実際少し——大幅にではなく——この興業の活気が失われる傾向にある．しかしバリの人たちには活気を失わせる気はまったくない．このときは，しかしながら，政府が出し渋る学校の建設資金集めだから，最近取り締まりが減ってきたから，そして私が一連の情報から総合すると，必要な賄賂はすでに渡してあるという認識といったおそらく理由から，彼らは町の中央広場で開催でき，大勢の熱狂的な群衆を警察の目を気にすることなく集められると考えていた．

　彼らは間違っていた．第3試合の中盤，大勢の人がいて，その中にはまだ目を輝かせていた私と妻がいて，リングの周りが溶け合って一体となって，文字通り超生命体となっていたら，マシンガンを手にした警官を満載したトラックが唸りを上げて突入してきた．「プリシ！プリシ！」という罵声が群衆から上がる中，警官が飛び降り，リング中央に殺到，ギャング映画のワンシーンさながらに周囲に向け銃を構えたが，さすがに発砲することはなかった．超生命体は一瞬にしてバラバラとなり，四方八方に散り散りになった．人びとは，我先にと道を走る者，頭から塀を飛び越える者，台の下を這い進む者，枝細工の網を折り返しその陰に隠れる者，ココナッツ畑の木に大急ぎで登る者がいた．人の指を切り落とせるほどというか足で穴を掘れるほど鋭利な鉄蹴爪で武装した鶏が，そこら中を走り回っている．すべてが土埃とパニックの中にあった．

　人類学では当たり前の原則，「郷に入っては郷に従え」，妻と私は決断した．周りにちょっとだけ後れをとったが，なすべきことは走るだけだと．私たちは村のメインストリートを駆け下った，北に向かって，住処から遠ざかっていく．リングの北側にいたから．逃げる途中，別の逃亡者が突然複合住宅の中に飛び込んだ——彼の家だと後でわかった——，私たちはといえば，目の前には田んぼ以外なく，田園風景が広がっていて，とても高い火山があって，彼を追うことにした．私たち3人が中庭に転がり込んできたので，彼の妻，彼女はこの種のことを前にも経験していて，テーブル，テーブルクロス，椅子3脚，3人分のお茶をさっと出して，われわれは皆，無言で，椅子に腰かけ，お茶をすすり，気を静めようとした．

　間もなくして，警官の1人が中庭に偉そうに行進するように入ってきて，村

第2章　組織論の歴史

第Ⅰ部 組織論とは何か？

長を探していた。(村長は闘鶏会場にいただけでなく，会場を仕切っていた。トラックがやって来たとき，彼は川に逃げ，腰布を脱ぎ捨て，川に身を沈めた，そのため，警官がやっとのことで川の流れを頭からかぶりそこに座っている彼を見つけたとき，事件が起きたとき入浴中だったのでそこにはいなかったから，私は無関係だということができた。警官は彼を信じず300ルピアの罰金を科した，これは村がみんなで賭けた金額だった。) 私と妻が中庭にいるのを見て，「え，白人」と口にし，警官は昔の喜劇役者のように，ニヤとしてギョとした表情をした。我に返って警官が，たぶん，次のように聞いてきた。どうなっているのだ，お前たちはそこで何をしているのだ。5分前からのホスト役がすぐさま私たちを守ってくれ，私たちがどこの何ものかを感情を込めて語った，その詳細かつ正確さに今度は私が驚いた，村人とは1週間以上経ってもほとんどコミュニケーションがとれないでいたのに，私の家主と村長を救ってくれた。私たちにはそこにいる正当な理由がある，彼がいった，鼻持ちならないジャワ島人を正視しながら。私たちは，アメリカの大学教授であり，政府も私たちを承認しており，ここの文化を調査していて，アメリカ人にバリのことを知ってもらうために近々本を出版する予定である。そして私たちは，ここでお茶を飲みながら，午後ずっと文化について語っていて，闘鶏については何も知らない。さらに，私たちは，今日1日，村長を見かけていない。彼は，町に行っているに違いない。警官は，戸惑い気味になって退散していった。そしてほどなくして，生き残った，まだ刑務所の外にいることに当惑しつつもほっとした，私たちはやったのだ。

朝になると，村での状況は一変していた。もはや私たちは，透明人間ではなかったし，突然注目の的になっていたし，暖かい興味の目の対象，何よりも娯楽の対象となっていた。村人の誰もが，私たちが他の人たちと同じように逃げ延びたことを知っていた。彼らは，何度も何度もそのことを聞いてきた(私はこの物語を語らなければならなかった，微に入り細にわたり，日が暮れるまでに50回も)，優しく，愛情深かったが，そのしつこさには悩まされた。「何であそこに立ったままでいなかったの，警官に，あなたは誰っていってやればよかったのに」，「何で見ていただけで，賭けてはいない，といわなかったの」，「本当に銃はちっとも怖くなかったの」，彼らと一緒だったときはワクワクしていたし，

彼らとの生活を離れてからでさえ（つまり，あの事件から8年が経っても，彼らにゾッコンである），世界で最もバランスのとれた人たち，彼らは陽気に，私たちの野暮ったい走り方の真似をする，何度も何度も，そして慌てていた証拠だという。しかしとりわけ，誰もが大いに喜びそれ以上に驚いたのは，私たちがすぐに「身分証明証を取り出さなかった」（彼らはそれを持っていることも知っていた）ことと特別待遇の外国人であることをいわなかったこと，その代わりに私たちが同じ村人としての仲間意識を示したことにである（私たちが実際に示したのは，臆病さであったが，その中にも仲間意識はあった）。ブラーフマナの司祭でさえ，彼は年老いていて，厳粛な面持ちで，あの世の人たちと連絡を取り合っているせいか半分神になりかけているような人で，決して闘鶏にはかかわらず，近づくことさえもしなかったし，他のバリの人たちでさえ会うのは難しかったが，私たちを彼の庭に呼んで何が起こったのか，その異常事態のすべてを幸せそうにニコニコ笑いながら聞いてくれた。

　バリでの問題は，住民に受け入れられるかどうかだった。私たちと村社会に関する限り，あの事件が転換点だったし，私たちはまさに文字通り「渦中」にいた。村のすべてが私たちにあらわになったし，あれ以上のことは別の方法ではできなかったはずである（私は，司祭に絶対面会できなかったし，事件の日のホストが最良の情報提供者の1人になっている），それも瞬く間に。違法賭博の一斉摘発で逮捕される，逮捕されかかるというのは，人類学のフィールド・ワークで必要とされる神秘的な部分，つまり同調的関係を気づくための処方箋としてはまったく論外であるが，私の場合は非常にうまくいった[22]。

　ギアツの原文は，濃密な描写の基本を例示している。つまり，状況を述べ，細部を描写し，予期せぬ出来事や他の驚きが彼にどのように感じられたかを記録し，引用した現地語の情報源を明らかにし，その文化にいる人の解釈を提示し，よそ者の憶測や確信とその文化にいる人たちのそれとを対比して列挙している。しかしギアツは，彼の手法を例示し，そしてシンボリック・パースペクティブに正当性の根拠を与えただけでなく，社会科学者に**ストーリーテリング**（storytelling）がいかに楽しいものであるかを教えてくれた。

ナラティブ（説話）と内省

　ギアツの語学の才と独特のタッチ，これは彼の用いる主観的認識論の特徴の1つであるが，これがナラティブ（説話：narrative）に関心を向けさせた。その理由は，彼の生き生きとした散文体スタイルが，モダン・パースペクティブの客観主義が命じるところの無味乾燥な文体との鮮やかな対比を見せつけたからである。この対比が，研究者の記述法にも関心を向けさせることになった。このような組織論の記述法について書いた最初の人物の1人に，アメリカの社会学者ジョン・ヴァン・マーネン（John Van Maanen）がいる。1988年に出版された著書『フィールドワークの物語（*Tales of the Field*）』においてヴァン・マーネンは，すべての社会科学の記述は，ストーリーテリングであると示唆した。彼によれば，ストーリーテリングは，現実主義者的，告白的，印象派的のいずれかのスタイルになる。

　現実主義者的物語（realist tales）．このスタイルの典型例は，モダン・パースペクティブの人たちである。物語は，組織内で実際に何が起こっているかを知る目的で，社会的事実の客観的報告として書かれる。「現実主義者」と彼らを呼ぶことで，モダニストの研究者たちが主観的経験を客観的事実としていかに修辞的に構築するかをわからせようとしている。その一方で，自分自身のことは決して語らないので，彼らの研究者／語り手としてのアイデンティティは覆い隠されてしまう。現実主義者的物語と**告白的物語**（confessional tales）とは，完全に逆の立場にある。告白的物語では，著者は，彼女または彼として自分の先入観や途中で犯した過ちを告白するので，非常に大きな存在である。**印象主義者的物語**（impressionist tales）は，現実主義者的物語とは，さらにかけ離れた存在である。極度に個人的な説明が読者を関連状況へと誘（いざな）い，それによって語り手の体験を読者に自分が体験したことのように感じ理解させるものである。これはまさにギアツが，バリの人たちの闘鶏物語で行ったものである。ただ彼の場合には告白的要素も含まれているが。

　アメリカの人類学者ジェームズ・クリフォード（James Clifford）とジョージ・マーカス（George Marcus）は，1986年に出版された著書『文化を書く―民族誌学の詩学と政治学（*Writing Culture: Poetics and Politics of Ethnography*）』

の中で，記述法をポストモダニズム的に議論した。彼らの主張によれば，調査報告書の記述は，報告書の状況的パースペクティブの産物なのでどれにも想像の部分が存在する。**状況的パースペクティブ**（situated perspective）とは，研究者がその一員になったと主張する解釈共同体には，彼らが語る事柄や現象を解釈する方法に影響を及ぼす固有の関心と会話様式があることをいう。例えば，この本で見つけたアイディアを使ってある組織を研究したとしよう。しかしその組織のメンバーは，理論を知らないかもしれないし，研究者の用語を使わないかもしれない，ということである。

　それでは，誰が正しいのだろうか。誰かが彼らの世界観だと他人に押し付けてくるときは常に，それはモダニストのやり口だとポストモダニストは厳しく非難するが，その人はヘゲモニック（支配的）で全体主義的状況にある。**内省**（reflexivity）が助けとなる。調査において内省的であるということは，次のように自問することを意味する。すなわち，自分が何を研究していて，どんな調査方法を採用していて，それを選択した根底にある前提は何なのか。それらの前提は，自分が現象を定義する仕方や調査方法にどのような影響を及ぼしているのか。それは，自分が提案する知識や研究対象とする知識にどのような影響を及ぼしているのか。内省的な研究者や経営者は，社会的に構築された現実は，完璧なものではなく，交渉された記述であり，多様な解釈や意味を許容するものである，ということを認識している。

　漠然とした状態にある「現実」を内省的に評価することを徹底したアイディアを用いることで，ポストモダン・パースペクティブは批判しなくなった。

ポストモダンの影響

　モダニストたちは，長い間，未開の人たちに進歩をもたらすという主張を拠り所に自分たちを正当化していた。しかしその後，世界中の植民地政府は，民族自決の気運の高まりに直面する。人類学者たちは，政府補助金で植民地研究を行っていたが，彼らも自分たちがその高まりの真只中にいることを知ることになる。彼らは，植民地の人たちにではなく，利益供与者におもねっていると

非難されていた。1980年代初頭に植民地主義が崩壊すると間もなく，文化人類学も同じ運命をたどった。

植民地主義崩壊により引き起こされた人類学の**描写の危機**（crisis of representation）の中心にあったのは，人類学的手法は文化を正確に描写するという，すでに揺らいでいた確信であった[23]。最も声の大きかった批判内容は，次のようなものである。「現地人」のものの見方は間違って描写されてきており，人類学者たちは，現地人自身からではなく，大人類学者からのお墨付きが貰える主張を知りたがっているにすぎないというものだった[24]。有名な写真が議論を巻き起こした。その写真には，一群の現地人がテントの外に一列に並んでいるのが写っていた。そしてテントの中には，文化人類学創始者の1人であるマリノフスキー（Malinowski）が，小さなテーブルの前に座り調査ノートを熱心にタイプしているのが写っていた。彼は，観察したことを記録するのに夢中で，彼の研究対象が彼を観察しているのを観察し忘れていた。この写真は，観察者と非観察者の関係を逆転させることによって，人類学のモダニスト的見方を皮肉を込めて否定していた。

ポストモダニストたちに一致点を見いだすのは難しい。しかし彼らは皆さまざまな方法で，マリノフスキーの写真がしたように，モダニストたちの現実に関する定義を否定しようとしているように思える。これが多くの人たちがポストモダニズムを批判的と捉えるゆえんである。あの写真が示しているように，ポストモダンは芸術的効果や着想の面で遊び心にあふれ創造的でもある。それがポストモダンの証（あかし）であるはずである。しかしモダニズムの基本前提を否定するという行為がもたらしたものは，虚無主義（nihilism）の台頭であった。ポストモダンの目的は，本来全体主義的見方や支配的慣習からの人類の解放だったはずである。しかし皮肉なことに，ポストモダニズムは，自ら覇権主義であるという旗印を掲げてしまう。つまりモダンの標的に対しポストモダンの道徳性を押し付ける新しい行動規範を策定するのである。

ポストモダンのパースペクティブをとる人たち，そして同様にシンボリックがお気に入りの人たちは，客観的に定義可能な現実というものを信じない。認識論的にいえば，彼らにとって知ることとは，よくいって些細なことであり，

絶え間なく修正されるものなのである。最悪の場合，知ることは，不可能なことであり，伝説の怪獣キメラのような得体の知れないものであり，完全否定の立場なのである。ポスト構造主義哲学と文学理論から借用してきたアイディアに基づいて，ポストモダニストは，次のような考えを持っている。すなわち，言語は，意味を固定できるものでなく，いつでもどこでも漂流しているものである。したがって，われわれは，真実を探すことをやめるべきであり，すべての知識を疑ってみるべきなのである。このアイディアは，第2次世界大戦後のドイツにおいて，フランクフルト学派の批判的哲学者，テオドール・アドロノ（Theodor Adorno），マックス・ホルクハイマー（Max Horkheimer），ヘルベルト・マルクーゼ（Herbert Marcuse）らによって提唱されたアイディアに収斂された。これらの専門外からの諸アイディアが，組織論のポストモダン・パースペクティブに緩やかに編み込まれていった。それらのいくつかを概観することにするが，まず最も重要なものから始めることにする。

啓蒙プロジェクト，進歩神話，そして大きな物語

ポストモダニストたちは皮肉を込めて，不合理な固定観念を理性にすり替えようとするモダニストの野心を**啓蒙プロジェクト**（Enlightenment Project）と呼んだ。彼らの皮肉は，西洋のイデオロギーを残りの世界に押し付けること（このプロジェクト）を正当化するのに，啓蒙運動の価値観と理想を利用したことに向けられている。この活動に対する批判の声をたどってみると，進歩というアイディアに，そのほとんどが向けられていた。

1932年にはすでに，イギリスの医師モンタギュー・デイビット・イーダー（Montague David Eder）が，人類は向上し続けるとするモダンの教義を，進歩は神話であるとして否定した[25]。ポストモダニストは，彼のアイディアを**進歩神話**（Progress Myth）と呼んでいるが，彼らによれば，進歩への確信が植民地ルールの下で地位を得ていた人たちの権力乱用を正当化していた。進歩を神話と呼ぶことにより，進歩の素性がプロパガンダによって支えられた教義であるということが暴露された。つまり，モダニストが主張する客観的証拠によって実証された科学的真実の産物ではないということである。ポストモダン

の方法論は，モダニストが客観的説明の証であると力説した中立の可能性を否定するというものである。その代わりにポストモダニストは，自分の知識を主張するすべての人に，知識形成過程の文脈を内省すること，そして知識がもたらす権力を行使したりその向かう先を決めたりする際に演じた役割を内省することを求めている。

批判的見方をさらに強め，『ポストモダンの条件（The Postmodern Condition）』の中で，フランスの哲学者・文学者ジャン・フランシス・リオタール（Jean Francoice Lyotard）は，啓蒙プロジェクトと進歩神話を**大きな物語（Grand narrative）**を支えるものとして非難した。大きな物語は，学問的にも政治的にも全体主義的である。その理由は，それがモダニストの立場を論理的に正当化する筋書きを提供するからである。つまり，進歩をもたらし，富を生み出し，人びとを解放し，**真理**を明らかにするという筋書きである。真理が太字になっているのは，モダニストのアイディアの傲慢さを，ポストモダニストが太字を用いて強調したためである。

リオタールの見解では，知と社会は密接に結びついている。その理由は，教育，ビジネス，政府といった制度は，専門知識の基盤の上に作られ，この制度が，特定の思考様式や行動様式を正当化するからである。例えば，大学は，特殊な知の形式（著しく科学的）を解説するところである。ビジネスには，広く普及している経営規範（ほとんどの場合，利益極大化を目指して行われる）が存在している。学生や従業員は，それらに従って行動することが期待される。したがって，モダニズムの大きな物語は，それに気づいていない人たちの目から，誰かの利益につながる知や制度を作り上げるという野望を覆い隠してしまうのである。

言語と言語ゲーム

モダニストたちの言語に対する見方は，今でもはっきりしていて，言語とは，現実を映す鏡であると強く主張している。つまり，言葉には固有の意味があり，それを伝えている。その理由は，言葉と意味と事物（things）の間に，ある種，本質的な結びつきがあるからというものである。スイスの言語学者，フェルディ

ナン・ド・ソシュール（Ferdinand De Saussure）が，この見方を革命的言語理論によって否定した[26]。

ソシュール理論においては，言葉（シニフィアン（signifiers））とそれが言及している事柄（シニフィエ（signified））の概念の間には，自然の結びつきも，必然的な結びつきも存在せず，その関係は恣意的なものである。例えば，羽毛が生えていて空を飛ぶ生き物に対して使われる数多くの言葉を考えてみる。英語ではバード（bird），デンマーク語ではフグル（fugl），フランス語ではワゾー（oiseau），等々となる。ソシュールによれば，言葉の意味は，言語構造の中で他の言葉との相対的位置によって決まる。この仮定の意味することは，言葉の意味は，新しい言葉が出てきたときにはいつでも変わるということである。

言語の恣意性と言葉の意味の移動性を考え合わせると，言語を支えている構造は不安定なものになる。つまり個人の感覚を，安定の極から変化の極へと180度転換させるアイディアなのである。このアイディアは，言語理論や文学理論よりも他の学問に影響を及ぼした。その根底には社会科学における構造主義があった。構造主義は，社会構造は言語を律しているのと同じ法則に従うというアイディアからある部分出発している。ソシュール理論は，頭がおかしくなるような疑問を提起した。すなわち，言語の不安定さを考えると，言語構造は存在し得るのか，あるいはそもそも構造は存在するのか。構造には社会を安定させる力があるということが否定されたことで，文学理論にはポスト構造主義が登場し，ソシュール理論とポストモダニズムにおいて醸成されたアイディアも結びついた。

言語構造（フランス語でラング）は，使われている言葉（パロール）間の関係が流動することによって変化する，というソシュールのアイディアは，ドイツの哲学者ルートビッヒ・ヴィトゲンシュタイン（Ludwig Wittgenstein）の**言語ゲーム**（language game）のメタファーを生み出した[27]。サッカーやチェスに，どう行動したらいいかを教えてくれる競技規則があるのとまったく同じように，言語規則はそれを使っている共同体ごとに異なる。言語の使い方や他者の言葉にどう反応するかは，その人が関わっている言語ゲームによって異なる。例えば，組織論において，モダン，シンボリック，ポストモダンのどのパー

スペクティブをとるかで，言語ゲームが異なってくるし，言語ゲームが異なれば，奨励されるアイディアや組織を理論化する方法も異なってくる。またいうまでもないことだが，どのパースペクティブを採用したかで，研究中のさまざまなアイディアが載っているジャーナルが決まってくるし，それらのアイディアの支持者を雇ってくれる大学も決まってしまう。1つの言語ゲームに固執すると，別の共同体の人たちとコミュニケーションをとることが難しくなる。かといって言語ゲーム間を何の内省もなく移動すると大混乱を招くことになる。

重要なのは，組織論を研究することは，いくつもの異なる言語ゲームを同時に学べる1つの好機だということである。言語ゲームがどのような働きをし，そしてどうしたらそれらの間をうまく移動することができるかを学ぶと，次のような場面できっと役に立つだろう。さまざまな職種の人たちが集まったチームで働くような場合，つまり，他の共同体によって作られた境界を越えてチームに参加したり，そのようなチームと接触したりする場合である。しかしわれわれは，異なる共同体間で発生するポリティックスとそこでうごめく権力の作用を知っておく必要がある。

真実の主張，権力／知，そして沈黙に声を与える

ヴィトゲンシュタインの言語ゲームの観念に従って，リオタールは，科学的事実とは，特定の主張を真実と見なすことについての科学者共同体内での合意のことであると解釈しなおした。彼は，真実というものは存在せず，あるのは**真実の主張**（truth claims）だけであると結論づけた。どの真実の主張に栄誉を与えるかの決定権を持つ人たちは，その共同体およびその言語ゲームに対する支配力を持つことになる。しかし，リオタールは，真実の主張は，別のより広く受け入れられる主張が登場した場合，もしくは別の共同体が関与した場合に崩壊すると示唆する。この見方からすると，真実は，長期間存続することはできない。もしある共同体における現在の権力分布で，ある知を真実であると決めたとしても，権力分布が変われば真実も移動することになる[28]。このように見ると，現権力者の変化への抵抗を，自分が主張する真実の価値を維持したいという願望として理解できる。

70

知の創造には，権力が関わっているという命題が納得できれば，誰かを黙らせたり共同体から排除したりするのに権力を悪用することに対するリオタールの問題意識がすぐに理解できるはずである。リオタールは，反対派を黙らせることを全体主義者的行為と見なした。共同体が，違いが何であれそれを提示する手続きを持たず，それと関わる手続きを持たない場合には，いつでもそのようなことが起こるとも指摘している。さらにもし異なった見方やアイディアが沈黙させられると，その共同体には思考や行為に対する新たな道は存在し得ないと，彼は主張する。したがって，**沈黙に声を与えること（giving voice to silence）**が，全体主義に対する防衛手段となる。

　言論の自由が全体主義を撃退するという確信が，多くのクリティカルな（批判的）論者や一部のポストモダニストが，民主主義を支持し，多元論を擁護する１つの理由である[29]。その上で多くのポストモダニストが問題にしているのは，全体主義的風潮を打倒するという共通の野望を形成するにあたって，特権そのものを剥奪するのではなく，単に別のグループに特権を授けるだけという新たな大きな物語を作り上げてしまう危険をはらんでいることである。結局のところ，ポストモダニストが求めるのは，解放への道として，多種多様な表現とそれらに対するさまざまな解釈の許容なのである。

言説と言説的実践

　リオタールの反対派を沈黙させるという考えは，フランスの哲学者・社会理論家ミシェル・フーコー（Michel Foucault）の研究と通じるものがある。フーコーは，**規範性（normativity）**を通じて行使される権力の影響を考察した。フーコーによれば，是認された知は，権力行使の主要手段になる。その理由は，発言者と発言内容を決めることで，規範的と見なされる行動が決まってくるからである[30]。基準に従って行動しない人たちは，追放されるか，罰せられるか，施設に収容されなければならない異常者，変人，厄介者と見なされる。

　フーコーは，精神病院と刑務所の歴史を研究したが，それは精神医学とソーシャル・ワークによって，精神障害と犯罪における概念上の分類がいかにして確立していったのかを調べるためであった。このような分類は，人を画一的に

扱うためにそこに振り分けるためのものであった。彼の主張によれば，精神障害と犯罪を，社会が取り組まなければならない課題とすることによって，精神病医とソーシャル・ワーカーは強い社会的地位を築いた。それにより彼らは，特定の人たちから社会を守るという名目で，彼らを監禁したり，支配（コントロール）したりできるのである。フーコーは，続いて文芸批評，心理学，心理分析学，社会学，人類学，犯罪学，政治学，経済学の歴史を同じように調べた。彼は，この一連の研究から，近代西洋社会は人文科学に社会規範を決める権限を委譲している，と結論づけた[31]。

正常とは何かを自問自答する過程で，フーコーは，人文科学は権力と知の結びつきを強固なものにすると論じている。文科系学問が作った知は，社会で最も力のないメンバーを分類し，支配し，ときには監禁するのに用いられる。したがって，知と権力は実質的に同じである。つまりわれわれは，これらを2つのものとしてではなく，1つのものと見なすべきなのである。

権力／知（power/knowledge）は，実践を通じて行使される。この実践は，正常と知覚されるものを規定する言説の中で起こる。フーコーによれば，**言説的実践**（discursive practices）は，学術用語および産業界や多くの政府機関で用いられている技術的専門用語に見られる類の言語に起源を置いている。それらはヴィトゲンシュタインの言語ゲームと密接に関係しているが，規範的様相をより強く持っている。なぜならばフーコーや他の論者が指摘するように，言説的実践の知を持っていなければ，権力のない人は自分自身を守ることができないからである。

言説（discourse）の概念は，ポスト構造主義言語学から生まれた。それは物の見方であり，文化的世界観であり，そして／または特定集団のパースペクティブを，常に部分的に，規定する制度化された論理である[32]。フーコーによれば，言説はある特定の一時点における社会の権力関係に従って，歴史的に構築される。権力を行使する人たちは，特定の事物に関して話し，書き，考えることを許可するが，他の事物については認めない。そしてこのような統制された実践がその境界内での意味形成につながる言説を生み出すのである。

言説理論の意味するところは，次のようなものである。人びとが言説に携わ

るとき，彼らのアイデンティティは，その言説編成に順応する。言い換えると，われわれのアイデンティティは，共同体での言語の使われ方に影響を受ける。具体的に説明すると，自分のことを（「私はあれをした，これをした」）といったとき，われわれは自己言及したことになる。この自己言及と，他者があなたを（「あなたは怠け者だ」）といったこと，別の人のことを（「彼女は素晴らしい」）といったこと，これらが一緒になると次のようなアイディアに思い至るだろう。このような実践で自分や他者に残した印象が言語の指示的効果だったとしても，人は自分のアイデンティティを作り上げることによって存在する。

　このようなことを論拠として，フーコーは，次のような議論を呼んだアイディアに辿り着く。すなわち，現代において固有性（individuality）は，われわれが自己内省的になることによってのみ現れる。もしわれわれが，自らを語るのを止めれば「砂に描いた顔のように」消えてしまうだろう[33]。したがって，フーコーは，ドイツの哲学者マルティン・ハイデガー（Martin Heidegger）の命題にあてこすって「世界は出現する運命にある，ということが実現するのは，格言の中だけである」という推論を提示する。フーコーによれば，自己を言及することがなければ，「人」は現実を定義している言説から消滅するだろう，それは，前の時代に人が突然出現したのと同じである。

　人の消滅（disappearance of man）の組織的意味合いをわかってもらうために，会社の中心的言説の内での顧客の重要度の変化を考えてみる[34]。そこでは，従業員は上司のいうことをきくことが推奨されていたが，最近の企業言説では顧客のいうことをきくことが推奨されている。その結果，彼らの言語的そして言説的に作り上げられた現実内での上司の位置に変化や偏心化（decentering）が生じる。この言語的移動によって，最近企業で行われている過剰な経営者層に対する合理化策を説明できないだろうか。

　同様に，公共機関の領域でも，何もできない理由として官僚制の規則・手続きをあげて市民ニーズに応えようとしなかった役人たちから，市民が主役の座を奪い取っている。少なくとも理論的には，市民を言説の中心に移動させると，行政手続きに対する関心は弱まり，議論を何もできない理由から，どのようにしたらできるかに転換できる。このポスト官僚主義的パースペクティブに従え

ば、かつて支配的だった役人のアイデンティティは役所での会話からすぐに消滅し、役人の権力は中心から外れることになる[35]。

言説の抑圧されていたあるいは隠されていた要因に光をあてることで既存の言説的実践が変化し、そのことで今までの物の見方やその維持が変わってくる。例えば、歴史学の領域においてモダンの言説的実践は、小説、神話、日記をフィクション、迷信、主観的偏見で満ち溢れたものとして、その利用を排除してきた。しかし、新世代の歴史家たちは、それらには書かれた時代が埋め込まれているので、フィクション、神話、自叙伝は重要な時代的証拠を提供してくれるものと確信している[36]。新世代の歴史家たちの研究が、歴史学の言説的実践を変更することになる。ただし変更が起こるのは、研究が、歴史学の言説と文学の言説の関連性を作り上げ、それによってこの2つの領域間の力関係が変更され、それらの軌道が変更された場合である。

脱構築，差延作用

アルジェリア生まれのフランス人でポスト構造主義の哲学者ジャック・デリダ（Jacques Derrida）は、ポスト構造主義者の、言語に固定した意味はないというアイディアに興味をそそられた[37]。ソシュールが論証したように、特定の言葉の意味は、特定の言説の中で関連づけられている他の言葉の文脈に依存している。このことをもとにデリダは、次のように主張する。もし文脈が相互に交換可能なものだとするならば、ある文脈が他のものよりも適切であるということは主張できない。したがって、ある意味がいつも正しいということはあり得ず、新しい文脈が形成されれば別の意味に変わってしまう。デリダ理論に含まれている重要な意味は、テキスト（シンボルの集合体）の周囲にある文脈を変えることによって、テキストの意味を変えることができる、ということである。このアイディアがデリダの脱構築実践の基礎にある。

脱構築（deconstruction）とは読み方である。この場合の読み方とは、異なる言説の文脈でテキストを読み直してみることである。その目的は、それらに対する多様な解釈の可能性を明らかにすることで、ある特定の意味を示唆したり確定しているそれらの支配力を不安定にしたり徐々に失わせることにある。

デリダは脱構築の立場から，意味というものは，われわれから永遠に逃げ続けるものであり，その理由は，テキストが常に変化している歴史的，文化的，政治的，制度的文脈の中に存在しているからであると結論づけた。ポストモダニズムの必然として，デリダは，真実と知は，他の言語的，言説的構造と同じように不安定なものであると主張した。テキストを脱構築する目的は，究極の意味もしくは本質的な意味を見つけ出すことではなく，テキストの持つ諸前提，矛盾，排他性を暴くことにある。この暴露は，いかなるテキストもそれが伝えているものを意味することはできない，つまりポストモダン・パースペクティブの非本質主義を取り込んだまったく新しい方向の主張を示すためであった。

　脱構築は，構築された現実の本質を丸裸にし，そうすることでわれわれの思考様式や行動様式をその影響から解放してくれる。ソシュールは，言語は使われる言葉によって構造化され，その言葉は常に移動することを示唆した。デリダは，このアイディアを精緻なものとし，対もしくは二項対立の思考が，モダニストが使う言語様式を構造的に支えていると主張した。このことで彼は，モダニストの言説の中心にある概念（例えば，君主／臣下，主人／奴隷，上司／部下）を脱構築することができた。それは，ある用語集合（君主，主人，上司）に他の用語集合（臣下，奴隷，部下）に対する特権を与えることで，モダニストがどのように言語学的そして言説的に社会や組織に，中心と外縁を構築しているかを示すためであった。要するにわれわれが言語を使うことで，カテゴリーが創造され，中心が設定され，境界が引かれ，社会権力が表出し，現実が作り直されたり変化したりするのである。

　人種差別（中心に白人，外縁に非白人）が，例えば，収入，住宅，健康，教育の面で格差をもたらしている，つまり白人が非白人よりもそれらの事柄についてより多くの便益を体系的に享受していることが明らかになっている。脱構築分析は，人種差別の前述したような影響やその他の影響を説明してくれる。その方法は，白人が言説内で焦点の中心に据えられていること，その中心性は白人と非白人の違いを維持できるかどうかに依存していることを指摘するというものである。つまり，白人の意味が非白人との比較によってもたらされ，他のすべての人種の価値が中心にある白人との距離で決まり，その結果，この用

語を使っている言説的共同体内での人種的不平等が正当化されるのである[38]。

　脱構築を展開する一方,デリダは差延作用(differance)という造語を生み出した——差異と延期の両方を意味するフランス語の動詞 differer をもじったもの[39]。デリダは,言葉はその意味を反対語との違いから導き出す（例えば,真／偽,優／劣,男性／女性）,したがって対の用語の一方だけを使った場合でさえ,反対語を連想させると論じている。使われていない対の語は,その使われている語に決定をゆだねているのである。そこで例えば,モダニストの組織論者が組織について語る場合,彼らは組織と無組織もしくは混沌との違いからそれとなく意味を引き出しているのである。このように分析すると,モダニストが組織もしくは組織化に価値を置くのは,少なくともある部分,無組織を表に出さなくても済むだけの意味を盛り込める概念であるからということになる。このような思考が,モダニストの組織論を正当化するのにいかに役立っているかを彼らのパースペクティブが支持する言説の面から理解できるし,なぜモダニストが彼らの言説からかたくなに旅立とうとしないのかを理解できる。

　デリダは差延作用を考慮に入れて,さらに次のような提案を行った。いかなる言葉の意味も,他の意味を指し示している。それはわれわれがある言葉の意味を説明しようとするときのように,その言葉を別の言葉に置き換え,別の言葉はさらに別の言葉へと次々に決定をゆだねているからである。こうして話したり書いたりしているうちに,述べていた最初の概念からますます離れていってしまう。それはそれが少しズレる,少しズレる,の連続プロセスだからである。したがって,差延作用の概念は,意味が最初の出発点から時間と場所を越えて旅するように拡散し,離れていくことを示している。それはまたポストモダニストが,意味を流体と見なしていることを示している。

シミュラークルとハイパーリアル (simulacra and hyperreality)

　ウォシャウスキー兄弟（Wachowski brothers）の映画「マトリックス(Matrix)」において,われわれは人工知能に乗っ取られた世界を見る。そこでは,コンピュータの動力源として機械が人間を容器の中で繁殖培養しており,コンピュータが人間の思考をコントロールしていた。つまりコンピュータが,

もはや存在していない現実のイメージを作り上げていたのである。人間は，自分たちは普通に生きていると考えているが，実際にはそうではなく，コンピュータ・プログラム，マトリックスが20世紀末の偽装世界を作り上げており，本当の世界は今や核戦争で荒廃していたのである。

この映画の主人公で，象徴的な名を与えられたネオは，このコンピュータが作り上げた偽装世界の夢から，目覚める薬を飲む。機械の反乱から生き残り，他の人たちを助け出すため，彼は核戦争後の現実と核戦争前を偽装した世界を行き来する。核戦争後の現実では，彼と少数の目覚めた仲間が機械との戦いを繰り広げていた。偽装世界において，ネオは，この世界は偽装世界であるという知識から生まれた能力を使い，コンピュータによって増幅されたスーパー官僚のイメージと戦う。彼に現実の世界だと思わせようとする偽装の力を否定することで，ネオは，自由を手に入れるとともに偽装官僚と戦う力，そしてすべての背後にあるコンピュータ・プログラムを破壊するための力を得るのである。

マトリックスで描かれた現実と偽装世界の混乱は，初期のポストモダニズムの提唱者であったフランスの哲学者ジャン・ボードリヤール（Jean Baudrillard）の中心テーマである。『シミュラークルとシミュレーション（*Simulacra and Simulation*）』の中でボードリヤールは，イメージは，連続する段階を進んでいき，そのことで，何が現実であるかを語ることがますます不可能になると，主張する。彼によれば，この過程は，現実を反映したイメージで始まる。次に現実を隠したイメージへと進む。さらに現実がないことを隠したイメージへと進み，そして現実とはまったく結びつきのないイメージにいたる。ポストモダン時代にボードリヤールが使っていたイメージという用語は，現実の模造（simulation）であることすらやめ，**シミュラークル**（simulacrum）という用語になった。すなわち，すべてが想像された現実である[40]。

ボードリヤールによれば，プレモダンの時代には模造は，現実を表現するものと仮定されていた。ちょうど地図が，それが描写する自然の地形を表現するものと仮定されていたのと同じである。しかしモダンの時代になると現実とイメージの間の違いがはっきりしなくなる。大量生産がオリジナルのコピーを大量に作り出し，その範囲は芸術作品の模写からデザイナー・ファッションの複

製品にまで及んだ時代である．人びとは，イメージによって現実を隠すことが可能であり，現実が存在しないことすら隠すことも可能であることを知った．こうして大いなる詐欺の時代が始まった．例えば，イギリスの画家デイヴィッド・ホックニー（David Hockney）は，概念芸術に敬意を表して，写真複写機に直接作品を描いてみせた．彼のイメージは，オリジナル作品のコピーのように見えたが，オリジナルは存在せず，あるのはコピーだけだった．

ポストモダンの時代は，ホックニーの「オリジナルがコピー（original copies）」のような，際限のない模造と意味の歪曲によって特徴づけられる．俗にいう実生活テレビと銘打った番組が，いかなる現実とも無関係な嘘を作り出し，番組独自の主張を行っているのと同じである．ディズニーランドが別の実例を提供してくれる．そこでは，ボードリヤールが書いているように，本物の役者が漫画のキャラクターを演じるし，ゲストが本物の川船に乗って偽のミシシッピ川を下る．シミュラークルにおいては，深い意味も存在しなければ，イメージが展開する表層の裏に隠された基本構造も存在しない．シミュラークルは，意味と構造，現実と作り話，コピーとオリジナルといった概念が，ポストモダン的思考によってひっくり返されることを示している．

ボードリヤールは，次のように主張する．ポストモダニズムにおいては，現実／イメージ，事実／幻想，主観／客観，公／私，等々といった対極にあるものが，ハイパーリアリル（hyperreality）を創造するために一点に集まる．ハイパーリアルでは，「幻想はもはや存在しない，なぜならば，現実がもはや存在しないからである．[41]」ハイパーリアルにおいては，われわれは，偽装に没頭し，郷愁にふけりながら現実であったと考えるものをもう一度作ろうとするが，それらはイメージ以外の何ものでもない．彼によれば，シミュラークルは，実生活テレビ番組のように，われわれの生活に複数の文脈を形成する．

ボードリヤールは，次のようにも主張する．ディズニーランドは理想的なシミュラークルである．なぜならば，ディズニーランドは建物を建て，共同体を作り，かつて一度も存在したことのない古き良きアメリカの家族価値を作り出しているからである[42]．われわれは，ディズニーランドは空想の世界（単なるパフォーマンス）であり，残りの世界が現実であると考えるかもしれない．し

かしディズニーランドやメディア，政府，企業，その他の近代制度が，われわれに植え付けたイメージに従って生きようと頑張ってパフォーマンスを続けているのが，残りの世界なのである。「マトリックス」が，その中で人間が生活しているという偽装を描き出したように，自分に自分を説明するためのイメージを利用して，われわれは自分の生活を生み出しているのである。

　ボードリヤールのアイディアは，一見，組織論とは無縁のように思えるかもしれない。しかし日常生活の中で頭の中に浮かんでくるさまざまなイメージが，それを利用している組織によってどのように作られているかを考えてみれば，ハイパーリアルの感覚をつかめるかもしれない。例えば，ほとんどの消費者相手の企業は，魅力あるブランドや広告宣伝という形で彼らが提案したイメージを基にわれわれが製品を進んで買うだろうと目論んでいる。あるいは，次のような例を考えてみるのもよい。少なくとも一定期間，エンロン社が，（映画スターウォーズに刺激された名称の会社との）偽の提携話，粉飾会計処理，架空部門の創設などによって，いかにして数十億ドルの負債と営業赤字を隠蔽していたかというものである。ウォール街のアナリストたちが，信用格付け評価のため1998年にエンロン社を訪れるに際して，75人が空いていたフロアに移動させられ，偽トレーディングルームでエネルギー契約を売買しているように見せかけていた。このシミュラークルは，机の上でけたたましく鳴る電話とそこに置かれた家族写真で演出されていた——これはエンロン株の不当な高値維持を目論んだ反倫理的パフォーマンスである[43]。このような詐欺行為は昔もあったが，今との違いは，それが例外というよりも常態化していることである。このことは，人間性に一線を越えさせてしまう可能性があるということである。

第2章　組織論の歴史

第Ⅰ部 組織論とは何か？

要　約

　組織論の領域が確立する以前に，学問的にこの領域に貢献した人たちはさまざまな学問領域に及んでおり，主だったものだけでも政治学，経済学，社会学の学者たちがいる。その一方で，学者以外で貢献した人たちには，技師，経営者，コンサルタントがおり，新しい産業組織の出現に貢献した。この時代に，組織論が作られ始め，それぞれの理論パースペクティブが導入された。それらのアイディアは，結合して起点を作り，組織論のパースペクティブを通じて影響し合って役に立ち続けている。本章では，その様子を歴史として簡単に示した。

　組織論の規範的提言を行おうとする野望は，組織論の初期から存在しており，今日でも強く残っている。すなわち，すべてのパースペクティブから理論の実践的応用方法を見つけ出そうというものであるが，実際には，パースペクティブごとに規範化に対する反応は異なっている。モダン・パースペクティブは，管理者が問題を診断し，組織を設計するのに利用できる分析枠組み，予言モデル，組織化原則といったものを提供するような説明をする。シンボリック・パースペクティブの論者は，解釈プロセスを通して，われわれはどのように組織の現実を構築しているかを研究するのが好きな人たちである。この見方からすると，経営者の主な責務は，シンボルと意味の管理ということになる。ポストモダン・パースペクティブを採用すると，モダンの説明やシンボリックの理解で好んで使われた構造とか社会構築といった用語が放棄され，それに代わって使われている言語の構造によってモデル化された，流動とか変化に目が向けられる。このパースペクティブは，人間は因習からの解放を追求すべきであるという立場から権力関係を明らかにする。

　モダン，シンボリック，ポストモダン，それぞれのパースペクティブの主要関心事および物の見方の比較を表 2.2 に示しておいた。

　本章の歴史で取り上げられ，遭遇したアイディアは，本書の第Ⅱ部で取り組む内容の基礎となる語彙を提供するものである。以下の章で示されるアイディアによって知識が増えると，その折々で，この章の題材に戻ってきたくなるかもしれない。本章での枠組みとなるようなアイディアに立ち戻ることで，概念，

理論，理論的パースペクティブに対する自分の理解が正しいか確認でき，理解を深めることができる。したがって，各自の目的に合うように，組織論を作り直すときの一助となるはずである。さらに望めば，作り直した理論が，逆に既存の理論の挑戦を受け発展すれば幸いである。

表2.2 3つのパースペクティブの比較

	モダン	シンボリック	ポストモダン
現実とは	既に存在している唯一のもの	社会的に構築された多様なもの	常に移動し、流動していて多数あるもの
現実は次のことから認識される	収斂	一貫性	非一貫性 フラグメンテーション
知識とは	普遍的なもの	個別のもの	暫定的なもの
知識は次のことから作られる	事実 情報	意味 解釈	否定 脱構築
人間関係のモデル	階層	共同体	自己決定
最重要目的	予言 コントロール	理解 寛容	認識 解放

重要用語

分業（division of labor）
分化（differentiation）
専門化（specialization）
社会構造（social structure）
資本論（theory of capital）
効率的（efficiency）
社会コンフリクト（social conflict）
収益性（profitability）
労働（labor）
商品化（commodification）
搾取（exploitation）

疎外（alienation）
経営コントロール（managerial control）
階層（hierarchy）
相互依存性（interdependence）
社会構造（social structure）
計量的調査法（quantitative research methods）
非公式組織（informal organization）
公式組織（formal organization）
権威構造（authority structure）
伝統的権威（traditional authority）

第Ⅰ部 組織論とは何か？

カリスマ的権威（charismatic authority）
合法的権威（rational-legal authority）
官僚制（bureaucracy）
合理性（rationality）
　形式合理性（formal）
　実質合理性（substantive）
鉄の檻（iron cage）
科学的管理法（scientific management）
　テイラリズム（Taylorism）
　フォーディズム（Fordism）
合理化（rationalization）
職場民主主義（workplace democracy）
無階層ネットワーク（nonhierarchical networks）
管理諸原則（administrative principles）
　統制の範囲の原則（span of control）
　ルーティン（routine）
　権限委譲の原則（delegation）
　命令の統一の原則（unity of command）
団結心（esprit de corps）
POSDCoRB サイクル（POSDCoRB）
社会協働システム（cooperative social systems）
統合（integration）
目的（goals）
モティベーション（motivation）
モダン・パースペクティブ（The modern perspective）
近代化（modernization）
一般システム理論（general system theory）
　システム（system）
　下位システム（subsystem）
　上位システム（supersystem）
システム階層（hierarchy of systems）
分析レベル（level of analysis）
社会―技術システム論（socio-technical systems theory）
コンティンジェンシー理論（contingency theory）
シンボリック・パースペクティブ（The symbolic perspective）
社会的に構築された現実（socially constructed reality）
間主観性（intersubjectivity）
外面化（externalization）
客観化（objectification）
内面化（internalization）
社会化（socialization）
具象化（reification）
イナクトメント（enactment）
センスメーキング（sensemaking）
取り込み（co-optation）
制度化（institutionalization）
文化（culture）
濃密な描写（thick description）
ストーリーテリング（storytelling）
説話（narrative）
　現実主義者的物語（realist tales）
　告白的物語（confession tales）
　印象主義者的物語（impressionist tales）
　状況的パースペクティブ（situated perspective）
　内省（reflexivity）
ポストモダン・パースペクティブ（The postmodern perspective）
描写の危機（crisis of representation）
批判的なポストモダニズム（critical postmodernism）
　啓蒙プロジェクト（Enlightenment Project）
　進歩神話（Progress Myth）

大きな物語（Grand Narrative）
ポスト構造主義（poststructuralism）
シニフィアンとシニフィエ（signifier and signified）
言語ゲーム（language games）
真実の主張（truth claims）
沈黙者に声を（giving voice to silence）
規範性（normativity）
権力／知（power/knowledge）

言説的実践（discursive practices）
言説（discourse）
人の消滅（disappearance of man）
偏心化（decentering）
脱構築（deconstruction）
差延作用（differance）
シミュラークル（simulacrum）
ハイパーリアリル（Hyperreality）

注

1. 社会理論と経営実践間の緊張関係の産物としての組織論に関する議論は，Perrow（1973）および Barley and Kunda（1992）を参照のこと。
2. C. S. George, Jr.（1968）は，分業やその他の経営実践が古代エジプトの時代から用いられているといっている。彼は，先史時代もおそらく同様にそうであったと推測している。
3. *A. Smith, An Inquire into the Nature and Causes of the wealth of Nation*, vol.1, ed. R. H. Campbell and A. S. Skinner, W. B. Todd（textual edn.）（Oxford: Clarendon Press, 1976），14-16. より引用。
4. 組織論に対するマルクスの影響をレビューするなら，Adler（2009）を参照のこと。
5. 組織論における経済的関心と人間的関心の間の緊張関係は，以下の文献で議論されている。Wren（1987）; Bernard（1988）; Boje and Winsor（1993）; Steingard（1993）; O' Connor（1996）
6. Weber（1946:228）。
7. ウェーバーのシンボリック・パースペクティブへの貢献に対するさらなる議論は，Schroeder（1992）を参照のこと。
8. この用語の起源は不確かであるが Aglietta は「フォーディズム」を 1979 年に *A Theory of Capitalist Regulation*（London: Verso）の中で使っている。
9. Graham（1995:56）を引用。
10. Calinescu（1987:56）を引用。「巨人の肩の上」というフレーズは，理論と実践の統合を主張したアメリカの社会学者 Robert Merton（1965）の有名な教科書のタイトルとして使われている。
11. Boulding（1956）。
12. Trist and Bamforth（1951）また，Emery and Trist（1981）も参照のこと。
13. 例えば，Emery（1969）を参照のこと。
14. レビューとコンティンジェンシー理論擁護論については Donaldson（1985）を参照のこと。
15. Thomas and Thomas（1928:572）。
16. Stevens（1937），http://writing.upenn.edu/~afilreis/88v/blueguitar.html
17. Weick（1995）; Weick and Bougon（1986）。
18. Weick（1979 [1969]:243; 1995:30-31）。

19. Weick（2003）および Mitch Abolafia and Martin Kilduff（1988）も参照のこと。彼らは，1980年代にイナクトメント理論を用いて銀市場の買い占めを目論んだと述べている。
20. Gagliardi（2005）.
21. Geertz（1973:5）.
22. Geertz（1973:413-16）著者の許可を得て掲載。
23. Clifford and Marcus（1986）を参照のこと。
24. Stocking（1983）.
25. Eder, Montague David（1932）The myth of progress, *The British Journal of Medical Psychology*, Vol. XII: 1.
26. Saussure（1959）.
27. Wittgenstein（1965）.
28. Lyotard（1983）.
29. 例えば，Calas and Smircichi（1991）を参照のこと。
30. Foucault（1977）.
31. Foucault（1973）.
32. Moran（2002:14）.
33. Foucault（1970:xxiii）, Moran（2002:135-36）を引用。
34. 例えば，ハーバード・ビジネス・レビューのような定期刊行物に載っているマーケティング関連の論文を参照のこと。
35. King, Feltey, and Susel（1998）.
36. Moran（2002:136-37）.
37. Derrida（1976）.
38. 組織の脱構築に関しては，Dwyer and Jones（2002）; Linstead（1993）および Kilduff（1993）を参照のこと。
39. Derrida（1978）.
40. Baudrillard（1994:6）.
41. Baudrillard（1994:19）.
42. Baudrillard（1994:7）.
43. *Wall Street Journal*, February 20, 2002 を参照のこと。インサイダー会計と関連資料に関するビデオとしては，2005年のドキュメンタリー *Enron: The Smartest Guys in the room*. を見なさい。この映像は，フォーチュン誌のレポート Bethany McLean and Peter Elkind, entitled *The Smartest Guys in the Room: The Amazing Rise and Scandalous Fall of Enron*（2003, New York: Penguin Group）をもとに作られている。

参考文献

Abolafia, Mitchell Y., and Kilduff, Martin (1988) Enacting market crisis: The social construction of a speculative bubble. *Administrative Science Quarterly*, 33: 177-93.

Adler, Paul S. (2011) Marxist philosophy and organization studies: Marxist contributions to the understanding of some important organizational forms. In H. Tsoukas and R. Chia (eds.), *Philosophy and Organization Theory* (*Research in the Sociology of Organizations*), Vol.32, pp.123-54. Bingley: Emerald Group.

Barley, Stephen and Kunda, Gideon (1992) Design and devotion: Surges of rational and normative ideologies of control in managerial discourse. *Administrative Science Quarterly*, 37: 363-99.

Barnard, Chester (1938) *The Functions of the Executive*. Cambridge, MA: Harvard University Press. (山本安次郎・田杉競・飯野春樹訳『新訳 経営者の役割』ダイヤモンド社, 1968。)

Baudrillard, Jean (1988) *Selected Writings* (ed. M. Poster). Palo Alto, CA: Stanford University Press.

—— (1994) *Simulacra and Simulations* (trans. S. F. Glaser). Ann Arbor: University of Michigan Press. (竹原あき子訳『シミュラークルとシミュレーション』法政大学出版局, 1984。)

Bell, Daniel (1973) *The Coming of Post-industrial Society*. New York: Basic Books. (内田忠夫・嘉治元郎・城塚登・馬場修一・村上泰亮・谷崎喬四郎訳『脱工業社会の到来―社会予測の一つの試み 上・下』ダイヤモンド社, 1975。)

—— (1976) *The Cultural Contradictions of Capitalism*. New York: Basic Books. (林雄二郎訳『資本主義の文化的矛盾 上・中・下』講談社, 1976。)

Berger, Peter L. and Luckmann, Thomas (1966) *The Social Construction of Reality: A Treatise in the Sociology of Knowledge*. Garden City, NY: Doubleday. (山口節郎訳『現実の社会的構成 知識社会学論考』新曜社, 2003。)

Bernard, Doray (1988) *From Taylorism to Fordism: A Rational Madness*. London: Free Association Books.

Bertalanffy, Ludwig von (1950) The theory of open systems in physics and biology. *Science*, 111: 23-8. (長野敬・太田邦昌訳『一般システム理論―その基礎・発展・応用』みすず書房, 1973。)

—— (1968) *General Systems Theory: Foundations, Development, Applications* (revised edn.). New York: George Braziller.

Boje, David M. and Winsor, R. D. (1993) The resurrection of Taylorism: Total quality management's hidden agenda. *Journal of Organizational Change Management*, 6/4: 58-71.

Boulding, Kenneth E. (1956) General systems theory — The skeleton of science. *Management Science*, 2: 197-208.

Burns, Tom and Stalker, G.M. (1961/1995) *The Management of Innovation*. Oxford: Oxford University Press.

Calas, Marta and Smircich, Linda (1991) Voicing seduction to silence leadership. *Organization Studies*, 12: 567-602.

Calinescu, Matei (1987) *The Five Faces*

of Modernity. Durham, NC: Duke University Press (first published in 1977 by Indiana University Press). (富山英俊・栩正行訳『モダンの５つの顔』せりか書房，1995。)

Clifford, James and Marcus, George E. (1986) (eds.) *Writing Culture: The Poetics and Politics of Ethnography*. Berkeley: University of California Press. (春日直樹・和邇悦子・足羽與志子・橋本和也・多和田裕司・西川麦子訳『文化を書く』紀伊國屋書店，1996。)

Derrida, Jacques (1976) *Of Grammatology*. Baltimore, MD: Johns Hopkins University Press. (足立和浩訳『グラマトロジーについて―根源の彼方に 上・下』現代思想社，1984。)

—— (1978) *Writing and Difference* (trans. Alan Bass). London: Routledge and Kegan Paul. (会田正人・谷口博史訳『エクリチュールと差異』法政大学出版局，2013。)

Donaldson, Lex (1985) *In Defence of Organisation Theory*. Cambridge: Cambridge University Press.

Durkheim, Émile (1966) *Suicide: A Study in Sociology* (trans. John Spaulding and George Simpson). New York: Free Press (first published in 1897). (宮島喬訳『自殺論』中央公論社，1985。)

—— (1982) *The Rules of Sociological Method* (trans. W. D. Halls). New York: Free Press (first published in 1895). (宮島喬訳『社会学的方法の基準』岩波書店，1978。)

—— (1984) *The Division of Labour in Society* (trans. W. D. Halls). New York: Free Press (first published in 1893). (井伊玄太郎訳『社会分業論 上・下』講談社，1989。)

Dwyer, O. and Jones Ⅲ, J. P. (2002) White socio-spatial epistemology. *Social and Cultural Geography*, 1: 209-22.

Emery, Fred E. (1969) *Systems Thinking*. Harmondsworth: Penguin.

—— and E. Trist (1981) The evolution of socio-technical systems. Occasional paper No.2, Ontario Ministry of Labor Quality of Working Life Centre. http://www.sociotech.net/wiki/images/9/94/Evolution_of_socio_technical_systems.pdf

Fayol, Henri (1949) *General and Industrial Management*. London: Pitman (first published in 1919). (山本安次郎訳『産業ならびに一般の管理』ダイヤモンド社，1985。)

Follett, Mary Parker (1923) *The New State: Group Organization and the Solution of Popular Government*. New York: Longmans, Green and Co. (originally published 1918). (榎本世彦・上田鷺・高沢十四久・三戸公訳『新しい国家―民主的政治の解決としての集団組織論』文眞堂，2003。)

—— (1924) *Creative Experience*. New York: Longmans, Green and Co. (originally published 1918).

Foucault, Michel (1972) *The Archeology of Knowledge and the Discourse on Language* (trans. A. M. Sheridan Smith). London: Tavistock Publications. (慎改康之訳『知の考古学』河出書房新社，2012。)

—— (1973) *The Order of Things: An Archaeology of the Human Sciences* (trans. Alan Sheridan-Smith). New York: Vintage Books. (渡辺一民・佐々木明訳『言葉と物―人文科学の考古学』新潮社，1974。)

—— (1977) *Power/knowledge*, Colin Gordon (ed.). New York: Pantheon.

Gagliardi, Pasquale (2005) The revenge of gratuitousness on utilitarianism. *Journal of Management Inquiry*, 14: 309-15.

Geertz, Clifford (1973) *The Interpretation of Cultures*. New York: Basic Books.（吉田禎吾・中牧弘允・柳川啓一・坂橋作美訳『文化の解釈学 Ⅰ・Ⅱ』岩波書店，1987。）

George, Claude S., Jr. (1968) *The History of Management Thought*. Englewood Cliffs, NJ: Prentice-Hall.

Goffman, Erving (1959) *The Presentation of Self in Everyday Life*. Garden City, NY: Doubleday Anchor.（石黒毅訳『行為と演技 日常生活における自己呈示』誠信書房，1974。）

Graham, P. (1995) (ed.) *Mary Parker Follett: Prophet of Management*. Boston, MA: Harvard Business School Press.（三戸公・坂井正広訳『M・P・フォレット―管理の預言者』文眞堂，1999。）

Gulick, Luther and Urwick, Lyndall (1937) (eds.) *Papers on the Science of Administration*. New York: Institute of Public Administration, Columbia University.

Herskowitz, Melville J. (1948) *Man and His Works: The Science of Cultural Anthropology*. New York: Alfred A. Knopf.

Jencks, Charles (1977) *The Language of Post-modem Architecture*. London: Academy.

── (1992) (ed.) *The Post-modern Reader*. London: St. Martin's Press.

── (1996) *What Is Post-modernism?* (4th edn.). New York: John Wiley & Sons Inc.

Kilduff, Martin (1993) Deconstructing organizations. *Academy of Management Review*, 18: 13-31.

King, C. S., Feltey, K. M., and O'Neill, Susel B. (1998) The question of participation: Toward authentic public participation in public administration. *Public Administration Review*, 58/4: 317-26.

Lawrence, P. R. and Lorsch, J. W. (1967) Differentiation and integration in complex organizations. *Administrative Science Quarterly*, 12: 1-47.

Linstead, Steve (1993) Deconstruction in the study of organizations. In John Hassard and Martin Parker (eds.), *Postmodernism and Organizations*. London: Sage, 49-70.

Lyotard, Jean-François (1979). *The Postmodern Condition: A Report on Knowledge* (trans. G. Bennington and B. Massumi). Minneapolis: University of Minnesota Press.（小林康夫訳『ポスト・モダンの条件―知・社会・言語ゲーム』水声社，1989。）

── (1983) *The Differend: Phrases in Dispute* (trans. G. Van den Abeele). Minneapolis: Minnesota University Press.（陸井四郎・外山和子・小野康男・森田亜紀訳『文の抗争』法政大学出版局，1989。）

March, James G. and Simon, Herbert (1958) *Organizations*. New York: John Wiley & Sons Inc.（土屋守章訳『オーガニゼーションズ』ダイヤモンド社，1977。）

Marx, Karl (1973). *Grundrisse: Foundations of the Critique of Political Economy*. Harmondsworth: Penguin (first published in 1839-41).（資本論草稿翻訳委員会訳『マルクス資本論草稿集1 1857～1858年の経済学草稿 第1冊分』大月書店，1981；『マルクス資本論草稿集2 1857～58年の経済学草稿 第2冊分』大月書店，1993。）

── (1974) *Capital*, Vol.1. London:

Lawrence and Wishart (first published in 1867).（向坂逸郎訳『資本論 1』岩波書店，1969。）

—— (1975) *Early Writings* (trans. R. Livingstone and G. Benton). Harmondsworth: Penguin (first published as *Economic and Philosophical Manuscripts*, 1844).

Merton, Robert (1965/1993) *On the Shoulders of Giants*. Chicago, IL: Chicago University Press.

Moran, Joe (2002) *Interdisciplinarity*. London: Blackwell.

O'Connor, Ellen S. (1996) Lines of authority: Readings of foundational texts on the profession of management. *Journal of Management History*, 2/3: 26-49.

Perrow, Charles (1973) The short and glorious history of organizational theory. *Organizational Dynamics*, Summer: 2-15.

Rorty, Richard (1980) *Philosophy and the Mirror of Nature*. Princeton, NJ: Princeton University Press.（伊藤春樹・野家伸也・野家啓一・須藤訓任・柴田正良訳『哲学と自然の鏡』産業図書，1993。）

Saussure, Ferdinand de (1959) *Course in General Linguistics* (trans. Wade Baskin). New York: McGraw-Hill.（小林英夫訳『一般言語学講義』岩波書店，1972。）

Schroeder, Ralph (1992) *Max Weber and the Sociology of Culture*. London: Sage.

Schütz, Alfred (1967) *The Phenomenology of the Social World* (trans. G. Walsh and F. Lehnert). Evanston, IL: Northwestern University Press (first published in 1932).（佐藤嘉一訳『社会的世界の意味構成—理解社会学入門』木鐸社，2006。）

Selznick, Philip (1949) *TVA and the Grass Roots*. Berkeley: University of California Press.

—— (1957) *Leadership in Administration*. Berkeley: University of California Press.（北野利信訳『組織とリーダーシップ 新訳版』ダイヤモンド社，1970。）

Smith, Adam (1776/1937) *An Inquiry into the Nature and Causes of the Wealth of Nations*. New York: Modern Library.（水田洋監訳・杉山忠平訳『国富論 1・2・3・4』岩波書店，2000。）

Steingard, D. S. (1993) A postmodern deconstruction of total quality management (TQM). *Journal of Organizational Change Management*, 6/4: 72-87.

Stocking, G. W., Jr. (1983) (ed.) *Observer Observed: Essays on Ethnographic Fieldwork, a History of Anthropology*, Vol.1. Madison: University of Wisconsin Press.

Taylor, Frederick W. (1911) *The Principles of Scientific Management*. New York: Harper.（有賀裕子訳『新訳 科学的管理法』ダイヤモンド社，2009。）

Thomas, William I. and Thomas, D. S. (1928) *The Child in America*. New York: A. A. Knopf (free online at http://www.archive.org/details/childinamerica00thom).

Thompson, James (1967) *Organizations in Action*. New York: McGraw-Hill.（大月博司・廣田俊郎訳『行為する組織―組織と管理の理論についての社会科学的基盤』同文舘出版，2012。）

Trist, Eric L. and Bamforth, K. W. (1951) Some social and psychological consequences of the long wall method of coal getting. *Human Relations*, 4: 3-38.

Van Maanen, John (1988) *Tales of the Field: On Writing Ethnography*.

Chicago, IL: University of Chicago Press.（森川渉訳『フィールドワークの物語—エスノグラフィーの文章作法』現代書館，1999。）

Weber, Max (1906-24/1946 trans.) From Gerth, Hans H. and Mills, C. Wright (eds.), *Max Weber: Essays in Sociology*. New York: Oxford University Press.（山口和男・犬伏宣宏訳『マックス・ウェーバー—その人と業績』ミネルヴァ書房，1962。）

—— (1947) From A. H. Henderson and Talcott Parsons (eds.) *The Theory of Social and Economic Organization*. Glencoe, IL: Free Press (first published in 1924).

Weick, Karl E. (1969 [1979]) *The Social Psychology of Organizing*. Reading, MA: Addison-Wesley.（金児暁嗣訳『組織化の心理学』誠心書房，1980；遠田雄志訳『組織化の社会心理学[第2版]』文眞堂，1997。）

—— (1995) *Sensemaking in Organizations*. Thousand Oaks, CA: Sage.（遠田雄志・西本直人訳『センスメーキング・イン・オーガニゼーションズ』文眞堂，2002。）

—— (2003) Enacting an environment: The infrastructure of organizing. In R. I. Westwook and S. Clegg (eds.), *Debating Organization*: Point-counterpoint in Organization Studies. London: Blackwell. 184-94.

—— and Bougon, Michel (1986) Organizations as cognitive maps: Charting ways to success and failure. In Sims, Jr. H.P. and Gioia, D. A. (eds.) *The Thinking Organization*, 102-35. San Francisco: Jossey-Bass.

Whyte, William F. (1943) *Street Corner Society*. Chicago, IL: University of Chicago Press.（奥田道大・有里典三訳『ストリート・コーナー・ソサエティ』有斐閣，2000。）

Wittgenstein, Ludwig (1965) *Philosophical Investigations*. New York: Macmillan.（丘沢静也訳『哲学探究』岩波書店，2013。）

Woodward, Joan (1958) *Management and Technology*. London: Her Majesty's Stationery Office.（矢島鈞次・中村壽雄訳『新しい企業組織—原点回帰の経営学』日本能率協会，1970。）

—— (1965) *Industrial Organization: Theory and Practice*. London: Oxford University Press.

Wren, D. (1987) *The Evolution of Management Thought* (3rd edn.). New York: John Wiley & Sons Inc.（佐々木恒男監訳『マネジメント思想の進化』文眞堂，2003。）

さらに理解を深める文献

Clegg, Stewart (1990) *Modern Organizations: Organization Studies in the Postmodern World*. London: Sage.

Harvey, David (1990) *The Condition of Postmodernity*. Cambridge, MA: Blackwell.

Hassard, John and Parker, Martin (1993) (eds.) *Postmodernism and Organizations*. London: Sage, 49-70.

Knudsen, C. and Tsoukas, H. (2003) (eds.) *The Oxford Handbook of Organization Theory: Metatheoretical Perspectives*. Oxford: Oxford University Press.

Kumar, Krishan (1995) *From Post-industrial to Post-modern Society: New Theories of the Contemporary World*. Oxford: Blackwell.
Lash, Scott and Urry, John (1987) *The End of Organized Capitalism*. Cambridge: Polity Press.
Piore, Michael and Sabel, Charles (1984) *The Second Industrial Divide*. New York: Basic Books.
Rosenau, Pauline Marie (1992) *Post-modernism and the Social Sciences: Insights, Inroads, and Intrusions*. Princeton, NJ: Princeton University Press.
Rousseau, Denise (1985) Issues of level in organizational research: Multi-level and cross-level perspectives. In L. Cummings and B. M. Staw (eds.), *Research in Organizational Behavior*, Vol.VII: 1-37. Greenwich, CT: JAI Press.
Simon, Herbert (1957) *Administrative Behavior* (2nd edn.). New York: Macmillan (first published in 1945).

第Ⅱ部

コアの概念と理論
Core Concepts and Theories

本書の第Ⅱ部の諸章において，6つの中核となる概念を詳しく理解していく。この概念－環境，社会構造，技術，文化，物的構造，権力／コントロール－は，組織論者が理論を構築する際の基礎になるものである。第Ⅱ部を読み進むにつれて，まずこれらの概念を形成することが迫られ，次に，理論構築のためにそれらを用いることが必要になり，やがて理論づくりの複雑性を増大させていくことになる。多様なパースペクティブというのが本書のテーマなので，各中核概念を，モダン，シンボリック，ポストモダンのパースペクティブから検討していくが，すぐにあるアイディアが他の思考法よりも適していることに気付くだろう。

Organization-environment relations

第 3 章

組織と環境の関係

　1950年代に一般システム理論で分析レベルという考え方が導入された際，組織論者は，組織システムが部分となるその上位システムとしての**組織環境** (organizational environment) を定義し始めた。このアイディアは経営論者にとって革命的に思えた。それは，それまでは，競争の経済はもちろん別として，組織の内部活動がまるでそのすべてであるかのように組織を見なす傾向が彼らにあったからである。そのような考え方のすべてが，外的諸力，組織の活動領域，ポピュレーション（個体群）といった概念の出現とともに一変することになった。こうした概念のすべては，組織が環境といかに関係するかについての研究に事実上一体化することとなる。

　近年まで，組織−環境関係については，ほとんどモダン・パースペクティブの立場から理論化されていた。しかしながらシンボリック・パースペクティブが確立してからは，制度化された環境とイナクトされた環境を想定する理論が登場するようになった。さらに組織論に対するポストモダンの批判があってからは，組織−環境関係に関する議論に異なる関心，つまりステークホルダーの権利，持続可能性，企業の社会的責任などが持ち込まれたのである。

　本章では歴史的な観点から，今日でも広く用いられているモダニストによる組織環境の初期の定義から議論を始める。組織−環境関係に関する4つの理論，すなわちコンティンジェンシー理論，資源依存論，ポピュレーション・エコロジー，制度論について検討するが，最後の制度論によって，組織環境の研究にシンボリック思考が持ち込まれる。ポストモダン・パースペクティブに関して

は,脱工業化の歴史を要約することで説明し,次にステークホルダー理論の説明に移り,環境に関するモダンの概念を脱構築して締めくくる。

組織環境を定義し分析する:モダン・パースペクティブ

モダン・パースペクティブでは,環境は,組織の境界の外に存在する客観的実体として登場する(図3.1)。環境の側から見ると,組織は環境内の需要に応じて製品ないしサービスを生産するための道具である。組織の側から見ると,環境はアウトプットを生産するために必要な原材料やその他のインプットを提供し,その後,組織のアウトプットを引き受けてくれる存在であり,そのことでより多くのインプットを獲得するための手段が与えられ,これが繰り返される。

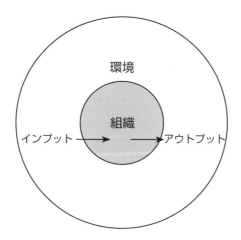

図3.1 環境の中の組織

この単純な図は,組織がより大きなシステム(上位システム)に埋め込まれた実体(システム)であることを示している。そして上位システムが組織に資源インプットを提供し,組織のアウトプット(製品とサービス)を引き受けていることを示している。モダニストが,組織をその環境から分離するのに識別できる境界を仮定していることに注意しなさい。

環境を組織の境界（organizational boundary）の外にあるものとして定義すると，組織に含めるか含めないかに関する意思決定が関わってくる。何が組織内にあり，何を組織外に留めるかを決めるのは微妙である。大学について考えてみよう。学生は大学のメンバーだろうか，顧客だろうか，原材料だろうか，製品だろうか。客員教授や任期付講師，ゲスト講師，卒業生，寄付者のメンバーとしての地位はどうだろうか。組織に境界を引くための単純な解決策などない。すなわち，最善の方法は，分析目的によって異なるはずである。

大学の事例において，もし大学が授業料値上げの影響を知るために環境分析をするのであれば，学生を顧客，つまり，組織メンバーではなくむしろ環境メンバーと捉えるのがよいだろう。もし大学が外部研究資金に応募するのであれば，学生を組織メンバーとして定義することで，提案された研究活動から学生がいかに利益を得るかを述べることができ，応募を有利に進められるであろう。また，大学の新教育プログラムに対する環境の反応を知りたいのであれば，学生を組織の製品と見なすことで分析に有用な情報をもたらしてくれることだろう。

組織を取り巻く環境を定義する際に直面するもう1つの難問は，そこにはさまざまな分析レベルがあり，それを選べることである。モダンの組織論者は，組織−環境関係を次のレベルで定義し分析している。

a．ステークホルダーとそれらが形成する組織間ネットワーク
b．環境領域ごとの状況と傾向
c．組織と環境の下位システムで構成され，それらの相互作用で生まれてくるグローバル環境

このような図式で組織−環境関係を研究する場合，以下の点に注意する必要がある。1つは，いくつかの分析レベルを移動するので簡単に混乱に陥るということ，もう1つは，それらの構成要素間の多くの相互作用に直面するということである。

組織間ネットワーク，ステークホルダー，サプライチェーン

どの組織も，環境に内在する他の行為者（例えば，個人，集団，他の組織など）と相互作用している[1]。これらの相互作用を通じて組織は，あらゆることができる。例えば，原材料の獲得，従業員の雇用，資本の確保，製品・サービスの販売，知識の獲得，建物や設備の建設・賃借・購入だけでなく，他の行為者と一緒に活動したり，他の行為者を規制したり，他の行為者の取引を管理するなどあらゆることが実行できる。

互いに影響し合って組織の直接環境を形成する行為者を，しばしば**ステークホルダー**（stakeholders）と呼ぶ。典型例としては，投資家，競合相手，供給業者，卸売業者，パートナー，広告会社やコンサルティング会社，業界団体，消費者団体，地域コミュニティや一般社会，労働組合，税務署や許認可機関などの規制当局，金融アナリスト，メディアなどである。狭義のステークホルダーは，組織の存続あるいは成功に不可欠な行為者のことを指す。ステークホルダーの利害を考慮する人は，より広義の定義を用いて，組織活動から影響を受けるす

図3.2　ステークホルダーや競合企業からなる環境の中で活動する組織

このモデルを用いて組織環境にある関連行為者を明らかにすると，重要なステークホルダーの影響を認識でき，彼らのニーズ，利害，行動を検討するのに役立つ。

べての行為者は，組織の意思決定において考慮されるべきだと主張する[2]。図3.2で示されているステークホルダーの分類は，ほとんどの環境分析で取り上げられているものである。

当該組織のステークホルダー間で築かれた関係が一体となって**組織間ネットワーク**(inter-organizational network) が形成される（図3.3）。図中の丸印は，ネットワークの行為者を示し，丸印を結ぶ線は，資源，情報，機会，影響力が行き交うチャネルを表している。ネットワーク分析を行うと，重要な変数が多様であることを実感するはずである。またそれらの変数を分析することでネットワークの特徴やそのメンバーの特徴が明らかになる。

例えば，組織レベルでネットワーク分析を行うと，図3.3で示されているように，各行為者を示す丸印の大きさによって，ネットワーク内での当該組織

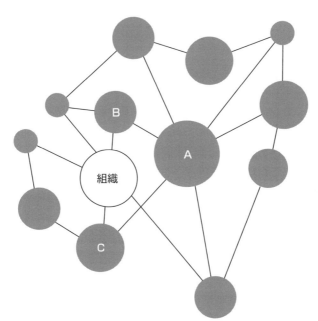

図3.3 組織間ネットワーク
このモデルは，組織間ネットワークを描いている。組織Aは，当該組織（組織）の競合企業であり，最も中心的存在である。Bは，当該組織とAの供給業者であり，Cはその両者の顧客である。

の中心性（centrality）を明らかにできる。中心性は，「紐帯（ties）」と呼ばれる丸印と接続する線の数を数えることで測定でき，そして各紐帯はいくつかの関連する成果の重要度によってウェイトづけできる。当該ネットワークのレベルで見ると，ネットワーク全体をめぐる紐帯の集中度で**ネットワーク密度（network density）**がわかる。一方，ネットワークの中で紐帯のない領域があれば，それは構造的空隙（structural hole）である。組織の中心性とネットワーク密度を測定し，構造的空隙を特定することによって，組織間ネットワーク同士の比較が可能となり，ネットワークの強みを評価できる。つまりネットワーク・メンバーのパフォーマンスを言及できる。さらに，他のネットワークと比べていくつかのネットワークが革新的である違いを明確にできる。このことはなぜそのような違いが生じるのかを理論化するためには必要なものである[3]。

　組織間ネットワーク概念の応用例としてよく知られているものに，**サプライチェーン（supply chain）**がある。この概念は，原材料の流れに関心を向けるものである。この流れは，大なり小なり直線的な連関を形成しており，最も基本的な原材料（例えば，石油会社の石油）から始まり，次に仲介組織（例えば，精油所，石油卸売業者，ガソリンスタンド）と通って流れ，最終消費者（例えば，ガソリン車のドライバー）に達する。サービス業の場合，焦点は，付加価値活動に向けられる。付加価値活動は，バリューチェーンを形成するが，それはサプライチェーンとほとんど同じアイディアである。サプライチェーンとバリューチェーンは，所与の生産プロセスあるいはサービス提供システムに関わるすべての供給業者，パートナー，配給業者，最終消費者を入れ込んだ組織間ネットワーク全体の断層写真を撮ってみれば視覚化できる。サプライチェーンとバリューチェーンという考え方は，生産プロセスないしサービス実践におけるすべての関係を組織が管理するのに役立つ。それはそれらを１つの企業に統合しなくても，あたかも１つの実体であるように組織されているからである。この経営実践が効率向上に役立つのは次のような場合である。つまり，必要とされるタスクをパートナーに分担させることで分業のメリットが得られるのは，全体のパフォーマンスを監視・管理するために新たな管理階層を作るなど余分なコストをかけずにすむ場合である。

組織環境の状況と傾向

　組織間ネットワークの具体的な行為者やその関係性だけでなく，数知れぬ環境諸力が環境の参加者に影響を与えている。これらの外的諸力はネットワーク全体に影響を及ぼしているが，ネットワークそれ自体を分析してもその影響を明らかにはできない。組織−環境関係を十分理解するためには，組織間ネットワーク分析を行うことに加えて，環境の状況と傾向を調べてみる必要がある。この分析は，図 3.4 に示されているように，環境をいくつかの**セクター**（領域：sectors）に分割することから始めるのが一般的である。

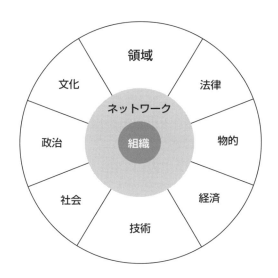

図 3.4　環境領域

組織の生き残りと成功に影響のありそうな環境の状況と傾向を必ず調べる必要がある。一般的には，これは，環境をいくつかの領域に分割し，次に各領域の，他領域，ネットワーク，組織の利害に対する影響を観察することでより容易に調べられる。

環境の**社会領域**（social sector）は，社会階層，人口統計，社会移動性のパターン，ライフスタイル，社会運動，そして伝統的社会制度などと関連している。伝統的社会制度とは，教育システム，宗教儀式，取引慣行，専門職のことを指す。欧米における人口高齢化，労働力の多様化，そして経営層も含めた多くの職種の専門職化傾向はすべて，この地域で活動する組織に影響を及ぼしている傾向といえる。中欧，東欧，北アフリカからより豊かな西欧諸国への移民は，この地域で活動する組織の環境における社会移動性のパターンを示している。リサイクル活動は，世界中の多くの国々で見られる社会運動の例である。

文化領域（cultural sector）に関連する事柄には，歴史，伝統，行動に対する規範的期待，確信，価値観などがある。西側企業の文化領域における状況は，リーダーシップ，技術合理性，物的豊かさの強調といえる。その一方，この地域における傾向は，階層的権威の価値の低下，倫理的ビジネス実践，人権，自然環境保護の価値の増大が見られる。社会的傾向と文化的傾向がどのようにつながってくるのかに注意する必要がある。例えば，多くの職場で見られる多様性の増大は，ジェンダー，人種，文化的背景の違いが組織に果たした役割に対する価値観の変化となって現れてくる。こういった価値観の変化は，順次，法律領域や政治領域に影響を及ぼしていく。

法律領域（legal sector）は，組織がビジネスを展開している国々の憲法，法律，法律実践によって明らかにされる。そこには会社法，独占禁止法，税法，海外投資に関わる法律などの事柄が含まれる。法律領域の傾向は，政治領域や経済領域の傾向と切り離しては語れない。例えば，産業界における規制と規制緩和の２つの傾向は，影響を受ける組織にとっては一大関心事である。法律領域は，社会的傾向や文化的傾向とも密接に関連している。その理由は，文化的価値観や社会的制度から，さまざまな行動を合法化したり，逆に違法であると決めつけたりする圧力が生まれるからである。例えば，アメリカ企業の反倫理的行動に対する関心の高まりが，2002年のサーベンス・オクスリー法（SOX法:Sarbanes-Oxley Act）を成立させた。この１つの法律が成立したことで，企業の不正行為を暴き罰する法的メカニズムが生みだされ，会計監査人の説明責任を増大させ個人投資家や年金加入者を保護するメカニズムが生まれた。ま

たSOX法がいかに政治領域内,経済領域内の活動から生まれたかは,いうまでもないことである。

政治領域（political sector）は,世界の中で組織が活動する地域での権力の分散と集中,および政治システムの性質（例えば,民主主義対専制主義）の観点から述べられるのが一般的である。1989年の東欧における共産党支配の崩壊は,世界のこの地域でビジネスを展開していた組織および展開を模索していた組織の政治（および経済）領域を大きく変化さえた例である。政治領域は,法律領域と密接に関係していて,なおかつどちらも他の領域の傾向の影響を受けている。例えば,アメリカでは,女性やマイノリティが労働市場への参入を果たして以来（社会領域）,政治活動を活発化している。そして彼らの政治参加が増えた結果（政治領域）,アファーマティブ・アクション,差別禁止法,ハラスメント防止法が制定された（法律領域）。

政治領域と経済領域は,複雑に絡み合っているため,それらの影響を別々に分析しても無意味である。例えば,産業界（経済領域）からの圧力を受けて,多くの政府（政治領域）は自国の独立性を失うことになる他国との貿易協定を結び,貿易障壁を下げている。このことは,自由貿易圏構想が持ち上がっていることからも明白である。欧州連合（EU）,東南アジア諸国連合（ASEAN），南米南部共同市場（メルコスール：MEROCUR），北米自由貿易協定（NAFTA）といった経済主導の政治連携は,世界のさまざまな地域における自由な物の流れを支持する立場を表明し,自国の独立性をさらに弱めている。同様に,民営化によって,刑務所,病院,航空会社,学校,大学といったかつては国によって運営されていた組織が,ビジネスにされた。これらを含めて政治リーダーからビジネス・リーダーへの権力移行は,政治領域と経済領域を一層密接なものとしている。

経済領域（economic sector）は,労働市場,金融市場,製品・サービス市場から成り立っている。私的所有と公的所有の比率,計画経済が指向されているか否か,財政方針,消費パターン,資本投資パターン,金融システムなどすべてが,経済領域を形成する要因である。この領域で経済状況として一般に挙げられるものには,次のものがある。国際収支,通貨問題,他国との経済協定,

貿易協定，物価統制，原材料市場への参入機会，利率とインフレ率，物価指数，失業率，過剰生産，投資リスクなどである。経済領域の傾向は，環境の他領域にも影響を及ぼす。例えば，ポーランドにおける共産主義的計画経済から民主主義的資本主義への移行（政治・経済領域の変化）は，ポーランドで活動する組織の他のすべての環境領域に影響を及ぼしていた。

　技術領域（technology sector）は，科学的な知識や情報をもたらしてくれるが，それらは組織がアウトプット（製品・サービス）を生み出すために獲得でき，かつ利用できる開発・応用段階のものを指す。ある意味で，環境は，望ましいアウトプットを生み出すための知識の宝庫であり，この知識をさまざまな組織に提供する。するとその組織は，環境の少なくとも複数の領域で役に立つような生産プロセスを実行するのである。こういった知識は，熟練従業員，設備やソフトウェア，コンサルタントや他の専門家の活動といった形態をとっている。多くの組織にとって技術領域における最近の大きな傾向は，パソコン，ロボット，ビデオ録画装置，コンピュータ支援設計・生産システム（CAD-CAM），およびソーシャルメディアなどのコンピュータ関連技術の利用である。こうした技術の利用は，例えばオンライン・ビジネスの比率を高めるなど，世界中の組織にかつてない変化をもたらしている。また傾向的に見るとこれからの技術進歩の多くは，遺伝子学，素粒子物理学，繊維光学の分野からもたらされそうである。

　技術領域と他の環境領域との複雑な絡み合いを示す例は，枚挙にいとまがない。海賊版ソフトウェア，リバースエンジニアリング（他社製品を分解して技術を読み取る活動），著作物の違法コピーなどは，デジタル化でより容易になっている。この傾向は，技術領域で始まったが，知的財産権の侵害という形で法律領域および経済領域に広がってきている。衛星通信によってある種のビジネス出張がなくなり，さらにアフリカ，南米，アジア，そして世界中の遠隔地とグローバル経済とが結びつくのである。コンピュータ技術が，バーチャル組織やアウトソーシングといった組織形態や経営実践の変化を加速させている。今やビジネスは，週7日1日24時間営業である。それは，グローバルな通信技術の進歩が，接触機会やその反応に対する文化的期待に影響を及ぼした結果ともいえる。技術領域における変化は，社会領域と経済領域にも影響を及ぼす。

例えば，技術が，電気が使え通信技術を利用できる人たちと，電力へのアクセス手段がないもしくは通信技術を使わない人たちとの間に，深い社会‐経済的断裂を作っている。

物的領域（physical sector）には，天然資源や自然の影響が入る。組織の中には，物的領域の構成要素と直接関係を持つものがある。ここでの要素には，石炭や石油の埋蔵量（例えば，石油産業の企業）に始まり，利用可能な港湾（例えば，貿易会社や海運会社），利用可能な輸送ルート（例えば，トラック運送業），環境レベル（例えば，製造企業），厳しい気象条件（例えば，空輸，海運，建設，旅行業の企業）まで及ぶ。物的領域全般で目を引く状況と傾向には，例えば，気候パターンの変動（例えば，地球温暖化），熱帯雨林の消失，そして干ばつ，地震，洪水，飢饉，火山活動といった自然災害が挙げられる。

天然資源の枯渇を除き，物的領域での変化は予測困難である。それでもなお，この領域に資源や好ましい労働環境を依存している企業は，そこで生じる出来事や変化から経済的影響を受けるのはいうまでもないことである。地震のような自然災害は，経済的打撃にとどまらない。例えば，地震後の安全問題に対する心的態度や価値観の変化（文化領域）がきっかけとなって，建築基準（法的領域）にしばしば変化が起こる。すると基準の変更が，新しい建築技術の開発（技術領域）を促進する。もちろん，他領域が，物的領域に影響を及ぼすこともある。例えば，人口増加や移住者（社会領域）によって，定住者が増えた地域の物的資源に重い負担がかかる場合などである。

もちろん，諸領域に関する例はもっといろいろあるはずである。これらの概念を自分の言葉で展開する際に，ここで示したような他者の捉え方を役立ててもらいたい。ただ忘れてならないのは，他者の捉え方，すなわち本書の中で学んだ他の組織理論が役に立つかどうかは，自分の知識や経験に基づいた特定情報を用いてその理論を詳しく語れるかどうかにかかっている。もう１つ忘れてならないのは，ここで行ったように，環境をいくつかの領域に切り離すことは可能であるが，それぞれの領域は，別個に発展しているわけではないということである。つまり領域は相互依存しているので，状況や傾向が変化すると常に新たな考察が必要となる。

図3.4で示した環境領域のモデルは，参考例であり，これでなければならないというものではない。諸領域に精通し，その独立性に注意を払うようになれば，場合によっては，5，6の領域しか使わない方が都合のよいこともある。例えば，社会と文化の領域をまとめてしまうとか，政治と法の領域をまとめてしまうとかは，あり得ることである。逆に，このモデルに新しい領域を追加することもあり得る。このモデルや他のすべての理論モデルを，分析目的に応じて改造自由のテンプレートと考えるべきである。ただし，すべてを分析するだけのデータが手元にないといった信じがたい理由で改造してはならない。理論が，研究不足を指摘している場合には，その不足していることを注に記し，それを将来の研究課題としてほしい。

国際化，地域化，グローバル化

　組織が国境を越えて相互作用を始めると，組織が**国際化**(internationalization)したことによって組織レベルにとって重大な意味を持つ新たなレベルの環境複雑性が発生する。例えば，環太平洋あるいは中東欧（CEE）のある地域にある組織が地域全体に活動範囲を広げると，地域市場が形成されることになる。その市場は，しばしば地域外からもビジネスを呼び込み，結果的にすべての組織にとって競争が激化する。その一方で最終消費者にとっては，選択できる製品・サービスの種類が増えるとともに，しばしばそれらを今までより安価に手に入れることができるようになるが，国際化のもたらす効果はそれくらいのものである。

　地域化（regionalization）は，北米自由貿易協定（NAFTA）のように，政府主導で計画や法制化が進められる場合に，国際化と並行して起こる。地域化は，組織レベルに対する効果を持っており，メキシコのマキラドーラの発展にその例を見ることができる。マキラドーラとは，海外市場から輸入された部品を製品に組み立てる工場のことであり，そこで組み立てられた製品は原産国に送り戻される。多くは，メキシコのアメリカとの国境沿いで操業し，指定地域内に工場のあるこれらの組織には，関税特権が与えられている。そしてこの特権が，コストを下げ，それらの組織に高い競争力をもたらしている。

表3.1 グローバルな複雑性と変化の一因となる環境領域の要因

領域	グローバルな変化の一因となる要因
技術	パソコン インターネットやWIFI デジタルカメラやHDTV スマートフォンやソーシャルメディア 通信衛星 高速輸送鉄道，超大型輸送船 宇宙開発
経済	グローバルな資本市場 技術交流 世界規模での貿易 多国籍企業 国際的な経済制度（例えば，IMF，世界銀行，WTO） 地域貿易システムと小売のグローバル化
政治／法律	主権国家の持つ権限の弱体化 領土境界線の無意味化 グローバルな統治制度（例えば，国際連合，WHO，国際司法裁判所）
社会／文化	メディアのグローバル化 大衆文化（例えば，俗語，ファッション，ブランド，テレビ，音楽，旅行） 科学，政治，ビジネスにおけるグローバル言語としての英語 物質主義とコンシューマリズム 多民族主義，多文化主義，多言語主義 ソーシャルメディア（例えば，チャット，Facebook，Twitter）
物的	人口増加 生物多様性の喪失 有害廃棄物と労働災害 公害 地球温暖化と気候変化 環境 汚染疾病と飢餓 遺伝子組み換え食品（GM）

出所：Steger（2003）を基に作成。

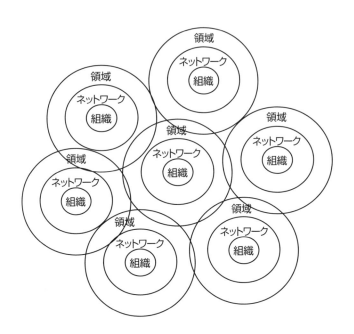

図 3.5 グローバル化を描く 1 つの方法

この図はグローバル化につながる，組織間，組織ネットワーク間，環境の状況と傾向間で増大する相互作用を図式化したものである。注意しなければならないのは，この図が 4 つの分析レベルを描いていることである。すなわち，組織間（組織），組織ネットワーク間（ネットワーク），環境のすべてのメンバーに影響を及ぼす領域の状況と傾向間（領域），そして下位システムの多様な相互作用から生じるグローバル・レベルである。

地域内の変化と組織の国際化が確固たるものになるにつれて，地域やそこにある組織が経済のグローバル化推進に向けて相互作用する。そうすると変化が世界規模に連鎖的に拡大する。しかし，グローバル化は，当然，経済領域に止まらない。他領域の状況や傾向が，世界各地で活動する国際組織に収斂しているからである。このグローバル化は，生活のすべての領域に影響を及ぼし，その影響はすべての地域の人と組織に及ぶ。表 3.1 は，それらの影響のいくつか

を領域ごとに示したものである。

グローバル化(globalization)とは,国境や境界(例えば,国家や経済パートナーシップを分断しているもの)を通過可能で意味のないものにする取引や関係を組織とそのネットワーク間で構築することを一般的にいう[4]。グローバル化は,図3.5で示される新しいレベルの複雑性や相互依存性を認めることを意味している。

複雑性と相互関連性がグローバルに収斂する傾向がどのようなものかを知るために,文化の同質化を例に考えてみる。文化の同質化現象は,いろいろなところに見られる。例えば,ビジネス,科学,インターネットの世界での共通言語としての英語,ファーストフードの普及,ジーンズ,Tシャツ,スニーカー・ファッションなどである。同質化は,地域の慣習や伝統が失われていくことの前触れでもあるので,古い様式の存続を強く望む人たちは,例えば,宗教的価値観のような別の傾向を支持するといった社会連携を宣言することによって対抗措置をとる。したがって,文化の同質化は,多種多様な影響を伴って文化の多様性の良い面となって現れることもあれば,悪い面となって現れることもある。ある地域では,多様性は,民主的に裏打ちされた民族自決と個人の自由への願いを増大させるが,別の地域では,宗教戦争や民族浄化を激化させる。そしてこの例は,グローバル化した環境のたった1つの領域を簡単に分析したものにすぎないのである。

グローバル化がすべてのこのような相互作用の力を見せ始めるにつれて,初めからグローバルな舞台で活動するのを前提に作られた組織が出現し,グローバルな相互依存をさらに強めさせたのである。このような組織として,国際連合(UN),世界貿易機関(WTO),世界保健機関(WHO),国際通貨基金(IMF),世界銀行(the World Bank)などがあるが,その他にも国際赤十字,国境なき医師団,グリーンピースといった数多くのNGOs(非政府組織)があるのはいうまでもない。このような組織が実は昔からあるものだと知ると,驚くかもしれない。例えば,赤十字が設立されたのは1863年である。当然といえばそれまでだがグローバル化への道は,少なくともシルクロードにまで遡れる。シルクロードがヨーロッパとアジア間で開通したのは紀元前2世紀ごろである。

グローバル化という概念が存在する分析レベルの複雑性は，計り知れないものである。抽象用語を用いれば，この複雑性をモデル化できるかもしれないが，やりすぎてはいけない。図3.5で示したような抽象モデルを用いて分析すると，組織が直面する多くの重要な影響に気づくようになるかもしれない。しかしすべての影響を明確にすることは不可能でありその原因を探ることもできない。また複雑なパズルを意味のある形に完成させることもできないだろう。それはあまりに変動する部分が多すぎて，たとえ非常に多くの概念を一度に頭に詰め込めたとしても，それらの変化すべてに通じることは不可能だからである。

抽象モデルを用いた分析は，役に立ったとしても組織に影響を及ぼすすべてのものを理解しないリスクに気づかせてくれるくらいであり，そして観察や学習を続けることを励ましてくれることくらいである。組織を取り巻く複雑な環境の構成要素間の相互作用を考えるのに，多元的分析レベルを利用すれば，自分の分析目的との関係が明らかになるだろう。

モダンの組織―環境関係理論

1970年代後半までには，モダニストの組織論者と経営者のほとんどは，環境が非常に重要なものであると考えるようになっていた。したがって彼らの関心は環境の影響がどのように作用するかを解明することに移っていった。こうして最初の組織‐環境関係理論が誕生するのである。それらの中で最も影響力のある3つの理論が，モダン・パースペクティブから出てきた。すなわち，環境コンティンジェンシー理論，資源依存理論，ポピュレーション・エコロジー理論である。4つ目―制度論―は，シンボリック・パースペクティブに大きな貢献をしたので，その後の，組織‐環境関係の制度論の節で紹介することにする。

環境コンティンジェンシー理論

イギリスの社会学者トム・バーンズ（Tom Burns）とジョージ・ストーカー（George M. Stalker），そしてそれに加えてアメリカの組織論者ポール・ロー

レンス (Paul R. Lawrence) とジェイ・ローシュ (Jay W. Lorsch) は,環境が,用いるべき最適な組織形態を決定すると主張した最初の論者である。環境と組織の間のこの関係を説明するために,バーンズとストーカーは,安定した環境では**機械的** (mechanistic) 組織形態が最適であり,その理由をこの形態がルーティン活動を標準的手続きで行える場合に効率的であると理論化した[5]。安定した環境条件下では,組織は,費用最小化・利益最大化を実現するのに最適な活動および資源利用を学習できるからである。

しかしながら,環境が急激に変化している場合には,機械的組織の利点は失われる。組織が適応の必要性から変化し続けなければならない場合,ルーティン化がもたらす利益はすぐさま消滅する。柔軟な**有機的** (organic) 組織形態は,必要とされる革新や適応を促進するので変化する環境によりうまく適応できる。バーンズとストーカーによる機械的あるいは有機的組織形態をいつ用いるべきかの説明は,初期のコンティンジェンシー理論の1例である。ここでのコンティンジェンシー要因は,当該組織が直面する環境要素の集合である。

初期のコンティンジェンシー論者は,特定の組織形態がなぜうまくいくのかを説明する重要変数として**環境不確実性** (environmental uncertainty) を提示した。そして環境不確実性を複雑性と変化の速さとの相互作用と定義した (図3.6)。**複雑性** (complexity) とは,環境要因の数とその多様性のことをいう。**変化の速さ** (rate of change) とは,環境要因すべての面から見てその環境がどのくらいのスピードで変化しているのかをいう。

初期の環境不確実性理論の問題点は,環境状況を客観的現実と仮定していたことである。しかしながらいくつかの研究から,環境を同じように経験している者はいないということが判明した。つまり同じ環境を,ある経営者の集合は確実なものとして捉えていたが,別の集合は不確実なものとして述べていたのである。研究者たちは,**知覚された不確実性** (perceptual uncertainty) の方が,客観的に測定された環境不確実性よりも組織形態の採用決定をよりうまく予測すると結論づけた[6]。

モダンの組織論において,環境がどのように組織に影響を及ぼすかを理解するには媒介変数としての知覚が重要な役割を果たすということがわかっ

	変化の速さ	
	低い	高い
複雑性 低い	低不確実性	中不確実性
複雑性 高い	中不確実性	高不確実性

図 3.6 環境不確実性は，当該組織の置かれている環境の複雑性とその変化の速さによって定義される。

	変化の速さ	
	低い	高い
複雑性 低い	必要とする情報を知っていて持っている	新情報を常に必要としている
複雑性 高い	情報過多	必要とする情報がわからない

図 3.7 知覚された環境状況と，組織的意思決定の際に不確実性の一因となる情報との関連

たことで情報処理理論が生まれた[7]。**情報処理理論**（information theory of uncertainty）では，経営者たちが環境不確実性を感じるのは，健全な組織的意思決定をするのに必要なだけの情報が不足している場合であると主張される。図3.7は，知覚された環境状況と情報の関係を具体的に示したものである。これを見れば，さまざまなレベルの知覚された不確実性を知ることができる。

　図3.7において経営者が環境を安定かつ複雑でないと感じるのは，彼らが必要とする情報が何であるかを知っていて，かつその情報を持っているときである。すなわち，このような場合に，彼らは，環境不確実性が低いと感じると報告している。経営者が，複雑性が高い，もしくは，急激に変化していると感じるのは，彼らが情報過多，もしくは情報が常時変化している状況に直面している場合である。このような状況では，中程度の不確実性が経験されることになる。経営者が，複雑性が高くかつ環境が変化していると感じるのは，彼らが圧倒的量のしかも常時変化している情報に直面した場合である。このような状況では，経営者の不確実性は最大となる。それは，経営者が必要とする情報が何であるかわかっておらず，過剰な情報に直面しているからである。ユー・チューブ（YouTube）で，動画が作られる速さを想像してみればわかるはずである。最近の推定では，このウェブサイトには，毎分60時間分もの動画がアップロードされていて，その勢いはさらに増している。もし自社の運営を決めるに際してすべての動画内容を分析する必要に迫られた場合，ユー・チューブに関するこうした事実は自身の分析能力に悪影響を及ぼすものと否定的に捉えられ，自分が不確実性の高い状況に置かれていることに気がつくはずである。

　初期の研究で組織が不確実性にどのように対応するのかに対して別の説明をするものに最小有効多様性の概念と同型化の概念を用いたものがある。**最小有効多様性の原理**（law of requisite variety）は，一般システム理論から生まれたものであり，あるシステムが別のシステムに効果的に対処するためには，そのシステムは同等以上の複雑性を有する必要があるというものである。組織的観点でいうと，このことは，成功している組織は知覚された環境複雑性を彼らの内的構造やマネジメント・システムに転写していることを意味する。この転写は，同型化（isomorphism）に帰着する。すなわち，環境が単純であれば，組

織は単純な形態をとることになる。複雑な環境は，複雑な組織を好むことになる。環境が変化している場合には，同型化と最小有効多様性の概念からすると，当然，組織も同じように変化することになる。

アメリカの組織論者ポール・ローレンスとジェイ・ローシュは，1967年に出版された『組織の条件適応理論（Organization and Environment）』の中で同型化の意味を議論している。彼らは，組織がその環境において多くの異なった状況や要因に直面すると，そのことが組織内での分化を促す圧力を生み出すと示唆している。分化することによって，環境からのさまざまな要求に，組織のそれぞれ異なる単位が専門的に対処できるようになる。これらの専門化した機能が，組織構造を内的に複雑なものにする。組織構造が複雑なものになったことにより複雑な環境を転写できるようになる。しかしこのことは同時に，分化されたタスクを統合する圧力を生み出すことにもなる。そしてこの圧力により，組織内で増加した単位や責任を調整するために一段上の管理者を設置するという形で新たな構造複雑性が生み出される。

資源依存理論

資源依存理論は，そのアイディアのほとんどをアメリカの組織論者ジェフリー・フェッファー（Jeffrey Pfeffer）とジェラルド・サランシック（Gerald Salancik）が1978年に出版した本の中に見ることができる。そしてこの本には，環境のコンフィギュレーションが，経営戦略や組織構造に強い影響力を有しているという内容を強調するために『組織の外部コントロール（The External Control of Organization）』という挑戦的なタイトルが付けられている。

資源依存理論の基本主張は，次のようなものである。組織間ネットワークを分析すれば，組織管理者は，組織とネットワークの他の行為者間にある**パワー／依存**（power/dependence）関係が理解できる。そしてこの知識があれば，管理者は環境からの影響力の大元を突き止めることができ，組織が他者に対して対抗的依存関係を構築することでこの影響力の幾分かを相殺するという方法があることに気が付く。

組織の環境への依存は，原材料，労働力，資本，設備，知識，そして製品・サー

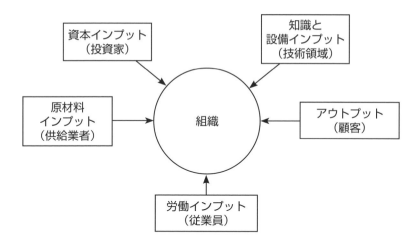

図 3.8 資源依存理論の応用

当該組織の資源の源泉をこの組織間ネットワークの拡張モデルを用いて追跡しなさい。

ビスの販路といった，環境によってコントロールされている資源を組織が必要とする結果である。環境の組織に対するパワーは，この依存性に由来する。そしてこのことから組織は，安い価格，望ましい製品・サービス，効率的な組織構造やプロセスといった事柄を要求されるのが常である。しかしながら，組織の環境への依存性は，単一でもなければ，一様でもない。複雑な依存関係が図3.8 に示したように，組織と組織間ネットワークの特定要素との間に発生する。

資源依存分析は，組織にインプットされる資源と，組織からアウトプットされる資源を明確にすることから始まる。次に，資源の流れがどこから始まり，アウトプットが最終使用者にたどり着くまでを追跡する。例えば，原材料や設備を提供する会社は，組織の供給者の中で見つかるであろう。その一方，組織のアウトプットを追跡することで，ネットワーク内の特定の顧客が明らかになる。労働力，資本，知識の供給者を追跡すると，職業紹介所，大学，金融仲介機関，シンク・タンクといったネットワークの別の行為者が浮かび上がってくる。原材料，顧客，従業員をめぐる競争は，潜在的な資源依存関係の別の源泉

といえるので,分析に主要な競争相手を必ず取り込まなければならない。組織と環境間の交換を規制するのが役目である政府機関や立法者は,どんなものでも必ず含まれなければならない(例えば,労働法,消費者保護団体,公正取引規制団体)。さらに特殊な利害関係者,つまり政治的,経済的,そして／または社会的圧力を通じて組織行動に影響を及ぼそうとする人びとや集団を忘れてはならない。労働組合や非政府組織(NGOs)がこれにあたる。

実際には,組織が直面するすべての依存関係の源泉を精査することは不可能であり,すべての潜在競争者,特殊利害関係者,もしくは規制変更を精査することも不可能である。そこで資源依存分析では,当該組織の組織間ネットワークの行為者間でのインプット資源とアウトプット資源の源泉と到達地を明確にした後に,これらの依存関係に応じて優先順位を付ける作業に移る。優先順位を付けるには,関連する資源の重要度と希少性を評価する必要がある。資源の**重要度**(criticality)を評価することによって,特定資源の相対的重要度が測定できる。例えば,マクドナルドにとって,牛肉は最重要の資源であるが,ストローは違う。**希少性**(scarcity)を評価することによって,最重要資源を調達できないリスクを表す指標を作ることができる。金,プラチナ,ウラニウムは希少性が高いが,同じように水も多くの地域で希少性が高まってきている。希少かつ重要な資源は優先され,これらの依存関係を追跡し管理するための行動計画が策定される。

資源依存を管理するには,自分の組織内に対抗パワーを作り出し,他者のパワーとのバランスをとるという想像力が必要である。フェッファーとサランシックは,組織がこれを実現するための数多くの方法を述べている。多様な供給源を確保することによって,一供給者のパワーを減少させた分だけ依存関係を管理しやすくする。逆にサプライチェーン・マネジメントなど供給業者の数を限定することに利点がある場合には,契約締結が依存関係を管理する一般的戦略となる。顧客や供給業者と合弁企業を設立する,あるいはそれらを買収・合併する(垂直統合と呼ばれる),供給業者や顧客に対する交渉力を結集させるために競争相手と連合を組んだり買収したりする(水平統合と呼ばれる),これらは付加的な戦略である。マーケティングのすべての要素－販売,広告,

流通,ブランディング−は,組織が消費者の購買行動への依存関係を管理するのに役立つ。企業のイメージ・キャンペーンは,世間の敵対的評価やメディアの批判的報道に対抗するのに役立つはずである。

　労働力や知識との依存関係は,才能ある人材を引き付ける採用戦略で管理することができる。規制当局との依存関係を管理する一般的な戦略は,有利な貿易協定,望ましい法人税法,政府の研究開発基金設立に投票してくれるように立法者を説得するためのロビイストを送り込むことである。業界団体の会員であることにも利点がある。なぜならば,会員は環境状況や傾向をモニターするのにかかる費用を分担できるし,ロビイストを雇うためだけでなく,業界マーケティングによって彼らの影響力を結集できるからである。もちろん,価格維持政策や他の不公正なあるいは違法なビジネス行為に自ら監視の目を光らせるのを怠ったならば,業界団体は批判にさらされ,法的措置を受けることになる。価格維持政策が違法でない社会では,価格協定や石油輸出国機構(OPEC)のようなカルテルが,競争相手との環境依存関係を管理する一般的な手段である。

　もし他の戦略も失敗したとしても,組織は,その環境を変えることで望まない依存関係から自らを解放できる。他事業への参入,現事業からの撤退,製品／サービス構成の変更,を組織が行う場合である。このようなことは,多角化もしくは縮小,合弁事業,子会社設立,買収,合併といったことで実現できる。ポピュレーション・エコロジー理論の分析レベルは異なるが,この理論でもときには非支持的環境を回避することが推奨されている。

ポピュレーション・エコロジー(組織の個体群生態学)

　資源依存理論もポピュレーション・エコロジーも,依存関係があることによって環境が組織に絶大なパワーを有していると仮定する。しかしながら,資源依存理論が組織レベルの分析に根ざしているのに対し,ポピュレーション・エコロジーは,その関心の大部分を環境に向けている。ポピュレーション・エコロジーを提唱する人たちには,特定の組織が希少かつ重要な資源をめぐる競争をいかに生き延びるか(資源依存理論のように)ということには関心がない。彼らにとって関心があるのは,エコロジカル・ニッチ(ecological niche)と呼ば

れる所与の資源プール内で競争しているすべての組織の成功パターンと失敗パターンである[8]。

ポピュレーション・エコロジーを組織論に応用する場合，そのもととなっているのはイギリスの生物学者チャールズ・ダーウィン（Charles Darwin）の進化の法則—変異，淘汰（選択），保持—および，このプロセスを用いて動物種内での自然淘汰のダイナミクスを長期観察から説明した彼の理論である。このアイディアを組織に応用する人たちには，アメリカの組織社会学者マイケル・ハナン（Michael Hannan），ジョン・フリーマン（John Freeman），ハワード・オルドリッチ（Howard Aldrich），グレン・キャロル（Glen Carroll）がいる[9]。彼らの理論は，競争的なエコロジカル・プロセスの結果として，現在見られるようなさまざまな組織形態がどのように誕生してきたのかを説明しようとしている。したがって，彼らから見ると，経済競争は自然淘汰の一形態なのである。

ポピュレーション・エコロジー理論では，組織環境が，競争者集団の中から環境要件に最も合った組織を選択することになる。ダーウィン理論のように，変異，淘汰，保持によって**組織個体群**（population）内における自然淘汰のダイナミズムを説明する。**変異**（variation）は，新たな組織を生み出すような起業家的革新を通じて起こるか，あるいは既存組織が環境からの新たな脅威・好機に応じて適応する過程で起こる。変異プロセスは，淘汰プロセスに多様性をもたらす。

淘汰（selection）は，エコロジカル・ニッチの要求に最も合致した組織が資源を手に入れ，その一方で適応基準を満たさなかった組織が資源を得られず消滅するという形で起こる。しかし選択されなかったことが，必ずしも組織の衰退と死につながるとは限らない。そのことが，現行環境からの退出につながることもあれば，生息するための別の資源ニッチの発見につながることもある（例えば，長期的な利益拡大が見込めない事業からの撤退，新規事業への参入）。退出は，事業縮小，子会社設立，合併，買収，新事業開発といった組織適応を生み出すことによって再び変異に戻るのである。

保持（retention）とは，資源が絶え間なく組織に供給されている状態をいう。つまり適応を達成し，それを維持することは，短期的には組織の生存を成し遂

げたことになる。しかし，環境変化が継続的な適応を求めてくるため，生き残った組織も部分的にはさらなる変異を取り入れる必要がある。このことで多くの長寿組織が，革新，M&A 戦略，新規事業開発に並々ならぬ関心を示していることを説明できる。

ポピュレーション・エコロジーの研究は，例えば，レストラン，新聞社，小規模電機メーカー，デイケアセンター，醸造所，労働組合などを対象に行なわれ，そこでの個体群の生存競争に着目し，これらのポピュレーションの中で操業している組織の誕生率と死亡率を明らかにした[10]。また，研究したポピュレーションの中で最も成功した組織が採用する形態と戦略を明らかにした（例えば，多数の市場に対応した多くの事業を展開するジェネラリストであった，あるいは1つの事業に専念するもしくは1つの市場だけに対応するスペシャリストであった）。

ポピュレーション・エコロジー理論を，経営に応用するには無理があると考える人たちもいる。その理由は，分析レベルが組織の境界線の外にあること，したがって大部分が組織のコントロール下にないからである。それにもかかわらず，この理論が持ち込んだ視点は，政府や立法機関の関係者とコミュニケーションをとりたい場合に役立つ。それは彼らの政策によって影響を受ける組織は膨大な数に上るので，彼らは一般に環境の分析レベルを使ってものを見ているからである。もしこのようなタイプの組織に就職したならば，資源依存理論が提唱するものよりもポピュレーション・エコロジーが提唱するものの方が使えると感じるはずである。

ポピュレーション・エコロジー理論を利用するには，考慮すべき点が他にもある。第1に，ダーウィン理論と同じように，適応の定義に問題がある－生存は適応によって説明されるが，適応とは生存であると定義されているのである。この重要な部分でのトートロジーは，適応度だけを見て生存を予測できないことを意味している。つまり，適応が一度起こったということだけしか確認できないのである。第2に，この理論は，非常に競争的なポピュレーションにはうまく応用できるが，すべてのポピュレーションがこの条件を満たすわけではない。少数の大組織に支配されているポピュレーション，あるいは創業費用が高

かったり（例えば，自動車製造業），法規制が複雑だったり（例えば，製薬業）といった参入・退出障壁が高いポピュレーションに直面した場合には，この理論が最適の選択肢であるとはいいがたい。このような状況では，制度論的な見方がより役に立つことが立証されている。

シンボリックな環境分析

シンボリック・パースペクティブを採用する人は，環境をイナクトメント，認知マップ，センスメーキングによって社会的に構築されてくるもの，あるいは，それらの中に社会的に構築されるものとして捉えている。解釈は，社会構築プロセスのどのプロセスにおいても構成要因である。プロセス内で意味を思いつかせ伝達するシンボルも同じである。環境は，環境についての間主観的に共有されたシンボリズムと確信から出現する。つまりこれらのシンボルや確信によって動き出した一連の期待によって出現するのである。モダニストにとっての場合とまさに同じで，社会的に構築されることによって形成された環境は，シンボリック・パースペクティブを採る人たちにとっては重大な影響がある。このような影響は，組織メンバーが関係し対処している環境の特徴に対する彼らの認知と感覚からもたらされる。つまり組織が異なれば構築する環境も異なるし，同じ組織でも環境の構築が変われば環境に反応する行動も変化するからである。

制度論者にとって，しばしば行為者は，制度論の主領域である環境レベルのシステムでは意識されない存在である。制度論では，環境内の行為や活動は整然としたものであるのに対して，イナクトメント論者にとって環境は，個々の行為者と彼らの行為から生まれる社会的相互作用および関係によって構築されるものである。分析レベルが異なると，シンボリックな組織論の中であるにもかかわらずまったく異なる立場をとるこのような2つの見方が出現する。これはモダニストのパースペクティブの中で分析レベルの違いによって資源依存理論とポピュレーション・エコロジー理論が異なったのとまったく同じである。構造化理論は，他のレベルに対してある分析レベルが優越的であるとも，モダ

ン・パースペクティブあるいはシンボリック・パースペクティブどちらか一方を選ぶということもしないという立場をとっている。しかしここで，すぐにこの理論を取り上げることはせず，組織的社会構造の概念を取り上げてからにする。

組織－環境関係の制度論

制度論は，次のように主張する。組織は，原材料，資本，労働力，知識，設備を必要とするだけでなく，活動している社会に受け入れてもらえるかどうかにも依存している。このアイディアは，モダニストの組織論者を刺激して，図3.9に示したように，オープン・システム・モデルのインプット項目に社会正当性を付け加えさせた。この追加は，組織論にシンボリック・パースペクティブが入り込むことが正式に認められたことを示している。なぜならば，人間の価値観の重要性をモダニストが認めたことになるからである。

組織は，所属社会の価値観に適応し，それを体現するというセルズニック（Selznick）のアイディアをアメリカの社会学者ポール・ディマジオ（Paul DiMaggio）とウッディ・パウエル（Woody Powell）は，次のように精緻化した。すなわち，「組織は資源や顧客をめぐってだけ競争しているわけではなく，政治的パワーや制度の正当性，つまり経済的適応と同様に社会的適応をめぐっても競争している[11]」。言い換えると，環境は，組織に対して明らかに異なる2種類の要求を課しているのである。(1)環境は，技術的，経済的，物的要求を作り出し，組織はこの要求を満たすために市場および準市場で製品・サービスを生産し交換しなければならない。(2)環境は，社会的，文化的，法的，政治的な要求を作り出し，組織はこの要求を満たすために社会で特定の役割を果たし，期待される外見を確立維持しなければならない。技術的，経済的，そして／または物的要求が支配的な環境では，組織にとって，環境に製品・サービスを効率的かつ効果的に供給することが重要になる。一方，社会的，文化的，法的，そして／または政治的要求が支配的な環境では，組織にとって，行政，法律，宗教，教育といった社会的制度によって支持された価値観，規範，規則，確信に少なくとも見かけ上は順応することが重要になる。制度的影響に順応するこ

との恩恵は，社会正当性を獲得できることであり，この社会正当性が組織の転換プロセスにインプットされる他のもの同様，生き残りにとって大いに重要なものになる。

組織に対する社会・文化的および政治・法的な環境影響力を認めると，次のような疑問が持ち上がってくる。すなわち，誰があるいは何が，この影響力を行使しているのか。アメリカの制度論的社会学者 W. リチャード・スコット（Richard Scott）によれば，制度的な影響力は規制構造，行政機関，法律と裁判所，専門職業人，利害関係者集団，結集した世論などの組織環境の側面を通じて行使される[12]。しかし，これらの制度的行為主体（agent）は，どのように行使するのであろうか。

新制度論者（彼らはセルズニックに厳密には忠実でないため「新」である）は，制度の根拠の正当性の単なる承認という域を越え，それによって組織と組織が繰り返し行う行為が制度化されていくプロセスを説明し始めた。例えば，スコットは制度化を「行為が繰り返され，自己および他者によって行為に同じ意味が付与されるプロセス」と定義している[13]。したがって，政府，宗教，教育が制度として概念化されるだけでなく，投票，敬意の印として頭を下げる，あるい

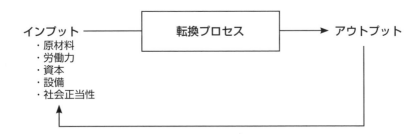

図 3.9 組織の資源としての社会正当性

制度論は，組織の転換プロセスが依存している原材料や他の資源と同様に社会正当性もこのプロセスのインプットと考えられるべきことを示唆している。

は握手するといった行為,さらには組織において権威を認めること,ルーティンに従うこと,最新の管理法を採用することも制度として概念化できるのである。

制度を単に現実に関する意味や概念の共有として捉えるだけでなく,繰り返される行為として捉えるアイディアは,社会構築主義に説明力を与えた(注意しなければならないのは,このような論理的整理は,結局モダニストのパースペクティブに譲歩したことになる)。共有された意味が繰り返される行為という形で具体化される場合,例えば繰り返される行為への期待は規則や法律といったものに形を変え,政府や裁判所といった制度は行為主体と見なされ得る。すなわち,それらは,制度的行為者に変貌させられるのであり,他のすべての組織化された実体も同様である。

いろいろな制度的メカニズムが,繰り返される行為を支えている。パウエルとディマジオは,3つを確認している。すなわち,強制,規範,模倣である[14]。政府規制や法律から期待に応えるよう圧力を受けた場合,**強制的(coercive)** な制度的圧力が作用している。慣行に従うという圧力を文化的期待から受けた場合,例えば,それらを組織メンバーの教育観や宗教観を通じて受けるが,**規範的(normative)** な制度的圧力が作用している。実際に成功しているというよりも成功している組織と見せかけることで正当性を得ようする(例えば,セルズニックはTVAをこのように解釈している)順応行動は,**模倣(mimetic)** の制度的圧力への対応である。最近では,模倣はベストプラクティス(best practice)の一般的活動となってきている。そしてそこには,成功している組織の構造や行動をコピー(複製)することも含まれている。この戦略が意思決定者の頭をよぎるのは,どうしたらうまくいくかがよくわからないときである。

組織に対する制度論からの最も重要な示唆は,次のようなものである。制度化された期待に応えると,社会からの支持を勝ち取ることができ,**正当性(legitimacy)** を確実なものとする。そしてそれは組織が生き残る可能性を高めてくれるということである。正当性は,より多くの利益を上げた組織,より良い製品・サービスを生み出した組織に与えられるものではなく,受容された慣例に従っている組織に与えられるものである[15]。

特定の構造特性，例えば，行政の官僚制，あるいは防衛産業におけるマトリックス構造が，組織が適切かどうかを判断する際の制度化された基準となることがある。したがって，そのような組織は，パフォーマンスの如何にかかわらず社会正当性が授けられる。これは，2008年の金融危機の際に大銀行を救うために持ち出された議論，すなわち，「大きすぎて潰せない」といった類の客観的に検証されていない確信がなぜ消えずに残ったのかを説明できる1つの方法である。すべての人がそのような確信を「真実」として受け入れているので，それらに疑問を持つことはない。すなわち，彼らは制度的神話（institutional myth）になったのである。

ひとたび組織がどうしたら立派に見えるか（例えば，合理的組織に見えるか）を学習すると，生き残るために必要な他の資源（技術的支援，金融保障など）を獲得するために必要なことは，表面的に仕事をしているように見せるだけでよい。こうしてTVAや金融危機の際の大銀行のような制度化された組織は正当性があるように思わせたが，その一方で彼らの行動は明確ではない。組織パフォーマンスを判断する客観的基準がまったくないということは，制度化された組織は，非常に形式的な意味は別として，社会に対して説明責任がないということである。

いうまでもないことだが，制度化によって許されるのにも限度がある。反倫理的ビジネス行為に対する世論の高まりは，制度の生き残りにとって脅威となるだけでなく，抹殺することすらできるのである。例えば，1990年代後半のエンロン（アメリカ），アーサー・アンダーソン（アメリカ），パルマラット（イタリア）は，どれも大衆スキャンダルの結果，破産した。そして今世紀初めに，AIB（アングロ・アイリッシュ・バンク）とリーマン・ブラザーズは，企業倫理を逸脱していると見なされたときに倒産した。ファニーメイ（Fannie Mae）とフレディマック（Freddie Mac）は，証券市場に抵当証券を供給するためにアメリカ政府が設立した企業である。両社は，解体されなかったが，2008年の金融危機に巻き込まれた際に深刻な脅威にさらされ，大きく正当性を失い，いまだ回復できていない（訳注：2010年にニューヨーク市場の上場廃止）。環境保護団体だけでなく人権や動物の権利を守る活動家も，組織やときには産業

全体（毛皮の取引）の正当性を減少させる環境圧力の例といえる。つまり彼らは，世論の動員，ボイコット，デモ，投書，メール，ブログ，フェイスブック，ツイッターなどの運動活動を直接行うことで，それを可能にしている[16]。これらの例は，社会正当性が脅かされるか阻止されたら何が起こるのかを示しているが，ここからもその重要性がわかるはずである。

　制度論を特定組織の分析に用いる場合，組織がその制度的文脈にどのように順応するのかを考案する必要がある。例えば，環境が，組織に対して行使する制度的圧力の源泉（例えば，規制当局，法律，社会的・文化的期待）と制度的圧力のタイプ（例えば，強制，規範，模倣）を分析する必要がある。同様に，技術合理性の名のもとに制度的諸力を見えなくしてしまう制度的神話によって意思決定プロセスがどのように作り上げられていくかも考察する必要がある。そして最後に，組織が，その制度的文脈の中で，どのようにより多くの正当性を獲得し，その途上でどのような危険が待ち受けているのかを想像してみる必要がある。

イナクトされた環境

　イナクトメント理論によると，組織メンバーは分析データに環境が客観的に写し出されていると思い込んでいるが，分析そのもので組織が対処する環境を創造してしまっている。イナクトメント理論は，知覚された不確実性というモダニストの情報理論を越えたところにある。複雑性と変化によって組織の意思決定者はさらに情報を必要とすると主張するのではなく，イナクトメント理論は，意思決定者が自分の知覚に反応し，彼ら自身が想像し期待する環境をイナクト（規定）すると断言する[17]。

　不確実性の情報理論に依拠して，認知組織論者カール・ワイク（Karl Weick）は，次の前提から議論を始めた。客観的現実としての環境が存在する（しない）についての確信にかかわらず，環境状況は，その状況に対する知覚と切り離すことはできない。しかしワイクは，このアイディアに社会構築主義を持ち込み次のように示唆した。もし組織の意思決定者が環境を現実と思い込むと，彼らは正確な予測をたて合理的意思決定をするために情報を収集し分析するだ

ろう。もし意思決定者が環境を複雑で分析不能なものと知覚すると，その場合には，さらなるデータが集められ，そのデータに基づいた環境をマネジメントするためのアプローチがとられることになる。

構築された複雑性に基づく行為が，複雑な環境をイナクトする。それはデータ量の増大が，増大し続けるデータの分析をますます不確実なものとしているからである。このイナクトされた世界では，人びとは不確実性を，環境の複雑性と変化が原因で起こる情報不足と解釈している。しかし，複雑性と不確実性は，環境をモニターし，コントロールしようとする彼らの努力から発生しているのである。このパラドッキシカルな状況は，組織に好機をもたらすとともに意思決定者には難題を課すことになる。例えば，アップル・コンピュータのスティーブ・ジョブズ（Steve Jobs）は，彼が知覚したコンピュータ技術の応用における複雑性と急激に変化している状況を誰にも真似のできない方法で解釈した。つまり，スマートフォンやタブレットがあらゆる場面で生活の一部となっている世界をイナクトしていたと解釈できる。

イナクトメントが，どのように物質的現実と折り合いをつけることができるかを理解することは重要である。そこが，シンボリック・パースペクティブとモダン・パースペクティブの一番の違いだからである。これは，古いカルト映画「コイサンマン（The Gods Must Be Crazy）」を例に説明するのが最もわかりやすい。物語は，男が人里離れた未開部族の住む村の上空をセスナ機で飛んでいるところから始まる。そして飛行機から彼らのど真ん中にコーラ瓶が不用意に投げ捨てられる。未開部族の人たちは，それが何だかまったく思いつかない。それにもかかわらず彼らはたくさんの使い道を見つけていく（例えば，のし棒，ハンマー，アリ収集機）。彼らは，この「新技術」を結局見つけてしまったために，必然的にそれをめぐって争いを始めてしまう。彼らの長が，叡智を発揮し，そのコーラ瓶を遠くに捨てに行き，未開部族に以前のような平和な世界が戻るというものである。

まさにこのように，イナクトメント理論によれば，われわれはあのような技術がつまった魅惑的物体に複雑性を作り出してしまうのである。例えば，フェイスブック・アプリを搭載したスマートフォンが，「アラブの目覚め」の際に，

どのように急激な社会行動を引き起こしたかを考えてみよう。アラブの目覚めや他の政治活動に先だって起こった西側諸国におけるフラッシュ・モブ運動^{訳注}は，当初，無害なものと思われていた。しかしこの運動は世界中で起きだしていた草の根政治活動が技術的にサポートされた傾向であるということをイナクトするのに役立った。そしてそこには，このような運動に関わった人たちが学んだ教訓というさらに大きな意義があるだろう。このような教訓はさらなる展開をイナクトするような知識やアイディアの共有を可能にするからである。

ワイクのイナクトメント理論に関連した概念として**多義性**（equivocality）を挙げることができる。ワイクによれば，人は多様に知覚することが可能な場合，曖昧ないいかたをし，それを後で矛盾した現実をイナクトするのに使う，そうすることでさらなる多義が加速する。多義性は，不確実性を経験させることになるとともに，密接に関連した**曖昧性**（ambiguity）の概念を引き出す。曖昧性が，組織にとって問題なだけでなく役に立つ場合もあるということを明らかにするために，特に変化している環境では適しているという観点から，政治学者ジェームス・マーチ（James March：アメリカ人）とヨハン・オルセン（Johan Olsen：ノルウェー人）は，組織の曖昧性を次のように定義した。「首尾一貫性を求める合理的要請を一時的に停止して，（組織が）存在するかもしれない別の目的を探索できるようにする戦略[18]」。

アメリカのコミュニケーション論者エリック・アイゼンバーグ（Eric Eisenberg）は，マーチの曖昧性の概念を拡大して，次のように指摘した。人は，意図的に文脈からの合図を見落とし，それによってコミュニケーションに曖昧性を持ち込み，多様な解釈を可能にしている[19]。アイゼンバーグは，次のように主張する。戦略的に目的やビジョンに多様な解釈を持ち込むことで，管理者は，**統合された多様性**（unified diversity）を作り出すことができる。このアイディアは，ギューリック（Gulick）の命令統一の原則やファヨール（Fayol）の団結心の調和という統一の考え方に，挑戦するものであるが，すべてのモダンの管理原則を棄却するポストモダンほどではない。

訳注：インターネットや携帯電話を使って見ず知らずの人たちが集まる運動

アメリカの組織論者デボラ・マイヤーソン（Deborah Meyerson）による病院のソーシャルワーカーが遭遇した曖昧性に関する調査研究の中に，統合された多様性の例がある[20]。彼女は，調査した病院のソーシャルワーカーたちが，同じような仕事をしているだけでなく共通の方向性や目的を共有していること，しかし病院という緊張感があり不確実な環境でソーシャルワークを行う中で曖昧性を経験したことで，客観的に同じと思われる問題に対して多様な解決策を思いつき，それを実行するためにいろいろな技術を用いているということを発見した。そこでの発見で興味深いのは，病院の文化が，ソーシャルワーカーたちが実際の仕事に多様でときには矛盾している意味を結び付けることを許していたり好意的だった場合には，彼らが燃え尽き症候群になることが少なかったことである。

　シナリオ分析は，ロイヤル・ダッチ・シェル社で環境分析のために開発されたアプローチ法であるが，意図的に曖昧性を作り出すことに別の理由を提示する。これは，客観的な環境の状況や傾向を合理的に分析する代わりに，組織の意思決定者に将来展開できそうなさまざまな筋書きを語らせ，次に，それぞれの筋書きの実現可能性とリスクを評価するというものである。これは，モダン・パースペクティブからは，非常に合理的に見えるかもしれない。しかし，次のことを考える必要がある，つまり各シナリオは頭の中でリハーサルするか試してみるかのどちらかの過程を経て作られたものであるので，意思決定者は組織の将来を予測していることになる[21]。多様な予測を提示しているという意味において曖昧なものであるにもかかわらず，この予測が環境をその規定者（enactors）にとって現実のものとするプロセスを始動することになる。さらにまた不確実性に満ちている曖昧な未来を共有することで，直面する環境に単一戦略で臨むべしという確信を隠し持っている人たちに十分な不安を与え，彼らを結束させることができたのである。

ポストモダニズムと組織—環境間関係

　イナクトメント理論が持つ意味として，シンボリック・パースペクティブ内

で通常取り上げられないものに，次のことがある。すなわち，われわれがひとたび現実を社会的に構築する者としての役割を担っていると自覚すれば，不快な社会構築を脱構築することによって，嫌な状況から自分たちを解放できるということである。この考え方を用いて，ポストモダニストたちは，過激な変化を迫った。この変化は，既存の社会構築を支えている言説やテクストを言語的に脱構築することから始まるが，最終的には本質的な変化をもたらすことができる。例えば，ポストモダン流の考え方が，ベルリンの壁を物理的に崩壊させただけでなく，この脱構築によって今日シンボリックに語られているすべてのことをもたらしたと信じている人たちがいる。別の人たちは，このようなアイディアが，すでに政府を転覆させ民主化への希望を結集させた「アラブの目覚め」といった変化の背後で，あるいは「ウォール街を占拠せよ運動」において働いていると見ている。

　ポストモダン・パースペクティブは，倫理的感情とぶつかることがよくある。そのことから，組織やその他のわれわれが暮らす社会的に構築された現実が，結局はわれわれの価値観や選択を反映したものであることを思い起こさせてくれる。ポストモダン・パースペクティブは，制度論の正当性概念を政治的に論じ，イナクトメント理論の作用を借用することで，まったく新しい哲学領域に入り込み，シンボリック・パースペクティブおよび特にモダン・パースペクティブに挑戦する。

　ポストモダンの組織論者の中には，そこから組織論が生まれてくることになる工業化の歴史に議論の出発点を置く人たちがいる。彼らは，工業化のモダン期が世界を変え続けてきたのとまったく同じように，次を変えるのはポストモダニズムであろう，そもそもモダンの次を示す名前が付けられているのだから，と論じている[22]。工業化に始まる軌跡をたどることで，ポストモダンの組織が現代生活の様相を一変させている脱工業化時代の組織実践といかに一致しているかを示していく。

工業化の3局面

　トム・バーンズ（Tom Burns）は，西側諸国における工業化の発展の軌跡

を3つの異なる局面から明らかにした[23]。第1局面は，工場システムの到来を告げるものであるが，仕事の生産性向上を目的とした機械の利用から始まる。工場システムは，工場が出現する以前の手工業経済において労働者を組織化する方法であった下請制に代わるものであった。

　下請制において個人集団は，一般的には親方の下で働き，そこで特定の課業を請け負っていた。工場制での下請の役割は，工場主の裁量下で働く職長に置き換えられたが，彼らは普通工場主の利害を守るために雇われた支配人の命令を受けていた。両者の社会的地位はほぼ同じであったが，職長の責任と自由は下請のものよりも減っていた。例えば，下請は，雇用と解雇，課業の割り振り，仕事の速さについて，責任を負っていたが，工場制においてこれらの責任は，工場主か執行役に属していた。

　工業化の第1局面は，イギリスの繊維産業で始まった。そこでは，燃料を補給する労働者や保守・修理を行う労働者を必要とする大量の機械がすべて1ヵ所―工場―に設置された。この初期の工場にあった機械は，すべて典型的に単作業タイプのものであり，単純で反復的な仕事の流れの中で1つの作業だけを行っていた。より複雑な作業は，古い制度である下請制の職人を使っていまだ行われていた。初期の工場における保守係と監督者は，ほぼ全員が男性であった。その一方，機械作業員のほとんどは女性であり，その仕事を子どもに手伝わせていた。そのため，イギリスにおける工業化の第1局面における工場のジェンダー関係は，社会のジェンダー関係を反映したものであった。一般的に男性は，女性より高い地位と多くの機会に恵まれていたが，その一方で男女とも子どもより高い地位と多くの機会に恵まれていた。つまり当時，最も自然と考えられていた階層を形成していた。

　工業化の第2局面の期間，この局面は大まかにいって1850年代あるいは1860年代に始まるが，工場制は，衣類および食品加工，エンジニアリング，化学，鉄，鉄鋼産業に広まっていったが，そこでの生産プロセスはどこも繊維産業より複雑なものであった。バーンズによれば，製造工程における技術的複雑性が増加したことで，社会組織や官僚制システムも同時にコントロール，ルーティン化，専門化に重点を置くものへと成長することが必要となった。このような

変化は，管理階層や管理スタッフ（例えば，専門職や事務職）の大幅な増員という形で表れている。またこのような変化は，輸送およびコミュニケーションの改善，より自由な取引，工業生産された消費者向け製品への世間の関心の高まりも引き起こした。軍用装備革命も工作機械が開発され，工業化によって可能となった鉄鋼技術・化学技術の進歩がきっかけで起こった。このような産業界での展開の相似形を軍事力拡大と政府拡大に見て取れる。

工業化の第2局面でもたらされた変化が社会学者の興味をそそり，バーンズによれば，この彼らのアイディアこそが組織論のもとになるのである。例えば，ウェーバーとマルクスはどちらも，工業化によって巨大階層組織で働く管理職，事務職，専門職といった新たな中間層が誕生すると予言している。このような理論家たちは，工業化の第3局面がもたらすいくつかの問題も予測していた。そこには官僚制の鉄の檻によるうつ状態の発症，資本主義が世界中で繰り広げる貪欲なまでの資源と人間の搾取が挙げられる。

バーンズは，工業化発展の第3局面では，生産は国内需要を満たし，過剰生産状態になるだろうと主張した。このような状況下では，経済成長に依存している資本主義は，次のような対応をとる。(1)消費を刺激するために顧客や新技法に対する感度を高める（例えば，製品開発，デザイン，消費者および市場調査，販売促進チーム，広告，ブランド化），(2)新市場開拓のための企業の国際化，(3)工業企業における研究開発活動を通じての新技術開発，である。バーンズは，組織内でのこのような変化の行き着く先は，柔軟性の増大，高い顧客志向，国際的活動とその結果としての国際的アイデンティティ，絶えまぬ技術の洗練化だと確信していた。同様のアイディアは，このような変化を目の当たりにした他の研究者たちにも芽生えた。

アメリカの未来学者アルビン・トフラー（Alvin Toffler）の『未来の衝撃（Future Shock)』(1970年) によると，コンピュータおよび通信技術から始まった社会変革の意味を読み解くのによい方法は，工業化によってもたらされた農業社会から工業社会への移行と比較することである。アメリカの社会学者ダニエル・ベル（Daniel Bell）は，このような新たな発展段階を『脱工業化社会の到来（The Coming of Post-industrial Society)』(1973年) の中で脱工業化

(post-industrialism) と名づけた。この本の中で彼は，工業化社会では財の生産のために労働者をコントロールすることをめぐって組織が作られるが，脱工業化社会では知識創造と情報活用をめぐって組織が作られる，と主張する。情報を強調することでベルは，とりわけ，サービス部門の台頭と製造部門の凋落を予言するとともに，そこでは知識労働者（特殊技術者およびその他専門家）が社会で最も影響力のあるメンバーとして資本家と肩を並べることになると予言している。この見方では，グローバル化は，世界中の情報と知識を瞬時に共有できる新たに見つかった能力の現れということになる。

脱工業化と関連して起こるもう1つのことに，アメリカの未来学者ジョン・ネイスビッツ（John Naisbitt）が著書『メガトレンド（Megatrend)』の中で最初に指摘したものがある。それはコミュニケーション・ネットワークを優先することによる階層性の断念であり，その結果，垂直型組織構造から水平型組織構造へ移行するというものである。脱工業化組織あるいは公共組織が中心となる脱官僚制を議論する場合，工業化の第2局面で好まれた労働形態や組織形態と，来るべき情報化時代で予想されるそれらとを比較するというのが一般的である。議論の多くが，特に何が変化したのかを述べることに費やされており，表3.2にはそれらの対比のいくつかとそれらが仕事や組織に及ぼす影響を環境，技術，社会構造，文化，物理的構造領域に分けて提示してある。表3.2の脱工業化の欄を見るときは，表3.1の各領域で生じた変化のリストを必ず一緒に見てもらいたい——ポストモダン／脱工業化の生活は変化の連続なのだから，前出のリストにさらに多くのアイディアが付け足されるべきことに気づくはずである。

脱工業化のアイディアは，当初，対象としている変化は客観的現実であるという前提で展開されていた。しかしポストモダニズムは，そこをモダン・パースペクティブ批判に用いた。ポストモダン・パースペクティブを採用している人の多くは，次のように考えている。コンピュータに関連した最も大きな変化は，コンピュータを利用すると結果的に人を無視することになるといった客観的世界では見つけられないだろう。別の言葉でいえば，コンピュータ，マルチ・メディア，いろいろな形態の高速伝達手段，即時コミュニケーション手段を用いることで変えられてきたのは，他ならぬわれわれなのである。

表 3.2 工業化と脱工業化の組織との関連比較

	工業化の時期	脱工業化の時期
環境	主権国家が国民経済を規制する マス・マーケティング手法の標準化 福祉国家	グローバル競争 主権国家における資本の脱集中化 市場の分断化と生産の国際分散化 カスタマイズされた財への消費者の選択と需要の高まり 社会運動と単一争点政治運動（例えば，リサイクルや占拠）の高まり サービス・クラス 多元的，多様的，活動場所（ロケーション）
技術	テイラー／フォード的大量生産 ルーティン アウトプットの製造	柔軟な製造，自動化 デザイン，生産，在庫管理へのコンピュータ利用 ジャスト・イン・タイム・システム（JIT） スピードと革新の強調 サービス‐情報が，組織の最重要アウトプットとして出現する（別名，付加価値活動）
社会構造	官僚制 垂直的コミュニケーションを特徴とする階層 専門化 垂直統合と水平統合 コントロールの重視	新組織形態（例えば，ネットワーク，戦略的提携，バーチャル組織，サプライチェーン，バリューチェーン） 水平的コミュニケーションを持ち，経営責任を委任されたフラットな階層 アウトソーシング 非公式な影響メカニズム（参加，文化，コミュニケーション） 垂直統合および水平統合の崩壊 職能，部門，組織間の自由な境界
文化	安定，伝統，慣習を重んじる 組織的価値観：成長，効率，標準化，コントロール	不確実性，パラドックス，流行の重要視 組織的価値観：質，顧客，サービス，多様性，革新
物的構造	産業都市への人口流入 地域あるいは国家主義的な世界観が支配的 直線的なものとしての時間体験	都市部への脱集中化 遠距離間移動の時間短縮，国際志向やグローバル志向あるいは「グローカル志向」の増大 時間圧縮（例えば，製品ライフサイクルの短命化）
仕事の性質	ルーティン 単純労働 タスクと職務の機能的専門化	狂乱，予期せぬ変化 知的スキルが求められる 職務横断的チームワーク 継続的学習の強調 アウトソーシング，下請，自営，テレワーキングの流行

出所：Clegg(1990); Harvey(1990); Heydebrand(1977); Kumar(1995); Lash and Urry(1987,1994); Piore and Sabel(1984)を基に作成。

ステークホルダー理論

　脱工業化の典型的組織形態は，ネットワークであるが，その他にも脱工業化系の組織形態には，ジョイント・ベンチャー，戦略的提携，バーチャル組織，そして民主化意識の高い労働者自主管理企業や脱官僚制組織を挙げることができる。脱工業化組織の特筆すべき特徴は，**無境界性**(boundarylessness)である。このような組織と環境との境界は，あっても見えないか通り抜けられるかのどちらかである。内部集団間の境界も，部門間，階層間，そして課業間でさえ区別をやめてしまうので消滅する。その代わりに社員たちは，そのときだけの職種・組織を越えた一時的に結成されたチームで常に入れ替わりのある仲間たちと協力することになる。このようなチームは，急速にそして絶えることなく続く変化について行くために学習を重視し，そのような変化に適してはいるが，そのような変化の一因にもなっている。脱工業化組織での生活は，したがって，不確実性，矛盾，パラドックスの色彩を帯びている。それは工業化組織の安定性，ルーティン，合理性とは明らかに対照的といえる。このような見方は，バーンズとストーカーの提唱した有機的組織形態を彼らの最初の概念化とはかけ離れたものにした。

　有機的組織の無境界性は，組織のステークホルダーにまで及ぶ。ステークホルダーの利害は，組織と相互に影響し合った結果，組織の利害と渾然一体となる。さまざまな利害が環境から提示されるにもかかわらず，これらの利害が相互に衝突したり，ある利害を優先させたりすることは，不可能になってくる。この議論は，アメリカの倫理学教授エドワード・フリーマン（R. Edward Freeman）によって詳しく考察されている[24]。

　フリーマンによると，企業は社会と社会契約を結んで活動している。この社会契約は，組織の活動および／または成果に利害（関わり合い）を持っている人たちの権利を保障するものである。この理論は，すべてのステークホルダーの要求に応えようとする組織は，ステークホルダーの一部を無視し，他を優遇する組織に勝るというものである。ステークホルダー理論では，契約の概念を狭義の政治・法律的意味から社会正当性を含むものにまで広げられていることに注意が必要である。フリーマンがステークホルダー理論を用いて考察した

コーポレート・ガバナンスの問題を例に考えることにする。企業の社会的責任の法的解釈は，株主財産の保護と拡大にしばしば限定される。しかしフリーマンは，法的解釈は企業の社会的責任のほんの一部であり，社会的責任は組織活動が危害をもたらす可能性（例えば，地域の大気・水質汚染，工場閉鎖による地域経済への悪影響，動物種絶滅の原因）といった倫理的考察を十分に考慮しなければ果たせないものである，と主張している。ガバナンスの評価基準として社会正当性を取り入れた点で，ステークホルダー理論は制度論の応用といえる。さらに，ステークホルダー理論が，優遇的株主集団（例えば，オーナーや取締役）の利己的行為の抑制を是としている点は，批判論やポストモダニズムの中心部分と共鳴している。

　ステークホルダー理論のもう1つの重要な意味は，倫理が組織に資源の獲得先である社会的環境および物的環境に対して幅広く自らの影響力を考える義務を課している，ということである。持続可能な環境と企業の社会的責任は，企業がこれらの義務を引き受けたことを示す2つの動きである。例えば，アメリカに本拠を置く床材メーカーであるインターフェイス社は，元「地球の略奪者」と自らを称しているが，環境活動家の主張に自ら耳を傾け，大きく変貌を遂げた。そして環境的に持続可能な製造を行うようになり，環境保護企業の模範的存在となった[25]。デンマークの製薬企業であるノボ・ノルディスク社を別の例として示すことができる。この企業は，3種類の決算報告を採用した最初の企業の1つである。すなわち，法律が求める経済的業績尺度の年次報告書だけでなく，環境および社会的責任の観点からの年次業績報告書を自発的に作成したのである。

ポストモダン理論のモラル–ヘゲモニー（支配）を避ける

　ほとんどのポストモダニストは，モダンの組織論の後継をより多くの理論からなる理論群とすることに反対しているが，そうするとポストモダン理論という用語は少々矛盾のある語法である。理論化を嫌うのは，すべての抽象概念は価値観を含んでいて，それゆえ，理論化によってヘゲモニックな（支配的）意図（例えば，西側諸国の世界中での資源開発を隠蔽するために効率性の

論理の持ち出す）が隠されてしまうという確信に基づいている。批判的ポストモダニズムに大きな影響を与えているマルクス主義理論においては，ヘゲモニー（hegemony）は支配の一形態とされるが，ヘゲモニーの場合は支配階級の利害に疑念が向けられることがないので現状が維持されることとなる。これこそが，ポストモダニストが，モダンの組織論の「大きな物語」（the Grand Narratives）を脱構築する理由なのである。つまり，脱構築することで，資本主義者のヘゲモニックな秩序内でこれらの物語が共犯的に果たしている役割が暴露され，われわれの呪縛を解いてくれるのである。

しかし別のポストモダニストにとっては，脱構築は，モダニストの思考様式（例えば，合理性はあらゆる場合に利益となるという確信）からの自由を目指した解放運動の第一歩にすぎない。彼らは，モダニスト的ではない概念に基づいた組織の再構築をイメージしている。そのためには，モダニストのヘゲモニーの前に沈黙を守らされてきた先住民の諸前提や価値観が役に立つ。例えば，多くのアメリカ・インディアンの文化では，環境（母なる地球）を守る責任は自分たちの手の中にあると信じられている。露天掘り，森林の破壊的伐採，生命の乱獲，草原地帯での過放牧，熱帯雨林の破壊といった資源開発のやり方は資源に法的所有権を主張する者の当然の権利であるというモダンの確信と彼らの視点とを比べてみてほしい。このような文脈から，ポストモダンの批判は，モダン社会がどのように先住民のような声を黙らせられるように管理し，その結果はどうであったかを問いただすのである。

ポストモダン・パースペクティブが使う方法は，まず，言語が現実を構築しアイデンティティを定義するためにどのように使われているかに注目し，次に，所与のディスコース（言説）で使われている用語に疑いの目を向け変更するというものである。例えば，第一世界と第三世界の識別は，支配と服従の階層という意味を隠し持っているが，この階層はこの識別ラベルを受け入れている人たちにとってはごく自然なことなのだということに注意する必要がある。ポストモダニズムは，外縁にいる人たちが自分たちに力を与えてくれるようなラベルを選び，そのラベルを支配的地位にいる人たちに使わせる（例えば，「発展途上世界」に対する「第三世界」）ことによって自分たちのアイデンティティ

を明確にしようという運動の理論的支柱となっている。

　あるディスコース（言説）共同体内で，自ら選んだアイデンティティを示すラベルの正当性を認めさせることは，古い思考様式が新しい言い方に変えることを受け入れたその言語共同体内のすべての参加者をシンボル的に同等にするということである。このような言語的戦略で一夜にして奇跡が起こることはないが，その一方で，それらが社会変革を起こせると信じるに足る理由は十分にある。アメリカにおける女性とアフリカ系アメリカ人の例を見てみよう。彼らの自己決定権は，自己アイデンティティを示すラベルを選ぶことによって大きく拡大した－少女（ガール）や婦人（レディー）に代わって女性（ウーマン），ニグロやカラード（有色人種）に代わってブラックやアフリカ系。

　ポストモダニストによれば，環境やある種の知識を支配的概念にしてきたことに疑問を持つ必要が大いにあり，それにはポストモダン的戦略が役に立つ。例えば，組織論者のポール・シュリヴァスタヴァ（Paul Shrivastava）は，モダニストの組織論が用いる分類法や言語によって示される環境概念が持続可能性を外縁に追いやっていると主張し，組織論をポストモダン的に脱構築することに目を向けさせた。彼の主張によれば，市場，競争相手，産業，規制に対する資本主義的な関心に目を向けすぎた結果，自然環境はその本質を変えられてしまったという。すなわち，モダニストのディスコース（言説）の中で「組織で使われるための資源の塊」へと環境を変えたのである[26]。そして彼は，経済的必要性というモダニストのレトリックは，環境持続可能性に対する懸念を沈黙させてきただけでなく，環境に対するたぶん取り返しのつかない悪行を正当化してきたと警告する。上述のような脱構築は，シュリヴァスタヴァが求めたような自然保護を組織ディスコース（言説）の中心に置いたり，富に対する価値観を健康に対する価値観に置き換えたりといった，新しい可能性に目を開かせてくれる。

要　約

　モダン・パースペクティブの立場で環境分析を行う場合，最初に行うことは，分析しようとする環境にある組織を明確にすることである。次に，この組織と相互作用している組織との結びつき，つまり競争，規制，社会的圧力を通じてこの組織に影響を及ぼしている他組織との結びつきを明確にすることである。図 3.2 に示されているステークホルダー・モデルを用いると，組織間ネットワークの重要な構成要素を余すことなく取り上げることができる。その次に，環境の各領域の状況と傾向を考察し，そのネットワークとそのメンバーが明らかになった状況や傾向からどのような影響を受けているのかを評価する必要がある。この分析作業をするにあたって，資源依存理論とポピュレーション・エコロジー理論が非常に役に立つことに気づくはずである。

　忘れてならないのは，資源依存理論（組織レベル）とポピュレーション・エコロジー（環境レベル）では，分析レベルが異なるということである。また制度論やイナクトメント理論を用いて環境を記述する場合，シンボリック・パースペクティブの立場にいることも忘れてはならない。またこれらの理論は，もととする前提を異にしている。すなわち，組織は多かれ少なかれその環境の賜物である（ポピュレーション・エコロジーと制度論）と仮定するか，あるいは組織は環境と相互に影響を及ぼし合う（資源依存理論とイナクトメント理論）と仮定するかである。

　制度論は，環境レベルの分析から出てきたもので，環境が制度化されている程度はさまざまであり，そのため環境が強制，公式規則や社会的・文化的規範，模倣のいずれの形式をとるかに関係なく社会の慣行に従うよう圧力をかける程度もさまざまであると主張する。イナクトメント理論は，すべての環境領域は組織レベルで社会的に構築されていることを前提としているので，特定のタイプの環境分析が特定の時期にどのようにそしてなぜ支配的になるのかを説明しようとするものである。曖昧性理論は，相反したり矛盾したりしている方法で個人が認知的に組織の文脈を構築していることに着目しているので，個人レベルの分析を前提としているところが異なっているが，より組織目線のイナクト

メント理論と相容れるものである。

　環境領域は，環境の技術的，物的，経済的領域で生成する影響力を説明するポピュレーション・エコロジーと社会的，文化的，政治的，法的領域の影響力に目を向ける制度論を識別するのに役に立つ。ポピュレーション・エコロジーと制度論は，どちらも環境レベルで導出されたものではあるが，ポピュレーション・エコロジー論者が組織形態の多様性を説明しようとしているのに対し，制度論者は非常に多くの組織がなぜ同じように見えるのかを説明しようとしている。このような違いがあるにもかかわらず，ポピュレーション・エコロジーと制度論は，次の点で似ている。それは，両者とも組織を環境の比較的受動的要因として，つまり環境が組織を形作り，組織の成果を決めていると描写している点である。資源依存理論とイナクトメント理論は，対照的に，組織を環境に対抗措置をとったり，環境を直接創造したりする，積極的役割を果たすものとして表現している。

　環境－組織を扱う理論－ポピュレーション・エコロジー，制度論，資源依存理論，イナクトメント理論－をすべて考慮することが重要である。ある理論が他の理論よりも当該組織に適していると思える場合でも，組織‐環境関係を記述分析するためのこのような評価基準の異なる別のレンズを通して状況を見ることがよい方法である。それらをすべて試した後にだけ，どれが分析目的に適しているかを判断できるのである。いろいろなパースペクティブや分析レベルを比較することで新たな驚きを発見するはずである。

　本書を読み進めるにあたって，提示される理論分類は絶対的なものではなく，それらは思考方法である－分類が異なれば，刺激されるアイディアも異なる－ということを覚えていてほしい。ポストモダニストたちは，多様な視点を持つことへの寛容さを奨励し，分類および名称ラベルの厳格さへのこだわりをなくそうとしている。学んでいる組織論を過去に経験した事例に当てはめようとするとき，その事例が多くの分類に当てはまるということにおそらく気づくはずである。そして，それらの事例がさまざまな理論でどのように説明されるかを考えるにつれ，ある分類から別の分類へと変更したいと考えるはずである。このことで，混乱するとともに洞察を得た気分を体験するだろうし，落ち着かな

い気分になるかもしれない。もしその不快感が、すべてをはっきりさせられない、「正しい」答えを見つけられないことから来ているとしたら、肩の力を抜いた方がよい。組織が関係しているところでは、すべてのことをはっきりさせることは不可能だということを覚えておいてほしい。その理由の一部は、システム論が示唆しているように、組織はいつでもどこでもわれわれより複雑だからである。あるいは、社会構築理論が間接的に示唆しているように、組織はイナクトメントとセンスメーキングが作用し続けているからである。ポストモダンの組織論が示唆しているのは、分類といったすべての静的構造に健全な疑問を抱き、それを脱構築してほしいということである。

組織－環境関係にどのアプローチ法で臨むかに関係なく、今使用している分類の背後にある前提は何なのか、そしてこの特定の現実構築によって誰の声が消されているのかを必ず自問する必要がある。分析に際してどのようなバイアスが持ち込まれているのかを考え、それにどのように対処すればよいのかを考える必要がある。分類することや区別することをすべてやめるとうことではない―それらは思考に必要なものである。ポストモダニズム的見地からいいたいのは、十分注意して考え、語り、行動してほしいということであり、言葉を換えれば、自己内省的であってほしいということである。

重要用語

組織環境 (organizational environment)
組織の境界 (organizational boundary)
ステークホルダー (stakeholders)
　組織間ネットワーク (inter-organizational network)
　中心性 (centrality)
　ネットワーク密度 (network density)
構造的空隙 (structural hole)
サプライチェーン (supply chain)
環境領域 (sectors of the environment)
　社会領域 (social sector)
　文化領域 (cultural sector)
　法律領域 (legal sector)
　政治領域 (political sector)
　経済領域 (economic sector)
　技術領域 (technology sector)
　物的領域 (physical sector)
国際化 (internationalization)
地域化 (regionalization)
グローバル化 (globalization)
組織形態 (organizational forms)
　機械的 (mechanistic)

有機的（organic）
環境不確実性（environmental uncertainty）
　　複雑性（complexity）
　　変化の速さ（rate of change）
知覚された不確実性（perceptual uncertainty）
情報処理理論（information theory of uncertainty）
最小有効多様性の原理（law of requisite variety）
同型化（isomorphism）
資源依存理論（resource dependence theory）
　　パワー／依存（power/dependence）
　　重要度（criticality）
　　希少性（scarcity）
ポピュレーション・エコロジー理論（population ecology theory）
　　エコロジカル・ニッチ（ecological niche）
　　組織個体群（population）
　　変異（variation）
　　淘汰（selection）
　　保持（retention）
制度論（institutional theory）
　　強制的（coercive）
　　規範的（normative）
　　模倣（mimetic）
　　順応圧力（conformity pressures）
　　ベストプラクティス（best practice）
　　社会正当性（social legitimacy）
　　制度的神話（institutional myth）
　　イナクトされた環境（enacted environment）
　　多義性（equivocality）
　　曖昧性（ambiguity）
工業化の3局面と脱工業化（three phases of industrialization and post-industrialism）
ステークホルダー理論（stakeholder theory）
無境界性（boundarylessness）
ヘゲモニー（hegemony）

注

1. このような整理法は，Dill（1958），Evan（1966），Thompson（1967）にまで遡れる。ここで組織間ネットワークと呼んでいるものを彼らは，組織のタスク環境と呼んでいた。
2. Freeman and Reed（1983）；Freeman（1984）．
3. Granovetter（1985）；Burt（1992）．
4. Steger（2003）．
5. Burns and Stalker（1961）．
6. Duncan（1972）．
7. Galbraith（1973）；Aldrich and Mindlin（1978）．
8. Aldrich and Pfeffer（1976）．
9. ポピュレーション・エコロジーの人たちは，このような発想の源として，よくHawley（1950）を引用する。先行研究としてAldrich and Pfeffer（1976）およびAldrich（1979）を参照の

こと。Weick（1979 [1969]）は，変異，淘汰，保持というアイディアの組織論用のシンボリックな解釈を提出している。

10. Hannan and Freeman（1977）; Carroll（1984）; Singh（1990）; Carroll and Swaminathan（2000）．
11. Selznick（1957）; DiMaggio and Powell（1983:150）．
12. Scott（1987）．
13. Scott（1992:117）．
14. DiMaggio and Powell（1983）; Powell and DiMaggio（1991）．
15. Meyer and Rowan（1977）．
16. Baron（2003）．
17. Weick（1979）．
18. March and Olsen（1976:77）; March（1978）．
19. Eisenberg（1984:230）．
20. Meyerson（1991）．
21. Schwartz（1991）．
22. Bell（1973）; Lyotard（1979）; Harvey（1990）．
23. Burns（1962）．
24. Freeman and Reed（1983）; Freeman（1984）．
25. Amodeo（2005）．
26. Shrivastava（1995:125）; Boje and Dennehy（1993）も参照のこと。

参考文献

Aldrich, Howard E. (1979) *Organizations and Environments*. Englewood Cliffs, NJ: Prentice-Hall.
—— and Mindlin, Sergio (1978) Uncertainty and dependence: Two perspectives on environment. In Lucien Karpik (ed.), *Organization and Environment: Theory, Issues and Reality*. London: Sage, 149-70.
—— and Pfeffer, Jeffrey (1976) Environments of organizations. In A. Inkeles, J. Coleman, and N. Smelser (eds.), *Annual Review of Sociology*, Vol.2. Palo Alto, CA: Annual Reviews, 79-105.
Amodeo, Romona Ann (2005) 'Becoming sustainable': Identity dynamics within transformational culture change at Interface. Doctoral Dissertation, Benedictine.
Baron, David (2003) Face-off. *Stanford Business*, August.
Bell, Daniel (1973). *The Coming of Post-industrial Society*. New York: Basic Books.（内田忠夫・嘉治元郎・城塚登・馬場修一・村上泰亮・谷崎喬四郎訳『脱工業社会の到来―社会予測の一つの試み　上・下』ダイヤモンド社，1975）。
Boje, David and Dennehy, Robert (1993) *Managing in the postmodern world: America's revolution against exploitation*. Dubugue, IA: Kendall Hunt.
Burns, Tom (1962) The sociology of

industry. In A. T. Walford, M. Argyle, D. V. Glass, and J. J. Morris (eds.), *Society: Problems and Methods of Study*. London: Routledge, Kegan and Paul.
—— and Stalker, George M. (1961) *The Management of Innovation*. London: Tavistock.
Burt, Ron (1992) *Structural Holes: The Social Structure of Competition*. Cambridge, MA: Harvard University Press.（安田雪訳『競争の社会的構造―構造的空隙の理論』新曜社, 2006)。
Carroll, Glenn R. (1984) Organizational ecology. *Annual Review of Sociology*, 10: 71-93.
—— and Swaminathan, Anand (2000) Why the microbrewery movement? Organizational dynamics of resource partitioning in the U.S. brewing industry. *The American journal of Sociology*, 106/3: 715-62.
Clegg, Stewart (1990) *Modern Organizations: Organization Studies in the Postmodern World*. London: Sage.
Dill, William R. (1958) Environments as an influence on managerial autonomy. *Administrative Science Quarterly*, 2: 409-43
DiMaggio, Paul J. and Powell, W. W. (1983) The iron cage revisited: Institutional isomorphism and collective rationality in organizational fields. *American Sociological Review*, 48: 147-60.
Duncan, Robert 8. (1972) Characteristics of organizational environments and perceived environmental uncertainty. *Administrative Science Quarterly*, 17: 313-27.
Eisenberg, Eric (1984) Ambiguity as strategy in organizational communication. *Communication Monograph*, 51: 237-42.
Evan, William (1966) The organization set: Toward a theory of interorganizational relations. In D. Thompson (ed.), *Approaches to Organizational Design*. Pittsburgh, PA: University of Pittsburgh Press, 175-90.
Freeman, R. Edward (1984) *Strategic Management: A Stakeholder Approach*. Boston, MA: Pittman.
—— and Reed, D. (1983) Stockholders and stakeholders: A new perspective on corporate governance. *California Management Review*, 25/3: 88-106.
Galbraith, Jay (1973) Designing Complex Organizations. Reading, MA: Addison-Wesley.（梅田祐良訳『横断組織の設計―マトリックス組織の調整機能と効果的運用』ダイヤモンド社, 1980)。
Granovetter, Mark (1985) Economic action and social structure: The problem of embeddedness. *American Journal of Sociology*, 91: 481-510.
Hannan, Michael T. and Freeman, John H. (1977) The population ecology of organizations. *American Journal of Sociology*, 82: 929-64.
Harvey, David (1990) *The Condition of Postmodernity*. Cambridge, MA: Blackwell.（吉原直樹訳『ポストモダニティの条件』青木書店, 1999)。
Hawley, Amos (1950) *Human Ecology*. New York: Ronald Press.
Heydebrand, Wolf (1977) Organizational contradictions in public bureaucracies: Toward a Marxian theory of organizations. *Sociological Quarterly*, 18/Winter: 83-107.
Kumar, Krishan (1995) *From Post-

industrial to Post-modern Society: New Theories of the Contemporary World. Oxford: Blackwell.

Lash, Scott and Urry, John (1987) The End of Organized Capitalism. Cambridge: Polity Press.

—(1994) Economies of Signs and Space. London: Sage.

Lyotard, Jean-François (1979) The Postmodern Condition: A Report on Knowledge. Minneapolis: University of Minnesota Press.（小林康夫訳『ポスト・モダンの条件—知・社会・言語ゲーム』水声社, 1989).

March, James G. (1978) Bounded rationality, ambiguity, and the engineering of choice. Bell Journal of Economics, 9: 587-608.

—— and Olsen, Johan P. (1976) Ambiguity and Choice in Organizations. Bergen: Universitetsforlaget.（遠田雄志・アリソン＝ユング訳『組織におけるあいまいさと決定』有斐閣, 1986).

Meyer, John W. and Rowan. Brian (1977) Institutionalized organizations: Formal structure as myth and ceremony. American Journal of Sociology, 83: 340-63

Meyerson, Debra (1991) 'Normal' ambiguity? In P. Frost et al. (eds.), Reframing organizational culture, 131-44. Newbury Park, CA: Sage.

Pfeffer, Jeffrey and Salancik, Gerald R. (1978) The External Control of Organizations: A Resource Dependence Perspective. New York: Harper & Row.

Piore. Michael and Sabel, Charles (1984) The Second Industrial Divide. New York: Basic Books.（山之内靖・石田あつみ・永易浩一訳『第二の産業分水嶺』筑摩書房, 1993).

Powell, Walter W. and DiMaggio, Paul J. (1991) (eds.) The New Institutionalism in Organizational Analysis. Chicago, IL: University of Chicago Press.

Schwartz, Peter (1991) The Art of the Long View. New York: Currency Doubleday.（峠本一雄・池田啓宏訳『シナリオ・プランニングの技法』東洋経済新報社, 2000).

Scott, W. Richard (1987) The adolescence of institutional theory. Administrative Science Quarterly, 32: 493-511.

—— (1992) Organizations: Rational, Natural, and Open Systems (3rd edn.). Englewood Cliffs, NJ: Prentice-Hall.

Selznick, Philip (1957) Leadership in Administration. New York: Harper & Row.（北野利信訳『組織とリーダーシップ　新版』ダイヤモンド社, 1975).

Shrivastava, Paul (1995) Ecocentric management for a risk society. Academy of Management Review, 20: 118-37.

Singh, Jitendra V. (1990) (ed.) Organizational Evolution: New Directions. Beverly Hills, CA: Sage.

Steger, Manfred B. (2003) Globalization: A Very Short Introduction. Oxford: Oxford University Press.（櫻井公人・櫻井純理・高嶋正晴訳『新版　グローバリゼーション』岩波書店, 2010).

Thompson, James D. (1967) Organizations in Action. New York: McGraw-Hill.（大月博司・廣田俊郎訳『行為する組織—組織と管理の理論についての社会科学的基盤』同文舘出版, 2012).

Weick, Karl E. (1969 [1979]) The Social Psychology of Organizing. Reading, MA: Addison-Wesley.（金児暁嗣訳『組織化の心理学』誠心書房, 1980；遠田雄志訳『組織化の社会心理学［第2版］』文眞堂, 1997).

さらに理解を深める文献

Donaldson, T. and Preston. L. E. (1995) The stakeholder theory of the corporation: Concepts, evidence, and implications. *Academy of Management Review*, 20/1: 65-91.

Hannan, Michael T. and Freeman, John H. (1989) *Organizational Ecology*. Cambridge, MA: Harvard University Press.

Karpik, Lucien (1978) (ed.) *Organization and Environment: Theory, Issues and Reality*. London: Sage.

Lawrence, Paul R. and Lorsch, Jay W. (1967) *Organization and Environment: Managing Differentiation and Integration*. Cambridge, MA: Harvard University Press.

Meyer. John W. and Scott. W. Richard (1992) *Organizational Environments: Ritual and Rationality*. Beverly Hills, CA: Sage.

Oliver, Christine (1991) Strategic responses to institutional processes. *Academy of Management Review*. 16: 145-79.

Zucker, Lynne G. (1987) Institutional theories of organization. In W. R. Scott (ed.) *Annual Review of Sociology*, Palo Alto, CA: Annual Reviews Inc., 13: 443-64.

——(1988) (ed.) *Institutional Patterns and Organizations: Culture and Environment*. Cambridge, MA: Ballinger.

Organizational social structure

第 4 章

組織の社会構造

　組織論者の主張に従えば，人びとが自分たちの努力，資源，知識，アイデンティティのすべてまたはいくつかを集めれば，何が達成できるのかを知ったときに組織は生まれる。スミスのピン工場の話で論じられてきたとおり，労働の能率の点で集団は個人を凌いでいるし，NASA は，個人1人の行為では決して成し遂げられないことを可能にするという点で，集団の卓越した有効性の好例である。例えば，NASA の宇宙探査の成果は，科学者，技術者，宇宙飛行士のみならず，技師，生産労働者，保全労働者，事務職，事務管理者の組織化された努力あってこそだし，学界，防衛産業，アメリカ政府における組織化された努力もいうまでもなく同様に重要であった。また，NASA は組織化の失敗が，どのように命と職業生活を破壊し，組織の生存を脅かすかについての見本でもある。こうなったのは，NASA が2機のスペースシャトルの乗組員を恐ろしい事故で失ったときであった。

　組織論が生み出してきたすべての理論概念の中で，最も長く研究されてきたのがおそらく社会構造であろう。**構造（structure）**という用語は，あらゆるシステムや存在における部分間の多かれ少なかれ安定的な関係を意味している。建物を例にとれば，土台，骨組み，屋根，壁は，建物の構造であり，この構造は，建物が倒れずに立ち，利用者が雨風を凌ぐために必要である。これは，ちょうど，骨や器官や血液や組織の間にある諸関係が人体の構造であり，さまざまな生命維持機能，動作や消化，呼吸や循環を可能にしているのと同じである。

組織論者が特に興味を持ってきたのは，物的と社会的という2つの種類の構造である。物的構造というのは組織の物質的要素の間に成り立つ空間-時間の関係であり，例えば，建物やその配置，それらの建物が体化した伝統や象徴化する意味の関係である。一方，社会構造とは，人びとの間や，その人びとが組織内において想定している役割や責任の間の関係である。具体的には（職能部門や事業部門といった）彼らが所属する集団や単位の間の関係である。もちろん，組織の物的構造と社会構造は完全に分離することはできない。それらは，人が物的な身体と社会的なアイデンティティの両方を持っているのと同じように重なっている。この章では，組織と組織化の社会構造について取り上げることにし，物的構造は，組織論の中核で開拓されている最新の概念であるので，第7章で取り上げることにしたい。

　組織の社会構造（単に組織構造と呼ばれることもある）の要素と次元は，組織論成立以前の段階で導入されたが，それらは，この概念をモダンパースペクティブから論じるときの出発点となる。今日でさえも，ほとんどのモダンの組織論者は，社会構造は客観的であり，同定と測定が可能な特徴を持つ実体である，と考えている。また，組織の社会構造は，経営者が変化を宣言しない限り安定的だと考えられている。この主張では，規範的関心と，モダニストの説明が一致する。もし構造の変化が組織における変化を意味するのであれば，環境の変化に伴って，変化する文脈に適合するように組織もまた変化しなければならない。それゆえ，社会構造は，従業員の行動をコントロールし，望ましい組織成果を達成する実用的な手段として見られるようになったのである。

　組織論が発展するのにつれて，組織に対するモダン・パースペクティブの前提に対して異論が唱えられるようになり，公式の権威とモダニスト推奨のその他の構造的メカニズムによる支配を緩めることの利点が理解されるようになった。そこでこの章は多かれ少なかれ，社会構造という概念の歴史的変遷を追う。具体的には，プレモダンの起源から始め，シンボリックやポストモダンのパースペクティブを取り入れた論者が導き出した組織の社会構造を評価することで締めくくりたい。

社会構造概念の起源

　初期の組織論者がその発見に強い関心を寄せていたのは、組織が掲げた目的や目標を、人・地位・作業単位の構造的配置によって達成する最も有効で能率的な方法であった。しかし、組織構造のどの次元が、組織化の唯一最善の方法を明らかにできるのかについて見解が一致しないことが問題であった。論争は、マックス・ウェーバーの組織の社会構造の定義、具体的には、彼の官僚制論の一部にまで遡る。

ウェーバーの理念的官僚制

　マックス・ウェーバーは1900年代初頭に彼の組織についての理論を発表したが、この本はちょうど組織論がモダンの形態で誕生する1940年代の半ばまで、ドイツ語から英語へと翻訳されなかった。多くの著作でウェーバーは組織の理念型を官僚制（bureaucracy）として示したが、その主要な特徴は次のとおりである[1]。

- 固定的な分業
- それぞれが独自の権限範囲を持つ、明確に定義された職の階層
- 職への候補者は、技術上の適格性に基づき、投票ではなく指名によって選抜される
- 職に対する報酬は金銭の固定給によって支払われる。
- 職は専業として行われる仕事であり、専門職業となっている。
- 昇進は先任順か成果によって行われるが、上位者の判断に基づく。
- 職は管理手段の所有と分離されなければならない。
- 職務遂行を統制する一連の規則がある。職務遂行には厳格な規律と管理が当然視される。（出所：パーソンズ（1947）；スコット（1992））

　ウェーバーによる理念という用語法は、一般に考えられている意味とは異なっているかもしれない。彼は、この語を純粋理念、つまり完全ないし望ましい存在や状態という意味ではなく、想像を通してのみ把握可能なものという意

味で用いている。彼はそもそも理念型を論じる際に，他の学術分野の同様の考え方，例えば物理学における理想気体や経済学における完全競争などを参考にしている。つまり，ウェーバーの用語法での理念は，よいことや善を意味するのではない。現実世界に存在しなかったとしても，その抽象的・観念的な性格が理論化の有益な基礎となるのである。

　ウェーバーが構想した理念的官僚制は，平均的な能力以外の何ものも持たない従業員を，官僚制の顧客と構成員に公平さと能率を持って奉仕する合理的な意思決定者に変えるモデルを生み出した。このように概念化されることによって，官僚制的形態は信頼できる意思決定，実績に基づく選抜と昇進，非人格的でそれゆえ公平な規則の適用を保証した。そこで，モダニストの組織論者はウェーバー理論に基づいて組織の社会構造の3つの中核概念を明らかにした。すなわち，分業，権限の階層，公式の規則と手続き，である。

分業

　分業（division of labor）とは，従業員で，組織の仕事を分担することである。つまり各従業員は，全体として結果を生み出すプロセスの一端を担う。分業は，責任を分割し，作業タスクを割り振るのである。仕事が適切に分割されるとき，作業タスクの組み合わせは，組織に求められた成果を能率的かつ有効に生み出す。アダム・スミスのピン工場での分業の記述は，（1人が，ピンを引き延ばし，もう1人が頭をつけるというように）どのように分業が作業を編成するのかの単純な例であるが，その他の例も枚挙にいとまがない。自動車生産工場の組立ライン，銀行や教育，医療のサービスを提供するためのプロセスなどである。

　課業が職務へ，職務が組織単位へとまとめられる方法もまた分業の一部分である。同種ないしは密接に関係のある活動を組織の下位単位へとまとめることが，（購買，生産，マーケティング部門のような）部門や（消費者向け製品，国際販売事業部のような）事業部を作り出し，そこから組織構造の結合体が作られる。管理者や経営者は，この**部門化**（departmentalization）によってできた下位単位を監督することになるので，分業は権限の階層，つまりウェーバーによる組織の社会構造の2つ目の構成要素に密接な関係がある。

権限の階層

階層（hierarchy）とは，組織における権限の配分である。階層は生き物の性質だと信じている人びともいる。彼らが，自分たちの確信を支える根拠とするのは，鶏がえさをつつく順番であるとか，オオカミや犬がお互いや人間との関係において示す支配と服従である。彼らの確信しているところでは，組織階層はこれらの動物たちが持つ傾向の人間版なのである。

それが生得的であるかどうかはともかくとして，階層がすべてではないにせよほとんどの組織に共通する特徴であるということは認めてもらえるだろう。ウェーバーによれば，階層の頂点の地位が法的権限を授ける。これは，意思決定し，指示を与え，他者に賞罰を与える権利である。つまりある人の権限とは，厳密に地位に基づくものであり，それゆえ，個人が退職したり新しい地位や別の組織に異動したら，その個人が以前就いていた地位の権限は，消滅せずにその後継者に継承される。

階層は，公式の命令・報告関係を定めているが，これは下方（部下に指示する）と上方（上司に報告する）という組織の垂直のコミュニケーション・チャネルにあたる。組織のどの地位も別の地位1つだけに従うとき，つまり，ファヨールが階層の原則と呼んだ現象が見られるとき，組織全体の権限とタテのコミュニケーションは最も上位にあたる個人のところで結合する。それゆえ，この上位者は，効率的に組織全体の個人から情報を集め，仕事の遂行に指示を与え，コントロールすることが可能になる。

以上のように，かつては多くの経営者が，組織のすべてのメンバーはただ1人の上司に対して報告すべきだと考えていた。そうすれば，各メンバーは，彼ら自身からその上司へ，その上司から，その上司の上司へと，すべての経路が組織の頂点へとつながる階層上の明快な報告経路を1つ持つことが可能になるからである。しかし，今日，二重の命令・報告関係は一般的になってきている。つまり，非階層・水平的な結合によって組織の多様な活動を統合し，環境の圧力に柔軟に対応している。また，次に述べるようにウェーバーの社会構造の3番目の構成要素はしばしば階層的権限を代替する。これは，階層的権限構造がフラット化されることによって消滅したコントロールのいくつかを置き換えたり，仕事がグローバル組織で遠距離に分散しているときに見ることができる。

公式化された規則と手続き

　公式化（formalization）は，明示的な規則，規制，方針，手続きが組織の活動を統治する程度を含む。組織における公式化の指標として，明文化された方針，ハンドブック，職務記述書，業務マニュアル，組織図，MBO（目標による管理）のようなマネジメント・システム，PERT（program evaluation review techniques：遂行評価レビュー技法）やサプライチェーン・マネジメントのような技術システムを挙げることができる。公式の規則，手続き，役職記述書，職務分類は，どのように意思決定がなされ仕事が遂行されるかを明確にしている。

　政府の組織は，しばしば官僚制と高度に進んだ公式化の両方を連想させる。例を挙げれば，2003年当時，カリフォルニア州政府には，230,228人の従業員の仕事を定めた4,500の職務分類（同種の職責と訓練でまとめられた仕事の集合）があった[2]。これらの職務分類は，分業範囲を定め，階層上のレベルに見合った役職を明示し，採用基準となり，報酬水準を決め，州全体の仕事を調整していた。

　地位に基づく権限の厳格な遵守と一緒になると，公式化は官僚制組織からしばしば連想される非人格的な感覚の一因となる。公式化が進むと，その仕事を遂行する際に従業員が持つ裁量は小さくなり，経営者の従業員に対するコントロールは増大する。先行研究が示すところでは，公式化は，イノベーションを阻害し，コミュニケーションを抑制する傾向を持つ[3]。対照的に，しばしば非公式性と呼ばれる公式化されていない状態は，非官僚制組織の柔軟性や自発性を表している。しかしながら，官僚制概念を正しく理解するためには，ウェーバーの理念的官僚制とふだん知っている組織の現実との相違を認識する必要がある。

　ウェーバーにとって，官僚制は，多くの人びとがこの組織化手法から連想する劣ったサービスを正当化する鈍重で欲求不満の対象となる思想的根拠ではない。モダンの官僚的な産業組織が生まれる以前の封建的な前産業社会では，縁故者びいきやその他の権力の乱用がはびこっていた。少なくとも理念上は官僚制は，これらに対する合理的・道徳的な代替案である。他方，ウェーバーの時

代以来,われわれが学んできたのは,官僚制が否定的な面を伴うこと,特に,人を無感情で無思考のロボットにしてしまうかのように意思決定を過度に合理化する傾向を持つことである。この傾向は,ジョセフ・ヘラーの小説『キャッチ＝22』や,テリー・ギリアムの映画「未来世紀ブラジル」で風刺されているが,これらの作品は,どちらも官僚制的公式化を過度に信頼することから生まれる不条理を強調しているのである。ウェーバー自身も潜在的な問題を認識し,官僚制はさまよい込んだ人すべてを収監する鉄の檻へと容易に転じ得ると警告した。

　欠点にもかかわらず,組織が大きくなり,ルーティン技術をほどほどに安定した環境下で活用するときには,官僚制には,多くの社会が官僚制組織を作り維持し続けるだけの利点がある。ウェーバーの理念型からかけ離れたところに,官僚制組織が助長する労働条件への嫌悪やサービスの水準への失望が存在していても,である。ゆえに,今日では,ほとんどの政府,ほとんどの大学,カトリック教会,マクドナルドやテレフォニカ,ロイヤル・ダッチ・シェルといった大きな組織で,官僚制を目にすることができる。

組織の社会構造を測定する

　従業員の職務遂行を組織化するのに最善の方法となる一般法則を探究するべく,古典的経営学者は,経営者やコンサルタントとしての豊富な実務経験によって,ウェーバーの分業,権限の階層,公式の規則と手続きを実証的に検討した。彼らがウェーバーの理論を洗練させ拡張しようした努力の結果,多くの次元が明らかにされた。いくつかを表4.1に示す。

　表4.1に示された測定尺度を用いれば,社会構造の諸次元は統計を用いた分析と比較の対象となる。組織論のモダン・パースペクティブの初期の発展は,組織の社会構造の測定と個人,集団,組織レベルの測定の相関分析によってもたらされた。統計的に有意の相関関係を説明することが,最初の明確にモダンと位置づけられる組織理論を生んだのである。

　初期の理論には,異なる組織形態の有効性と能率の比較から生まれたものがあるが,この場合,組織形態は,構造的次元の組み合わせによって定義されて

表 4.1　広く用いられている組織の社会構造の次元

次元	測定
規模	組織の従業員数
管理部門	管理職責を持つ従業員数の割合。しばしばライン職能（組織成果の生産に直接関わる部門）とスタッフ職能（戦略計画や資金，会計，採用，訓練などをもってライン職能に助言，支援する部門）に分割される。
分化	階層数に示される垂直的分化。または，組織全体での部門や部の数，しばしば管理者のコントロールの幅に示される分業の程度を反映した水平的分化。
統合	説明責任，規則と手続き，連絡役，職能横断チーム，または直接接触による調整。
集権化	意思決定を行う権限が，組織のトップレベルに集中している程度。分権化では，意思決定は，階層のすべてのレベルに分散している。
標準化	ことが起こった際に個人の判断やイニシアチブを用いるのではなく，標準の手続きが組織の運営と活動を支配している程度。
公式化	組織が，非公式で対面の相互作用に基づくコミュニケーションと関係ではなく，文書の（つまり，公式の）職務記述書，規則，手続き，コミュニケーションを用いる程度。
専門化	組織の仕事が，特定の従業員ないし組織単位に割り振られた細分化されたタスクへと分割されている程度。

いた。例えば，社会構造の差異が明らかにされたのは，図 4.1 に示されるような階層と分業の測定を組み合わせたときであった。図 4.1a は多くの部門に広がり（高度の水平分化），少ない階層を持つ（低度の垂直分化）フラットな構造の組織を示している。他方，図 4.1b は，対照的に少ない部門（低度の水平的分化），より多くの階層レベル（高度の垂直的分化）を持つピラミッド型の（トールな）組織構造を示している。ただし，階層と分業，またはこれら以外の構造的特徴の組み合わせのうちのどれが最も成功の確率が高いのかを明らかにしようとする試みは，結論を見なかった。いくつかの研究においては，ある

■a. フラットな組織構造

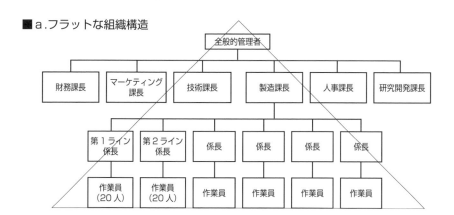

■b. ピラミッド型の（トールな）組織構造

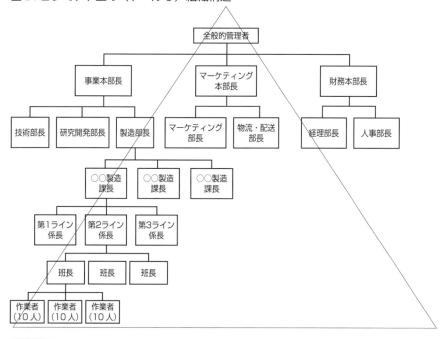

図 4.1 フラット，ピラミッドの組織構造の対比

これら組織図は，フラットで階層の少ない組織とピラミッド型で階層的な組織のおおまかなイメージを示している。

組み合わせが有力であったが，別の研究では，違ったものが優勢であった。

長い間，モダニストは実証的なアプローチが，組織化の最良の方法を明らかにすると期待してきたので，表4.1が証明するように，たくさんの社会構造の次元を定義してきた。しかし，研究蓄積の結果，ある１つの組織構造が，他に比べて普遍的に優れているとは考えられないことが明らかになった。そこで，多くのモダニストは，最良の構造の選択は，他の変数次第である，つまりコンティンジェントであると信じるようになった。

組織の社会構造のモダニスト理論

コンティンジェンシー論者の主張するところでは，組織構造の諸次元は相互に，また業績に関係しているが，この関係は，組織が直面する環境，規模，同様に採用する技術，戦略によって異なっている。そこで，組織を記述する他の変数との関係を踏まえて構造的特徴を分析すれば，組織化のレシピを提供でき，これを実務家の思考方法に導入すればうまくいくはずである。コンティンジェンシー論者は今日でもなおこのように信じている。

コンティンジェンシー（条件適合・環境適応）理論は，複数の類型と分類を生み出し，実際の構造的次元の型を表せるようになった。これらの型によって，研究者は実際に見られる組織形態を描写するために，複数の特徴をグループ分けできるようになった。このアプローチは，構造を静態的に描写することしかできないが，この理論的フレームワークに基づいて長年にわたり収集された実証的データが明らかにするところでは，構造は変化する。この発見は，構造化プロセスへ積極的に関わることを促す構造成長および構造変化モデルへとつながった。動態的アプローチは結果としてモダニストの研究者を，ある意味ではモダンとシンボリックの２つのパースペクティブの中間にある重要な理論，つまり構造化理論経由で，シンボリックな見方へと開眼させたのである。

構造コンティンジェンシー理論

　コンティンジェンシー論者は，組織の生存と成功に寄与する型の発見に注力し，組織のコンティンジェンシー要因が数多く，実証研究によって提唱，立証されてきた。これらの研究について，1996年のレビューで，オーストラリアの組織論者レックス・ドナルドソン（Lex Donaldson）は，以下のように主張している。

　　　戦略，規模，タスク不確実性，技術のようないくつかのコンティンジェンシー要因がある。これらは組織の特徴である。しかし逆に，これらの組織の特徴は，組織が置かれた環境の影響を反映している。それゆえ，有効であるためには，組織は，その構造を，組織のコンティンジェンシー要因，つまり環境に適合させる必要がある。したがって，組織はその環境に適合するものとして捉えられる[4]。

　イギリスの組織論者トム・バーンズ（Tom Burns）とジョージ・M・ストーカー（George M. Stalker）が，1961年に先駆けとして示唆したことは，有効な組織デザインは内部組織の構造を環境からの要求に適合させることにかかっている，ということであった。それに続いたのは，ポール・ローレンス（Paul Lawrence）とジェイ・ローシュ（Jay Lorsch）による，環境が生んだコンティンジェンシー要因がどのように組織の分化と統合のパターンに影響するのかを示した1967年の実証研究である。またほぼ同時期に，イギリスのアストン大学の研究グループが行った研究は，組織の社会構造は，その規模に依存することを示した。これらの実証研究が全体としてコンティンジェンシー理論を形成している。

機械的組織と有機的組織，集権化，そしてリーダーシップスタイル

　バーンズ＆ストーカーのコンティンジェンシー理論は，環境の不確実性を理論化するのに貢献しただけでなく，組織が採用した形態がどのように成功の機会を左右するかについての初期の研究の1つでもある。2人がエレクトロニクス産業と研究開発（R&D）企業で行った研究が明らかにしたように，安定し

た環境では機械的組織が有機的組織を凌いだ一方,不安定な環境では,有機的組織がよりすぐれていたことを思い出してほしい。

バーンズ&ストーカーが彼らの発見を説明するために提示した理論は,機械的形態の組織では起こりにくい傾向にあった**イノベーション**（innovation）を媒介変数として採用している。彼らによると,高度の階層的管理,明確に定義された役割とタスク,そして集権的な意思決定は,いずれも柔軟性と創造性を阻害する。同様に,公式化もイノベーションに干渉する。というのは,変化は方針と規則の改定と,この改定を管理者に普及させることを求めるからである。そこで,管理者は新しい規則を施行し,他者がこれに確実に従うようにしなければならない。彼らは,イノベーションが環境変化への適合ないし対応のために必要となれば,常に機械的構造が業績の妨げとなると結論している。

バーンズ&ストーカーは,機械的形態と対照的に,有機的形態はより革新的で,タスクを遂行する従業員に自由裁量を与えやすいと論じた。この組織形態での従業員は公式の規則や手続きに束縛されていないし,分権化した意思決定は権限と責任を階層の下位レベルに押し下げるからである。つまり,知識と能力ゆえに雇われている従業員は,その技術と訓練を使う自由裁量と,彼らが提起した問題を試し解決する柔軟性を持っている。したがって,この理論によれば,有機的な形態でのシステムと人は変化する状況をより先取りし,高い適合可能性を持っている。急速に変化する環境では,組織は生存をかけて革新せねばならず,知識を持った従業員がチームとして協働し,変化する環境の要求を予測し速やかに対応することが必要となるのである。

いくつかのありふれた組織を比較することによって,組織化の機械的形態と有機的形態の差異を発見することができる。例えば,ほとんどの大学図書館,郵便局,行政機関は機械的組織の特徴を有している。他方,病院の救急救命室,研究所,はたまた友人との外出は有機的になる傾向にある。もちろん,すべての組織はこれら2つの組織化形態を両方持っているし,これは,分析のレベルを下げてみれば明らかである。

例えば,大学の学部のレベルでは,ほとんどの管理業務は機械的な方法で行われるが,最高水準の教員の研究と教育は有機的組織の根拠と見なせる。しか

表4.2 有機的組織と機械的組織の特徴の比較

機械的構造（予測可能性，説明責任）	有機的構造（柔軟性，適合可能性，イノベーション）
高度の水平的垂直的分化－権限とコントロールの階層的構造	高度かつ複雑な水平的垂直的統合－課業についての知識に基づく権限とコントロールのネットワーク
高度の公式化－役割の定義，責任，指示，仕事の方法が安定的	低度の公式化－課業と責任が状況に応じて再定義される
集権化－意思決定は，階層組織のトップによってなされる	分権化－意思決定は，状況に最も明るい者および/または実行担当者によってなされる
明文化された規則，手続き，標準作業手順書による標準化	共同の問題解決と相互作用を通じての相互調整と課業・方法の再定義
権限による詳細な監督と地位に基づく威信	監督下にない個人的専門能力と創造性専門能力に与えられる威信
指示の形をとる垂直的（上司－部下の）伝達	頻繁な水平的伝達，しばしば異なる部門出身者間の相談の形をとる

し，タスクのレベルでは，すべての仕事には機械的と有機的両方の要素がある。大学での教育を例にとってみよう。教育は，知識の有無を試験することや，成績をつけることなどのように，ある部分機械的であり，カリキュラムを設計することやグループ学習を促進することや，質問に答えたりすることのように，ある部分有機的である。より下位のレベルの下位のタスクへ分析を進めても，やはり機械的な部分と有機的な部分が存在する。

　機械的―有機的の区別は，あらゆる分析レベルにおいて，組織化の主要な傾向を記述する方法として有益である。両者の主な差異の要約を表4.2に示す。

　これらの次元のうち，集権化―分権化次元は組織の社会構造に関係するほとんどの理論において取り上げられ，適切なリーダーシップスタイルを選択する際にも言及される。集権的な組織において，コントロールがうまくいくのは，意思決定が階層のトップによって排他的に行われ，従業員が上級管理者の命令

を疑問なく受け入れることが期待できるためである。しかし，集権化は下層従業員の参加を最小にとどめるため，しばしば彼らに組織の一員ではないと感じさせ，理解を損ない，目標を達成しようという熱狂を削ぐこともある。

対照的に，分権的な組織は，組織の多くのメンバーが意思決定プロセスに参加することによって成り立ち，それゆえ関わっているという感覚と結果への責任感を醸成する。しかし分権的な組織はコントロールが難しく，上級管理者は彼らを効率的に導くという点ではある程度のコントロールロスを覚悟しなければならない。この場合，リーダーシップの役割は組織の活動を指示し管理することから，刺激し支援し促進することへと変わる。

分化と統合

バーンズ&ストーカーと同じように，ローレンス&ローシュは，組織の業務遂行の有効性は,組織の社会構造と環境の適合によって決まると考えた。特に，最もうまくいっている組織は，その内部の分化の程度と統合の手段が環境の要求に合致している。彼らの最初の研究，当時は複雑で不安定な環境であったプラスチック産業の6つの組織についての研究は，組織の下位部門が直面する不確実性の程度は異なっており，それゆえ，それぞれの部門（販売，生産，応用研究,基礎研究)の分化の程度が異なっていることを見いだした。公式化の程度，タスク遂行と（人間）関係構築それぞれに対して向けられる注意の相対量，時間指向,目標指向,という分化の4次元を用いて,以下のことが明らかになった。

- 最も安定的な環境にある部門（生産）は，環境の不確実性に直面している部門（R&D）よりも公式化され，階層的で，より頻繁な業績評価を行っていた。販売部門，応用研究部門はこれら両極端の中間にあった。
- よりタスク不確実性の高い部門（販売）と，よりタスク不確実性の低い部門（生産）では,前者は高い関係指向性,後者は高いタスク指向性を示した。
- 販売部門，生産部門は，短期指向であり，結果について素早いフィードバックを求めていた。一方，研究開発部門は長期指向（少なくとも数年，そのプロジェクトの期間による）であった。
- 販売部門は，顧客の問題に関わる目標指向を持ち，生産部門は，コストと

プロセスの効率によって定義される目標指向を持っていた。

ローレンス＆ローシュが研究した企業では，販売部門が，個別顧客別の製品についての要求に応えたり，レスポンス時間を短くすることなどの顧客満足と顧客との関係構築に注力することによって，分化が起こった。他方，彼らの研究では，生産部門はよりタスク指向であった。こちらの部門の焦点は，日・週の生産目標の達成と，大量の標準製品を作り，個別の注文に応える設備・工程の変更のための時間を最小にし，人と設備を能率的に用いることにあった。これらの異なる指向が部門間の対立に，業績の測定が実質的な報酬に結びついているときは特に，つながることは理解できるだろう。

ローレンス＆ローシュの理論によると，組織が垂直・水平に分化し，より複雑になればなるほど，統合とコミュニケーションがより必要になる[5]。彼らは**統合（integration）**を努力の連合体を実現するために必要な協働（つまり，みんなを共通の方向へ引っ張ること）と定義した。一番よく見られる組織の統合メカニズムは階層である。これは，管理者が権限を行使することによって活動を調整し，問題を解決できるようにするための公式の命令・報告関係を作ることである。公式の規則，手続き，計画もまた一般的な統合メカニズムであるし，リエゾン（連絡役），委員会，タスク・フォース，職能横断チーム，部門間の直接コミュニケーションもまた然りである。例えば，セールスエンジニアを顧客と対話するリエゾンとし，購買，生産計画，生産，品質管理，財務，法務の各部門との調整を行わせ，契約が期日通りに満足いくように履行されることを確実にしている組織があるかもしれない。また，医療，看護，セラピー，資金，ソーシャル・サービスのスタッフからなる職能横断チームを用いて，個々の患者の医療問題にあたらせている病院があるかもしれない。

分化と統合は興味深い共依存関係を生み出す。つまり，組織に階層を加えれば，より大きな垂直的な分化が起こるが，これは逆に統合も必要とする。権限階層は，全体の調整に大きく役立つわけだが，階層だけでは，組織の際限なく増大し続ける統合の要求に応えられない。いくつかの点で，機械的組織は，有機的組織に取って代わられる。このジレンマに対応すべく，無数の付加的な統

合メカニズムが，権限の階層を全面的に置き換えるまでいかなくても，少なくとも補うために考案されてきた。

その後の研究でローレンス＆ローシュは，環境の安定性と内部構造の関係について詳細に調査している[6]。まず，パック詰め食品産業から2つの組織を選んだ。当時この産業は，多数多様な要素を持つ不安定な環境に直面していた。また容器産業から2つの組織を選んだ。こちらの産業は，安定的な環境が支配的であった。彼らの結論は，高業績組織はその環境に対して適切な程度の分化をし，その分化した活動の調整要求に一致する形態の統合を用いていた，ということであった。発見は以下のとおりである。

- 不安定な環境は，変化し複雑な要求に応えるために，安定的な環境よりも高度の分化を必要とした。
- 安定・不安定どちらの環境も高度の統合を必要としたが，統合の手段は異なった。安定的な環境では，階層と集権的な調整が好まれる一方，不安定な環境では，問題が，適切な知識を持っている担当者との直接コミュニケーションによって扱われるようにするために，意思決定を下位階層まで下ろす必要があった。

ローレンス＆ローシュの結論によれば，適切な分化水準と統合手法は，問題となっている組織や部門，また関連する環境によって異なる。彼らの調査データは，彼らが研究対象とした企業や部門においては，高適合と高業績という関係が見られることを示した。

組織規模

イギリスのアストン大学の研究グループは，組織の社会構造を測定する6つの定量的尺度を開発した。専門化，標準化，公式化，集権化，コンフィギュレーション（形態特性），柔軟性の程度がそれである[7]。彼らは，これらの変数それぞれについて52の組織から比較データを収集した。例えば，集権化の程度を測定するために，一般的な意思決定を37取り上げ，これらが組織のどの階層で行われるかを調査した。つまり，階層のどのレベルがその意思決定を行う

権限を持っているのかを明らかにした。その上で，37 すべての意思決定について平均をとり，それぞれの組織全体の集権化スコアを算出した。

　集権化の指標を詳しく見ると，作業に関する意思決定については高度に分権化している組織でも，同時に戦略的意思決定については集権的でもよいことが明らかになった[8]。意思決定が異なれば，異なる階層の意思決定者がふさわしい。例えば，大学では，カリキュラムや新任教員の採用，出張旅費の配分は，典型的に学部で行われるので，これらの決定は分権化されていると考えられる。大学の寄付集めや大学の新たな成長の方向性を描くような決定は，学長や評議員によって行われるので，集権化されている。分析レベルを下げてみると，すべての組織が，有機的構造と機械的構造の両者をあわせもっていたことがわかったのと同じように，ここでも分析レベルを引き下げることによって，組織論者は組織を包括的に，また詳細に理解することが可能になった。

　アストン研究は，規模（size）が社会構造の他の次元と予期せぬ形で相互に影響を与え合っていることも明らかにした。その後の研究では，集権的な組織が巨大になったとき，意思決定のボトルネックが組織の環境圧力への対応を遅滞させるので，業績を低下させる場合があることが示された。この発見によって，大規模組織についてのほとんどの研究が，集権化と公式化は負の関係，つまり，トレードオフの関係にあることを見いだしてきた理由が説明できる。このような組織では，公式の規則と手続き，すなわち公式化によって，上司がするのと同じ意思決定を部下にさせるようになるからである。それゆえ大規模で分権化した組織，特に官僚制は，大規模で集権的な組織よりもより公式化される傾向がある[9]。

　この発見によって，かつて組織論にとって混乱していたことが解決できる。それまでの初期の組織論者と同様に，あなたも官僚的と機械的は，同じことに対する別の説明と考えていたかもしれない。官僚制を経験するとしばしばこう考えるようになるが，それというのも，感情なき機械のイメージと官僚制の繁文縟礼形式主義が重なるからである。しかし，機械的組織と官僚制を区別する特徴が1つある。つまり，官僚制は分権的であるのに対し，機械的組織は集権的である。

分権化をめぐる混乱を解く鍵は，官僚制が高度に公式化され，同時に分権化されているという意味を理解することにある。官僚制では，多くのルーティンの意思決定は組織の下位レベルに行わせるが，これらの意思決定の方法には厳格な規則と手続きが存在する。それゆえ身近な官吏（警察官，福祉担当者，教師，事務員など）は，しばしば自由裁量を持っているが，それは厳格な制限の中においてのみ行使しているにすぎない。機械的組織同様に官僚制は高度にコントロールされているが，これは，下位レベルの官吏は，プログラムされている限りの意思決定が許され，裁量を持った上位レベルの官僚が方針を作成し，プログラムされていない意思決定を行うように分権化されることによって可能になっている。

コンティンジェンシー理論の現在

　コンティンジェンシー理論を学説史的に検討して，ドナルドソンはコンティンジェンシー要因が組織論の本質であると断言した。際限なくコンティンジェンシー要因を発見し続けることが，最善の組織化方法とは何かという問いに答える実際上の障壁となっているという指摘はある。しかし，ほとんどすべてのモダニストが，組織，環境，業績を表す変数間の予期できる関係を探究しているという点で，コンティンジェンシー理論は，モダニストの組織論のロジックに息づいていることは明らかだ。この理論は，すべての組織論には適用可能範囲があり，どの理論も，すべてにではなく一部の組織にしか適用できないということを示してきた。それゆえ，コンティンジェンシー理論第一の貢献は，われわれに，組織化には多数の異なる方法があるということを気づかせたことにある。組織化の選択肢とその結果を列挙することは，今日でもコンティンジェンシー論者の課題である。

　コンティンジェンシー論者が明らかにした限定条件の例の1つに，いつ機械的形態の組織化が適切ではないのかということがある。小規模組織では公式化の必要はない。日々の上司との直接接触による直接の監督の方が，公式の規則と手続きよりも安上がりかつ組織のメンバーを満足させるからである。同様に，ルーティンでない技術や不安定な環境は機械的組織の有効性を損なうが，それ

はまた別の理由による。こういった条件下では、公式の規則や手続きは、ビジネスを行う上で生じる可能性や問題すべてをカバーできないからである。

安定的な環境に位置し、標準化されたサービスや製品を提供する大規模組織は、機械的形態を用いるのが最も効率的であるが、環境が変われば組織もまた変わらねばならない。ほとんどの人は、マクドナルド、あの金色のMのサインを使ってビジネスをしているあのハンバーガー組織を知っているだろう。2012年の時点で、マクドナルドは119ヵ国に33,000の店舗を持ち、170万人の従業員が働き、毎日6,800万人を超える顧客にサービスを提供している。彼らの目標は顧客のお気に入りの食事の場とスタイルになることである[10]。

10年前、マクドナルドはその規模、機械的構造の利用、400ページを超える厚さのマニュアルを使うことに見られるような高度の公式化で広く認められていた。製品と小売店舗のデザインの画一さが意味していたのは、世界中どこでもすぐにこれはマクドナルドだなとわかるし、そこで買おうとするものも正確にわかるということであった。しかしすでに当時から激化する競争と食習慣の変化は、マクドナルドにより柔軟で有機的なアプローチをとらせる方向に働いていた。2005年の時点で、マクドナルドのウェブサイトでは進行中の構造的変化について以下のように記していた。

> 分権化が私たちのビジネスモデル、そして私たちの企業責任の取り組みにとって重要です。全社レベルで私たちは私たちのコアバリューに根ざした共通のゴール、ポリシー、ガイドラインのグローバルな枠組みを提供します。この枠組みの中で、個々の地域事業単位が各地域の条件にあった適切なプログラムと業務遂行手法を開発する自由を持っています[11]。

類型と分類法

ウェーバーの官僚制の定義とバーンズ&ストーカーの機械的・有機的組織形態の区別に刺激を受けて、独自の組織分類を生み出したモダニストの組織論者がいる。最もよく知られているのは、カナダの組織論者、ヘンリー・ミンツバーグ（Henrry Mintzberg）の組織構造の5つの類型であろう（表4.3）[12]。

ミンツバーグのような類型は、組織構造の規範論的理論の発展を促した。こ

表4.3 ミンツバーグの5つの構造

	説明	当てはまるのは
単純構造	最も基本的な構造。パワーはトップマネジメントに集中し、少数の中間管理者が雇われている。通常、小企業がこの形態をとり、コントロールは個人的に管理者によって行われる。管理者は、そのすべての労働者について知り、日単位で直接話すことが可能。	企業家企業、単純ないしは単一の製品を扱う企業。ほとんどのスタートアップ企業がこの例。
機械的官僚制	高度に効率的だが柔軟ではない。これらの組織は生産プロセスの標準化を重視している。ほとんどの従業員は、少数のスキルしか必要としない高度に特化したタスクを遂行する。組織は詳細な計画を必要とし、それゆえ管理的な経営を必要とする。	大量生産を行う企業または、安定した環境で、単純な製品を供給する企業。マクドナルドやUPS(United Parcel Service)がこの例。
専門職官僚制	標準化されたプロセスではなく標準化されたスキルに依拠する。専門職の活用のため、組織は専門的な訓練を受けている従業員にタスク遂行上の自由裁量を与える。機械的官僚制よりも階層は少ないが、専門職はより機械的に組織されたスタッフにサポートされている。	複雑だが安定した環境の中で事業を営む企業に最も適している。大学、病院、マッキンゼーやKPMGのような大きなコンサルティング企業がこの例。
分権的形態	比較的自律的な部門がそれぞれの事業を行い、それぞれが特定の市場に特化した製品を生産している。部門は全社スタッフによって監督される。すなわち全社スタッフが、部門目標を設定し、資源を調節することによって行動をコントロールし、標準的財務指標（例えば、売上目標、利益率、ブランド資産）を用いて業績をチェックする。	複雑で幾分不安定な環境に最適。というのは、部門は、隔絶可能ないしは分離可能で、官僚制的形態よりも新事業が始めやすい。GEやGMがこの例。
アドホクラシー	常に変化している問題に対して解決策を導入する役割を担う相互作用するプロジェクトチームからなる構造。顧客特殊性に応える非標準的な製品を生産する多くのエキスパートを雇用している。意思決定は高度に分権化しており、戦略は組織全体で行われている行為から生じてくる。	組織が常に革新を必要とする乱気流の環境に最適。広告代理店のような小さなコンサルティング企業、バイオテクノロジー企業、シンクタンクがこの例。

出所：Mintzberg（1981, 1983）を基に作成。

れらはしばしばまとめて,**組織デザイン**(organizational design)学派と呼ばれ,組織内外の要求に基いて異なる組織形態を推奨する。これらの理論は経営者が適切な組織形態をデザイン（設計）できると考えているので，デザイン学派という名前がつけられている。

組織形態の多様性を記述する分類学的アプローチは，モダニストの組織論者ウイリアム・マッケルビー（William McKelvey）によって提唱された。彼は，生物が遺伝子構造を調べる分類学者によって分類・比較されているのと同じように，組織分類学も組織の異なる種を説明できると主張した[13]。マッケルビーは生物学分野から社会組織の高次システムへの遺伝理論の応用を試みたが，そうすると**組織DNA**（Organizational DNA）を研究する必要性が生じる。組織DNAとは，組織形態を説明し，その行動を予測することができるコードや構造を表すメタファーである。

構造変化のモデル

変化する環境状況に対応するための有機的組織形態という主張を含むものの，組織の成功を決定する状況要因をある特定の一時点でしか評価しないために，コンティンジェンシー理論それ自体は，組織構造に対して静的なアプローチをとっていることは明らかだ。これに対して，社会構造がどのように変化するのかに着目するモダニストのモデルが他にある。

組織の社会構造の変化についてのモデルは，大きく分けて2つある。進化モデルは，組織が多かれ少なかれいくつかの静的な状態や段階を経てどのように発展していくのかを説明する。もう1つのタイプの構造変化のモデルは，組織の日常生活の文脈における変化のダイナミクスに注目する。このダイナミクス理論の立場では，社会構造は安定的であるという仮定は揺らいでいる。社会構造は程度の差はあるものの継続的に無数の相互作用によって形成・変容しているということを発見したからである。つまり，進化ないし段階モデルはモダニストの枠組みにあるが，日常の相互作用に注目するダイナミクスモデルは，シンボリック・パースペクティブへと視座を移している。

2つの理論は，組織構造が一般的に経験する発展段階について，異なる考え

方を示している。ラリー・グレイナー（Larry Greiner）のライフサイクル理論は，組織の成長を革命的な出来事によって区切られる進化期間の連続と見ている。他方，ダニエル・カッツ（Daniel Katz）とロバート・カーン（Robert Kahn）のオープンシステムモデルは，社会構造は技術と社会の圧力への対応から生じると捉えている。これらの理論とは立場を変えて，アンソニー・ギデンズ（Anthony Giddens）は，構造化理論と構造と行為主体性の二重性概念によって，組織構造を構成する要素のダイナミックな役割について述べている。

組織のライフサイクル

子どもが幼児期，学童期を経て青年期，壮年期へと成長するように，アメリカの組織論者グレイナーによれば，組織は，企業家，集合，権限委譲，公式化，協働の段階を経る（図4.2）[14]。どの段階でも組織はその段階特有の重要課題に支配されており，どの段階も組織の生存を脅かす危機によって終わる。つまり，危機は革命的な変化を引き起こし，組織はこれを通過して次の段階に進むのである。

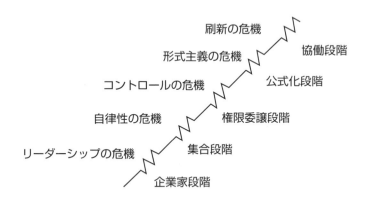

図4.2 グレイナーの組織のライフサイクルモデル

出所：Greiner（1972: 37-46）．

企業家段階（entrepreneurial stage）では，組織はその製品を作り売ることに集中させられる。この段階は，組織のすべてのメンバーが他のメンバーがやっていることがわかっている小規模な状況で生じる。企業家はほとんどの活動を個人として容易にコントロールすることができ，この個人的な接触を通じて，すべての従業員は何が期待されているのかを感じられるし，容易に直接のフィードバックと密接な監督を受けられる。もしうまくいけば（とはいえ大多数の組織はこの初期の段階で消滅してしまうことは覚えておかねばならないが），企業家的組織は専門経営者を必要としていることに気が付く。通常，企業家は組織を運営する人というよりはむしろアイディアパーソンであったり技術専門家であるが，さらに組織が発展するとマネジメントスキルを組織外部から持ち込む必要が生じる。ただし，専門経営者が内部で育っていることもある。稀な場合にのみ企業家自身が組織の要求に沿って進化する（マイクロソフトでのビル・ゲイツ，デル・コンピュータのマイケル・デル，アップルのスティーブ・ジョブズなど）。

　さて，企業家に，専門経営者が必要だということを納得させることがしばしば危機をもたらす。というのは，組織を生存・繁栄させてきた初期の成功ゆえに，企業家は物事はこれまで通りにやればうまくいくという印象を持っているからである。しかし，成長は分化をもたらし，早晩組織は1人の個人が起こっていることすべてを監視するのには複雑になりすぎてしまう。この状況は，企業家が経営者的活動を嫌う場合にさらに悪化する。グレイナーによると，この初期の分化が生じることと，経営者が洞察不足ゆえに統合に十分な注意を向けないことが一緒になって，組織は**リーダーシップの危機**（leadership crisis）へと陥る。ここで，リーダーシップの危機をうまく乗り切れれば，組織は集合段階へと進む。

　組織に最初の専門経営者が現れることで，組織は普通はリーダーシップの危機を抜け出し，集権的な意思決定を行い，目標へ新たに集中するようになる。新経営者の第1の関心は，方向感覚を与え，組織内の分化した集団を統合することにある。この**集合段階**（collectivity stage）では，明確な目標とルーティンへの関心が，企業家段階での焦点であった生産とマーケティングに取って代

わる。この段階では分化による組織の複雑化が進み，組織は再び既存の組織構造と経営者の手に負えない大きさまで肥大化する。つまり，この段階の危機は，意思決定プロセスへの過重負荷，つまり過度の集権化の結果から生じる。

集合段階を通じて，集権化は組織に明快な方向感覚を与える。というのは意思決定は，十分に統合された意思決定者の集団（つまり新しい専門経営者の集団）によって行われるからである。しかし，ある時点で集権的な社会構造では優れて有能な経営者であっても，さらに分化した組織が求める意思決定についていくことができなくなる。それゆえ早晩集権的な意思決定は，活動のボトルネックとなり，組織が機能し続けようとするのであれば，意思決定は階層下部へと委譲されなければならなくなる。グレイナーはこれを**自律性の危機**（autonomy crisis）と呼んだ。この状況が危機を生む理由は，ほとんどの経営者がかつては集権的に行っていた意思決定を他の人に任せるのは難しいと感じるからである。経営者が分権化を始めるのに時間がかかりすぎるのはしばしばであるし，彼らの躊躇が自律性の危機を引き起こすのである。

自律性の危機の解決策は権限委譲であるので，組織のライフサイクルの次の段階は，**権限委譲段階**（delegation stage）と言い表せる。しかし，ひとたび権限委譲が，通常は意思決定の分権化によって始められると，さらなる統合の必要性が生じる。この必要性は，**コントロールの危機**（crisis of control）が生じるまで，一貫して大きくなってくる。コントロールの喪失に対してとられる通常の対応は，公式の規則と手続きを定め，経営者が自ら行うのと同じように，意思決定がなされるようにすることである。つまり官僚制の出現である。グレイナーはこれを公式化段階と呼んだ。

公式化段階を通じて，組織は成長と分化を続け，ますます多くの公式のコントロール機構を追加し，ますます多様になる活動を計画，会計，情報のシステムと公式の監査手続きによって統合しようとする。ところが官僚制的手段によって管理しようとする傾向は，いつかは**形式主義の危機**（crisis of red tape）へとつながる。形式主義の危機とは，官僚制の悪名の由来である。しかし，悪いのは官僚制ではなくて，この状況では，経営者が官僚制に頼りすぎてその長所が仇となっているのである。公式の規則と手続きを普遍的に，没人格的なや

り方で適用しようとすることは，有効でないばかりか，従業員にますます嫌われる環境を生み出す。経営者が，官僚制的コントロールがうまくいかないときに，とりあえずさらに官僚制を強化して対応しようとすると，事態は一般的にはさらに悪化する。従業員が，規則と手続きの体系をどのように機能させるのかがわからなくなったとき，またはそれに反抗するとき，問題は危機の域に到達する。

　組織が形式主義の危機を脱出できれば，通常は**協働段階**（collaboration stage）へと進む。この段階において，組織は，組織を再び個人化するための手段としてチームワークを用いる。つまり，今や過度に分化してしまったタスクを，認識可能な大きさの単位までまとめ直し，それについての共同責任を個人からなる集団に割り当て直し，仕事を再び理解できるようにする。複雑すぎたりダイナミックすぎて規則では取り扱えないものは，より小さな単位へと再組織化され，分権化された意思決定権限を持つチームによって処理される。この状況では，信頼と協働をより重視することがしばしば必要になる。

　組織発展の協働段階においては，組織形態と同様に，経営者に要求される統合スキルとリーダーシップスタイルについても質的な転換が必要になる。これまでの段階では組織をコントロールすることに力点を置いてきたトップマネジメントは，常にモティベーションを再生し続け，組織の存在意義・目標に集中させ続けることへと，その関心を移さなければならない。しかし，ある時点で経営者によるモティベーションの再生がうまくいかなくなると，組織は，**刷新の危機**（crisis of renewal），つまり人でいえば無気力を経験することになる。この危機の最初の兆候は，その場限りの仕事，二重の権限，際限なく続く試行による緊張によって，従業員と経営者が燃え尽きることや，心理的に疲労することに現れる。グレイナーによれば，刷新の危機は，新しい組織形態を生み出すか，組織の縮小と終局の死をもたらすかのどちらかだという。

　グレイナーが彼の理論によって強調したのは，組織発展の各段階が，その次の危機のタネをはらんでいるということである。これは，ライフサイクルのある段階に適合的な組織構成と経営戦略は，組織がより複雑になったときには，適合しなくなるからである。それゆえ古い構造の構成とリーダーシップスタイ

ルは，組織の一生を通じて常に置き換えられねばならない，ということになる。さて，グレイナーのモデルはきわめて有名であるが，どのように組織の社会構造が発展するのかについては，ほとんど描写していない。次に取り上げるカッツ＆カーンの理論がこの空隙（くうげき）を埋めている。

組織構造発展のオープンシステムモデル

　カッツ＆カーンのオープンシステムモデルによれば，構造は最初は技術的必要性によって，のちに環境からの変化する要求と結びついた内部の統合圧力によって発展する[15]。まず，新製品を市場に届けるというような共通の目標を達成するために，努力を結集させたい個人が協働して原始的な組織が生じる。この原始的組織は，実際のところは，この言葉の通常の意味ほどには構造化されていない。力を合わせて行う努力というものは，組織的達成というよりは，個人のモティベーションの結果だからである。しかし原始的組織がその当初の計画を超えて生存し続けようとすると，社会構造を発展させ始める。原始的組織から複雑な組織構造への発展は何段階かにわたって生じるが，それぞれで分化と統合が見られる。カッツ＆カーンのモデルは，これらの段階について述べている。

　第1段階では，購買や販売といった活動が，コアの生産活動から構造的に分化させられる。生産は調達と販売を必要とするから，この初期の分化は，原始段階の生産プロセスの自然な拡張である。しかし，このような限定的な規模の分化であれば，コアの生産に携わる人びとが，原材料の購入や成果を顧客に届けるための時間を捻出することでも可能だ。ゆえに，この段階の分化は，組織に緩衝的余力をもたらす。つまり，組織の生産物を生み出すために働く従業員が，その注意とエネルギーのすべてを原材料を製品へと変換することに集中できるようになるのである。一方，他の人は，原材料を購入し変換プロセスに供給する仕事と，組織の生産物をその環境へと移す仕事に特化し，新しい原材料が得られ生産が滞りなく行われるようにする（図4.3）。カッツ＆カーンはこれらを**支援活動**（support activities）と呼んだ。

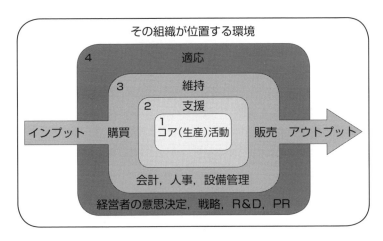

図4.3 社会構造の発達

彼らの理論に従えば，原始的な生産技術コアが，支援活動の構造とともに発達し，次いで，維持活動の構造が出現し，最後に適応活動の構造が加わる。つまり社会構造の発達は，技術コアの必要と環境からの要求に基づく。

出所：Katz and Kahn（1966）を基に作成。

　ひとたび初期の活動の分化が進行すると，統合への圧力が出現し始める。継続して原材料を供給し，生産し，生産物を販売できるように精緻化していく中で，組織はお互い干渉し合わない3つの機能を持つことになる。これら購買・生産・販売の機能は調整されて，適切な水準の原材料が購入され，生産量が販売と均衡するようにされねばならない。これには，通常ゼネラルマネジャー（全般管理者）による統合が必要となる。つまり，ゼネラルマネジャーが，販売の見通しを考慮に入れつつ，購買の注文と生産のスケジュールを監督することになる。

　社会構造がこれぐらいまで発達する時点で，組織は，通常，維持を必要とするぐらい長く生存していることになる。従業員が退職すれば，また別の従業員が採用・訓練されねばならず，経理の仕事は課税所得の計算や財務計画まで広がり，物的設備は恒常的な更新と改良を必要とし，地域社会は組織について調べ始め，地域との関わりに関する要求をするようになるかもしれない。今や，

コアの生産活動と支援活動を，人事，設備管理，広報・広聴の諸活動で補うことが必要になったのである。カッツ＆カーンはこれらすべてを維持活動というカテゴリーに分類した。

生産コアが成果を生むのに対し，**維持活動**（maintenance activities）が助けるのは，組織を成果を生み続けられる安定した状態に保つことである。維持活動は，購買・生産・販売の諸活動と，それほど緊密に相互依存しているわけではないので，維持機能は生産コアからはかなり独立して存在し得る。これは，組織の社会構造はさらに分化し，逆にさらに統合も必要とされることを示している。この統合を行うために管理者を追加することが通例であるが，今度は，統合対象となる管理者が複数なので，1人の上級管理者が他の管理者を監督するという形で新しい管理者の階層が出現する。それゆえ，分化による問題を克服するために設計された統合であるが，階層を作ることによってさらに分化を生むのである。

もし組織が以上で述べたような発展の初期段階を生き抜けたのであれば，その組織は，おそらくその先も存在し続け，その製品需要に影響を与えるような環境変化に遭遇するであろう。このような変化が組織にもたらすのが，販売予測や購買計画，生産計画といった問題である。生産日程計画の誤りは，過剰生産または過少生産を来し，結果，会社の資金繰りと評判を傷つけるので深刻な懸念である。その会社の製品に対する需要が減退してくると，事業を継続するために，新製品を開発しなければならなくなるかもしれない。このような問題に直面するとまた別の社会構造の進化が生じる。つまり問題が組織構造に適応活動を導入するのである。

適応活動（adaptive activities）は，環境変化に注意を払うことや，その変化の意味を組織の他部門のために読み取る役割を担う。最も早くから見られる適応機能は，経営者による意思決定である。これは，どんな形にせよ初めから存在する。しかし，これとは別のより専門的な適応活動が出現するのには長い時間がかかり，これには，戦略計画，経済予測，市場調査，R&D，納税計画，法務活動，ロビー活動が含まれる。

構造化理論

　構造化という用語は，モダン・パースペクティブとシンボリック・パースペクティブの中間に位置する。この言葉は，静的な概念である構造と活動的なアイディアである構造化する行為主体性を結びつけ，支配，正当化，意味作用のプロセスに光を当てる。つまり，構造化理論は，シンボリズムの敏感さのみならず批判的ポストモダニズムをも組織論へともたらしている。

　社会学における大論争の1つは，構造と人（行為主体）のどちらが社会を説明する上でより大きな意味を持っているのか，ということであった。組織論では，制度論者が，構造を支持する立場の代表例である。彼らは，制度とは，例えば関係のネットワークや交換のパターンのような比較的永続性のある社会構造であり，これがいずれの社会システムであっても，内部の行為者の行動を形成・制約すると主張してきた。その他の制度理論が注目するのは，セルズニックの著作が明らかにしたTVAを設立するときに役割を果たした文化価値のようなシンボリックな構造である。他方，行為主体性を推す立場は，どこから構造が生成し，何がそれを維持し，そしてどのようにそれが変化するのかについての説明を探求している。個人の行為と相互行為は規則性を持つので，関係のパターンが生まれ，それを組織や社会の分析レベルから眺めると社会構造に見える，というのが彼らの主張である。

　さて，構造化理論においては，イギリスの社会学者アンソニー・ギデンズが詳述するように，構造と主体が相互作用する。つまり，社会構造によって，行為は可能になり，また制約されるが，その行為が社会構造を構成するのである。つまり，理論上どちらかの概念が重要だということはない[16]。私がこのアイディアで思い浮かべるのは，2つの手がお互いを描き合っているM. C. エッシャーの有名な版画である。それはさておき，ギデンズは自身のアイディアを**構造と行為主体性の二重性（duality of structure and agency）**と呼んだが，そこでは，主体は資源，ルーティン，期待からなる構造によって可能になりまた制約を受ける。主体は意味作用，支配，正統化の構造が彼らの活動を支持する限りにおいて可能であり，そうではない場合に制約を受ける。しかしもちろん，これらの構造によって形成される活動がまた次の段階以降の構造化を促すので

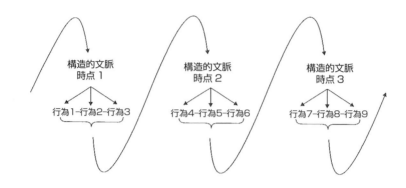

図 4.4 構造と行為主体性の二重性

ギデンズの構造化理論に示される構造と行為主体性の相互構築
出所：Barley and Tolbert（1997）を基に作成。

ある（図 4.4）。

　誰もが，日常的に構造と行為主体性の二重性に直面している。例えば，われわれは法体系や官僚制のようなわれわれ自身を管理するシステムを構築しておきながら，これらのシステムが許さないからこれはできないなどという。われわれは，自分たち自身も加担してこのシステムを築いたことを思い出せないので，これを最初に築いたときと同じ創造的な力を用いれば，それが変革可能であることに気づかないのである。われわれは，自分たち自身を自分たち自身の習慣，ルーティン，期待に閉じ込めているが，これらすべては権力を持った人びとによって支えられている。彼らは影響力を使い，彼らに権力をもたらす現状を維持しようとしている。その間も常に，絶えず存在するダイナミクスの中では小さな変化が起こり，社会構造を生産・再生産している。つまり，構造は確固としたものと見えているのにすぎない。したがって最も安定した社会構造でさえも，実はその主体による脆い共同運動によって定義されているのである。

　ギデンズによれば，社会システムのダイナミズムは，意味作用—コミュニケーション，支配−権力，正統化−制裁という3つの相互支持的な構造と行為主体性の二重性によって説明できる。これらの二重性は異なる種類の規則と資源に

表4.4 ルールと資源はどのように行為主体性と構造を媒介するか

…の構造	意味作用	支配	正統化
構造と行為主体性を媒介する規則と資源	解釈の枠組み	権力が行使される関係	規範的影響力
行為主体性の形態	コミュニケーション	権力	制裁

よって媒介され,この規則と資源を用いて主体は,彼らの構造的文脈を形成する。構造的文脈は,シンボルの持つ意味（言語ゲームやディスコース,会話の様態など）,権力が行使される関係（階層や分業など）,規範（社会化と文化による同調圧力の行使など）を規定する解釈枠組みとなる。表4.4は,構造,行為主体性の形態,そして両者を媒介する規則と資源を物質的およびシンボリックな社会的実践のマトリックスとして示している。そしてこれらの実践が相互に影響し合って,社会システムの文脈と結果（つまり,構造と行為の両方）を生み出している。

ギデンズは,構造─行為主体性調和の主体の側を強調しすぎていると批判されたが,フランスの社会論者ピエール・ブルデュー（Pierre Bourdieu）は,構造の側を強調する2つの概念を提示した。それが,場とハビトゥスである[17]。ブルデューによれば,場（field）とは構造であり,それは資本の分配に基づいて階級的な関係を確立する内部論理を持っている。ブルデューの定義では,資本とは権力と影響力を持つ人びとが,そうでない人びとと自分たちを区別するために用いる資源である。また,資本はそれぞれの場において異なる形態をとる。例えば,文化的な場は文化的資本（名声や威信）,学問的な場は学問的資本（学問的名声や栄誉）,経済的な場は経済的資本（富）によって構造化される。

ブルデュー版の構造化理論に従えば,場は,行為者が意味作用を実践することによって成り立っている。それゆえ行為者はその行為によって場を変えることができる。ブルデューはこれを,文学の場を例に挙げて説明している。文学は,著者,批評,出版社,読者からなる文化的場の下位システムであり文学作

品を生産・消費する。そこでは，これら行為者の反応，解釈，テキストが社会的差異を正統化している。これらの社会的差異の構造は今度は逆に，どの諸個人がこの場を変える権力と影響力を手にするのかを決定する。ただし場における自分の立場に影響しないという確信がなければ，彼らは場を変えようなどとは思わない。

ハビトゥス（habitus）はあらゆる場に浸透し，ハビトゥスによって個人はゲームのセンスを得る。このゲームのセンスゆえに，自分たちは，また他者は，階級上の地位に基づいてどのように振る舞うべきかがわかるようになる。また逆に階級のどこに位置づけられるかは，場に関係のある資本をコントロールできる量によって決まる。場の内部論理は隠され得るので，ハビトゥスは外部者からは不可侵で，内部者の間では暗黙知として機能する。それゆえ，内部者は自分たちも含まれているということを意識せずに，場と階級を再生産する。ハビトゥスを通じて，場のメンバーは，ギデンズが主体と構造の媒介物と捉えたルールと資源を体得する。

アメリカの社会学者ムスタファ・エミルベイヤー（Mustafa Emirbayer）とアン・ミッシェ（Ann Mische）は，ギデンズやブルデューのアプローチよりも時間について敏感な第3の構造化理論を発表したが，ギデンズのように行為主体性を強調している[18]。この2人の社会学者は，主体が構造を生み出すキー・プロセスとして，反復（過去の行動の繰り返し），（現在の行動の基礎としての）実践による評価，（未来への）投射を指摘した。反復のプロセスでは，主体は，既存の構造を再生産するルーティンとして過去の行動パターンを再利用する。実践による評価によって，主体は常に変わる状況に即した判断が可能になり，これらの判断が既存の構造を再生産ないしは変化させるように行動に影響を与える。最後に，投射を通じて，将来の可能性が創造的選択肢を生み，意図的ないしは計画的といってもよい既存構造の再構成が可能になる。これら3つのプロセスが一緒になって，構造化を動態的に捉える助けとなる。つまり，主体が現在の活動を構造化するために，過去と未来を利用することが可能になるからである。

構造化理論が私に悟らせたことの1つが，モダニストの理論が招いた際限な

き洗練化である。私はふとアルゼンチンの作家，ホルヘ・ルイス・ボルヘスが書いた話を思い出す。その話は，地図屋が地図を精緻化し続け，どんどん詳細にしていった結果，とうとうその地図は，彼が地図を作っていた領土を完全に覆うまでになってしまった，というものである。なぜこんなことになったのかといえば，地図を完璧にするにはこうするより他なかったからである。さて，問題は，精緻化を進めすぎると，知識を利用しやすいかたまりに要約・圧縮するという理論の実践的価値を損なってしまうことにある。領土と同じ複雑さの地図なんて，誰が欲しがるのだろうか？とはいえ，個人—組織の分析レベルの境界，モダン—シンボリックのパースペクティブの境界を超えようとしたことで，構造化理論は確固とした理論的発展をもたらした。それは，組織をモダン・パースペクティブを超えて考える足場を作った，ということである。

▍シンボリック・アプローチ：社会的実践，制度的論理，コミュニティ

　机と機械とコンピュータと原材料と書類があるが，人がいない組織の建物を想像してみよう。この組織には社会構造があるのだろうか？モダニストの組織論者であれば，客観主義存在論に依拠して，組織とは社会構造の客体であり，階層，権限関係，職責，またさまざまな統合メカニズムといった要素からなる，というだろう。このパースペクティブからは，組織図，方針，規則，調整メカニズムといった事柄を分析し，組織の社会構造の存在を確認し，それについての結論を導けばよいことになる。シンボリック・パースペクティブに立つ研究者はこれに同意せず，彼らの主観主義存在論に立って，組織の社会構造は人の意識や社会的相互作用から離れて存在することはない，と主張する。彼らの主張では，組織的現実は，人びとが働き，他者および彼らを取り巻く物的資源と相互作用するときに立ち現れるのである。このパースペクティブからの組織構造の研究は，モダニスト・パースペクティブの説明とは著しく異なっているように見える。

　モダニストとシンボリック解釈主義・パースペクティブの違いは以下のようにまとめることができる。モダニストの組織論者は構造を，事物，実体，客体

(対象),要素と捉えるのに対し,シンボリックの組織論者は構造を人間の創造物と見なす。つまり,構造は社会的相互作用と集団的意味生成から出現するダイナミックに進行中の作用である。それゆえ,ワイクが主張したように,組織は存在せずに,あるのは組織化だけということになる。

ギデンズの構造化理論に加えワイクの洞察によって,われわれが注目することは,相互作用と社会的関係を設計しコントロールするために,システムとして社会構造を理解することから,どのように組織メンバーの日常的実践が,彼ら自身の行動をも導く組織化のパターンを構築するのかに関心を払うことへと変わった。次の社会的実践の節において,ルーティンと即興という2つの実践を紹介したい。どちらの実践もシンボリック・パースペクティブによって,社会構造のダイナミクスについて理論化する際には見逃せない。これらの実践は,組織メンバーの相互作用を通じて,どのように組織の行為が構築,維持,変化し得るかを明らかにするであろう。

社会的実践：ルーティンと即興

ルノーとの提携の初期段階において,日産のベテランの組立工と技師は,標準作業手順書（SOPs）を書き,効率的な作業実践が提携相手へ移転するようにした。例えば,日産は,ルノーのダッシュボード組立工に指示を与えたが,これには,配線の正確な結線手順,使用工具,線のつかみ方を示した手書きのスケッチも含まれていた[19]。このようなルーティンは,組織生活と不可分であり,安定した組織社会構造を形成するのに役立つと長い間見なされてきた[20]。

ルーティン（routines）は組織の生産工具や工場設備の使い方と結びついた技術に始まり,従業員の採用・解雇,戦略計画サイクル,年次業績評価,四半期決算,予算評価にいたるまであらゆるところで見ることができる。これらとその他の多くのルーティンが組織的知識を保持し,能力を伝達するので,仕事は問題なく遂行され,滞りのない流れとして調整されるのである[21]。

モダニストの組織論者は日産のダッシュボードの配線工程のようなルーティンを組織の習慣やプログラム,遺伝子にたとえてきた[22]。しかし,アメリカの組織論者マーサ・フェルドマン（Martha Feldman）は,ルーティンは安定

をもたらすとともに変化のタネを含んでいると主張した。フェルドマンはルーティンをアイディア，行為，結果が連続する流れと定義し，組織メンバーがある状況に直面し，その文脈ですべきことを理解しようとするときに現れてくると主張した[23]。つまり，人はルーティンに関わるといっても，いつでもまったく同じように行為や行動を再生産するわけではないので，ルーティンそのものも際限なく再生産されるのである。例えば，警察官やソーシャル・ワーカーは，ドメスティックバイオレンス（DV：パートナー間の暴力）事件にあたるときに，その状況に対応するためのルーティンについて知っている。警察職務手続きについての訓練を受けているし，その人自身の経験からこれらの状況に対応するその人なりの方法を身につけているからである。しかし，こういったルーティンは，眼前のDVの個別の状況に対応するために，さまざまに結びつく。ルーティンのイナクトメントは差異を伴うので，これらの差異は，組織内部でも，また（例えば制度的模倣のように）組織間でもさまざまに広がって，ルーティン自体にも影響を与える。または，用いられることがなければそのルーティンは廃れてしまうかもしれない。

　ルーティンを変化させるというアイディアは，組織的即興（improvisation）というコンセプトと似ている[24]。カール・ワイク（Karl Weick）はこのテーマを組織に拡大適用して多数の論考を発表してきたが，組織構造を相互作用するルーティンと即興が出現し続ける固定的でないプロセスとして見るべきだと主張する。ここで即興を促すルーティンは，設計図というよりは料理のレシピにたとえられる[25]。ルーティン活動を演じる際には，組織メンバーは既存の相互作用パターンを強化し，これらを安定させるように組織の社会構造を再生産する。しかし即興をルーティンに組み込む際には，時として，外部と確立されたルートで相互作用しつつも，現在の社会構造のすき間で演じることになる。その際，組織メンバーは，過去の演奏と同じ演奏はしないジャズミュージシャンのように振る舞うことになり，故意に新しい領域に踏み込んでいくことになる。組織的即興は，組織が危機に対応したり，チャンスを活かしたりする助けとなるかもしれない[26]。即興は当座の役に立ってすぐに消滅してしまうかもしれないし，さもなくば古い相互作用のパターンに織り込まれたり，新しいものを作るのに

用いられるかもしれない。反復され，広く受け入れられてひとたび制度化されれば，即興はルーティンになる（これは，ジャズミュージシャンが，リフやその他の反復フレーズはジャズにおける「本当の意味での」独自性あるアドリブとは見なさない所以でもある。）。

　ジャズ演奏の構造化が組織にどのように応用できるのかについて検討した論文において，私は，社会構造には常に調整ギャップが存在すると主張した[27]。これは，すべての組織活動を構造的に相互に関連づけることは不可能だからである。こうした構造的ギャップが生む問題を最小にするために，組織メンバーは，ジャズミュージシャンが彼らの演奏構造の中で即興のために用いるテクニックのいくつかを取り入れようと思うかもしれない。例えば，ジャズの旋律は，即興が連続して高揚していく中で奏でられるが，それは，出だしが普通通りに，誰にでもその曲のテーマだとわかるように演奏されることから始まる（'I've Got Rhythm'のファーストコーラスを思い浮かべてほしい。）。旋律の出だしは演奏者に演奏の出発点として使えるメロディ，ハーモニー，リズムの基本構造を提供している。旋律の演奏が固定されていないとき，ソロの演奏者は構造のスペース（リズムの場合を例にとれば，演奏されないビートやビートとビートの空白）で演奏することによって，当初の構造を離れて，バンドをリードしようとする。ソロで旋律を演奏する演奏者が異なれば，即興もまた異なるし，後に続く演奏者は誰でも，他の演奏者が導入したアイディアに従って演奏できる。この繰り返しが，出だしは元々の旋律を残しつつも，そのときならではの旋律が演奏されるまで続く。アーティストたちが即興から生まれた一番よいアイディアで旋律を修飾して演奏を繰り返したときに，この新旧の旋律の関係が新たに生まれてきた旋律として演奏されるのである。このように，ジャズにせよ組織プロセスにせよ構造と空白のスペースは，パフォーマンス，つまり演奏や業務遂行を生み出すように結合されるのである。

　この論文はジャズをメタファーに用いたが，あらゆる組織が，このメタファーをすべての組織が直面し，不可避である構造化の限界について語るときに用いることができる。また，ジャズアーティストたちが構造的安定と柔軟性を持った構造連結を作るのと同じような実践を利用することもよいかもしれない。組

織の中に存在する，ジャズを演奏するのと同じような実践を行うことは，組織化に新しい選択肢をもたらすので，既存のルーティンや実践を維持しつつも，継続的に社会構造を刷新していくことが可能になる。

制度的論理としての社会構造

新しい社会的実践の出現によって制度が生まれるプロセスに関心を持つ制度論者は，制度化のダイナミクスと社会運動の構造を比較してきた。一例を挙げれば，マイケル・ラウンズベリー（Michael Lounsbury），マルク・ベントレスカ（Marc Ventresca），ポール・ヒルシュ（Paul Hirsch）という3人のアメリカの社会学者は，アメリカのリサイクル運動の歴史について研究し，リサイクルの出現を，周辺に新産業が発達する制度として説明した[28]。

また，別の制度論者によれば，社会構造は**制度的論理**（institutional logics）に埋め込まれ，そこで文脈化されている。制度的論理はマインドセット・認知準拠枠・メンタルモデルの中に現れ，これらを通じて思考を形成し，議論を喚起し，社会のシステムを組織化する。組織的行為の文脈では，制度的論理によって，客観的行動は共通の（シンボリックな）意味を持つようになる。ロバート・ドラジン（Robert Drazin），メアリー・アン・グリン（Mary Ann Glynn），ロバート・カザンジアン（Robert Kazanjian）という3人の組織論者によれば，「構造は社会的に共有された意味を備えるようになり，それゆえその『客観的』機能に加えて，組織についての情報を組織内外の人びとに伝えるようになる[29]。」

ここで，これらの制度論者がモダンとシンボリックのパースペクティブの両方をミックスしていることに気づいてほしい。例えばドラジンたちは客観主義存在論に立ち，構造とは意味を備えた対象であると仮定し，絶えまなく構築され続ける社会的現実だとは考えない。しかし，彼らは解釈主義認識論的仮定を採り，組織の意味は制度的文脈によって形成され，その組織のすべての知識はそれゆえ文脈特殊的だとも考えている。また，ラウンズベリーたちも上述のリサイクル運動についての研究では歴史的手法を用いることによって，文脈に対し同様の注意深さを向けている。

コミュニティとしての社会構造

モダニストの研究者が、コミュニティによる職業的威信の違いなどの研究を行って、コミュニティを客観的な用語と見なす傾向があるのに対し、シンボリック・パースペクティブに立つ研究者が関心を注ぐのは、コミュニティの人びとの相互作用の繰り返しや共通のシンボルの使用を通じて、どのように現実の理解が社会的に構築され、維持され、ないしは変化するかについてである。

教育学者、エティエンヌ・ウェンガー（Etienne Wenger）、ジーン・レイヴ（Jean Lave）がもたらした**実践共同体（communities of practice）**という概念が、社会的相互作用を通じて学習がどのように起こるかという問いに対する最初の解答をもたらしてくれた[30]。2人は実践共同体を、学習と知識発達に関する共通利害によって非公式に結びつき、例えばルーティンや語彙のようなレパートリーを共有する人の集団と定義した。自己設計、自己管理と言い表される実践共同体は、個人からなる集団が集団としてアイディア・知識・実践を学習と同時に紡ぎ出すときに形成される。

人は、いくつもの異なる実践共同体に所属し、それぞれの共同体にはそれぞれのローカルな意味生成とアイデンティティ生成の文脈を生み出す語り方があるので、ある組織の社会構造には、複数の実践共同体が含まれることになる。これらは、ある利害・欲求・要求・問題に応じて自然発生的に現れてくる。実践共同体は、事業部やプロジェクト・チーム、階層その他あらゆる社会構造の側面をも越境する。それゆえ個人は複数の共同体間を移り歩き、知識を共有したり媒介したりできる。ネットワークのように、実践共同体は、階層関係でも公式関係でもなく結びつきという特徴を持ち、経営者の役割を組織学習とイノベーションを可能にすることへと変える[31]。

しばしば組織は実践共同体を制度化しようとするが、IBMグローバルサービスは60以上の内部チームを実践共同体として認定することによって、これに取り組んだ。これらは、e-ビジネス、（物流やヘルス・ケアのような）産業、アプリケーション開発といった問題に取り組むように設置され、個人とグループをつなぐネットワークの形成を促進することを期待されていた[32]。

IBMの取り組みが惹起する問いとして興味深いのが、実践共同体を制度化

しようとすることは，その有効性を損なわないのか，ということである。IBMは，このコンセプトをシンボリック・パースペクティブから，モダニストの経営管理手法との違いを十分理解しないまま借用したのではないか？シンボリック・パースペクティブが経営者に求めるのは，従業員が責任を持つ問題や利害からどのように実践共同体が生じるのかを理解することであって，実践共同体が形成されてほしいと思うところに問題を提案したり，形成を求めたりすることではない。

さて実践共同体のいとこのようなコンセプトが，**言語共同体（language community）**である。これは，ヴィトゲンシュタインの言語ゲーム概念やフーコーのディスコース概念に基づいており，組織論者はこの概念を組織メンバーによる彼らの組織についての語り方に適用する。その目的は，彼らが組織内や組織間で彼ら独自のディスコースや言語ゲームを用いているかどうかを明らかにすることと，個人の発話行為が組織メンバーの行為の調整方法について何を明らかにするのかを理解することである[33]。

言語共同体は，何を言い得るかを決定する。つまり，言語共同体は，使うことのできる言葉やそれに結びついたアイディアを許可することによって，仕事を構造化する。共通の語彙，レトリックの作法，ルート・メタファー，その他その組織ならではの表現を発達させることによって，メンバーは組織的経験について語る彼らなりの方法を共有するようになる。そしてこの彼らなりの語り方が組織の社会構造の特徴を創造・維持することにいたる。これはちょうど，イナクトメント理論の環境を創造することで構造が創造・維持されるという主張と同じである。そして，これらすべては，誰も気づく必要もなく毎日の会話の中で起こっており，その間ずっと，会話と相互作用の中で調整されつつ，生じている活動に影響を与えている。

言語共同体の作用は，異なるパースペクティブに立つ組織論者の言葉の好みの違いについて考えてみればわかる。組織論者がモダン・パースペクティブに立てば，原因と結果，構造と成果，発見と説明について語るのに対し，シンボリック・パースペクティブをとる論者の言語は，意味，解釈プロセス，理解といった用語によって彩られている。これらの表現を，分裂（フラグメンテーション），

脱構築，ディスコースといったポストモダニストによって使われる用語と比べてみよ。

さて，客観的な感覚を得ることができるのは，知識を表現するために用いる言葉のおかげである。つまり，言葉が現実のある特定の特徴を（可能にしたり制約することによって）安定させるように見えるからである。この安定によってコミュニケーションや調整された相互作用が容易になるが，言語共同体理論によれば，この客観性は単なる幻想，つまり言語の使用によって作られ間主観的に構築された解釈の産物にすぎない。したがって，言語共同体は変化の可能性に満ちているので，それゆえ逆説的だが，安定と不安定の両者を備えている[34]。その不安定と幻想という特徴が，言語共同体をポストモダンのコンセプトであるディスコースに結びつけている。

ポストモダンの社会構造：脱・分化，フェミニスト組織，反・統治

多くのポストモダニストは，現実とは形を持たず，分裂しており，幻想とシミュラークル（幻影）がわれわれの言語の使い方によって，われわれの上に跳梁跋扈（ちょうりょうばっこ）しているように見えるだけだと信じている。そこには，構造という概念に示唆されるような隠れた秩序は存在せず，表面がすべてであり，表面性が優先する。読者にとって予想の範囲内かもしれないが，ポストモダニストは，階層，集権化，統制（コントロール），統合といった用語で表されるモダニストの組織化原理についてきわめて懐疑的である。彼らの主張では，どんな構造も実在を説明せず，言葉のみが概念を正当化できる。そしてほとんどの場合，これらの言葉は，しばしば権力者たちが疑うことを知らない他者への支配を続けるのを助けている。それゆえポストモダニストは概念，構造，経営実践を脱構築することによって，どのようにこれら3つが，秩序，合理性，ないしは経営者による統制を前提としているかを明らかにしようとする。そうして，概念と理論が，ある人びとを収奪・周縁化する一方で，常にある人びとには特権を与えている様子を示そうとする。

官僚制は特にポストモダニストの憤怒の対象である。ウェーバーでさえ合理

性，計算，統制を追求し，自由意思の行使を犠牲にして技術的効率性を向上させることには，負の側面が伴うと認識していたことを思い出してほしい。批判的ポストモダン論者は，ウェーバーの鉄の檻のメタファーを応用して，どのように合理主義的イデオロギーと，それが必要としてきた構造と統制によって社会生活が植民地化され，自由は虐げられているかを検討してきた。

イギリスの組織論者ロバート・クーパー（Robert Cooper）とギブソン・バレル（Gibson Burrell）が影響力のある一連の論文で主張したことだが，モダニストの組織論は，完全に公式組織，つまり無秩序から秩序を作り出そうとする欲求・願望にのみ関心を払っている。彼らは，公式という用語を統一，他人行儀，ルーティン，合理性といった言葉と結びつけ，このように結びつけることが，無秩序を抑制することを目論む道徳律の特徴であると主張した。この道徳律が受け入れられるのは恐怖ゆえにである。忌むべき言葉の無組織（これは，非公式，ローカル，自発，非合理的の無秩序と結びつけられている）が，讃えられるべき言葉の組織と関係づけて示されるときに，この恐怖が生じる[35]。無組織状態を抑制しようとするモダンの要求が，沈黙と抑圧の壁の向こう側に，無組織と結びつくあらゆる現象と人びとを隠してしまっている。

多くの脱構築主義者は，彼らが攻撃するものに対する代替的な構築を示すことはしない。そうしたところで，違うグランド（壮大な）ナラティブを強要するだけだと信じているからである。もっとも，当然とされるイデオロギーや慣行を脱構築することによって，新しい組織化の余地が開けると示唆する論者もいる。脱・分化，フェミニスト組織，反管理論という概念を初めとするポストモダニズムの刺激を受けた代替案は，この余地で，育つ場所を見つけている。

脱・分化

ローレンス＆ローシュが分化を組織の階層レベルおよび専門部門への分割と定義したことを思い出してほしい。彼らの理論が示唆したのは，分化は統合の必要性を生み，それがさらなる分化を生み，ということであった。それゆえ，組織はグレイナーやカッツ＆カーンが述べたような絶え間ない発展軌道から抜け出せない。これらのモダニスト理論とは対照的に，ポストモダニストが提案

するのは,脱・分化というコンセプトである。

イギリスの社会学者スコット・ラッシュ (Scott Lash) は脱・分化がポストモダニズムの転換点になると主張した。というのは,モダニストが推進してきた膨張し続ける特化と分離化,例を挙げれば,貧—富,強—弱,善—悪を逆転させるからである。ラッシュのアイディアを借りて,オーストラリアの組織論者,スチュワート・クレッグ (Stewart Clegg) は,今日の過度に分化した組織は,そのメンバーに組織を断片的でとらえどころのないものとして経験させ,それゆえ階層上のエリートメンバーへの依存を生み出し,そして,エリートメンバーが組織の現実を決定するのに必要な権力を得ていると非難した。

クレッグの主張によれば,そのような組織的悪意への対抗策を脱・分化の中に見いだすことができるが,それは統合と同じことではない[36]。統合が分化した活動の調整を意味しているのに対し,脱・分化はまず統合の必要性を生んでいる分化の状態そのものを巻き戻すのである。脱・分化では,階層や構造の精緻化によってではなく,人びとに彼ら自身の活動の自己管理と調整を認めることによって,組織は活動を統合するのである。また脱・分化は,批判的ポストモダニストの持つ解放という関心にも適うが,それは,モダンの思考を支配していると彼らが考える統制志向のマインドセットを弱めるからである。さらに実践共同体といったシンボリックなアイディアともまさに一致している。

同様に,社会技術システム理論による自己組織化ないし準自律チームというコンセプトは,モダニストのパースペクティブに立って脱・分化の例を示している。準自律チームとして編成された作業集団は,幅広く定義された一連のタスクについて責任を負っている。彼らはスケジュールを立て,品質を含む仕事ぶりを監督し,評価し,修正する。例えばスウェーデンのボルボ社のカルマル工場では,自動車1台が開始から完成まで自己管理する作業者のチームによって組み立てられていた。カルマル工場のような例からもわかるように,統合は階層とは関係なく成し遂げられ得る。それゆえ脱・分化は,民主的組織を容易に想像させる。この組織では,統合と調整はすべての人の責任となり,経営者のみの関心事ではなくなる。これは,従業員によって所有され経営されているユナイテッド航空やイギリスでデパートを経営するジョン・ルイス・パートナー

シップのような労働者管理企業の背後にあるアイディアである。しかし，この種の組織も，経営者の関心に別のやり方で奉仕する組織，つまり民主主義や自律性，自己管理といったイメージを醸し出しているが，新しい衣で権力闘争を覆い隠しているだけの組織に堕すであろうと警告するポストモダニストもいる。

フェミニスト組織

読者は第2章を覚えているかしれないが，デリダの差延という考え方がモダニストのプレゼンス（われわれが全体とか客体と見なすもの）への注目を批判し，意味は，われわれの言語に含まれる存在するもの（プレゼンス）と存在しないもの（アブセンス）の間の継続的な運動に宿ることを示唆している。つまり，われわれは正反対の論理を使って，モダニストのプレゼンスとしての構造というアイディアに結びついている仮定や慣行を脱構築し，それゆえ現在は存在しないアブセンスをこれからの検討対象にすることができる。

例えば，フェミニスト研究者は官僚制を脱構築し，これは男性性的で，典型的には白人男性支配型の組織であることを示した[37]。彼らによれば，官僚制組織は，権力（パワー）と地位によって階層に特権を認め，正当化している。権力と地位は技能という客観的に合理的な基準に基づいているが，これらの組織は客観性や合理性，能力という用語を白人男性中心主義視点から定義しており，結果，女性，有色人種，マイノリティを支配している。これらのジェンダー・人種に基づく構造は，語られない前提と当然視された客観化を通じて強化され，モダニストの組織的ディスコースの中に存在し，支持されている。モダニストのディスコースにおいては，個人のパフォーマンスは，決断力やリーダーシップの資質があるかどうかという公式の基準に照らして，評価されるのが一般的である。これに対して，フェミニストは，このような基準が男性に有利なように定義されている，と主張する。対照的に，女性の健康管理センター，ドメスティックバイオレンス（DV）シェルターのようなフェミニスト組織は，より平等で柔軟な構造，参加的意思決定，協力的行為，共同社会の理想が実現できる根拠といえる。フェミニスト組織において，老若男女，民族の異なる人びと

は，伝統的（モダニストの）官僚制のメンバーよりも平等を享受している。

　ポストモダンとフェミニスト理論に基づくハイブリッド形の1つが，カレン・リー・アッシュクラフト（Karen Lee Ashcraft）のフェミニスト官僚制というアイディアである[38]。それぞれ特に批判の対象とされてきたのが，官僚制は支配傾向を持つという点，フェミニスト組織は，規模が拡大したときと金融機関から公式化を要求されたときの持続可能性という点である。組織メンバーが仕事をする際に，アッシュクラフトによるハイブリッドは，官僚制とフェミニスト組織の両立し得ないように思える要素を同時に活用している。例えば，タスクは，公式かつ非公式であり，専門化しかつ全般的であり，階層と集権化は存在するが，常に平等主義と分権的な実践によって問われている。アッシュクラフトのDV問題に取り組むNPOの研究は，官僚制の要素と不可欠なもの（階層組織の組織図）とフェミニストの倫理的コミュニケーションという理想（見方や感情を表明する権利と傾聴される権利）がどのように相互作用するのかについて検討している。このハイブリッドは，その矛盾する要素間の緊張を取り入れ，パラドキシカルな圧力（例えば，外部からの資金を獲得するための官僚制的状態を整える一方で，小さく柔軟で，個々のクライアントに応える必要がある）に対応し，虐待を受けた女性を助けるという目標を達成しようとしていた。

反・統治理論

　アメリカの哲学者・経済学者デイビッド・ファーマー（David Farmer）は，物質と反物質が対消滅するように，官僚制的統治の論理に反・統治をぶつけることで，これを中和することができると考えた[39]。政府の官僚制は，その政治的支配者に奉仕し，階層，効率，技術能力を優先することで正義を強要している。反・統治論者はこの見方を脱構築し，これとは正反対の見方を浮かび上がらせる。ファーマーは無政府主義を擁護しているわけではなく，反・統治は統治的行為の一部分，つまり，その目的，手段，階層的合理性に対する徹底的な懐疑主義であると主張した。反・統治に取り組むことによって，統治者は，その方針，手法，行為におけるプレゼンスとアブセンスについて内省し，その統治行

為の意味について理解を深めることができる。官僚制的正義とは，通常，行為の合理性と効率と同じことだと見なされるが，もし，われわれがこれらの価値を道徳的正義と並置して比べてみたら，何が起こるだろうか？合理性に基づく正義を強制する代わりに，統治者は，合理性に基づく不正義を取り去ることに力を注ぐように考えを変えるかもしれない。

要　約

　どの組織も，人びと，組織内でのその職位，彼らが所属する集団ないし部門を含む社会的要素から成り立っている。人びと，職位，部門間に成り立つ3種類の関係を用いて，モダニストの組織論者は，階層，分業，調整メカニズムという社会構造を説明している。分業は，タスクの割り当てという点から誰が何をするのかを示している。タスクの割り当ては，逆に，誰が誰に従うべきかという予期を作り出している。権限の階層は，公式の命令・報告関係を定義しているが，これらは，組織を維持するのに必要な相互作用のある部分を説明しているのにすぎない。調整メカニズムは公式の規則と手続きから自然発生的な廊下での立ち話まで多岐にわたるが，これらがさらに組織の社会構造を定義し，支えている。社会構造の古くから重要な次元は，モダニストの組織論者の関心の対象であり続け，具体的には，複雑性，集権化，公式化を指摘できる。また，これらの次元は，機械的，有機的，官僚制組織を識別する方法となっている。

　コンティンジェンシー理論は，社会構造の多様な側面についての経験的発見を統合する方法である。例えば，コンティンジェンシー理論に従えば，安定的な環境で事業を営む小規模組織は，最低限の階層と高度に集権的な意思決定という単純な構造で組織されるのがベストである。しかし，組織の規模（従業員数）が拡大すると，分化し，階層数と部門数を増加させることになる。したがって，規則・連絡役・機能（職能）横断チームのすべてないしいずれかのような統合メカニズムを追加しなければならなくなる。公式化は作業タスクのルーティン度合いの上昇と一致し，大規模組織のより大規模な分業によって導入される

専門化を伴うことが多い。不安定な環境と組織内部の分化が意味するのは，意思決定は階層に過剰に依存するわけにはいかず，意思決定は知識のあるところで行われるようにするために，組織構造は分権化を必要とするようになる，ということである。このようなことが絶えることなく続く。つまり，新しい状況要因が見つかるのにつれて，新しい関係のネットワークがコンティンジェンシー研究の発見から生まれ得るのである

　シンボリック・解釈主義論者は，社会構造を人の相互作用を通じて形成される関係から出現すると見ている。個人は相互作用し，時が経つにつれ，これらの相互作用が識別可能な関係として安定化してくる。そしてこれが社会構造を定め，仕事が遂行される方法に貢献するのである。これらの関係によって公式の階層上の職位は集団へと，集団は部門や事業部へと結びつけられている。構造は，期待された行動パターンからの逸脱を監督・制限するように働くが，構造化理論を学べば，これらの制限は物事をルーティンでやろうとするわれわれ自身の意思でしかないことがわかる。構造化理論は，構造は，組織メンバーの日々の相互作用に影響を与えているし，また逆にそこから影響を受けているということを強調する。

　ポストモダニズムとネットワーク組織は，多くのモダニストの社会構造の見方に挑戦し，代わりに研究関心をプロセスと関係へと向けさせる。シンボリック・解釈主義とポストモダンのパースペクティブがわれわれに思い起こさせるのは，組織は社会構造の他にも資源を持ち，分化した活動の統合を助けているということである。これはこの先，5，6，7，8章で，テクノロジー（技術），組織文化，物的構造，パワー（権力）として取り上げることにしたい。

重要用語

- 構造（structure）
- 官僚制（bureaucracy）
- 分業（division of labor）
- 部門化（departmentalization）
- 階層（hierarchy）
- 公式化（formalization）
- 専門化（specialization）
- 組織形態（organizational forms）
  - 機械的（mechanistic）
  - 有機的（organic）
- 集権化（centralization）
- イノベーション（innovation）
- 分化（differentiation）
  - 水平的（horizontal）
  - 垂直的（vertical）
- 統合（integration）
- 規模（size）
- 組織デザイン（organizational design）
  - 単純(な)構造（simple structure）
  - 機械的官僚制（machine bureaucracy）
  - 専門職官僚制（professional bureaucracy）
  - 分権の形態（divisionalized form）
  - アドホクラシー（adhocracy）
- 組織 DNA（organizational DNA）
- 組織(の)ライフサイクル（organizational lifecycle）
  - 企業家段階（entrepreneurial stage）
  - リーダーシップの危機（leadership crisis）
  - 集合段階（collectivity stage）
  - 自律性の危機（autonomy crisis）
  - 権限委譲段階（delegation stage）
  - コントロールの危機（crisis of control）
  - 公式化段階（formalization stage）
  - 形式主義の危機（公文書を綴じるのに赤いひもを用いたことから，繁文縟礼，という言葉も使われる。）（crisis of red tape）
  - 衰退と消滅（decline and death）
- オープンシステムモデル（open system model）
  - 支援活動（support activities）
  - 維持活動（maintenance activities）
  - 適応活動（adaptive activities）
- 構造化理論（structuration theory）
  - 構造と行為主体性の二重性（duality of structure and agency）
  - 場（ブルデュー研究では界と訳されることも多い。）（field）
  - ハビトゥス（habitus）
- ルーティン（routines）
- 即興（improvisation）
- 制度的論理（institutional logics）
- 実践共同体（communities of practice）
- 言語共同体（language community）
- 脱・分化（de-differentiation）
- フェミニスト組織（feminist organizations）
- 反・統治理論（anti-administration theory）

注

1. Weber (1946, 1947) を見よ．
2. http://www.sco.ca.gov/ppsd/empinfo/demo/index.shtml (October 23, 2003).
3. Hage (1974); Rousseau (1978).
4. Donaldson (1996: 57).
5. コミュニケーションとの関連は，後に Galbraith(1973) によって確認された。
6. Lawrence and Lorsch (1967).
7. Pugh et al. (1968); Pugh and Hickson (1979).
8. Grinyer and Yasai-Ardekani (1980).
9. Pugh et al. (1968, 1969); Blau and Schoenherr (1971); Mansfield (1973).
10. McDonald のウェブサイト http://www.aboutmcdonalds.com/mcd/our_company.html (February 2012).
11. McDonald のウェブサイト http://www.mcdonalds.com/corp/values/socialrespons/sr_report.html (April 2005).
12. Mintzberg (1983).
13. McKelvey (1982), 遺伝情報のアイディアを最初に組織論に導入したのは，Nelson and Winter (1982) である。
14. Greiner (1972).
15. Katz and Kahn (1966).
16. Giddens (1979, 1984); また Ranson, Hinings, and Greenwood (1980); Riley (1983); Barley and Tolbert (1997) を見よ．
17. Bourdieu (1980/1990).
18. Emirbayer and Mische (1998).
19. Yoshino and Fagan (2003: 9).
20. 例えば，Stene (1940); Cyert and March (1963) を見よ．
21. March (1991); Argote (1999).
22. Huber(1991); Stene(1940) は習慣というメタファーを用い, March and Simon (1958) は，プログラムというメタファーを示唆している。遺伝情報というメタファーは Nelson and Winter(1982) によって導入された。また，McKelvey(1982)を参照のこと。
23. Feldman (2000); Feldman and Pentland (2003).
24. 組織的即興について影響力のある最近の論文については，Kamoche, Cunha, and da Cunha (2002) を参照。
25. Weick (1998).
26. Moorman and Miner (1998a,b) は，新製品開発チームにおいて即興が果たした役割について述べている。
27. Hatch (1993).
28. Lounsbury, Ventresca, and Hirsch (2003); また Lounsbury (2005) を見よ．
29. Drazin, Glynn and Kazanjian (2004: 162).
30. Lave and Wenger (1991).

31. Brown and Duguid (1991).
32. Gongla and Rizzuto (2001).
33. 例を挙げれば，Meyer and Rowan (1977); Hirsch (1986); Grant, Keenoy and Oswick (1998); Cunliffe (2001); de Holan and Phillips (2002).
34. Shotter (1993).
35. Cooper and Burrell (1988).
36. Clegg (1990).
37. Ferguson (1984); Martin (1990); Eisenstein (1995); Gherardi (1995).
38. Ashcraft (2001).
39. Farmer (1997).

参考文献

Argote, Linda (1999) *Organizational Learning: Creating, Retaining, and Transferring Knowledge*. Boston, MA: Kluwer Academic Press.

Ashcraft, Karen L. (2001) Organized dissonance: Feminist bureaucracy as hybrid form. *Academy of Management Journal*, 44/6: 1301-22.

Barley, Stephen R. and Tolbert, Pamela (1997) Institutionalization and structuration: Studying the links between action and institution. *Organization Studies*, 18: 93-117.

Blau, Peter M. and Schoenherr, Richard A. (1971) *The Structure of Organizations*. New York: Basic Books.

Bourdieu, Pierre (1990) *The Logic of Practice*. Cambridge: Polity Press (first published in 1980). (今村仁司・港道隆訳『実践感覚 1・2』みすず書房，2001。)

Brown, J. S. and Duguid, P. (1991) Organizational learning and communities of practice: Towards a unified view of working, learning, and innovation. *Organization Science*, 2/1: 40-57.

Burns, Tom and Stalker, George M. (1961) *The Management of Innovation*. London: Tavistock Publications.

Clegg, Stewart (1990) *Modern Organizations: Organization Studies in the Postmodern World*. London: Sage.

Cooper, Robert and Burrell, Gibson (1988) Modernism, postmodernism and organizational analysis: An introduction. *Organization Studies*, 9/1: 91-112.

Cunliffe, Ann L. (2001) Managers as practical authors: Reconstructing our understanding of management practice. *Journal of Management Studies*, 38/3: 351-71.

Cyert, Richard M. and March, James G. (1963) *A Behavioral Theory of the Firm*. Englewood Cliffs, NJ: Prentice Hall. (松田武彦・井上恒夫訳『企業の行動理論』ダイヤモンド社，1967。)

de Holan, Martin and Phillips, Nelson (2002) Managing in transition: A case study of institutional management and organizational change in Cuba. *Journal of Management Inquiry*, 11: 68-83.

Donaldson, Lex (1996). The normal science of structural contingency theory. In S. R. Clegg, C. Hardy, and W. R. Nord (eds.), *Handbook of Organization Studies*. London: Sage, 57-76.

Drazin, Robert, Glynn, Mary Ann, and Kazanjian, Robert K. (2004) Dynamics of structural change. In M. S. Poole and A. H. Van de Ven (eds.), *Handbook of Organizational Change and Innovation*. New York: Oxford University Press, 161-89.

Eisenstein, H. (1995) The Australian femocratic experiment: A feminist case for bureaucracy. In M. M. Ferree and P. Y Martin (eds.), *Feminist Organizations: Harvest of the New Women's Movement*. Philadelphia: Temple University Press, 69-83.

Emirbayer, Mustafa and Mische, Ann (1998) What is agency? *American Journal of Sociology*, 103/4: 962-1023.

Farmer, David J. (1997) The postmodern turn and the Socratic gadfly. In H. T. Miller and C. J. Fox (eds.), *Postmodernism, 'Reality' and Public Administration*. Burke, VA: Chatelaine Press, 105-17.

Feldman, Martha (2000) Organizational routines as a source of continuous change. *Organization Science*, 11: 611-29.

—— and Pentland, Brian T. (2003) Reconceptualizing organizational routines as source of flexibility and change. *Administrative Science Quarterly*, 48: 94-118.

Ferguson, Kathy E. (1984) *The Feminist Case against Bureaucracy*. Philadelphia: Temple University Press.

Galbraith, Jay (1973) *Designing Complex Organizations*. Reading, MA: Addison-Wesley.（梅津祐良訳『横断組織の設計―マトリックス組織の調整機能と効果的運用』ダイヤモンド社，1980。）

Gherardi, S. (1995) *Gender, Symbolism, and Organization Cultures*. Newbury Park, CA: Sage.

Giddens, Anthony (1979) *Central Problems in Social Theory: Action, Structure and Contradiction in Social Analysis*. Berkeley: University of California Press.（友枝敏雄・今田高俊・森重雄訳『社会理論の最前線』ハーベスト社，1989。）

—— (1984) *The Constitution of Society*. Berkeley: University of California Press.（門田健一訳『社会の構成』勁草書房，2015。）

Gongla, P. and Rizzuto, C. R. (2001) Evolving communities of practice: IBM Global Services experience. *IBM Systems Journal*, 40/4. http://www.research.ibm.com/journal/sj/404/gongla.html(accessed October 23, 2003).

Grant, David, Keenoy, Thomas, and Oswick, Cliff (eds.) (1998) *Discourse + Organization*. London: Sage.

Greiner, Larry (1972) Evolution and revolution as organizations grow. *Harvard Business Review*, 50: 37-46.（藤田昭雄訳「企業成長の"フシ"をどう乗り切るか」『Diamond ハーバード・ビジネス』1979，1-2月号。）

Grinyer, P. H. and Yasai-Ardekani, M. (1980) Dimensions of organizational structure: A critical replication.

Academy of Management Journal, 23: 405-21.

Hage, Jerald (1974) *Communication and Organizational Control: Cybernetics in Health and Welfare Settings*. New York: John Wiley & Sons Inc.

Hatch, Mary Jo (1993) Exploring the empty spaces of organizing: How improvisational jazz helps redescribe organizational structure. *Organization Studies*, 20: 75-100.

Hirsch, Paul (1986) From ambushes to golden parachutes: Corporate takeovers as an instance of cultural framing and institutional integration. *American Journal of Sociology*, 91: 800-37.

Huber, George (1991) Organizational learning: The contributing processes and the literatures. *Organization Science*, 2: 88-115.

Kamoche, Kenneth, Cunha, Miguel P., and da Cunha, J. V. (2002) (eds.) *Organizational Improvisation*. London: Routledge.

Katz, Daniel and Kahn, Robert L. (1966) *The Social Psychology of Organizations*. New York: John Wiley & Sons Inc.

Lave, J. and Wenger, E. (1991) *Situated Learning: Legitimate Peripheral Participation*. Cambridge: Cambridge University Press.（佐伯胖訳『状況に埋め込まれた学習―正統的周辺参加』産業図書, 1993。）

Lawrence, Paul R. and Lorsch, Jay W. (1967) *Organization and Environment: Managing Differentiation and Integration*. Boston, MA: Division of Research, Graduate School of Business Administration, Harvard University.（吉田博訳『組織の状況適応理論』産業能率大学出版部, 1977。）

Lounsbury, Michael (2005) Institutional variation in the evolution of social movements: Competing logics and the spread of advocacy groups. In G. F. Davis, D. McAdam, W. R. Scott, and M. N. Zald (eds.), *Social Movements and Organization Theory*. Cambridge: Cambridge University Press.

—— Ventresca, Marc J., and Hirsch, Paul M. (2003) Social movements, field frames and industry emergence: A cultural-political perspective on US recycling. *Socio-Economic Review*, 1/1: 71-104.

Mansfield, Roger (1973) Bureaucracy and centralization: An examination of organizational structure. *Administrative Science Quarterly*, 18: 77-88.

March, James G. (1991) Exploration and exploitation in organizational learning. *Organization Science*, 2: 71-87.

—— and Simon, Herbert A. (1958) *Organizations*. New York: John Wiley & Sons Inc.（土屋守章訳『オーガニゼーションズ』ダイヤモンド社, 1977。）

Martin, Joanne (1990) Deconstructing organizational taboos: The suppression of gender conflict in organizations. *Organization Science*, 1: 339-59.

McKelvey, William (1982) *Organizational Systematics*. Berkeley: University of California Press.

Meyer, John W. and Rowan, Brian (1977) Institutionalized organizations: Formal structure as myth and ceremony. *American Journal of Sociology*, 83: 340-63.

Mintzberg, Henry (1981) Organizational design: Fashion or fit? *Harvard Business Review*, 59/1: 103-16.

—— (1983) *Structure in Fives: Designing Effective Organizations*. Englewood Cliffs, NJ: Prentice Hall.

Moorman, Christine and Miner, Anne S. (1998a) The convergence of planning and execution: Improvisation in new product development. *Journal of Marketing*, 61: 1-20.

—— (1998b) Organizational improvisation and organizational memory. *Academy of Management Review*, 23: 698-723.

Nelson, R. R. and Winter, Sidney G. (1982) *An Evolutionary Theory of Economic Change*. Cambridge, MA: Harvard University Press. (角南篤・田中辰雄・後藤晃訳『経済変動の進化理論』慶應義塾大学出版会, 2007。)

Parsons, Talcott (1947) *The Theory of Social and Economic Organization*. Glencoe, IL: Free Press.

Pugh, Derek S. and Hickson, D. J. (1979) *Organizational Structure in Context*. Westmead, Hants: Saxon House.

—— and Hinings, C. R. (1969) An empirical taxonomy of structures of work organizations. *Administrative Science Quarterly*, 14: 115-26.

—— and Turner. C. (1968) Dimensions of organization structure. *Administrative Science Quarterly*, 13: 65-105.

Ranson, Stewart, Hinings, Robert, and Greenwood, Royston (1980) The structuring of organizational structures. *Administrative Science Quarterly*, 25: 1-17.

Riley, Patricia (1983) A structurationist account of political culture. *Administrative Science Quarterly*, 28: 414-37.

Rousseau, Denise (1978) Characteristics of departments, positions, and individuals: Contexts for attitudes and behaviors. *Administrative Science Quarterly*, 23: 521-40.

Scott, W. Richard (1992) *Organizations: Rational, Natural, and Open Systems* (3rd edn.). Englewood Cliffs, NJ: Prentice Hall.

Shotter, John (1993) *Conversational Realities: Constructing Life through Language*. Thousand Oaks, CA: Sage.

Stene, E. (1940) An approach to the science of administration. *American Political Science Review*, 34: 1124-37.

Weber, Max (1946) *From Max Weber: Essays in Sociology* (ed. Hans H. Gerth and C. Wright Mills). New York: Oxford University Press (translation of original published 1906-24). (山口和男・犬伏宣宏訳『マックス・ウェーバー——その人と業績』ミネルヴァ書房, 1962。)

—— (1947) *The Theory of Social and Economic Organization* (ed. A.H. Henderson and Talcott Parsons). Glencoe, IL: Free Press (translation of original published 1924).

Weick, Karl (1998) Improvisation as a mindset for organizational analysis. *Organization Science*, 9: 543-55.

Yoshino, Michael Y. and Fagan, Perry L. (2003) The Renault-Nissan Alliance, HBS case 9-3-30023.

さらに理解を深める文献

Bacharach, Samuel B. and Aiken, Michael (1977) Communication in administrative bureaucracies. *Academy of Management Journal*, 20: 356-77.

Bouchikhi, H., Kilduff, M. K., and Whittington, R. (forthcoming) (eds.) *Action, Structure and Organizations*. Coventry: Warwick Business School Research Bureau.

Braun, P. (2002) Digital knowledge networks: Linking communities of practice with innovation. *Journal of Business Strategies*, 19: 43-54.

Chia, Robert (1996) *Organizational Analysis as Deconstructive Practice*. Berlin: de Gruyter.

Cohen, Michael D. and Bacdayan, P. (1994) Organizational routines are stored as procedural memory: Evidence from a laboratory study. *Organization Science*, 5: 554-68.

Doz, Yves (1988) Technology partnerships between larger and smaller firms: Some critical issues. *International Studies of Management and Organization*, 17/4: 31-57.

Galbraith, Jay R. (1995) *Designing Organizations: An Executive Briefing on Strategy, Structure and Process*. San Francisco, CA: Jossey-Bass.

Gergen, K. J. (1992) Organization theory in the postmodern era. In M. Reed and M. Hughes (eds.), *Rethinking Organization: New Directions in Organization Theory and Analysis*. London: Sage.

Ghoshal, Sumantra and Bartlett, Christopher A. (1990) The multinational corporation as an interorganizational network. *Academy of Management Review*, 15: 603-25.

Hage, Jerald, Aiken, Michael, and Marrett, C. B. (1971) Organization structure and communications. *American Sociological Review*, 36: 860-71.

Jaques, E. (1990) In praise of hierarchy. *Harvard Business Review*, Jan.-Feb.: 127-33.

Koh, Sarah (1992) Corporate globalization: A new trend. *Academy of Management Executive*, 6: 89-96.

Mintzberg, Henry (1979) *The Structuring of Organizations: A Synthesis of the Research*. Englewood Cliffs, NJ: Prentice-Hall.

Parker, Barbara (1996) Evolution and revolution: From international business to globalization. In S. R. Clegg, C. Hardy, and W. Nord (eds.), *Handbook of Organization Studies*, 484-506.

Parsons, Talcott (1947) *The Theory of Social and Economic Organization*. Glencoe, IL: Free Press.

Perrow, Charles (1986) *Complex Organizations: A Critical Essay* (3rd edn.). New York: Random House.

Powell, Walter W. (1990) Neither market nor hierarchy: Network forms of organization. *Research in Organizational Behavior*, 12: 295-336.

Scott, W. Richard (1975) Organizational structure. *Annual Review of Sociology*, 1: 1-20.

Swan, J., Scarbrough, H., and Robertson, M. (2002) The construction of 'communities of practice' in the management of innovation. *Management Learning*, 33: 477-96.

Tosi, Henry L. (1974) The human effects of budgeting systems on management. *MSU Business Topics*, Autumn: 53-63.

Windeler, Arnold and Sydow, J. (2001) Project networks and changing industry practices: Collaborative content production in the German television industry. *Organization Studies*, 22/6: 1035-60.

Technology

第 5 章

テクノロジー

　テクネ（techne）は，現代用語で使われる「テクニカル」と「テクノロジー」のギリシャ語源であるが，今日の意味とは対照的に，この用語は，古代ギリシャで芸術家のスキルを表すために使われた。テクネの意味は，古代ギリシャの芸術家から，中世の職人，産業革命以前の技能工，工業化時代の生産技術者でその内容が異なるように，今日に至るまでに順次形成されてきたものである。

　テクネが有していた初期の芸術との関連が不明瞭になったのは，こうした発展プロセスの中で，仕事のため，例えば，有形の道具，設備，機械，手順をテクノロジーと見なすことによって，テクノロジーを客観化しようというモダンの思考傾向のためである。だが，近年の脱工業化という見方への転換によって，パワー（権力）／知識，あるいは熟練技能と芸術性との関係に注意が再び喚起されることになり，テクノロジーを産業の観点で理解する際にテクネ本来の意味に立ち戻ることができる。例えば，日産は，車づくりのすべての側面をブランド精神とともに「シフト・キャンペーン」[訳注]に取り入れるため，マーケティング部門に製品デザインに関わる重要な役割を持たせて，工業テクノロジーと脱工業的なテクノロジーを融合したのである[1]。

　モダン・パースペクティブが好む道具志向と技法志向に比して，テクノロジーに関するシンボリック研究では，テクノロジーが何を生み出すかではなく，テ

訳注：既成概念や古い価値観，常識を変革し，新しい価値を提供するという意味を込めた日産のキャンペーンで，具体的には，"Shift the future", "Shift thinking" など

クノロジーが社会構造とイナクトメントによってどのように生み出されるかに主眼点が置かれている。シンボリック・パースペクティブからいえば，テクノロジーは社会的プロセスのある結果であると同時に，現在の学習活動とデザイン活動のプロセスである。このパースペクティブは，しばしば未完のテクノロジーや実用のテクノロジーについての歴史的研究やエスノグラフィック（民族誌学的）研究に依拠する。

　科学技術のデザインは，仕事上必要な行動を生産システムに直接組み込むため，経営者と設計者（デザイナー）は彼らが選択する（具体的な）生産技術（production technologies）を通じて従業員に対するコントロールの範囲を拡大することができる。それゆえ，多くのクリティカル（批判的）なポストモダニストの信念によれば，技術は，行動を監視してコントロールするための手段を提供することでそれを利用する人に規律を課す。プライバシーと安全に対する懸念によって，（抽象的な）テクノロジーが悪意で使われるというイメージが作り出されることもあるが，テクノロジーはまたこうしたネガティブな影響に立ち向かう強力な力を引き出すこともある。例えば，ソーシャルメディアによって人びとは組織を作り，ロビー活動をし，そして権力者のためでなく自己の利益に基づいた集団的行動を可能にする。その他のポストモダニストが持つ近未来的思考によれば，「サイバー組織」を作るために，テクノロジーと組織の融合が見られる。

　以下では，これらのアイディアを，モダンから始まる3つのパースペクティブによってなされたテクノロジー概念の発展に触れながら説明したい。

モダニストによるテクノロジー（技術）の定義づけと3つの類型

　自動車会社は車とトラックをデザインし，製造する。病院は患者の世話をし，大学は市民を教育する。モダンの組織論者は，このように組織が遂行する目的はテクノロジーと環境を結びつけることだ，と心底から思っている（図5.1.）。すべての組織は，インプットを製品ないしサービスに転換するために使われる手段として定義される特定の**テクノロジー**（technology），もしくはその相互

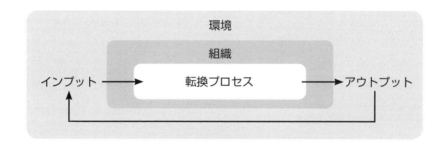

図 5.1 インプットをアウトプットに転換するテクニカルシステムとしての組織

組織のテクノロジーは，資源インプットの必要性と，アウトプットである製品もしくはサービスのための市場によって環境と結びついている。この（図5.1の）モダニストのモデルにおいて，アウトプットからインプットへの逆行する矢印は，そのアウトプットの流れが連続した消費であること示しており，新しい資源インプットが組織に提供されることを表している。

関連からなる一群の技術（technologies）を用いる。

　テクノロジーの概念は，組織から部門，職務，タスクに至るまで，選ばれるどの分析レベルにおいても援用できる。組織レベルでのテクノロジーは，一般的に**コア・テクノロジー**（core technology）のことであり，それは組織を持続させる資源の継続的な流れを確保するものである。もしある組織が，GE社，（タイの）チャルーン・ポーカパン社または（インドの）タタ社のような本業と非関連のビジネスを総合しているコングロマリットで見られるように，1つ以上のコア・テクノロジーを採用すれば，それぞれについて個別の分析を行い，その後で，それらの関係（または欠落した部分）を分析する必要がある。

　部門レベルの分析では，購買，マーケティング，会計，人事，財務，そして営業など職能別に技術が識別されるように，コア・テクノロジーを支えるいかなる組織でもその内部で作動するさまざまな技術を識別できる。もちろん，部門レベルの諸技術は，機械整備，製品組立，クレーム処理，予算計画，原材料購入，もしくは報告書作成のようなタスクレベルの技術にさらに分解できる。

　大学のコア・テクノロジーは研究と教育，あるいは単純に，知識の創出であるといえるかもしれない。大学を構成するさまざまな箇所部門を通して，また各講義，研究所，管理部門において知識創出がどのように行われているのかを

個別に分析すれば,このテクノロジーのイメージは,よりはっきりするだろう。これらすべての部門の技術は,例えば教育技術（例：授業への参加と試験のテクニック），研究技術（例：研究計画とデータ収集），そして運営技術（例：学生の募集と入学許可）に焦点を絞ることによってタスクレベルで分析が可能となる。もちろん,これらはさらに詳細に細分化し,検討することができるであろう。

どのような組織であれ,すべてのレベルにおいて多くの技術が同時に機能しているため,分析レベルを入念に明示しなければ,テクノロジーという用語は混乱を招く恐れがある。また,サービス技術と製造技術の違いも知っておく必要がある。テクノロジーに関心を持つ組織論者の考えにサービス技術が追加されると,**サービス**（services）の次のような3つの特徴が強調される。すなわちサービスは,(1)それが生産されると同時に消費される,(2)無形である,そして (3)在庫として保管できない。

顧客に対して情報利用サービスを提供するニュース配信組織の例を考えてみよう。情報は伝達されるときのみニュースとなるため,ニュースはそれが生み出された時点で消費される。それは具体的な形のコミュニケーション(例えば,新聞,放送)というよりむしろコミュニケーションの場で発生するという点で無形である。なぜなら,今日のニュースは明日になるとニュースではなくなる,というようにニュースは貯蔵できないからである。

ニュースと自動車を対比してみれば明らかなように,自動車は作られてすぐに消費されるわけでなく,数ヵ月もしくは数年間保管しても,その価値が大きく下がることはない。つまり自動車は,製造後すぐに売ることができるが,数年後に再び売ることもできる。そうした中でいくつかのモデルは時間が経つにつれて価値が増すかもしれない。にもかかわらず,自動車製造技術による数多くの製品は,サービス技術と類似の側面を有している。例えば,自動車のスタイルとデザインのほとんどは,新しいモデルの登場とともに急速にその価値を失うのである。

サービス技術と製造技術を区別すること（例：製造組織とサービス組織を別のカテゴリーに分類する産業分類コード）は,特定のビジネスタイプを表面

的に分類するより難しいこともある。組織のテクノロジーをさらに詳細に分析すると，大半の技術のアウトプットがサービス技術と製造技術の特徴を合わせもっていることに気づくであろう。1例を挙げれば，生産された新車に付随する品質保証は，自動車という製品にサービスが付いてくることを約束するものだが，こうなると自動車は製品とサービスの組み合わさったモノといえる。また他の例として，銀行がその提供するサービスをいかに商品と呼ぶかを考えてほしい。銀行は，そのサービスを商品のように扱うことによって，パッケージングやその他商品に関する事柄にも注目を要することがわかる。以上の点から，多くの製造企業はカスタマー・サービスに悩まされるようになったのである。

サービス技術と製造技術のドメインを異種配合（cross-fertilization）するというアイディアによれば，ドメイン間の区別は明確でない。とはいえ，その区別はテクノロジーに関するモダニスト論の初期の発展に大きく貢献したといえる。

テクノロジーの類型

初期のモダニストは，製造組織の複数のコア技術（core technologies）を比較することに焦点を当てた。テクノロジーに関する知識が産業への応用を超えて発展するにつれ，モダンの組織論者は，まずサービスレベルの技術を，次にタスクレベルの技術を包含させるために類型を拡張・改良した。テクノロジーのタイプと分析レベルの測定・比較方法を開発することによって，コンティンジェンシー理論に新たな変数が加わり，社会的構造のパフォーマンスは環境に依存するだけではなくテクノロジーにも依存するということが明らかになった。ジョアン・ウッドワード（Joan Woodward），ジェームズ・トンプソン（James Thompson），そして チャールズ・ペロー（Charles Perrow）は，組織論に主としてテクノロジー概念を取り入れたモダニストである。

ウッドワードの類型

イギリスの社会学者であるジョアン・ウッドワードは，初めてテクノロジーの重要性に関心を向けさせた組織論者の1人であったが，彼女の初期の研究課

題はテクノロジーに関するものではなかった。ウッドワードが自身の研究を構想した時期は，まだ古典的管理学派の考えが組織論を支配していたころである。組織化についていろいろと提案される方法の中で，どれが最善であるかについて意見が異なる点に研究者の関心を集めていたという状況において，ウッドワードは，組織が最大の業績を上げる組織編成を見つけるため，当時としては大量のサンプルを用いた科学的研究がどんなものであるかを企画することにした。

ウッドワードは，イングランドのサウス・エセックス付近で操業する100社の製造組織を調査した。彼女の調査では，組織業績の相対的なレベル（業界の平均以上，平均，平均以下），スパン・オブ・コントロール（統制の幅）の平均，管理階層の数，意思決定における集権化の程度，そして管理スタイルを測定した。ウッドワードは，上記のような古典的管理学派の変数群が高レベルの組織業績と一貫して関連していることを明らかにしたいと考えていたため，分析結果から有意な関係が見られないことに非常に驚いてしまった。

予想外の結果でもその理由が説明可能なら公表できるため，ウッドワードは得られたデータについて別のアプローチからその答えを探し求めた。ある時点で彼女は，技術的複雑性のレベルを中核となる製造プロセスにおける機械化の程度として定義づけ，会社のグループ分けを行ってみた。そしてこのような研究の展開から，ウッドワードを有名にした技術のパターンが明らかとなったのである。彼女の分析によれば，確かに組織構造は業績と関係があるが，それは組織が用いるコア・テクノロジーのタイプを重要なコンティンジェンシー要因として考慮に入れるときのみである。つまり，組織に最も適した構造（換言すれば，高い業績と関連する組織構造）は採用されるコア・テクノロジーに依存しているのである。

図5.2で示されるのは，ウッドワードの技術的複雑性の尺度であり，それは彼女がサンプル組織の中で用いられる技術を記述するために開発したものである。図の左側では，次のような単純な類型を提示する3つの部分，つまり（1）個別または小バッチ，（2）大バッチまたは大量生産，そして（3）連続処理生産，に応じてどのようにその尺度が分解されるかがわかる。

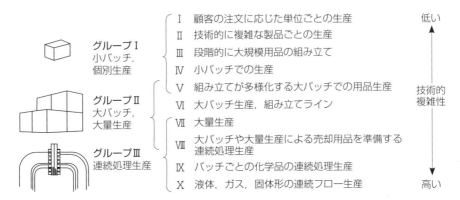

図 5.2　ウッドワードの技術的複雑性の程度を示す類型
出所：Woodward（1958）.

　個別生産と小バッチ（unit and small batch）技術は，1つのアイテムもしくはユニット（単位）を一度に，または少数のアイテムを同時に作り出す。少量の製品は，個別であれ，バッチ[訳注]であれ，工程（プロセス）の最初から最後まで生産が続き，その後また新たに工程が始まる。オーダー・メードのスーツと芝居衣装のような特注の衣類は，一般的に個別生産技術による製品である。このような方法で一般的に生産された製品にはその他，オリジナルな工芸品，デザイナー・ガラス製品，商業用または特注建築プロジェクト，そして試作品が含まれる。ワインは小バッチ技術を利用して作られており，多くのワインはロット単位（特定の生産本数）で生産される。さらに，小バッチ技術は，伝統的な製パン工場と大学の大半の教室でも見られる。個別生産技術と小バッチ技術に携わる労働者は，概して生産の最初から最後にいたる全プロセスに参加しており，使用されるテクノロジーを完璧に理解している。ウッドワードの研究が示したのは，個別技術と小バッチ技術を使う組織は，そのスパン・オブ・コントロールが小さく，管理レベルが少ないとき，また意思決定が分権化しているときに，つまり有機的な組織形態を連想させる特徴を持つときにより成功するということである。

訳注：いくつかの似ているものを1つのグループにしたもの

大バッチまたは大量生産（large batch or mass production）技術は，高度にルーティン化され，しばしば機械化された順によって大量の同一製品を生産する。この技術は，全体の生産プロセスを人手あるいは機械によって実行される多数の段階に分解する。自動車の組立ラインは大量生産の1例であるが，一方，製鉄のラインは大バッチ技術の1例である。大バッチ技術と大量生産技術に関わる労働者は，アウトプットを生み出すタスクの一部を反復的に遂行する。例えば，大量生産に従事する労働者は，連続的に関連作業を行う他の労働者と近いポジションにいる，つまり，前行程のタスク担当者，そしてそれに続く後工程のタスク担当者が順次いる様相である。ウッドワードの研究によれば，大バッチ技術と大量生産技術を利用する組織は，管理者のスパン・オブ・コントロールが大きいときと意思決定が集権化しているとき，つまり機械的な組織形態の特徴がある場合に，成功の確率が高い。

　大量生産は，逐次的に実行される一連の独立したタスクで構成されるが，**連続処理生産**（continuous processing）は，順次生成し連関するタスクの転換といえる。石油精製と廃棄物処理の例を考えてみればわかるように，原材料（原油，汚泥物）は，生産工程の最初の段階に送り込まれ，そして，それが全行程の体系を通して継続的に流れるうちに，汚染物とその他の不要物質が望ましい精製レベル（精製油，処理水）に達するまでに除去される。連続処理生産において人間は，自動的に原材料が製品に転換されるよう設備に気を配るだけだが，大量生産においては，人間の直接的介入が少なくとも生産プロセスのいくつかの段階で見られる。ウッドワードの研究では，スパン・オブ・コントロールがより狭く意思決定が分権化している状況のもとで，連続処理生産によって成功を収める組織化のパターンが，ユニット技術と小バッチ技術を用いるパターンと類似していることがわかった。とはいえその場合，製造プロセスの技術的複雑性がより大きいために，小バッチ技術あるいは大量生産技術の場合よりも管理階層が多い。

　総じて，ウッドワードは，大量生産技術を機械的組織形態と組み合わせたときと，小バッチまたは連続処理生産技術を有機的な組織形態と組み合わせたときに，企業は最高の業績を達成することを発見したのである（彼女の研究によ

表5.1. ウッドワーによるテクノロジーと社会的構造に関する研究の発見事実

構造的側面	テクノロジー		
	ユニット生産	大量生産	連続処理生産
管理レベル／階層	3	4	6
スパン・オブ・コントロール	23	48	15
直接労働と間接労働の比率	9：1	4：1	1：1
管理職の比率	低	中	高
形式化（コミュニケーションの成文化）	低	高	低
集権化	低	高	低
口語コミュニケーション	高	低	高
労働者のスキル水準	高	低	高
全体構造	有機的	機械的	有機的

出所：Woodward（1965）．

る発見事実は表5.1にまとめられている）。しかしその後の研究では，ウッドワードの類型は以下の2つの点で限界があるとされる。第1の点は，彼女の研究は，主に中小規模の組織を検討しており，彼女が発見したテクノロジーと組織構造・業績関係についての媒介関係は，組織構造が大きくより複雑であるときにそれほど重要でないことが判明したことである。第2の点は，サービスの提供に使用されている技術が無視されたことである。そこでトンプソンはその限界の克服を試みたのである。

トンプソンの類型

1960年代後半，アメリカの社会学者ジェームズ・トンプソン（James Thompson）は，製造技術に加えサービス分野の技術を含めて，ウッドワードの技術類型を拡張した[2]。トンプソン理論は，長連結型技術，媒介型技術，集中型技術の区分に基づいている。

長連結型（long-linked）技術は，ウッドワードが定義した大量生産と連続処理の技術区分を含む。それゆえ，自動車組立ラインは化学製品生産と電力生産

と同様に長連結技術のカテゴリーに入る。トンプソンが長連結という用語を用いたのは，生産工程の最初の段階で投入された原材料が最後に製品として産出される，といった一連の連続工程における線形の転換プロセスをこの種の技術が意味しているからであった。

媒介型(mediating)技術は，金銭的取引ないし他の取引を実現することによってクライアント，つまり顧客の役に立つものである。銀行，証券会社そして保険会社は皆，当事者双方の対面取引を手助けすることによって，当事者を結びつける媒介型技術を用いて事業活動を行う。その場合，当事者相方がまったく会う必要もないことがしばしばある。例えば銀行は，資金を預けたい預金者と資金を得たい借り手を結びつけるために媒介型技術を用いる。銀行業の技術は，預金者と借り手という顧客のために場を提供し，両者相互の利益実現を図っている。この場合，預金者への利子支払いと借り手への資金提供ができるように標準化した手続きを提供して両者の媒介をするのである。イーベイ (eBay) は，売り手と買い手をつなげているが，それは，媒介型技術を通じて，つまりペイパル（Paypal）やクレジットカード会社のような金融サービス業者を介するソフトウェアの提供を通じてである。

集中型（intensive）技術は，病院の緊急救命室，研究室で見られ，また建設業やエンジニアリング企業で典型的なプロジェクト組織においても見られるものである。集中型技術は，一般的にいえば，特異なインプットを注文に応じたアウトプットへ転換させる際に，2人以上の専門家の特殊能力の調整を必要とする。集中型技術の使用には，現場での新しい問題とユニークな状況に対応する専門知識の開発と応用が求められる。

トンプソンによる類型は，インプットとアウトプットの両側面において，コア・テクノロジーが環境に対してオープンであるというオープンシステムとしての組織モデルに基づいていた（図5.1）。このモデルは，技術的プロセスに対するインプット，およびそのプロセスで生産されたアウトプットに対するトンプソンの関心を描いている。トンプソンの観察によれば，いくつかの技術は，高度に標準化されたインプットとアウトプットを用いている（例：伝統的な大量生産型の自動車製造はほぼ同じ部品でほとんど同一の自動車を組み立てってい

る）が，他方で，標準化されないインプットが標準化されないアウトプットを生産するために用いられる（例：病院の緊急救命室では，病気やけがの患者を退院させるために安定的な状態に回復させるか，あるいは他の病院サービスを受けるように転院させる）。

トンプソンは，インプットとアウトプットの標準化に加え，転換プロセスに依存して技術が異なることを明瞭に理解した。彼はテクノロジーには，インプットからアウトプットへの転換プロセスにおいて標準化されるもの（例：自動車組立工が繰り返し同じ作業をすること）とほとんど標準化されないもの（例：緊急救命室では患者が入室するたびに患者それぞれのニーズに応えること）があると述べた。

トンプソンの理論は，インプットとアウトプットの標準化の程度，および転換プロセスの標準化の程度に応じてコア・テクノロジーを分類する2×2マトリックスを用いて要約できる（図5.3）。マトリックスの4つの象限は，トンプソンによる組織の技術3タイプともう1つのタイプを示している。すなわち，(1)標準化されたインプット／アウトプットと標準化された転換プロセスである長連結型技術，(2)標準化されないインプット／アウトプットと標準化された転換プロセスである媒介型技術，(3)標準化されないインプット／アウトプット

	転換プロセス	
	標準化	非標準化
インプット／アウトプット　標準化	長連結型	?
インプット／アウトプット　非標準化	媒介型	集中型

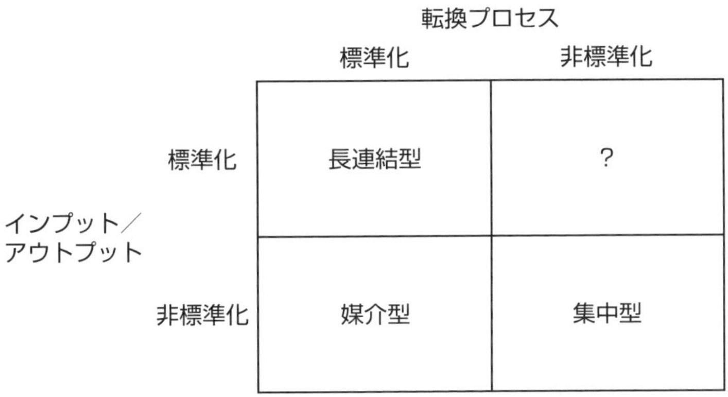

図5.3 トンプソンの技術類型

出所：Thompson（1967）を基に作成。

と標準化されない転換プロセスである集中型技術，(4)標準化されたインプット／アウトプットと標準化されない転換プロセスである。

トンプソンがこのマトリックスの4番目の象限をなぜ無視したかは興味深いところである。このカテゴリーの説明がないのは，おそらくそのような技術では非常に非効率であるとトンプソンが連想したためである。標準化した原材料から標準化した製品を作り，そしてそれを毎回異なる方法で作ることを想像してほしい。そのような技術（例えば，製造工程のための試作品の設計制作，革新的なアイディアのブレーンストーミング）が存在するにもかかわらず，トンプソンは，合理性の規範を適用することに固執するモダニストであり，このタイプの技術を意図的に無視したのかもしれない。そのため，すべてのタイプを網羅する技術類型の試みについてはペローにその道を譲ることになった。

ペローの類型

ウッドワードとトンプソンの類型がコア・テクノロジーのみを考慮していたのとは対照的に，アメリカの社会学者であるチャールズ・ペロー（Charles Perrow）は，理論枠組みを発展させるために組織レベルの分析でなくタスクレベルの分析に取り組んだ[3]。ペローは，技術を分類する尺度として，タスクの可変性と分析可能性を定義することから始めた。

タスク可変性（task variability）は，あるテクノロジーを適用する際に生じる標準化された手続きの例外数を指している。**タスク分析可能性**（task analyzability）は，例外が生じた場合，それを処理する既知の方法がどの程度あるかということである。ペローはタスクの可変性と分析可能性を定義したが，これらの2つの変数を部門レベルと組織レベルの分析における技術を述べる際についても使った。ペローは，2×2マトリックスにタスクの可変性と分析可能性を配置することで，ルーティン，クラフト，エンジニアリング，ノンルーティンと名づけた4つのテクノロジー・タイプを描いたのである（図5.4）。

ルーティン技術（routine technologies）は，タスクの可変性が低く，分析可能性が高いという特徴を持つ。トンプソンの長連結型技術とウッドワードの大量生産型技術を例示する伝統的な自動車組立ラインは，ペローのルーティン

```
                        タスク可変性
                    低              高
              ┌─────────────┬─────────────┐
         高   │  ルーティン  │ エンジニアリング │
  タスク       ├─────────────┼─────────────┤
 分析可能性    │             │             │
         低   │   クラフト   │  非ルーティン │
              └─────────────┴─────────────┘
```

図 5.4 ペローの技術類型

出所：Perrow（1967）を基に作成。

技術と一致する。事務的業務はもう1つのサービス・テクノロジーを代表する例である。例えば，書類整理係にとって，標準化した業務を実施する際に例外事項に接することはほとんどなく，たとえ例外事項に接した場合でも，上司に問い合わせるといった，その解決策は既にある。

　クラフト技術（craft technology）は，タスクの可変性と分析可能性のいずれも低い状況を描いている。建設作業はクラフト技術である。建設作業者は標準化した手順が主でその例外事項に接することがほとんどない。しかし，計画化における失敗や原材料の調達不能といった例外が起こる場合，それらを処理する方法を考案しなければならない。工芸品作りのほとんどの形態は，クラフト技術の別の例であるし，井戸を掘るために水源を探すのもそうである。クラフト技術においては，水を探すのに地質学の標準的な解決策がうまくいかなかったときに見られるように，直感と経験がきわめて重要となる。標準化手順は，クラフト技術においても使われるのが通常だが，例外（例えば，画家が画布や絵の具を欠いてしまうこと，科学予測でも水が見つからないこと）が生じると，作業者が頼れる既知の解決策はわずかしかない。このような状況においては，経験，直感，即興が重要な役割を果たすのである。

エンジニアリング技術（engineering technologies）は，タスクの可変性が高く分析可能性も高いときに見られるものである。研究室の技術者，経営者の秘書，会計士，そして大半のエンジニアが用いる技術は，エンジニアリング技術と一致する。エンジニアリング技術を使う際には，標準的業務に多くの例外が生じるが，従業員はこれらの問題を解決するのに必要な知識を持っている。しばしば，エンジニアリング技術に必要な知識は，高度に専門化した訓練からもたらされるため，大量の専門的な仕事が見られるというのは，そこに実用のエンジニアリング技術があることを意味する。

　ペローは，タスクの可変性が高く分析可能性が低いという特徴を持つのを非ルーティン技術（non-routine technology）と名づけた。例えば，このような状況は，研究開発部門，宇宙工学，そしてデザイン・試作品研究所においてみられる。ペローによる非ルーティンの区分は，ウッドワードによる個別と小バッチ技術と重複するところがあり，トンプソンの集中型および彼が無視した標準化インプット／アウトプットと標準化されない転換プロセスの状況とも共通点を持っている。非ルーティン技術の使用において遭遇する問題は数多く，しかもそれらを解決する方法が不足すると，この技術を使う従業員は，少なからず不確実な状況へ追いやられることになる。

3つの技術類型の使用

　これまでに議論してきた3者の類型は重複しているところがあるが，利用可能な情報量を最大化するためには，そのすべてを利用してモダニスト流のテクノロジー分析を始めなくてはならない。ウッドワード，トンプソン，ペローらの技術類型を用いると，共通してそれらのタイプの土台ともなっている次の6次元を考慮せざるを得なくなる。すなわち，技術的複雑性，仕事のルーティン性，インプット／アウトプットの標準化，転換プロセスの標準化，タスクの可変性，タスクの分析可能性である。極端にいえば，研究対象としているテクノロジーを適切に説明するにはこれら次元のすべては必要ないかもしれないが，研究対象の組織においてこれらすべてを試してみるまで，どれが一番役に立つかわからない。私自身，最初は役に立つとは信じられなかった理論を適用した

とき，それで得られる洞察に驚いたことが何回もある。

　これらの類型をどのように適用するかを確かめるために，バス製造会社を考えてみてほしい。シャーシ（車台）が工場の組立ラインに最初持ち込まれると，それは順次，アクセル，エンジン，ボディ，内装などが組み込まれつつ組立ラインを移動する。組織レベルの分析で見ると，コア・テクノロジーは長連結型（トンプソン）であると先ずは判断されるであろう。組立ラインに完成度合いの異なる多様な50台のバス—例えば10台は1顧客のためのもの，5台はその他の顧客のためのもの，2台はまた別の顧客のため—があるのに，各注文は暖房，空調，内装，および外装に対する要求がそれぞれ異なる。つまり，バスの生産には大バッチではなく，小バッチ（ウッドワード）技術が使われていることがわかる。

　部門レベルでのバス製造に関するより綿密な分析をすれば，タスクの可変性が低く（シャーシは2つの長さから選択できるのみ），タスクの分析可能が高い（サスペンションをシャーシにボルトで締めるための標準化方法）ため，シャーシ部門とサスペンション部門の特色はルーティン技術（ペロー）にあることが明らかである。しかしながら，内装部門の特色は，エンジニアリング技術によって特徴づけられる。なぜならタスクの可変性が高く（顧客が異なれば，希望内容も多様な座席配置，ヒーター，手摺り，ドア，ライト，デカールなど異なる），タスクの分析可能性（こういった差異を処理する手続きと方法が既知）も同様に高いからである。

　バス製造の例で強調されるのは，テクノロジーを分析することの複雑性であり，1つないしそれ以上の分析レベルを無視することの危険性である。組織レベルのコア・テクノロジーのみに焦点を合わせると，部門およびタスクのレベルで行われる分析において見られる技術の多様性の観点が失われてしまう。多様性を欠くことは，組織間の比較を一般化するのに必要な抽象化の力を増すために容認されるが，分析を徹底するには多様性の視点を諦めてしまうべきではない。

　部門またはタスクのレベルの分析で見られる興味ある点に焦点を当てると，おそらく技術類型の中から異なるタイプをいくつか組み合わせたいと思うよう

になるかもしれない。多面的に考えるように奨励されると，そのやり方は想像力を伸ばし，モダニスト流のテクノロジー分析を行う能力を強化するであろう。とはいえ，分析レベルには綿密な注意を払う必要があることを忘れないでほしい。つまり，自分がそうしていることを意識せず，分析レベルを切り替えることは容易なのである。ただし分析レベルの切り替えは，ときに有益な説明を可能にするが，自覚的でなければ混乱は避けられない。

シンボリック・パースペクティブのテクノロジー

　シンボリック志向の組織論者は，組織の他の各側面と同様に，テクノロジーが社会的に構築されるものだと思っている。したがってテクノロジーは，原材料と設備のような物的存在に言及するだけでなく，言葉，イメージ，メタファーを含むシンボルにも言及するものである。シンボリック・パースペクティブは単にタスク活動のみならず，人とテクノロジーの相互作用にも焦点を当てているため，テクノロジーを理解するのに必要な知識と同じくらいに解釈も重要となる。

新(コンピュータをベースにした)技術

　ショシャナ・ズボフ (Shoshona Zuboff) は，『スマートマシンの時代』という1988年の書物において，マイクロ・エレクトロニクス，衛星通信，レーザー，エキスパート・システム，ロボット工学，そしてマルチ・メディアのような形で見られるコンピュータ・ベースの技術と関連したカテゴリー，すなわち当時，新技術と呼ばれていたものを分析した。彼女は，伝統的技術よりも新技術の方がより多くの解釈プロセスを必要とすると特徴づけたが，それは，コンピュータを必要とするプロセスが，有形物よりもシンボリックな表現（情報やデータ）を操作することを伴うためである。

　カール・ワイクによる新技術についての理論は，認知，特に解釈が果たす役割の検討に由来している。コンピュータが媒介するテクノロジーは，連続生産プロセス（工程）がその典型だが，それほど複雑でないテクノロジーにおいて

も見られる。このテクノロジーによって，オペレーターは製品に触れずに，ときには見ずに生産プロセスを監視することができる。コンピュータが媒介するプロセスの内部で起こっていることについてオペレーターが知ることができるのは，（多くの場合数値やグラフィックの形をとる）コンピュータの出力，つまりシンボリックな表象物の解釈に基づいており，この情報は目に見えないところで実際に起こるものと結びつけることができる場合とできない場合もある。ワイクは，新技術がウッドワード，トンプソン，そしてペローによって明らかにされた技術とは異なる点を，確率面，継続面，抽象面から明らかにした[4]。

確率的事象は予期せざる中断である。古い技術は確率的事象を引き起こすが（例：ボイラーはときどき明らかな兆候もなく爆発する），新技術のオペレーターは，これらの中断をかなり頻繁に経験する。しかし，確率的事象は，複合システムの要素間の緻密な相互作用による特有の産物であるため，それが起こる頻度は必ずしも学習と結びつかない。したがって，新技術の**確率的**（stochastic）性質は，そのプロセスと根本的な原因・結果をオペレーターが正確に理解できないことを意味する。

新技術は，いわば**継続**（continuous）プロセスであり，中断されることなく作動する場合がよくあるが，それは，ウッドワード，トンプソン，またペローが予想しなかった方法での連続プロセスである。コンピュータ作業の1つの特徴は，ハードウェアとソフトウェアの両方を継続的に見直し，更新する必要があるということである。連続的なテクノロジーを用いて仕事をするコンピュータ技術者とプログラマーは，コンピュータが作動中にそのテクノロジーを変えなければならない。例えば，1日24時間，週7日，年52週，絶え間なく航空便予約をとるために，航空会社はデータを処理し続けなければならない。つまり，データ処理システムが止まれば，それが短期間であっても混乱が生じて，結果としてダブル・ブッキングを起こしたり，不正確な出発時刻を表示したり，間違った目的地の表示をしてしまう可能性がある。それらの連続的な性質によって，新技術は，ウッドワード，トンプソンそしてペローによって描かれた技術と比べて，複雑性がより高いのである。

機械の可動部分を見ることができて，サービス提供者を表すことができる古

第5章　テクノロジー

い技術と比べて，コンピュータを媒介にしたテクノロジーの作動プロセスは，**抽象的**（abstract）であり，そして多くの場合，コンピュータや他の機械内部を見てもわからない。したがって，新技術を理解するためにオペレーターは，その技術的なプロセスによって実現していることから乖離した抽象的なモデルを持つことが必要である。2つの処理プロセス，つまり1つは頭，もう1つはコンピュータの中で生ずることが違うため，誤解，エラーが生じるとともに，機能不全が起こった場合，事物の意味に関して矛盾した解釈につながる可能性がある。これは，コンピュータを用いて仕事をする人たちにとって常に問題であった。コンピュータのハードウェアは，その処理プロセスを決して描くことができないソフトウェアを介して操作されるため，（見えない）基本的なプロセスで行っていることについてエラーや誤解の余地が常にある。

新技術の確率的・継続的・抽象的という性質は，ウッドワード，トンプソンおよびペローによって述べられた最も複雑な技術と比べて質的に異なる複雑性をテクノロジーに加えた。それゆえ，ワイクの理論は，非ルーティン性，標準化，技術的複雑性といったテクノロジーの側面を補足している。新技術の確率的・継続的・抽象的な性質に関する1つの含意は，**信頼性**（reliability）を注目すべき問題としたことである。つまり，高信頼性のある組織を作るにはどうすれば一番いいかの問題である。新技術を用いる際に高信頼性が重要となるのは，おそらく原子力発電あるいは航空管制のような危険な活動を伴っている場合を見れば，きわめて明確である。

ペローは，1984年刊行の『正常な事故（*Normal Accidents*）』において，1979年にアメリカのスリーマイル島で起こった原子炉の部分的なメルトダウンのような技術的失敗の実証的探究を行い，新技術の危険性を研究した。その中でペローは，彼が観察した新技術の失敗は，予測不能で，1回限りかつランダムに生起する，と明示した。彼は，技術的複雑性とタイト・カップリングの相互作用の結果として，新技術の予期できない作動（振る舞い）とその失敗を分析することが不可能だと説明した。ペローの理論によれば，システムの**複雑性**（complexity）は要素間で予期せぬ相互作用を生み出す一方で，予期せぬシステムの相互作用に対する人間の反応も含めて，要素間の**タイト・カップリン**

グ（tight coupling）が存在することは，失敗の確率が急上昇することを意味している。ペローが新技術について観察したように，タイト・カップリングと相互作用する複雑性の結果は避けることができないため，それらの失敗を正常な事故と呼んだのである。

ペローは，スリーマイル島の原子炉の部分的なメルトダウンに関する分析で，複雑かつタイト・カップリングなシステムに埋め込まれた2つの小さな安全装置が同時に作動ミスを起こしたため，それに対処しようとした人の判断を誤らせたと論じた。彼によると，プラントを制御する複雑な技術システムの要素間が密接に相互作用していたため，その原因の推測が不可能であった。そこで，一連の不適切な対応がとられることになり，これがさらに機器の不具合を招き，これまたオペレーターの混乱に拍車をかけた。人間の能力の限界と相互作用する機械的な失敗により，大惨事寸前までいったのである。

ペローの手厳しい結論によると，正常な事故を防止することはほとんど不可能である。なぜなら，複雑性とタイト・カップリングの見えない相互作用の結果をわれわれが理解することができず，それに十分効果的な対処もできないからである。

1986年に起きたウクライナのチェルノブイリ核施設でのメルトダウンと2010年のメキシコ湾での石油流出のような失態^{訳注}は，われわれを悩まし続け，ペローの主張を否定するものはほとんどない。しかしペローは，人間のモラルに基づく失敗にまで彼の理論を拡大しすぎないようにと警告する。これは，彼がどのように2008年の世界金融危機[5]を判断しているかということでもある。銀行家は緊密に結びついた財テク手法の複雑な相互作用を理解していなかったと主張しているが，ペローによれば，それは人間の際限のない強欲さという金融危機の本当の原因を隠しているにすぎない。

訳注：2011年の東日本大震災に伴う津波による福島第1原発事故も同様のケースといえる。

テクノロジーの社会的構築

　ワイクとペローは，テクノロジー分析に解釈のメスを入れることによって，シンボリックな領域に足を一歩踏み入れたが，彼らの理論にはその説明力を客観的に検証する分析次元と変数を明らかにしていない，という点で客観性の問題が残されている。社会的構築論の分野では，文化的な規範と期待のような非技術的なことがいかにテクノロジーを形作っているかを明らかにすることが求められる。社会的構築主義者は，モダン・パースペクティブにおいてテクノロジーが描かれる方法と比べて，テクノロジーを単に生産作業への科学的応用としてではなく，むしろ環境における社会的・文化的・経済的要因の産物と考える。

　テクノロジーの社会的構築（social construction of technology）論（SCOT）は，科学とテクノロジーを専門とするオランダ人教授ウィーベ・バイケル（Wiebe Bijker）が，とりわけイギリスの社会学者ジョン・ロー（John Law），トレバー・ピンチ（Trever Pinch）との共同で主唱したものだが[6]，複雑な社会・文化のトレードオフによって技術がどのように形成されるかを説明する。バイケルとピンチは，1例として，自転車運転テクノロジーの開発における社会的構築の役割を明らかにした技術イノベーションの進化モデルを提示した。彼らのモデルによると，技術イノベーションが製品群に変化をもたらす理由は，その前にいずれかのユーザーが残す技術と捨てる技術を選別するためであり，技術イノベーションは，どの技術が世の中で選ばれるかに影響する。

　彼らは，その理論を証明するために，自転車業界における技術イノベーションの発展について調べた。そこで彼らは，1900年代の初頭に起こった自転車のイノベーションにおける決定的な時点が，当時長い衣服を纏って自転車に乗る女性たちによるフレームの変更要求であることを発見したのである。女性たちの要求に応じてあるタイプの自転車が作られたが，競合モデルで提供される安定性とスピードを求める他のユーザーからは評価されなかった。とはいえ，結果的にかなり変わった自転車が当時の市場に提供されることになった。

　バイケルとピンチによれば，今日われわれが利用する自転車は，そうした技術のうちの1つが進化的な成功を得たことを表しているが，彼らの分析結果から明らかになったのは，純粋な科学の力よりも，むしろ社会的な力によってテ

クノロジーが選択されるということである。また，自転車に関して選ばれたテクノロジーは，スラックスをはいた女性に対する見方を変えるのを後押し，社会と文化に影響を及ぼした。換言すれば，よりスピードのでる自転車の方が選好されると，多彩なテクノロジー中でスピードに関するものだけが選ばれてしまうが，その選ばれたテクノロジーは，社会と文化に影響を及ぼし女性への否定的な影響を減らすのである。

　多くのSCOT論者は，バイケルとその同僚のように，技術イノベーションのマクロ・レベルに焦点を合わせているが，その他の論者は，組織と部門の分析レベルにおける技術の発展に影響を及ぼす解釈プロセスを検討している。ジュリアン・オル（Julian Orr）によるゼロックス社のコピー機修理技術者に関するエスノグラフィック（民族誌学的）研究がその1例である[7]。テクノロジーをめぐって意味がどのように取り決められるかを調べるために，ゼロックス・パロアルト研究センター（現在PARC）の研究者であったオルは，ゼロックス社のコピー機修理技術者のコミュニティに入り込むことにした。彼女と技術者たちは修理工養成所の授業に出席し，ともに昼食をとり，その後は実地の訪問サービスに同行した。オルは修理技術者のすべてのやり取りを録音し，フィールドノートに記録した。さらに，顧客／ユーザー，その組織，そして彼らが使っているコピー機も調べた。

　オルがその研究によって結論づけたのは，コピー機が技術的および社会的影響力を持つ，ということである。コピー機に組み込まれている技術的影響力は，技術者やユーザーに特定の行動反応を求める機械的，および電気的テクノロジーによって構成される。ただし，個々の機械には，例えば故障歴があったり，特有な音を立てるといった機械ごとの歴史と，動作具合がある。これは，たとえ操作マニュアルがあっても，ユーザーと技術者は，その機械の調子に合わせるようになることがしばしばあり，彼らが機械と相互作用する場合，その場で対処する必要が出るかもしれない。

　オルは，コピー機をめぐる人びとの会話を観察することにより，テクノロジーの社会的な側面を見いだした。例えば，技術的問題の意味とコピー機がもたらすテクノロジーの適切な使い方について技術者と顧客がやり取りするのを観察

した。さらにオルは，技術者は同僚同士で仕事について話し合い，知識を共有し，問題処理と故障修理することで，有能な技術者としてのアイデンティティを構築していると指摘した。技術者同士の定期的な相互作用の結果，実践共同体が発展し，ゼロックス社内に下位文化が形成されたのである。したがって，オルの研究は，技術的な仕事とテクノロジーが社会的に構築され位置づけられる特質を強調するばかりでなく，テクノロジー，社会的構造，そして組織文化の概念がお互いに影響していることを主張している。

社会的に構築されたテクノロジーの性質は，ユーザーから隠されている可能性のあることを認識すべきである。オルが研究した対面協働の多くは，仕事場において行われたが，従業員は，自分のコミュニケーションのほとんどがコンピュータによって介されていると考えていた[8]。ゼロックス社の従業員すべては，イントラネットを介してつながっており，お互いのEメールはすべてコンピュータ・プログラムによって文書化された。しかし，仕事の改善と問題解決に関わる情報の共有と解釈の多くは，インフォーマルかつ自発的な直接対面の場で行われた。

オルの調査結果による指摘によれば，（新しいものにせよ古いものにせよ）テクノロジーの管理は，それ自体に関するものだけではなく，そのテクノロジーを使用する人びとによる相互作用と解釈についても行われる。加えて，彼らは自身のなす解釈やその帰結についてわからず，批判的ポストモダン・パースペクティブの探求対象となるような関心が生じたのである。

ポストモダニズムとテクノロジー

テクノロジーに対する批判的アプローチに興味を持つポストモダニストは，その源流を研究成果から判断して，シンボリック・パースペクティブを擁すドイツの哲学者で，存在論的現象学者であるマーティン・ハイデガー（Martin Heidegger）にまで遡った。ハイデガーによれば，テクノロジーの本質は，それが利用される方法（とりわけ，どのようにテクノロジーの可能性を引き出すか）と人間の有り様が形づけられる方法にある[9]。一方，『技術への問い（*The* question concerning technology)』においてハイデガーは，テクノロジーとテクノロジーの本質との関係について，批判的ポストモダン・パースペクティブと共鳴する挑発的な問いを投げかけた。官僚制は鉄の檻になるというウェーバーの警告とほぼ同じように，ハイデガーはテクノロジーに重大な危険が潜んでいると考えた。なぜなら，テクノロジーは魅力的ではあるが，その求めに従うことを認めると拘束されてしまうからである[10]。

　ハイデガーの後，ポストモダンの組織論者は，テクノロジーが組織の成員に規律を守らせてその行為をどのように支配（コントロール）するのか，また経営者が技術を支配する方法によってどのようにパワー（権力）を獲得するのか，ということについて研究した。ここで，注目すべきは，ポストモダン・パースペクティブに転じると，テクノロジー概念の使い方にわずかな変化がある点である。ポストモダニズムの言語論的転回は，管理側の支配の実践が支配の技術へと転化する点で明らかである。ポストモダンの批判者は，技術が役に立つ人間にどのように影響するかを明らかにするのである。

コントロール（支配）と表現の技術

　技術設計は，行動要求をじかに生産システムに組み込むため，経営者と設計者は彼らの課す技術によって，従業員をコントロールすることができる。技術を通じて従業員は訓練され，職務を遂行するための肉体的な要求に，ときには精神的かつ情緒的な要求に従わざるを得なくなる。

　より不安な点は，技術の誘惑的な性質である。このため，何が現実か，何がわれわれを錯覚させてしまうか，わからなくなってしまうかもしれない。例えば，大多数のポストモダニストは，テクノロジー（技術）を１つの明白な支配形式であると描くが，われわれを大量消費に溺れさせ，あるいは現代の生活様式に見られる他の側面に耽溺させる能力について述べる者もいる。日常においてどれだけ多くの人が，消費活動と他者とのコミュケーションを促すライフスタイルやアイデンティティを売り込まれ，皆と同じ行動を促すメディアやインターネットのイメージを浴びさせられているかを考えてほしい。このような状況から，「ブレードランナー」，「マイノリティ・リポート」と「マトリックス」

第5章　テクノロジー

といった映画で描かれたテクノロジーに囚われた生活の近未来的悪夢の事態に移行するのは，飛躍的な想像とはいえない。

『ポストモダンの条件（*The Postmodern Condition*）』においてリオタール（Lyotard）は，ポスト産業資本主義のテクノロジーが，いかに社会的価値を真実と正義から効率性と合理性へと変化させたかについて説明している。彼は，エネルギーの消耗を最小に，産出（アウトプット）を最大にする場合に達成される最大成果を得るための価値は，効率性に貢献した人，部門，あるいは機関の意思決定によって生み出されると主張した。しかし，誠実と公正といった特性は効率性と関係ないことが明らかなため，真実と正義の社会的価値が無視された。効率性のロジックは，効率性が合理性に役立つという制度的神話によって強化されることがよくある。一度このアイディアが根づくと，組織，テクノロジー，ないし人が効率的，合理的であると思われるほど獲得するパワー（権力）がより多くなるばかりか，効率性と合理性の観点からパワーを定義づけるシステムは，そのアイディアに縛られることが強くなる。

パワー（権力）が与えられる条件が明らかになると，コントロールの技術を考察するよりも表現の技術に関心を持つことになる。成功，名声，有名，その他パワーを表現する形が，それを得るにいたる道筋を明らかにするなら，これらの表現自体がパワーを操作し，コントロールするためのテクノロジーになる。イギリスの組織論者ロード・クームス（Rod Coombs），デイヴィッド・ナイツ（David Knights）とヒュー・ウィルモット（Hugh Willmott）が情報技術（IT）を経営者支配と同じと考えたのはこの意味においてであった[11]。

ITは，組織における思考と行動を方向づけ，また経営者の願望や期待に応じない従業員に規律を守らせる手段である，とクームス等は論じた。彼らの主張によれば，業績データは客観的に見えるが，実は，データの収集・報告に用いられる項目そのものがシステム内部で働く人に価値を押し付けるという事実を隠している。例えば，病院において1日当たりの患者数を報告するように強いられている場合，迅速な処理という価値が強化される代わりに，巧妙にケアの質という価値が犠牲にされる。自分の仕事を確保しつつ自尊心の維持を迫られる医師，看護師，そして病院管理者はまた，患者らに対して迅速な対応をし

なければならないというプレッシャーを感じる。

　批判的（クリティカル）論者の見解からすれば，従業員はこのシステム内で無力ではないと考えられる。つまり従業員は，サボタージュ（例：情報システムに誤ったデータを入力），無反応（例：システムからのフィードバックに対応することを拒否），または冗談（例：価値観の変更に対する心理的防御）を介して，経営者支配に抵抗することができる。しかし，批判的論者の観点で強調されるのは，最もモダンな技術論と経営側の利害との整合である。将来，価値のある知識のみがコンピュータによって分析と普及のための情報に変換されるというリオタールの予測は，後者の意味である。権力争いは起こるが，過去のように地政学的な領土の支配に対してではなく，情報のコントロール（支配）について起こるのである。

　リオタールは『ポストモダンの条件』において，社会の情報化によって市場システムと知識生産の全体主義的コントロール（支配）がもたらされるか，あるいはより強い正義がもたらされると結んでいる。彼は，より強力な正義が生まれる社会への道筋は，情報に自由にアクセスできる場合のみ開かれる，と警告している。つまりそれは，コンピュータ用のアプリが構築されるソースコードをオープンに利用することを求めたものだが，コンピュータ利用のオープン・ソース運動によって例証されるからでもある。この運動は，コンピュータ・ソフトウェア産業の再編から，リナックスのオペレーティング・システム，ウェブブラウザであるモジラのファイアフォックス（Mozilla Firefox,）とグーグルのクローム（Chromium）という特定のオープン・ソース・アプリケーションの創発まで，社会すべてのレベルでテクノロジーを変えるものである。

　今日，われわれは直接の接触が何もなくても，インターネットを介して行われるバーチャルな取引によって，何でもできてしまう。そうしたことでもたらされる将来の恐れとして，サイバー監視の広がり，つまり，すべての入力内容とアクセスしたウェブサイトが追跡可能で，また個人の識別コードとセキュリティ・コードを獲得してオンライン・アカウントに不正に侵入できるコンピュータ・プログラムの広がりが予想できる。しかし，ポストモダニストは，コンピュータ・テクノロジーが民主主義を推奨し，また経済的，環境的，政治的抵

抗をするための手段であると認識している。社会運動は，世界中の人びとを動員し，組織化するための情報を提供できるのである。

サイバー組織（Cyborganization）

　表現技術を用いれば，組織と行為が現実的でない場合にそれを実在のもとすることができる。シンボルとイメージは，幻影（simulacrum），例えば，三次元の仮想現実と他の知覚体験を伴うコンピュータ・ゲームによってなされるような幻影を作り出す力を持っている。それらは，ユーザーに実体験のような錯覚を起こさせるため，ユーザーが客観的実在とかけ離れた現実を創出することができる。「サイバー組織」のアイディアに魅力を感じるポストモダニストらは，テクノロジーに人間が従属するという未来学者の見解にまだ同意しているという現実からいささか距離をおいている。人間と機械の接点などは，「ロボコップ」と「ターミネーター」といったＳＦ映画で普及したサイボーグのアイディアによって力説された。

　サイボーグ[訳注]という用語は，宇宙における定型的なメンテナンス作業を宇宙飛行士にさせない方法を研究した宇宙科学者マンフレッド・クラインズ（Manfred Clynes）によって作られたが，組織論者が注目したのはサイボーグについて書いたアメリカのフェミニストであるダナ・ハラウェイ（Donna Haraway）の方であった。ハラウェイは，サイボーグ神話を用いて，ポストモダン的な意味合いから次のようなハイブリッド（複合体）を提案した。例えば，人間と機械が一体化したもの，自然物であって同時に人工物であるもの，心と身体の一体化したもの，男性性と女性性の併存。換言すれば，ポストモダン的に二分法を完全否定したのである。

　ハラウェイは，『猿と女とサイボーグ：自然の再発明（Simians, Cyborgs, and Women: The Reinvention of Nature）』という書物において，サイボーグを「いわば，解体と再結合された，ポストモダンの集団的自我と個人的自我」と定義した[12]。彼女は，技術的に強化された１つの生物に具現されることで，

訳注：機械と人体のハイブリッド

二元論は崩壊し,古い腐りかけの社会政治的な行き詰まりの再構成ができるようになると主張する。このように,ハラウェイはサイボーグ像を適用して,矛盾の包摂,境界の脱構築,また新たな接合の開始などを奨励するという代替的な現実の探求を行った。矛盾の包摂などそのすべては,ポストモダン・パースペクティブによってなされた肯定的な貢献といえるし,特にフェミニストのテクノ科学は,人類に対するハイテク文化の肯定的な含意を明らかにする役割もある。

イギリスの組織論者であるマーティン・パーカー (Martin Parker) とロバート・クーパー (Robert Cooper) によると,サイバネティックと組織の短縮形であるサイバー組織 (cyborganization) は,ハラウェイのサイボーグ神話を組織論に取り入れたものである。サイバネティックスは,人間と機械のコミュニケーションとそのコントロールに焦点を当てるシステム論の一分野であり,情報または行動のパターンを組織と同定する場合に,組織論に貢献する。サイバネティックスが組織論に貢献した重要な点は,組織を安定／不安定と秩序／無秩序といった二極化した力の結果として見なす点である。サイバネティックスは,二極性の複雑さを認めるだけではなく,人間と機械のハイブリッド,つまりサイボーグの観点でいえば,人間が機械とパートナーを組むときに起こるような共同体の考えを紹介しているのである。

クーパーは,ハラウェイのサイボーグ神話をアメリカの数学者ノーバート・ウィーナー (Norbert Weiner) によって提案されたに情報理論の発展と関連づけた。ウィーナー によると,「情報の一部は,あるコミュニティの一般情報に貢献するために,コミュニティの既存情報と実質的に何か異なることを表す必要がある」[13]。クーパーによれば,ウィーナーの洞察には,ポストモダンの組織がますますそうであるように,新規性と驚きに対してオープンであることによって情報システムが成長する,というインプリケーションがある[14]。

もし,サイバー組織を認識しようとするならば,組織を単にコアの生産プロセスとして見なすのではなく,あらゆる点で技術に囚われたものとして見なすべきである。ほとんどの組織は,コンピュータ,ビデオ機器,複写機,通信・移動機器,製造装置などによって構成されていることを考えてほしい。この意

味で，サイバー組織ではないような組織を今すぐに思いつくことができるだろうか？

アクター・ネットワーク論

　科学的知識を説明の産物，仮説の産物，実験の産物として見なすモダニストの見方は，アクター・ネットワーク論（ANT）によって覆された。すなわちANTでは，そうした見方の代わりに科学的知識を社会的構築と見なし，また科学者の仕事をデータの構築，テキストの作成および他の科学者と掛け合うことだと理解する。ANT論者のパースペクティブから得られる知識は，相互作用する多様な要素（機械，人，建物，概念，書類）を組織するアクター・ネットワークの産物である。この学問分野の見方は，とりわけミシェル・カロン（Michel Callon）とブルーノ・ラトゥール（Bruno Latour）が貢献しているものだが，科学的営為であるエスノグラフィック（民族誌学的）研究に基づいている[15]。

　ラトゥールとカロンは，その影響力ある研究において，アクターが決して単独で行動するのではなく，常に事物と組み合わせて行動していることを観察した。例えば，科学者はペトリ皿と望遠鏡を使い科学研究を進める。したがって，アクター・ネットワーク論者は，アクター（科学者）を他のアクタン（actants）のネットワーク内に配置する。アクタンとは，人間と非人間を含め，行動をするものと行動のベースとなるもの両方を指したものであり，フランスの言語意味の研究家であるアルジルダス・ジュリアン・グレマス（Algirdas Julien Greimas）によって提起された用語である。ANTにおいては，車の運転には車，道路，交通規制，免許証などが必要であるように，行為の遂行には相互作用するアクタンのネットワークが必要である。このアクター・ネットワークという用語は，科学の行為，テクノロジーの行為，そして組織の行為であろうと，あるいは他の社会要素の現象であろうと，行為するのは行為者単独のものでなくネットワークそのものであるという考えから由来している。

　ANTの基礎を築いた主たる研究において，ラトゥールは，カリフォルニア州にあるソーク生物学研究所で科学研究がどのように行われたかについてエ

スノグラフィック研究を2年間実施して過ごした。ラトゥールにいわせれば，科学がどのように行われるかに焦点を当てることによって，「真実が作られる多様な方法について説明しようとした」[16]のである。1979年にラトゥールはイギリスの社会学者スティーヴ・ウルガー（Steve Woolgar）との共著『実験室の生活（*Laboratory Life: The Social Construction of Scientific Facts*）』において，「ソーク研究」を提示し，そこで彼らが結論づけたのは，観測から判明するのは，通常認識されているよりもパワーとポリティクスが科学者のコミュニティの中で関わることが多いという点である。

　この本は，相当な論争を引き起こした。それは，科学的業績が「無数の代替的解釈の集まり」および「混乱をめぐる対立と交渉」によって社会的に構築されることを主張したからではなく，通常科学の実践者は，科学的研究が，社会科学から借りた定性的エスノグラフィでなく，客観的な科学的方法を用いて実施される科学をベースにした研究であることを期待しているからである。さらに，異論を唱える人もあるが，ANTは，主題を脱中心化するポストモダニズムの戦術を採用した。ANTは，社会，技術および組織を異種の要素との相互作用の結果として解釈しているため，ネットワークにおける人間は他の要素と同等の重要性しか持たない。

　ANTは2つの主要な仮定に依存している。第1に，社会的世界は物質的に異なる要素から成り立っている。換言すれば，建物，機械，アクターの肉体，書類，その他物的なもの，および語りなどのすべてが，ネットワークの意味形成，構築，維持を含む社会技術的規則のプロセスに関わっているということである。第2に，アクター・ネットワークにある要素は，他の要素と関連して初めて意味とアイデンティティを持ち，またそれらの関係性と独立したような固定的存在でもない。このアイディアは，ANTにおいて関係性の原理として知られているが，ポストモダニズムの言語論的存在論と一致する。ただし，ANTは（少なくともいくつかのネットワーク要素の中で）物質性により頼る点では違いもある。

　これらの仮定に基づいて，組織論者はANTを使い，人間と非人間的アクタン（技術的，物的，自然的，身体，思想，テキストなど）の関係性ネットワー

クとしての組織を研究した。人間アクターは，他の要素より重要なわけではないが，こまごまとした小さな部分から一貫性を持った組織を作るような翻訳者として行為する。ネットワークの対象物は流動的であり，またネットワークを構成する材料が特定の状況に適応する方法の多くは見えない[17]。

街路照明用の高圧水銀ランプの製造会社の例を見てみよう。水銀灯の需要が減少し高品質品に対する需要が高まると，メタルハライドランプ（metal halide lamps）の効率的な自然光が注目を集め，製造エンジニアとデザイン・エンジニアは，新しいタイプのランプを作るために会社既存の機械を改修せねばならないと確信した。新製品の製造と供給という要求に対し，ネットワークの要素が相互作用し，組織化と適応を図ろうとするにつれて，機械，部品，原材料の投入，作業手順，オペレーターの作業，問題解決の活動とその相互作用，品質基準などの物的な形状とデザインも変化する。

ANT は，テクノロジーの社会構築論（SCOT）とソーシャルネットワーク論といった関連する考え方と競合している。SCOT は，テクノロジーと人間が相互作用するが，分離した独立体であると主張しているのに対し，ANT パースペクティブでは，さらにラトゥールが述べたように，「社会とテクノロジーは存在論的に2つの独立体ではなく，同じ本質的な行為の局面というレベルに近い」[18]。ANT では，テクノロジーは（人間，仕事，人工物などの間の）関係性によって意味をなし，存在すると考えられている。したがって，テクノロジーはアクター・ネットワークの一部として研究し，管理すべきである。ANT は，要素自体よりネットワークにおける要素間の関係性に焦点を合わせるという点で，ソーシャルネットワーク論と似ているが，ANT 論者がエスノグラフィックな手法を前提とする解釈的認識論を仮定するという点では異なっている。その上，人間のアクターを脱中心化することでポストモダニズムの条件の1つが満たされている。

テクノロジー，社会構造，環境の結合

テクノロジーへの規範的アプローチの支持者は，ソーシャルメディアのよう

な新技術が組織のあるべきデザインと管理にどのように影響するかということを知りたがっている。新技術と社会構造との関係性を検討してきたモダニストの組織論者は，コンピュータ技術とコミュニケーション・ネットワークが古典的な組織デザインを時代遅れのものにしてきたと主張する。例えば，新技術は，物的な近接性，階層的なコントロール，および対面的な統合メカニズム（例えば，監督，リエゾン役割，共同チーム）の必要性を減らし，バーチャル組織と他の協同集団による仕事を可能にしている。

新技術はまた，データの利用可能性を高めるため，意思決定の分散を強化する。したがって，組織間のネットワークによる連結，スパン・オブ・コントロールの増加，および階層レベルの減少などを通じて統合が起こる。ソフトウェアのプログラムがエラーを修正し，また多くの情報がより簡単かつ迅速に交換される[19]。だが，社会構造，テクノロジー，環境間の関係性についての検討で求められるのは，それらの歴史的なパターンを理解することである。

この最後の節では，テクノロジーの役割についてのアイディア，および組織構造と環境との関係についてのアイディアが変化している歴史的意義をいくつか検討したい。そのためにまず，ウッドワードがどのようにテクノロジーを組織論に取り入れ，コンティンジェンシー理論の確立に役立ったかの話から始めよう。

技術的要請

ウッドワードの影響力を及ぼした研究は，どの組織構造が最も有効かを技術が決定するというアイディアを先導したものである。このアイディアに対する信念は，**技術的要請**（technological imperative）として知られるようになった。すなわち，テクノロジー（技術）の選択次第で好ましい組織構造が決定される，ということである。テクノロジーによってどのような組織構造が成功するかを予測できるので，それでコンティンジェンシー理論が定式化できると考えた人もいたが，その一方で組織論者は，ウッドワードの研究の追試と拡張を試み，技術的要請という考え方を否定する証拠を見いだした。

イギリスのアストン大学で勤務していたことからアストン・グループとして

知られた研究者たちは，テクノロジーが組織構造に与える影響は組織の規模に依存するという経験的証拠を提示した。すなわち，組織の規模が小さければ小さいほど，組織構造と業績の関係にとって技術の重要性が大きくなる[20]。アストン・グループの研究者の説明によれば，ウッドワードによって研究された比較的小規模の組織のように，組織がほとんどコア・テクノロジーだけで構成されている場合なら，テクノロジーは組織構造に重要な，おそらく決定的な影響を及ぼすのである。しかしながら，この関係は，組織がより複雑になるにつれて見られなくなる。

アストン研究を解するもう1つの方法は，組織構造は使われているすべての技術に関係するが，部門と労働者によっては組織のコア・テクノロジーでなく部門の技術と関連しているという捉え方である。小規模な組織において大半の従業員はコア・テクノロジーと直接関わっている。例えば，小さな溶接会社では，主に溶接に従事する人を雇うが，大規模な組織では，多くの従業員はコア・テクノロジーと直接関与しない技術に依存している。したがって，大規模組織における社会的構造の全体的特徴は，小規模組織の社会的構造の場合より，広範囲な技術に関する分化と統合の程度が高い。つまり，大規模な組織においては，さまざまな技術を有する部門を編成する複雑な社会的構造の一般的特徴と組織のコア・テクノロジーとの関係を特定するのは困難である。テクノロジーと組織構造は強い関係を持つが，小規模組織と比べて大規模な組織において，その関係は非常に複雑である。

技術的複雑性，不確実性およびルーティン性

ウッドワードは技術的複雑性によって技術を区別したが，この複雑性という変数は，中核をなす（インプットの）変換プロセスが機械を用いて行われる程度としての測定尺度である。ウッドワードがそこで気づいたのは，複雑性の尺度における両端の技術（個別処理技術と連続処理技術）は，有機的構造が最も有効だが，一方，中程度の技術（大バッチ，大量生産）は機械的構造によって優れた成果が生み出されるということである。

ウッドワードは，このパターンの説明を，異なる種類の技術に含まれる作業

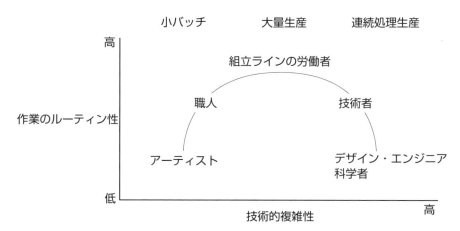

図 5.5 作業のルーティンと技術的複雑性との関係性

個別と連続処理技術において，作業のルーティン性が高い一方，大量生産技術では作業のルーティン性が高いとウッドワードが指摘した。したがって，作業のルーティン性と技術的複雑性とは逆U字関係を呈している。

のルーティン性(routineness of work)という概念を用いて行った。ウッドワードの指摘によると，個別処理技術と連続処理技術は，ルーティンである大量生産と結びつく作業に比して非ルーティンである作業を伴う。有機的構造は非ルーティン作業の方により向いているため，個別処理技術と連続処理技術は有機的構造に適している。他方，機械的構造がルーティン作業を促進しサポートするため，大量生産技術がより機械的構造に適していると想定された。

図5.5で示しているように逆U字カーブを描くと，それは，ウッドワードが発見した作業のルーティン性と技術的複雑性との関係を思い出すのに役立つだろう。1例として，雑誌やウェブサイトに使うロゴのデザインと洗練された作品の制作（個別ないし小バッチ技術では技術的複雑性が低いが，かなりの非ルーティン作業を必要とする）によってクライアントの注文に応えるグラフィックアート会社を考えてみてほしい。そしてこの組織を，原材料と製造プロセスが時間を通じてほとんど変化しないように標準化されている電気部品メーカーと比較してみよう（大量生産ないし大バッチ技術で技術的複雑性は中

程度だが)。さらに，人間によってなされる作業のほとんどが機械的な監視で構成されている原子力発電所(連続処理技術で技術的複雑性が高く，問題発生時の作業の非ルーティンさゆえにルーティン性も低い)と上記の2つのケースと比較してみよう。

グラフィックデザイン会社は，製造企業よりもクライアントのニーズに迅速に対応し，作業の実施方法に関しても柔軟であることが必要である。さらに，原子力発電所での作業の大半は非常にルーティン的であるとはいえ，機器が誤動作した場合，労働者が何事に対しても対応しなければならない。そのため原子力発電所は，高度に非ルーティン的な活動が突発的に必要になる際に労働者が対応できる柔軟な構造を保っている。

ペローは，ウッドワードとは異なる基準に基づいて技術を分類したが，2種類の技術としてルーティン型と非ルーティン型の技術を考えた際に，ルーティンの重要性に気づいた。ペローは，ルーティンの次元をタスクの可変性と分析可能性という2つのサブ次元に分割することによって，仕事のルーティン性についてのウッドワードの概念を洗練したが，それを軸にテクノロジー論を組織デザインへ応用する際の予測可能性と正確さを強化した。さらに，両者の理論的な関係を洗練させることで，既存研究に新たなコンティンジェンシー要因を追加して，モダンのパースペクティブに多くの発展を根づかせた。

例えば，ペローは，非ルーティン性に興味を持つことで，技術を組織における不確実性の決定要因としてそれに焦点を当てることになった。ペローによると，テクノロジーが不確実性に寄与するというのは，品質の変化や変換プロセスに対するインプットの利用可能性を通じてであり，あるいは変換プロセス自体が変化する性質を通じてである。不確実性が高いほど，必ずしも必要な活動を事前に把握できないため，組織の活動を支持するために構造をデザインすることも困難になる。

ペローとウッドワードのテクノロジーの影響に関する議論は，1枚のコインの表裏のようなものである。両者とも，仕事のルーティンと非ルーティンの観点からテクノロジーと社会構造の結びつきを説明している。初めてテクノロジーと組織の社会的構造との関係性を主張したのがウッドワードだったが，ペ

ローはそれより詳細な説明を求めた。トンプソンはペローと同様に，テクノロジーと社会的構造の結びつきについてより深い理解を探求したが，ペローとは対照的に，社会的構造の方に重点をおいた。

ここで，実証主義者が知識の蓄積を進めたことを見ることができる。つまり第1に，ウッドワードは組織構造と業績との関連を理解するのにテクノロジーの重要性を発見し，次にトンプソンは，製造組織以外にも理論を拡張するためにサービス技術を追加した。最後にペローは，分析レベルを部門とタスクに分けてテクノロジーを捉え，テクノロジーの種類による差異を詳述した。

タスクの相互依存と調整メカニズム

ルーティン作業の可変性を強調したウッドワードとペローに続き，トンプソンは，テクノロジーに関する作業プロセスが相互に関連すればするほど変化すると捉えた。彼は，タスクを達成する上で他者に依存するという問題を強調するために，この変数を**タスクの相互依存**（task interdependence）と呼んだ。トンプソンは，テクノロジーによって生み出されるタスクの相互依存を，設計できるさまざまな調整メカニズムに関連づけた。彼は，タスクの相互依存について関心を持ち，そこにさまざまな調整形態と彼独自の媒介型，長連結型，集中型という技術類型との結びつきを定式化したのである。

媒介型技術においては，部門間の実際の作業の流れに関する限り，多くの部署と担当者が互いにほぼ独立してタスクを行う。したがって，部門間または個人間で，直接的接触はほとんど必要ない。トンプソンは，組織のアウトプットが主に各部門の努力の総計であるという場合を説明するために，**共有的相互依存**（pooled task interdependence）という用語を用いた（図5.6）。

媒介型技術の代表的な例として銀行を取り上げよう。銀行は，借り手と預金者ないし投資家の間を媒介するが，相互にほぼ独立して業務を行う銀行支店毎に同時にその技術を使うことができる。また組立ラインにおける朝晩のシフト，フランチャイズ・レストラン，大学の各学部，または大規模小売店舗などは，組織部門の相互依存関係の例を提供している。つまり，それぞれの仕事がタスクの共有的相互依存関係によって表されるのである。

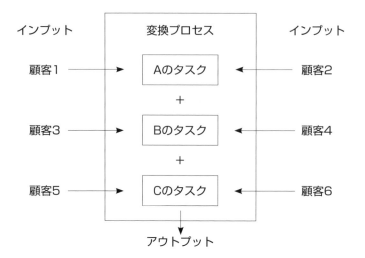

図 5.6 媒介型技術は共有的相互依存関係を生み出す

A，BとCの共同生産は組織のアウトプットをなすが，各事業所が他の事業所と独立して業務を遂行することに注意

　トンプソンによると，タスクの共有的相互依存関係にある組織体は，わずかだが調整が必要である。一貫性のある組織アイデンティティや部門を越えての一貫したサービスを確保するために必要な調整は，ほとんどの場合，ルーティン業務のための規則と標準的手順（rules and standard procedures）によって実施される。例えば，銀行口座開設，譲渡性預金ないし投資信託への投資，ローンとクレジット限度の申請とその承認，といったタスクのための規則や標準的手順は，銀行が支店の行動を統合するために十分な調整を生む。

　長連結型技術は，タスクの共有的相互依存と連続的相互依存の両方を伴う。例えば，いくつかの組立ラインでは，実質的に両方の相互依存それぞれに独立した方法で一度に作動できる。この点で，異なる組立ラインのアウトプットが組織全体のアウトプットに集約されるという意味で各ラインが共有的相互依存する。ただし，各ラインにはりつく作業者が前工程の他の作業に依存しているため，各ラインにおける相互依存はより複雑になっている。組立ラ

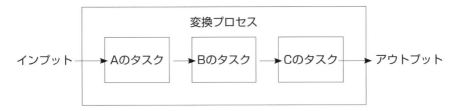

図5.7 連続的相互依存関係と関連する長連結型技術
この形態のテクノロジーはバランスがとれていない関係性を生み出す。なぜなら，Aが他のタスクとの相互依存は一番弱い一方，Cが一番強い。そして，BがAより強いが，Cより弱い。

インにおいては，前工程の作業者が自分のタスクを適切に実行しないと，後工程の作業者が苦しむことになる。この作業タスクは，固定した連続プロセスで（図5.7）で実行されるので，これは**連続的相互依存**（sequential task interdependence）と呼ばれる。

長連結型技術に見られるタスクの連続的相互依存は，共有的相互依存の場合と異なり**計画化とスケジュール化**（planning and scheduling）を必要とする。その例として，組立ラインを再び考えてみよう。組立ラインが正常に機能するためには，すべての作業タスクを設計し，作業者が一緒に仕事をできるよう指示し，スケジュールを組まなければならない。いかなることでもラインの中断は生産を妨害することになるため，タスクの慎重な計画と作業者を配置するスケジュールが不可欠である。もちろん，計画化とスケジュール化による調整の他に，時間通りに仕事に就く規則やラインで何か不都合が生じたときに従う手順もまたこの種のテクノロジーにおける調整の1つである。

集中型技術におけるタスクの範囲は，1人でするには広すぎるので，タスクを実行する際には作業者間の情報交換が必要である。トンプソンはこれをタスクの**互恵的相互依存**（reciprocal task interdependence）と述べている。例えば，レストランでは，厨房スタッフは注文をとるホールスタッフに依存するとともに，ホールスタッフは顧客に満足してもらうような食事の用意について厨房スタッフに依存するため，厨房とホールのスタッフは互恵的相互依存している。連続的相互依存と互恵的相互依存の主な違いは，長連結型技術は一方向の

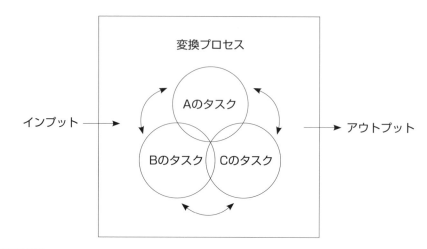

図 5.8 集中型技術は互恵的相互依存関係を生み出す
A，B と C は共有的相互依存の面を持つため，この形態のテクノロジーは，一番レベルが高い相互依存関係を生み出す。

作業の流れを必要とする一方，集中型技術は相互依存的な作業の流れを必要とするという点にある（図 5.8）。

　タスクの相互依存が互恵的であるため，集中型技術を利用する際に重要なタスクを調整するためには，関与する個人や部門の一部を相互調節（mutual adjustment）する必要がある。さらに集中型技術が直接かつ速やかな互恵的調整を伴う場合，相互調節はチームワークという形をとる。チームワークにおいて，変換プロセスへの労力投入は，作業チームのメンバーによって同等になされる。これは，互恵的相互依存関係でもより集中度の低い場合に見られる逐次的労力投入とは異なる。

　緊急処置室の外科手術の例を挙げてみよう。外科医は手術中に，麻酔科医，補助医師，そして看護師らと絶えず情報交換しなければならない。このように，集中型技術は，共同の意思決定，そして物的な共同配置ないし衛星回線やその他の即時的通信手段のような直接的コミュニケーション・チャネルを必要とする。

表5.2 タスク間の相互依存が強くなるにつれて，既に調整されている組織により高度な調整メカニズムが加えられる

タスクの相互依存	規則と手順	スケジュール化と計画	相互調節
共有的	×		
連続的	×	×	
互恵的	×	×	×

出所：Thompson（1967）を基に作成。

　また，集中型技術は，タスクの共有的相互依存と連続的相互依存を伴うことにも注意してほしい。相互調節，計画化，スケジュール化，規則および手順のすべては，専門家がサービスの必要となる時間と場所を決める能力に寄与する。例えば，緊急処置室の医師は，外科的処置の手順から当直時にポケベルを携帯することまで，従うべき勤務時間が決められ，規則も定められている。タスクの相互依存が共有的から連続的，互恵的な形態をとるにつれて調整が増加し，どのように組織に調整メカニズムが加えられるかに注目してほしい（表5.2）。共有的相互依存では規則と手順だけが必要となるが，連続的相互依存関係では規則・手順とスケジュール・計画を使う。一方，互恵的相互依存では以上のすべての調整形式を用いる他に，相互調節も不可欠である。

情報処理と新技術

　アメリカの組織論者ジェイ・ガルブレイス（Jay Galbraith）は，複雑性，不確実性および相互依存関係が，調整のために情報処理の必要性を組織に課すと述べた[21]。またガルブレイスは，組織構造を形成する**コミュニケーション（communication）**が必要であると主張した。彼は，技術的複雑性は構造的複雑性を引き起こし，不確実性は有機的構造を助長し，そして相互依存関係は調整の必要性を増やすと論じた。なぜなら，これらの要因は組織が処理するコミュニケーションの負荷を増加させるからである。だがコミュニケーションの負荷こそが，人びとの相互作用の仕方に直接影響し，組織の社会的構造に影響する

のである。

　ガルブレイスによると,テクノロジーと環境の社会的構造への影響は,コミュニケーションによって媒介される。ガルブレイスの理論とウッドワードの理論の類似性に注意してもらいたい。ウッドワードが構造と業績の関係における媒介要因としてテクノロジーを定義したように,ガルブレイスはテクノロジーと構造,そして環境と構造の関係を媒介するものとしてコミュニケーションを論じた。こうした区別と関係についての前向きな説明とその改善は,モダニズムの組織論者が新たなコンティンジェンシー理論を発展させるもう1つの方法といえる。

　ペローによる仕事のルーティン性尺度の精緻化,またテクノロジーに対する反応としての不確実性の追加,そしてガルブレイスによるコミュニケーションがテクノロジーと組織の社会的構造の関係を媒介するという主張は,すべてがコンティンジェンシー理論の発展につながった。しかし,コンティンジェンシー的な考え方の足枷は,シンボリズムが登場して解き放され始め,その1つの現れが,モダン・パースペクティブとシンボリック・パースペクティブの結合を試みたギデンズの構造化理論であり,テクノロジーに興味を持つ組織論者に大きな刺激を与えた。

テクノロジーと構造化理論

　多くの批判的ポストモダニストは,テクノロジーの物的特性によってわれわれは強制され,テクノロジーが提供する機械によってあらかじめ決められた形で行動すると思っている。例えば,コンピュータの物的特性によって,結局われわれは強制的にコンピュータの前に何時間も座ることになる。同様に,テクノロジーは労働者間の相互作用をプログラム化するので,テクノロジーに埋め込まれた社会的構造という概念が生み出された。SCOTやANTを用いているその他の研究者は,社会的構造とテクノロジーは労働者の相互作用から生まれると思っている。例えば,携帯電話ですでに相互接続された生活は,コンピュータ・テクノロジーにラップトップ,タブレット,スマートフォンのような形態を採用させ,協働とチームワークをよりバーチャル(仮想的)にする。

適応的構造化理論（adaptive structuration theory）はこれら双方向の視点を受け入れることで，実用テクノロジー（technology in use）の検討を提案した[22]。このアプローチを採用したアメリカの組織論者であるワンダ・オリコウスキ（Wanda Orlikowski）は，個人間でテクノロジーの使い方がかなり異なることを発見した。例えば，グラフィック・アーティストと会計士が異なるソフトウェアプログラムを使うし，また2本の指を使ってキーボード入力する人もいれば，10本の指を使う人もいる。オリコウスキの主張によれば，個々人の使い方が，客観的には同じ技術のように見えても違いを生む。人々は，異なる特徴を生かし，自分なりの技術とのつきあい方を開発し，技術によって伝達されたデータに基づいて意味形成する。したがって人間は，テクノロジーに意味と形を与えるが，同時にテクノロジーが実践を通じて人を作り上げる[23]。

　実用テクノロジーは，われわれが習慣を発展させ，それをシステムによるものだと考えるに従い，変化に抵抗するものになるかもしれない。だが，われわれがその採用した技術を修正し，または即興的に実践するにつれ，そのテクノロジーは変わる可能性もある。別の研究でオリコウスキが観察したのは，多国籍的コンサルタント会社で異なるグループが「ノーツ」というソフトウェアプログラムをどのように使ったかである。彼女はそこで，技術スタッフが広範にノーツを使い，うまく自分のニーズに合わせてカスタマイズしたことを発見した。異なるグループがノーツ技術をめぐって生み出したルーティンには，電子会議室，情報共有，集団での問題解決，すなわち共同的な技術の利用が挙げられる。とはいえ，ほとんどのコンサルタントはこのソフトウェアをあまり使わず，実用テクノロジーについてより限定的なバージョンを創造したにすぎない。これらのユーザーは，ノーツについて知識をほとんど持っておらず，自分の仕事に役立ち価値があるかどうかについて懐疑的であった。したがって，そのテクノロジーは技術面において両グループのユーザーにとって同じ物であったにもかかわらず，その使い方は，ユーザーの関心度に基づく文脈（コンテクスト），そして彼らが感じるテクノロジーに関する実践的，制度的，解釈的な限界に依存する文脈でそれぞれ異なった。

　実用テクノロジー論によると，構造は，テクノロジーの物理的特性と，われ

われがそのテクノロジーと相互作用しそれを構築する方法から生じる。オリコウスキが述べたように,「テクノロジーは,ある特定の社会的文脈の中で働いている行為者(アクター)によって物理的に構築され,付与されるさまざまな意味と強調される特徴を通じて社会的に構築される[24]」。これは,情報技術(IT)分野やグーグルおよびフェイスブックといったドットコム企業とソーシャルメディア企業の実践において見ることができる。そこでは,テクノロジーと社会的構造の関係が現れるのは人びとがテクノロジーを即興的に使うにつれてであり,他方,人びとはまた他者が使う技術を生み出すのである。これらの組織において,製品は必ずしも具体的な物でなく,データベース,ウェブサイトまたは情報処理のルーティンの可能性もある。構造化理論をこのように技術志向的に適用する際,生産方法は,人びとが自己目的でなく組織目的のためにテクノロジーを使うときに最終製品と混ぜ合わされるのである。

地球村(グローバル・ビレッジ):テクノロジーとグローバル化

無制限かつ不正なコントロール,あるいはプライバシーやセキュリティの侵害についての懸念から,実用テクノロジーによる悪いイメージが作られるが,テクノロジーはまた,自由と民主主義を支持することで,これらのマイナス効果を打ち消すため強力な影響を発揮するのである。ポストモダン論者は,テクノロジーによる解放の可能性に興味を持ち,テクノロジーが世界を変える力の理解とその強化に注目した。例えば,地球村を創世する新技術は,広い地理的・文化的距離観から人びとが隔離される場合でさえ,効力のある強力な社会的結束を通じて人びとを結びつけると見るものがいる[25]。

他方,新技術とソーシャルメディアの役割は,世界で起こっている社会的・文化的発展においてまだ十分に理解されていない,と考えている人もいる。このような捉え方の発展はまだ進行中であるとはいえ,新技術によって可能になったソーシャルメディアが,アラブの春の立て役者やオキュパイ運動[訳注]の

訳注:アメリカのウォール街の占拠で象徴された,経済格差の解消を求めた運動で全米各地や他国にも広がったもの

参加者によって次のように実践されている。集団行動を組織し,運動を起こし,集団的行動をとるのに役立ち,ときには世界中に広がり,他の志を同じくする人たちから社会的,技術的,財政的支援ばかりでなく,激励を得るにいたるまでである。環境の絶えざる変化の状況と動向に即した新技術の使用が,組織と組織化がとる形や形態に今後どのように影響するかについての議論は,この先も引き続き起こっていくのである。

第5章 テクノロジー

要 約

モダニストのパースペクティブによると，テクノロジーは概ね以下の点から定義されている：

- 対象物－製品，サービス，およびそれらの生産で使用される用具と装置。
- タスク活動とプロセス－生産の方法。
- 製品，サービスを生み出すための装置，用具，方法を開発し応用するために必要な知識。

組織論において，テクノロジーという用語は，組織のアウトプットに直接貢献する技術ばかりでなく，間接的に組織の機能（例えば，購買，販売，会計，内的コミュニケーション）を維持する技術を意味しており，また組織を環境に適応させるための技術（例えば，経済分析，市場調査，戦略的計画，外的コミュニケーション）などを意味する。組織論者は，混乱を避けるために，組織の製品やサービスを生み出す変換プロセスを意味する**コア・テクノロジー（core technology）**という用語を使っている。大規模な多角化した組織は，複数のコア・テクノロジーを持つので，あらゆる仕事形態において部門ないしタスクのレベルで定義できる技術を有している。したがって，技術についてのモダン・パースペクティブは，組織が依存する相互作用技術と相互依存技術の集合を説明している。

モダニストの理論では，テクノロジーのイメージは環境と関係なく，組織の境界内にあるものとしているが，モダニストのパースペクティブにおいては，この２つの観点が密接につながっている。まず第１に，テクノロジーを使うのに必要な知識はいつも組織の境界外で生み出されるため，基礎研究が内部で行われる場合を除いて，それが研究開発部門で使えるように，知識は外部から取り入れられる。第２に，用具や多くの生産工程は，ハードウェア，ソフトウェア，そして熟練や教育のある従業員を通じて組織に持ち込まれる。環境は，組織が存続のために依存する物的資源を提供するのと同じように，組織の技術的な構

成要素を提供する。テクノロジーとその他の資源は，環境の一部が組織化されるまで，すなわち資源と技術は，環境のニーズや需要を充足するためにアウトプットを提供する組織によって結合されるまで，多かれ少なかれ無原則に散らばっている。

　テクノロジーに関する違ったイメージがシンボリック・パースペクティブによって提示されている。主観主義者の存在論によれば，シンボリック相互作用と意味形成という社会的・文化的文脈においてテクノロジーがどのように構築され，使用されるかが研究の焦点である。エスノグラフィック研究に従事するものもいるが，テクノロジーの社会的構築（SCOT）を信じるものは，技術イノベーションを実現するのに社会的，文化的，経済的文脈がどのように資源と人間を連結するかについての理論を構築するために，歴史的分析をよく行う。双方の論者ともに，社会に属する社会的組織がテクノロジーの形とその産物にいかに影響するかについての見方を提供している。この場合，どのように社会がテクノロジーによって形成されるかという問題が次第に浮かび上がる。テクノロジーによって形成される社会というテーマは，テクノロジーについてのポストモダン理論において取り上げられ，経営システムをコントロールするための技術として批判したり，サイバー組織や地球村のようなアイディアを提示したりする理論がある。

重要用語

テクノロジー（Technology）:
　コア・テクノロジー（core technology）
サービス（services）
技術的複雑性（technical complexity）
個別と小バッチ生産（unit and small batch production）
大バッチあるいは大量生産（large batch or mass production）
連続処理（continuous processing）
長連結型技術（long-linked technology）
媒介型技術（mediating technology）
集中型技術（intensive technology）
タスク可変性（task variability）
タスク分析可能性（task analyzability）
ルーティン技術（routine technology）
クラフト技術（craft technology）
エンジニアリング技術（engineering technology）
ノン・ルーティン技術（non-routine technology）

新（コンピュータ基盤）技術（new (computer-based) technologies）：
  確率的（stochastic）
  継続的（continuous）
  抽象的（abstract）
信頼性（reliability）
正常な事故（normal accidents）
複雑性とタイト・カップリング（complexity and tight-coupling）
テクノロジーの社会的構築（SCOT）（social construction of technology）
コントロールと表現の技術（technologies of control and representation）
サイバー組織（cyborganization）
アクター・ネットワーク論（ANT）（actor network theory）
技術的要請（technological imperative）
仕事のルーティン性（routineness of work）
タスクの相互依存（task interdependence）：
  共有的（pooled）
  連続的（sequential）
  互恵的（reciproca）
調整メカニズム（coordination mechanisms）：
  規則と標準的手順（rules and standard procedures）
  計画化とスケジュール化（planning and scheduling）
  相互調節（mutual adjustment）
コミュニケーション（communication）
適応的構造化理論（adaptive structuration theory）
実用テクノロジー（theory in use）

注

1. 日産のシフトキャンペーンと企業アイデンティティの関係については以下をさらに参照のこと。http://www.nissan-global.com/EN/COMPANY/SHIFT_/index.html (accessed February 18, 2012).
2. Thompson (1967).
3. Perrow (1967, 1986).
4. Weick (1990).
5. Perrow (2011).
6. Bijker, Hughes, and Pinch (1987); Bijker and Law (1992).
7. Orr (1996).
8. Mangrum, Fairley, and Weider (2001).
9. Heidegger (1993: 341).
10. 脅威となるテクノロジーが押し寄せても，ハイデガーは，危険に近づけば近づくほど，最悪を避けることができる決定的な疑問を呈することになると考えた。さらに，その効果を問うことによって，技術の足かせを避けるばかりでなく新しい地平線が開かれる。
11. Combs, Knights, and Willmott (1992).
12. Haraway (1991: 163).
13. Weiner (1954), Parker and Cooper (1998. 214) に引用。
14. Cooper and Law (1995: 268), Parker and Cooper (1998: 219-20) に引用。

15. Collon (1986); Latour (2005); さらに Law (1992) を参照のこと。
16. Latour and Woolgar (1979: 36).
17. deLaet and Mol (2000); Law and Singleton (2003).
18. Latour (1991: 129).
19. Huber (1990); Lucas and Baroudi (1994).
20. Pugh et al. (1963).
21. Galbraith (1973).
22. DeSanctis and Poole (1994); Griffiths (1999).
23. Orlikowski (2000).
24. Orlikowski (1992: 406).
25. McLuhan and Powers (1989).

参考文献

Bijker, Wiebe E. and Law, John (1992) (eds.) *Shaping Technology/Building Society: Studies in Sociotechnical Change*. Cambridge, MA: MIT Press.

—— Hughes, Thomas P. and Pinch, Trevor (1987) (eds.) *The Social Construction of Technological Systems: New Directions in the Sociology and History of Technology*. Cambridge, MA: MIT Press.

Collon, Michel (1986) The sociology of an actornetwork: The case of the electric vehicle. In M. Collon, J. Law, and A. Rip (eds.), *Mapping the Dynamics of Science and Technology*, Houndmills: Macmillan, 19-34.

Coombs, Rod, Knights, David, and Willmott, Hugh (1992) Culture control and competition: Towards a conceptual framework for the study of information technology in organizations. *Organization Studies*, 13: 51-72.

Cooper, R. and Law, J. (1995) Organization: Distal and proximal views. *Research in the Sociology of Organizations*, 13: 237-74.

de Laet, M. and Mol, A. (2000) The Zimbabwe bush pump: Mechanics of a fluid technology. *Social Studies of Science*, 30: 225-63.

DeSanctis, G. and Poole, M. (1994) Capturing the complexity in advanced technology use: Adaptive structuration theory. *Organization Science*, 5: 121-47.

Galbraith, Jay (1973) *Designing Complex Organizations*. Reading, MA: Addison-Wesley.（梅田祐良訳『横断組織の設計：マトリックス組織の調整機能と効果的運用』ダイヤモンド社，1980。）

Griffiths, T. L. (1999) Technology features as triggers for sensemaking. *Academy of Management Review*, 24/3: 472-88.

Haraway, D. J. (1991) *Simians, Cyborgs and Women: The Reinvention of Nature*. New York: Routledge.（高橋さきの訳『猿と女とサイボーグ—自然の再発明』青土社，2000。）

Heidegger, M. (1993) The question concerning technology. In D. F. Krell (ed.), *Martin Heidegger: Basic Writings* from *Being and Time* (1927) *to the Task of Thinking* (1964), London: Routledge, Kegan and Paul, 307-41.（関口浩訳『技術への問い』平凡社, 2009。）

Huber, G. (1990) A theory of the effects of advanced information technologies on organizational design, intelligence, and decision making. *Academy of Management Review*, 15/1: 47-71.

Latour, Bruno (1991) Technology is society made durable. In John Law (ed.) *A Sociology of Monsters: Essays on Power, Technology and Domination*, London: Routledge, 103-31.

—— (2005) *Reassembling the Social: An Introduction to Actor-Network Theory*. Oxford: Oxford University Press.

—— and Woolgar, Steven (1979) *Laboratory Life: The Social Construction of Scientific Facts*. Beverley Hills, CA: Sage.

Law, John (1992) Notes on the theory of the actor network: Ordering, strategy and heterogeneity. *Systems Practice*, 5: 379-93.

—— and Singleton, Vicky (2003) Object lessons. Centre for Science Studies, Lancaster University. http://www.lancs.ac.uk/fss/sociology/papers/law-singletonobject-lessons.pdf (accessed July 12, 2005).

Lucas, H. C. and Baroudi, J. (1994) The role of information technology in organizational design. *Journal of Management Information Systems*, 10/4: 924.

Lyotard, Jean-Franrçois (1979) *The Postmodern Condition: A Report on Knowledge*. Minneapolis: University of Minnesota Press.（小林康夫訳『ポスト・モダンの条件：知・社会・言語ゲーム』水声社, 1989。）

Mangrum, S.. Fairley. D., and Weider, L. (2001) Informal problem solving in the technology-mediated workplace. *Journal of Business Communication*, 38/3: 315-36.

McLuhan, M. and Powers, B. R. (1989) *The Global Village: Transformations in World Life and Media in the Twentyfirst Century*. New York: Oxford University Press.（浅見克彦訳『グローバル・ヴィレッジ―21世紀の生とメディアの転換』青弓社, 2003。）

Orlikowski, W. J. (1992) The duality of technology: Rethinking the concept of technology in organizations. *Organization Science*, 3: 398-427.

—— (2000) Using technology and constituting structures: A practice lens for studying technology in organization. *Organization Science*, 11/4: 404-28.

Orr, J. E. (1996) *Talking about Machines: An Ethnography of a Modern Job*. Ithaca, NY: Cornell University Press.

Parker, Martin and Cooper, Robert (1998) Cyborganization: Cinema as nervous system. In J. Hassard and R. Holliday (eds.), *Organization Representation: Work and Organizations in Popular Culture*. London: Sage, 201-28.

Perrow, Charles (1967) A framework for comparative organizational analysis. American *Sociological Review*, 32/2: 194-208.

—— (1984) *Normal Accidents: Living with High-risk Technologies*. New York: Basic Books.

—— (1986) *Complex Organizations: A Critical Essay* (3rd edn.). New York:

Random House.（佐藤慶幸監訳『現代組織論批判』早稲田大学出版部，1978。）
—— (2011) *The Next Catastrophe: Reducing Our Vulnerabilities to Natural, Industrial and Terrorist Disasters*. Princeton, NJ: Princeton University Press (hard cover edition published in 2007).
Pugh, D. S., Hickson, D.J., Hinings, C.R., MacDonald, K. M., Turner, C., and Lupton, T. (1963) A conceptual scheme for organizational analysis. *Administrative Science Quarterly*, 8: 289-315.
Thompson, James (1967) *Organizations in Action*. New York: McGraw-Hill.（大月博司・廣田俊郎訳『行為する組織：組織と管理の理論についての社会科学的基盤』同文舘出版，2012。）
Weick, Karl E. (1990) Technology as equivoque: Sensemaking in new technologies. In Paul S. Goodman, Lee S. Sproull, and Associates (eds.), *Technology and Organizations*. San Francisco, CA: Jossey-Bass, 1-44.
Woodward, Joan (1958) *Management and Technology*. London: Her Majesty's Stationery Office.
—— (1965) *Industrial Organization: Theory and Practice*. London: Oxford University Press.（矢島鈞次・中村壽雄訳『新しい企業組織：原点回帰の経営学』日本能率協会，1970）
Zuboff, S. (1988) *In the Age of the Smart Machine: The Future of Work and Power*. New York: Basic Books.

さらに理解を深める文献

Coyne, R. (1995) *Designing Information Technology in the Postmodern Age*. Cambridge, MA: MIT Press.
Haraway, D. J. (1997) *Modest-Witness@Second-Millennium.FemaleMan-Meets-Oncomouse: Feminism and Technoscience*. New York and London: Routledge.
Latour, B. (1987) *Science in Action*. Cambridge, MA: Harvard University Press.
law, J. (1991) (ed.) *A Sociology of Monsters: Essays on Power, Technology and Domination*. London: Routledge.
Law, J. and Hassard, J. (1999) *Actor Network Theory and After*. Oxford: Blackwell.
MacKenzie, D. and Wajcman, J. (1985) (eds.) *The Social Shaping of Technology*. Milton Keynes: Open University Press.
Pinch, T. J. and Trocco, Frank (2002) *Analog Days: The Invention and Impact of the Moog Synthesizer*. Cambridge, MA: Harvard University Press.
Scott, W. Richard (1990) Technology and structure: An organizational-level perspective. In Paul S. Goodman, Lee S. Sproull, and Associates (eds.), *Technology and Organizations*. San Francisco: Jossey-Bass, 109-43.
Zeleny, Milan (1990) High technology management. In H. Noori and R. E. Radford (eds.),*Readings and Cases in the Management of New Technology: An Operations Perspective*. Englewood Cliffs, NJ: Prentice-Hall, 14-22.

Organizational culture

第 6 章

組織文化

　イギリスの社会学者クリス・ジェンクス（Chris Jenks）によれば，文化の元々の概念は，穀物の栽培を意味していたが，19世紀のある時期に社会科学者たちがこのアイディアを人間の育成を含むものにまで拡大した[1]。その後の流れの中で，人類学者と社会学者が文化研究に多大な貢献をした。彼らの研究は，モダン・パースペクティブの幅を広げただけでなく組織論にシンボリック・パースペクティブを持ち込んだのである。

　1871年にイギリスの社会人類学者E.B.タイラー（E. B. Tylor）は，最初にしてかつ最も影響力のある文化定義の1つを提示した。すなわち，文化とは「知識，確信，芸術，道徳，法，慣習，そして社会のメンバーとして人が身につけたその他のいかなる能力や習慣からなる複雑な全体である。[2]」その当時，人類学者の関心は，人類と他の動物種との違いをいかに説明するかに向けられていたが，文化がその最初の答えとしての役割を果たしたのである。チャールズ・ダーウィン（Charles Darwin）の非常に有名な進化論に魅了されて，彼らは次のように論じた。もし人類が何らかの進化過程に沿って発展してきたとすれば，つまりダーウィンが人間以外の動物で示したように，人類文化の進化を研究することによって人類という種に関する新たな発見があるはずである。

　人類文化は進化過程に沿って進化するというアイディアは，遠く離れた地へ旅し，現代文明に接触したことのない人びとと遭遇した人たちからの報告によって支持された。このような「原始」文化を研究することから人類進化についての洞察が得られると信じていたのである。人類学者たちは現地のさまざま

な部族の人たちを研究するため長期にわたる旅に出かけ,彼らの言語を話せるよう勉強し,彼らの日々の生活を記録したが,それは先進文化の進化の初期段階がどうであったかを学べると思ってのことだった。

人類学研究の成果が何十年にもわたって積み重ねられてくるにつれて,いわゆる原始文化が先進文化に劣っているというアイディアは,だんだん主張できない状況になってきた。植民地に人類学者を同行していた植民地支配主義が,社会科学内に植民地支配主義批判を経て批判的ポストモダニズムへと向かう最初の動きの1つを引き起こした。ただしポストモダニズムが人類学を攻撃するよりもだいぶ前に,諸文化間に違いがあったことで文化の定義に重要な洗練がもたらされていた—文化研究は諸文化研究になっていた,つまり1つの文化ではなくたくさんの文化の研究になっていたのである。

すべての人類が共有する類似性に向けられていた焦点が,それぞれの文化の違いに移ったことでアメリカの文化人類学者メルヴィル・ハースコヴィッツ(Melville Herskowitz)は,タイラーの最初の文化定義を1948年に次のように書き換えるにいたった。文化とは,「確信,行動,知識,道徳的拘束力,価値観および目的の総体であり,そこの人びとの生活様式を作り上げるもの[3]」である。文化を「そこの人びとの生活様式」として概念化したことにより,組織文化を組織内の生活様式として規定することへの扉が開かれたのである。

本章は,組織文化の定義および分析レベル,下位文化のサイロ,文化強度といった論点から議論を始めることにする。そして組織文化が組織論のシンボリック・パースペクティブとモダン・パースペクティブの中にほとんど同時期にしかもまったく異なった方法でどのように入り込んでいったのかを歴史的にたどることになる。どのようにすれば文化を管理することができるかを説こうとしている非常に規範的なモダニストの理論とシンボリズムや文化変化を理解しようとするシンボリックの取り組みとの間の緊張状態が,ポストモダンからの文化概念に対する批判および理論と理論化の持つ危険性に対する非難を激しくさせた。

定義：文化，下位文化，サイロ，文化強度

　最も広く用いられている組織文化の定義が表6.1に示されている。これを見ればどの定義もすべて，集団メンバーが共通して持っている何かについて言及していることがわかる。つまり共有された意味，確信，前提，理解，規範，価値観，知識の組み合わせとしてさまざまな形で述べられている。

　組織文化のほとんどの定義で引用されている共有という概念は，文化メンバー間で了解や合意が広くいきわたっていることをいっているが，身近で考えてみれば自分の共有体験から違いを残しておくことが重要だということがわかるはずである。食事を家族や友達と一緒にすることを考えてみてほしい。この場合，同じキッチンで同じ食材と同じ調理器具を使って食事の準備をするが，それでも出された料理の異なる部分を食べることになるし，味わい方も異なるはずである。

　文化は，ある事柄に対する類似性と意見の一致を斟酌するものであるが，相違に依存するものでもある。文化は，全体のアイデンティティを損なわない範囲で相違を受け入れる必要がある。言い換えると，文化は，共有された所属の枠組みの中に多様な人間を抱えおり，その枠組みをたくさんの文物やシンボルによって表現しているが，彼らすべてが同意しているのは重要ないくつかにすぎない[4]。さらにシンボルが広く共有されている場合でさえ，それが伝えている意味は多様で相反する場合がほとんどである。

　この意味において，文化は分散現象と見なせるかもしれない。文化は，それを構成していて，価値観，確信，意味，期待，等々を持った人びとの間に分散していく。すると今度は，集団メンバーたちが相互作用するにつれて自己と他を区別する属性と考えられる価値観や意味が，文化を構築するとともに集団のアイデンティティを形成し維持するのに必要な首尾一貫性を創造するのである。

　表6.1に示されている定義は，どれも等しく組織文化および組織の下位文化に当てはまるものである。アメリカの民族誌学者ジョン・ヴァン・マーネン（John Van Maanen）とステファン・バーリイ（Stephen Barley）によれば，

表6.1 組織文化の代表的定義

Jaques (1952：251)	「工場の文化とは，その工場の持つ慣習的・伝統的思考様式であり行動様式である。その様式は多かれ少なかれすべてのメンバーによって共有されており，新入メンバーがその企業内の部門に受け入れてもらうためにはそれを学習し少なくともその一部は受け入れなければならない。」
Pettigrew (1979：574)	「文化とは，特定の時期，特定の集団内で，公然とそして集団的に受け入れられた意味の体系である。この用語，形態，分類，イメージの体系は，人々に自分自身の置かれた状況を教えてくれる。」
Louis (1983：39)	「組織（とは），文化をまとった環境である。すなわち，（組織とは）組織的行為について共通理解を有し（例えば，この特定集団の中で我々は何を一緒にするのか，この集団メンバー間での適切な行動様式は何か），そして共通理解を示すための言語や他のシンボリックな手段について共通理解を有した，他とは異なる社会的単位である。」
Schein (1985：6)	「基本前提のパターンであり，この基本前提は，特定集団が，外部適応の問題と内部統合の問題に対処していく過程で学習し，創出し，発見し，あるいは開発したものである。これらの基本前提は，十分説明力があると考えられたのでうまく機能し，それ故，新メンバーにこれらの問題の関連において知覚し，考え，感じるための正しい方法として教えられるものである。」
Van Maanen (1988：3)	「文化とは，特定集団のメンバーが多かれ少なかれ共有するよう教えられた知識のことである。つまりその文化メンバーに，ルーティンな活動とあまりルーティンでない活動を，知らせ，埋め込み，形成し，説明してくれる類の知識のことである。……文化は，そのメンバーの行動や言葉を通じてのみ表出する（あるいは形成される）ものであり，それを解釈するには，与えられるものではなく，現場に入って調査するしかないものである。……文化はそれ自体見えるものではなく，それが描き出されたものを通せば見えるようにできるものである。」
Trice and Beyer (1993：2)	「文化とは，共通する現象のことである。すなわち人間が生きている限り逃れられない不確実な状況や混沌とした状況に対する人々の反応に具体的に表れてくる現象のことである。この反応は大きく2つに分類される。1つ目は，文化の内容である－イデオロギーと呼ばれるもので，共有され，情動的に変更させられた確信の体系である。2つ目は，文化の形態である－観察できる実態であり，そこには活動も含まれており，それを通じて文化のメンバーは相互に自らの文化の内容を表現し，表明し，伝え合うものである。」

下位文化（subculture）とは組織メンバーの部分集合であり，この部分集合は類似性か親密性のどちらかの基準によって組織内で自分たちを他集団とは異なるものとして認識する[5]。類似性に基づく下位文化は，専門分野，性，人種，民族，職業，地域，国籍のアイデンティティを共有していることから生じる。親密性に基づく下位文化は，従業員の相互作用が頻繁な場合に発生する。工場やオフィス・ビルの同じ区画を使っているとか，同じ売店，コピー機，ウォーター・クーラーを使っているといった場所や設備を共用している場合には，交流機会が増えるからである。

　アメリカの組織研究者カレン・シール（Caren Siehl）とジョアン・マーティン（Joanne Martin）が示した下位文化のもう一つの見方は，下位文化同士の関係から明らかにするというものである[6]。ほとんどの組織においてその権力分配法が原因で，トップマネジメントが一般に支配的下位文化を創造する。多くの人がこれを**企業文化**（corporate culture）と呼ぶのだが，より正確には下位文化としての企業文化と呼んだ方がよいものである。シールとマーティンは，企業文化と他の下位文化の間で起こり得る関係を識別した。すなわち，下位文化が企業文化の持つ価値観，確信，規範，期待を積極的に支持する場合の**強化**（enhancing），下位文化が支配的下位文化の影響からの独立を維持しつつも衝突していない場合の**交叉**（orthogonal），下位文化が支配的下位文化の価値観，確信，規範，期待に積極的かつ公然と挑戦する場合の**反体制文化**（counter-culture）である。

　シールとマーティンは，反体制文化の例としてジョン・デロリアン（John De Lorean）を挙げている。デロリアンは1960年代にゼネラル・モータースの事業部長になったが，会社内の規則に縛られるのを拒否していた。それでも彼は黙認されていたが，それは彼が利益をもたらしていたことと GM の保守的な車のデザインに鋭さを持ち込んだからだった。デロリアンは，GM の他の役員たちから大きな賞賛を受け，独立して自分の会社を立ち上げるために GM を退社する直前には，乗用車およびトラック事業部すべてを担当する副社長にまで昇進し，次期 CEO の有力候補と目されていた。反体制文化とそのリーダーたちは，彼らが挑戦している組織文化において重要でときには創造的な役割を

果たしている。このことが，彼らが組織内で，少なくとも一定期間は大目に見られる理由である。

　下位文化はそれ自体では，良くも悪くもない。組織にとっての下位文化の価値は，それが発揮する影響力次第である。デロリアンの反体制文化は，GMが大いに必要としていた創造性をもたらした。しかし下位文化は，調和を徐々に害していくこともあるし，組織部門間のコミュニケーションを滞らせることもある。これは**サイロ**（silos）とメタファー的に名づけられた問題で，この用語は農業からの借用であり，農業の世界では収穫した穀物を保存するための背の高い円筒形の独立型貯蔵施設のことをサイロということに由来する。組織に応用する場合，このメタファーは，その独立性ゆえに他の下位文化と協調することが困難または不可能であり，無意味なコンフリクトを生む可能性がある，強い下位文化を指す。

　強い文化（strong culture）の概念は，組織のサイロ問題を説明するのに役立つ。アメリカの研究者ジェニファー・チャットマン（Jennifer Chatman）とサンドラ・チャー（Sandra Cha）は，強い文化を2つの変数で定義した。すなわち，何に価値を置くかについての合意と，その文化が有している価値に対する熱烈度である。強い文化とは，高い合意と高い熱烈度が結びついた産物である[7]。この概念を下位文化に応用すると次のことがいえる。熱烈度と合意度が高い場合，強い下位文化ができる。しかし下位文化のこの強さが，コミュニケーション不足と調和の欠如につながり，全体の組織文化を徐々に蝕むことになる。言い換えると，サイロを持つことになる。

組織論における組織文化の歴史

　1952年に『変化する工場文化（*The Changing Culture of Factory*）』を出版したことによって，イギリスの社会学者エリオット・ジャックス（Elliott Jaques）は，組織文化を語った最初の組織論者となった。ジャックスは，それまでは組織構造に焦点が向けられていたために，組織生活の人間的・情緒的要素に研究者の目が向けられなかったと指摘し，組織論に文化概念を持ち込むこ

とを正当化した。彼の研究に刺激を受けた組織論者には次のような人たちがいる。イギリスのバリー・ターナー (Barry Turner) とアンドリュー・ペティグリー (Andrew Pettigrew), すぐに彼らの後を追った人たちにイタリアのパスカーレ・ガリアルディ (Pasquale Gagliardi), カナダのガレス・モーガン (Gareth Morgan) とピーター・フロスト (Peter Frost), さらにアメリカのルー・ポンディー (Lou Pondy) とリンダ・スミチッチ (Linda Smircich), 等がいる。これらの研究者たちが同時期に組織生活の中でシンボリズムが果たす役割に焦点を向け, 組織文化研究を必要とする事例を作り上げた。そうすることによって, 組織論界に下位文化を形成し始めたのである。

最初のうちは, 主流派のモダンの組織論者で組織シンボリズムに注意を向ける者は誰一人としていなかった。その後, 1970年代後半から1980年代初頭にかけてアメリカで企業文化関連の本がベストセラー・リストに載った。ウィリアム・オオウチ (William Ouchi) の『セオリー Z (Theory Z)』やテレンス・ディール (Terrence Deal) とアラン・ケネディ (Allan Kennedy) の『シンボリック・マネジャー：組織生活の儀式と礼式 (Corporate Cultures: The Rites and Rituals of Corporate Life)』である。さらにトム・ピータース (Tom Peters) とロバート・ウォーターマン (Robert Waterman) の『エクセレント・カンパニー (In Search of Excellence, the most successful of the lot)』は, 最も売れた本で, 発売から数ヵ月間『ニューヨーク・タイムス』のベストセラー・リストのトップにあり, その後テレビ・シリーズ化までされた。

組織業績が優れている理由として文化を挙げている本が一般人の関心を引いたことで, 学者たちの多くが困惑するとともに魅了されてしまった。それまでは, どんな概念にせよ多くの一般人の関心を引いたことが一度もなかったからである。組織文化に関心を持った学者たちは, これらの本を読み勉強した。彼らは, それに加えてより学問的であると同時に影響力もあったエドガー・シャイン (Edgar Schein) の『組織文化とリーダーシップ (Organizational Culture and Leadership)』も読んでいたが, この本もほぼ同時期に出版されていた[8]。

組織文化に関する初期の研究の多くは, 規範的な方向性を持っていた。文化

とは，管理されるべきものとして扱われていた。すなわち，組織の効率と競争力を向上させるための道具ということである。例えば，ピータースとウォーターマンは，強い文化が卓越性を生み出すというアイディアを提唱した。その一方オオウチは，文化を，市場メカニズムと官僚制の双方に代わって組織をコントロールするための望ましい道具であるとした[9]。そのような中，シンボリック・パースペクティブをとっている組織文化研究者から，経営目的達成のために組織文化を容易に操作できるという考え方に疑問の声が上がり始めた。

1970年代末から1980年代初頭にかけて組織シンボリズムに関するいくつかの小規模な会議がヨーロッパとアメリカで何回か開かれた。会合に好奇心を掻き立てられ集まった学者たちは，組織論および社会学に始まり人類学，精神分析学，民俗学の領域にまで及んだ。これらの会合では，創造的で遊び心のあるシンボルに満ちた儀式がよく行われた。これらの儀式は自分たちの関心現象をまさに会合中に再現したものであった。会合中にすぐに展開があり，多くの新入会員を取り込むことができた。主要学会でジャーナルの特集として組織文化を取り上げるところが現れ，できたばかりの組織シンボリズム協議会（SCOS）が，ヨーロッパで権威ある学会の1つでありSCOSの親組織でもあったヨーロッパ組織研究学会（EGOS）の存在を霞ませてしまった。アメリカでは，アメリカ経営学会（AOM）が組織文化に関するセッションを短期間に何度も開催した。

多くの組織文化研究者たちは，定性的研究方法を好んで用いていたが，それは説明よりも描写したかったからである。また文化は，シンボリズム理解に関わる微妙な意味の違いを取り込んでいた学術用語では明らかにしにくかった。そこで民族誌学が最も一般的な方法として用いられるようになった―これは参与観察と型にはまらないインタビューを徹底的に行うことを組み合わせたものである。シンボリックの研究者は，文化人類学と解釈主義的社会学における民族誌学の評判によって懐疑論者が求める厳密さに対する要求を満たしてくれることを望んだが，大多数のモダニストは納得せず，人文主義者の社会科学に起源を持つ民族誌学に懐疑的であった。戦線が開かれ，論争が始まった。論争が繰り広げられたのは，主に組織調査を行う際の定性的方法の妥当性に関してであった[10]。

論争のほとんどは公の学会の場で行われたが，学会誌の査読プロセスや大学の教授会での終身在職権授与に関する議論の中でも問題となった。学会発表や学会誌への論文投稿を通して，シンボリック・パースペクティブの研究者はなんとか支持基盤を固めていったが，それは彼らが組織論内に強力な反体制文化を築き上げたからである。

シンボリック・パースペクティブが確立したのは，組織文化研究に依るところが大きい。しかしながら，このことは，モダニストが彼らの組織文化に対する主張の負けを認めたということではない。それどころか，組織文化理論の中で最も初期から長い間生き延びている理論の中には，今でも支配的なモダン・パースペクティブに根ざすものがある。

組織文化論におけるモダニストのパースペクティブ

オランダの組織論者ヘルート・ホフステード（Geert Hofstede）は，組織文化に対する国の影響を探求した。その方法は，まずIBM社の海外子会社間の違いを調べるというものであった。世界中の諸文化の違いの大きさを明らかにするという非常に影響力のある彼の研究は，同時期に研究を行っていたアメリカの社会心理学者エドガー・シャインによって補完された。この2人の研究者たちはモダン・パースペクティブに軽く切り込んでいる側面はあるが，ホフステードは文化的差異を定量的に測定し研究するというモダニストの野望に忠実な一面を残している一方，シャイン理論は別の見方を取り入れ確かにシンボリックの組織文化研究者の何人かが刺激を受けている。その間も組織文化の変数を明確にし，測定するための努力は続けられ，人気のあった組織文化質問票（OCI）という形になって現れた。

国の文化が組織に及ぼす影響

組織文化と環境は，双方向の関係にある。つまり組織文化は環境の中にあり，そこからメンバーを獲得している。組織に参加する従業員は，家族，学校，地域社会，宗教といった文化制度によってすでにある程度社会化されている。そ

して彼らの価値観やアイデンティティが組織のそれと混じり合うことを通じて，彼らの国，地域，産業，職業，専門分野の文化的見方を組織に運び込んでくる[11]。その一方で組織は，彼らが貢献している地域，地方，国の文化に影響を与える。例えば，1970年代にカリフォルニアのシリコンバレーの地域文化を生み出した多くの企業家精神旺盛なコンピュータ企業は，技術イノベーションと若々しく破天荒で24時間週7日的な組織文化をアピールし，あらゆる地域の組織文化を事実上作り変えてしまった。

ときには，ある組織文化がその組織の立地した土地の文化と衝突する場合もある。例えば，1992年フランスで物議をかもしたディズニーランドによる新テーマ・パーク開設は，組織が自分たちとなじみの薄い文化状況で営業する場合に直面するかもしれない困難を示している。パークが建設工事に入る前にすでに，ユーロ・ディズニーはフランス文化に対する冒涜だと非難された。アメリカ流の生活様式がフランスの子供たちをアメリカナイズするとフランスの批評家たちは警鐘を鳴らしていたが，このパークはその象徴とみなされた。さらにフランス人従業員が募集され，訓練が始まると，労働組合がディズニーの厳格なドレス・コードをフランス個人主義を揺るがす問題だとして抵抗した。特に彼らは，常に笑顔を絶やさず誠実に見えるようにすること，というディズニーの規則をキャスト・メンバーに対する洗脳行為だとしてディズニーを告訴した。

フランス文化と折り合いをつけるため，ディズニー側は事実上，多少の譲歩をした。例えば，女性従業員は仕事中真っ赤な口紅をつけることが許されたし，ユーロ・ディズニーの多くのレストランではワインが提供された。注目すべきは，批判的意見を受け入れ，テーマ・パークの名称を1994年にパリ・ディズニーランドに変更したことである。パリ・ディズニーランドは，フランス国内で営業しているのは明らかであるが，フランスの価値観と雇用慣行をこの大企業に持ち込んだのである。

ディズニーランドの例は，組織に対する国の文化の影響を明確に示している。しかし，この物語のその後の展開は，組織文化とその環境がどのように混ざり合い一体となるかを如実に表している。2005年にパリ・ディズニーランドが破産の危機に瀕したとき，フランス政府はこの憎たらしいアメリカン・アイコ

ンの失敗を喜ぶどころか，35,000人のフランス人の職が失われるという理由で事業継続に必要な融資をこのアメリカ企業に申し出たのである。ディズニーランドへの依存をフランス政府が是認したことで，このパークはある程度までフランスの一部となった。そのことがパリ・ディズニーランドを当初フランス人が恐れていた以上にフランス文化と深く結びつけることになった。

　ホフステードの組織文化へのアプローチは，組織はより大きな文化システムの下位文化であるというアイディアから引き出されたものである。1970年代後半，ホフステードは，IBMにおいて国の文化の影響を研究した[12]。研究が行われた時期，IBMは70ヵ国で活動していたが，そのうち規模の大きい40ヵ国をホフステードは研究に用いた。IBMが1967年から1973年にかけて行った従業員年次調査のデータもホフステードに提供された。

　IBMのデータを用いて，ホフステードは仕事に関連した価値観を測定する尺度を開発し，それを用いて国横断的な比較研究を行った。さらに分析を進めIBMという組織文化内に国の文化の違いを示す4つの次元があることを明らかにした。すなわち，パワー格差，不確実性回避性向，個人主義対集団主義，男性的対女性的である（図6.1および図6.2）。これらの次元を支持する結果が，民間航空会社のパイロット，公共部門の管理者，消費者を対象とする追調査で得られた。さらに長期志向対短期志向という5番目の次元がホフステードのアジア文化調査で明らかになった[13]。

　パワー格差（power distance）とは，その文化メンバーが，富と権力と威勢の分配が同等でないことをどこまで受け入れるかということである。ホフステードのデータでは，低パワー格差国として，デンマークなどが示されているが，このような国々では地位の不平等は受容されにくいということである。例えば，デンマークのヤンテの掟（Jante Law）（ヤンテローベン）（Janteloven）は，次のように宣言している。いかなる個人も他のデンマーク人以上のものを持っているわけではない，つまりどんな事柄でも他のデンマーク人から突出して秀でているわけではない。デンマーク人は他者より高く権力が行使できる地位に昇進しようとするとき，彼らはすぐ他者より自分が優れているわけではないと思い返すのである。

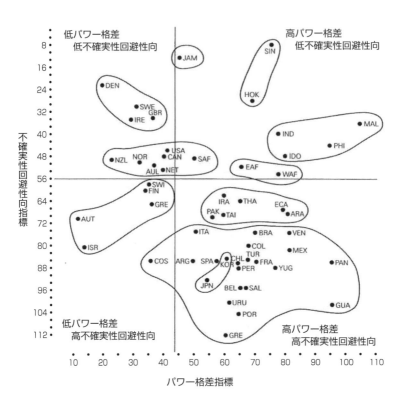

図 6-1 ホフステードの不確実性回避性向とパワー格差次元における各国の位置

出所：Hofstede (2001:152).

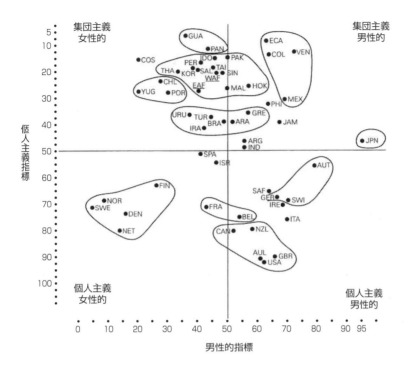

略語一覧									
ARG	アルゼンチン	FIN	フィンランド	ISR	イスラエル	PAN	パナマ	THA	タイ
AUL	オーストラリア	FRA	フランス	ITA	イタリア	PER	ペルー	TUR	トルコ
AUT	オーストリア	GBR	イギリス	JAM	ジャマイカ	PHI	フィリピン	URU	ウルグアイ
BEL	ベルギー	GER	ドイツ（西）	JPN	日本	POR	ポルトガル	USA	アメリカ
BRA	ブラジル	GRE	ギリシャ	KOR	韓国	SAF	南アフリカ	VEN	ベネズエラ
CAN	カナダ	GUA	グアテマラ	MAL	マレーシア	SAL	サルバトル	YUG	ユーゴスラビア
CHL	チリ	HOK	香港	MEX	メキシコ	SIN	シンガポール		
COL	コロンビア	IDO	インドネシア	NET	オランダ	SPA	スペイン		
COS	コスタリカ	IND	インド	NOR	ノルウェー	SWE	スウェーデン		
DEN	デンマーク	IRA	イラン	NZL	ニュージーランド	SWI	スイス		
ECA	エクアドル	IRE	アイルランド	PAK	パキスタン	TAI	台湾		

図6-2 ホフステードの個人主義と男性的次元における各国の位置

出所：Hofstede（2001:294）.

高パワー格差文化の組織，つまりブラジル，シンガポール，アラブ諸国といった国々の組織は，極度に階層に頼っている。これらの国々における権威分配の不平等さは，同時に上の階層には移れないことを意味している。高パワー格差文化の組織が彼らの権威構造を，デンマークのような低パワー格差文化の子会社に押し付けようとすると，問題が起こるのが常である。同様にデンマーク人経営者が高パワー格差で知られる国の海外子会社を平等主義的リーダーシップで管理しようとすると，問題にぶつかることになる。このような文化のミス・マッチは，ホフステードによれば，文化規範や期待が異なった結果である。

　高パワー格差国においては，部下たちは何をすべきかいわれることを期待している。すなわち，彼らにとって階層は実在する不平等なのである。低パワー格差国においては，階層は，人間の本質的な違いを反映したものというよりも便宜的に考えられた役割の不平等と見なされている。したがって，低パワー格差国の部下たちは，上司に相談されることを期待している。このように期待が相反しているので，例えば，低パワー格差文化における理想の上司は臨機応変で民主的な人である。その一方，高パワー格差文化においては慈悲深い専制君主のような人となる。

　不確実性回避性向（uncertainty avoidance）は，その文化のメンバーがリスクを負うことを避ける程度と定義できる。ホフステードは，社会が違えば不確実性を許容できる水準も異なるし，この違いはいろいろな形で現れてくると論じている。低不確実性回避性向の文化では，例えば，人びとは革新的アイディア，意見の相違，異常行動や逸脱行動を受け入れやすいが，高不確実性回避性向を持った文化では，そのようなことに抵抗したり規制したりする法律が制定されることすらある。規則，規制，そして統制は，高不確実性回避性向文化の方が，低不確実性回避性向文化よりも受容されやすい。そこでホフステードは，高不確実性回避性向を持つ組織はより公式化や標準化されやすく，低不確実性回避性向文化を持つ組織は規則を嫌い公式化や標準化に抵抗すると主張した。

　最初の研究において，ホフステードは，不確実性回避性向が最も高いのはギリシャ，ポルトガル，日本のIBMの社員であり，逆に最も低いのはシンガポール，香港，スウェーデンの社員であることを発見した。これを後の研究結果

（図6.1[訳注]）と比較してみると，ギリシャ，ポルトガル，グアテマラがリストのトップに位置し，逆にシンガポール，ジャマイカ，デンマークが尺度の一番下に位置している。不確実性回避性向に関するホフステードの洞察を利用すると，2010年から2012年にかけてのギリシャ債務危機の際にEUからの再建要求に対してギリシャ人が見せた，変化やそれがもたらす不確実性に対する抵抗を納得できる。

個人主義対集団主義（individualism versus collectivism）は，ある文化にいる個人が，その社会にいる他者からどの程度独立して行動することを求められているかの程度に関係している。高個人主義文化においては，個人の権利は何ものにも勝る存在である。個人主義対集団主義の違いを，誰と一緒に暮らすか（例えば，1人で，さまざまなパートナーシップで，部族で，核家族で）と，信仰（例えば，個人は霊的存在と個人的に関係を持つことができるかどうか）にある程度見ることができる。

ホフステードは，例えばアメリカのような文化では個人主義は幸福の源泉と考えられているが，中国やメキシコの文化においては好ましくなく仲違いの原因と考えられている。個人主義あるいは集団主義に対するこのような志向は，それぞれの文化で好まれる人間関係を示している。個人主義文化においては，メンバー間の関係は緩やかで，個人は自分のことは自分で処理することが求められる。それとは対照的に，集団主義文化では，凝集力のある集団（例えば，大家族）が個人にアイデンティティや帰属の感覚を与えてくれるが，その見返りとして少なからぬ忠誠を求められる。

個人主義対集団主義は，集団主義文化から来た人たちが，多くの合衆国市民が国民皆保険制度を求める声に強硬に反対していることに感じる大きな違和感を説明するのに役立つ。他方，社会サービスの充実に向けた動きは，アメリカがより集団主義文化へと移行していることを示しているのかもしれない。この違いに関して，ホフステードは，次のような主張をしている。アメリカのよう

訳注：原文では図6.2となっていたが，内容から図6.1が適切と考え修正した。またここでいう最初の研究とは1984年のもの，後の研究とは2001年のものを指すと考えている。

な個人主義文化においては，人間関係よりも課業の方が優先されるが，アジア諸国のような集団主義文化の組織においては課業よりも人間関係が優先される。

個人主義文化圏の組織が，集団主義文化圏で買収した組織に対して課業中心の統制システムを導入した場合に発生する問題に思い当たるはずである。買収主が悩みを次のような疑問で表現するのもうなずけるはずである。「なぜ彼らはいわれてもないことをするのだ。」同じように，集団主義文化の組織が，個人主義文化の企業を買収した場合，買収された企業のラインの人たちからの不満の叫びを耳にすることだろう。「なぜ彼らは私たちに何をしてほしいか以外のこともいうのだ。」

ホフステードの**男性的対女性的**（masculine versus feminine）という文化に対する呼称は，社会において男女の役割分担がなされている程度を示している。例えば，日本，オーストリア，ベネズエラといった高男性的文化国では，男性はより独断的であることが求められ，女性は育児に専念することが求められる。スウェーデン，デンマーク，ノルウェー，オランダといった女性的次元の得点が高かった国では，ジェンダーの違いが公言されることは少ない。ホフステードの研究では，高男性的文化においては出世や高収入につながる仕事目標に力点が置かれ，そのメンバーたちは自己主張の強さ，決断力，自己宣伝がもてはやされる傾向にあった。一方，女性的文化の組織メンバーは，自己主張の強さをあざけり，自己を控えめに語るようであった。

ホフステードの研究では，女性的文化は人間関係，奉仕活動，自然環境保護といったことに関連した仕事目標を好み，そのメンバーたちは生活の質に価値を置くとともに直感を重視していた。当然のことだが，高女性的文化では，男性的尺度の得点が高かった文化よりも女性がより専門的で技術的な職務に就いており，より平等に扱われていた。最近の多くの国での男女間の役割変化を考慮に入れ，経済におけるサービス部門の拡大，持続可能性および社会正義に対する関心の高まりを目にするとき，世界は女性的な方向に進んでいないと言い切れるであろうか。

長期志向対短期志向（long-term versus short-term orientation）は，伝統を重んじることならびに倹約や忍耐を好むことに対する文化的差異のことをいっ

ている。ホフステードによれば，長期志向を示す得点が高かった国では，仕事で努力をすればそれは長期的利益につながると信じられている。これらの国々では，新規事業拡大に時間がかかる傾向があり，特に外国人の場合はなおさらである[14]。短期志向の特徴を持つ文化圏から進出してきた組織が，変化を求められることはほとんどない。

ホフステードの研究で重要な点は，それが具体的で測定可能な方法で国の文化差を明らかにしているだけでなく，組織文化はメカニズムであり，このメカニズムによって社会文化が組織に影響を及ぼすことを明らかにしたことである。ホフステードが明らかにした国の文化の特性は，意味の蜘蛛の巣の一部と見ることができ，この意味の蜘蛛の巣は組織文化に文脈を与えるのである。そして最後に追加された長期志向対短期志向という5番目の次元は，国の文化の影響を明らかにする方法には，さらにいろいろなものがある可能性を示唆している。それにもかかわらず，ホフステードの次元は，アメリカの社会心理学者エドガー・シャインが提示したような組織レベルの文化理論で語られる文脈を覆い隠してしまうのである。

シャインの組織文化理論

シャインによれば，一連の基本前提が文化の核を形成する（図6.3）。この核は価値観や行動規範という形で現れてくるが，それらはその文化メンバーが選択や行動を起こす際に利用するので，それを意識し，反応し，そして維持しようとするものである。文化的に導かれた選択や行動が，文化の文物（artifacts）[訳注]を作り出す。そこには組織が製造した製品およびサービスの他いろいろなものが含まれる。

基本前提（basic assumptions）は，文化メンバーが彼らの現実に関して確信していることを表している。しかしながら，これらの諸前提はあまりにも当たり前すぎて，自分たちの文化の基本前提を明言できる人は滅多にいない。魚が水のことを考えている姿を想像してみれば，ほとんどの人が自分たちの基本

訳注：物体，発語表現，活動など人が作ったもの

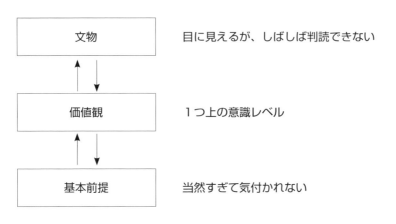

図6.3 シャイン：文化の3つのレベル

出所：Schein（1985: 14）.

前提の一部しか知らないことに気が付くはずである。しかしたとえふだんは意識の奥底に眠っていたとしても，基本前提と確信は，文化的生活の至る所に入り込み，人間のあらゆる経験に影響を与えている。シャインが主張するように，基本前提は，文化メンバーが知覚し，考え，感じるものに影響を及ぼすのである。

　この意識されないまでに浸透しているという特徴があるので，外国文化で長期間生活した場合にだけ，文化の違いに気が付けるようになるのかもしれない。基本前提のせいで不適切な行動をとってしまったり，誰かの行動を誤解してしまったとき，自分の母国文化の働きを思い知ることになる。外国文化の中で起こっていることを理解するのに間違った前提を用いているので，驚きの経験を積むことになり，そのことでより慎重に観察し質問するようになるだろう。もし調査に際して，自分の母国文化の前提から自身を解放することができ，受け入れ国の文化前提を身につけたならば，文化の違いを段々と理解できるようになる。そうすれば，訪問国の文化の中でもっとうまく行動できるようになるし，自国の文化もより深く理解できるようになる。依然として誰かの文化前提を言葉にするのは難しいかもしれないが，それでも文化をより理解できるようにな

るし，文化間を優美に移動できるようになるだろう。

　シャインによれば，文化の基本前提は文化の次のレベル—価値観—へ浸透していく。**価値観**（values）とは，文化メンバーが内発的に重要だと信じる社会原則であり，目標であり，標準である。それらは，文化メンバーが最も気にかけていることを明確にするとともにメンバーたちの優先順位を表している。それらは，文化メンバーの善悪の判断のもととなるものでもあるので，文化の価値観は場合によってはその文化の道徳性や倫理規範と同じものと見なされる。

　価値観は基本前提に比べると意識しやすいものではあるが，常に思考の一番上にあるとは限らない。それでも，文化メンバーは自分たちの価値観をかなり簡単に認識することができる。それは誰かが自分たちの文化の根本に挑戦してくるような場合，例えば慣例を破るといった場合には，メンバーは大いに動揺するからである。組織の価値観が挑戦を受ける場合，それは新参者，芸術家，革命主義者といった組織の末端メンバーから受けるのが常である—あるいは取締役会に立て直しのために雇われた新 CEO のようなよそ者の場合もある。例えば，1960 年代，社会の末端にいて，文化的価値観の本流に真っ向から挑戦することは，若者の反体制文化の一部であった。これはアメリカで「ヒッピー」下位文化として知られている（図 6.4）。

　モダン・パースペクティブの観点で行われた非常に多くの研究は，さまざまな組織文化が持っている価値観を明らかにすることに向けられた（例えば，顧客に価値を置いているか，従業員に価値を置いているか，社会的・環境的責任行動に価値を置いているか）。しかしながらシャインによれば，重要なのは，文化の基本前提や価値観が，全体として，知覚や行動や情緒に及ぼす影響である。文化の価値観が組織メンバーに及ぼす影響の中でも特に重要なものは，行動に対する規範や期待を明らかにすることを通じて行使される。

　規範（norms）とは，明文化されていない規則であり文化メンバーに対し幅広いさまざまな状況で何が求められているかを教えてくれる共有知識である。そこには組織化を行う際に自分の行動と他者の行動をどのように調整するかも含まれる。規範は，映画館でのおしゃべり，列への割り込み，フットボール観戦での拍手喝采といったさまざまな種類の社会行動についての期待を伝えてく

図6-4 文化的価値観に対する挑戦のほとんどは，新参者，革命主義者，異端児といった文化の末端メンバーからもたらされる

れる。組織規範の場合だと次のような重要な情報を伝えてくれる。例えば，上司にいつ問題発生の可能性を報告すべきなのか，職場ではどのような服装をすべきなのか，感情をあらわにしてよいのはいつなのかなどである。

　これらの事柄が公式の規則や規定（文化と社会構造の重なり合う部分）として明文化される組織がある一方，ほとんどの組織では明言されないままであり，文化によっては顔をしかめたり，目をそらすといった文化の規範的圧力を通じて非公式に伝達される。顔をしかめることと，目をそらすことの違いは，文化間の数多い違いの中のたった1つを示しているにすぎないが，このような違いが集まって各文化を，前提，価値観，規範，期待の集合体として表現している。

　価値観が，文化メンバーにとって何が重要かを特定する一方，規範は，どのような行動が自分自身および他者から期待されているかを確定する。要するに，価値観は何に価値があるかを明確にし，その一方，規範は何が普通で何が異常かを明らかにする。価値観と規範の関連は，次のようなものである。規範が設

けられている（報酬もしくは罰という形で）行動は，価値があるとされる成果に遡ることができるということである。例えば，映画館の中ではしゃべらないとか列に割り込まないといった規範は，他人に対して礼を逸しないという文化的価値観に遡ることができるであろう。仕事中は，ビジネス・スーツ着用や感情を表に出さないといった規範は，自制の価値観を示している。しかしながら次のことに注意する必要がある。価値観がたとえ規範の根底にあったとしても，いかなる所与の規範でも根底にある価値観との関係が曖昧な場合がある。例えば，仕事中はスーツ着用という規範は，自制の価値観を示すこともできれば，ファッション感覚に対する価値観を示しているともいえる。この解釈の曖昧さは，文物にも拡大していく。

　シャインの理論によれば，文化メンバーは価値観を持ち文化規範に従って行動する。その理由は，彼らの文化の根底にある前提や確信がそれらの価値観や規範を作り上げ支えているからである。規範と価値観が，次に，文化的文物を作るような行為を促す。**文物**（artifacts）とは，価値観や規範を作り維持したのと同じ文化の核（コア）の発露であり表現である。しかしながら文物は核からあまりにも遠い存在であるために，文物の文化的意味を明確に解釈することはさらに困難になる。

　数年前，私がアメリカで近くにできた新しい映画館に行ったとき，そこの待合室にお客に向けて次のような掲示がしてあった。そこにはよく行く他の映画館とは対照的に当映画館では上映中のおしゃべりが認められています，と書かれていた。この映画館は上映作品に声を出して楽しみたいお客たちを集めていたが，これは，上映中は静粛にするというアメリカの文化規範に反するものであった。この掲示─組織によって作り出された文物─は，さもなければ口にされることのなかった支配的文化規範を明らかにしていた。そうすることで，この反体制文化の周囲にシンボリックな境界を設け，この反体制文化の規範に同意し受け入れた人たちを勇気づけているのである。私が思うに，この掲示は，反体制文化に足を踏み入れたことを理解しなかったお客の間で噴出したクレームへの対応以上のものである。

　映画館の掲示のような文物は，文化規範，価値観，基本前提を示すものとし

ては珍しく具体的である。普通は多くの文物を研究しなければ、文化の深層を示してくれる文化パターンは見分けられない。ほとんどの文化は、あの映画館がしたような新参者向けの目立つ掲示を貼ったりはしない。文化のより深層にたどり着くためには、文物を観察する訓練、メンバーがそれをどのように使っているかを観察する訓練をしなければならない。そこで観察される文物は、物体、発語表現、活動に分類できる。それぞれの例は表6.2に示されている。

　良い練習方法は、知っている組織文化を考え、頭に浮かんだ文物を分類ごとにできるだけ多くリストアップすることである。表6.2の分類表は見落としていた文物を思い起こすのに役立つはずである。もし可能ならば、その組織を訪問するのがよい。そうすれば、文化に対する感受性が高められたことで、頭に思い浮かんだよりもはるかに多くの文物を見つけられるようになっていることに気がつくはずである。このような経験によって、日常生活のふだんは意識しないところで作用している文化の隠れた力を確信できるはずである。

　数十の文物を集めたら、それらをいくつかのパターンに振り分ける作業が始まる。この作業で、価値観ともしかすると基本前提が１つ２つわかるかもしれない。注意しなければならないのは、研究しようとしている集団の文化的価値観に研究者自身の文化的価値観を持ち込む傾向がどの研究者にもあるということである。自分の価値観と理解しようとしている文化の価値観とを切り離せるようになるには、時間がかかるはずである。この問題には、次のことが役に立つかもしれない。分析を進めるにあたって、文化メンバーと話し合いの場を持ち、そこで自分の頭に浮かんだ理解を彼らに確認してもらうことである。そしてこれを深い洞察力が身につくまで続けることである。文化メンバーと一緒に自分の解釈を修正するという作業をすることで、自分の文化に関する知識がいかに主観に満ちたものであったかを思い知らされるはずである。

　文化分析において自分の進歩を実感できるのは、集めたデータを見て驚いたときである。この驚きは、その文化メンバーが彼らの世界を彼らなりの方法でどのように捉えているかを学習した結果、分析者が文化的文物の表面から深層へ足を踏み入れつつあることを示している。研究している文化だけでなく自分の文化もうまく認識できるようになったといえるのは、自分の文化の今まで気

表 6.2 組織文化の文物

分類	例
物体	芸術／デザイン／ロゴ
	建物／装飾様式／調度品
	衣服／身なり／衣装／制服
	製品／設備／道具
	掲示物／ポスター／写真／記念物／風刺画
	標識
言語表現	特殊用語／名称／ニックネーム
	説明／理論
	ストーリー／神話／伝説とそこでの英雄と悪者
	迷信／うわさ
	ユーモア／ジョーク
	メタファー／ことわざ／スローガン
	スピーチ／レトリック／美辞麗句
活動	儀式／作法／通過儀礼
	会議／解散の合図／パーティー
	コミュニケーション・パターン
	伝統／慣習／社会慣例
	ジェスチャー
	遊び／レクリエーション／娯楽
	報酬／罰

出所：Dandridge, Mitroff and Joyce（1980）; Schultz（1995）; Jones（1996）を基に作成。

にもかけなかった部分での他者の物体，行動，言葉に対する解釈に驚かされたときである。

組織文化質問票

ロバート・クック（Robert Cooke）と J.C. ラファーティー（J.C. Lafferty）は，モダン・パースペクティブの立場から組織文化調査を定量的に行う実例を示した。彼らは，組織文化が 12 の行動規範のどれに強く支えられているかを測

定するための手法として，組織文化質問票（OCI）を1980年代に開発した[15]。さまざまな組織のメンバーたちに対して行った120項目の質問票調査を因子分析した結果，それぞれ4つの規範に支持された3タイプの組織文化が明らかになった。建設的組織文化は，達成，自己実現，人間性―育成，親和の規範によって他と区別された。消極的―防衛的組織文化は，是認，伝統的，依存，回避の規範を抱えていた。そして積極的―防衛的組織文化は，反抗的，権力，競争，完璧主義の規範に支持された。

　OCIを用いたその後の研究で，3つの文化タイプとさまざまな成果との間に強い相関関係が認められた。例えば，建設的文化は，従業員のやる気と職務満足度，チームワーク，顧客サービスの質と強い正の相関があった。その一方，消極的―防衛的文化は，これらの変数と負の相関があることが明らかになった。積極的―防衛的文化は，これらの変数と強い相関はほとんどなかったが，ストレス・レベルと強い正の相関を示し，職務の質と顧客サービスとは負の相関を示した[16]。

　OCIを用いた研究に代表されるモダニストの文化研究は，経営者への規範的処方箋に簡単に書き換えられる知識をもたらしてくれるが，その一方，彼らの研究はすでに誰かが明らかにしかついろいろな文化に共通している文化次元に限られてしまう。モダニストたちの研究は，それゆえ，新しい文化に遭遇したときに起こる驚きというものを研究者にもたらすことはない。これこそがシンボリック・パースペクティブのモダンに対する優位な点である―シンボリックの研究者は，関心現象に関する主観的知識を得るために文化領域に直接入り込んでいく。

シンボリックな組織文化調査

　1960年代初頭，アンセルム・ストラウス（Anselm Strauss）と彼の調査チームは病院を研究した。そのとき用いたのが，参与観察法と彼らが開発しグラウンデッド・セオリー（grounded theory）と呼んでいた分析アプローチだった。グラウンデッド・セオリーという呼び名は，この理論が経験観察から作られた

ことに由来する[17]。病院の研究で、彼らは、スタッフと患者の間で看護養生法について交渉が持たれていることを知った。また交渉を行うことで、お互いの秩序感覚を作り出すとともに維持していることもわかった。研究者たちは、この秩序感覚を**交渉された秩序**(negotiated order)と名づけた。彼らは、スタッフの行動を説明する場合には、病院の規則や階層を考察する必要があるが、病院が実際にどのように機能しているかを説明するには交渉された秩序の方が適していると指摘している。

この調査の進行中、アメリカの認知社会学者ハロルド・ガーフィンケル(Harold Garfinkel)が、**エスノメソドロジー**(ethnomethodology)を用いて、シンボリックな文化研究に向けた解釈的認識論の基礎を築いた。1967年に出版した『エスノメソドロジー研究(Studies in Ethnomethodology)』に彼の学生たちが行った解釈的フィールド実験の結果が報告されている。この学生たちはあらかじめ、ガーフィンケルによってデパートでの買い物の仕方や、家族との夕飯のとり方といった日常生活における常識的期待に疑問を持つよう指示を受けていた。彼が学生たちに指示したのは、まずデパートで商品を値切るといった行為で常識的な行動規範を破らせ、次に何が起こったかを観察し、記録させることであった。この観察記録には、この予期せぬ行動が作り出した出来事に対する彼らの胸の内やその反応も含まれていた。

同じことをわれわれも試すことができる。今度友達がデートをした話や退屈な人だったという話をしたとき、デートが何なのか、退屈な人とはどういう意味なのかわからない振りをするのである。その際、どんなに居心地が悪くてもずっと世間知らずを通さなければならない。次に、その状況における自分の感情を記録し、さらにそこにいた人たちを観察した結果を記録する。その理由は、居心地の悪さから今まで隠れていた自分の主観的文化期待がわかるからであり、それらがどのような影響を自分に与えているかが明らかになるからである。どのような結果をもたらすかを軽々しく憶測することは禁物である―実際やってみればわかる。

ガーフィンケルは、予期せぬ行動をとるということは当然共有されていると思っていた理解を否定することになるので、参加者を彼らの日常的解釈枠組み

の外へはじき出してしまうことになると論じている。彼の調査に参加した学生たちは，この実験が原因で，混乱状態に陥ったり，不安を感じたり，発作的に怒りっぽくなるという症状が出たと報告している。さらに非常に多くの無意味な行動をとったが，社会秩序が完全に崩壊するまでにはいたらなかったと報告している。むしろ参加者たちは，例えば，「冗談だろう」とか「普通に行動できるようになったら戻ってこいよ」と声をかけることによって，ふだんの生活に戻るための努力を再開していた。

　学生と行ったエスノメソドロジーを用いた実験から，ガーフィンケルは次のように結論づけた。日常の社会生活が作り出す感覚がいかなるものであれ，その感覚は社会的に築き上げられたものである。すなわち，われわれは今の社会生活を当然のことと思えるよう，また思い続けられるように，たとえ無意識にだとしても，協力し合っているのである。交渉された秩序や築き上げたものとしての社会生活という彼の概念は，イナクトメントや社会構築理論の概念をそのまま流用したものである。したがって，彼の概念は，文化は個人が相互作用することにより構築されるという文化の定義に，そこでの個人は周りで起こっていることを解釈するに際して集団で意味を創造していると補足したのである。シンボリック・パースペクティブの観点からすると，意味は文化を作ると同時に，文化的に教化された行動の産物なのである。

　シンボリック・パースペクティブを採用する組織論者は，解釈的認識論を前提としている。つまり彼らの関心事は，組織メンバーがどのように主観的に意味を作り出すのかということであり，彼らの主観と作った意味は職場が社会的に構築される際にどのような役割を果たすのかということになる。彼らの考えでは，意味は文脈に依存しており，組織の場合でいえば，文化がその文脈を提供していることになる。

　誰でも文脈を無視して自分の言葉を使われた経験がおそらくあるだろう。例えば，議論の最中に自分がいったことを相手に文脈を無視してそのまま言い返された場合である。同様に，政治家が自分の身を守るために記者や他の政治家からの批判に対し，このオウム返しの発言をするのを聞いたことがあるだろう。ここからわかることは，文化シンボルをある文脈から他の文脈へ移動させ

るとシンボルが持つ意味が変わってしまうということである。文化調査において**文脈化（contextualizing）**とは，組織メンバーがいつも通りに文物やシンボルを使い話しているのを観察できる，つまりそれらが自然に浮かび上がってくるような状況や場所でそれらを研究することを言う。シンボリックの文化研究者は，組織メンバーが感じているのと同じように組織文化の文脈化効果を体験したがっているので，参与観察や民族誌学的手法，エスノメソドロジー，グラウンデッド・セオリーを好んで用いるのである。

シンボル，シンボリズム，シンボリックな行動

アメリカの社会学者エイブナー・コーエン（Abner Cohen）によると，**シンボル（symbols）**とは，「いろいろな意味を漠然と象徴し，情動を喚起し，人を行動に駆り立てるような，物体，行為，関係，あるいは言語構成のことである[18]。」シンボルは，企業ロゴが企業を象徴している場合のように，何かを象徴し，代替する。**明示的意味（denotation）**は，例えば，白旗を掲げることが降伏を示すように，シンボルをシニフィアン（能記：意味するもの）として道具的に用いることをいう。しかしシンボルには暗示的な意味を伝える側面もある。**言外の意味（connotation）**は，シンボルの表出的利用のことをいう。シンボルがシニフィエ（書記：意味されるもの）として用いられる場合であり，アメリカ国旗が振られていたり燃やされていたり，もしくは企業ロゴが悪ふざけに変えられたり企業批判に変えられたりする場合がそれにあたる。例えば，カナダの雑誌『アドバスターズ』は，雪に覆われ色のない世界となった墓地のそばで，鞍はついているが人の乗っていない馬が放牧されているイメージを出版した。このイメージ画の下にフィリップ・モリス社のおなじみの「マールボロ・カントリー」という宣伝文句がぞっとするような文字で書かれていた。

マールボロ・カウボーイのようなシンボルは多様な言外の意味を暗示することが可能なのである。したがってそれは曖昧さを残しており，常に別の意味を付与することが可能なのである。これをアドバスターズはマールボロと姿が見えなくおそらくは死んだカウボーイのイメージとを結びつけることで行ったのである。シンボリックの研究者は，それゆえ，意味が構築されるプロセスに注

意を払うと同時に，シンボルが伝える特別な意味にも注意を向けるのである。ジョン・ヴァン・マーネンによれば，「シンボリズムを研究するということは，人びとの行動のもとにある意味が，いかに創造され，伝達され，議論され，ときには変更されるかを学ぶことである。[19]」このことがどのように行われているかを見るには，シンボルと文物の関係を調べる必要がある。

いかなる文物もシンボルになり得るが，すべての文物がシンボルというわけではない。カナダの組織論者ガレス・モーガン（Gareth Morgan）とピーター・フロスト（Peter Frost）およびアメリカの研究仲間であるルー・ポンディーによれば「シンボルは，人が自分たちの世界を構成しているものにその元々の内容を超えた意味や意義のパターンを付与すれば，いつでも作られるし，また，作り直されるものである。[20]」例えば，国旗は，その国旗に代表される文化のメンバーたちが国旗に対して示す反応によってシンボルであると確認できる。国旗は，ある瞬間にはシンボルとして用いられるが（国旗に敬礼したり，家の上に国旗掲揚したり，顔に国旗をペイントしたり，抵抗の際に国旗を燃やしたり），しかし次の瞬間にはそうでなくなっている（例えば，国旗が引き出しにしまい込まれたときや顔のペイントを洗い落としたとき）。これらの例が示しているように，文物をシンボルたらしめているのは，意味を作り出し，伝達するためにそれを利用することにある。

注意しなければならないのは，シンボルとして用いられている文物を観察したからといって必ずしもシンボルの意味を知ることにつながらないということである。シンボルの意味を発見するためには，それが使われている文化的文脈の中でそれを解釈する必要がある。1990年に私がデンマークに赴任したとき，デンマーク国旗があちこちに飾られているのを見て幾分警戒感を持ったことを記憶している。私が育ったアメリカのリベラルな下位文化においては，そのような行動は不快なレベルの愛国主義を示すものであった。公共の建物の外だけでなく，家やオフィスの中，果ては誕生日ケーキの上にまでデンマーク国旗が飾られているのを目の当たりにしたとき，何が起こっているのかと驚かされた。さらに私がデンマーク人の友人に彼らの「フラッグ・ウェービング（愛国心の誇示）」（アメリカの文化では広く用いられている単語だが，彼らにはなじみの

薄い単語だった）について尋ねたとき，彼らは当惑した様子だった。彼らは私に，デンマーク国旗は日常生活の一部であり，それがなかった場合にだけ理由を尋ねるような存在であると語ってくれた。したがって，驚いたおかげで，私はアメリカとデンマークの間に数多くある文化的差異の1つを解消することができたのである。

　文物は，有形物，行動，もしくは言語表現として現れるので，最も取っ付きやすい文化的要素であるかもしれない。その一方で覚えておかなければならないのは，文物は，文化の核心から最も離れたところに存在しているということであり，新しい文化に入り込んだときには誰でもそうであるように，文化をよく知らない人たちが解釈を間違えやすいということである。文化的意味の研究に興味を持つのであれば，私がデンマーク国旗に遭遇したときのような誤解に敏感にならなければならない。そうすれば文化に対する深い洞察を得られるはずである。このような深い洞察を得るためには，私がデンマーク人の友人にしたように，驚いた文化的要素についてその文化の人に尋ねてみる必要がある。文化を理解するためには，観察とインタビュー両方のスキルが必要なのである。

　文物としての有形シンボルは，ほとんどの人にシンボルと思われているが，普通は伝えているのだがそれが伝えているかもしれない意味は，文化メンバーによって異なるということも忘れないでほしい。この意味の多義性とときには相矛盾さえする可能性が，シンボリズムとその文化的文脈を非常に豊かなものにしているのだが，同時にコントロールを困難にしている。シンボリックな目的で文物を作ろうと考えている人たちにとって，込められた意味は明らかであろう。しかし，ひとたび他者がその文物を受け入れる，つまり彼ら独自のシンボル化を行うと，それを用いるときには最初に意図され込められた意味ではなく彼らの意味を表すことになる。メルセデス・ベンツのロゴを考えてみよう。考えた人は，プレステージ性を意図してシンボル化しているが，それはまた傲慢さのシンボルあるいは貧乏の不公平さのシンボルとしても用いられる。経営者は，企業の文物のデザインや表示をコントロールすることはできるが，その一方で，これらの文物に関連づけられてしまうシンボル的意味をコントロールすることは非常に難しいのである。

アメリカの文化人類学者ギアツの説得力のある濃密な描写という手法は，多くの組織論者をシンボリック・パースペクティブへと誘（いざな）った。しかし何人かのモダンの組織論者にいわせれば，彼はハーメルンの笛吹きが子どもたちを誘い出した方法で—特筆すべき魅惑によって—それを行ったのである。

濃密な描写（Thick description）

1980年代初頭，大きな賞賛を浴びていたギアツの『文化の解釈学（*The Interpretation of Cultures*）』に夢中になっていた組織論者たちが，シンボリックな文化人類学を組織論の本流に持ち込んだ。実証主義者の認識論や定量的手法の魔力から解き放たれたこれらの研究者は，ギアツの成功を組織シンボリズムや組織文化に自分たちが関心を持つことを正当化するのに利用するとともに彼の手法も調査で利用した。

ギアツは，シンボリック・アプローチの概念的基盤を簡潔かつ印象的に述べるとともに，シンボリックと実証主義の違いを際立たせるために次のような大胆発言を冒頭で行っている。すなわち「マックス・ウェーバーもそうだと思っているが，人は，自分で紡いだ意味の蜘蛛の巣に吊り下げられた動物です。私は文化というものは，そのような蜘蛛の巣だと考えています。したがって，文化の分析とは法則を探し出す経験科学ではなく，意味を探し出す解釈学でなければならない[21]。」この大胆発言が意味するところは，ウェーバーは，しばしばモダニストたちによって彼らの一員とされているが，シンボリック・パースペクティブの擁護役を求められることもあり得るということである[22]。

濃密な描写とは，民族誌学の1つの形式で，シンボリックな人間行動に焦点を向けるものである。そこでは，人間行動がその文脈の中で観察され，行動やその文化的文脈が読者にとって意味をなすまで十分詳細に語られるのである[23]。ギアツは濃密な描写という用語はイギリスの哲学者ギルバート・ライル（Gilbert Ryle）に由来するとした上で，ライルのウインクと瞬きの区別をシンボリック（symbolic）と非シンボリック行動（non-symbolic behavior）の違いを説明するために借用した。この2つは，瞼の収縮運動に関係しているが，瞬きが無意識のものであるのに対し，ウインクは何かを意味している（例えば，

私はあなたのことが好きです,あるいはあなたが仲間だと知っていますよ)。この違いを知るためには,行動の表層からではなくもっと掘り下げてウインクを送った人が込めた意味と受け取った人が推測した意味,それと単なる瞬きをした人とそれを見た人のものとを比較する必要がある。

　文化的文脈が込められたシンボリック行動には,濃密な描写が必要である。なぜならば,現象それ自体が濃密だからである。**濃密な描写**(thick description)は,文化が作用していることを示すために,シンボリックな意味が見つかるまで表面を掘り下げることに他ならない。そのことをギアツが,バリ島民の闘鶏の話で非常に見事に実証してくれている。組織論にとって重要な点の1つは,ギアツのストーリーテリングによって,民族誌学の記述だけでなくすべての調査報告書にナラティブ的基盤があることが明らかにされたことである。ギアツのアイディアが組織論に浸透するとすぐに,組織研究者たちは,組織のストーリー,ストーリーテリング,そしてナラティブを研究し始めた。そしてしばらくすると彼らは,濃密な描写を彼ら自身に用い始め,論文を書く際や実践を記述する際に用いた。

組織のストーリーとストーリーテリング

　組織のナラティブを最も単純に定義すると,そのストーリーによる疑似体験で当該組織の文化や独特な実践が明らかになるような,筋書きと登場人物を持つ実際の出来事のストーリーである。ストーリーは,シンボリックの組織論者が最初に関心を抱く領域であるが,そこにはアメリカの社会心理学者ジョアン・マーチン(Joanne Martin)と彼女の弟子であるマーサ・フェルドマン(Martha Feldman),シム・シトキン(Sim Sitkin),そして私も含まれている。その理由は,ストーリーは,組織文化がその独特なアイデンティティを表出する1つの方法であると広く信じられていたからである。われわれは,1983年に多くの企業の社史から集めたストーリーを分析し論文として発表した[24]。われわれの予想に反して,**内容分析**(content analysis)の結果,読んだ社史に出てくるストーリーは,ほぼすべて以下の7つのテーマに分類できることがわかった。

　高い地位にある人物が規則を破ったときに何が起こるのか。

社長に人間味はあるのか。

身分の低い人は，トップまで昇れるか。

何が人をクビにするのか。

組織が人に異動を命じるとき，何が起きるのか。

上司は，失策にどのような反応を示すのか。

組織は，障害にどのように対処するのか。

われわれはこの論文のことを「組織ストーリーにおける唯一性（独自性）のパラドックス」と呼んだ。その理由は，われわれの主要な発見から，文化の唯一性を示しているはずのストーリーが，型にはまった形式に頼っていることがわかったからである。

アメリカの民族学者マイケル・オーウェン・ジョーンズ（Michael Owen Jones）は，すぐ次のことを指摘した。すなわち文化に対してナラティブ（説話的）アプローチをとる場合には，ストーリーの内容を収集し，分析するだけでは不十分である——ストーリーテリング（storytelling）も考える必要がある[25]。ストーリーの持つ文化的意味は，語られるストーリーの内容と同じくらい語り手の語り口と聞き手の反応の中にある。ジョーンズは次のように説明している。

「語っている」最中…語り手は言語的チャネル（言葉）だけを通してコミュニケーションをとっているわけではなく，パラ言語（paralinguistic）や身体言語（kinesics）のチャネル（抑揚，リズム変化，身振り手振り）を通じてもコミュニケーションをとっている。さらに語り手は，聞き手のフィードバックに反応して脇道へそれたり，解説したり，繰り返したり，強調したり，詳しく話したり，端折ったり，脚色したり，等々をする。語りの場の参加者は，多様な推論をする。場合によってはいろいろな手がかりからまったく違った意味にとることすらある。つまり，多くの部分をその場（この語りを「その場の出来事」にしている状況的文脈）にいる参加者の経験，感覚，関心に依存しているのである。したがって，「一連のストーリー」や「特定のストーリー」をあたかも独立して存在するものとして言及するのは，誤解を招きかねない。情報を伝達したり反応を促したりする他のコミュニケーション・チャネルを無視して「ストーリー」を言語的実

体として記録するのは適切とはいえない。さらにその語りの場で，参加者は皆同じ意味にとると仮定することは，道を誤るもとである[26]。

その当時行われた唯一性のパラドックスに関する研究や他のストーリーに関する研究は，ジョーンズの批判に対して弱点を持っていた。この限界を克服するためにアメリカの組織論者デイビッド・ボジェ（David Boje）は，事務用品供給会社での日々の労働生活にまつわるストーリーテリングを調査した。ボジェの研究は，**ストーリーテリング組織**（storytelling organization）概念のもととなった。彼は，ストーリーテリング組織とは「そこでは，ストーリーが語られることで組織メンバーの意味決定が大きく左右され，個々人の記憶が制度の記憶に置き換えられる集団的ストーリーテリングシステム」であると定義した。[27]。ボジェの研究において明らかにされた驚きの1つは，**簡潔なストーリーテリング**（terse storytelling）について彼が記述した部分にあったが，それは参加者が一緒に働くことで共通の過去を共有していた場合に起こるものであった。お互いのジョークを熟知している囚人たちに関するジョーク，つまりただ番号を呼ぶと皆が笑うという例のジョークとそっくりで，簡潔なストーリーは外部者からするとストーリーテリングが行われていることに気づくか気づかないギリギリまで省略されたものである。

ストーリーテリングに対するもう1つのアプローチに，リーダーによるストーリーテリングの利用法を研究したものがある。アメリカのコミュニケーション学者エレン・オコーナー（Ellen O'Connor）は，シリコンバレーにあるハイテク研究組織の立ち上げを研究した[28]。彼女は，会議や議論に参加し，組織メンバーと語り合い，彼らのメモやメールを読むなど日々の組織生活に深く入り込んで1年を過ごした。そこでの観察をもとに，オコーナーは次のように結論づけた。立ち上げの成功は，創業者のナラティブ能力に頼ったところがある。すなわち，創業者の矛盾なく説得力のあるストーリーを作るために筋書きと登場人物を練り上げる能力を他の組織メンバーたちは知っていて，それが彼らを動かしていた。それに加えて，オコーナーはこの組織内で用いられているナラティブ（説話）には3タイプあることに気が付いた。1つは，創業者の

今までの人生，夢，ビジョンなどからなる個人的説話。2つ目は，一般的な説話で，会社を作ることに関するもの，例えば，ビジネス・プランや戦略。そして3つ目は，状況的説話あるいは重大事件の歴史に関するもので，組織内で物事が特定の方法で行われている理由を説明するものである。

　企業家のナラティブ能力に関するオコーナーの観察結果は，モニカ・コステラ（Monica Kostera），アンジェイ・コズミンスキー（Andrzej Kozminski），そして私の3人による解釈学的研究によって裏付けられた。この私たちの研究はCEOたちへのインタビューという形で行われ，ハーバード・ビジネス・レビューに掲載された[29]。インタビューした30人のCEOほぼすべてが，高いナラティブ能力を示していた。その中の創業者たちのインタビュー内容は，ほぼ完全に個人的説話で構成されていた。インタビューしたすべてのCEOと同じで，企業家的創業者は叙事詩的形態のストーリーテリングを多く用いたが，彼らの場合は他のタイプのストーリーを用いることも非常にうまかったし，非常に込み入ったストーリーにするためにいろいろなタイプを組み合わせることもよくあった。われわれが用いたストーリー・タイプ分類は，アリストテレスの分類法である（表6.3）。

　このアリストテレスのアプローチをどのように利用したかを理解してもらうために，日本のソフトバンクの創業者でありCEOである孫正義が語った喜劇的—叙事詩的ストーリーを考察ことにする。

　　私がこの会社を立ち上げた初日，私には2人のパートタイムの社員と小さなオフィスしかありませんでした。私はリンゴ箱を2つ手に入れて来て，その朝，まるで演説しているかのようにその上に立っていました。2人の社員に向かって，大声で，「君たち私のこれから話すことをよく聞いておきなさい。なぜなら私がこの会社の社長ですから。」といいました。さらに「5年以内に，売上高7,500万ドルの会社にしてみせます。5年以内に，1,000社の販売店と取引し，PCソフトウェア流通業界でナンバーワンになってみせます。」と大きな声で謳いあげました。

　　2人の社員は口をポカンと開けていました。彼らは立ち上がり，目と口を大きく開いていたのですね，そしてこいつは気が狂っていると考えたのでしょう。

2人とも会社を辞めてしまいました。

それは1981年のことです。1年半くらい経つと,わが社は200社の販売店と取引するようになっていました。現在,わが社は15,000社と取引しています。パートタイムの社員2人,売上高12,000ドルのソフトウェア流通業者が,10年で社員570人,ソフトウェア流通業,書籍の出版,電話の最安値接続サービス,コンピュータのネットワーク接続,CAD-CAM業者となり,3億5,000万ドルの売上げを上げるまでになりました[30]。

孫のストーリーの喜劇的要素は,この企業家が自分自身を最初の2人の社員に逃げられた悲運の犠牲者として位置づけているところに現れている。叙事詩的効果を生むために,孫は,その後で自分自身の立場を会社立ち上げの試練に耐え抜き成功を収める英雄に変えるのである。彼の最初にしでかした失敗が,長い旅路の初期の出来事の1つにすぎなくなっている。アリストテレスによれ

表6.3 アリストテレスの物語の類型

	喜劇的	悲劇的	叙事詩的	夢想的
主人公	災いを受けて当然の人,馬鹿	災いを受けるいわれのない人	英雄	恋愛対象
他の登場人物	詐欺師	悪者,助力者	救助対象者,助手,悪者	贈り物提供者,恋人,怪我人あるいは病人
筋書	不運あるいは当然の懲罰	いわれのない不運,トラウマ	成就,気高い勝利,成功	恋愛成就,苦難を乗り越えた愛
苦境	災難,失策,偶然の一致,突然のあるいは予期せぬ苦境	犯罪,事故,侮辱,傷害,損失,失策,繰返し,誤認	抗争,挑戦,試練,試験,使命,遠征,犠牲	贈り物,恋愛的空想,恋に落ちる,やり取り,承認
情動	歓喜,攻撃,侮辱	悲しみ,同情,恐怖,怒り,ペーソス	誇り,賞賛,郷愁	愛,心遣い,思いやり,寛容,感謝
ビジネスにおける機能	娯楽	カタルシス	インスピレーション	思いやり

出所:Gabriel(2000)を基に作成したHatch, Kostera and Kozminski(2005)。

ば，この喜劇的─叙事詩的ストーリーは，聞き手の中にさげすみと称賛の入り混じった感情を引き起こすはずであり，そのことが楽しさを倍増させるとともに感動を与えるのである。彼がストーリーの形態を巧みに組み合わせていることも，この成功した企業家の洗練されたストーリーテリングを際立ったものにしている。

組織研究におけるナラティブ（説話）と内省

　イギリスの道徳哲学者アラスデア・マッキンタイア（Alasdair MacIntyre）は，知る方法として，つまり認識論として，そして伝記の存在によって証明されているように，すべての社会生活が語られる証拠としてナラティブを提唱した[31]。マッキンタイアによれば，個々人のナラティブが個人の人生に意味を与えるとともにその人生を構築していて，さらにわれわれは組織的，社会的，歴史的文脈の中で生活しているので，われわれの人生は組織や社会や歴史のナラティブと深く交じり合っている。言い換えると，多くの点で，われわれのストーリーは所属する組織や社会のストーリーの一部なのである。

　ナラティブは，自己を知ることを含む知る方法であるので，認識論的である。ナラティブ的認識論をとるということは，人間は，ストーリーを他人にだけでなく自分自身に語り聞くことによって知識を身につけていくと確信していることを意味する。この認識論的前提からすると，組織メンバーが語るストーリーや組織的体験に関する談話を研究することによって，組織について学ぶことができるということである。したがって，マッキンタイアは，当時始まったばかりであった組織のストーリーテリングと語り（narrating）研究に哲学的基礎を与えたのである。

　ポーランド生まれのスウェーデンの組織論者バルバラ・チャルニャフスカ（Barbara Czarniawska）は，スウェーデンの公共部門の組織での調査をもとにしてナラティブ（説話的）アイデンティティ形成の理論を提案し，マッキンタイアの主張に反論した[32]。彼女は，民営化とコンピュータ化に関して聞いたいくつかの物語をソープオペラ（ドタバタ劇）になぞらえた。ソープオペラとは，一連の意外な出来事に奮戦しながらも互いにいがみ合う人たちの姿を演じ

る多くの登場人物を巻き込みながら複雑に絡み合った筋書きを際限なく描いたもので，それはあたかも複数の作家が自分のストーリーで自分や他の作家の実力を示そうとしているように見えるものである。チャルニャフスカによれば，ソープオペラのように複雑な筋書きと多様な登場人物が出てくる組織ナラティブは，さまざまな組織生活を織り込みながら際限なく進んでいくのである。

このように継続中のナラティブ（説話）として組織を概念化するだけでなく，組織文化研究者は，ナラティブ的認識論を用いて理論化をナラティブ的行為として研究することもある。アメリカの組織論者ジョン・ヴァン・マーネン（John Van Maanen）は，この内省的アプローチを用いた最初の1人である。彼は著書『フィールドワークの物語（Tales of the Field）』の中で，まず物語を現実主義者，告白主義者，印象主義者の物語に区別し，組織研究者に自分たちのナラティブ的実践を考察してもらい，彼らが採用したナラティブ・タイプが自らの語るストーリー，つまり自らの理論や調査報告書に及ぼす影響に注意を払うよう促した[33]。

ヴァン・マーネンの研究を基にした論文で私は，ナラティブの理論家たちがいわゆる社会科学のパースペクティブにおけるフィクションとノンフィクションの区別にどれほど疑問を抱いているかを述べた。

> リサーチ・デザインでは，対象と観察者の役割が創案され，文脈が確定され，行為と出来事の流れが決定される。このことは，登場人物，状況，筋書きを作るフィクション作家と社会科学者とが似ていることを示唆している。さらに，調査報告書は科学的成果を提示するもののはずであるが，報告するという行為はナラティブ行為である[34]。

私の研究は，フランスの文学者ジェラール・ジュネット（Gerard Genette）が考えたナラティブ理論を応用したものである。彼は，ナラティブ（説話）は，ストーリー，その語り手，語る行為の結びつきから生まれるというアイディアを進化させた。彼は，語り手とストーリーの関係を視点（パースペクティブ）とする一方，語り手とナラティブ行為の関係を声（ボイス）と呼んだ（図6.5）。ナラティブの視点と声を私は次のような疑問形にしてみた。すなわち，「誰が

見ているのか」と「誰がいっているのか」である。

視点（パースペクティブ：perspective）は，語り手が調査中の現象をその境界の内側から観察するのか外側から観察するのか，その立ち位置を明らかにする。すなわち，主観主義的存在論の立場と客観主義的存在論の立場の違いに対応する説話である。声（voice）は，語り手自身が，語られるストーリーに登場人物として登場するかどうかによって異なる。これによってナラティブ的内省が，ストーリーに入り込めるかどうかが決まる。

ヴァン・マネーンの足跡を追って，カレン・ゴールデン・ビドル（Karen Golden-Biddle）とカレン・ロック（Karen Locke）も何人かの著名な組織民族誌（エスノグラフィ）の研究者が自分たちの説明を納得させるために用いた戦略を分析した[35]。彼女らが行ったのは**修辞的分析**（rhetorical analysis）であったが，そこから研究対象とした調査報告書には3つの共通する次元があることがわかった―信憑性，もっともらしさ，批判性。ゴールデン・ビドルとロックによると，**信憑性**（authenticity）とは，読者に著者がその場にいたことを確信させることであり，研究対象者が彼らの世界をどう理解しているかを著者が確実に把握していることを納得させることである。そのためには，日常生活の詳細を提示し，著者が情報提供者との間に築いた関係および彼らからどのように情報を引き出したかを述べ，彼らの個人的偏見を説明する必要がある。**もっともらしさ**（plausibility）とは，読者に研究の貢献と重要性を確信させることである。そのためには，オーソドックスでない手法（民族誌学がその当時どのように見られていたかがわかる）を普通に見せ，議論を呼びそうな主張を正当化し，そして感動的な結果予想を作り上げる必要がある。

批判性（criticality）は，ゴールデン・ビドルとロックが民族誌的研究の価値を読者に確信させるための3番目の基準である。批判性は，読者に今まで疑ってもみなかった自分たちの前提を精査させ，その領域で一般的なものとなっている態度や信念に疑問を抱かせるものである。彼女らは，民族誌的研究を読者に納得して受け入れさせるためには，信憑性ともっともらしさが欠かせないことを明らかにした一方，組織論にシンボリック・アプローチを大々的に受け入れてもらうためには，批判性が最も大切であることも明らかにした。

図6.5 ジュネットのナラティブ理論の基本要因および視点軸と声軸で示した座標におけるそれらの関係

注：語り手や調査者が内省可能なのは，彼らが語る物語の登場人物になる場合だけである。
出所：Genette（1980: 186）を基に作成したBrooks and Warren（1943: 589）.

劇場メタファー：ドラマツルギーと行為遂行的発話

　カナダの社会学者であるアーヴィング・ゴッフマン（Erving Goffman）は，シェークスピアの名言「すべての世界は舞台であり，すべての男女は役者にすぎない」を社会組織での生活に応用しようと考えドラマ理論のアイディアを借用した。ゴッフマンは，個人は自己とその社会的現実を行為を遂行することを通して形作るが，それは劇作家と役者が観客の前の舞台でストーリーを組み立

て披露するのと似ていると考えていた[36]。ゴッフマンは，精神病院を研究中にドラマツルギー・アプローチを思いついたが，その研究では病院の社会的秩序は，制度という舞台の上で医者と看護婦と患者がそれぞれの役を演じることで成り立っていることがわかった。

アメリカの社会学者マイケル・ローゼン（Michael Rosen）は，アメリカの広告代理店で行われていた文化的儀式の分析にゴッフマンのドラマツルギー・アプローチを利用した。年に一度のこの儀式は，それが行われるレストランの名前にちなんで社内では「スピロで朝食を」という呼び名で知られていた[37]。彼は参加した朝食会におけるシンボル，服装，言葉，そして飾られていた絵画を記述するとともに，それぞれの集団や個人が彼らの個人的アイデンティティや組織的アイデンティティを強化し，この組織の階層性をはっきり伝えるためにシンボルをどのように操作していたかを記述した。

例えば，ローゼンは，社員はグループごとにこの儀式に出る服装が異なることを観察した——事務職員や創造的な仕事をしている人たちはドレス・コードがあまり厳しいようには見えなかった反面，地位や報酬の面で上を目指している人たちは同じタイプのスーツを着ていた。何人かの経営幹部（誰も皆正装）がスピーチをしたが，その内容は支配と慈悲のイメージを繰り返すものであった。それは社長が，何人か問題を起こした社員がいるので人事異動を行うという話をし，その後10年勤続社員の表彰を発表するといったものであった。ローゼンは，このように並列させることで，表彰が会社の規則に従った行動をシンボル化し，この会社の階層性重視の価値観を強化していると主張している。同じシンボリズムから，経営幹部と同じような服装や行動をしないことで自分たちが会社の創造的下位文化の一員であると表明できることを社員はわかっている。

ローゼンの研究からわかるように，**ドラマツルギー（dramaturgy）** は，演技，衣装，舞台，仮面，小道具，大道具といった演劇の劇場的要素と関係している。それは劇場の特徴を組織化に結びつけるメタファーの上に成り立っている。例えば，演技も組織化も配役に成否がかかっているし，劇団も企業もカンパニーと呼ばれている。パフォーマンスは，劇場，組織どちらのディスコース（言説）

でも重要である。このことは，役者，脚本，あるいは組織のパフォーマンスを見ればわかるように，これらはすべて批評プロセスを経て評価されている。

劇場と組織のパフォーマンスの類似性からドラマツルギーに傾倒した組織研究者は，イギリスの言語学者ジョン・L・オースチン（John L. Austin）の著書『言語と行為（*How to Do Things with Words*）』で紹介された**行為遂行的発話（performativity）**の観念を利用した。情報を伝えるのに言葉を単に用いるのと対比させて，オースチンは口に出したときに，行為を遂行する言葉（例えば，「我汝を娶る」，「君はクビだ」）として行為遂行的発話を定義した[38]。行為遂行的発話がドラマツルギー的組織研究をポストモダン・パースペクティブに舵をとらせた。

劇場メタファーの研究者としてスタートし，すぐに行為遂行的発話の領域に移ってしまったイギリスの組織論者ヘザー・ヘプフル（Heather Höpfl）は，イギリスの劇場の元舞台マネジャーであった。彼女は，自分の芸を披露している役者の主観的経験と仕事の世界との類似点を数多く指摘している。彼女は，航空会社の顧客サービス乗務員と職業紹介所で行ったドラマツルギーおよび行為遂行的発話の特徴を研究し，顧客サービス部門の社員が企業の価値観を内面化すると，ドラマの中の役者とまさに同じように忘我の域に入るということを明らかにした[39]。この発見をもとにヘプフルは，顧客サービスを決めた組織的実践や手続に対して明確な批判をした。つまり批判的ポストモダン・パースペクティブの立場をとったのである。

ヘプフルは，劇中の役者も企業の行為者も同じように役を演じるに際して犠牲を払っており，この負担は要求に応えるために見せかけの演技をし，消耗し，ストレスを感じ，そして燃え尽き症候群に陥るといった観点から評価されなければならないと主張した。彼女はまた18世紀のフランスの過激な哲学者ドゥニ・ディドロ（Denis Diderot）を引用し，挑発するかのように役者を娼婦になぞらえて，役者とは「一緒にいる男に情を移すことなく，しかもプロとしての能力を誇示するかのようにあらゆる手練手管で男の腕の中へ飛び込む売春婦」のようなものであるといっている[40]。

ヘプフルによれば「ディドロのいう役者は，いくつかのあるいはすべての役

を完璧にこなせる道具もしくは空の器である。それはプロの芸を追い求める過程で彼／彼女の元々の人格が消し去られ，感情が取り除かれているからである。」そして彼女は，「技能を持っているのでいろいろな役を簡単にこなせる柔軟でよく訓練された労働力を作ることが望ましい最終目標であると考えている」組織管理者についても考察している[41]。彼女によれば，役者の苦痛を食い物にし，同時に隠しているのも，ある部分経営者側のこのような態度なのである。

劇場感覚で演じることは多くのサービス職ではよくあることであるのを示し，そこでの顧客サービスが組織の演技者に加えている苦痛を示すために，ヘプフルが実際に見た，自分たちの役割を大げさに演じている航空会社の従業員の例を次のように書いている。

> 1998年ワルシャワからヒースローへの定期便の機内で，まるで特別進学クラスの生徒のような異常な働きぶりをする客室乗務員を私は目の当たりにした。客室乗務員たちは，免税商品を身につけ，それを売っていた。このメンバーの中の1人の男性客室乗務員は，これ見よがしの気取った態度でカートを押していた。彼の服装はといえば，頭にシルクのヘッドスカーフを巻き，レイバンのサングラスをかけ，小さなテディ・ベアのマスコットを胸ポケットからぶら下げていた。彼のペアの女性メンバーは，マジシャンの助手よろしく身振り手振りでそれを指していた。私は長いこと飛行機を利用しているが，いまだかつてこのような光景を見たことがない。別のメンバーが，これはフロアショーです，乗客の皆様もご一緒にお楽しみいただき拍手をお願いいたします，とアナウンスした。このパフォーマンスは，最後に乗務員たちがお辞儀をして終わった。このような極端なパフォーマンスを生んだ，組織はパフォーマンス（行為遂行）を要求するという当然の論理に，私は強い衝撃を受けた。嘘偽りなく，この乗務員たちは，自分たちの役割に求められている以上の行動をしていた。この例からは，日常の組織パフォーマンスではほとんど起こり得ないことに関して，あまり直接的で明確ではないが洞察が得られる。つまり重要なことは，特殊事例が明らかにしてくれたものの中に存在する。これには，不条理演劇の観念と多くの共通点がある。不条理演劇では演技の産物が，演じる中で透けて見えてくる[42]。

ヘプフルの最後の指摘，つまり演じることで演技の産物が透けて見えてくるというのは，ポストモダン・パースペクティブで使われている行為遂行的発話という用語が意味するものである。

ポストモダニズムと組織文化

ポストモダンの組織論者は，劇場とは異なるメタファー――テクスト――に多くを頼っている。彼らにとって，テクストは継続中の意味の解釈行為であり，すべてのものは組織も含めてテクストなのである。彼らは，テクストとしての組織というアイディアのほとんどを，ポスト構造主義の文学理論から借用したが，そこはポストモダンの概念や理論の宝庫なのである。

ブルガリア生まれのフランスの言語学者ジュリア・クリステヴァ（Julia Kristeva）は，間テクスト性の理論を発表した。この理論は，組織にテクスト・メタファーを応用する人たちに多大な影響を及ぼした[43]。**間テクスト性（intertextuality）**は，テクストは他とは独立しては存在し得ないという仮説に由来している。すべてのテクストは，それが言及している他のテクストに編み込まれており（例えば，質問，引喩，描写，記述することによって），そしてそれらの意味の一部もそれらから与えられている。それゆえ，それを書いた著者が意図したテクストの元々の意味を問うことは，意味のないことである。なぜならば，言説（ディスコース）は多くの編み込まれたテクストを作り出すとともにそれらによって作られているからである。そして多くの編み込まれたテクストの多様な著者および読者は，間断なくそれらのテクストを(再)読み，(再)執筆しているからである。

組織に間テクスト性を応用するということは，組織文化，アイデンティティ，シンボル，行為，そして行為者をテクストに変換するということである。このテクストが，相互に参照し続けながらお互いを創造する[44]。この関連からすると，チャルニャフスカのスウェーデンの公共部門での組織のソープオペラ（ドタバタ劇）についての経験的記述は，クリステヴァ理論の応用である。しかしながら，チャルニャフスカの組織のソープオペラが四方八方に話が飛び，永遠

に終わらないストーリーテリング・バージョンであるのに対し，彼女のいうところのナラティブ（説話）は，まだ理解できるくらいには相互に筋の通ったものである。その絶頂に達したころポストモダニズムはそのような全体像を描き出そうとする野心から手を引き始め，それに代わって意味や首尾一貫性の断片化を称賛し始めた。

断片化としての文化

組織文化が，調和に欠け，曖昧で，常に流動状態にあるという点に焦点を向ける組織文化研究者が何人かいる。この見方においては，連携や提携が下位文化として根づくことはあり得ないし，間違いなく統一文化とはならない。なぜならば，言説やその焦点を当てている問題が常に変化しているからである。このような基本的考えからアメリカの組織研究家デブラ・メイヤーソン（Debra Meyerson）とジョアン・マーチン（Joanne Martin）は，**断片化（fragmentation）** としての組織文化のイメージを提示した[45]。それは彼女らがあまりにも異論がなさすぎると考えていた組織文化に対する見方，つまり組織文化は**統一性（unity）**（統一された価値観や確信を示すこと）と**差異（differentiation）**（例えば，下位文化）として特徴づけられるという見方と並置するためであった。マーチンは，次のように述べている。

> 2人の文化メンバーが例えば儀式に対する特定の解釈に同意（あるいは反対）した場合，これは一時的で問題限定的な一致（あるいは不一致）であるように思える。この同意が他の問題や別のときの同意や反対に関係しないこともあるだろう。そう考えると，下位文化は，将来同様のものが作られることもあれば作られないこともある一時的で問題限定的提携として再概念化される。これは，単に特定文脈において下位文化が同意を形成できなかったということにはならない。断片化のパースペクティブからすると，いかなる文脈においてもほとんどの同意はそのようなものなのである[46]。

断片化は，ポストモダニズムと多くの共通点があるがその一方で，ポストモダンの文化研究は断片化を飛び越えて現実を（したがって文化を）幻想である

と断言するところにまで行っているとマーチンは主張する[47]。彼女は，文化が幻想であるという点では，ポストモダニストと立場を異にするが，組織文化は権力者にとって，自分たちが他者をコントロールしていることを覆い隠すもう1つの方法にすぎないという点では立場を同じくする。彼女は，批判的ポストモダンの組織文化研究者に追随してテクストの脱構築の世界に足を踏み入れ，この手法を使って，今まで口にされることのなかった文化に関する了解事項によって覆い隠されていた権力関係を示そうとした。

組織文化を脱構築する

　何人かの批判的ポストモダンの組織論者が，組織や組織論における大きな物語を否定しようと試みた。その方法は，モダニストの理論や執筆スタイルを含めた，モダニストのナラティブ（説話）やストーリーのイデオロギー的機能を批判するというものだった。この中の1人にアメリカのコミュニケーション学者デニス・ムンバイ（Dennis Mumby）がいる。彼によれば，組織の説話は，組織文化を意図的に歪曲させることにつながる。それは説話が，既存の依存関係や支配関係を支持するような特定の意味を再生産したり維持したりするからである[48]。

　脱構築することで，組織ストーリーがどのように特定集団に特権を与え，他を排除しているかが明らかになり，組織ストーリーのイデオロギー的性格があからさまになる。例えば，マーチンは，多国籍企業のCEOが語ったストーリーを脱構築している。このCEOの語ったストーリーは，若い女性に関するものであった。内容は女性が，自分の帝王切開の日時を調整してまで，自分がかつて開発に関わった新製品の発表会に実質的に参加できるようにし，会社はそのために社内テレビ放送を自宅で見られるようにしてあげた，というものだった[49]。

　マーチンは，次のように論じている。このCEOが語った行為による一番の受益者は，この女性ではなく会社である。なぜならば，この発表イベントへの女性が参加することによって，彼女の子どもが幸福になるというよりは，会社の生産性が高まるからである。マーチンは，さらに次のように示唆している。このCEOが大切な企業文化として語った内容は，実際には生活における公私

の境目をなくすことで性差別をコントロールし維持した，つまり，この女性が新しい家族のために振り向けていたはずの時間の幾分かを組織に振り向けさせることができたと語ったのである。

　このCEOが語ったストーリーに対する別の解釈も，もちろん可能である。例えば，このストーリーの女性は，同時に2人の子ども—1人は彼女の子ども，もう1人は新製品—が生まれてくるのを実際に見たいと主張したかもしれない。その場合，彼女は病室から両方のイベント会場に行くことをいとわなかったとすることも可能である。もっと深読みすると，この母親の虚偽意識の現れと捉えることもできる。結局，どのような解釈も成り立ってしまう。しかしながら，このような解釈の中身がここでの主眼ではない。

　マーチンのやったような脱構築的読み方（deconstructive reading）は，支配の可能性や別の形態の権力の可能性（出産しかつ新製品開発を手伝ったあの女性の創造力のような）を明らかにするが，そこではどの解釈が正しいかということを確定する必要はない。これは批判的（クリティカル）ポストモダニストが暴こうとしていた，意味のコントロールを通じての支配との飽くなき戦いなのである。ポストモダニストによると脱構築の効用は，組織化が行われる際に連綿と続いてきたこのような権力闘争に敏感になれることである。

　脱構築は，うわべだけで曖昧なアイデンティティの主張，儀式，その他の意味のない組織シンボルによって生み出された幻想も暴くことができる。マイケル・ローゼンが「スピロで朝食を」の研究で，この組織儀式には，メンバーを経営者のイデオロギーに迎合させる模倣行為（例えば，望ましい感覚を身につけるというよりはそのような感覚を訳もわからず真似ること）があったことを暴いたのを思い起こしてほしい。脱構築論者でもあるオーストラリアの社会学者ダグラス・エジー（Douglas Ezzy）は，信頼と家族に価値を置くことを謳っている組織文化が，協働よりも個人成果に報いていたり不景気時にレイオフするといった矛盾した行動をとっている，と主張した[50]。彼は，労働者をコントロールしておいて後で見捨てるような組織文化を信じ身を投じた労働者は，幻想の犠牲者に落ちていくと論じている。

　同様に，アメリカのエレクトロニクス企業のエンジニアリング部門のメン

バーにインタビュー調査した，イスラエルの組織民俗誌学者（エスノグラファー）ギデオン・クンダ（Gideon Kunda）は，その会社の社員たちが，組織人として話しているのか，本来の自分として話しているのか，境界をはっきりさせるのが難しいと不満を漏らしていたと指摘している[51]。彼のインタビューを受けた社員たちは，楽しい文化の中で革新的技術を開発するために長時間働いているが，この楽しい文化は皮肉にも個人生活を犠牲にして自分自身で作り上げたものであると述べていた。彼らの多くが燃え尽き症候群に苦しんでいたが，これこそ組織文化がその幻想を信じ込んでいる社員を抑制しコントロールしている証拠であるとも指摘している。

文化と変化：規範への回帰

　経営者の組織文化に関する最大の関心事は，どうすれば変えられるかということである。どのパースペクティブをとっているかにかかわらず，すべての組織文化研究者は，経営トップが組織文化における最強のメンバーであると認めている。そして権力を持っているが故に別格の注目を集めるので，彼らの行動は他者の役割モデルとなり，言葉は傾聴され，命令は厳守される。しかし，文化理論に基づいた経営者へのアドバイスは，どのパースペクティブをとっているかによって，大きく異なってくる。

　シンボリックの組織論者は，経営者に他の組織メンバーに影響を及ぼす機会があったとしても，そこでの言動が意図したように解釈されるとは限らないし思ったような効果を生むとも限らないと確信している。彼らは，モダニストは文化を従業員の解釈や行動をコントロールする力を秘めたマネジメント・ツールであると非現実的に思い描いているとして非難している。従業員が組織文化に最も直接関わっている人たちであり，それゆえ，組織文化を変えることも変化に抵抗することもできる一番の人たちなのである。文化を道具と見なすモダニストへの批判的ポストモダニストの抵抗は，シンボリックの仲間よりも過激なものだった。すなわち，経営者のコントロールという倫理を否定することで即座に切り捨てたのである。

モダン・パースペクティブ：コントロールとしての文化

　モダニストは，もし文化が規範や価値観を通じて行動を形成するとしたら，望ましい行動が多少なりとも確保されるように，組織文化を管理できるはずである，と主張する。彼らは次のように確信している。例えば，会社の価値観に合った社員を募集採用する施策をとり，社会化し，組織にとって好ましい規範や価値観を社員に繰り返し教え込む訓練を行い，経営者の要求に沿った行動を強化するように報酬を与えれば，文化はコントロールできる[52]。

　アメリカの組織論者ウィリアム・オオウチは，クラン（同族）・コントロール概念を使い，コントロールとしての文化観念の中でも最強のものを提案した。このクラン・コントロールとは，組織コントロール手段の一般的類型の１つであり，市場コントロールや官僚制コントロールもそのような類型に入る[53]。クラン・コントロール（clan control）での文化の役割は明確である。クラン・コントロールは，新しい組織メンバーの社会化，つまり新参者に文化的価値観，目的，期待，そして実践を内面化させられるかどうかにかかっている。内面化させることができれば，望ましいパフォーマンス水準へ彼らを駆り立てられるからである。オオウチは，次のように指摘する。ひとたび内面化されると，暗黙の理解が，社員の行動を導き調整する。さらに社員は自らの行動や他者の行動を自然とチェックするようになる。クラン・コントロールにおいては，経営者が文化的規範や期待の管理を担っているとともに，すべての組織メンバーにそれらを受け入れさせ内面化させる役を担う。これがうまくいくと，その後は文化をコントロールする経営者に代わって，文化が社員をコントロールすることになる。経営者がクラン・コントロールをとっている場合，文化を変えるということは方向づけをし直すという単純なことのはずである。

　シャインの理論も文化をコントロールするというモダニストの規範的な野望を支持しているが，シャインは文化変化を管理することにより洗練された表現を用いている。基本前提，価値観，文物としての文化という自らの理論に基づいて，彼は組織文化は新しい価値観がトップの命令あるいは行動によって示されることによって持ち込まれた場合にしか変化しない，と主張する。さらにシャインは，文化を実質的に変化させる，つまり今まで同様に従業員をコントロー

ルする役割を担えるのは,新しい価値観が意識されることなく基本前提に浸透していった場合だけであるとも指摘している。文化変化を確実なものとするには,文化メンバーが,提案された新しい価値観の恩恵を個人的に体験する必要がある。

規範的な言い方をすれば,シャインは文化変化による組織への主な恩恵は,環境適応あるいは内的統合のどちらかであると確信していた。アメリカのモダニストの研究者の何人かが文化が異なると,適応と/または統合に違いが出るという洞察を提示している。200社以上を対象に,強い文化の業績効果に関する研究を行なったジョン・コッター（John Kotter）とジェームス・ヘスケット（James Heskett）は,文化の強さは,総体的な組織業績と強い相関があることを発見した[54]。文化的価値が組織の環境適応を支持するものであった場合,相関は一層強まった。文化が組織業績に大きく影響を及ぼすのは,それが環境変化を予測し適応することに役立つ場合（正の効果）か,その適応を妨げる場合（負の効果）のどちらかである。言い換えると,文化が適応を支持しない場合,強い文化は業績の妨げとなりかねないが,文化と適応要件の方向性があった場合には,強い文化は業績を押し上げるということである。

コンティンジェンシー理論に文化を取り込んで,ダン・デニソン（Dan Denison）は,もし組織が高業績を達成したいならば,組織の戦略,文化,環境を整合させる必要があると提案した[55]。デニソンによると,急激に変化する環境で活動している組織は,柔軟性や変化に価値を置く（デニソンはこれを適応文化と呼んだ）か,参加や高組織コミットメント（関係文化）に価値を置く場合に,業績が最高であった。また安定した環境で成功している組織は,将来について共有されたビジョンを持っている（使命文化）か,伝統や慣行に従った行動に強い価値を置いていた（一貫性文化）。デニソン理論によれば,適応文化と使命文化は外部に目が向いているが,関係文化と一貫性文化は内部に目が向いている。デニソンの研究は,シャインがいうところの文化の主な2つの恩恵,すなわち,外部適応と内部統合という規範的主張を支持するものである。しかしながら,シャインは,これらを相互排他的に扱ってはいないので,ここは,さらに研究の余地を残す難しい課題である。

変化に対するシンボリック・パースペクティブ：戦略とアイデンティティとしての文化

　シンボリック・パースペクティブの立場をとっている研究者は，文化を形成し，維持し，変化させる解釈プロセスに関与するには，社員の言動を観察し，聞き，反応しなければならないということを経営者にわかってもらいたいと思っている。彼らは，経営者は実際には文化の影響によって管理されているにもかかわらず，本人は自分の組織を1つ2つの文化的文脈の中から管理しようとしている，と確信している。

　規範的な言い方をすると，シンボリック・パースペクティブは，経営者が犯す可能性のある最も大きな過ちは，彼らが作り出した企業（下位）文化を組織文化と混同してしまうことであると警告しているのである。組織文化および下位文化を知るためには，経営者は社員たちと関わらなければならない。企業文化と組織文化が異なる場合，経営者は方法を見誤る。すなわち，組織を変化させようとする努力は，組織アイデンティティや物事がどうなされるべきかの規範を皆が理解する方向には向かわず逆機能してしまう。

　イタリアの組織論者パスカーレ・ガリアルディ（Pasquale Gagliardi）は，シャインの基本前提と価値観としての文化観念と，彼の理論のもととなっている戦略とアイデンティティの概念を合体させた。ガリアルディの理論においては，組織の基本戦略は，組織アイデンティティを守ることであり，逆にそのアイデンティティは，文化の基本前提と価値観によって明らかにされるのである（図6.6）。

　ガリアルディは，組織は自己のアイデンティティを守るという基本戦略を支えるための二次戦略を策定し実行する，と論じた。これらの戦略は，道具的なものか表出的なもののどちらかになる。**道具的戦略**（instrumental strategies）とは，業務的な性格のもの，つまり特定の測定可能な目標の達成に関心を向けるものである。**表出的戦略**（expressive strategies）とは，シンボリックの領域で機能するものであり，共有された意味の安定性と一貫性を守ることで集団メンバーが共通の自己概念を維持し，外の世界にそれとわかるアイデンティティを提示できるようにするものである。

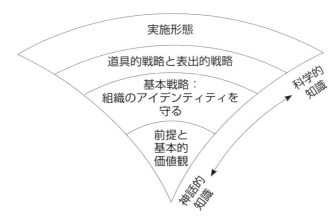

図6.6 戦略とアイデンティティとの関係で見たガリアルディの扇型文化モデル

　二次戦略は，表出的かつ道具的であることもあり得る。例えば，広告キャンペーンは，組織のアイデンティティを外部の聴衆に表明するために企画されることもあり得るし（表出的），同時に企業の製品販売のためにも企画できる（道具的）。同じように，オフィスの壁をなくす運動は，コミュニケーションの改善戦略を反映したもの（道具的）であり，かつチームワークの重要性が増大していることをシンボル化する戦略を反映したもの（表出的）かもしれない。ガリアルディによれば，行動，技術，シンボル，構造における変化は，二次戦略が実行されることによって起こる。彼の考える最も効果的な戦略は，組織文化のアイデンティティに満ちた表現をすることである。

　自分の理論に基づいてガリアルディは，コンサルタントしていた組織で観察した，文化を変えようとする努力の3つの結末について述べている。彼によると，それぞれの文化変化の結末は，文化と戦略の関係の違いとして整理される。戦略と組織の既存の基本前提や価値観が一致している場合，文化は実際には変化せず，新しい文物を1つか2つ組み入れて変化しているように見せているだけである。大きな変化を避けているわけだが，その理由は，そのような見せかけの変化（apparent change）においては，組織が二次戦略を既存の文化やア

イデンティティの領域内で形成し実行しているからである。

　戦略と基本前提や価値観が衝突する場合には，置き換えられるか破壊されるかのいずれかによって文化が破壊されるか，抵抗にあい戦略が実行できないかのいずれかになる。いずれの場合にもガリアルディによれば，文化の大きな変化は起こらない。なぜ文化の反発があると変化を生まないかは説明するまでもないだろう。ただ革命的変化には，少し説明が必要である。**革命的変化（revolutionary change）**の場合，戦略が強制されることになるが，これは外部から来た人が今までの文化シンボルのほとんどを破壊し，新しい文化シンボルへ置き換えさせてしまうことによって強制されるのが通例である。例えば，組織がまったく異なる文化を持つ企業によって買収された場合や，愛すべき創業者が彼の哲学を否定するような人物に取って代わられた場合に，このようなことが起こる。このような事例についてガリアルディは，そのことを「もっと正確にいえば，古い企業は死に，最初の企業と何の共通点も持たない，新しい企業が生まれるのである。」と論じている[56]。

　文化に変化が起こるのは，戦略が既存の基本前提や価値観と異なってはいるが，矛盾していない場合だけである。このような事例の場合，戦略によってもたらされた新たな基本前提や価値観が付け加わることで文化が拡大する。それゆえ，ガリアルディはこれを**漸進的変化（incremental change）**と呼んだ（図6.7）。シャイン理論を借用して，ガリアルディは，新戦略がもし成功すれば，戦略がもたらした価値観の漸進的変化が組織の一連の基本前提に吸収されていくことになる，と説明している。

　ガリアルディは，文化的価値観，基本前提，アイデンティティの漸進的変化をもっと確実に起こしたければ，ストーリーテリングと神話づくりを併用すればよいと助言している。この２つの要因は，彼の表出戦略と同様にシンボリック・パースペクティブに由来する。しかしガリアルディは，それによって文化変化が起こるはずのシンボリックで解釈的なプロセスにはあまり触れていない。私の組織文化のダイナミクス理論は，この方向性にもっと踏み込んだものである。

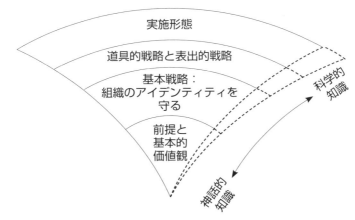

図 6.7 新しい文化の前提と価値観を取り込むための拡張型ガリアルディの扇型文化モデル

組織文化のダイナミクス

　ガリアルディの理論同様，私の文化のダイナミクス・モデルも，文化を基本前提，価値観，文物として捉えるシャイン理論に基づいている。文化のダイナミクス理論は，しかしながら，本質的にそれらの要因に目を向けるものではなく，それらを結びつける組織プロセスに焦点を向けている（図6.8）[57]。

　このアイディアは，シャイン・モデルの基本前提と価値観，そして価値観と文物を結びつけている名前も付けられていなかった矢印を理解しようとしていたときに浮かんできた。あるとき，私は，シャインの図を横向きにし，その外側に2組の矢印を離して描き，価値観の反対側にシンボルを入れるための空間を作った（図6.8の中央に描かれているシャイン・モデルとそれを取り巻く文化のダイナミクス・モデルを比較のこと）。シンボルを入れたのはシャイン・モデルにシンボリック・パースペクティブを持ち込むためであり，その一方，文化プロセスを示す矢印に顕在化，具現化，シンボル化，解釈という名前を付けたのは私の関心を強調するためである。

　文化のダイナミクス・モデルの左上部において，基本前提が，価値観として

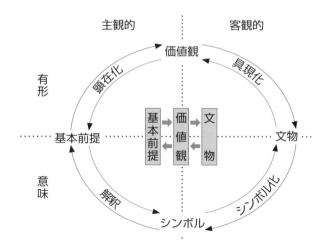

図 6.8 ハッチの文化のダイナミクス・モデル

このモデルは，顕在化，具現化，シンボル化，解釈という関連する4つのプロセスを示している。このプロセスにおいて，文化の変化だけでなく，安定的な特性も連続的に進行することになる。このモデルの上半分は，文化が基本前提や価値観によって変えられたり，それらを反映したりした行動によって作り出された文物という形でどのように有形化してくるかを示している。モデルの下半分は，文化的意味を決定することで文物がシンボルへと変えられるが，そのシンボルは基本前提を支持することもあれば対抗的な場合もある。図を左右に分割している点線は，文物は客観領域で出現する一方，基本前提は主観領域に隠れていることを示している。シンボルと価値観は，これらの領域にまたがっており，それぞれの属性をある程度あわせもっている。

出所：Hatch（1993）.

顕在化してくる。この価値観は世界に対する期待を作り出し，行動を左右するものである。**顕在化（manifestation）** は，人間は怠惰であるという前提を設定し検討することで次のように説明できる。

　　文化のダイナミクス・パースペクティブからすると，この前提が人間は怠惰であるという期待を作り出し，そしてこの期待が怠惰行為の知覚につながる。すると，この知覚が，他の前提の顕在化と相俟って，これらの行為に関する思考や感覚を偏らせる。例えば，成功は努力し続けた結果であるという前提を持っている組織においては，怠惰は否定的な観点で捉えられるだろう。そして怠惰

に対する否定的な思考や感覚に沿った知覚は，怠惰をコントロールするという価値観をすぐに生むはずである。また一方で，怠惰であるという前提は勤勉な行為に対する期待を制約するようにも作用する（なぜならば，人間は怠惰であり，勤勉に行為するはずがないからである），そして勤勉な行為に対する知覚，思考，感覚は抑え込まれることになる。この制約は，自律性に対する価値観を抑制することにもなる（なぜならば，怠惰な人たちに自律性を与えることは，ほとんどあるいはまったく努力しないという結果につながるのが目に見えているからである），そしてこのように一連の価値観の中から本質的に競合する価値観を締め出すことによって，コントロールに対する価値観がさらに強められるのである。すなわち，自律性と組織の成功は努力にかかっているという前提は両立できるはずのものであるにもかかわらず，怠惰であるという前提が，努力／自律性の価値集合を妨害し，努力／コントロールの価値集合を支持するのである[58]。

　価値観の顕在化によってひとたび文化が行為に影響を及ぼすと，価値観に基づいた行為が文化的文物（例えば，物，行事，口頭の声明，テクスト）を作り出す。文物を作り出すことを**具現化(realization)**プロセスと呼ぶ。その理由は，このプロセスによって基本前提や価値観に根ざしたイメージが実体のある形を与えられ現実的なものとなるからである。怠惰の例を続けてみることにする。

　　組織は怠け者で満ち溢れているという前提は，コントロールに対する価値観を高め，ある種の社会的形態や物的形態が出現する可能性を高める。例えば，タイムカード，1日ごとの生産報告書，業績評価，見渡しのきくオフィス，これらは怠惰をコントロールすることに価値を置く文化では受け入れられやすいアイディアである。先取り的な具現化は，顕在化された期待が形のある行為になるプロセスである。したがって，タイムカードは導入され，業務日誌は要求されファイルされ，業績評価が行われ，見渡しのきくオフィスが作られるだろう。これらすべて，組織は怠け者で満ち溢れているという前提の下で「どうあるべきか」という期待を具現化する1例である[59]。

　図6.8の文化のダイナミクス・モデルの上半分には，顕在化と具現化のプロ

セスが示されているが，ここで文物が作られる。下半分では，ひとたび文物が組織の文化の一部として認められ，シンボル化と解釈に役立つようになると何が起こるかを示している。つまりモデルの上半分において，基本前提と価値観が文物を作り出し維持するような行為を具現化し，その一方，下半分では，組織メンバーが利用できそうな文物のいくつかを選び（すべてではなく），意味をシンボル化し他者にその意味を伝えるのに使うのである。

文物からシンボルが作られるプロセスを**シンボル化**（symbolization）と呼ぶ。例えば，美しいオフィス・ビルの新築計画を経営幹部は，参加的ですべてを包み込む組織のイメージを伝えるために利用するかもしれない。一方，低い階層の従業員からすると，タイムカード，業務日誌，管理者の行動が，あなた方は信頼されていないということを伝え，彼らに憤慨や疎外の感覚をもたらしてしまう。このような場合，タイムカードや業務日誌といった文物に否定的な感覚を持った従業員が，経営者のシンボルに対抗するシンボルを作り出すことになる。

アイディアや感覚を表現するために，シンボルを選び，それを表出的に用いるという**解釈**（interpretation）プロセスを通して日々の組織生活の中での意味や意義が固められていく。時は流れ続けているので，顕在化，具現化，シンボル化，解釈という4つのプロセスは，一体となって次から次へと人びとが文化の基本前提や価値観に影響を及ぼす。そうすることによって意味を目に見える形にした文物やシンボルを作り出し，維持し，変化させるのである。

最初の例に戻ると，明らかによく働く個人の出現が人間は怠惰であるという基本前提を揺るがし，文化の中に新しい意味を持ち込む可能性がある。もちろん，そのようなことが起こるのは，よく働く個人というシンボルが既存の基本前提に合うようにすんなり再解釈された場合である。例えば，彼には特殊な事情があるといった理屈づけ（「彼の双子の娘は大学入試を控えていて，彼はどうしても昇進する必要がある。だから上司にこびている」）をすることによって可能となる。この例では，安定が変化に打ち勝つことになる。しかし変化することもある。それが起こるのは，前提とされている現実と合致しないシンボルに直面した場合である。前述のよく働く個人が，ロトで5,000万ドルを当て，

それでも働き続けていたと仮定しよう。この追加情報により人間は怠惰であるという前提に疑問符がつくことになる。そうなると人びとは，それまで一般的であった見方に対して，少なくとも何人かの労働者は自発的に働くのではないかと主張し始める。もしこの疑問によって，怠惰な労働者とよく働く労働者の選別が行われるようになると，おそらく新たな社員選抜プログラムが確立され，その結果，社員構成が変化し，組織行動が変化し，そして未来の文化シンボルとなる数々の文物が変化する。

　文化プロセスが２つの方向でどのように働くかに注意する必要がある。例えば，解釈では，基本前提がシンボルの意味を決める助けとなるが，シンボルに既存の基本前提を維持することも，否定することも許しているのである。基本前提の維持，これは**文化の安定**（cultural stability）とほぼ同じことであるが，これは解釈がそれまで期待されていたものを支持するときに起こる。しかし解釈が期待と対立する場合もある。**文化の変化**（cultural change）は，基本前提が解釈プロセスでシンボル的に否定されたときに起こり，このことがきっかけでモデルのプロセス全体に変化が連鎖的に広がる。安定そして変化に向かう諸力は，このモデルで述べてきたように文化のダイナミクスに共存していて，常に働いていて，相互に関連しているのである。

　文化のダイナミクス理論を用いて組織を変えたいと考えている経営者は，このモデルで述べたプロセスのどこかを担う必要がある。この意図的に変化を持ち込もうとする企ては，具現化とシンボル化のプロセスで始めるのが一般的である。つまり経営者が，今までの文化にはなかった新しい言語や他の文物（物体や行動表現も強力な伝達手段であることを忘れてはならない）を通して新しいアイディアを持ち込もうとすると，それらはその後，変化推進派の人たちもしくは変化絶対阻止派の人たちによってシンボル化され解釈されることになる。その文物が組織の既存の基本前提や価値観に沿っていると解釈されてシンボルとなった場合，ガリアルディが見せかけの変化と予言したように，変化は比較的容易に起こるが深層に及ぶことはない。

　このような場合，望むような変化をもたらすにはいささか居心地の悪いアイディアを持ち込まなければならない。ただし，変化を起こそうとしている人た

ちは，他の人たちが新しい文物に接し，それらの文物だけでなく自分たちの変化に対する意図にも彼らなりの解釈を始めるにつれて，自分たちの変化プロセスに対するコントロール力が失われていくということを忘れてはならない。つまりシンボリックな意味は，意味決定行為全体を通じて生じてくるが，そこで大きな役割を果たすのは，変化を起こそうとした人たちではなくその他大勢の人たちである。

規範的言い方をすると，文化のダイナミクス理論は経営者を，組織文化を創造し，維持し，変化させるプロセスの内部に置く。このことは，リーダーに付随する権力の多くは，他の人たちによって作られ維持されている文化的文脈内でのリーダー自身のシンボリックな意味を彼らがどう感じているかにかかっているということである。リーダーは，組織内では絶大な影響力を持っている。この点についてはモダニストもポストモダニストも同意見である。しかしシンボリック・パースペクティブでは，この影響力をリーダーが効果的に結集できるかどうかは，彼らがその文化をどれだけ知っていて文化とどのような関係にあるか，そして他者の解釈行為にどれだけ敬意を払い反応しているかにかかっていると主張する[60]。この点で文化のダイナミクスは，モダンとシンボリック・パースペクティブを結びつけるのである。

ポストモダン・パースペクティブ：異なる規範

シンボリック・パースペクティブの論者は，文化を文脈として概念化する。この文脈の中で，経営者が有能かそうでないかが社会的に構築されることになるが，それでも賢明な経営者は文化をコントロールできるというアイディアの余地を残している。ポストモダニストは，その必要性を感じず，賢明な経営者であろうとそうでなかろうと経営者のコントロールを幻想と考えるにいたった。規範的傾向を強めていたポストモダニストは，経営者がコントロールをあきらめれば，個人の創造性や自由が増大し，職場に民主主義が確保されると喧伝した。しかし，もっとよくやったことは，彼らが遭遇したすべての文化理論を，権力乱用を隠し持った暴く必要のあるもう1つの大きな物語であると見なし，脱構築することであった。

組織文化研究の分野が組織化をテクストのメタファーで捉える方向に移ってきたので，文化研究自体が組織論から徐々に姿を消しつつある。その代わりにこの分野のほぼすべての関心現象に対して文化的パースペクティブがとられるようになってきている。この変化は，ポストモダニズム内での展開からもたらされたのだが，結局，今日の組織論にシンボリック・パースペクティブが完全に受け入れられたことを意味するが，同時に受け入れられたことで変化自体をわかりにくくしている。

　文化を明確に対象とした研究が，実際になくなったわけではない。しかし文化研究は，マーケティングの学問分野に拠点を移し，企業ブランディングを研究する論者が，彼らの理論づくりに文化を組織的に持ち込もうとしている[61]。いうまでもないことだが，ポストモダンの組織論者は，この下火になりつつある文化研究に対する抵抗を，ブランド化される現象に焦点を向けることで続けている。具体的には，どうすればこの新しい支配形態に社員がうまく抵抗できるのか，そして彼らの組織実践や文化的アイデンティティに対する見えないコントロールに抵抗できるのかに焦点を向けている[62]。

要　約

　組織は，独自の文化として捉えることができるし，その組織内にある下位文化の集合体として捉えることもできるし，あるいは国の文化の中にある下位文化として捉えることもできる。これらの分析レベルのそれぞれの例について，この章で取り上げた。しかし留意しなければならない重要な点は，これらのレベルは，いろいろな形で一緒に機能するということである。例えば，環境レベルや社会レベルの文化的諸力のみに関心を払い，組織レベルの文化を考慮しなかった場合，組織を他の組織と区別し，異ならせているもの―その組織の組織文化でありアイデンティティ―の多くを見逃すことになるだろう。同様に，もし組織文化に焦点を合わせ，その下位文化を無視した場合，自分たちの組織を理解し管理しようとしている組織メンバーたちの緊張関係や矛盾した行為を見逃すことになる。

　モダニストは，シンボリック・パースペクティブの論者の考えに従ったが，シンボリックの人たちは次のように考えていた。基本前提や価値観が，規範や価値観という形で表出することによって行動に影響を及ぼし，そして文化は，ストーリー，シンボル，伝統，慣習といった文物によって伝達される。組織文化に対するこの2つのパースペクティブの違いは，それぞれの論者の知ることの定義が異なるし，何を文化の知識とするかが異なっている。シンボリック・パースペクティブは文化を，意味を決定し解釈するための文脈と定義する。したがって文化を理解することで組織を知ることができ，物的，行動的，言語的シンボルのさまざまな使われ方を知ることができるのはこの文脈においてである。他方，モダン・パースペクティブは，文化に関する知識を経営のツールと解釈し，文化自体を望ましい組織パフォーマンスを達成するために操作されるべき変数と解釈する。

　ポストモダニストは，組織には文化がある，あるいは組織は文化であるという観念を否定する方法をいろいろと考えついた。間テクスト性のようなポストモダンの文学理論を用いて，共有された理解というアイディアは幻想であり，したがって組織文化も幻想であると示唆している論者がいる。研究エネルギー

を組織的ナラティブ（説話）の脱構築に費やし，組織生活を説明できると信じて権力闘争の正体を暴こうとしている論者もいる。さらに組織化の行為遂行的発話性を説明し，組織論の境界を自然科学と社会科学の両方を飛び越えて人文科学や芸術の領域にまで拡大しようと文学や演劇に基礎を置いたメタファー形式の分析方法を開発した論者もいる。

　組織論における規範を提示したいという関心から，文化論者はこぞって経営者たちに文化の変化に関して助言した。シャインが価値観と文物における変化が，基本前提レベルでの変化をなぜ伴うかということを説明している一方，ガリアルディとハッチは文化の変化に対する規範的助言はそう簡単にできるものではないと考えている。ガリアルディは，深層にある基本前提レベルで文化が実際に変化するのは新しい価値を漸進的に追加することを通じてのみ可能であると論じ，革命的変化は既存の文化をどこかへ追いやってしまうし，見せかけの変化は実際には起こっていないにもかかわらず起こっているように騙して勘違いさせると警告している。その一方でハッチは，文化のダイナミクス理論で，文化の安定と変化は顕在化，具現化，シンボル化，解釈という連続プロセスの成果が絡み合ったものであると説明し，もし経営者が文化に上手に影響を及ぼしたいのなら，このプロセスの中に自身を埋め込まなければならないと説明した。ポストモダニストは，従業員を操作しようとするすべての取り組みを非難するとともに，経営的，文化的，その他のコントロールの面から文化を脱構築することを求めている。

重要用語

下位文化（subculture）
　強化（enhancing）
　交叉（orthogonal）
　反体制文化（counter-culture）
企業文化（corporate culture）
サイロ（silos）
強い文化（strong culture）

国の違いからくる文化差（national cultural differences）
　パワー格差（power distance）
　不確実性回避性向（uncertainty avoidance）
　個人主義対集団主義（individualism vs. collectivism）

第Ⅱ部 コアの概念と理論

男性的対女性的（masculine vs. feminine）
長期志向対短期志向（long-term vs. short-term orientation）
シャインの文化理論
基本前提（basic assumptions）
　価値観（values）
　規範（norms）
　文物（artifacts）
組織文化質問票（Organizational Culture Inventory）
グラウンデッド・セオリー（grounded theory）
交渉された秩序（negotiated order）
エスノメソドロジー（ethnomethodology）
文脈化（contextualizing）
シンボル（symbols）
　明示的意味／道具的意味（denotation/instrumental meaning）
　言外の意味／表出的意味（connotation/expressive meaning）
　シンボリック行動と非シンボリック行動（symbolic and non-symbolic behavior）
濃密な描写（thick description）
内容分析（content analysis）
組織のストーリー（organization stories）
　ストーリーテリング（storytelling）
　ストーリーテリング組織（storytelling organization）
　簡潔なストーリーテリング（terse storytelling）
　叙事詩的, 喜劇的, 悲劇的, 夢想的物語（epic, comic, tragic, romantic stories）

ナラティブ（説話）（narrative）
　ナラティブ的認識論（narrative epistemology）
　視点と声（perspective and voice）
修辞的分析（rhetorical analysis）
　信憑性（authenticity）
　もっともらしさ（plausibility）
　批判性（criticality）
劇場メタファー（theater metaphor）
　ドラマツルギー（draturugy）
　行為遂行的発話性（performativity）
間テクスト性（intertextuality）
統一性と差異としての文化（culture as unity, differentiation）
断片化（fragmentation）
脱構築的読み方（deconstructive readings）
クラン・コントロール（clan control）
ガリアルディの文化変化理論（Gagliard's culture change theory）
　道具的戦略対表出的戦略（instrumental vs. expressive strategy）
　見せかけの変化（apparent change）
　革命的変化（revolutionary change）
　漸進的変化（incremental change）
ハッチの文化のダイナミクス理論（Hatch's cultural dynamics theory）
　顕在化（manifestation）
　具現化（realization）
　シンボル化（symbolization）
　解釈（interpretation）
　文化の安定と変化（cultural stability and change）

注

1. Jenks（1993）.
2. Tylor（1871/1958：1）.
3. Herskowitz（1948：625）.
4. Ortner（1973）.
5. Van Maanen and Barley（1984）.
6. Martin and Siehl（1983）; Siehl and Martin（1984）および De Lorean and Wright（1979）を参照のこと。
7. Chatman and Cha（2003）.
8. Schein（1984）および Schein（1983, 1991, 1992, 1996, 2000）を参照のこと。
9. Ouchi（1979）; Peters and Waterman（1982）.
10. Martin and Frost（1996）および Hatch and Yanow（2003）を参照のこと。
11. Phillips, Doodman, and Sackmann（1992）.
12. Hofstede（1997, 2001）.
13. Hofstede and Bond（1988）.
14. Lurie and Riccucci（2003）.
15. Cooke and Laferty（1987）.
16. Cooke and Szumal（2000：157-9）.
17. Strauss et al.（1963, 1964）.
18. Cohen（1976：23）.
19. Van Maanen（2005：383）.
20. Morgan, Frost, and Pondy（1983：4-5）.
21. Geertz（1973：5）.
22. Schroeder（1992）.
23. Geertz（1973）; 特に'Thick description: Toward an interpretive theory of culture'の最初の章（3-30ページ）を参照のこと。
24. Martin et al.（1983）.
25. Jones（1996）. 同様の批判が Boland and Tenkasi（1995）の中でも取り上げられている。
26. Jones（1996：7）.
27. Boje（1991, 1995）
28. O'Connor（2000）.
29. Hatch, Kostera, and Kozminski（2005）.
30. Webber（1992）.
31. MacIntyre（1984：205）.
32. Czarniawska（1997）.
33. Van Maanen（1988）および Sanndelands and Drazin（1989）; Golden-Biddle and Locke（1993, 1997）; Hatchi（1996）; Czarniawska（1999）も参照のこと。
34. Hatch（1996：360）.
35. Golden-Biddle and Lock（1993）.

36. Goffman（1959）は，Burke（1945）のドラマティズムをもとに彼のドラマツルギーの観念を作り上げた。
37. Rosen（1985）．
38. Austin（1962）．
39. Hopfl（2002: 262）
40. Diderot（1773）を Hopfl（2002: 255,258）から引用。
41. Höpfl（2002: 262）．
42. Höpfl（2002: 258-9）．
43. Kristeva（1984）．
44. 言葉の意味の流動性を説明するのにデリダが差延作用という用語を用いたこととの類似性に注意しなさい。すなわち，類似の論理で，間テクスト性もテクストの意味の流動性を説明している。
45. Meyerson and Martin（1987）; Martin（1992,2002）．
46. Martin（1992: 138）．
47. ポストモダンの文化への取り組みについては，Bauman（1973/1999）を参照のこと。彼は，文化をグローバル社会の混合と調和の中で消えてゆくものだと述べている。また，ポストモダン・パースペクティブに対するコメントおよび壊れた鏡に映る破片としての文化のイメージについては，Schultz（1992）も参照のこと。
48. Mumby（1988）．
49. Martin（1990）．
50. Ezzy（2001）．
51. Kunda（1996）
52. Kilmann, Saxton, and Serpa（1986）; O'Reilly（1989）; O'Reilly, Chatman, and Caldwell（1991）．
53. Ouchi（1979）．
54. Kotter and Heskett（1992）．文化の強さは，財務分析と競争企業の経営者によって評価された。文化の強さの平均得点は，サンプルの企業ごとに算出され，組織業績指標，つまり年間平均投資利益率，純利益の変化，企業の時価総額の変化と相関があることがわかった。
55. Denison（1990）．
56. Gagliardi（1986: 125）．
57. Hatch（1993,2004），Hatch（2010）は，文化のダイナミクス・モデルを組織アイデンティティと結びつけて，ガリアルディの研究をさらに深めている。
58. Hatch（1993: 662）．
59. Hatch（1993: 667）．
60. Hatch（2000）．
61. Hatch and Schultz（2008）．
62. Alvesson（1990）; Kärreman and Rylander（2008）; *Scandinavian Journal of Management*（「ブランド化」特集号）．

参考文献

Alvesson, M. (1990) Organization: From substance to image? *Organization Studies*, 11: 373-94.

Austin, J. L. (1962) *How to Do Things with Words*. New York: Oxford.（坂本百大訳『言語と行為』大修館書店，1978。）

Bauman, Zygmunt (1973/1999) *Culture as Praxis*. London: Sage.

Boje, David (1991) The storytelling organization: A study of story performance in an office-supply firm. *Administrative Science Quarterly*, 36: 106-26.

―― (1995) Stories of the storytelling organization: A postmodern analysis of Disney as Tamara-land. *Academy of Management Journal*, 38: 997-1035.

Boland, Richard J., Jr. and Tenkasi, Ramkrishnan V. (1995) Perspective making and perspective taking in communities of knowing. *Organization Science*, 6/4: 350-73.

Brooks, Cleanth and Penn Warren, Robert (1948) *Understanding Fiction*. New York Crofts.

Burke, Kenneth (1945/1969) *A Grammar of Motives*. Berkeley: University of California Press.（森常治訳『動機の文法』晶文社，2007。）

Chatman, Jennifer A. and Cha, Sandra Eunyoung (2003) Leading by leveraging culture. *California Management Review*, 45/4: 20-66.

Cohen, Abner (1976) *Two Dimensional Man: An Essay on the Anthropology of Power and Symbolism in Complex Society*. Berkeley: University of California Press.

Cooke, R. and Lafferty, J. (1987) *Organizational Culture Inventory (OCI)*. Plymouth, MI: Human Synergistics.

Cooke, Robert A. and Szumal, Janet L. (2000) Using the organizational culture inventory to understand the operating cultures of organizations. In N. Ashkanasy, C. Wilderom and M. Peterson (eds.), *Handbook of Organizational Culture and Climate*. Thousand Oaks, CA: Sage, 147-62.

Czarniawska, Barbara (1997) *Narrating the Organization: Dramas of Institutional Identity*. Chicago, IL: University of Chicago Press.

―― (1999) *Writing Management: Organization Theory as a Literary Genre*. Oxford: Oxford University Press.

Dandridge, Thomas C., Mitroff, Ian, and Joyce, William F. (1980) Organizational symbolism: A topic to expand organizational analysis. *Academy of Management Review*, 5: 77-82.

De Lorean, John Z. and Wright, J. Patrick (1979) *On a Clear Day You Can See General Motors*. Grosse Pointe, MI: Wright Enterprises.（風間禎三郎訳『晴れた日にはGMが見える―世界最大企業の内幕』新潮社，1986。）

Deal, Terrence E. and Kennedy, Allan A. (1982) *Corporate Cultures: The Rites and Rituals of Corporate Life*. Reading, MA: Addison-Wesley.（城山三郎訳『シンボリック・マネジャー』岩波書店，1977。）

Denison, Daniel R. (1990) *Corporate Culture and Organizational Effectiveness*. New York: John Wiley &

Sons Inc.

Ezzy, D. (2001) A simulacrum of workplace community: Individualism and engineered culture. *Sociology*, 35: 631-50.

Gabriel, Yiannis (2000) *Storytelling in Organizations*: *Facts, Fictions, and Fantasies*. Oxford: Oxford University Press.

Gagliardi, Pasquale (1986) The creation and change of organizational cultures: A conceptual framework. *Organization Studies*, 7: 117-34.

Geertz, Clifford (1973) *Interpretation of Cultures*. New York: Basic Books.（吉田禎吾・牧弘允・柳川啓一・坂橋作美訳『文化の解釈学 Ⅰ・Ⅱ』．1987。）

Genette, Gerard (1980) *Narrative Discourse*: *An Essay in Method* (J. E. Lewin, trans.). Ithaca, NY: Cornell University Press.（花輪光・和泉涼一訳『物語のディスクール―方法論の試み』水声社．1985。）

Goffman, Erving (1959) *The Presentation of Self in Everyday Life*. Garden City, NY: Doubleday.（石黒毅訳『行為と演技 日常生活における自己呈示』誠信書房．1974。）

Golden-Biddle, Karen and Locke, Karen (1993) Appealing work: An investigation of how ethnographic texts convince. *Organization Science*, 4: 595-616.

—— (1997) *Composing Qualitative Research*. Thousand Oaks, CA: Sage.

Hatch, Mary Jo (1993) The dynamics of organizational culture. *Academy of Management Review*, 18/4: 657-63.

—— (1996) The role of the researcher: An analysis of narrative position in organization theory. *Journal of Management Inquiry*, 5: 359-74.

—— (2000) The cultural dynamics of organizing and change. In N. Ashkanasy, C. Wilderom and M. Peterson (eds.), *Handbook of Organizational Culture and Climate*. Thousand Oaks, CA: Sage, 245-60.

—— (2004) Dynamics in organizational culture. In M. S. Poole and A. Van de Ven (eds.), *Handbook of Organizational Change and Innovation*. Oxford: Oxford University Press, 190-211.

—— (2010) Material and meaning in the dynamics of organizational culture and identity with implications for the leadership of organizational change. In N. Ashkanasy, C. Wilderom, and M. Peterson (eds.), *The Handbook of Organizational Culture and Climate* (2nd edn.). Thousand Oaks, CA: Sage, 341-58.

—— Kostera, M. and Kóźmiński, A. K. (2005) *The Three Faces of Leadership*: *Manager, Artist, Priest*. London: Blackwell.

—— and Schultz, M. (2008) *Taking Brand Initiative*: *How Corporations Can Align Strategy, Culture and Identity through Corporate Branding*. San Francisco, CA: Jossey-Bass.

—— and Yanow, D. (2003) Organization theory as an interpretive science. In C. Knudsen and H. Tsoukas (eds.), *The Oxford Handbook of Organization Theory*: *Meta-theoretical Perspectives*. Oxford: Oxford University Press, 61-87.

Herskowitz, Melville J. (1948) *Man and His Works*: *The Science of Cultural Anthropology*. New York: Alfred A. Knopf.

Hofstede, Geert (1997) *Cultures and Organizations: Software of the Mind* (rev. edn.). New York: McGraw-Hill.（岩井八郎・岩井紀子訳『多文化世界―違いを学び世界への道を探る』有斐閣，2013。）

―― (2001) *Culture's Consequences: Comparing Values, Behaviors, Institutions and Organizations across Nations* (2nd edn.). Thousand Oaks, CA: Sage.（万成博・安藤文四郎訳『経営文化の国際比較―多国籍企業の中の国民性』産業能率大学出版部，1984）

―― and Bond, M. H. (1988) The Confucius connection: From cultural roots to economic growth. *Organizational Dynamics*, 16/4: 4-21.

Höpfl, Heather (2002) Playing the part: Reflections on aspects of mere performance in the customer-client relationship. *Journal of Management Studies*, 39: 255-67.

Jaques, Elliott (1952) *The Changing Culture of a Factory*. New York: Dryden Press.

Jenks, Chris (1993) *Culture*. London: Routledge.

Jones, Michael Owen (1996) *Studying Organizational Symbolism*. Thousand Oaks, CA: Sage.

Kärreman, Dan and Rylander, Anna (2008) Managing meaning through branding: The case of a consulting firm. *Organization Studies*, 29: 103-25.

Kilmann, R., Saxton, M., and Serpa, R. (1986) *Gaining Control of the Corporate Culture*. San Francisco, CA: Jossey-Bass.

Kotter, John P. and Heskett, James L. (1992) *Corporate Culture and Performance*. New York: Free Press.（梅津祐良訳『企業文化が好業績を生む―競争を勝ち抜く「先見のリーダーシップ」207社の実証研究』ダイヤモンド社，1994。）

Kristeva, Julia (1984) *Revolution in Poetic Language* (Margaret Waller, trans.). New York: Columbia University Press.（原田邦夫訳『詩的言語の革命 第一部 理論的前提』勁草書房，1991．枝川昌雄・原田邦夫・松島征訳『詩的言語の革命 第三部 国家と秘儀』勁草書房，2000。）

Kunda, G. (1996) *Engineering Culture*. Philadelphia, PA: Temple University Press.（金井壽宏監訳・樫村志保訳『洗脳するマネジメント―企業文化を操作せよ』日経BP社，2005。）

Louis, Meryl Reis (1983) Organizations as culture-bearing milieux. In L. Pondy, P. Frost, G. Morgan, and T. Dandridge (eds.), *Organizational Culture*. Greenwich, CT: JAI Press, 39-54.

Lurie, Irene and Riccucci, Norma M. (2003) Changing the 'culture' of welfare offices: From vision to the front lines. *Administration & Society*, 34/6: 653-77.

MacIntyre, Alasdair (1984) *After Virtue: A Study in Moral Theory*. Notre Dame, IN: University of Notre Dame Press.（篠崎栄訳『美徳なき時代』みすず書房，1993。）

Martin, Joanne (1990) Deconstructing organizational taboos: The suppression of gender conflict in organizations. *Organization Science*, 1: 1-22.

―― (1992) *Cultures in Organizations: Three Perspectives*. New York: Oxford University Press.

―― (2002) *Organizational Culture: Mapping the Terrain*. Thousand Oaks, CA: Sage.

―― Feldman, Martha, Hatch, Mary Jo, and Sitkin, Sim (1983) The uniqueness paradox in organizational stories. *Administrative Science Quarterly*, 28:

438-53.
—— and Frost, Peter (1996) The organization culture war games: A struggle for intellectual dominance. In S. R. Clegg and C. Hardy (eds.), *Studying organization: Theory and Method*. London: Sage, 345-67.
—— and Siehl, Caren (1983) Organizational culture and counterculture: An uneasy symbiosis. *Organizational Dynamics*, Autumn: 52-64.
Meyerson, Debra and Martin. Joanne (1987) Cultural change: An integration of three different views. *Journal of Management Studies*, 24: 623-47.
Morgan, Gareth, Frost, Peter J., and Pondy, Louis R. (1983) Organizational symbolism. In L. R. Pondy, P. J. Frost, G. Morgan, and T. C. Dandridge (eds.), *Organizational Symbolism*. Greenwich, CT: JAI Press, 3-35.
Mumby, Dennis K. (1988) *Communication and Power in Organization: Discourse, Ideology and Domination*. Norwood, NJ: Ablex Publishing.
O'Connor, Ellen S. (2000) Plotting the organization: The embedded narrative as a construct for studying change. *Journal of Applied Behavioral Science*, 36/2: 174-93.
O'Reilly, Charles (1989) Corporations, culture, and commitment: Motivation and social control in organizations. *California Management Review*, 31: 9-25.
—— Chatman, Jennifer, and Caldwell, David (1991) People and organizational culture: A Q-sort approach to assessing person-organization fit. *Academy of Management Journal*, 16: 285-303.

Ortner, S. B. (1973) On key symbols. *American Anthropologist*, 75: 1338-46.
Ouchi, William G. (1979) A conceptual framework for the design of organizational control mechanisms. *Management Science*, 25: 833-48.
—— (1981) *Theory Z: How American Business Can Meet the Japanese Challenge*. Reading, MA: Addison-Wesley.（徳山二郎訳『セオリーZ―日本に学び、日本を超える』CBS・ソニー出版, 1981。）
Peters, Thomas J. and Waterman, R. H. (1982) *In Search of Excellence: Lessons from America's Best Run Companies*. New York: Harper & Row.（大前研一訳『エクセレント・カンパニー』英治出版, 2003。）
Pettigrew, Andrew (1979) On studying organizational culture. *Administrative Science Quarterly*, 24: 570-81.
Phillips, Margaret E., Goodman, Richard A., and Sackmann, Sonja A. (1992) Exploring the complex cultural milieu of project teams. *PMNetwork*, 6/8: 20-26.
Rosen, Michael (1985) Breakfast at Spiros: Dramaturgy and dominance. *Journal of Management*, 11: 31-48.
Sandelands, Lloyd and Drazin, Robert (1989) On the language of organization theory. *Organization Studies*, 10/4: 457-78.
Schein, Edgar H. (1984). Coming to a new awareness of organizational culture. *Sloan Management Review*, 25: 3-16.
—— (1991) Organizational culture. *American Psychologist*, 45: 109-19.
—— (1992/1985) *Organizational Culture and Leadership* (2nd edn.). San Francisco, CA: Jossey-Bass.（清水紀彦・浜田幸雄訳『組織文化とリーダーシップ―リー

ダーは文化をどう変革するか』ダイヤモンド社,1989。)
—— (1996) Culture: The missing concept in organization studies. *Administrative Science Quarterly*, 41: 229-40.
—— (2000) Sense and nonsense about culture and climate. In N. M. Ashkanasy, C. P. M. Wilderom and M. F. Peterson (eds.), *Handbook of Organizational Culture and Climate*. Thousand Oaks, CA: Sage, xxiii-xxx.
Schroeder, Ralph (1992) *Max Weber and the Sociology of Culture*. London: Sage.
Schultz, Majken (1992) Postmodern pictures of culture: A postmodern reflection on the 'Modern notion' of corporate culture. *International Studies of Management and Organization*, 22: 15-36.
—— (1995) *On Studying Organizational Cultures: Diagnosis and Understanding*. Berlin: Walter de Gruyter.
Siehl, Caren and Martin. Joanne (1984) The role of symbolic management: How can managers effectively transmit organizational culture? In J. D. Hunt, D. Hosking, C. Schriesheim, and R. Steward (eds.), *Leaders and Managers: International Perspectives on Managerial Behavior and Leadership*. New York: Pergamon, 227-39.
Strauss, Anselm, Schatzman, Leonard, Ehrlich, Danuta, Bucher, Rue, and Sabshin, Melvin (1963) The hospital and its negotiated order. In Eliot Friedson (ed.) *The Hospital in Modern Society*. London: Free Press of Glencoe, 147-69.
—— (1964) *Psychiatric Ideologies and Institutions*. New York: Free Press.
Trice, Harrison M. and Beyer. Janice M. (1993) *The Cultures of Work Organizations*. Englewood Cliffs, NJ: Prentice-Hall.
Tylor, Edward Burnett (1958) *Primitive Culture: Researches into the Development of Mythology, Philosophy, Religion, Art and Custom*. Gloucester, MA: Smith (first published in 1871).(比屋根安定訳『原始文化―神話・哲学・宗教・言語・芸能・風習に関する研究』誠信書房,1962。)
Van Maanen, John (1988) *Tales of the Field: On Writing Ethnography*. Chicago, IL: University of Chicago Press.(森川渉訳『フィールドワークの物語―エスノグラフィーの文章作法』現代書館,1999。)
—— (2005) Symbolism. In N. Nicholson, P. G. Audia, and M. M. Pillutla (eds.), *The Blackwell Encyclopedia of Management* (2nd edn.). London: Blackwell, 383.
—— and Barley, Stephen R. (1984) Occupational communities: Culture and control in organizations. In B. M. Staw and L. L. Cummings (eds.), *Research in Organizational Behavior*. Greenwich, CT: JAI Press, vi. 287-366.
Webber, A. M. (1992) Japanese-style entrepreneurship: An interview with SOFTBANK's CEO, Masayoshi Son. *Harvard Business Review*, Jan.-Feb.: 93-103.

さらに理解を深める文献

Alvesson, Matts and Berg, Per Olaf (1992) *Corporate Culture and Organizational Symbolism: An Overview*. New York: Walter de Gruyter.

Ashkanasy, Neal M., Wilderom, Celeste P. M., and Peterson, Mark F. (2010) (eds.) *Handbook of Organizational Culture and Climate*, 2nd Edn. Thousand Oaks, CA: Sage.

Brown, Richard Harvey (1987) *Society as Text: Essays on Rhetoric, Reason and Reality*. Chicago, IL: University of Chicago Press.

Dandridge, Thomas C., Mitroff, Ian, and Joyce, W F. (1980) Organizational symbolism: A topic to expand organizational analysis. *Academy of Management Review*, 5: 77-82.

Eisenberg, Eric M. and Riley, Patricia (1988) Organizational symbols and sense-making. In G. M. Goldhaber and G. A: Barnett (eds.), *Handbook of Organizational Communication*. Norwood, NJ: Ablex.

Frost, P., Moore, L., Louis, M., Lundberg, C., and Martin, J. (1985) (eds.) *Organizational Culture*. Beverly Hills, CA: Sage.

— (1991) (eds.) *Reframing Organizational Culture*. Newbury Park, CA: Sage.

Gabriel, Yiannis (2004) (ed.) *Myths, Stories and Organizations: Premodern Narratives for Our Times*. Oxford: Oxford University Press.

Gagliardi, Pasquale (1990) (ed.) *Symbols and Artifacts: Views of the Corporate Landscape*. Berlin: Walter de Gruyter.

Hatch, M.J. (2010) Culture Stanford's way. In Claudia Bird Schoonhoven and Frank Dobbin (eds.), *Stanford's Organization Theory Renaissance, 1970-2000*, Research in the Sociology of Organizations, Vol.28, Emerald Group, 71-96.

Johansson, B. and Woodilla, J. (2005) *Irony and Organisations: Epistemological Claims and Supporting Field Stories*. Frederiksberg: Copenhagen Business School Press.

Linstead, Stephen and Grafton-Small, Robert (1992) On reading organizational culture. *Organization Studies*, 13: 331-56.

Mangham, I. L. and Overington, M. A. (1987) *Organizations as Theater: Social Psychology and Dramatic Performance*. Chichester: John Wiley & Sons Ltd.

Martin, Joanne (1982) Stories and scripts in organizational settings. In A. Hastorf and A. Isen (eds.), *Cognitive and Social Psychology*. London: Routledge, 255-305.

Pfeffer, Jeffrey (1981) Management as symbolic action: The creation and maintenance of organizational paradigms. In L. L. Cummings and B. M. Staw (eds.), *Research in Organizational Behavior*, 3: 1-52.

Pondy, Lou, Frost, Peter, Morgan, Gareth, and Dandridge, Tom (1983) *Organizational Symbolism*. Greenwich, CT: JAI Press.

Schein, Edgar H. (1999) *The Corporate Culture Survival Guide*. San Francisco, CA: Jossey-Bass.

Smircich, Linda and Calas, Marta (1987) Organizational culture, a critical assessment. In F. Jablin, L. Putnam, K. Roberts, and L. Porter (eds.), *The Handbook of Organizational Communication*. Beverly Hills, CA: Sage, 228-63.

Turner, Barry A. (1990) (ed.) *Organizational Symbolism*. Berlin: Walter de Gruyter.

Williams, Raymond (1983) *Keywords: A Vocabulary of Culture and Society* (rev. edn.). New York: Oxford University Press.

Young, Ed (1989) On naming the rose: Interests and multiple meanings as elements of organizational change. *Organizational Studies*, 10: 187-206.

The physical structure of organizations

第 7 章

組織の物的構造

　建造物空間は物質そのものの性格を持つので，組織にとっては，能率や生産性のような結果によって測定され，これらと関連づけることができる客観的特性である。それゆえ，このトピックは，あるモダニストたちには大いに魅力的な研究テーマであるが，抽象的な概念や理論を用いて建物みたいに客観的なものを分析するのは行き過ぎだと考える研究者もいる。しかし，物的構造が可視的であるからといって，それらがシンボリックではないということにはならないし，また，物的構造は鉄球でぶち壊すことができるが，その強力な影響をポストモダニズムによって脱構築することもできる。つまり，組織の物的構造と空間は，どのパースペクティブからの理論化にも適しているのである。

　一般に，組織論者の物的構造への関心は，1920年代後半から1930年代初頭にかけてウエスタン・エレクトリック社のホーソン工場で行われた実証研究に遡ることができる[1]。ハーバード大学の教授，エルトン・メイヨー（Elton Mayo）の指導の下に，ホーソン実験の研究者たちは，一連のフィールド観察と実験を行い，他の要因とともに，作業の物的環境の変化がどのように作業者の生産性に影響を与えるかを調査していた。ある重要な実験で，被験者たちは，別に隔てられた作業室へと移動させられ，通常のタスクをさまざまな操作条件下で行うことになった。

　この特別室で行われたフィールド実験の条件の1つとして，研究者たちは，作業者の作業成果を測定しつつ，計画に基づいて部屋全体の明るさを増加させた。予期されたとおり，作業者の生産性は，照度に応じて上昇した。次に，こ

の実験条件の操作が生産性の向上をもたらしていることを確認するために，研究者たちは，再び計画に基づいて照度を低下させた。すると驚いたことに，作業者たちがほとんど暗闇で作業しているときでさえも，生産性の水準は上昇を続けたのである[2]。

ホーソン実験の研究者たちの結論では，特別の部屋と自分たちに与えられた注目は，自分たちは特別だということを意味していると作業者たちが信じ，後にホーソン効果と呼ばれるようになった社会的効果が彼女らを動機づけた，ということになった。これらの実証研究の結果，作業者の生産性に対する社会的影響の方が，物的構造の効果よりも強力であると思われるようになったので，ホーソン研究は，本当に長い間，物的構造から研究関心を遠ざけていたのである。

1950年に有力なアメリカの社会学者ジョージ・ホーマンズ（George Homans）が，ホーソン効果は作業の物的環境の変化によって引き起こされた，すなわち，この広く知られた効果は作業者たちを新しい部屋に移せた結果であると指摘したが，それ以降も組織論は，物的構造へ関心を向けないままであった[3]。1970年代，80年代まで，ホーマンズの回復努力にもかかわらず，物的構造というトピックでは理論的な進歩がなかった。この時代に，環境心理学者と人間工学の技術者がこの系統の研究を復活させ，少数の組織論者のグループがこれに続いたのみであった[4]。

本章は，物的構造の基本要素，つまり，地理（ジオグラフィー），レイアウト，修景（ランドスケープ），エクステリア・デザイン，装飾に関するモダニストの定義から出発することにしよう。しかし間もなく，これらの要素についての理論・概念は，常にといってよいぐらいシンボリックな理解を求めていることに気が付くであろう。それゆえ，本章の道筋は，主としてモダンなアイディアから徐々にシンボリックなアイディアへと歩むことになり，両者の間に明確な線を引くことはまったく不可能である。物的構造がモノであることと，その組織らしさを表すアイデンティティでもあるということをリンクさせてみれば，物的構造のシンボリックな利用と効果を1つの分析レベルにとどめておくことも，1つのパースペクティブにとどまらせることも難しい，ということがわかるだろう。そして，ポストモダン的に絵と背景を逆転させてみれば，物的構造

から,その内外の空間へとわれわれの注意を転じさせ,空間性と身体化というコンセプトを手繰り寄せることができる。最後に本章は,クリティカル(批判的)ポストモダンの前提,つまり,すべての建物はコントロールの源泉であるという前提を克服し,あり得べきポストモダンの未来を示して終わる。

時空間の中での配置としての組織

アメリカの組織論者ジェフリー・フェッファー(Jeffrey Pfeffer)は,モダン・パースペクティブの重要な擁護者であるが,物的構造について,人は壁を通り抜けることもできないし,床を見通すこともできないので,その行動は,彼らが占有する物的構造によって形成されると述べた[5]。床や壁,その他組織の物質的要素を厳密にモダン・パースペクティブから見れば,物的構造は行動を可能にし,また制約していることがわかる。この節は,その要素について最も研究されている事柄,つまり,組織地理,レイアウト,修景,建築の特徴,装飾について検討することにしよう。

組織地理:空間,時間,場所

組織は,時間空間をまたぐ物的存在である。その**自然地理(physical geography)**は組織が事業を営む空間のすべての拠点,つまり,その組織によって所有されたり運営されたりしている施設の位置に止まらず,事業を行っているすべての位置,つまりパートナー,顧客,サプライヤー,その他のステークホルダーの設備も含まれる。

もし,航空会社のルートマップ(図7.1)のように,ある組織の活動が物的に及ぶ範囲を世界地図に重ね合わせてみたら,その組織の自然地理上の**活動領域の広がり(territorial extent)**のだいたいの様子を示すだろう。もし,興味の対象となる組織が,NASAや中国国家航天局であれば,より大きな地図が必要だ!

組織の活動領域の広がりをマッピングしてみると,**尺度(規模)(scale)**という問いが浮かぶ[6]。NASAや中国国家航天局が,その物的組織を展開するのは惑星間,ときには銀河間という尺度だが,その他ほとんどの組織は,地域,

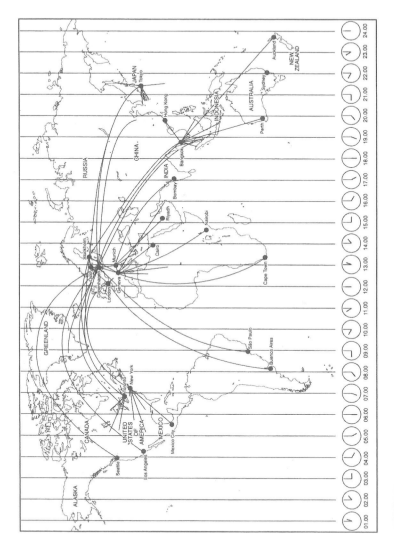

図7.1 航空会社の組織的活動の活動領域の広がりを示すルートマップ

地方，国，グローバルの尺度だけで事業を営んでいる．都市，近隣，建物，オフィス，人体も組織の物的構造を想像し記述する尺度となり得る．それぞれの尺度がそれぞれ特定の関心に結びついている．例えば，もし，オフィスビルの尺度での地理に興味があるなら，オフィスレイアウトが重要になるだろう．

どの尺度でも，活動領域の広がりを測定することによって，物的構造と組織化の他の側面の関係について検討できるようになる．例えば，アインシュタインの時間と空間は相互に関係があるという理論は容易に確かめることができる．他の要素は一定だとすれば，組織の活動が空間的に広がれば，組織のメンバーは，移動のために時間をより多く費やすようになる．また，地理的拡大に伴って組織が経験する社会‐文化的影響のごくいくつかを挙げれば，時差を超えてのコミュニケーションや調整の課題，危機の際のサポートの提供，異なる文化からの影響，方向感覚の喪失がある．しかし，留意すべきこととして，時間と空間の関係は技術によって代替可能である．電子的コミュニケーションの革新と交通手段の改善によって**時間―空間の圧縮**（time-space compression）が生じたのが好例である[7]．

活動領域の広がりに伴って，**ロジスティクス**（logistics）の問題が生じ，物的資源や製品を扱う企業特有の関心事となる．具体的にこれらの関心事を挙げれば，国際／国内空港や水運などのさまざまな輸送手段へのアクセス，労働・原材料・消費者などの市場への距離，コミュニケーション・調整・輸送・移動のスピードとコストである．資源依存分析によって明らかになったすべての関係について，組織の活動領域の広がりがロジスティクス上どんな意味を持つのかを調べ，これらの関係を管理するのに，どのように地理上の**立地（ロケーション）**（location）を戦略的に用いることができるかについて考えてみてほしい．例えば，消費者，規制機関，金融機関，関連する基礎研究に取り組む大学のような影響力のあるステークホルダーの近くに立地することは，組織に，重要な依存関係を管理するという点で優位をもたらす．

組織の地理的な広がりが持つ無数の意味をマッピングし分析することに加えて，その立地に関連ある**地理的特徴**（geographic features）について考察して欲しい．図3.4では，環境の物的領域としてこれらに論及した．また，気候・

地勢・天然資源といった自然地理学的特徴と，人口密度，産業化，都市化，異人種・少数民族の存在（ないしは不在）といった人文地理学的特徴の両方の特性について考えてほしい。地理的な特徴は組織化の多くの側面に影響している。

　従業員の採用を一例に挙げてみよう。湖，山，海，逆に，多種多様な魅力あふれる大都会の中心に近いか遠いかは，組織メンバーのライフスタイルに影響を与える。ゆえに，組織の立地の魅力度は組織が最も必要とする従業員の採用に，プラスにもマイナスにもなり得る。マドリッド，ヨハネスブルグ，モスクワ，サンパウロ，北京に住む従業員のライフスタイルを比較してみよ。または，これらの都市のいずれかと，大きな都市や産業エリアから遙か離れた地方の立地で手に入るものを比較してみよ。従業員の採用に見られるように，組織地理の影響は，組織のあらゆるところに及んでいる。マーケティングやコーポレート・コミュニケーションを取り上げても，組織の地理的特徴は，企業イメージ，評判，組織アイデンティティに影響を与え得る。ニューヨークで事業を営む投資会社にとってはウォール街の住所が，ロンドンならばシティの住所が重要なことを例に考えてほしい。

　地理の道具的な効果とシンボリックな効果は，物的構造という概念領域で1つになる。つまり，地理はこの2つの効果をあわせもっているので，モダン・パースペクティブとシンボリック・パースペクティブが持つ数多くの接点のうちの1つである。地理学者であれば，この2つのパースペクティブを**空間と場所**の違いによって区別する。**空間**に対する関心は，距離やそのロジスティクス上の影響のように道具的であり，**場所**に対する関心と対照的である[8]。場所は空間のある部分についての経験や解釈を含む。劇場をメタファーに考えれば，場所は，人びとのドラマが繰り広げられる舞台である。劇場の舞台がそうであるように，場所は行為の空間上の背景に止まらない。劇中の役者でもある[9]。

　ほとんどの人は，なじみ深い場所のイメージに強く反応する。この効果を感じたければ，住んだり訪れたりした場所が出てくる映画を観ればよい。このように，物的な空間や立地との感情的・美的結びつきは，場所に対するシンボリックな意味を生み，場所を意味あるものにする。空間の物質性と場所の意味が一緒になって，物的構造とその顕著な特徴をシンボルにする。これは，ちょ

うど意味を吹き込まれた他の人工物がシンボルとなるのと同じである。

シンボリック・パースペクティブに立てば、物的構造の人工的側面は、文化と区別しにくくなる。他方、モダン・パースペクティブは物的構造を社会構造と技術の面から考察する。これらすべての接点は、レイアウトやランドスケーピングにおいても存在するし、そこではパワーやポストモダンとのリンクを見いだすことにもなる。

レイアウトと修景

レイアウトとは、建物と床面・地面の空間的配置である。建物内部では、レイアウトが空間を形成し、モノの配置、特に壁、什器、設備、従業員の配置を決めることによって、その空間の役割をはっきりさせている。ある土地に複数の建物がある場合、その互いの**配置（オリエンテーション）**(orientation) は、建物を歩道や植え込みと物的・美的に結びつけている**修景（ランドスケーピング）**(landscaping) を含め、考察対象とすべきレイアウトの側面である。

ある土地で、複数の建物が大学のキャンパス風に、カリフォルニアのマウンテン・ビューにあるグーグルのグーグルプレックスのように配置されていたら、レイアウトのシンボリックな側面が目に飛び込んでくるだろう[10]。例えば、キャンパス風のレイアウトは、従業員に大学生活を思い起こしてもらって、知的・感情的・美的な着想を得てもらおうという意図で一般的にはデザインされている。最もうまくいった場合、これらの建物は高等教育を受けた労働者を、今の所属組織をそれ以前の学びの体験と継ぎ目なくつながる連続体としてみるように、また、継続的な学びへといざなった過去を懐かしく思い出すように誘う。もちろん、このような甘酸っぱい感情は批判的ポストモダンによる脱構築を呼び起こし、例えば、学生生活を思い起こさせることで従業員がパワー、賃金、特権に大した期待を持たないようにさせている、と指摘されることになる。

オフィスとデスクの置き方とカフェテリア、水飲み器、手洗い、会議室のような共用設備の配置（ロケーション）すべてが、内部レイアウトに関係している。人をある配置に振り分けたり、活動をある空間で行わせることも同様である。図7.2は多くの組織に共通してみられる類似の作業活動の共同配置（コ・

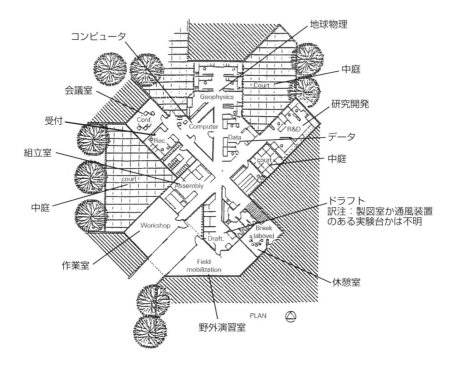

図7.2 地球物理学研究所の活動領域の配置

ロケーション)を表している。

　レイアウトが調整に影響することは，オートメーションの組立ラインを見ればすぐわかる。そこでは，作業者1人ひとりとその使用工具が組み立て中の製品が流れてくるラインに沿って，決まった位置に配置されている。つまり，効果的なレイアウトを見いだすことには，タスクの要求に配置を合わせることも含まれている。逆にもしレイアウトがまずかったら，多くの非効率と不便が生じる。複数の作業者が，連続的ないしは相互に（互恵的に）依存しているタスクを遂行するのであれば，彼らの活動を調整する能力は，彼らが働く職場のレイアウトと，設備と共同作業者からの近さ遠さの影響から逃れることはできない。

　最小規模のものを除いて組織は，また別のレイアウトのジレンマ，つまり，

管理者のオフィスを部下の近くに置くか，部門間の調整が容易になるように1ヵ所にまとめるかというジレンマに直面する。よくとられる選択肢は，まず役員を中心的なスタッフと一緒にひとまとめに配置し，それから，その他の管理者のオフィスは，彼らが管理する人びととの近くに置く，というものである。この場合，役員は顔を合わせての話し合いが必要となったときには，自分たちが部下のところに出向くか，部下に来るように命じなければならない。このような選択肢は，能率やコスト効率のような技術的課題に関わっているのと同時に，無数のシンボリックな意味合いを含んでおり，権力者の特権を示すことも，平等主義文化を示すこともある。

　ポストモダニストは，物的構造はメッセージを隠し持つ空間言語として権力（パワー）を記号化していると主張する。以下の思考実験を試みてほしい。固定式のイスのために，あなたや仲間の学生が教師に向き合わざるを得ない大教場と，皆で円卓を囲むゼミ室スタイルの小教場と，前を隔てる机がなくて，場合によっては教師がイスを円形に並べ替えることのできる教場とを比較してほしい。これらの席の配置が異なる教場でどのような気持ちを持つか，また他の人がどのように反応するかを考えてみよ。構造で活発になる人もいれば，それがなくても活発な人もいる。もし，ポストモダニストが主張するように，空間的配置が権力関係を具現化するのであれば，レイアウトは，支配と統制（コントロール）に奉仕し得るし，また逆に，自由と民主主義の強化に貢献もできる。

　レイアウトの効果の1つが，**密着度（proximity）**である。空間における近さと定義されるが，密着度には，一時的な効果と社会的効果の両者がある。一般的に，人と人を隔てる距離が大きくなればなるほど，自然発生的相互作用の機会は少なくなり，そのような活動に費やす時間と努力が大きくなる。配置が密着していたり，設備が共有されているところでは，関係がしばしば自然発生的相互作用を通じて形成される。このような場所の例を挙げれば，廊下，手洗い，コーヒーメーカーの周り，またはリラックスのためのスペースである。

　アメリカの経営学者ジョン・コッター（John Kotter）の観察では，トップの役員と事務職員は，自分たちのオフィスに近い人びとと自然に相互作用する機会が多かったが，遠いオフィスの人びととそのような関係を持つ程度はぐっ

と小さかった[11]。また，10年にわたって研究開発組織の調査を行ったアメリカの研究者トーマス・アレン（Thomas Allen）の発見によれば，違うプロジェクトチームのメンバーが，手洗い，図書館，コーヒーメーカー，コピー機を共用し，たまたま顔を合わせる機会を持つことによって，業績が向上していた[12]。さらに，密着度と2人の従業員が相互作用を持つ確率との間に正の相関を見いだした研究もある。特筆すべきは，この相互作用は，顔を合わせての会話を含んでおり，ほとんどの人びとはその他すべての形態のコミュニケーションよりもこの種のコミュニケーションを好んでいた[13]。

密着度の反対は距離ないし分離だが，先行研究は，レイアウトのこれらの側面も行動に影響を与えることを明らかにしている。例えば，他の条件が一定であれば，2人の机の距離が離れれば離れるほど，情報を共有したり，関係を形成するほどの相互作用を日常的に持ったりすることは少なくなる。階や建物を分ければ，相互作用の可能性はさらに小さくなる[14]。また別の研究が示唆するところでは，オフィスの配置は従業員が処理する情報の量と種類に影響を与えており，噂の拡散や発信源のようなインフォーマル・チャネルのコミュニケーションの利用や発達と関係があった[15]。

タスクの相互依存性も，行動と業績に対する物的構造の影響を説明する一要素である[16]。タスクの相互依存性によって密着の必要性が生じるが，これはすなわち空間におけるコンフィギュレーション（各要素の配置）の必要性でもある。ところが，空間のコンフィギュレーションは物的制約でもあり，組織がどこまでタスクの相互依存性を調整できるかも制約している。どれだけの人びとを1ヵ所に配置できるかには，物的限界があり，例を挙げれば，廊下に面した部屋の隣の部屋は，2つまでである[17]。

密着度，距離，分離だけがモダニスト組織論者の関心対象となる組織構造の次元ではない。開放性，可視性，アクセシビリティ（接触可能性），プライバシーは，また別の相互に関連する関心対象である。**開放性**と**可視性**（openness, visibility）は，壁や間仕切りといった物的障壁が存在しないこと，またはそれらがあっても透明であることによって実現する。例えば，管理者の机を工場の組立ラインのそばの位置に配置すれば，管理者による作業者の監視

が容易になる。空席になっているのはどこか，サボっているのは誰かが簡単にわかるようになるのである。

　オフィスにおいては，一般的には，開放性，可視性，アクセシビリティは，それぞれ正の相関関係にあるが，プライバシーとは負の相関関係にある。**アクセシビリティ（accessibility）**は他の人がある人の仕事エリアでどの程度容易に相互作用できるかによって測定できるが，反対に**プライバシー（privacy）**は他の人との相互作用を制限できるかどうかを意味している。これらの変数が，オフィス・ワーカーに与える影響を説明するよくある方法の1つが，開放的なオフィスと個室の作業環境を比較することである。

　開放的なオフィス（open office）は，ガラスの壁，ドアのない間仕切り，または，ファイルキャビネットや書架，植物などを用いて，作業エリアを視覚的に区別している。これらのオフィススペースの開放性ゆえに，利用者のプライバシーは制限されるが，同僚に対するアクセシビリティと上司からの可視性は高まる。**個室（private office）**は，天井まである壁を用い，他者からの可視性を制限する。通常ドアによって，その利用者は完全に閉じこもることも，思い通りにアクセシビリティやプライバシーをコントロールすることもできる。ただし，これはその組織がオープンドア・ポリシーをとっていなければの話である！

　オープンドア・ポリシーが示すように，密着度，開放性，可視性，アクセシビリティ，プライバシーがもたらす結果を考える上で，デザインの限界を認識することは重要だ。物的構造は，さまざまな結果を決定するというよりは，その可能性を高めるのである。これらの限界の中には，物的空間のシンボリズムに埋め込まれた解釈から生じるものもあるし，社会構造や技術の影響から生じるものもある。例えば，その物的空間のコンフィギュレーションとは関係なく，秘書やその他のアシスタントは自分たちの仕事が中断させられることを四六時中経験するのが普通である。その理由は，タスクが高い相互依存性を求めることと，彼ら彼女らがほとんどの階層組織において比較的低い地位にしかないためである。他者へのサービス指向のタスクと比較的低い地位が一緒になって，物的構造のいくばくかの効果を帳消しにして，彼ら彼女らを同僚に対してアクセシブルにするのである。

移動式の間仕切り，固定壁のような物的障害もまた，少なくともある種の相互作用を助け，可能にし，高める。特に，同僚同士が壁で仕切られた空間を利用する場合，会議，短い中断，秘密の会話，チームワークは，頻度・時間ともに有意に高まることが明らかにされてきた[18]。ところが，モダニストの研究でさえも，こういった相互作用は，実際には，開放的なオフィスよりも閉鎖的空間で起こりやすいということを示してきたものの，多くの人びとが，物的障壁が限定的か皆無のオフィスの配置によって相互作用とコミュニケーションが促進されると信じている。

　開放的なオフィスがコミュニケーションを促進するという思い込みについての説明の1つ目は，モダン・パースペクティブの枠内に止まっている。特にイノベーティブな設計チームのように，作業場を密接に共有することが創造性を刺激し，チームワークを支える，と主張する集団もいる。しかしながら，ここでも開放性よりは閉鎖性の方が説明力がありそうにも思える。なぜなら，当該の集団は，残りの組織全体から物的に分離されていることが通常だからである。そこで，シンボリック・パースペクティブに依拠する2つ目の説明が可能である。具体的には，オフィスの開放性と開放的なコミュニケーションをシンボリックに結びつけて，一緒くたにする人びとがいる。私自身の開放的なオフィスと閉鎖的なオフィスの効果を比較した研究は，このテーマの解明を試みている[19]。

　私自身は，シリコンバレーのハイテク企業の知識労働者について研究し，閉鎖的なオフィスにいる人よりも，開放的なオフィスにいる人の方が他者との相互作用に費やす時間は少ないことを確認したが，人びとを近距離で観察し，なぜそうなのかについても話を聞くことができた。例えば，ある開放的なオフィスでは，そのオフィスの利用者たちは，他人の仕事に口出しすることを禁ずる文化規範を形成しており，ときには，ヘッドフォンや赤色点灯中は話しかけないでくださいという意味を示す信号機を用いていた。

　これとは別の計画立案のための開放的なオフィスにおいて，私は，可視性がコミュニケーションを効率的にすることを知った。例えば，机に上って広大な間仕切りの大海原を見はるかす人たちがいた。彼らはこうやって話したい相手の手が空いているか確認していたのである。もし，相手の手がふさがっている

ときには，その従業員はもう一度座り直して，自分自身や他者の仕事を最小限中断させるだけで，今までしていたことを続けるのであった。対照的に，閉鎖的なオフィスの多くの利用者は，歩いて相互作用の必要な相手のところへ行き，その途中でしばしば他の人と出くわし，ついでの自然発生的な相互作用を行っていた。

以上の私の観察は多かれ少なかれ道具的な説明であるが，行動がシンボリックに影響されるということを排除するつもりはない。経営者が，この研究の発見事実を引用して，コミュニケーションを促進するために個室を使いなさいと提案し，受け入れるように働きかけてみても，開放的なオフィスの利用者は，開放的なオフィスにいるからより多くのコミュニーションをとることができ，そこから恩恵を受けていると主張し続け，移動しないと言い張った。つまり，物的空間の道具的およびシンボリックな影響力の両者が機能し，この場合，他方が他方を支えるというよりは対立していたと結論できる。

現場を恒常的に訪れる経営者やその他多くの専門職であれば自分のオフィスを離れほとんど日常的に移動しなければならない。このような必要性は，ホット・デスキング（hot desking）として知られるようになったレイアウトのイノベーションを生んだ。ホット・デスキングを実際に行えば，出先での時間を有効活用することによって空間の利用効率は最大化できるが，これは，寝床の共用を意味する水兵の「ホット・ラッキング」に示唆を得ているのかもしれない。常に乗組員の一部が当直に就き，かつ空間制限が厳しい艦船においては，ホット・ラッキングに長所があることは明白だ。組織がホット・デスキングを採用すれば，常設のオフィスは必要に応じて割り当てられ，かなりのコスト節減になるのみならず艦船同様の柔軟性も生む。

ホット・デスキングは仕事の進め方についても多くの調整を必要とする。例えば，従業員は，重要な仕事のアイテムを鍵のかかる手押し車にしまっておき，割り当てられた仕事場所へと転がしていくことになる。もし彼らがどこからでもアクセス可能な書類のオンラインストレージを使えば，より便利である。ホテリング（hoteling）として知られるホット・デスキングの進化形では，企業は，レセプションデスクを設け，そこでオフィスの割り当てや会議室のスケジュー

ルを取り扱うとともに,秘書・コンシェルジェ・コンピュータサポートのサービスを手配する。

　ホット・デスキングとホテリングは,オフィス空間の建設・維持に伴う支出を最小にできるので,コスト節減効果も生む。さらに,一時的なプロジェクトのために働く従業員のグループ全体を一時的に同じ場所に配置することができる点も長所に加えたい。大きな短所となるのは,従業員が彼らのアイデンティティとステータスを伝えるオフィスというシンボリック・リソースを喪失する点である。また,新しい空間で自分の居場所を見つけるために,絶えず再適応する必要が生じ,したがってかなりの不適応が生じてしまう,というのも欠点である。不適応は,組織文化を破壊したりストレスを増加させる恐れがある。このような恐れは,従業員が,誰がどこにいるのかわからなくて同様の不適応に陥った他者と関係を結ぶことが難しいと感じる場合に現実のものとなる。

　不適応の反対の慣れ親しみは,繰り返し顔を合わせることを促すようなレイアウトによって高まるが,同時に下位文化の形成にも一役買う。人びとを集団ごとに隔離する物的構造は,同時に人びとを1ヵ所に集める物的構造でもあるが,これら2つの構造の社会－文化的影響がどのように結びつくのかについて気づいてほしい。このように,物的構造は,異なる人びとの集団間のコミュニケーションや調整を可能にするが,同時にサイロないし下位文化の差異を助長するのである。物的構造の効果は,目に見える客観性から思うほどには単純ではない。

デザインの特徴,装飾,服装（ドレス）

　ファサード(建物正面),フォーカルポイント(建物の視線を集めるポイント),調度品,照明設備,天井や壁の処理,窓や床材,色・形の使い方,観葉植物や美術品から広告,製品,テクノロジーにいたるまであらゆるものの陳列は,組織で見られる建築デザインと装飾の一部である。これらは合わさって,組織の物的構造の感覚環境に美的効果を与えているが,同時に物的空間の中に配置される物体でもあり,意味を生み出すシンボリックな物体でもある。

　デザインは,空間の色や雰囲気をどう感じるかに影響を与え,醜悪・何とも

いえない・我慢できる・感じがよい・美しい・感激的といった多岐にわたる美的判断を呼び起こす。と同時に，デザインの特徴はより実際的な温度・空気清浄度・照明・騒音レベル・臭気といった感覚環境にも当然影響するが，これらすべてが，美的判断と同様にさまざまな人間の生理的反応を生み，生産水準と態度にも影響し得る。このようにして美的・生理的経験は，どのように物的構造が組織とその構成員に影響を与えるかについての理論の射程に入ってくる。

　美的判断は，個人的な好みに大いに左右されることを意識してほしい。逆に，組織の分析を目的とする場合，分析者の個人的な好みを云々するよりも，組織がさまざまな美的反応を生み，それが従業員や組織コミュニティのその他のメンバーの解釈を特徴づけているという事実に対してより敏感でなければならない。覚えておくべきは，物的構造が組織に与える影響を明らかにしようとするのであれば，彼らの反応と解釈の方が重要であるということだ。物的構造が分析者自身にどのような影響を与えているかを意識し，他者の反応から分析者自身の反応を確実に分離すべきである。

　建物の建築上の特徴が引き起こすものとして知られ，ないしは信じられている反応をシンボリックに用いて，文化，アイデンティティ，戦略のような組織的アイディアを示すことができる。逆に，建築デザインが，このようにシンボルとして用いられていることがわかれば，物的構造を注意深く読めば，組織の文化や戦略などを明らかできる。どちらの方向から見るのにせよ，物的構造のシンボリズムを重視することは，物的構造が持つ多義性を認め，解釈を概念と理論に組み込むことに他ならない。

　家賃が安いオフィスを借り，最小限しかも高価ではない什器しか置かない組織を簡単な例にとってみよう。そのような組織は，低コスト戦略をとっていることを伝えているのかもしれないし，その組織は見てくれには関心がないといっているのかもしれない。はたまたまったく別のことかもしれないし，これらすべてかもしれない。心に留めておくべきは，物的構造の意味は，他の人工物やシンボルと同様に，解釈によって社会的現実を作る人びとの間でさまざまだ，ということである。

　さまざまな意味を伴う，つまり多義性ゆえに，デザインによって行使される

第7章　組織の物的構造

シンボリック・コントロールは量的に限定されるが，意図せざる意味の解釈も同じである。建築デザインの計画的でなく創発的な側面は，行動のコントロールを妨げる可能性がある。かつて私は，新しくできたオフィスビルにその設計者と経営者とともに見学に出かけたことがあった。建物に入ると，広いアトリウムに何気ない風に，しかしいい感じにさしてある大ぶりのゴルフ用日傘に出くわした。このアトリウムは建物内部のフォーカルポイントとしてデザインされ，仕事場を照らす自然光の取り入れ口でもあった。この日傘は，午後に仕事中の机に差し込む太陽の赤外線と紫外線を遮るという実際上の役割とともに，これがなければ凡庸なインテリアにカラフルなアクセントを加えていた。

　建物というものは，完璧には設計されず，ひとたび建設されても，ずっとそのままということはない。この例で見たように，この傘は生きている建築に出現した特徴であり，日光の計画外の影響に対する自発的な反応である。これを知って，建築家はビルの利用者たちが「空間を自分たちのもの」にし始めたと，この傘を歓迎した。他方，経営者は建物の無垢の外観と，そしておそらくそれに対する彼自身のコントロールが失われたことについて嘆いた。

　建物空間の意図せざる解釈の例を，私が育ったインディアナ州サウスベンドのノートルダム大学に見ることができる。ノートルダムは，何度も優勝したことのあるアメフトチームで有名であり，アメリカの大学スポーツに貢献している。何年か前，このローマカトリック系の大学は大きな新しい図書館の建物を，キャンパス建築のフォーカルポイントとして建てたが，そのファサードをイエス・キリストを描いた美しいモザイクで飾った（図7.3）。さて，このお話の残りを理解するためには，アメリカン・フットボールでは，ゴールや「タッチダウン」を決めた際に，審判が伸ばした両手を掲げ，得点を示すことを知っておく必要がある。それは，ちょうどこの壁画のキリストと同じようなジェスチャーである。このイメージを選んだ際に明らかに誰も予見していなかったことは，キリストとフットボール，つまり，大学の文化の最も重要な2つのシンボルが結びつくことである。意図せざるにもかかわらず広く受け入れられている呼び名，「タッチダウン・イエス」を生んだのは，この結びつきであった。

　建物のデザインの装飾は，組織について多くのことを示し，また明らかにす

図 7.3 ノートルダム大学図書館のモザイク画

ることはよく知られているが，さて，装飾はどのように機能するのだろうか？ スコットランド生まれの建築評論家で都市計画の教授であるビトルド・リプチンスキー（Witold Rybczynski）は，組織の装飾を服装になぞらえ，その技術，社会，知覚メカニズムを次のように説明した。

　第1は，技術上の結びつきである。装飾は，服装と同じく織物を用い…（そして）…建築はしばしば直接服装を真似る。18世紀の建物のガーランドと呼ばれる花模様の装飾は，男女が身につけた花飾りや飾り帯を彫刻やペイントで再現したものである。古代ギリシア人は，服装の要素を寺院建築に取り入れた…。古代の著述家たちは，（ギリシャの柱廊の）柱の縦の飾り溝を，キトン，すなわちチェニック（ガウン）といった服のたてひだにたとえた。

　服装と装飾の第2の結びつきは，社会的なものである。…家と服装はステータスを表す古来よりの方法であるので，社会的地位を伝えるために用いられる素材とシンボルには，一致が見られる。家の紋章は，ブレザーのボタンにも，壁の浮き彫り（メダリオン）にも見ることができるし，金が珍重されるのであれば，

財力ある人びとは，金モールを身につけるし，金色の縁取りの柱，家具，額縁などで家を飾る。もし，これが金ピカすぎると思われるのであれば，他の素材でステータスを表そうとする。ステンレスのキッチン設備，時計バンドなどがその好例である。より一般的には，顕示的消費とは別の次元で，家と服装の両者は，価値観を表しているのである。

　服装と装飾の第3の結びつきは，知覚に関わる。建築，インテリアの装飾，ファッションデザインは，3つの別個の領域であるにもかかわらず，われわれは，同じ目でこれらを体験することになる。服を見るときでも装飾を見るときでも，われわれは同じ視覚バイアス，同じ感覚，同じ好みを持ち込んでいる。この感覚は一定ではない。われわれは単純さを評価するときもあれば，複雑さを評価することもある[20]。

　もちろん，公式のドレスコードないし非公式に採用されている服装スタイルが，組織の装飾のまた別の特徴となり，その組織特有の見かけや感じられ方となっている場合，服装は装飾から分離できなくなる。IBMの専門職たちは，ダークスーツにホワイトシャツで知られていたものだったし，UPSは，すべての配達ドライバーが同じ茶色のユニフォームを着ることにこだわっている。また，コスチュームは，ディズニーランドの伝統である。公式のドレスコードではないが，シリコンバレーで働く人の正装がカジュアルであることもまた服装を通じて組織のスタイルを伝えている。組織の正装のモードは，自発・強制，公式・非公式を問わず，組織・集団・個人のすべてないしはいずれかのアイデンティティを伝達しているのである[21]。

▍物的構造と組織アイデンティティ

　組織の物的外見は，その場所に一定の意味を与えるという点でコミュニケーション手段にもなり得る。そこで，組織の物的外見に注力することで，組織アイデンティティ・イメージ・評判に影響を及ぼそうとするモダニストの経営者がいる。物的構造の部分部分は，ちょうどそこに組織アイデンティティが表れ

るのと同様に,従業員が,個人および集団アイデンティティを構築したり飾ったりすることのできるようなシンボリックな材料となる。

組織アイデンティティのシンボリックな表現

ウォーリー・オーリンズ（Wally Olins）は,コーポレート・アイデンティティのコンサルタント会社であるウォルフ-オーリンズのイギリス人共同創業者として,また,サフラン・ブランド・コンサルタントの会長として広く知られた人物だが,長きにわたってコーポレート・コミュニケーションの一形態として,建築を推してきた[22]。彼によれば,建築デザインによってある種のメッセージを伝えることができる。例えば,とても高いビルを用いれば,高業績組織を作ろうという意図をシンボルとして表せるし,航空宇宙技術企業ならば星に届こうという意図を示すこともできる。

文化によっては異なる解釈が成り立つ,ということはもちろん認識しておく必要がある。例えば,アメリカの行政学者ドボラ・ヤノウ（Dvora Yanow）によれば,インドでは,経営者のオフィスはビルの上層階よりも低層階に置かれることが多いという。電力の問題やエレベーターがなかったりあっても当てにならないので,歩いてアクセスできることが低層階にオフィスを置くことの魅力になっているというのが,あり得る説明の1つであるし,ヒンズー教の伝統では,魂は（頭ではなく）体の中心に宿ると考えられているということも説明として成り立つ,と彼女は記している[23]。

シンボルは複数の意味を伝えるので,あなたもすでに異文化間の解釈に何度も頭を悩ませた経験があるはずだ。このことを考慮して,オーリンズはもう一歩進んだ主張をしている。つまり,お互いを補うように注意深くデザインされれば,印象的な建築上の特徴（ファサード,屋根の輪郭,照明効果,オフィス・インテリア,装飾のテーマ）,製品デザイン,カンパニーロゴ,発行物（年次報告書やパンフレット）,服装スタイル（ユニフォームやドレスコード）は,組織の信頼性と品格についての印象を操作できる。そして信頼性と品格は,コーポレート・アイデンティティ同様に,シンボリックに戦略的ビジョンを強化することができる。オーリンズの理論によれば,建築物から服装まで統一感のあ

る多様なシンボルが，多義的な意味を持っている場合はなおさら建築家，デザイナー，経営者は，組織アイデンティティ，イメージ，評判を形成するよりよいチャンスに遭遇している。システム理論の最小有効多様性の原則をシンボリックに拡張せよというのが，彼の提言である。

さてここでいくつかの理論を統合してみよう。オーリンズのブランドは組織アイデンティティを見てくれよくひとまとめにできるというアイディアは，リプチンスキーの建築物の装飾と服装についての理論と共通点がある。コーポレートブランドと組織アイデンティティの関係が，服装と装飾の関係と同じだとしたら，リプチンスキーの理論が示唆するのは，コーポレートブランドは，技術的・社会的・知覚的メカニズムの組み合わせを用いて，組織アイデンティティをわかりやすいファッショナブルなステータス・シンボルへと転じているということである。ちなみに，こんなアイディアを聞けば，ポストモダニストは，格好の批判の対象が見つかったと，遠足に行く前の子どものようにワクワクしてしまうだろう。という訳で，本題から離れすぎてしまう前に，その他いくつかの物的構造のシンボリックな要素について検討し，どのようにそれらが組織アイデンティティに関係があるのかを見てみよう。人が，組織の建物や敷地に場所感覚を付与するとき，その場所の連想は組織アイデンティティに寄与し得る[24]。場所は，印象的な建物のファサード，他では見られない彫刻，フォーカルポイントとなった修景上の特徴，その他その組織を連想させる人目を奪う特徴によって，記憶に止まるものとなる。例えば，私の場合，著書を出版したオックスフォード大学出版局（Oxford University Press: OUP）のメインコートヤードに入っていくときはいつでも，そこで星霜を経た巨木が目に飛び込んでくる。「知識の木」という考えが，自ずと心に浮かび，この組織の学術書という主製品と想像の中で結びつく。

木が主役のコートヤードに対して感じる私のイメージは，組織アイデンティティと建築が結合した力が持つ強力かつきわめて個人的な効果である。これは，ある場所として OUP に私が感じる意味と OUP から本を出したという私のアイデンティティの両者に関わっている。私の経験は，OUP のアイデンティティ・イメージ・ブランド・評判のシンボリックな集合体全体の中ではごく一部にす

ぎず，一瞬しか起こらないものだが，この集合体は，誰かが全体のどこか一部分に出会い，反応するたびに転移・変化し続けている。シンボリック・パースペクティブに立てば，さまざまな組織のアイデンティティ・イメージ・ブランド・評判の一つ一つが蓄積したものと，その変化し続けている軌跡が，われわれがOUPと呼ぶ社会的構築物を生むのである。

　もし，オーリンズが示唆したとおりに，組織シンボルを思いのままにしたいと考えているのであれば，物的構造が引き起こすような解釈は無数であるばかりでなく，矛盾し驚くべきものにもなり得る可能性があることをどうか心に留めておいていただきたい。例えば，並み外れた美しさを誇る新築の本社ビルは，投資家や顧客，地域社会のリーダーに好印象を与えるかもしれないが（「この会社は，こんな素晴らしい建物を作れるほどの富を生み出しているに違いない」「この手の豊かさは，実際にパワーがあることを示している」「地域社会に素晴らしい美しさが加わった」），同時に労働組合のリーダーや環境活動家の目には無責任に映るかもしれない（「このカネは賃金に回せたかもしれないのに」「経営者の特権以外の何ものでもなく，もっと環境に関するプロジェクトが可能であったかもしれないのに」）。つまり建築家と経営者が建築デザインを行う際に意図した意味が，そのデザインの唯一の意味だと考えるべきではない。また，分散した現象である以上，それを支える物的構造の効果同様にアイデンティティは完全にはコントロールされ得ないということを心に留めておいてほしい。

活動領域境界を用いて集団のアイデンティティを強調する

　職場をともにすれば，そこに属する人びととプロセスに，物的かつシンボリックに結びつくようになる活動領域が定まる。他の動物と同様に，人間も自分たちの活動領域（縄張り）に標識をつけ，それを守ろうとする。マーケティング，会計，財務，人的資源といった異なる種類別の活動領域に組織が分割されると，それぞれの利用者は，自分たちの場所について縄張り意識を持つようになりがちで，下位文化やサイロが発達する。

　集団は，彼らの組織的活動領域を記号や，その集団特有の装飾のスタイルや，その他所有権の見てわかる表示によって物的に示そうとする。こうすることは，

包摂や排除（つまり誰は自由に入ってよく，誰はいけないのか），この集団は何がウリなのか（壁に掛かっていたり表示されているもの，室内の調度や装飾を観察せよ），どこに境界があるのかを表すシグナルとなり，他者はこれを解読することができる。

　この現象を対象とした実証的調査の数は限られているが，集団の境界を示す物的な標識が組織における集団の強いアイデンティティと結びつくことを示す根拠はある[25]。J.D. ワインマン（J.D.Wineman）による，集団の周りに，壁，間仕切り，什器といった物的障壁があることが，集団凝集性と個人間関係に影響を与えるという発見をこの根拠として指摘できる[26]。また，この研究は，あらかじめ凝集性が高いと，不適切な物的環境の負の影響が相殺されることを明らかにし，組織構造の物的・社会的側面の結びつきを強調した。

　『ストリート・コーナー・ソサイエティ（*Street Corner Society*）』で，ウィリアム・フート・ホワイト（William Foote Whyte）は，ストリートギャングの下位文化の発生は，縄張り（活動領域）を誇示することと一致すると述べた[27]。境界が集団に強いアイデンティティの感覚を与えるのか，それとも，集団が強いアイデンティティを形成する過程で，その境界を明確にしようとする傾向があるのかは明らかではない。もちろん，これらは同時に起こり得る。ここでは，強い集団アイデンティティは集団間の協力を阻害する可能性があるし，それはサイロや下位文化が問題化する理由でもあるということを覚えておくべきである。

個人アイデンティティの標識と個人化

　特権的な立地にあり，上等の家具と素晴らしい美術品を飾った大きなオフィスは，世界中の多くの組織の従業員に対して，一貫して地位の高さを連想させる[28]。それゆえ，組織の経営者は，階層を誇示し，そのパワーと社会的地位を伝えようと，物的地理，レイアウト，デザイン上の特徴を言語として用いる。もし，組織階層における個人の地位や職位を解読したければ，物的構造からこれらの意味の一部をリバース・エンジニアリングすることができる。例えば，重要人物により近いということは，そうでない場合よりも高い地位を表している。このそうでない場合は，部下には近く上司には遠いところに位置する中間

管理職の場合に見られる。駐車スペースのような便利なものに近いことや，専用の手洗い，コーヒーメーカー，食堂などは，階層のトップを示している。

　地位の標識は，あらかじめ予期していることとは一致しない場合もあるので注意が必要だ。伝統的に用いられてきた地位の目印がない場合，パワー格差の大きい文化の出身者は，区別のシンボルを即興的に生み出すかもしれない。そのような事例の1つとして，安手のコート掛けの位置を挙げよう。これはそもそも，建物の設計者がクローゼットをその組織の新しいビルに備え付けなかったので購入されたものだったが，結果として組織の最高権力者たちをそれと示すために役立つことになったという話である。最初にそのコート掛けがやってきたときは，必要な人は誰でも早いもの順で使えていた。ところがわずか数週間経つうちに，コート掛けは最も高い地位の人たちが使う小部屋へと移動してしまったのである。また別の例では，職場のグループのコーヒーポットを買ったことが，地位の非公式な目印となった。しかしながら，今回は，ポットが移動したのは地位の低い従業員たちのところだった。彼ら・彼女らは上司や同僚のためにコーヒーを淹れてあげることを期待されたからである。

　パワー格差の小さい文化の組織では，上位に位置する個人は，地位の標識やその他の特権を控えて，平等の価値を個人的にかつシンボリックに強調することを選択するかもしれない。組織においては，見えるもの同様にあるものがないことについても常に敏感でなければならない。例えば，特別の駐車スペースがない組織もある。

　物的構造によって個人のアイデンティティを表すことに関するもう1つの論点が，空間の個人化（personalization of space）に見られる。個人は，しばしば，オフィスの飾り方によってそのアイデンティティについて多くを教えてくれる。禁止されていなければ，多くの人は，家族の写真，小物やマンガのコレクション，記念品などの私物を飾る。関係者にインタビューしない限り，これらが何を意味するのかを知ることは難しい。とはいえ，職場を個人化することが示すのは，通常，組織によって不当に奪われている自己アイデンティティに対するコントロールを回復するために従業員が行っている努力である，と一般的な解釈をするポストモダニストもいる。

組織と組織化の理論における物的構造

この章の例でわかるように,モダン,シンボリック,ポストモダンの研究関心を物的構造の研究に同時に活かす方法がある。また,これらの例は,物的構造のさまざまな要素が,テクノロジー・社会構造・文化・パワーの壁を越え,加わり,そして浸透していることをも明らかにしている。この節は,物的構造がどのようにこれら組織論のその他の基本概念と関わるのかを扱う。

物的構造と文化:シンボリック条件づけ

家にいるのか職場にいるのか,自分のオフィスにいるのか他人のオフィスにいるのかを瞬時に判断するときに,周囲の物的環境はどのように機能するのか,また,どのようにこの判断が,多様なルーティンや儀式の引き金となっているのかを考えてみてほしい。または,在宅勤務にもかかわらずスーツに着替えたり,隣の部屋に仕事に行く前に,家族にいってきますをいう必要を感じている従業員について考察してみてほしい。どちらも,これらは,家にいるということの制度的な意味を克服し,大抵は家族に邪魔しないでと伝えるためである。

以上は,建物空間が持つパワーが期待と行動をシンボリックに条件づけている例である[29]。このような反応は,無意識に起こるようになるので,カトリック信者の場合,教会の聖壇を見ただけで,片膝をついて祈る,十時を切るといった行動を引き起こし,しばしば過去の信仰経験の記憶や,それと結びついた感情を呼び覚ます。このような反応を条件づける刺激は,シンボル(上記の2つの場合,スーツやネクタイ,聖壇上のキリスト受難の像)であるので,この種の条件づけはシンボリック条件づけ(symbolic conditioning)と呼ばれてきた。

シンボリック条件づけは,あらゆる種類の組織行動に拡張できる。例えば,マクドナルドのカウンターは,客は従業員からサービスを受けるために列を作らねばならないことを示している。従業員もまたカウンターの後ろに立ち,順番に顧客に対応するように条件づけられている(図7.4)。その他にシンボリック条件づけが見られる場所には,オフィスの閉まっているドアの外側,受付カウンターの周囲,図書館,会議室がある。

シンボリック条件づけは，物的構造と組織内外での日常生活を構成する通常ルーティンとの間に成り立つ無意識の連想によって成り立っている。他人に個人的な感情を含めずに対応する習慣は，多くの企業文化において見られるが，これは職場の物的環境にシンボリックに条件づけられるようになるというのが一例である。結果として，職場ではないところで会ったときには，もっと人間くさい相互作用を持ちたいと思う人を見つけることは，稀なことではない。

　さらに，シンボリック条件づけと呼ばれる現象は，純粋にシンボリックではなく生理学的だともいえる。フランスの人類学者クロード・レヴィ＝ストロース（Claude Levi-Strauss）はアマゾンのボロロ族が，川のそばに，南北軸と東西軸によって分割される環状の集落を作っていたことを発見した。この部族は，この軸を用いて個々人を従うべきルールごとに，グループへと分けていた。このルールは，誰が誰と結婚できるか（例えば，結婚相手は異なるグループの出身でなければならなかった），どこに住むことができるか（例えば，結婚した

図7.4 ファーストフード店は，カウンターの前に並ぶように顧客をシンボリックに条件づける

マクドナルドのようなファーストフード店に入ったときに無意識に列を作るという望ましい行動が，どうして起こるのかを考えてほしい。列を作るという適切な反応は，列を作って待つ他の客によって引き起こされるのかもしれないが，時間が経つにつれ，カウンターだけでも，自覚の有無や他の人の存在にかかわらずこのように反応するようになる。

カップルは，男性[訳注]が属するグループに住まなければならなかった）などを定めていた。サレジオ会宣教師がやって来ると，彼らは村を別の場所へと移させ，そこではかつての村の南北・東西の軸とは無関係に列状に家が建てられた。レヴィ＝ストロースによれば，

> 東西南北の方向感覚が喪失し，彼らの知識に意味を与えていた家の配置が取り除かれることで，この原住民は急速に伝統的な感覚を失っていった。あたかも，彼らの社会・信仰システムは複雑すぎて，村の配列によって明確であったデザインがなくなれば，機能し得ないかのようであった[30]。

M&Aを経験した組織において，そのパートナーシップから期待したほどの経済的利益が上げられない事態は稀なことではない。多くは，この望まれぬ結果を文化の両立不可能性として説明するが，ボロロ族の研究に従えば，空間的な混乱も働いていると考えるべきかもしれない。企業が合併するとき，片方ないし双方の組織メンバーの物的立地や周囲の環境，そして同様に物的環境にある重要な自己アイデンティティの手がかりがしばしば変わる，ということを考えてほしい。彼らを適応させていた慣れ親しんだ生理学的，社会学的手がかりがないことには，組織文化は期待されたようには機能せず，それゆえ生じるストレスの程度に応じて，生産行動は影響を受け，経済的価値は破壊され，文化崩壊につながりかねない状況が生じることがある。

身体化組織論：社会構造と物的構造の再結合

身体化理論（embodiment theory）は，身体を持つということが，認識論にどのように影響を与えているのかを説明しようとするが，この理論は，空間識[訳注]の生理学的側面が，われわれが何をどのように知るのかに影響している，という中心前提を持つ[31]。生理-空間知の根拠は方向誘導習慣に見られる。こ

訳注：邦訳書（早水洋太郎『レヴィ＝ストロース神話論理Ⅰ生のものと火を通したもの』みすず書房，2006）によると，男性ではなく女性が正しい。

訳注：空間の中で自分がどこに，どのような向きでいるかを認識する能力。日常語では方向感覚

のおかげで，われわれは何をするかを考えずとも，毎日同じルートで仕事や学校に車で行けるし，新聞から目を離さずにコーヒーをカップに注いだりできる。さらに，これは「幸せは上向き，憂鬱は下向き」といったメタファーとして言語にも表れる。つまり，人はその生理学的体験を空間化するのである[32]。

　身体化組織論によれば，人間の身体と同様に組織の物的構造も，人間の経験を身体化している。つまり組織の物的構造はオフィスビルや工場内外に組織そのものをくるみ込み，その中で活動を組織化している。しかし，組織はまた同時に，従業員とステークホルダーの身体によって形成されているという意味で身体化されている。ウォルト・ディズニー社を例に，従業員の体型と外見を用いて，顧客の生理学的反応とは関わりなく，ディズニーランドで提供されるものの1つである乗車体験をどうやって構成するかを考えてみよう[33]。パイレーツ・オブ・カリビアンのアトラクションで海賊の役をしているキャストは，海賊っぽい容姿風貌をしていなければならない。

　身体化組織論者は，批判的ポストモダニストに加わって，心／身を別々の要素と捉える二項対立を覆そうとする。この二項対立は，脱身体化されたモダン理論の中に隠されている。その他主要なターゲットは，思考／感覚（ないしは認知／感情），行為／内省，オーソリティ／デモクラシー，客体／主体の二項対立である。ここで，なじみ深い理論がすでに身体化のアイディアをどのように内包しているのかについて記しておかねばならない。イギリスの組織論者，ジョン・ハサード（John Hassard），ルース・ホリデー（Ruth Holliday），ヒュー・ウィルモット（Hugh Willmott）は，「身体化なくして，イナクトメントは起こり得ない」と述べたのが，まさしくこれにあたる[34]。

　組織的身体化に関心を持つ研究者たちは，組織論が社会的影響力に集中しすぎていて，生理学的・空間的要素が組織に与える影響に注意を向けないことを不満に感じている。これは，本章の最初で取り上げたホーマンズによるホーソン研究についての主張でもある。これに対して，身体化組織論は，社会構造を無視するのではなく，組織の実践と行為を物質的に身体化（具体化）したものを物的構造と捉え，社会的構造と等置しようとする。それゆえ，組織化理論が社会構造と行為主体性を再結合させたように，身体化理論が物的構造と組織的行為を

再結合させる。アナロジーを示せば，行為主体性と行為の関係が，社会構造と物的構造の関係にあたる。これは，組織身体化論の含意の1つとして興味深い。

構造化理論が描く空間と時間における進化

時を経て，建物はその住人と同一化し，彼らが考え感じることを構築するのを助けるようになる[35]。これについて，フランスの社会学者ピエール・ブルデュー（Pierre Bourdieu）は，建物とは「材木，土，煉瓦の耐久性に刻みつけられた階級化，階層，対立のシステム」という意味で，具象化された歴史であるという理論を提唱した[36]。カビル族として知られるアフリカのベルベル族の研究を行い，ブルデューは，この社会での男性と女性の社会的関係の構造は，彼らの住む家に表れると確信を持つにいたった。

例えば，ブルデューは，どのようにカビル族が住人を，「家の高さの半分ぐらいのすき間のある壁」だけで，2つの区画に分離しているのかについて述べた。片方の区画は，もう片方に比べ広く，高く，女性たちが磨き上げる牛糞と粘土で覆われていた。この空間は，男性のものと考えられ，食事や客をもてなすといった人間の活動に使われていた。小さい方の空間では，動物が飼われており，女性のものと考えられていた。こちらには屋根裏がついており，そこで女性たちと子どもたちが眠り，道具類と飼料がしまわれていた。ブルデューによれば，カビル族は，男性の空間を高い，明るい，調理された，乾いた文化などの概念と結びつける一方で，女性の空間を，低い，暗い，生の，湿った自然と結びつけていた。

このブルデューの研究は，社会構造と物的構造に強い結びつきがあることの明確な根拠である。しかし，建物がその住人の思考と感情を構築するより以前に，建物自体が建設されなければならない。イギリスの首相，ウィンストン・チャーチルがかつてこう述べたことはよく知られているが，「われわれは建物を作り，その後建物がわれわれを作るのである。」アメリカの社会学者トーマス・ギーリン（Thomas Gieryn）はこのアイディアを拡張し，建物と意味の両者が，その設計から始まるプロセスの中で進化すると主張した。ニューヨーク州イサカのコーネル大学のキャンパスに新しく建設されたバイオテクノロジー研究棟

についての研究が，彼の理論の実証的な根拠となっている。

　（コーネル大学の）バイオテクノロジー研究所の社会構造を形成するのは，建物の設計中の選択，例えば，どのような人や機能活動を入居させ，また，させないのか，どのようにこれらを建物空間に配置するかについての選択である。完成し利用され始めた建物は，より安定的で持続的かつ制約的な形態へとルーティン化・通常化された制度的構造，個人間関係，そして研究実務の再組織化された集合体を示している。それでもなお，そのドアが最初に開いた日以来，コーネルのバイオテクノロジー棟は，その設計者が予想したのとは別のもの，建てられたものとは別のものになり続けている。利用者も訪問者も，その壁に，意味作用が起きているのを見ているのである[37]。

　建物と社会構造の関係を理論化するに際して，ギーリンはギデンズが理論化した構造と行為主体性の関係を意識している。その上で，ギデンズの社会構造は人の相互作用によって生成・維持・変化させられるという行為主体性重視の理論と，ブルデューのわれわれを取り巻く社会・物的構造がわれわれは何ものであるのかを決め，われわれの行動を規定するという理論を比べている。

　さらに行為主体性と構造がどのように影響し合うのかを研究しようと，ギーリンは，コーネル大学のバイオテクノロジー棟の建設と意味の進化について分析を行い，この進化を3つの段階，つまり設計→建設→利用として捉え，それぞれの段階で観察した行為と構造の関係について述べた。

　設計することには，物質的なモノをどう計画するかということと，しばしば競合する社会的利害を解決することの両者が含まれていた…（そこでは）設計プロセスにおいてパワーを持つ人の発言が，人工物そのものにも刻み込まれるのであった。出資者，パトロン，消費者，経営者，熱心な一般人，規制官庁，売り主の関与が設計のプロセスにおいて起こった。（その中で）設計図を具現化するのに欠かせぬ人びとの要求や必要性に合致するように，人工物は形作られていったのである[38]。

設計に引き続き，ギーリンは以下のように説明している。

いくつかの設計が具体化した。かつてはさまざまな影響を受けていた計画，つまり，交渉や妥協の際には競合する利害によって，異なる方向へと引っ張り合われていた不安定な事柄が，今や安定を得ている[39]。

そして，利用の段階では，

> ひとたび設計者と建設者を離れると，人工物はその後の再コンフィギュレーションが可能になる。人工物は，人間主体の手に戻り，多かれ少なかれ創造的な再定義，再評価，そして再（ないしは脱）構築さえも可能になる[40]。

ギーリンの結論によると，行為主体性は，設計段階では，先支配的な役割を果たすが，ひとたび建物が完成し利用され始めると，建物の物的構造が支配的な力を持つようになる。このとき，新たな利用者たちは，その行動を，建物の冷たく堅い輪郭に適合させるのである。しかし，利用が始まったのちのある時点で，物的構造による支配は，人間の行為主体性による影響力へと，再び道を譲ることになる。ギーリンによれば，「建物が語られ，再解釈されるとき，つまり論じられることによって新たになるとき，行為主体は再び人に戻る。」[41]

構造化理論は，構造と行為主体性の相互作用は瞬間-瞬間で生じる（それゆえ，事例を挙げて示されるようになる）と考えているのに対し，ギーリンは，2年間にわたる研究を行い，どのように構造と行為主体性が混じり合うのかに注目した。ギーリン理論と，ギデンズ・ブルデュー理論を比べてみると，彼らの構造化プロセスに対する理解が異なっているのは，異なる**時間秩序 (temporal orders)** によるものではないかと考え始めたくなる。秒単位・分単位・時間単位で起こることに注意を当てているときに観察できる要素や関係は，週単位・月単位・年単位で観察できるものと異なっているし，またこれらも数十年単位，千年単位で出来事を追っているときに観察できるものとは異なる。

ギデンズが出来事の順序という視点で，構造化プロセスを理論化した際には，構造よりも行為主体性が重要に見え，ブルデューの歴史的に拡大した視点からは，構造が行為主体性を支配しているように見えた。両者の中間にあるギーリンのアプローチでは，数週間から数ヵ月にわたる出来事に注目することによっ

て，(1)行為主体性から構造が生じる（建物の設計と建設），(2)主体が構造から制約を受ける（建設された空間は，その建物の利用者の行動に影響を与えている），(3)利用者，訪問者，批判者といった主体は，引き続いて生じる解釈行為によって，建物の構造とその効果を再コンフィギュレーションする，という分析が可能になった。

ポストモダン・パースペクティブ

結論として，ギーリンは共有の場所を当然のものとして受け入れる人間の傾向についてコメントを残している。

> 建物が，毎日われわれが身体を移動させる経路を定めているので，他者の経路と自分の経路の一致・不一致が予見可能であるということは，(ある意味)われわれが*構造化された社会関係*によって行っていることでもある。もし建物が沈黙のままにわれわれを人間集合の方に向けたり遠ざけたりしているのであれば，われわれはこれがどのように起こっているのかにほとんど気づくことは（ないし，その当否を問うこともでき）ない[42]。

ギーリンの指摘は，クリティカル・ポストモダンの主張とも共通するところがある。すなわち，今存在する物的配置は，その他の配置があり得ることを想像しにくくし，われわれは，プライバシーやアクセシビリティが建物空間によって決まるのが当然であるかのように受け止め，無自覚のうちにそれらが持つ意味に対応している。これらは沈黙のうちに起こっているので，ある場所とある経験を意味があるように結びつけることもあるだろうし，この結びつきを悪意に基づいて用いることも可能だ。

物的構造は意味を伝えられるので，設計者と彼らを雇う経営者は，シンボリックな権力（パワー）を手に入れることができる。もし，物的構造が意味を伝えられるのであれば，注意深い建築デザインは，露骨な統制（コントロール）でなくとも，それに込められた意味を暗示することができるはずである。オーリンズのようなモダン・パースペクティブの擁護者によれば，このような

考え方ゆえに，建築家と設計者には，組織での戦略的な役割が与えられているのだという。ただし，ポストモダニストにとっては，それゆえ批判の対象になる。イギリスのクリティカル・ポストモダニスト，ギブソン・バレル（Gibson Burrell）とカレン・デール（Karen Dale）は，「建物は，統制手段に他ならない」と主張する[43]。建物がなし得ることの1つとして，それらが示し擁護する権力を曖昧にすることができる。

テキストのように建物空間を読み，脱構築し，それらが物質化していた権力関係を明らかにするのが，多くのクリティカル・ポストモダニストの組織論における物的構造のトピックの論じ方である。彼らの方法は，建物空間をテキストとして読む点ではシンボリック論者に似ているが，1つの明確な違いは，ほとんどのクリティカル・ポストモダン研究が対象とする権力に注目することである。また，もう1つの違いが，空間性について言及するか否かである。

例えば，ポストモダンの地理学者は組織論者の圧倒的多数が，身体化・埋没化のどちらも考慮しない非空間的説明にとどまっていると批判する[44]。フランスのポストモダン地理学者アンリ・ルフェーヴル（Henri Lefebvre）は，デュルケーム，マルクス，ウェーバー，そしてその後継者たちが，空間を無視している点が，彼らの理論上の欠陥であると批判した最初の1人である[45]。このような批判は，社会理論の窓を空間の再構築へと開くわけだが，このときイギリスのポストモダン地理学者デレック・グレゴリー（Derek Gregory）は，「社会構造は空間構造なしには実践され得ないし，またその逆も然りである。」と述べた[46]。

同様のポストモダンからの批判は，物的構造のおだやかで親切な見かけによって，技術による統制が見えなくなっていることにも向けられてきた。ヘンリー・フォードによって発明された組立ラインは，脱構築にとって格好のターゲットとなる技術である。この脱構築は，工場主には仕事の進め方を統制する権利，その後は，労働者を統制する権利があるという信念が組み込まれた技術の物質的側面が，労働者に経営者が定めた活動を経営者が決めたペースで遂行するように強制している，という記述から始まるのが常である。それゆえ，ポストモダニストによれば，組立ラインはイデオロギー的意味を持っており，所

有者と経営者に労働者に対する特権を与え,資本主義の機械装置の中に,対立する利害を隠蔽しているのである。

　彼らの主張をさらに紹介すれば,対立自体が存在しないかのように見えるのは,ひとたびそれが据え付けられると,ラインの機械装置が物的に存在することが,経営者に現にしているように仕事を組織化する権利があるのかどうかという議論をも排除してしまうからである。選択はすでに行われ,機械装置の中に姿を隠している。アメリカの経済学者リチャード・エドワーズ（Richard Edwards）はその状況を以下のように述べている。

> 労働者のパワーを労働へと転化させることをめぐる闘争は,労働者と管理者の単純で直接的な人間間の対決ではなかった。もはやこの対立は,生産技術そのものによって媒介されているのであった。労働者は,（直接的な）管理者の横暴ではなく,生産ラインのペースに抵抗しなければならなかった。生産ラインは,技術に基づき,そして技術的な抑圧機構を確立し,労働者たちをそのタスクへと縛り付けていたのである[47]。

　労働者が機械化された組立ラインを受け入れる時点で,生産工程の物的構造は,所有者・労働者階級の支配と服従という社会的関係を組織化する。機械装置のスイッチが入るたびに,それは,現状を再構成し,それに対する抵抗を抑圧しているのである。

　何ら影響がないように思われていたり,変えることが難しいので,物的構造は権力関係をいわば岩のように固定化し,常態化する。この物質的固定化は,制度化を通じて起こるシンボリックな固定化と同時並行的に生じる。バレルとデールが記すように,組織間で起こる同型化および制度的模倣,これらを後押しする建築上の実践は,共謀関係にあり,建物空間を用いて,権力と支配の一貫性を確実なものにすることを助ける。彼らが,20世紀最初の30年間の影響力の注目すべきグローバルな例として挙げるのは,ドイツ生まれのアメリカの建築家,アルバート・カーン（Albert Kahn）である。

　カーンは,アメリカでパッカード,フォード,GMのために自動車の大量生産工場を設計し,スターリンの援助の下,1930年代の半ばまでのロシアのす

べての産業建造物について責任を担った。彼が設計した大地を覆いつくす平屋建ての大量生産工場と，そのトレードマークの採光用ののこぎり屋根が，産業時代の特徴的なシンボルとなったことを疑う人はほとんどいない。社会秩序と統制の主要な道具として，バレル＆デールの主張によれば，カーンスタイルの産業工場は，農村から出てきたばかりの労働者のアイデンティティを形成するのに寄与し，それゆえ，その後近代資本主義へと転じる社会変化を作り出したのである。

> 見落とせないこととして，デトロイトやスターリングラードの工場へ新しくやって来た人びとは，農民にルーツを持ち，都市の言葉を話したこともなかったかもしれないし，工場での1日のリズムにも不慣れであった。そこで彼らの労働空間をコントロールすることで，再教育プログラムによる労働者の効率的な社会化が可能になった。つまり，彼らは工場従業員という新たなカテゴリーへと構築されたのである[48]。

工場建築に見ることのできた建築家とそのクライアントの利害の一致は，この数年後，再び近代的オフィスタワーの発展にも見られる。ここで，バレル＆デールが明らかにするのは，シカゴの3人の建築家，スキッドモア，オーウィングズ，メリルによるSOM建築事務所が，高層ビルの設計によってカーンと同様の多大な影響をどのように及ぼしたのかについてである。今日，高層ビルは現代のすべての大都市で空との輪郭をなしているが，とりわけ影響力のある例が，SOMが設計し，ニューヨークに1952年に建設されたリーヴァーハウスビルディングである。バレルとデールによれば，

> SOMの成功は，会社資本主義がめざましく発達したことだけではなく，これらの力をSOM自身の手法と組織においても真似したことにもよる。この事務所独自の方法ゆえに，リーヴァービルは安上がりなモデルになった…。ヴァルター・グロピウス（Walter Gropius）（1955）によれば，リーヴァービルはプレハブ方式を利用しており，ビル全体の85〜90％は「工場であらかじめ作られて，現地に運び込まれ，組み立てられた部材」である。つまり，大量生産の手法と部材を活用しているのである。他にも，クライアントに受けがよかったのは，SOMの労働組合や手工業者のパワーへの対決姿勢である。SOMは，効率の論理と

コスト意識を自社の事業組織にも持ち込んだ。…SOM は正真正銘の企業成長の体現，つまり大規模多国籍企業の垂直統合を反映させたものと見ることもできる。階層と分業に基づく大規模な官僚的組織によって成り立っているからである。…それは，現状を脅かすことはなく，むしろ強化する[49]。

物的構造ゆえに当然視され，またそれが暗黙裡に表している権力と支配を脱構築することからさらに議論を進め，このような影響力をコントロールし，抵抗し，望まない影響力からわれわれ自身を解き放ち，乱用を忌避することを学ぶように求めるポストモダニストもいる。これらの方法を手に入れるために彼らが注目したのは，どのように権力者が合法的に空間を利用することによって，他者に対する優越性を維持しているのかを論じているルフェーヴルの理論である。

ルフェーヴルの主張では，ルネッサンスの芸術に始まり，モダンの思考は遠近法主義，つまり，空間の中で見る人が俯瞰的な視点を持てるように位置することの影響を受けている。この空間配置ゆえに，階層やその他へゲモニックな実践を普通のことと思うようになる。この効果を自分自身で体験したければ，上下逆さまの世界地図を見ればよい[50]。このように置き直してみると，いつもの感じと異なるので，ほとんどの人は落ち着かない気持ちになる。

ポストモダニストが信じるところでは，空間という考え方そのものが常に中核と辺境を表し，われわれを支配に順応させている。空間は，順応機能と同時に，言語に多数存在する空間を意味する言葉，例えば，内部／外部，公／私，ローカル／グローバル，頂点／底辺，排除／包摂のような言語的トリックを潜ませている。これらは，複雑かつ相互支持的に織り混ざり，それゆえ，われわれは，空間が空間として存在する日常の中でこれらの言語的トリックに接するときに，それらが当然の真実であるかのように確信させられてしまうのである。

例えば，排除／包摂は，居住者以外の立ち入り制限住宅地（ゲーテッドコミュニティ）に作り込まれている。そこでは，社会上層の成功者が欲望と野心の中核に位置づけられているのに対し，社会経済のもう一方の端では，ゲットーやスラム，（ブラジルの）ファーヴェラが，底辺層を辺境化している。または，

多くの組織における本社ビルの役割について考えてほしい。本社ビルは，役員に対して他の人にはあり得ない特別室を与え，彼らは，これを用いて，支配階層の一員である，つまりこの階層に包摂されていることをシンボリックに強化している。以上の2つは，建造物空間は権力関係を通じて社会的に生産され，同時に社会的権力は空間の利用を通じて実践され再生産されるというポストモダンの主張の例である[51]。

オーストリアの組織論者マーティン・コーンバーガー（Martin Kornberger），オーストラリアのスチュワート・クレッグ（Stewart Clegg）は，ショッピングモールを現代建築がパワーを体化したもう1つの例だとし，こう主張する。「建築は，われわれの注意，感情，思考を，空間構造の構成によってある一点に集中，再集中させる強力な手段である。」これは例えば，モールの中のすべての通路は，ショッピングセンターの目玉となるアンカーストアに集まっていたり，明るい光や大きな窓が，展示物とは関わりなく，視線をそちらに向けさせることなどである[52]。

コーンバーガー＆クレッグによれば，このモダニストによる建築の超コントロールを目論む傾向は，掩蔽壕で最高に達する。この構造は，兵隊をすべての危害から守るが，同時に彼らを閉じ込めている。掩蔽壕同様の思想に基づく建築は，ターミナルビルディングと呼ばれるが，それは，建物を通じてのコントロールの論理的に見ても生理学的に見ても最終到着駅だからである。これに代わるものとして，コーンバーガー＆クレッグは，ジェネレーティブビルディング（generative building）を提案している。

ジェネレーティブビルディングはモダン建築の「統制手段としての建築」命題を否定し，「建築は常に曖昧。つまり，自由を実現することも妨げることもできない」という信念から出発する。さらに，既存権力とその建築が現に存在することを利用する「違法建築家」をけしかけ，閉じられた空間を開放し，開放された空間を一時的に閉鎖し，デザインを乗っ取ろうとする。ド＝セルトー（De Certeau）を引用して，彼らは，ジェネレーティブビルディングは「誰がというわけではなく計画され，自発的に生まれ，予期せぬように変化し，利用者の創造性によって作られ，その場その場で進化する」と主張する[53]。ジェネ

レーティブ建築は，社会を区分するのではなく，自由を促進するように空間を再-社会化する力を持っている。

　ジェネレーティブビルディングは，5つの点でターミナルビルディングと異なる。秩序（がないこと），柔軟性，問題の生成，運動，デザイン。ジェネレーティブビルディングの建築デザインは，統制による権力からよりポジティブなパワーへの移行経路である。パワーをターミナル建築の緊急避難用の密室「パニックルーム」から，何か驚くべきことが起こるかもしれない空間のデザインへと移す[54]。

　さらに，コーンバーガー＆クレッグは，ジェネレーティブビルディングの違法建築家は，「ヴォイド（空白の）の戦略」を採用する，と述べている[55]。このアイディアを示したのは，オランダの建築家，レム・コールハース（Rem Koolhaas）だが，彼は「建物の最も重要な部分は，建物がないところからなっている」と主張した。したがってコールハースの建築では，建物は故意に未完成のままにされる。コーンバーガー＆クレッグは，驚き，自由，創造性は，ジェネレーティブデザインの何もない空間に宿る，と主張した。

　コーンバーガー＆クレッグは，建築のポストモダン批判それ自体が，その「建築は統制である」という中心前提を否定すれば，成り立たないことを明らかにしたが，こうして建築をさらなる創造的発展へと解き放った。建築がヘゲモニーであるとわかれば，権力と支配からわれわれ自身を解放する手段を1つ手に入れたことになるのではないか？コーンバーガー＆クレッグは，われわれは，われわれのための自由を，ポストモダンのジェネレーティブ建築が生まれたのと同じ空白のスペースを使って，作ることができると信じている。

　フランクフルトのドイツ建築博物館元館長ハインリッヒ・クロッツ（Heinrich Klotz）も同様に，ポストモダン建築とその前身にあたるモダン建築とを対比し，建築によるシンボル化の新たな可能性について述べている。しかし，クロッツは，より明快に，空間とデザインのシンボル性について取り上げている。

　　建築家が好む好まざるとにかかわらず，たとえ意味を持たないと思っても，建物は，意味の伝達手段として機能する。とにかく，建物は目に見える。建物の

個性というものを徹底的に排除した醜悪な戦後の機能主義が生み出した建物でさえも，ひとたびそれが誰かの視覚の世界に入ると，明らかに特徴がなく，単調で画一的という意味を獲得する。ところが，機能的効率性という目的を持ち，あらゆるシンボリックな効果を意識的に放棄するこの種の建築に比べて，建物の機能的品質はともかくその他の要素，つまり，建築学的コンテクスト同様に非建築学的コンテクストに関する要素へ注意を向けさせようとする新しい傾向が建築に存在することが明らかだ。つまり，意味を過剰に考慮するようになったのである[56]。

ポストモダンの建築理論は，建物空間を用いて，組織の生む意味そのものをシンボリックに言及できることを示したが，ユーモアを持ってそうすれば，同時に建物が支持する階層的権威を失墜させるようにパラドキシカルに読むことも可能である。ポストモダン以前は，これらの読み方が可能でなかったわけではないが，モダニストがこれらの可能性を見落としていたことは確かだ。もちろんモダンによる貢献があるのも事実だ。ポストモダンの建築家が採用した効果のいくつかは，皮肉にも，モダンの技術によって進化した建設手法や材料に依存しているし，その精巧な構造はそれゆえ可能になったのである。

さて，ポストモダニズムが建築において何を解き放ったかの例を示すために，アメリカの建築家マイケル・グレーブス（Michael Graves）によって設計されたカルフォルニア州バーバンクにあるチームディズニー・ビルディングを取り上げよう[57]。中にディズニーの重役がいるこの建物のファサードでは，白雪姫の七人のこびとが，柱となって屋根を支えている。アニメと同じように，ディズニーの従業員は口笛を明るく吹き鳴らして仕事をしていますよといおうとしているのだろうか。この七人のこびとは，そこに働く従業員に，ハイホー・ハイホーと口笛を吹いて家に帰れと促しているのだろうか。それとも，このファサードは，ディズニーが従業員をこの巨大な利益志向企業を支える人柱にしていることを説明しているのだろうか。ディズニーは，自らいうように「地球上で一番幸せな場所」なのか，それとも，ヴァン・マーネンがいうように「スマイル生産工場」なのか[58]。

要　約

　組織は，ある意味，物的存在であり，複数の地理的・時間的尺度で活動領域の広がりを持っている。また，デスク，什器，設備そして従業員の身体のレイアウトから構成されている。従業員は自分たちの仕事空間を人工物や身体でデザイン・装飾し，それらすべてが意味するところについて解釈を際限なく繰り返している。物的構造は，社会構造と複雑に絡み合い，文化とテクノロジーに織り合わされ，コミュニケーションや成果のような結果に関係している。それゆえ，物的構造の物質性は物質としてもシンボルとしても重要である。そのシンボル性は多義的であり，建物空間の具体的な形態・形状を通じて，組織のさまざまな事柄を表現する強力な手法となっている。また同時に，物的構造は，権力を持つ人びとによって設計され建築された通路でもあるから，気づかれることなくわれわれに行動を反復させている。人間の運動を管理する物的な入れ物として，また意味の表現と権力の行使のシンボリックな資源として，建物空間は，議論と論争を呼ぶのである。

　従業員やステークホルダーが，建物や敷地に反応しこれらを解釈する際に組織は印象を生み出す。確固としたビジュアルなメッセージを生むようにデザインされている場合には，特にこの印象は企業のビジョンと戦略を強化し，企業のプライド，ヘゲモニックな野心，その他多くのアイディアを意図的に，また意図せずに，表すことができる。しかし，この印象操作が組織の内部者に与えるイメージは，建築デザイナーや経営者が強制しようと試みたものとは大きく異なることもある。

　シンボリック・パースペクティブに立てば，組織の物的構造は，常に新たな意味生成にさらされている社会的構築物だが，モダニストにすれば，権力者が行動を管理するために用いる意味のない入れ物か，意味があったとしても，注意深く統制されたデザインによって，意味を定めるものでしかない。ポストモダン・パースペクティブは，一貫して，空間をテキストとして扱い，解読と脱構築が必要であり，おそらく，いつの日か自由によって置き換えられるべきだと考えている。なぜならば，このパースペクティブは自由を注意深い脱構築によって支持し，また維持することを希求する立場だからである。

重要用語

空間性(spatiality)
組織地理(ジオグラフィー)(organizational geography)
　地理的分散(geographic distribution)
　活動領域の広がり(territorial extent)
　尺度(規模)(scale)
　時間-空間の圧縮(time-space compression)
　ロジスティクス(logistics)
　地理的特徴(geographic features)
　空間と場所(space and place)
レイアウト(「配置」とすることもある。)(layout)
　配置(「オリエンテーション」とすることもある。向き・位置の両者を意味している。)(orientation)
　修景(ランドスケーピング:建物や植栽によって景観を整えること)(landscaping)
　密着度(proximity)
　開放性／可視性(openness/visibility)
　アクセシビリティ(accessibility)
　プライバシー(privacy)
開放的なオフィスvs個室(本文中には,closed office(閉鎖的なオフィス)という用語も用いられている)(open vs. private offices)
ホットデスキングとホテリング(hot desking and hoteling)
デザインの特徴(design features)
　計画的な(planned)
　計画に基づかず創発的な(unplanned and emergent)
装飾と服装(ドレス)(décor and dress)
シンボリックな意味(symbolic meaning)
　意図に基づくvs意図せざる(intended vs. unintended)
　(意味の)多義性(multiplicity of meaning)
アイデンティティ,イメージ,評判(identity, image, and reputation)
　組織アイデンティティの表現(organizational identity expression)
　集団の活動領域境界(group territorial boundaries)
　個人アイデンティティの標識(individual identity markers)
　空間の個人化(personalization of space)
シンボリック条件づけ(symbolic conditioning)
身体化理論(embodiment theory)
時間秩序(temporal orders)
ジェネレーティブビルディング(generative building)

注

1. Roethlisberger and Dickson (1939); Mayo (1945).
2. 1970年代より多くの社会心理学者が，ホーソン実験の発見について，実験手法と発見に対する解釈について批判し，反論を加えてきた。Berkeley Rice (1982) によるこれらの批判についての有用なまとめは以下のサイトで見ることができる。(http://www.cs.unc.edu/~stotts/204/nohawth,html (February 24, 2012).
3. Homans (1950).
4. Elsbach and Pratt (2008) がこの研究についてレビューを行っている．
5. Pfeffer (1982). 彼は，組織論に物的構造を含めることについての初期の擁護者である．
6. Taylor and Spicer (2007).
7. Harvey (1990).
8. Casey (1993, 2002) を見よ．
9. Godkin (1980).
10. グーグルプレックスの空撮 (February 25, 2012)：http://raymondpirouz.tumblr.com/post/ 385130526/googleplex-solar
11. Kotter (1983).
12. Allen (1977).
13. Gullahorn (1952); Wells (1965); Gerstberger and Allen (1968); Allen and Gerstberger (1973); Conrath (1973); Szilagyi and Holland (1980).
14. Festinger, Schacter, and Back (1950); Estabrook and Sommer (1972); Parsons (1976).
15. Allen (1977); Davis (1984).
16. Conrath (1973).
17. Daft and Lengel (1984).
18. Oldham and Brass (1979); BOSTI (1981); Oldham and Rotchford (1983); Hatch (1987).
19. Hatch (1990).
20. Rybczynski (2001: 21-25).
21. Rafaeli and Pratt (1993); Rafaeli et al. (1997).
22. Olins (1989, 2003).
23. Yanow (1993).
24. Steele (1981).
25. Richards and Dobyns (1957); Wells (1965).
26. Wineman (1982).
27. Whyte (1943).
28. Konar et al. (1982); Baldry (1999).
29. Berg and Kreiner (1990).
30. Levi-Strauss (1955), Fischer (1997: 24-5) に引用．
31. Seamon (1980).
32. Lakoff and Johnson (1980).
33. Van Maanen (1991).

34. Hassard, Holliday, and Willmott (2000: 3).
35. Urry (1991), Yanow (1993).
36. Bourdieu (1981: 305-6), Gieryn (2002: 39) に引用.
37. Gieryn (2002: 36).
38. Gieryn (2002: 42).
39. Gieryn (2002: 43).
40. Gieryn (2002: 44).
41. Gieryn (2002: 53).
42. Gieryn (2002: 61).
43. Burrell and Dale (2009: 178).
44. Yanow(2006) が，どのように建物空間が意味を持つのかについて徹底的な議論を行い，Casey による人間の身体化と空間識の関係についての優れたサマリーを残している．
45. Lefebvre (1991); また Soja (1989); Harvey (1990) を見よ．
46. Gregory (1978: 121).
47. Edwards (1979: 118).
48. Burrell and Dale (2009: 187).
49. Burrell and Dale (2009: 190). Gropius については，J. Peter (2000) *An Oral History of Modern Architecture*. New York: H.N. Abrams を見よ．
50. このような地図の例は http://flourish.org/upsidedownmap/ を見よ．
51. Lefebvre (1991).
52. Kornberger and Clegg (2004: 1104).
53. De Certeau (1984); Kornberger and Clegg (2004: 1107-8).
54. Kornberger and Clegg (2004: 1107).
55. Koolhaas (1995: 603).
56. Klotz (1992: 235-6).
57. ディズニーの本社ビルのイメージは http://www.utexas.edu/courses/ancientfilmCC304/lecture1/disney.html を見よ（February 25, 2012）.
58. Van Maanen (1991).

参考文献

Allen, T. (1977) *Managing the Flow of Technology: Technology Transfer and the Dissemination of Technological Information within the R&D Organization*. Cambridge, MA: MIT Press.

—— and Gerstberger, P. (1973) A field experiment to improve communications in a product engineering department: The nonterritorial office. *Human Factors*, 15: 487-98.

Baldry, Chris (1999) Space — the final frontier. *Sociology*, 33/3: 535-53.

Berg, Per Olof and Kreiner, Kristian (1990) Corporate architecture: Turning physical settings into symbolic resources. In Pasquale Gagliardi (ed.), *Symbols and Artifacts: Views of the Corporate Landscape*. Berlin: Walter de Gruyter, 41-67.

BOSTI (Buffalo Organization for Social and Technological Innovation) (1981) *The Impact of Office Environment on Productivity and Quality of Working Life: Comprehensive findings*. Buffalo, NY: Buffalo Organization for Social and Technological Innovation.

Bourdieu, Pierre (1981) Men and machines. In Karin Knorr-Cetina and Aaron Cicourel (eds.), *Advances in Social Theory and Methodology*. London: Routledge, 304-18.

Burrell, G. and Dale, K. (2009) Building better worlds? Architecture and critical management studies. In M. Alvesson and H. Willmott (eds.), *Studying Management Critically*, pp.177-96. London: Sage.

Casey, Edward S. (1993) *Getting back into Place*. Bloomington: Indiana University Press.

—— (2002) *Representing Place*. Minneapolis, MN: University of Minneapolis Press.

Conrath, C. W. (1973) Communication patterns, organizational structure, and man: Some relationships. *Human Factors*, 15: 459-70.

Daft and Lengel (1984) Information richness: A new approach to managerial behavior and organization design. In B. M. Staw and L. L. Cummings (eds.) *Research in Organizational Behavior*. Greenwich, CT: JAI Press, 6: 191-233.

Davis, T. M. R. (1984) The influence of the physical environment of offices. Academy of *Management Review*, 9: 271-83.

De Certeau, Michel (1984) *The Practice of Everyday Life*. Berkeley: University of California Press.（山田登世子訳『日常的実践のポイエティーク』国文社，1987。）

Doxtater, Dennis (1990) Meaning of the workplace: Using ideas of ritual space in design. In Pasquale Gagliardi (ed.), *Symbols and Artifacts: Views of the Corporate Landscape*. Berlin: Walter de Gruyter, 107-27.

Edwards, Richard (1979) *Contested Terrain: The Transformation of the Workplace in the Twentieth Century*. New York: Basic Books.

Elsbach, Kimberly D. and Pratt, Michael G. (2008) The physical environment in organizations. *The Academy of Management Annals*, 1: 181-224.

Estabrook, M. and Sommer, R. (1972) Social rank and acquaintanceship in two academic buildings. In W. Graham and K. H. Roberts (eds.), *Comparative Studies in Organizational Behavior*. New York: Holt, Rhinehart & Winston, 122-8.

Festinger, Leon S., Schacter, Stanley, and Back, Kurt (1950) *Social Pressures in Informal Groups*. Stanford, CA: Stanford University Press.

Fischer, Gustave-Nicolas (1997) *Individuals and Environment: A Psychosocial Approach to Workspace* (trans. Ruth Atkin-Etienne) Berlin: Walter de Gruyter.

Gerstberger, Peter G. and Allen, Thomas J. (1968) Criteria used by research and development engineers in the selection of an information source. *Journal of Applied Psychology*, 52: 272-9.

Gieryn, Thomas F. (2002) What buildings do. *Theory and Society*, 31: 35-74.

Godkin, Michael A. (1980) Identity and place: Clinical applications based on notions of rootedness and uprootedness. In A. Buttimer and D. Seamon (eds.), *The Human Experience of Space and Place*. New York: St. Martin's Press, 73-85.

Gregory, Derek (1978) *Ideology, Science and Human Geography*. London: Hutchinson.

Gullahorn, J. T. (1952) Distance and friendship as factors in the gross interaction matrix. *Sociometry*, 15: 123-34.

Harvey, D. (1990) *The Condition of Postmodernity*. Oxford: Blackwell.（吉原直樹訳『ポストモダニティの条件』青木書店，1999。）

Hassard, John, Holliday, Ruth, and Willmott, Hugh (eds.) (2000) *Body and Organization*. London: Sage.

Hatch, Mary Jo (1987) Physical barriers, task characteristics, and interaction activity in research and development firms. *Administrative Science Quarterly*, 32: 387-99.

—— (1990) The symbolics of office design: An empirical exploration. In Pasquale Gagliardi (ed.), *Symbols and Artifacts: Views of the Corporate Landscape*. Berlin: Walter de Gruyter, 129-46.

Homans, George (1950) *The Human Group*. New York: Harcourt Brace & World.（馬場明男・早川浩一訳『ヒューマン・グループ』誠信書房，1959。）

Klotz, Heinrich (1992) Postmodern architecture. In C. Jencks (ed.), *The Post-modern Reader*. London: St. Martin's Press, 234-48.

Konar, E., Sundstrom, E., Brady, C., Mandel, D., and Rice, R. (1982) Status markers in the office. *Environment and Behavior*, 14: 561-80.

Koolhaas, Rem (1995) *S, M, L, XL*. New York: Monacelli Press.（太田佳代子・渡辺佐智江訳『S, M, L, XL, ＋―現代都市をめぐるエッセイ』筑摩書房，1995。）

Kornberger, Martin and Clegg, Stewart R. (2004) Bringing space back in: Organizing the generative building. *Organization Studies*, 25: 1095-114.

Kotter, John P. (1983) *The General Managers*. New York: Free Press.（金井壽宏・加護野忠男・谷光太郎・宇田川富秋訳『ザ・ゼネラル・マネジャー――実力経営者の発想と行動』ダイヤモンド社，1984。）

Lakoff, George and Johnson, Mark (1980) *Metaphors We Live by*. Chicago, IL: University of Chicago Press.（渡部昇一・楠瀬淳三・下谷和幸訳『レトリックと人生』大修館書店，1986。）

Lefebvre, Henri (1991) *The Production of Space* (trans. D. Nicholson-Smith). Oxford: Blackwell.（齋藤日出治訳『空間の生産』青木書店，2000。）

Mayo, Elton (1945) *The Social Problems of an Industrial Civilization*. Boston, MA: Graduate School of Business Administration, Harvard University.（藤田敬三・名和統一訳『アメリカ文明と労働』大阪商科大学経済研究会，1951。）

Oldham, Greg R. and Brass, Daniel J. (1979) Employee reactions to an open-plan office: A naturally occurring quasi-experiment. *Administrative Science*

Quarterly, 24: 267-84.

—— and Rotchford, Nancy L. (1983) Relationships between office characteristics and employee reactions: A study of the physical environment. *Administrative Science Quarterly*, 28: 542-56.

Olins, Wally (1989) *Corporate Identity: Making Business Strategy Visible through Design*. London: Thames and Hudson.（榛沢明浩監訳・内藤憲吾訳『ブランド創造史―その起源・展開・未来』創元社，2014。）

—— (2003) *Wally Olins: On Brand*. London: Thames & Hudson.

Parsons, H.M. (1976) Work environment. In I. Altman and J. F. Wohlwill (eds.), *Human Behavior and Environment: Advances in Theory and Research*. New York: Plenum, i: 163-209.

Pfeffer, Jeffrey (1982) Developing organization theory, organizations as physical structures. In J. Pfeffer (ed.), *Organizations and Organization Theory*. Boston, MA: Pitman, 260-71.

Rafaeli, Anat, Dutton, Jane, Harquail, C. V., and Mackie-Lewis, Stephanie (1997) Navigating by attire: The use of dress by female administrative employees. *Academy of Management Journal*, 40: 9-45.

—— and Pratt, Michael G. (1993) Tailored meanings. *Academy of Management Review*, 18: 32-55.

Rice, B. (1982) The Hawthorne defect Persistence of a flawed theory. *Psychology Today*, 16/2: 70-4.

Richards, C. B. and Dobyns, H.F. (1957) Topography and culture: The case of the changing cage. *Human Organization*, 16: 16-20.

Roethlisberger, F. J. and Dickson, W. J. (1939) *Management and the Worker: An Account of a Research Program Conducted by the Western Electric Company, Hawthorne Works, Chicago*. Cambridge, MA: Harvard University Press.

Rybczynski, Witold (2001) *The Look of Architecture*. New York: Oxford University Press.（鈴木博之監訳・安藤元太訳『建築の見かた』白揚社，2004。）

Seamon, David (1980) Body-subject, time-space routines, and place ballets. In A. Buttimer and D. Seamon (eds.), *The Human Experience of Space and Place*. New York: St. Martin's Press, 148-65.

Soja, Edward W. (1989) *Postmodern Geographies: The Reassertion of Space in Critical Social Theory*. London: Verso.（加藤政洋・水内俊雄・大城直樹・長尾謙吉訳『ポストモダン地理学―批判的社会理論における空間の位相』青土社，2003。）

Steele, Fred I. (1981) *The Sense of Place*. Boston, MA: CBI Publishing Company.

Szilagyi, Andrew D. and Holland, Winford E. (1980) Changes in social density: Relationships with functional interaction and perceptions of job characteristics, role stress, and work satisfaction. *Journal of Applied Psychology*, 65: 28-33.

Taylor, Scott and Spicer, André (2007) Time for space: A narrative review of research on organizational spaces. *International Journal of Management Reviews*, 9/4: 325-46.

Urry, John (1991) Time and space in Giddens' social theory. In Christopher G. A. Bryant and David Jary (eds.),

Giddens' Theory of Structuration: A Critical Appreciation. London: Routledge, 160-75.

Van Maanen, John (1991) The Smile Factory: Work at Disneyland. In P. J. Frost, L. F. Moore, M. R. Louis, C. C. Lundberg, and J. Martin (eds.), Reframing Organizational Culture. Newbury Park, CA: Sage Publications, 58-86.

Wells, B. (1965) The psycho-social influence of building environments: Sociometric findings in large and small office spaces. Building Science, 1: 153-65.

Whyte, William Foote (1943) Street Corner Society. Chicago, IL: University of Chicago Press.（奥田道大・有里典三訳『ストリート・コーナー・ソサエティ』有斐閣, 2000。）

Wineman, J. D. (1982) Office design and evaluation: An overview. Environment and Behavior, 14: 271-98.

Yanow, Dvora (1993) Reading policy meanings in organization-scapes. Journal of Architectural and Planning Research, 10: 308-27.

―― (2006) How built spaces mean: A semiotics of space. In D. Yanow and P. Schwartz-Shea (eds.), Interpretation and Method: Empirical Research Methods and the Interpretive Turn, ch. 20. Armonk, NY: ME Sharpe.

さらに理解を深める文献

Becker, Franklin D. (1981) Workspace: Creating Environments in Organizations. New York: Praeger.

Casey, Edward S. (2002) Representing Place. Minneapolis, MN: University of Minneapolis Press.

Dale, Karen (2001) Anatomising Embodiment and Organization Theory. Basingstoke: Palgrave Macmillan.

―― and Burrell, Gibson (2008) Spaces of Organization and the Organization of Space: Power, Identity and Materiality at Work. Basingstoke: Palgrave Macmillan.

Fischer, Gustave-Nicolas (1997) Individuals and Environment: A Psychosocial Approach to Workspace (trans. Ruth Atkin-Etienne). Berlin: Walter de Gruyter.

Gagliardi, Pasquale (1990) (ed.) Symbols and Artifacts: Views of the Corporate Landscape. Berlin: Walter de Gruyter.

Giddens, Anthony (1985) Time, space and regionalisation. In D. Gregory and J. Urry (eds.), Social Relations and Spatial Structures. New York: St. Martin's Press, 265-95.

Jencks, Charles (1977) The Language of Post-modern Architecture. London: Academy.

Rappaport, Amos (1982) The Meaning of the Built Environment. Beverley Hills, CA: Sage.

Soja, Edward W. (1996) *The Third Place*. London: Verso.
Steele, Fred I. (1973) *Physical Settings and Organization Development*. Reading, MA: Addison-Wesley.
Sundstrom, Eric (1986) *Work Places: The Psychology of the Physical Environment in Offices and Factories*. Cambridge: Cambridge University Press.

Organizational power, control, and conflict

第 8 章

組織のパワー(権力)、コントロール(統制)、コンフリクト(対立)

　パワーを研究テーマとする組織論者は，この現象は，組織化のすべての側面で見られるので，組織論で発見された他のすべての概念においても理論的に考慮されるべきであるという点では合意する。しかしパワーに関するアイディアはかなりさまざまである。しかも，それはこの分野が成立して以来ずっとそうである。

　例えば，マックス・ウェーバーは，所有者と経営者はその合法的な階層上のパワーゆえに，生産手段とそれらの手段を使う労働者の両方をコントロールする権利を有すると考えた。他方，カール・マルクスは，支配行為として階級上の権力（パワー）を用いることが，抵抗を招き，際限なき対立を生み出すと見なした。そしてマルクスは対立（コンフリクト）を組織化の本源的状態と見たが，古典的管理学派は，協調をその主要な必要条件とする。協調というパースペクティブに基づくこれらの見方をまとめて，メアリー・パーカー・フォレット（Mary Parker Follett）はパワーとコンフリクトには創造的可能性があり，組織の民主的形態を促進すると述べた。

　官僚制の「鉄の檻」について憂慮したウェーバー，組織には支配と搾取が固有であると信じていたマルクスとは異なり，ほとんどの初期のモダンの組織論者は，コントロールの倫理とそれを支えるパワーの行使について関心を示さなかった。彼らは，テイラーのように合理性と能率によって正当化された管理の将来について夢中になっており，幾人かが，科学的管理法が技師まで対象とするようになったときの正確に管理された作業環境での労働者の身体動作につい

て少し心配しているのにすぎなかった。程度の差こそあれ,初期のモダン・パースペクティブの提唱者たちは,ウェーバー同様に,経営者のパワーを用いて労働者をコントロールすることは期待され受け入れられることだと考えていた。アメリカの社会学者,アーノルド・タネンバウム（Arnold Tannenbaum）は,以下のように明確に述べ,この態度を明らかにした。

> 組織とはコントロールを意味する。社会組織とは,個人の相互作用の秩序づけられた構成物である。コントロール・プロセスが,個人個人の行動に枠をはめ,組織の合理的な計画に服従させるのである。組織というものは,多様な活動の統合とともにある量の服従を必要とする[1]。

マルクス理論は,組織論のモダン・パースペクティブから完全に排除されていたわけではないが,合理性・効率性礼賛の中では,しばしば時代から取り残され,権力（パワー）や統制（コントロール）の影の面に対する懸念は後退していった。それにもかかわらず,権力,統制,対立を中核的組織概念として理論化し,労働者の視点を最重要なパースペクティブとする新マルクス主義者は,ポストモダニストやフェミニストによる組織における権力についての理論的貢献を生み出した。女性やマイノリティがほとんどの組織で広く従属を強いられる理由を説明したことがこれらの貢献の1つである。

パワー, ポリティクス, コントロール

ほとんどの初期のモダニストは,ポリティクスは合理的組織においては正当性がないと考えた。というのは,ポリティクスは権限のパワーを削ぎ,経営者によるコントロールを脅かし得るからである。彼らは合理性と効率性を重要視し,政治的行動につきものの非効率性ゆえに,組織のパワーとポリティクスに関する理論には,十分な注目が与えられなかった。とはいえ,ポリティカルな見方を擁護する論者はそう簡単には引き下がらなかった。彼らの見方に逆らうモダニストの方法を上手に活用し,組織的意思決定について研究し,政治的行動が実際にすべての組織において生じるという根拠を示したのである。

これらパワーとポリティクスの初期の論者たちは，政治学から借用した政治の競技場というメタファーが組織のパワー分布を記述したり，その効果について研究する際にきわめて有用であることに気が付いた。彼らの努力は姿を変えて現れ，1980年までに，アメリカの社会学者サミュエル・バカラック（Samuel Bacharach）とエドワード・ローラー（Edward Lawler）は，注釈なしにこう書くにいたった。「ある組織において生き残ることは政治的行為である。企業，大学，自発的結社は，日々の政治的行為の競技場である。[2]」と。

　2人のアメリカ人，管理論者ハーバート・サイモン（Herbert Simon）と政治学者ジェームズ・マーチ（James March）は初めて政治組織論を提唱した研究者に含まれる。彼らの1958年に発行された注目すべき著作『オーガニゼーションズ（*Organizations*）』は，サイモンの限定合理性概念に基づき，初期のモダニストの組織論を支配していた，過度に偏った合理的意思決定モデルに必要な修正を施すべく執筆された。組織における合理的意思決定は，問題の定義から始まり，次に関連するすべての情報を収集・分析し，その後意思決定者はすべての合理的な代替案を導出・評価し，組織目的に関連づけられた事前に決まっている基準に照らして解決案を選択し，その選択肢を実行するというモデルによって示されるのが一般的である。

　サイモンがこのような合理的モデルを批判したのは，それが，意思決定者は組織目標に同意しており，合理的選択をするために必要なすべての情報はすでにあるか入手可能であるかのような，または，彼らが直面する環境と問題に関わるすべての複雑性を処理する情報処理能力と時間を持っているかのような誤った前提を持つからであった。しかし組織における実際の意思決定においては，これらの状況はまれにしか起こらず，それゆえ組織の意思決定が合理的であることはまれである。そこで，合理性に代わって，サイモンは**限定合理性**[3] (bounded rationality) というコンセプトを提唱した。限定合理性の条件下で，マーチ&サイモンが推論したのは，最もパワーのある立場の人びとが，きわめて複雑になり得る政治的行動を通じて，意思決定プロセスを支配する傾向にある，ということであった。また，意思決定者たちはポリティクスに気が付いた場合には，意思決定プロセスに関与し操作することができる。具体的には，他

者と利害を調整し，共通の望ましい立場を支持するべく，**連合体（coalition）** を形成する。

限定合理性下での政治的な意思決定は以下のように行われる。まず意思決定者はそのプロセスに含まれる他の意思決定者と比較して手持ちのパワーを活用する。もしその力が反対を退けるほど強くなければ，影響力を合算することにメリットがあると考える他者との連合体を形成する。ほとんどの場合，連合体の形成は裏側での交渉を必要とし，すべての連合体メンバーの利害が考慮されるようにせねばならない。ただし，こうなることで意思決定プロセスは合理的理想から離れ，しばしば意思決定は次善の結論に止まる。

連合モデルでの意思決定が次善に止まることは，少なくともある部分は政治プロセスの交渉という性質，つまり合意に達するために個々のメンバーが求めるギブ＆テイクによって説明される。取引を成立させるためにやり取りされるものは，いつもではないにせよ，しばしば組織全体に利益をもたらすものではない。しかし，次善にとどまるにしても，取引は意思決定者たちが膠着状態を脱し，行動を起こせるという点で有益である。マーチ＆サイモンによれば，限定合理性が組織を支配しているゆえんである。

限定合理性と連合体形成の理論の後，パワーと政治プロセスは組織論の研究課題としてより広く受け入れられるようになった。しかしながらまだなおモダンの組織論者はパワーとポリティクスを組織コントロールの議論の中に埋没させようとしがちである。なぜかを説明するために，これらのキーワードを説明することから始めたい。

パワー（権力）とは何か

1957年にアメリカの政治学者ロバート・デール（Robert Dahl）は，パワー（権力）を従来から用いられてきた言葉によって以下のように定義した。「AがBに対してパワー（権力）を持っているというのは，そうでなければしないことをBにさせることができる程度のことをいう。[4]」AもBも，個人，集団，組織というあらゆる分析のレベルにおいて定義可能であるが，どのレベルにおいても，パワーは常に行為者間の関係というコンテクストにおいて行使される。

つまり，パワーは個人に宿っているのではなく，常に関係に基づいている。

パワー源泉としてまず目につくのは権限である。ウェーバーが論じたように，個人の公式の権限は，階層上の構造的職位に基づく。その行使は，組織において下方に，つまりトップからボトムへとつながっている。しかし，公式の権限は個人のパワー源泉の1つにすぎず，その他の個人のパワーは厳密なトップダウンにはとどまらない。階層を上方へ，水平に，組織をまたいで，また一度にすべての方向に対して機能するかもしれない。

公式の権限に加えて，個人が使えるパワーにはさまざまな形がある。これには，個人の性格（カリスマ的なパーソナリティ），専門能力（スキルや知識，ないしは他人が必要とする情報），強制力（脅しないしは恐怖の利用），希少かつ重要な物的資源（資本，原材料，技術，物理的スペース）のコントロール，規範に基づき制裁を科す力（文化的前提や価値観に基づく非公式のルールや期待），機会（パワーを持つ人への接触）が含まれる。アメリカの社会学者メルビル・ダルトン（Melville Dalton）が示したように，これら権限以外のパワー源泉が，下位レベルの従業員に，権限を持つ上位者との関係における対抗パワーを与えている[5]。

多くの論者が主張するところであるが，権限は，組織状況においてどんなものであるにせよ正当化された源泉からもたらされたパワーである。権限とその他の形態のパワーの大きな違いは，パワーの受け取られ方にある。この見方では，パワーの行使がある所与の関係において，受け入れられ，かつ期待される場合に，権限が生じる。つまり，この見方によれば，実際のパワーの配分・再配分は，組織の部門や個人の間で継続していることになる。しかし，ある特定の配分が組織の日常的運営の通常部分として制度化されるときに，パワーは権限構造へと結実するのである。

権限を用いることとその他の形のパワーを用いることの重要な違いとして，権限の方がコストが小さい。他の形のパワーを用いることは，通常，誰かに知識を与えたり，個人的に注意を払ったり，連合体形成プロセスのようにある問題に対しての支援と引き替えに関与や譲歩を得たり，というように資源の消費を必要とする。一度使ってしまうと，これらのパワー源泉は回復できず，パワー

の保持者は，それを補充しなければならなかったり，小さくなったパワー基盤に苦しむことになる。これと比べれば，権限の方が受け入れられ当然視されているので，コストが小さく，ある場面では使うことによって強化されもする。

何が，さまざまな社会的行為者のパワーを決めるのか？いつどのようにして行為者はパワーを用いるのか？組織におけるパワー研究の多くは，個人レベルで行われ，ほとんどは，経営者・管理者に，パワーを最大化する方法とその効果的な利用方法についての規範的な助言を与えようとしている。組織においてパワーを生み出す一般的な方法は，以下のとおりである。

- 他者からの依存を作り出す。
  - 不確実性の高い領域で活動する
  - 重要な領域で活動することによって，中心的な役割を担うようになる
  - 代替不可能なスキルを身につける
- 他者のために以下のような方法で不確実性に対応する
  - 予防
  - 予知
  - 吸収
- 個人的なネットワークを構築する
- 専門能力を身につけ常に高める

組織においてパワーを用いる一般的な方法は，
- 他者に流れる情報をコントロールする
- 以下のようなことに関わり，計画・枠組みをコントロールする
  - 問題の定義
  - 問題が議論される順番
  - 問題の議論からの除外
- 以下のような意思決定の基準をコントロールする
  - 長期 vs 短期の時間枠
  - リスク vs リターン
  - 自分自身の売り込み：自分の能力や利益にとって有利な基準を採用させる

- 包摂と連合体形成
  - 外部とのアライアンス（例えばサプライチェーン関係，取締役の相互派遣）
  - 内部でのアライアンス
    - 忠誠心のある部下を昇進させる
    - 委員会の設置
    - 重要な委員会に代表を送り込む
- 外部の専門家（コンサルタント）を招聘し，自分の立場を持ち上げてもらう

ポリティクスとは何か

　ジェフリー・フェッファー（Jeffrey Pfeffer）は**組織ポリティクス（organizational politics）**をこう定義している。「不確実性が存在したり，選択について合意が存在しない状況で，ある人にとって望ましい結果を得るために，組織内において，パワーやその他の資源を獲得・開発・利用する活動。[6]」。組織構造には，異なる利害が組み込まれているので，それぞれが行う意思決定は，交渉・再交渉の機会となり，日常の組織生活を構成する政治的策略の終わりなき流れの中で行われている。

　ポリティクスは組織のあらゆるところに見ることができるので，フェッファーの描いた組織ポリティクスが際限なく続くという構図は，組織を政治の競技場とみなすメタファーとよく合致する。しかし，この構図は，支配の力学は，コントロールを権力者の手にとどめるのがほとんどであるということも示唆している。ポストモダニストやフェミニストの指摘するところでは，西洋資本主義に支配される社会では，これら権力者は典型的に白人の男性であり，彼らがパワーを持つ地位を不均等に多く占めている。これは**アイデンティティのポリティクス（politics of identity）**が組織に浸透している根拠である。

　パワー関係は，1つの性，人種，年齢集団，性的志向，宗教の信者のすべてまたはいずれかを優遇するような支配のパターンを生み出し得る。もちろん，どのようなアイデンティティ集団が優遇されるかには，文化による差異が存在する。例えば，年齢は西洋ではしばしば否定的な性質であるが，ほとんどの東洋社会では肯定的に捉えられている。社会のレベルでは，このような支配のパ

ターンは，個人が自分たちや他者をどう定義するかという闘争から生まれてくる。社会は，これらの定義に基づいて，パワーを分配し，他の集団は享受することのできない特権をある集団に与える。

恩恵を受ける側は，どのように自らが支配する文化から恩恵を受けているのか気が付くことは決してないほどの深層レベルで，特権を受けていることがある。彼らに特権を与える一方で，否定的な先入観によって，社会のあるメンバーたちは，価値を奪われ，おとしめられているが，これは彼らにしか語り得ない。つまり，このような先入観があるために，周縁化されたアイデンティティの集団が低賃金でパワーも地位もない仕事につき，そのような役割を占める一方で，特権を与えられたアイデンティティの集団が，すべての便益を得，その立場を安定させるのに十分なコントロールを保持しているのが当然だと思われている。

コントロール（統制）とは何か

アメリカの組織論者，ウィリアム・オオウチ（William Ouchi）は筋金入りのモダニストであるが，経営者の第1の責任についてこう述べている。「部分的に多様な目標を持つ人びとの間に，協力を実現すること。[7]」。経営者は常に従業員の多様な関心に直面している。従業員は，それぞれ異なる理由で組織に加わっているし，組織目標に貢献するように彼らの役割を解釈するかどうかもわからない。それゆえ，エネルギーと資源を集中させ続けることは，必要でもあるし問題でもある。経営者によるコントロールの実践とは，モダン・パースペクティブに従えば，行動と目標を調整することである。

パワーとコントロールは，パワーはしばしばコントロールの形で現れるという点で，密接な関係にある。例えば，強制は他者をコントロールするための暴力による脅迫ないしは物理的パワーを意味している。報償・報酬パワーは，コントロールされる側が望む物的資源をコントロールすることを必要とする。規範パワーは，ある文化のメンバーの知覚，思考，感情をコントロールする。つまり，これは，文化上の価値と前提に従うことがもたらす正当性によって支えられているのである。

これら3種類のコントロールに基づいて，アメリカの社会学者，アミタイ・エチオーニ（Amitai Etzioni）は，組織を3つに区別した。強制パワーは，監獄や精神病院を統制し，企業は一般的に報酬組織である。教会やギャング，ボランティア組織は典型的に規範組織の形態をとる。3つのタイプのコントロールはすべての組織に存在するが，エチオーニの主張では，どの組織もこれら3つの明確に区別されるコントロールの形態のうちの1つに支配されているという[8]。

組織のパワーとポリティクスの諸理論

　組織—環境関係についての理論は，組織のパワー分配を説明する理論になり得る。例えば，ポピュレーション・エコロジー（組織群生態学）は，それぞれの組織が必要な資源を支配する能力は相対的であるという点で，組織群を構成する組織間のパワー分配を説明している。制度理論は，期待，社会規範，法的規制への従属に注目し，制度的環境内での組織のパワー分配を説明している。つまり，模倣・強制・規範圧力のすべてに組織は従っているが，このことは，制度的環境のパワーが正当性を組織に与えていることを表している。組織内という点で見れば，部門間・個人間のパワー分配は，資源依存理論によって説明される。つまり，不確実性を管理する能力は，希少で重要な資源と結びついている。これら3つの理論の中で，資源依存理論，およびその先駆けとなった戦略的コンティンジェンシー理論が，組織ポリティクスが果たす役割について最もはっきりと述べている。

戦略的コンティンジェンシー理論

　フランスの国有たばこ工場についての研究において，フランスの社会学者ミシェル・クロジェ（Michel Crozier）は，パワー関係における不確実性の影響力を観察している[9]。クロジェが発見したのは，安定的な環境で高度にルーティンな技術を用いていたこの官僚制組織は，ほとんど不確実性に直面していなかった，ということである。にもかかわらず，機械の保全要員が例外的で予想

を超える量のパワーを持っており，彼らは工場管理者との交渉においてこれを用いていた。

分析の結果，保全要員は，組織にとっての重要な不確実性，つまり生産の遅延を左右できたことが明らかになった。機械が故障すると，歩合給の生産労働者は賃金を失い，管理者の業績評価につながる工場の生産性は低下した。このように保全工へ依存していたために，彼らは十分なパワーを手に入れ，彼ら自身の仕事を組織化する権利を獲得していたし，彼らのパワー基盤であるこの依存を維持できるようにもなっていた。重要な不確実性を左右できることが，階層下位の職位であっても従業員にパワーを与える。クロジェはこの発見を下層労働者のパワーと言い表した。

クロジェと同様の発見が，大学についての研究でも報告されている[10]。パワーは，典型的には，最も優秀な入学者を得，最大の研究費を捻出し，最大の寄付を集めるか，さもなくば資金を大学にもたらす部門で生まれていた。このような集団は，パワーを政治的優位のために用いる。具体的には，メンバーをトップの地位に押し込んだり，重要な不確実性がある他の領域についてのコントロールを深めたりする。こうすれば，彼らのパワーの基盤をさらに強化したり確実なものにするからである。

このような研究が影響を与えたのが，戦略的コンティンジェンシー理論，つまり，なぜ組織内のパワー分配が不確実性に関係するのかを明らかにした一般理論である。この理論によれば，組織が必要とするものを供給する能力ゆえに，個人や組織単位がパワーを持つ。高水準の業績，代替不可能な技術，重要な問題を解決する能力，希少な資源を獲得する能力がこれらの能力の好例である。しかし，戦略的コンティンジェンシー理論を精緻化する過程で，イギリスの組織論者デイビッド・ヒクソン（David Hickson）や，ロバート・ヒニングス（C.Robert Hinings），またその仲間は，ただ単に不確実性を扱うだけでは不十分であると指摘した。パワーは，不確実性の源泉を効率的に取り扱う能力に結びついているが，ここでいう不確実性とは組織にネガティブに働き得るような不確実性である。

ヒクソンたちは，部門には不確実性をパワーに変える予防，予知，吸収とい

う3つの対処戦略があると指摘した。会社の差別について訴訟を起こされるかもしれないという不確実性に直面する人事部門を考えてみることにしよう。予防には反差別の方針を決めたり反差別についての教育・訓練を行うことが含まれるかもしれない。予知は，新しい法律上の要求，最近の司法判断，差別の定義の変化についての情報収集・分析・提供によって行われ得る。吸収は，他の組織部門の活動の結果生じてしまった差別訴訟をうまく処理してやる結果として生じるであろう。

　覚えておくべきこととして，不確実性に対処することが部門にパワーを生み出すのは，そのタスクが組織の運営にとって中核的であり，他のどの部門も対処活動を行えない（つまり，その部門の対処能力が代替不可能な）ときである。まとめれば，ある組織においてパワーを生み出すための戦略的状況（コンティンジェンシー）要因を特定するということは，組織の不確実性の源泉を見つけ出すということに他ならない。戦略的状況要因をパワーに変換するためには，状況要因のネガティブな結果を組織のために効果的に管理することが必要である。

資源依存理論

　フェッファーとジェラルド・サランシック（Gerald Salancik）は，戦略的コンティンジェンシー理論に従って，環境への依存が組織内部に不確実性を生み出し，したがって組織の行為者（個人や部門）にパワーを作り出す機会を与えると主張した[11]。しかし，彼らの資源依存理論の説明によれば，すべての不確実性の重要さは等しくないし，すべての行為者に同じように能力があるわけでもないので，不確実性への対処が生み出すパワーは下位部門間で異なる。

　たとえある行為者や組織単位が組織のために不確実性に対処することができても，他の行為者や単位が，より希少で重要な資源を含む不確実性に対応することによって，より大きなパワーを生み出すかもしれない。さらに，環境変化は，ある企業が直面する不確実性の組み合わせと資源の相対的希少性の両者またはどちらかを変化させ得るので，資源依存は，複雑なパワー構造を不安定にしてしまう効果がある。しかしフェッファーとサランシックが記したように，ポリティクスがこれらの効果を弱める。

不確実性に対処する下位部門に，より大きな予算，たくさんの資源，そのメンバーに対してより高い地位が報酬として与えられる場合に，パワー力学はポリティクス化する。資源依存のポリティクスに含まれる組織の行為者の中には，自由に使える資源を組織の中核タスクを遂行することではなく，自分たちのパワーを正当化・制度化するように用いるものもいる。資源依存理論が認めるとおり，内部の政治的プロセスは多かれ少なかれ環境要因とは関係なく生じる。というのも，組織で個人や部門が異なれば，不確実性に対処するための機会の用い方もまた異なるからである。また，すでにパワーを持つ制度化された組織部門は，新しくパワーを得て用いようとする部門が資源やパワーを再分配しようとする試みを妨害し得るので，変化する環境に直面しながらも既存のパワー構造を安定させることができる。ただし，これは組織の環境に対する反応が鈍感になるという逆効果を伴う可能性もある。

　のちの著作で，フェッファーが指摘したように，言語やその他のシンボルもパワー関係の力学にとって重要である[12]。というのは，他の資源同様にシンボルも社会的行為者によって，その権力的地位（パワーポジション）を支持・維持するために用いることができるからである。彼が権限のシンボルとして挙げたのは，高い給与や経費枠，上位者をファーストネームで呼べること，他人に自分自身を，将軍，警部，博士，教授などの敬称をつけて呼ばせる力，重役専用食堂，専用の駐車場，執務室の位置・大きさ・装飾である。

　ひとたびある文化内でのパワーを象徴するようになると，シンボルはパワーを構築するのにも有用である。そこで，資源依存のポリティクスを，シンボリックパワーにまで拡張すると，なぜ従業員が通常，組織の物的デザインに強い関心を示すのかを説明できるようになる。建物の設計プロセスも政治問題化するが，それは，パワーの象徴と建物に埋め込まれたアイデンティティに対するコントロールを獲得・逸失する可能性を持つ人びとがいるからである。また人は，公式の権限とは関係なくパワーの象徴を手に入れたり，シンボリックな人工物との関係から純粋に地位やパワーを得たりすることもできる，ということにも注意してほしい。

　私は，大学に奉職した際に，他の研究室が空いていないという理由で，とて

も大きい研究室を与えられたことがあった。ホールにいる誰かが，ひそひそ声でかつ敬意を払った様子で，この研究室は誰のかと尋ねているのを聞くのは，いつも興味深いことであった。彼らは，研究室の広さから私を誰か重要人物だと考えていたのである。こうした効果が生じることを知ればこそ，ステータスシンボルをめぐる競争が生み出されるのである。この手の競争は，これらのシンボルが表している公式の権限をめぐる競争よりも熾烈なものにもなり得る。

ミュージカルコメディ『ハウ・トゥー・サクシード（邦題『努力しないで出世する方法』)』は，ビジネスを学ぶ人びとの間で長く愛されてきたが，この現象を風刺している。この話の主人公の若い男は，システマティックに自分自身をその組織の権限と出世のシンボルに結びつけることによって，組織で生き残る道を切り開き，出世階段を上っていく。要するにネクタイをキメてみたり，個室や秘書を手に入れてみたりといったことによってである。パワーにとってシンボルがすべてだというのはたぶん言い過ぎだが，シンボルは，誰がパワーを持っているのかという解釈に一役買い，パワーの確立と維持に役立っているのは，間違いない。

パワーは関係に基づいているので，他者にパワーを持っていると思われることが，実際にパワーを生み出す。そうして生まれたパワーは，パワー分配や他者の行動をコントロールするために用いることができる。

組織コントロールの諸理論

組織の経営者は，組織戦略と目標に干渉する多様な利害という問題に常に直面している。モダン・パースペクティブの枠組みでは，この継続的な難問ゆえに，経営者がコントロールすることが，合理的な考え方として受け入れられた。つまりそれは，標準的な企業体によって受け入れられる観点であり，従業員とその管理者の自己利益を最小にし，組織利益が保たれるようにコントロールするためのメカニズムを明確にするものである。

表8.1が要約しているのは，3つのコントロールの理論の要点である。サイバネティック理論は従業員のコントロールに対する関心を，エージェンシー理論は管理者と経営者をコントロールする戦略を示している。社会レベルでは，

表8.1 コントロールの3つの理論

	サイバネティック理論	エージェンシー理論	市場, 官僚制, クラン
コントロールの目的	望ましい業績と実際の業績の差異を特定し，調整する。	エージェント（経営者）が，所有者（資本家と株主）の最善の利益のために活動することを確実にする。	取引コストを最小にし，共同活動を達成する。
コントロール戦略	アウトプットと行動	アウトプットと行動	アウトプットと行動とシンボリック
コントロールプロセス	1. 全体の戦略計画の一部として組織目標を設定する。 2. 組織の各段階で作業ターゲットと標準を設定する。 3. （個人および集団の）業績をターゲットに照らしてモニターする。 4. ブレを調査・是正する。	1. プリンシパル（所有者）とエージェント（経営者）間の契約を結ぶ。 2. エージェントが契約上の義務を履行し，さらにプリンシパルの利益に奉仕するように，情報を収集する。 3. エージェントに対して，契約上の要求を満たせば報酬を与える。	**市場**－価格と利得を経済的成果の指標として比較する（アウトプット・コントロール）。 **官僚制**－緊密な監督でモニターされることによって規則を遵守する（行動コントロール）。 **クラン**－文化的価値，規範，期待で組織メンバーを社会化する（シンボリック・コントロール）。

市場, 官僚制, クラン (clan：仲間) を組織によるコントロールと比較する枠組みがある。さらに, 表が示すように, これらすべてが, アウトプットと行動をコントロールする戦略を採用している。

アウトプット・コントロール戦略 (output control strategies) は仕事の結果に基づく。完成品数, 顧客数, 組立ラインにおける不良品数, 処理ミス数, 顧客の苦情数といった基準が用いられる。しかし, アウトプットをこのような直接の方法で測定するのが難しいことがある。例えば, 看護師の仕事では, 患者の健康というアウトプットは, 患者の運動や食事の習慣のような看護師がコントロールできないさまざまな変数によって, 複雑に左右される。しかし, アウトプットが曖昧にしか定義できないためにこの戦略では問題があるときでも,

モダン・パースペクティブの擁護者はアウトプットの基準を使い続けることがある。一例を挙げれば，行政が学校に標準達成度テストを行わせ，教育の質を測定しようとすることがあるが，この場合，教師がコントロールできない多数の要因が生徒の学習に影響を与えているということは閑却されている。

アウトプット・コントロール戦略を適用するのが難しいとわかっている場合，**行動コントロール戦略**（behavioral control strategies）が有効になる。行動コントロールは，結果よりも仕事のなされ方に焦点を当てる。例えば看護師は，患者に対する態度，医師の指示に対する正確さと対応，チームでの作業効率によって評価できる。この行動コントロール戦略が最適なのは，行動指標が望ましい結果に関連があることがわかっており，アウトプットそのものの測定が難しく，行動を測定することがこの代わりとなるような場合である。

行動と結果の結びつきが不透明である場合，曖昧さゆえに行動コントロールがうまくいかないときがある。効果的な行動を定義するのが難しい場合，アウトプットと行動コントロール戦略を併用しようとするときもある。これは，複数の評価項目を用いれば，求める結果に対する注意と努力を引き出せると考えるからである。

サイバネティック・コントロールシステム

サイバネティック・コントロールシステムは，組織目標と個人目標をすり合わせる。具体的には，組織は従業員の注意を方向づけるために資源配分を用い，修正フィードバックを与えるために業績（成果）データを伝える（図8-1）。このようなシステムを設計する際は通常，最初に目標と業績基準を設定し，アウトプットと行動の両方ないしは片方を測定する手段を開発する。

サイバネティック・コントロールを用いる例として，大学の学部が行う教員の成果コントロールを挙げてみたい。典型的には，業績基準が教場で用いられる知識，熱心さ，明解さ，教育技術に関する目標と期待に照らして設定される。これらの行動の測定は，多くの場合，学生や同僚の評価によって行われるが，学術誌に掲載された研究論文数などの研究業績，リサーチ・プロポーザルによって獲得した研究資金の額，その教員の授業の受講学生数などによって補

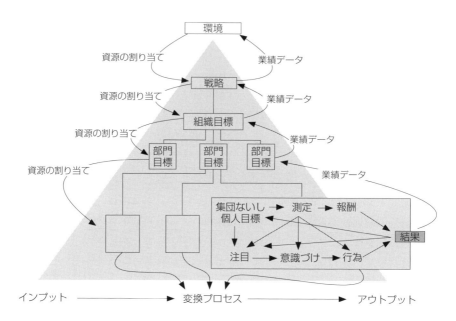

図 8.1 組織のサイバネティックコントロール・システム

管理プロセスは，個人・部門・組織の分析レベルで機能している。戦略が管理システムと環境をつなぎ，環境や所有者・経営者の意図の変化に適応して変化するようになっていることに注意せよ。

足されることもある。これらの結果と行動の両方ないしは片方を評価して得られたデータを合算し，それを用いて，個々の教員の成果を設定された目標に照らし合わせたり，他者と比較して評価する。求められた成果水準を下回っていれば，テニュアや昇進の拒否から面白くない仕事への割り当てといったフィードバックやペナルティが与えられ，上回っていれば，昇進，テニュア，賞賛，研究資金，教育賞などで認められ報奨が与えられることになる。

個人同様集団に対しても組織はサイバネティック・コントロールを適用する。集団レベルでの尺度として，部門ごとのアウトプット量（例：その部門が担当する学生数やコース数），品質管理データ（例：その作業シフトが生産した不良品率（‰）），稼働率（例：病院やホテル，アパート）についての統計量といっ

たことが挙げられる。このような尺度によるデータを用いて、目標やターゲットに照らした成果について部門や個人にフィードバックをし、次の予算期間での配分資源の増減を初めとする報酬と罰を決める。

目標に対して成果が未達の場合には、通常以下の対応がとられる。まず、未達がコントロールシステムの誤りによるものだと判断される場合、目標ないしその尺度を修正することができる。次に、個人や集団が行動やアウトプット水準を改めて、業績を向上させようとすることがある。しばしば経営者は、あらかじめ決まった業績水準に応じた報酬やその他インセンティブを用いて、こうするように仕向ける。最後に、システムが要求するように労働者や部門が機能しない場合、彼らが交代させられることもある。

時が経つにつれ、サイバネティック・コントロールシステムは、それが手本としたサーモスタットのように機能するように設計されている。つまりこのシステムはどんな目標や技術に対しても設定でき、それに従ってその動作を調整する。しかし、このコントロールシステムそのものを変えるためには、経営者・管理者の介入を必要とする。通常、必要ないし望ましいと思われたときに、このコントロールシステムを新しい活動を支えるものに置換するのである。

エージェンシー理論

エージェンシー理論は、経営者（エージェント）をコントロールし、所有者（プリンシパル）の最善の利益を実現するように活動させる方法という問題を取り扱っている。これは典型的には、目標と測定を明確に定めた契約を設計することと、サイバネティック・コントロール理論が述べていたように、目標に関係のある業績をモニターし報奨を与えることによってなされる。しかし、エージェンシー論者によれば、プリンシパルが収益性のようなエージェントの業績をモニターする能力は、入手可能な情報の量、適切さ、質にかかっているが、これらはしばしば経営者（エージェント）が都合よく操作可能である。この不確かな状況は、**エージェンシー問題**（agency problem）として知られている。

行動、アウトプットどちらのコントロールを選択するかどうかはコストの問題、つまり、エージェントが所有者の利益に奉仕する責任を怠る機会を最小に

するための情報を集めるコストにかかっている。もしモニター行動が、エージェントを監視するためのエージェントを雇うといったような新しい管理階層の追加や、原価会計、予算管理、公式の報告などの複雑な情報システムの開発を必要とするのであれば、行動コントロールはコスト高である。このように行動コントロールが肥大化したり、コストがかかりすぎる場合、一般的にはアウトプットコントロールが魅力的になる。アウトプットが出荷単位数のように容易に測定可能な場合、これにかかるコストは最小になる。しかし、生産量と同時に品質や顧客満足が重要である場合のように測定が難しいと、このコントロール方法は魅力を失う。

アメリカの組織論者、キャサリン・アイゼンハート（Kathleen Eisenhardt）は、エージェンシー問題に直面した組織が取り得るさまざまなコントロール戦略を示している[13]。最初の案は、シンプルでルーティンな職務を設計し、行動が容易に観察されるようにし、定められた行動をとっているかに基づいて報奨を与えるというものである。つまり行動コントロールである。第2の案はより複雑で興味の持てる職務を設計し、予算管理システム、監査、管理階層の追加のような情報システムに投資するというものである。このシステムを用いて、行動についての知識を得、成果に対して報奨を与える。この場合は、行動とアウトプットのコントロールを組み合わせて用いていることになる。

第3の案は、より複雑で興味の持てる職務を設計するが、もっと単純な評価枠組みを用いるというものである。この枠組みでは、給与やストックオプションを含む賞与の増加は、企業全体の利益や売上のような業績に基づく。この案では、エージェントはリスクと利得の点でプリンシパルと同じ立場になる。エージェントとプリンシパルに対する報酬を一致させることは、彼らの利害を一致させることと同じだと考えられ、それゆえ、エージェントをプリンシパルの立場で意思決定をさせることになる。これが実現するとき、エージェントをモニターする必要性は減少するので、他の2つの案が持つ欠点は克服できる。しかしこの第3の案もまた独自の欠点があることがわかっている。すなわち、エージェントは、自らがコントロールできない事柄についてペナルティを与えられることに抵抗する。このような場合、エージェントはこの案で引き受けなけれ

ばならない市場リスクを埋め合わせるために，より高額な誘因を求める。

これら3つの案と同様，アイゼンハートの第4の選択肢も，プリンシパルとエージェントの利害の分離が起こらないようにすることに焦点を当てる。彼女によれば，行動をコントロールするために組織文化を用いることができる。これは最初にオオウチがクラン・コントロールとして示したアイディアでもある。

市場，官僚制，クラン

オオウチは，市場，官僚制，クランは組織のコントロール問題を解決する上で，代替関係にあると見ている[14]。彼の著作は，アメリカの制度派経済学者オリバー・ウィリアムソン（Oliver Williamson）のアイディアの拡張である。ウィリアムソンは1975年の『市場と企業組織（*Markets and Hierarchies*）』で，官僚制に興味深い説明を与えている。自由市場において組織は，そうしなければ競争相手に敗れてしまうので，合理的な価格と利得に従わざるを得ないが，競争のない環境では，市場コントロールメカニズムは機能しない。ウィリアムソンによれば，市場が失敗するとき，組織は官僚制的な規則と手続き，職務細分化，権限の階層に転じる[15]。

ウィリアムソンの市場の失敗論は，多くの大規模組織が官僚制的になる理由を説明している。市場は，行為者が市場に直面していないとその行動をコントロールできない。例えば，子会社，法律事務所のパートナー，個々のコンサルティング案件は，プロフィット・センターとして扱うことができるが，それは，その業績が，利益への寄与ないし対価として測定できるからである。しかし，収入と利益への寄与が特定の個人や部門によるものだと明確に特定できない場合は，市場は，組織内の行動をコントロールすることができず，コントロールを維持するために官僚制が必要となるのである。

すべての公共部門と非営利組織は市場競争に直面していないので，官僚制的コントロールを使うしかない，と考える人がいるかもしれない。しかし，このような組織の多くは，市場コントロールを取り入れ真似する方法を見つけている。例えば，地域内で学校選択を認めれば，学校間競争が確立される。そうでなければ，学校は官僚制的手段によってコントロールされるしかなくなってし

まう。同様に，データベース管理やコンピュータ・サポートのような市の行政サービスを競争入札にかければ，市の部門を外部の契約者と競争させていることになる。これもまた市場ないし市場に似た状態を作り出している。以上のような動向の理由として示されているのは，市場コントロールメカニズムの効率と能率である。これは競争を通じてコストを低く品質を高く保ち，高価でやる気を失わせる官僚制的コントロールメカニズムを不要にするのである。

　このような利点にもかかわらず，教育や警察，消防ということになると，価格と利得に厳密に基づく意思決定には疑問が生じる。われわれは本当に最も安上がりな学校や収益力のある警察権力を求めているのだろうか？もう1つの疑問は，政府機関に，自由にマイノリティ労働者をパートタイムで何の給付も手当なしで雇える民間部門と競争させることについてである。競争をするために政府機関はこれらの慣行を真似るべきなのだろうか？それとも，生活賃金と諸給付・諸手当をその従業員に提供することを期待されるべきなのだろうか？

　さらにオオウチによれば，環境が複雑でその変化が早く，したがって，不確実性と多義性が高いときには，市場も官僚制もうまくいかない。不確実性と多義性の下で市場も階層コントロールもタイミング良く対応できないのは，これらのコントロールシステムが，それぞれ価格という明確な市場シグナルと固定的な規則と手続きに基づいているからである，とオオウチは考えている。環境が複雑で変化のスピードが速いとき，明確な市場シグナルは不可能で，規則と手続きは有効でないことがわかっている。オオウチによれば，このような状況では，クラン・コントロールが有利である。

　オオウチは，クラン・コントロールの重要なメカニズムに，文化的価値観，規範，期待を挙げている。これらは，適切な行動を定め，メンバーを組織目的に集中させる。市場や官僚制と異なり，クラン・コントロールはメンバーにシステムへのかなり高いレベルの献身を求めるし，彼らが社会化されるには，多少なりとも自己利益を犠牲にすることがしばしばである。しかしひとたび社会化されると，内面化された文化的理解に助けられて組織活動が指示，調整，コントロールされるようになり，市場や官僚制よりも明確なモニタリングの必要度は，はるかに小さくなる。

多くの専門職が働く組織は，特にクラン・コントロールの好例である。専門職は，彼らの専門職業の規範と期待に対して高度に社会化されている。それゆえその専門的名声を維持・向上させようと貢献することが，彼らの行動をコントロールする助けとなる。しかし，専門への献身は，組織の利益からの逸脱にもなりかねないし，もしそうなると，彼らは自らの専門職としてのアイデンティティを守るために，組織利益を犠牲にする。つまり，専門職化はクラン・コントロールの好例であるが，ただ専門職を雇うだけでは，組織にクラン・コントロールを作り出したとはいえない。

オオウチは，すべての組織は，3つの形態のコントロールを併用しているが，個々の組織はその中の1つを好み，どれを好むかは組織の他の特徴に関連があると捉える。例えば，社会システムであれば，クラン・コントロール型組織で最も発達しており，市場コントロール型組織では最も発達しておらず，官僚制はその中間にあった。また逆の関係が情報システムについては見られた。市場コントロール型の組織は，（一例を挙げれば，価格と利益を記録するための）最も進化した情報システムを持っており，クラン・コントロール型組織はそこまでは必要としていないようであり，官僚制はここでも両者の中間であった。

オオウチは市場，官僚制，クランのコントロール形態を比較し，コントロールの類型はそれぞれが採用するコントロール戦略と一致すると考えた。市場コントロールにおける価格と利得は，アウトプットコントロールの測定基準となる。市場がアウトプットコントロールに頼るのと対照的に，官僚制的コントロールは，行動，特に意思決定に焦点を当てる。官僚制において行動をコントロールするのは，意思決定を統御する規則と規制および，それを適用する手続きを通じてである。同様に，権限の階層は，組織の下層からまさしくトップまでの行動を命令し，コントロールしている。

市場コントロール型組織がアウトプットコントロール戦略を採用し，官僚制組織が行動コントロールに頼ることから，オオウチは，クラン・コントロールはまったく異なる戦略を生み出しているかもしれないと考えるにいたった。すなわち，公式の情報システムに依存するところは小さく，文化的価値観を含む社会システムにより大きく依存しているという観察に基づき，クラン・コント

ロール型の組織は、シンボリック・コントロール戦略を採用していると結論している。しかし、オオウチはとことんモダニスト論者である。クリティカル組織論者の関心対象となるこの種のコントロールの倫理については、一顧だにすることはなかった。

パワーとコントロールのクリティカル・スタディーズ（批判的研究）

　組織のパワーとコントロールに関するモダニストの研究者の主要な関心は、組織においてどのようにパワーが分配されるのかを説明すること、また、ポリティクスとコントロールの文脈で、どのようにパワーを用いれば効果的かについて規範的なアドバイスを生み出すことに向けられてきた。これに対し、クリティカルそしてポストモダンの研究者がより関心を向けてきたのは、権力（パワー）関係が文化・知識・イデオロギーにどのように埋め込まれるかを理解することであった。最も一般的な言い方をすれば、クリティカル論者とポストモダン論者は、人道的・倫理的・包摂的な組織的意思決定プロセスの構築を目指していたが、それはモダニストたちが抱いている合理的意思決定プロセスという理想の代替案としてであった。彼らは、モダニストたちの合理的意思決定プロセスという理想は、エリートにのみ特権を与えると信じていたのである。

　クリティカル論者は、権力とは支配である、というマルクスの定義から出発し、作られた同意や意図的にゆがめられたコミュニケーションというアイディアを取り入れてはいるが、モダニストの立ち位置をまだ幾分か残している。それは、権力関係をして、社会・経済・政治の構造によって説明できるとしている点である。しかし、クリティカル論者がモダニストの本流にあるイデオロギーや前提を攻撃するとき、特にモダニストのお気に入りの道具的合理性を攻撃するときには、ポストモダニストと立場を同じくする。

　クリティカル論者は、組織階層内で権力が制度化されることと経営者が他者を統制（コントロール）する正当化された権利を持っているという前提を疑い、支配という概念を否定的に捉える。それゆえに彼らは、なぜ被支配者層は搾取されることに抵抗するより自ら同意してしまうのか？というマルクス主義者たちの

問題意識を持ち出し，この現象を，搾取関係を維持するための構造的メカニズムとコミュニケーション過程を分析することで説明しようとする。そして，クリティカル論者の究極の目標は，人権や環境保護を含むすべてのステークホルダーの利益を代表するコミュニケーション過程と意思決定過程を作り出すことにある。これらの研究者は，イデオロギー批判から始め，マルクスに従って権力（パワー）を支配と定義する。同様に，われわれも，この批判から議論を始めることにしたい。

イデオロギー，管理体制主義，ヘゲモニー

　ある集団をなす人びとが，体系だてて一連のあるべき姿として信念を表明しているところであれば，**イデオロギー**（ideology）というものに出会っていることになる。この意味では，イデオロギーは文化的前提と重なっているときもあるが，この2つのコンセプトは相互に代替可能というわけではない。イデオロギーは，宗教的ないしは世俗的信念として表明され得るが，通常の場合，確信されており，それゆえ当否を問うことは難しいし，攻撃されても回復できる。同じことが文化的前提についてもいえるかもしれないが，文化は信念以外のたくさんのものからも成り立っており，議論の余地はあるが，政治色は薄い。もっとも，クリティカル組織論者や多くのポストモダニストにとって，ここは議論の分かれるところではある。

　イデオロギーは，しばしばある集団による他の集団の支配を正当化するために用いられるので，クリティカル理論の特別な関心対象である。例えば，クリティカル組織論者が，再三言及するのが，**管理体制主義**（managerialism），つまり，所有者と経営者が労働者をコントロールする権利の根拠とするイデオロギーである。クリティカル論者は，マルクスの虚偽意識概念に基づいて，労働者は管理体制主義に買収され，その抑圧に進んで同意するとき彼ら自身を搾取することに参加する，と主張する。

　イタリアのマルクス主義論者，アントニオ・グラムシ（Antonio Gramsci）は，彼のヘゲモニー論において，虚偽意識について説明を加えている。グラムシによれば，労働者が抑圧と搾取を受け入れるのは，支配の制度的・イデオロギー的形態が，彼ら自身が当然視する日常的現実となっているからである[16]。ヘゲ

モニー（覇権）(hegemony) が生じるのは，文化や制度の実践と価値が既存の富と権力のシステムと一致し，それを維持するときである。ヘゲモニー的実践は，誰かを公然と強制的に支配することはない。巧妙にかつ絶え間なく懐柔し，エリートに特権を与えるような既存の思考・言動方法を当然かつ自然と捉えさせるように働きかける。

このおだやかな強制は，日常的な組織の現実を構築する言葉を定義することによって，言語的に行うことができる。しばしば外部のコンサルタントによって行われる蠱惑的(こわくてき)なトレーニング・プログラムが提供する言語を無防備に，また無自覚に受け入れることによって，経営者が支配に与していることは覆い隠される。同時に，多かれ少なかれ従業員たちは行為と意思決定について論じたり行ったりする言葉を押し付けられていることになる。たとえ組織が参加，関与，自発的取り組み，エンパワーメントといった言葉を使っていたとしても，クリティカル論者は，経営者の隠された利害関心が水面下で働いていると見る[17]。このタイプのコントロールは工場労働者を暗黙のうちにコントロールする建築構造や機械が言語と化したものだと考えることができる。

日本の統計学者，田口玄一とアメリカのウィリアム・エドワーズ・デミング (W. Edwards Deming) に刺激されて，全社的品質管理 (TQM)，ビジネスプロセス・リエンジニアリング (BPR)，モトローラのトレードマークのシックスシグマのようなビジネスプログラムが出現したが，クリティカル論者は，これらをヘゲモニーの最も説得力のある例と捉える。このようなプログラムは，統計的測定を用いて，生産プロセスのコストや変動の他，ソフトウェア開発・販売・サービス出荷などその他のビジネスプロセスをコントロールする。参加者たちを指導するための言語には，QC（品質管理），欠陥（エラー），カイゼン，顧客の関与，エクセレンス，その他デミングの PDCA サイクルに出てくるような格好のいい用語を用いる。シックスシグマの実践では，ブラックベルト（黒帯）やグリーンベルトといったアイデンティティラベルまで与えて，参加者の業績レベルを区分し，彼らの到達度をプログラム目標に結びつける。この測定と言語的ラベリングすべては，従業員を高度に統制するような環境を，最小限の抵抗で受け入れさせることを目的としている。

権力(パワー)の3つの顔

　ヘゲモニー的権力のあからさまでないがゆえに隠されている側面は，イギリスの政治社会学者スティーブン・ルークス(Steven Lukes)が，権力(パワー)の第3の顔(third face of power)と呼ぶものに似ている。ルークスの主張によれば，意思決定，非意思決定，彼らを認識してもいないのに他者に対する好意や知覚を形成する能力の三局面において権力は異なる顔を表す[18]。

　権力の第1の顔に含まれるのは，組織や議会といった討論の場である。ここでは，多様な行為者や集団が意思決定プロセスのすべての側面に完全にまた平等に参加する。第2の顔の非意思決定は，権力を持つ者が，権力を持たない者を，意思決定プロセスに関与させることを制限したり妨げるときに現れる。例えば，権力者は問題の定義のされ方を操作したり，どの問題を会議で取り上げるか(または取り上げないか)を決めたり，望ましくない案についての議論をやめさせたり，沈黙を同意と解釈したりすることがある。

　ルークスの権力の第3の顔は，グラムシのヘゲモニーの考え方を取り入れている。この権力の顔があらわになるのは，社会慣行が自らの利益になるはずもない労働者の欲望と行動を作り出し，彼らを抑圧するときである。ルークス理論によれば，労働者はヘゲモニー的利益に積極的に同意することによって，自分たち自身の支配に加担する。これはパラドックスになりかねない。例えば，仕事において従業員が大きな自己裁量を与えられれば与えられるほど，自分の利益を放棄するようになり，組織を利するようになりかねない。ディーツが行ったある知識集約型企業の研究が明らかにしたところでは，従業員は長時間働き，サービス残業をし，仕事に捧げる時間を最大にするために職場で眠り，攻撃的でときには暴虐的な顧客に対応するが，これはすべて自律性の名の下に行われていた。

　グラムシは，ヘゲモニー的権力関係を変えるためには，どのように権力が構造と慣行によって作られるのかを理解することが必要だ，と示唆している。抵抗活動は，公然の反乱の形をとるとは限らず，努力や注意をやめたり，正直さを欠いたり窃盗，怠業を行ったりといささか感知しがたいこともある。不公正と抑圧のストーリーが，組織メンバーによって語られ共有されれば，抵抗活動

にもなり得る[19]。例をあるアメリカの大規模組織の女性管理者との研究上の会話から示そう[20]。

> 多様性の問題はまったく個人的なことであって，あなたがそれに個人的に取り組むまでは，組織はどうにもならないわ。それは，私が私自身をこの白人男性志向の組織にどうやって合わせるかってことじゃないわ。私がいいたいのは「いいえ，私は，私であることを諦めるつもりはない」ってこと。そして，会議で彼らは野球やサッカーのたとえを使うけれど，私は思うわ。「スポーツのメタファーは使いません。私ならではのを作ってみせる。」って[21]。

この例の管理者が，ヘゲモニー的慣行に抵抗したいという彼女自身の欲求にどのように向き合っているかに気づいてほしい。ヘゲモニー的慣行は，男性に有利なメタファーを用いて彼女を組織での会話から排除し，彼らの利益に奉仕ことで彼女の利益を押しつぶしている。彼女の抵抗には，男性の同僚が用いているメタファーに対抗すべく彼女のストーリーを語り，彼女自身のメタファーを持ち込むことが含まれている。

労働過程説と労働の非熟練化

アメリカの社会学者ハリー・ブレーバーマン（Harry Braverman）は労働過程説を発表した。生産手段の所有者（資本家）は，仕事を統制（コントロール）するために，職務の細分化とルーティン化というテイラーの科学的管理法を実践し，労働を体系的に**非熟練化（deskilling）**する[22]。労働の非熟練化は，仕事が単純化し，ほとんど訓練が必要なくなるまで続く。そうすることで経営者は経営のヘゲモニー的権力に抵抗する労働者を置き換え，さらには，このようにして労働者のパワー基盤を彼らが抵抗は無駄だと感じるようになるところまで切り崩すことも容易になる。このとき，労働過程に対するコントロールは労働者から経営者へと移る。非熟練化は所有者が労務費を切り下げ利潤を増加させることを可能にするだけでなく，労働者を収奪・劣格化し，仕事と職場から疎外する。これは，ダルトンとクロジェが，下層従業員のパワーについて述べていたのと反対の状況にある。

オーストラリアの組織論者グラハム・スウェル (Graham Sewell) は，電気機器企業のチームの研究によって，労働過程のコントロールを例示している[23]。スウェルは，組立工程のさまざまな場面での電子的な品質管理検査によって，統制が保たれていることを発見した。この工場では，検査結果の品質データが，従業員それぞれの頭上に信号機を使って示されていた。赤は，そのチームメンバーが品質許容誤差を超えていることを示し，黄色は許容誤差の範囲にあることを示し，緑は品質誤差を生じさせていないことを示していた。これを行うことで垂直的監視を通じて管理者による管理ができるだけでなく，作業員自身による自己管理にもなり，さらには水平的監視形態ともいうべき同僚からの厳しいプレッシャーを生じさせることになるのである。スウェルの研究が明らかにしたのは，未達・達成を示すことによって，チームメンバーがお互いに課し合う水平的コントロールは，経営者による垂直的コントロールよりもはるかに効力がある，ということである。

コミュニケーション的合理性

ドイツの社会哲学者ユルゲン・ハーバマス (Jürgen Habermas) は，現代社会は，科学，技術，管理の専門家によって支配されていると主張した[24]。彼らは，目標達成のための最も技術効率的で合理的な方法に注意を集中させる制度として組織化されている。このテクノクラート的イデオロギーは，われわれの日常生活を侵し，個人と社会の発展に対する人間的関心を無視している。効率的手段による目標達成を**道具的合理性** (instrumental rationality) と定義する一方で，ハーバマスは，ディベート，討論，合意による**コミュニケーション的合理性** (communicative rationality) がその代替案になると考えた。つまり，効率性の論理が広く受け入れられ用いられることで，道具的合理性は，コミュニケーション的合理性をゆがめ，損なっていると主張したのである。

以下の例を考えてみよう。あなたは，部門の全従業員の会議に招かれ，どうすれば仕事はより生産的で満足をもたらすものになるかを議論することになった。討論は，手順を明確にすることから，部門のメンバーに対して不確実性や対立を招いている仕事の重複を取り除くことまで多岐にわたる。ある人は目標

を上回る結果に対し部門長の「今月の従業員」賞とボーナスを与えるべきではないかと提案する。また，別の人は，週会議を開いて個人の責任を明確にし，情報を共有すべきだと提案する。こうすれば部門のメンバーは，どの提案が自分たちの職業生活を改善するのかについて，合意を形成し，このプロセスに関与したことをよかったと感じるかもしれない。

ハーバマスは，上述のような会議でコミュニケーションは体系的にゆがめられると言う。まず権力を持っている者が，最初の発言で議論の枠組みを設定している。この枠組みでは，生産性と労働の満足は別物であることが前提とされ，両者は対立概念であり，トレードオフの関係にあるかもしれないということがほのめかされる。次に，管理の立場にある者が，道具的合理性を支持するような提案にのみ反応することで，コミュニケーションをゆがめている可能性がある。その結果，労働者の利益が無視されてしまうのだが，最初に取り上げたことで，労働者の利益に関心が払われているように感じさせているのである。

ハーバマス的視点からいえば，体系的にゆがめられたコミュニケーションは，操作とコントロールの暗黙の形態である。そこではあるイデオロギーに特権が与えられ，自己や他者を欺くための策略が含まれていて，誠実さと倫理的な情報に基づく会話が排除されているからである。先の例では，会議の目的は，開かれた議論と相互理解（つまり，隠し立てのない行為）を通じてさまざまな可能性を探り，満足できる職場を作ることにはなく，権限を有する人のアイディアが従業員のアイディアより有利になる方法で，生産性向上策に対する同意（偽りのものではあるが）を得ることにあったということになる。

職場民主主義

職場民主主義を実現するための提案は，参加と株式所有から労働者協同組合と労働者経営企業（labor-managed firms: LMFs）まで多岐にわたるが，民主主義的原則を取り入れ，共同所有を促進することで，最も直接的に資本主義と対峙してきたのが後者である。協同組合は，そのメンバーの利益によって，またそのために組織化された独立の非営利集団である。協同組合には長い歴史がある。

最初期の協同組合の1つが，250年以上前にベンジャミン・フランクリンに

よって設立されたフィラデルフィア住宅火災保険分担機構である。別の例を挙げれば、ニューメキシコ州の農業電力協同組合は、協同組合の協同組合、つまり、1つの発電組合と、その配送電を担う19の組合からなる協同組合であった。太平洋岸北西部の合板産業は、いくつかの独立した協同組合によって買収されたが、これらの協同組合は、工場が不採算になったときに地域の労働者たちが形成したものである[25]。多くの街には食品やデイケアの協同組合がある。

イギリスの織布工たちは、(訳注:1844年に)ロッチデール公正先駆者組合を作ったが、これは7つの協同組合原則に基づいており、今日存在するほとんどの協同組合の根拠となっている。この原則には、従業員による所有と統治、全従業員の民主的投票による意思決定、賃金表や労働時間を用いるなどの平等な方法による従業員への経済的剰余の分配などがある。協同組合組織を推進する人びとによれば、労働者所有はより高い社会的責任や地域に根ざした意思決定につながり、支持的なネットワークを生み出す。

世界で最も規模が大きく、最も成功した協同組合の1つが、1950年代半ばにスペイン北部バスク地方に設立されたモンドラゴン協同組合企業である。この労働者所有の組織は、100を超える工業、農業、住宅、教育、金融、流通の協同組合からなる[26]。その特筆すべき特徴として、すべての新メンバーが出資すること、最高給と最低給の労働者の賃金比に対する制限があること、共同組合の収益は賃金か年金として分配されねばならず、配当は支払われないというルールの3つを挙げることができる。

権力(パワー)と統制(コントロール)に対するフェミニスト・パースペクティブとポストモダン・パースペクティブ

クリティカル理論において、イデオロギーとヘゲモニーというテーマは、権力(パワー)と統制(コントロール)と強固に結びついており、フェミニストとポストモダン論者にとって魅力的であることは明白だ。彼らは、組織におけるこれらに基づく影響を剔抉(てっけつ)し、覆すことを目的としている。複層化の批判的概念と二重労働市場理論から始めたい。

複層化と二重労働市場理論

　労働市場分析によって研究者がかなりの根拠を示しているが，高給で権力と名声を伴う地位は，現代の組織において不平等に分配されている。また多くの研究が，多くの資本主義的社会において，これらの地位を持つのが白人男性に極端に偏っていることを示している。このパターンを労働市場の複層化として捉え，アメリカの労働経済学者，ピーター・ドリンジャー（Peter Doeringer）とマイケル・ピオレ（Michael Piore）は，二重労働市場理論を提唱した。

　ドリンジャーとピオレの理論によれば，労働市場は，第1次労働市場と第2次労働市場から成り立つ[27]。高い給与と恵まれた職業機会が典型的であるのは，第1次労働市場であり，第2次労働市場は，給与が低く，雇用保障がなかったり，各種手当・給付がなかったりあっても限られているというような貧しい雇用条件が特徴である。ドリンジャーとピオレは，この機会の複層化が生じるのは，雇用者は競争力を保つために，市場における自社の技術優位を維持せねばならず，そのために安定して質の高い労働者を必要としているからだと考えた。つまり，必要なスキルを持ち教育を受けた従業員に対しては，最高の給与を支払い，中身の濃い手当や給付を与える必要がある。他方，第1次労働市場の労働力コストを埋め合わせるために，非熟練労働者を雇用し，低賃金と貧しい労働条件で，中心的ではないタスクを担わせるのである。

　二重労働市場理論は，複層化について説明するものの，第1次労働市場の多くを白人男性が占めていることについては説明していない。率直にいって，白人男性だけが第1次労働市場に通用する技術を持っているということはあり得ない。なにゆえ，女性，マイノリティ，若年層や老年層の両者が第1次労働市場では少なく，第2次労働市場には多いのか？二重労働市場理論は労働市場の複層化についての経済的・技術的理由のみを考慮の対象としているので，文化的・社会的・物的・法的・政治的要因を考察せねば得られない重要な説明が欠落しているのである。

　バルバラ・チャルニャフスカ（Barbara Czarniawska）とスウェーデンの組織論者ギィー・セボン（Guye Sevón）は，女性がやっとのことで第1次労働市場に参入した場に注目し，ナラティブ分析を4人の女性科学者の伝記に適用

し，この複層化現象を検討した。研究対象は，それぞれの住む国で，大学の教授職に任じられた初めての女性である[28]。どのように，4人の女性がこの男性支配的な労働市場の第1次市場でその地位を得たのかを説明するために，彼女らは，二重の新奇性という概念を提唱した。これらの女性は全員，男性ではないだけではなく，彼らが教授職という栄誉を得た国では外国人であったのである。

インタビューした女性は全員，そのポストをめぐって同様に評価されているその国の女性との競争に直面していた。チャルニャフスカ＆セボンは，これらの女性研究者が外国人であることが，彼女らが女性であることの否定的な意味合いを打ち消した，と推論している。すなわち，これらの才能ある女性たちは，すでに権力のある地位にある人びとにとって，外国人ではなく同じように評価の高い同僚ほどには，脅威的には映らなかったのである。または，これらの大学は教員集団のジェンダーの偏りを是正しようとする政治的，規制的，社会的，文化的のすべてないしはいずれかの圧力に直面していた。この場合，外国人女性であれば，自国人女性よりも地位が低く権力を手にする可能性が低く，男性の同僚からすれば，自国人と外国人という2通りの女性の中では，まだましだと見えたのである。

組織理論におけるジェンダー研究

ある一般的なフェミニスト理論によれば，組織が性分化するのは，個人の生活は，女性性と結びつくケアやコミュニティ感覚によって特徴づけられる一方で，公の生活は，合理性や競争性といった男性性と結びついた特質が作る期待と合致するからだという。多くのフェミニスト研究者によれば，（例えば，外での仕事に対して育児のような）男性と女性の領域の分離や，それに関連した慣行は，二項対立的な性差観を助長する。この性差観は，職場での男女両性の日常的な行為や相互行為の基礎となっている。男性は，生まれつきの決断者やリーダーだと見なされ，女性は育成や支援的役割を果たすことを期待されている。それゆえ，性分化は男性と女性の間の支配と服従という伝統的な社会関係を再生産するのである。

組織の性分化を生産・再生産する既存の当然視された慣行を覆すことを目指し，フェミニストたちは，なぜ女性やその他のマイノリティが第1次労働市場において少ないのかという説明のさらにその先を見通している。単に男性がしていることを女性がすることで置き換えたところで，複層化を終わらせることはない。支配的集団を他の集団で置き換えるだけのことであり，そんなことは企業の競争社会では起こりそうにない。フェミニスト研究はさまざまだが，組織生活の一部となるようにジェンダーを構成している諸慣行を脱構築し，打破しようとすることは，「支配の性分化した関係を生成・維持・再生しようとする体系的な諸力」へと注意を向ける一派にとっては，第一優先順位にある[29]。

アメリカの社会学者，ジョアン・アッカー（Joan Acker）の研究は性分化する言語に関するフェミニスト理論に立脚している。意味は男性と女性それぞれに結びつくイメージのネットワークをめぐって循環するので，言語は性分化している[30]。もし言語が性分化しているのであれば，組織も同様に性分化しているはずである。つまり，組織は性差に基づく権力関係を生み出すし，論理的に見てその産物でもある。こうなるのは，物事を進める際に男性的方法が，日常の相互作用と組織化実践のみならず，組織の構造的・イデオロギー的・シンボル的側面においても内在しているからである。このような考え方に基づいて，アッカーは性分化した組織(gendered organizations)[31]という概念を提唱した。

アッカーの研究に基づき，男性性が，階層，規則の非人格的適用，仕事と個人生活の分離を謳う官僚制に深く根ざしている，とする研究者がいる。例えば，複数の組織論者によれば，階層の前提となるのは，女性的な支援スタッフに依存する男性的エリートと組織に継続的に貢献する職業キャリアである[32]。

職場が男性に支配されていることに対して，女性の利害は，女性のアドバイザリー委員会を作るといった方策によって組織においてよく表されているではないか，という反論を聞いたことがあるかもしれない。しかし，実際のところ，これは不平等さを表しているのにすぎない。このような委員会は，支配的な男性的構造から明らかに分離しており，女性を女性として固定化し，権力集団内部から排除し続ける効果がある。この状況を克服するという野心を持って，学者と活動家の両者が「女性の組織化方法」を反映した官僚制の代替案を作るこ

とを提案している。実際，そのような組織が，特にヘルスケアやドメスティック・バイオレンスの領域で有効であることが証明されている。

組織ではなく職務のレベルで，組織における性分化した仕事やその構成を探究するフェミニスト研究者もいる。例えば，ジョイス・フレッチャー（Joyce Fletcher）は女性技術者について研究し，仕事の定義には男性的バイアスが存在すると推論した。彼女の発見によれば，あるハイテク企業での昇進に役立つ性格と行動は，自律性，技術的能力，自分自身の売り込み，ヒーロー性，問題を定量化できることであった。（彼女が女性的信念の体系と結びつけた）関係志向行動には，プロジェクトの健全さを監視すること，プログラムに貢献すること，相互に権限を認めること，協調的なチームワークが含まれていたが，これらすべてが過小評価されるか，無視されていた。フーコーに触発されて，フレッチャーは以下のように主張した。つまり，組織の慣行には，男性的バイアスがかかっているので，関係志向行動は，仕事においては不適切ないしは弱さの表れ，またはその両方と見なされ，仕事の場から消失している[33]。さらに，彼女の発見したところでは，女性技術者たち自身も，違うように働くことを望みつつも，以上の行為を消失させるのに加担していた。つまり女性の同僚に，あからさまに関係志向行動をしないようにと警告していたのである。

フェミニスト論者のカレン・アッシュクラフト（Karen Ashcraft）とコミュニケーション学のデニス・ムンビー（Dennis Mumby）という２人のアメリカの学者は，組織におけるフェミニスト・コミュニコロジーを提唱し，どのように意味とアイデンティティが日々のコミュニケーションにおいて間主観的に創造されるのかを探究すべきだと主張した[34]。彼らは，エアラインのパイロットを取り上げて，パイロットのアイデンティティ構築が以下のようなジェンダー・ディスコースに，結びついていることを示した。例えば，スーパーマンのような空を飛ぶ男の文化的アイコンとストーリーや，初めて単独大西洋横断を成し遂げたアメリア・イアハートのようなロマンチックな女性パイロットのストーリーが好まれていたこと，航空業界の技量優れたプロの白人男性パイロットはこうあるべきだというディスコースが生成されていたこと，さらには，女は家庭の世話や身体能力ゆえにその任に堪えないという理由でプロのエアラインパ

イロットと女性飛行家を別物と考えること，男性的なパイロットを冒険的で逞しいが常識もあると捉え直すこと，である。彼らは，これらのディスコース実践が時を経て紡ぎ合わされ，エアラインパイロットの間に，潜在的にパワーを行使することによって，性分化したアイデンティティを作り上げたと推論している。

　もし，現在の性分化された構成が，女性の労働の価値をおとしめたり，権力から疎外し続けるのであれば，正義の名の下にこれは変革されなければならない，ということになる。フェミニスト組織論者は，自分たちの研究を政治的に用いて，以下のような算段でこの変化を生み出そうとしている。つまり，女性やマイノリティに発言権を与えること，（白人男性にのみ注目する）単一的言表を暴き，覆し，性・人種・民族・年齢・階層で多様な言表へと置き換え多様性を許容すること，彼らが研究対象とする主体と客体（読み手）を入れ換えること，によってである。例えば，支配的な白人男性ではなく，女性・有色人種・先住民・労働者階級・若者と高齢者について研究し執筆することで，支配的前提は白日の下となり覆される。

規律訓練権力（パワー），監視，自己監視

　権力と統制（コントロール）の時代変遷についての研究の一部で，フーコーは，現代の監獄と公開処刑や拷問を比較した。これらの刑罰は（例えば王政に見られるような）統治権力によって支配される社会においては，一般的に行われていたものである[35]。この比較の焦点は，公然と行われる抑圧と現代社会が社会をコントロールする際に用いる巧妙で目立たぬ権力と統制にある。フーコーによれば，現代の権力と統制はそもそも規律訓練的であり，それは，監獄のみならず病院，学校，工場においても見られるものだという。

　スタン・ディーツ（Stan Deetz）はフーコーの規律訓練権力の概念を応用し，多くの組織が用いる権力と統制は，逃れることができない慎ましやかな形態をとると主張した。彼は，規律訓練権力は，価値，理念，信念が共有され日々の生活の一部となる過程から生じると述べ，その内部化を，組織文化やクラン・コントロールに結びつけた。ディーツによれば，「規律訓練権力はすべての知覚，

すべての判断，すべての行為の中にある。… これは，内部化されたルーティンやルールであるばかりではなく，常識，自明の経験，個人のアイデンティティを生み出す実践の複雑な集合である。[36]」。例えば，彼が記述した知識労働者たちは，長時間働き，仕事場で睡眠をとり，自ら進んでひどいクライアントや顧客に奉仕していた。これは現代のビジネスワールドの規律訓練権力の一例である。

　フーコーによれば，統制の現代社会的形態は，心理学が発達し，それに基づく人の体系的な観察と評価が正当化されるのにつれて，進化してきたという。被支配層を統制する人びとは，この知識とこれらの方法によって権力を与えられている。この相互に結びついた権力と知識に注目し，フーコーは彼の権力／知識概念を生み出した。規律訓練による統制を生み出す上で心理学が果たす役割を理解するためには，人間行動の目標と理想は正常性であるというアイディアが広く受け入れられていることを知らねばならない。フーコーの規律訓練権力の理論によれば，誰が正常だ，誰が異常だとラベルを貼り，異常とされた人びとの扱い方をコントロールする人びとがいる。彼らは，権力／知識を用い，投獄，入院，教育，マネジメントといった統制技術によって他者を規律訓練するのである。

　フーコーの規律訓練権力は，いかに監視が自己監視につながるかという観察に基づいている。彼が遡った歴史は，パノプティコン（一望監視システム）と呼ばれる18世紀の監獄の設計図である。ジェレミ・ベンサム（Jeremy Bentham）が最初に述べたように，パノプティコンは中央に看守塔，その周囲に監房が円形に配置されている。この塔は，囚人は看守塔を見ることができないが，看守は監房の中の出来事すべてを観察できるように作られている。誰かが自分を見張っているかもしれないので，パノプティコンの囚人は常に規則に従い，求められたように行動する。ベンサムによれば，

　　被監視者が監視者の目によって常に監視されればされるほど，施設の目的はより完璧に達成されることになる。理想上完璧な状態には，一人ひとりがどの瞬間もそのような状況におかれることが必要となるが，これは不可能であるので，次善の策は，どの瞬間にも，そうされていると信じるのに足る理由を見つけ，実際はそうでなくても，被監視者自身が自分は監視下にあると自分自身を説得

してしまうことである[37]。

フーコーはパノプティコンを用いて，監視が自己監視を産む2つのメカニズム，まなざしと内面化を説明している。フーコーがまなざし（the gaze）と呼んだ観察を実践することによって，監視されているという期待が成立する。そしてまなざしを予期すること，または，その心的強制力を内面化（interiorization）することが，自己監視につながる。つまり囚人が自己監視するために必要なのは，監視される可能性だけでよい。規律訓練的な権力／知識に基づく統制システムが機能するためには，前近代的な統制システムの特徴である公然の抑圧は必要とされない。心理的に存在する権威が，巧妙にかつ目立たずに，主体の自己監視をコントロールし，主体が，囚人，患者，生徒，組立工のいずれかであろうともこの監視が機能するのである。

イギリスの組織論者，バーバラ・タウンリー（Barbara Townley）によれば，組織においてまなざしは人的資源のマネジャーが用いるさまざまなツール，例えば，面接のやり方，心理テスト，業績評価，調査評価に体現されている[38]。個人が，これらのテクニックの利用を予期し，期待に応えるのであれば，たとえこれらを受け入れているだけであっても，規律訓練的な統制システムを構築するのを助けている。同様にタウンリーによれば，職務記述書，訓練プログラム，労働者がその仕事を行うために用いる技術は，期待の内面化につながる。それゆえ，人的資源の専門家と同様に自らをその手法にゆだねる人びとは，まなざしと内面化を実践していることになり，ひいては組織における規律訓練権力の普遍化を行っていることになる。

フーコーは，規律訓練権力そのものは善であるとも悪であるとも確信を持たずにいる。乱用される危険性があるが，同時に快楽を生み出す可能性があるとも考えている。つまり，われわれはすべての規律訓練権力に抵抗すべきではないのかもしれない。ある授業科目を学ぶために受け入れる規律訓練（規律訓練も科目も英語では同じく"ディシプリン"である！）について考えてみよ。その際，知識を得るという目的のために，主体性や身体を変容させる規律訓練権力を許容する。例えば，「その授業科目の内容を身につける」ためには，脳内

回路が再形成されるし，体は椅子の形に折れ曲がることになる。同様に規律訓練権力の効果は，スポーツ，芸術，健康管理，子育てにも見ることができる。もちろん，規律訓練には負の面がある。例えば，外見に対する期待が，過度のダイエットや，不要な美容整形手術でかえって不細工になる危険を引き起こしている。しかし，規律訓練権力と統制そのものは善でも悪でもない。

　フーコー理論に立脚する組織論者は，パワー（権力）がミクロ・レベルでどのように行使されるかについてと，これらが，制度および社会レベルでのパワーのより幅広い戦略の影響をどう受けるかについて検討している。例えば，オーストラリアの組織論者スチュワート・クレッグ（Stewart Clegg）は，現状を強化する規律訓練と生産の技術によって創造されるパワーについて研究し，一時的（日々の相互作用），構造的（社会的に構築されたルール），促進的（技術，作業，報酬を含むシステムやメカニズム）の３つのパワー（権力）回路（circuits of power）を見いだした[39]。これら３つの回路が交わり，集団にパワーを与えたり，奪ったりする。例えば，もしある作業者集団がある特定の技術について知識を持っており，他者がそれに依存している場合は，促進的回路が機能しており，彼らは他の集団との関係においてパワーを得，一時的・構造的回路を用いて有利な結果を得るべく交渉することが可能になる。この章ですでに言及したクロジェのフランスのたばこ工場の保全要員を思い出してほしい。

　加えて，フーコーに基づくバレルの主張を取り上げたい。それによれば，現代の組織が，われわれを分類・分析・正常化したり，その他の関心を閑却し生産性と能率のみに注力させることによって，社会の規律訓練パワーを反映・維持させているのであれば，現代の組織理論は逆説的な共謀関係にあり，クリティカル・ポストモダニストが断ち切ろうとしている鎖を再生産していることになる[40]。モダニスト・パースペクティブに立てば，資本主義は支配的真実であるが，その基礎は，利益は生産資源の効率的な管理によって生み出されるという考え方にある。そこで，優れたモダニストの知は，どのように効率性を達成するかという問題に取り組んでいる。組織階層，技術，文化，アーキテクチャー，訓練や業績評価のようなプロセスはすべてこの真実を支えるために設計されねばならない。この知を生み出す専門家はパワーを持っている。というのは，彼

らは，何が誰によってどのようになされるかや，誰に報奨や罰が与えられるのかに影響を与えるからである。それゆえ，モダニズムが組織論の主流である限り，シンボリックやポストモダニズム・パースペクティブの支持者は，支配的ディスコースの前提や哲学的立場に反駁すれば，常に排除されることになる。

組織コンフリクトの諸理論

マルクスと同様，コンフリクト（対立）は組織化の避けられぬ側面だと見なすモダニストがいる。彼らのモデルは，組織化の他の側面，具体的には環境，社会・物的構造，技術，文化にも注意を払い，なぜコンフリクトが生じるのかを説明し，どのように対処すべきかという実践的な助言を提示している。以下で述べる組織コンフリクト理論は，モダン・パースペクティブの枠組みで生まれてきた。しかしこれまでに本書で学んできたパワー（権力）・ポリティクス・コントロール（統制）についてのクリティカル・フェミニスト・ポストモダンの知識をもってすれば，これらの枠組みをしてシンボリック・パースペクティブを包摂するように変形させることは当然可能であるし，それらを脱構築することさえ可能かもしれない。

組織業績とコンフリクトのレベル

組織コンフリクトの最もよくなされる定義は，ある組織における2人（2つ）以上の個人または集団間，ないしは，ある環境における2つ以上の組織間で生じる対立・闘争というものである。一般的には，コンフリクトを生むのは，ある行為者集団が他に比べて有利におかれる状態や条件であり，少なくとも1人の行為者が他者の努力や結果を自分自身の努力や結果を侵すものだと捉えるときに実際に生じる。アメリカの社会心理学者，ダニエル・カッツ（Daniel Katz）とロバート・カーン（Robert Kahn）の定義によれば，コンフリクトとは「妨害・強制・毀損しようとする努力や，これらの努力に対して抵抗・報復しようとする努力によって特徴づけられる特殊な相互作用[41]」である。

広く受け入れられているモダニストのコンフリクト理論によれば，過小・過

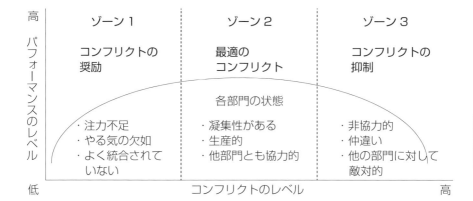

図 8.2 コンフリクトと業績の曲線関係

コンフリクト管理の戦略は，その組織がコンフリクト過小にあるのか過大にあるのかによって異なる。それぞれのコンフリクト状況にある組織の典型的な状態を曲線の下に記す。

大のコンフリクトは組織に低業績をもたらすが，中間レベルのコンフリクトによって業績は最大化される。これは図 8.2 の曲線的関係に示される。コンフリクトは，アイディアの創出に対して最適の刺激となったり，新しい視点が見つかったりするという利益を生むように，また集団内凝集性を強化するように管理されなければならないが，一方で，非協調的行動や公然の敵意といった否定的な影響を最小にしなければならない。以上がこの理論が導く規範的含意である。

集団凝集性は，生産性を向上させるので，生産性を最大にしようと部門間の競争を意図的に生み出そうとする組織もある。しかし，このようにして生産性を上昇させることには，集団間の協調やコミュニケーションを妨げるという対価を伴い得る。部門間競争の生産的効果とコンフリクトの生む否定的な影響のトレード・オフは管理されねばならず，ほとんどのコンフリクト理論は，コンフリクトを減少させることと，促進することの両方について，規範的助言を提供しようとしている。組織コンフリクトを減少させるいくつかの方法は，表 8.2 に示されている。

組織におけるコンフリクトを促進する多くの方法がある。以下に示す。
―抑制されたコンフリクトを認める
―公に同意しないことを伝えたり，生産的な反対意見を述べて，機能的コンフリクトの手本となる
―既存のコミュニケーションチャネルを代替する
―情報を独占する
―過剰にコミュニケーションをとる
―取りようによっては曖昧なメッセージを伝える
―部下間の活動や結果に差をつける
―既存のパワー構造に挑戦する[42]

コンフリクト管理についての規範的助言を効果的に用いるためには，現在直面する環境を明確に理解しておく必要がある。ここが部門間コンフリクトの理論が役に立つところである。

部門間コンフリクトモデル

人は，無数の心理的防御メカニズムや，回避・宥和・妥協・問題解決・直訴といった意識的な戦略を用いて，あからさまなコンフリクトから逃れようとするので，組織におけるコンフリクトを説明するのはなかなか厄介なことである（例は表8.2を見てほしい）。つまり，コンフリクトが生じるすべての場合で，コンフリクトが顕在化するわけではない。特定のコンフリクトの例を思い出して説明することは容易にできるが，実際に生じる前にコンフリクトを予言するのはとても難しい。

図8.3に示される部門間コンフリクトを説明するモデルは，なぜ組織が，マルクスが根本的条件と信じ得たように，多くのコンフリクトを産むのかを説明する一助となる。アメリカの組織論者，リチャード・ウォールトン（Richard Walton）とジョン・ダットン（John Dutton）の2つの企業の販売vs生産部門間のコンフリクトの研究[43]に基づくフレームワークは，用いてみれば，その規範的価値が明らかになるはずである。

その診断ツールとしての価値は，この図を逆さまに，つまり右から左へと読むことによって，最も容易に把握できよう。また，これは，読者がこれまで経験・見聞した特定の組織コンフリクトについて考え，そのモデルを実際に適用する助けとなるであろう。

表 8.2　組織におけるコンフリクトを減少させる方法

推奨される行為	暗黙の戦略
物的に離れる（離す）	回避
資源を増加させる	回避
感情と意見を控える（控えさせる）	回避
上位目標を設定する	協働
類似点を強調する	宥和
交渉する	妥協
より上位の権限者に訴える	上訴（直訴）
職務を交換する	構造変化
物理的に近づく	対決

出所：Robbins（1974）；Neilsen（1972）；Pondy（1967）を基に作成。

文脈 →	局地的条件 →	観察可能な指標
・環境 ・戦略 ・技術 ・社会構造 ・文化 ・物的構造	・個人間の差異 ・集団の性格 ・目標の両立不可能性 ・タスクの相互依存 ・報酬および業績の基準 ・資源の共用 ・地位の不一致 ・権限範囲の曖昧さ ・コミュニケーション上の障害	・公然の敵対 ・不信／不敬 ・情報の歪曲・曲解 ・自分ら／奴らという用語法 ・協力の欠如 ・無視

図 8.3　部門間コンフリクトの潜在的原因についてのモデル

コンフリクトは，環境と組織文脈により深く根ざした局地的条件に関係しているように見える。

出所：Walton and Dutton（1969）を基に作成。

観察可能な指標と局所的条件

　コンフリクト状況において見られるさまざまな行動が，図8.3の右側に示されている。公然と敵対することと完全に無視することが両極端にあるが，これらは組織コンフリクトの表層にすぎない。協調の欠如，相互作用の回避のようないくつかの行動に気が付くかもしれないが，これらは最初は観察することが難しい。むしろ，見えるというよりは感じられるものかもしれない。しかしながら，経験を積むとさまざまな表れ方により敏感になる。さて，ひとたび，コンフリクトの存在を示す行動を観察したのであれば，以下に示す9つの局地的条件に注目し，これらの条件のうち目下のコンフリクトに当てはまるのがいくつあるかを理解すればよい。

個人間の差異

　すべての人が他人とうまくやっていけるわけではない。組織においては，さまざまな個人的差異に突き当たる。例えば，権威主義か否か，社交的か否か，自尊心が強いか否か，性別も，人種も，民族も，年齢も，社会経済的バックグラウンドも違う。これらどれもが，コンフリクトの原因になり得る。このような状況下でのコンフリクトを観察した場合，これを単に個人間の違いに還元せずにいることは難しい。その他の要因を考慮せずに，ある集団か，はたまた別の集団かを非難し，いずれかの肩を持ちたくなるかもしれない。

　しかし，組織では，一方に肩入れすることは効果的とはいいがたい。そこで見られる圧倒的多くのコンフリクトは，個人間の違いではなく，集団，組織，環境のすべてないしいずれかの分析レベルの条件から生じているからである。事実，他人と実際に個人的コンフリクトを抱えつつも，組織において仕事をし続けている人はたくさんどこにでもいる。つまり，この要因単独では，生じているコンフリクトのすべての面を説明し難い。その他1つ以上の局所的条件が含まれていることが多い。

分化の結果生じる集団の性格

　組織の内部で分化した部門は，それぞれ異なるタスク遂行，異なる環境セグ

メント対応の両者ないしいずれかを行っている。部門が独自のディスコース，下位文化，アイデンティティを発達させたときには，これらの差異がコンフリクトの潜在的条件となる。分化した部門に，活動を調整し，資源と機会を共用するように求めることによって，コンフリクトの危険性とその強さは増大し得る。組織によっては，管理階層や追加的な部門を加え，コンフリクトが生じる集団間を架橋しようとするが，これは，加えられて増えた組織部門間のコンフリクトが将来生じる機会を増やすだけである。

　アメリカの社会学者ウィリアム・フート・ホワイト（William Foote Whyte）は，あるレストランにおけるウェイト・パーソン（給仕）とシェフの古典的なコンフリクト状況について研究している[44]。ホワイトの発見によれば，2つの集団は，柔軟性，時間展望，責任を持つべき結果という点でまったく異なっていた。ウェイト・パーソンたちは厳格なルーティンに従い，彼らのすべての顧客に適切に注意が払えるように効率的であろうとする一方で，シェフたちは柔軟さを保ち，キッチンに届く予期せぬ顧客のオーダーに対応できるようにしていた。ウェイト・パーソンたちは，一般的には，食事コースの段階という点から時間を把握していたが，シェフたちは，ランチかディナーかというシフトで考えていた。顧客は，ウェイト・パーソンたちを能率，立ち振る舞い，オーダーの正確さ，給仕の技術で評価していたが，シェフたちはその料理の出来映えで評価されていた。それぞれが属する下位文化にはこういった独特の差異が存在し，これらの差異が彼らの間のコミュニケーションと協調を困難なものにしていた。

目標の両立不可能性

　組織の最高位レベルで決定される諸目標は，その組織の各部門，各職位に翻訳・分割され，種々の活動は究極的には，全体的な戦略を実現するように遂行されなければならない（図8.1）。しかし，目標が業務レベルにまで下ろされると，トレード・オフが明らかになることがしばしばある。

　例えば，マーケティング部門は部門の目標を対顧客売上で表すが，これは，迅速な配送や顧客ごとの製品デザインなどによって顧客の要求に応えることで向上させることができる。他方，製造部門は通常その目標をコスト節減や生産

効率によって定める。この目標は，マーケティング部門の顧客の要求に応える責任とは両立しないので，不一致と敵意が大きくなる多くの機会が存在することになる。

タスクの相互依存性

ジェームズ・トンプソン（James Thompson）が説明するように，少なくとも3通りのタスクの相互依存形態が存在し，それぞれ質・量ともに異なるコンフリクトをはらんでいる。まずタスクの共有的相互依存は，最低限の直接コンフリクトしか生まない。これは相互依存する部門が，それぞれの目標と利益を，双方独立して追求するために，相互作用する理由がほとんどないからである。

タスクの互恵的相互依存は，様相が異なる。この場合，ほぼ継続する相互作用が要求され，それゆえ際限なくコンフリクト機会が生じる。しかし，このような条件下のコンフリクトは，関係をうまく管理するインセンティブが存在すれば，緩和される傾向にある。行為者，集団それぞれが，その目的を達成するために他者に依存しているので，コンフリクトが生じることは，両方の集団に同時に不利益を課す。実際のところ，タスクの互恵的相互依存は，円滑な相互作用の期間とコンフリクトが強まる期間を交互に生み出す。互恵的相互依存が損なわれたときには，通常，両集団ともに，敵意とコンフリクトが急速に高まる。

タスクの連続的相互依存は，ある部門が，他部門に高度に依存しているが，その依存が互恵的ではない場合である。独立度の高い部門は，依存度の高い部門の利益や要求に応えるインセンティブをほとんど持たないので，両者の間のコンフリクトが絶えない。

報酬と業績の基準

部門の業績基準と報酬が，注意深く調整されていないと，組織全体の業績の和を損ないかねないし，諸部門が協調を拒否することになりかねない。ある学期に同じ科目を履修する学生を複数の時間に分けて試験をする，というケースを考えてみることにしよう。最初に試験を受ける学生が，問題を後で試験を受ける学生に教えないようにするための1つの方法は，すべての答案は，同じ基

準で採点するし，もし後で試験を受ける学生が問題をあらかじめ知って点数を上げたら，そういうアドバンテージのない学生が犠牲になる，と伝えることである。

学生間にコンフリクトを生じさせることが，どのように彼らの協力を失わせることにつながるのか考えてほしい。このやり方は，成績評価の公正さを高めるかもしれない。しかし，情報共有を推奨するという視点や，すべての学生と彼らが参加するクラスにとって有益な，お互い協力し合う学習集団の形成という視点から見れば，このやり方は非生産的であるということに気が付いてほしい。

共通の資源

　共通の希少資源に依存することは，しばしばコンフリクトを引き起こす。例えば，運営費用や設備資金の配分，物的空間，共用設備，本社のスタッフサービスの利用をめぐる競争は，コンフリクトが生じやすい条件をもたらす。

　図書館で，共用のコピー機や限られた数しかないコンピュータ端末の前にできる行列の長さによって，どの程度フラストレーションのレベルが上がるかを考えてほしい。2つの集団がどちらも早く仕事を進めなければならないというプレッシャーに直面しているときに，相手と比較して自分たちの方が共用資源にアクセスする必要性が高いと主張しようものなら，それはすぐに公然の敵意ないしは煮えくりかえる怒りへとエスカレートしかねない。

社会的評価の不一致

　社会的評価の明らかに異なる集団に，彼らの活動を調整するように命じることもまたコンフリクトの条件となり得る。社会的評価の不釣り合いは，高い評価の集団が低い集団に影響力を及ぼしている限り問題とならない。しかし，社会的評価の低い方の集団が，高い方の集団に指示を与えたり，影響力を行使しなければならないとなると，コンフリクトが生じやすくなる。ホワイトは，レストランにおいてこのコンフリクト条件を観察している。そこでは，ウェイト・パーソンが，客のオーダーを伝えることで，シェフに対していつも指示を与えていた。同様の社会的評価の不一致は，技師が社会的評価のより高い研究職集

団に，ルーティン作業の製品評価試験を行うように指示する際にも観察された。これらのケースどちらにおいても，社会的評価の序列が逆転していることが，部門間の協調を損ねていたのである[45]。

　この種のコンフリクトは，ビジネススクールの組織行動の必修クラスでも見ることができることがある。ビジネススクールでの社会的評価の序列は，組織行動のクラスでよい成績をとれる対人技能のような能力を持っている学生よりも，計量的手法に長けている学生の方が高い。ところが，組織行動のクラスでの成績評価は，しばしば，このようなビジネススクールでの序列を逆転する。そして，この逆転は，ファイナンスの学生と，組織行動の教授の間のコンフリクトを頻繁に引き起こし，たくさん稼げるという点で，他の学生たちに崇拝されているファイナンス専攻が支配するビジネススクール文化において，この科目の価値が軽視されることにつながる。

担当業務の曖昧さ

　担当業務の曖昧さとは，職責範囲が不明確な状態であり，賞賛や非難が問題となるときに生じる。誰が賞賛ないしは非難されるべきなのかがはっきりとしない状況は，それぞれの部門が，他方から賞賛を得よう，他方に非難を押し付けようとするので，コンフリクト機会となる。たくさんの来客で慌ただしいレストランで注文が通っていなかった場合，ウェイト・パーソンとシェフが，それぞれ相手に責任があると主張し合うと，この種のコンフリクトの引き金となる。ホワイトは，料理の運び役をウェイト・パーソンとシェフのコミュニケーションの緩衝役として追加することで，このコンフリクトが和らげられることを明らかにした。これは，この新しい役割の集団に，すべてのオーダーを記録する責任を与え，注文が通っていなかった場合，誰に責任があるのかについての曖昧さがなくなったからであった。

コミュニケーション上の障害

　部門がそれぞれ異なる言語で話すときは，双方の関心事について合意する可能性は小さくなるし，この合意できないことを相手の頑固さや自己利益の追求

のせいにしがちになる。つまり，2つの集団が物事を両立しないような見方で見ている結果だ，ということを理解できないのかもしれない。レジデント・ドクター（研修医）と病院の管理者の例を見てみよう。これらの集団間コンフリクトの原因は，少なくともある部分は，彼らの異なるコミュニケーションの仕方に求めることができる。彼らの医学と管理というディスコースは，それぞれの集団本来の目的のために用いられる言語に基づいている。しかし，どちらの集団も自分たちの好みの言葉を使い，結果として，それぞれ自分たちの利害が閑却されていると感じてしまう。そして，この状況が抵抗と敵意を招いてしまうのである。同様のコミュニケーション上の障害は，大学の学部間のコンフリクトの源泉として有名である。各学部の教員は，専門職として，（相互理解は不可能だという人さえいるほど）高度に分化したディスコースを生み出すことに関わっているからである。

部門間コンフリクトの文脈としての環境と組織

　さていよいよ，観察可能なコンフリクトと局地的条件を環境と組織の側面に結びつけるより深層のパターンについて考察することにしよう。環境も組織も組織論の中核概念である。より大きな構図を理解すれば，周囲の人がネガティブな感情にとらわれている時でさえも，コンフリクトを正しく捉えることができるようになるだろう。

環境
　同型化の原則が示唆するとおり，組織は，専門部門への分化と環境変化への適応によって，環境の複雑さと変化率に適合しようとする。環境条件の変化は，しばしば組織内では，不確実性として経験され，この不確実性に対処する能力を他部門に比べて発達させた部門が，自部門と他部門との組織内パワー関係を書き換えることができる。パワー関係が変わると，報酬の配分，相対的社会的評価，担当業務等に対するコントロールや資源の必要性のシフトが生じる。それゆえ，ある組織が置かれた環境の複雑さと変化は，これまで検討してきたコンフリクトの局地的条件のいくつかないしすべてに関わっているのである。

戦略

　組織の成長戦略は，規模と分化の度合いを増すので，環境の複雑性と変化によるものと同様の効果をもたらす。つまり，内部の複雑性が増大し，既存のパワー構造が変化する。成長が合併，吸収，合弁を伴う場合，新しい部門とそれがもたらす文化への適合が組織に緊張を生じさせ，これがコンフリクトを高め得る。他方，ダウンサイジングを含む戦略は，利用可能な資源が縮小するという認識をもたらし，それが残りの資源の配分についての競争を引き起こし，コンフリクトの原因となる。ポストが問題となるとき，競争は熾烈になる。それゆえ，拡大にせよ縮小にせよ組織規模に影響を与える戦略は，コンフリクトの局地的条件のいくつかないしすべての影響を強め得る。他方，資源が豊かな時期は，コンフリクトを覆い隠し，存在したとしても，それに気が付かないかもしれない。

技術

　組織のタスクは，大まかには技術の選択によって定義されるので，技術の変化は，部門とそのメンバーに割り当てられるタスクの変化を意味する。タスクの割り当ては，組織の部門間相互依存に質的・量的影響を与えるので，技術は少なく見積もってもタスクの相互依存という局地的条件を形成する。しかし技術は他の局地的条件にも影響を与えることがある。例えば，社会的評価の不均衡。これは新しい技術を導入するときに，しばしばその技術の専門職員は組織のより職位の高いメンバーに使い方を教える必要がある，というケースに見ることができる。また，新しいタスクは異なる管理構造を必要とするので，報酬の基準も影響を受ける。さらには集団の性格さえも影響を受ける。電算機が初めて出現したときに，組織は情報技術の専門家をその組織構造に加える必要があったのが一例である。

社会構造

　権限階層の創設・維持は，組織における垂直方向のコンフリクトの下地となるが，分業によっても水平方向のコンフリクト機会が生じるように組織は分割

される。それゆえ，社会構造を選択することも，また，コンフリクトの局地的条件すべての前提になっている。

組織文化

下位文化が支配的な文化的価値と対立するように発達する場合，対抗文化の場合と同様に，コンフリクトを生み出しがちである。下位文化間の基本的前提の相違は，両立しないディスコースやサイロのような多くの組織で生じるコミュニケーション上の障害について説明する一助となる。また，異なる基本的前提は，両立しない目標を生み出す。例えば，科学は共同活動であり科学界で研究上の発見を共有することを必要とする，という基本的前提は，研究開発部門の科学者と企業の法務部門のコンフリクトをもたらす。このようなことが起こるのは，法務部門は研究上の発見を共有しないことが，組織を特許侵害や産業スパイから守る最善の方法だ，と考えているからである。

物的構造

部門ごとに割り当てられた物的スペースの規模・位置・質・形の違いは，序列感覚を助長する。これらの条件は，コンフリクトのすべての局地的条件を助長するし，メンバーはその他の要因に基づくコンフリクトに対してより敏感になることがある。物的設備の配置や位置によって，コミュニケーション上の障害の創出・消滅どちらもが起こり得る。また，タスクの相互依存に基づくコンフリクトの水準に影響を与える。物的距離の近さは，そうでなくてもコンフリクト関係にある集団を互いに接触可能にするのであれば，コンフリクトを助長する。他方，物的距離が離れていれば，コンフリクト行動の機会は減少するが，コミュニケーション上の障害が発生することになろう。

部門間コンフリクトモデルの応用

おそらく，明らかにせよそうでないにせよコンフリクトが生じる文脈を作り出す要因を組み合わせる方法は無数にあるだろうし，論じられる以上の実際のシナリオが存在し得るが，このモデルが，診断ツールとしてどのように役立つ

かを理解できたはずである。コンフリクトに直面したときに，いつもすべての要因が見られるわけではないが，重要なものを見落とさないために，これら全部をチェックすることは常に良い考えである。

しかし，図 8.3 を左から右へ読んでみると，部門間コンフリクトモデルは，規範的ではないもう 1 つの方法としても有益である。環境文脈に埋め込まれている組織が，戦略，社会的・物的構造，技術，文化を用いて，常に潜在的なコンフリクトを顕在化させようとする変化に対応している様子を想像してほしい。この意味では，ウォールトンとダットンの部門間コンフリクトモデルが示す組織論は，マルクスの対立（コンフリクト）は組織化の重要問題とする考え方に直接立脚する。

また，どのように部門間コンフリクトのモデルが，図 1.1 の 5 つのサークル内部を書き込んでいくかについて考察している組織論もある。組織の各部分が，コンフリクトを含む組織の中で日常的に直面する問題を，生み出したり生み出さなかったりしている様子を念頭におけば，図 8.3 は組織のメンバーたちの日常的生活が描く，人びとが考え，発言し，行動することすべてによって組織そのものが立ち現れてくる様子を示しているともいえる。ちょうどこれは，構造化理論の主張そのものである。しかし，組織を変えるためにコンフリクトを利用する際に忘れてはならないことがある。1 つは，対立（コンフリクト）の利用は，権力（パワー）の行使と他者を統制（コントロール）する能力に基づく政治的行為であるということ，もう 1 つは，権力と統制は対立そのものと同様に，秘密にされたり隠されているかもしれないということである。それゆえ，これら 3 つの概念すべてが組織化を成り立たせているのと同様に，権力と統制の問題は常に対立と関連を持って存在していると考えるべきである。

要　約

　すでに正当化されてしまっている目的と手段を，ポリティクスによって打破せねばならないときには，コンフリクトを解消し組織を実行へと歩ませるために，意思決定の連合体モデルが，大いに役立つ。しかし，このような状況でなければ，ポリティクスは組織において有用さを失う。ただしこれは，組織においてポリティクスは誤用・乱用されることはあり得ない，ということではない。組織の老獪な政治家はほとんどすべての状況でコンフリクトを生じさせられるし，利害が深ければそうする。組織における政治的策略によって経験させられたことがあるかもしれないが，嫌悪の感情のほとんどは，組織の意思決定において非生産的にポリティクスを用いたことや，そのような行動が結果として生み出したコンフリクトに起因する。しかし，その危険性と同様に，政治的行動とコンフリクトの有益な側面を認識しなければならない。

　モダニストの見方によれば，政治的プロセスが最も効果的に行われるのは，過小・過剰の政治的活動のバランスを追求し，政治的行為を価値ある状況へとつなげることによってである。他の意思決定の方が望ましい状況であれば政治的活動を抑制することも必要だ。ただし，クリティカル（批判的），ポストモダン，フェミニストの諸研究によれば，政治的活動の何が有益な利用で，何が有害な利用なのかを決めることは，自己言及的である。もし経営者が，自分の主張や自律性を脅かさないような問題についての政治的言説だけしか認めないのなら，その組織における発言は抑圧されやすくなる。抑圧することは，特にイノベーションが重要なところでは，生産性に影響を与える。つまり，モダンを信奉する経営者であっても，彼ら自身および組織の他のメンバーの政治的行為に関わろうとする動機をまじめに考える方がよい結果を得られる。他方，ポストモダニズムの立場でマネジャーが理解すべきだと考えられるのは，権力（パワー）は，日々の社会的関係の一部であり，自己を脱人間化・機械化する意図せざる結果と抑圧的な実践へとつながる可能性がある，ということである。これらの実践を，組織の性分化する性質とあわせて明らかにすることによって，より倫理的で責任ある組織化の形態が作られ得るのである。

クリティカルおよび多くのフェミニスト組織論者は，権力は，ある集団が他の集団を支配する際に顕著であり，それは，社会的・経済的・階級的構造として見られると考える。この観点に立てば，組織は，それが置かれた環境の歴史的・イデオロギー的・経済的・社会的条件の中に存在する権力関係のネットワークである。これらの組織論者の関心の焦点は，どのように所有者や経営者は労働者を抑圧しているのか，どのように資本主義イデオロギーが，何をしているのかという自覚を持たないすべての社会構成員の手で維持されているのか，ということにある。彼らは，ある集団による他の集団に対する統制と不可分の経済的格差と不平等について検討している。この統制は，労働過程説の項で述べたような労働の非熟練化と，ヘゲモニーと虚偽意識の項で述べたような労働者が能動的に経営者の方針・実践・要求に同意することに基づく。クリティカル論者の中には，理論的批判に傾注する研究者もいるが，組織的実践において，権力関係がどのように生成・維持されているのかについて実証研究を行う研究者もいる。後者は，組織の日常生活における発言やその他の抵抗行為について研究を進めるポストモダニストのパースペクティブと同化している。この際しばしば，文化研究によって導入されたエスノグラフィック（民族誌学的）な方法が用いられる。

クリティカル論者が研究対象としてきたのは，イデオロギーに内包される当然視された不平等，人間と地球を道具として扱うことによる負の影響，虚偽意識，体系的にゆがめられたコミュニケーションである。彼らは，これらを研究することによって，すべての利益が傾聴され，誰か1人の利益が支配的にならないようにしようとしている。すでに検討してきたように，ポストモダンの研究者は，差異と断片化という概念を用い，オルタナティブ（代替可能）な現実を構築しようとすることと，ある人びとの集団を周縁化しようとすることの間に生じるコンフリクトについて研究している。彼らの信じるところでは，対立と抵抗を公にすることによって，周縁化されてしまった発言に光を当てることが可能になる。これらの主張の一方で，依然としてモダニストのアプローチは，コンフリクトを労働者と生産性にテコ入れするための管理可能な道具として捉えている。

表 8.3 は，モダン・クリティカル・ポストモダンのパワー・コントロール・コンフリクトそれぞれの概念について示し，この章の中核的な考え方について要約している。

表 8.3 パワー・コントロール・コンフリクトについてのモダン・クリティカル・ポストモダンそれぞれの概念化

	モダン	クリティカル	ポストモダン
パワーの所在	組織の主要課題を解決する階層，知識，スキル	社会的・経済的・政治的制度とイデオロギー	日常的な社会的関係，言説的・非言説的実践
パワーの基盤	生産活動と労働者を管理できる議論の余地なき権利	ステークホルダーの利害に基づく民主主義。所有者・株主の利益権に対する挑戦	当然視されるものの中に埋め込まれた規律訓練権力，言説的・非言説的実践
組織観	合理的および/ないしは政治的競技場	収奪・支配・抵抗のシステム	規律訓練権力の生産者であると同時に産物
目標	組織の有効性と能率の改善	被支配集団を解放し，民主的・人間的形態のコミュニケーションと意思決定を発達させる。	自発的な規律訓練的な行動と，集団と個人を周縁化することにつながる実践について問い直す。
管理論的含意	市場，官僚制，クラン（文化による）管理メカニズムを活用する。	ヘゲモニーと体系的にゆがめられたコミュニケーションを活用する。従業員は，自分たち自身の収奪に加担する。	規律訓練技術と自己監視を用いる。「まなざし」と内面化の両者が必要。
コンフリクト観	非生産的であり，パワーを持つものによって，業績が最大になるように管理されなければならない。	資本主義の社会的・経済的不平等の避けられない結果である。抵抗と権力者の打倒，革新的変化が求められる。	ある集団が他の集団の現実と主体性を枠にはめる権利を争うときに，パワーネットワークにおいて生じる。

重要用語

限定合理性（bounded rationality）
連合体（coalition）
パワー，権力（power）
コンフリクト，対立（conflict）
コンフリクト解消戦略（conflict resolution strategies）
　支配（domination）
　妥協（compromise）
　統合（integration）
組織ポリティクス（organizational politics）
アイデンティティのポリティクス（politics of identity）
コントロール，統制（control）
戦略的コンティンジェンシー理論（strategic contingencies theory）
資源依存理論（resource dependence theory）
シンボリック・パワー，権力（symbolic power）
アウトプット・コントロール戦略（output control strategies）
行動コントロール戦略（behavioral control strategies）
サイバネティック・コントロール（cybernetic control）
エージェンシー理論（agency theory）
エージェンシー問題（agency problem）
市場コントロール（market control）
官僚制的コントロール（bureaucratic control）
クラン・コントロール（clan control）
イデオロギー（ideology）
管理体制主義（managerialism）
ヘゲモニー（覇権）（hegemony）
権力（パワー）の第3の顔（third face of power）
労働過程説（labor process theory）
非熟練化（deskilling）
道具的合理性 vs コミュニケーション的合理性（instrumental vs. communicative rationality）
職場民主主義（workplace democracy）
複層化（stratification）
二重労働市場論（dual labor market theory）
性分化した組織（gendered organizations）
規律訓練権力（disciplinary power）
監視と自己監視（surveillance and self-surveillance）
まなざし（the gaze）
内面化（interiorization）
3つのパワー（権力）回路（three circuits of power）
　一時的（episodic）
　構造的（dispositional）
　促進的（facilitative）
コンフリクトと業績（conflict and performance）
コンフリクトの減少（conflict reduction）
コンフリクトの促進（conflict stimulation）
部門間コンフリクトモデル（inter-unit conflict model）

訳注：power, control は，パワーと権力，コントロールと統制という2つの訳語を当てた。特に支配や抑圧の文脈で，従来使われてきた権力と統制を用いているが，原文では同じ power, control であったために，カッコ内にすべての箇所ではないもののもう片方の訳語を示してある。コンフリクトと対立についても同様の使いわけを行った。

注

1. Tannenbaum (1968: 3).
2. Bacharach and Lawler (1980: 1).
3. Simon (1957, 1959); March and Simon (1958); また Cyert and March (1963) 及び March (1978) を見よ．
4. Dahl (1957: 203).
5. Dalton (1959); また Mechanic (1962) を見よ．
6. Pfeffer (1981b: 7).
7. Ouchi (1979: 845); また Ouchi and McGuire (1975) を見よ．
8. Etzioni (1975).
9. Crozier (1964).
10. Hickson et al. (1971).
11. Salancik and Pfeffer (1977); Pfeffer and Salancik (1978); Pfeffer and Moore (1980).
12. Pfeffer (1981a).
13. Eisenhardt (1985).
14. Ouchi (1979).
15. Williamson (1975).
16. Gramsci (1971).
17. Alvesson and Willmott (1996: 98).
18. Lukes (1974).
19. Deetz (1998).
20. Gabriel (2000).
21. Cunliffe (1997).
22. Braverman (1974).
23. Sewell (1998).
24. Habermas (1971).
25. Craig and Pencavel (1992).
26. 最近，モンドラゴンは組合員ではない労働者を雇ったり，意思決定を集権化したりすることによって，共同組合原則から離れている。http://www.geo.coop/huet.htm.
27. Doeringer and Piore (1971).
28. Czarniawska and Sevón (2008).
29. Ibid. 139.
30. アッカーの議論のこの部分は Ferguson (1994) に由来する．
31. Acker (1992: 249); また Calás and Smircich (1992, 1999) を見よ．
32. 例えば Grant and Tancred (1992)；Martin, Knopoff, and Beckman (1998); また Huff (1990-2009) を見よ．
33. Fletcher (1998).
34. Ashcraft and Mumby (2004).
35. Foucault (1980a, 1980b).

36. Deetz (1992: 37).
37. Bentham (1787).
38. Townley (1994).
39. Clegg (1989).
40. Burrell (1988).
41. Katz and Kahn (1966: 615).
42. このリストは Robbins (1974) による.
43. Whyte (1949).
44. Seiler (1963).
45. Walton and Dutton (1969).

参考文献

Acker, Joan (1992) Gendering organizational theory. In A. J. Mills and P. Tancred (eds.), *Gendering Organizational Theory*. Newbury Park, CA: Sage, 248-60.

Alvesson, M. and Willmott, H. (1996) *Making Sense of Management: A Critical Introduction*. London: Sage.

Ashcraft, K. L. and Mumby, D. K. (2004) *Reworking Gender: A Feminist Communicology of Organization*. Thousand Oaks, CA: Sage.

Bacharach, Samuel B. and Lawler, Edward, J. (1980) *Power and Politics in Organizations*. San Francisco, CA: Jossey-Bass.

Bentham, J. (1995) Panopticon; or the inspection-house. In J. Bentham (ed.), *The Panopticon Writings* (Miran Bozovic, edn.) London: Verso, 29-95 (originally published 1787, also found at: http://cartome.org/panopticon2.htm

Braverman, Harry (1974) *Labour and Monopoly Capital: The Degradation of Work in the Twentieth Century*. New York: Monthly Review Press.

Burrell, G. (1988) Modernism, post modernism and organizational analysis 2: The contribution of Michel Foucault. *Organization Studies*, 9: 221-35.

Calás, M. B. and Smircich, L. (1992) Using the 'F' word: Feminist theories and the social consequences of organizational research. In A. J. Mills and P. Tancred (eds.), *Gendering Organizational Theory*. Newbury Park, CA: Sage, 222-34.

—— (1999) From 'the woman's' point of view: Feminist approaches to organization studies. In S. R. Clegg and C. Hardy (eds.), *Studying Organization: Theory and Method*. London: Sage, 212-51.

Clegg, S. R. (1989) *Frameworks of Power*. London: Sage.

Craig, B. and Pencavel, J. (1992) The behavior of worker cooperatives: The plywood companies. *American Economic Review*, 82: 1083-106.

Crozier, Michel (1964) *The Bureaucratic Phenomenon*. London: Tavistock.

Cunliffe, Ann L. (1997) Managers as

practical authors: A social poetics of managing and the implications for management inquiry and learning. PhD Thesis, Lancaster University, UK.

Cyert, Richard M. and March, James G. (1963) *A Behavioral Theory of the Firm*. Englewood Cliffs, NJ: Prentice-Hall.（松田武彦監訳『企業の行動理論』ダイヤモンド社，1967。）

Czarniawska, Barbara and Sevón, Guye (2008) The thin end of the wedge: Foreign women professors as double strangers in academia. *Gender, Work & Organization*, 15: 235-87.

Dahl, Robert A. (1957) The concept of power. *Behavioral Science*, 2: 201-15.

Dalton, Melville (1959) *Men Who Manage*. New York: John Wiley & Sons Inc.（高橋達男・栗山盛彦訳『伝統的管理の終焉』産業能率短期大学出版部，1969。）

Deetz, Stanley A. (1992) Disciplinary power in the modern corporation. In M. Alvesson and H. Willmott (eds.), *Critical Management Studies*. London: Sage, 21-45.

—— (1998) Discursive formations, strategized subordination and self-surveillance. In A. McKinlay and K. Starkey (eds.), *Foucault, Management and Organization Theory*. London: Sage, 151-72.

Doeringer, Peter B. and Piore, Michael J. (1971) *Internal Labor Markets and Manpower Analysis*. Lexington, MA: Heath.（白木秀三監訳『内部労働市場とマンパワー分析』早稲田大学出版部，2007。）

Eisenhardt, Kathleen M. (1985) Control: Organizational and economic approaches. *Management Science*, 31: 134-49.

Etzioni, Amitai (1975) *A Comparative Analysis of Complex Organizations*. New York: Free Press.（綿貫譲治監訳『組織の社会学的分析』培風館，1966。）

Ferguson, Kathy E. (1994) On bringing more theory, more voices and more politics to the study of organization. *Organization*, 1: 81-99.

Fletcher, Joyce (1998) Relational practice: A feminist reconstruction of work. *Journal of Management Inquiry*, 7: 163-88.

Foucault, Michel (1980a) *The History of Sexuality*, Vol.1. *An Introduction* (trans. R. Hurley). London: Penguin.（渡辺守章訳『知への意思(性の歴史Ⅰ)』新潮社，1986。）

—— (1980b) *Power/Knowledge: Selected Interviews and Other Writings by Michel Foucault, 1972-1977* (ed. C. Gordon). New York: Pantheon.

Gabriel, Yiannis (2000) *Storytelling in Organizations: Facts, Fictions and Fantasies*. Oxford: Oxford University Press.

Gramsci, Antonio (1971) *Selections from the Prison Notebooks* (trans. Q. Hoare and G. Nowell-Smith). New York: International.

Grant, Judith and Tancred, P. (1992) A feminist perspective on state bureaucracy. In A. J. Mills and P. Tancred (eds.) *Gendering Organizational Theory*. Newbury Park, CA: Sage, 112-28.

Habermas, Jürgen (1971) *Toward a Rational Society*. London: Heinemann.

Hickson, David J., Hinings, C. R., Lee, C. A., Schneck, R. E., and Pennings, J. M. (1971) A strategic contingencies theory of intra-organizational power. *Administrative Science Quarterly*, 16: 216-29.

Huff, Anne S. (1990-2009) Wives-of the organization. http://www.harzing.com/huff_wives.htm (accessed April 7, 2012).

Katz, Daniel and Kahn, Robert L. (1966) *The Social Psychology of Organizations*. New York: John Wiley & Sons Inc.

Lukes, Steven (1974) *Power: A Radical View*. London: Macmillan.(中島吉弘訳『現代権力論批判』未来社, 1995。)

March, James G. (1978) Bounded rationality, ambiguity, and the engineering of choice. *Bell Journal of Economics*, 9: 587-608.

── and Simon, Herbert A. (1958) *Organizations*. New York: John Wiley & Sons Inc.(土屋守章訳『オーガニゼーションズ』ダイヤモンド社, 1977。)

Martin, Joanne, Knopoff, K., and Beckman, C. (1998) An alternative to bureaucratic impersonality and emotional labor: Bounded emotionality at the Body Shop. *Administrative Science Quarterly*, 43: 429-69.

Mechanic, David (1962) Sources of power of lower participants in complex organizations. *Administrative Science Quarterly*, 7: 349-64.

Neilsen, Eric H. (1972) Understanding and managing conflict. In J. W. Lorsch and P. R. Lawrence (eds.), *Managing Group and Intergroup Relations*. Homewood, IL: Irwin and Dorsey.

Ouchi, William G. (1979) A conceptual framework for the design of organizational control mechanisms. *Management Science*, 25: 833-48.

── and McGuire, Maryann (1975) Organizational control: Two functions. *Administrative Science Quarterly*, 20: 559-69.

Pfeffer, Jeffrey (1978) The micropolitics of organizations. In M. W. Meyer and Associates (eds.), *Environments and organizations*. San Francisco, CA: Jossey-Bass, 29-50.

── (1981a) Management as symbolic action: The creation and maintenance of organizational paradigms. In B. M. Staw and L. Cummings (eds.), *Research in Organizational Behavior*. Greenwich, CT: JAI Press, 3: 1-52.

── (1981b) *Power in Organizations*. Boston, MA: Pitman.

── and Moore, William L. (1980) Power in university budgeting: A replication and extension. *Administrative Science Quarterly*, 25: 637-53.

── and Salancik, Gerald R. (1978) *The External Control of Organizations: A Resource Dependence Perspective*. New York: Harper & Row.

Pondy, Louis R. (1967) Organizational conflict: Concepts and models. *Administrative Science Quarterly*, 12: 296-320.

Robbins, Stephen P. (1974) *Managing Organizational Conflict: A Nontraditional Approach*. Englewood Cliffs, NJ: Prentice-Hall.

Salancik, Gerald R. and Pfeffer, Jeffrey (1977) Who gets power-and how they hold on to it: A strategic contingency model of power. *Organizational Dynamics*, 5: 3-21.

Seiler, J. A. (1963) Diagnosing interdepartmental conflict. *Harvard Business Review*, 41: 121-132.

Sewell, G. (1998) The discipline of teams: The control of team-based industrial work through electronic and peer surveillance. *Administrative Science Quarterly*, 43: 397-429.
Simon, Herbert A. (1957) *Models of Man*. New York: John Wiley & Sons Inc.（宮沢光一監訳『人間行動のモデル』同文舘出版，1970。）
—— (1959) Theories of decision-making in economics and behavioral science. *American Economic Review*, 49: 253-83.
Tannenbaum, Arnold S. (1968) *Control in Organizations*. New York: McGraw-Hill.
Townley, B. (1994) *Reframing Human Resource Management: Power, Ethics and the Subject at Work*. London: Sage.
Walton, Richard E. and Dutton, John M. (1969) The management of interdepartmental conflict. *Administrative Science Quarterly*, 14: 73-84.
Whyte, William F. (1949) The social structure of the restaurant. *American Journal of Sociology*, 54: 302-10.
Williamson, Oliver E. (1975) *Markets and Hierarchies：analysis and antitrust implications*：New York: Free Press.（浅沼万里・岩崎晃訳『市場と企業組織』日本評論社，1980。）

さらに理解を深める文献

Burawoy, M. (1979) *Manufacturing Consent: Changes in the Labor Process under Monopoly Capitalism*. Chicago, IL: University of Chicago Press.
Czarniawska-Joerges, Barbara (1988) Power as an experiential concept. *Scandinavian Journal of Management*, 4: 31-44.
Emerson, R. M. (1962) Power-dependence relations. *American Sociological Review*, 27: 31-40.
Gherardi, Silvia (2007) *Gendertelling in Organizations: Narratives from Male-dominated Environments*. Copenhagen: Copenhagen Business School Press.
Kanter, Rosabeth Moss (1977) *Men and Women of the Corporation*. New York: Basic Books.
March, James G. (1994) *A Primer on Decision Making: How Decisions Happen*. New York: Free Press.
McKinlay, A. and Starkey, K. (1998) (eds.) *Foucault, Management and Organization Theory*. London: Sage.
Mills, Albert J. and Tanered, Peta (1992) (eds.) *Gendering Organizational Theory*. Newbury Park, CA: Sage.
Pettigrew, Andrew (1973) *The Politics of Organizational Decision-making*. London: Tavistock.
Pringle, Rosemary (1988) *Secretaries Talk: Sexuality, Power and Work*. London: Verso.

Simon, Herbert A. (1979) Rational decision making in business organizations. *American Economic Review*, 69: 493-513.

Wildavsky, Aaron (1979) *The Politics of the Budgeting Process* (3rd edn.). Boston, MA: Little, Brown.

第Ⅲ部

過去を振り返り，将来を見据える

Looking Back and Looking Forward

　本書でこれまでに述べてきたのは，モダン・パースペクティブで特徴づけられる組織理論の通常科学が，シンボリック・パースペクティブとポストモダン・パースペクティブの主張によっていかに転換されたかであった。この種の話は終わりがないので，まず第Ⅱ部各章を総括の上，補促的なアイディアを紹介したい。それらすべて組織に関連し，過去と未来をつなげる概念，理論，ないしパースペクティブとして何か新しい貢献をするだろうが，実際にはそのアイディアに新しいものはほとんどない。しかし私の考えでは，第Ⅲ部で提示されるアイディアは組織論の次のステージにつながるものだ。

　もちろん，本書の残りの紙数では述べきれない有望なアイディアが多いため，第Ⅲ部の内容は，主流派に受け入れられるコアな概念，理論，パースペクティブに転換できるアイディアの選択から始めた。その上，私は何枚かのワイルドカードを追加した。その有望なアディアについて触れるにつれ，それらが混ざり合い結びつき始めた。それゆえある意味，最後の2章では私の理論化のプロセスを反映している。書き記された内容から，理論化の実践をリバースエンジニアできるかもしれないし，できないかもしれない。しかし，私の取組み方に興味を持たれるようなら，そこから手がかりをいくつかを見つけられるだろう。

Theory and practice

第 9 章

理論と実践

　理論と実践の対立が広められたのは，経営学の前史期に古典的な管理論者が提示した規範的事項に経済学と社会学の知見を結合させることによってであったが，その対立は，それ以来ほぼ半世紀にわたって組織論の世界で継続して見られ，しかも，依然として強いままである。本章ではプラグマティズム，つまり，この対立にその源泉があると信じられる理論的パースペクティブ，また将来的に対立の源泉が生じると見なされる理論的パースペクティブについて紹介する。次に，組織デザインを試みる経営者に対して，組織理論がどのように実践的ガイダンスを提供してきたかについて検討し，さらに，グローバル化する世界の複雑性とダイナミズムに対応して出現する新しい組織形態へと組織デザイン問題の関心が移る道筋について検討する。組織変革は，（どの組織でも）同じような過程をたどる変化として把握されるが，変革の管理やリードについてよりも，組織化のダイナミクスと折り合いをつけることが問題になるにつれ，昨今の組織論の世界では制度的企業家のような概念によって扱われている。本章の最後は，組織論を構成する実践論とプロセス論，つまり次の10章で提示されるテーマに取り組むためのコンテクストと語彙を提供する観点から，2つのプラグマティズムの最も明白だがまだ展開されていない貢献を述べて締めることにする。

プラグマティズムは新しい規範的なパースペクティブなのか？

　アメリカのプラグマティストであるジョン・デューイ（John Dewey）によれば，すべての知識は人間の探求行動の産物である。彼の考えでは，この探求が必要となるのは，生活上の困難に対して実践的解決案を探さねばならないからである。デューイは，**プラグマティズム**（pragmatism）を，何をいかに知るかという信念，つまり存在論と認識論を基盤としたものであり，知識の探求や創造の動機づけは，われわれの実践的性質[1]から生まれるものとした。組織化，理論化，哲学化を含むわれわれの行為すべては，それらが何らかの点で有用だから行うのである。それゆえ，あるアイディアで有効性が証明されたものが，考慮すべき知識は何であり，何が真理であるかを確証するプラグマティズムの主要な基準となった。この中心的でプラグマティック（実用主義的）なアイディアのもつ重要なインプリケーションは，真理と知識は常に暫定的なものであり，それらは経験とともに変容するが，それ自身は継続的で，複合的で，多義的である。

　プラグマティズムの創始者チャールズ・サンダース・ピアス（Charles Sanders Peirce）とウィリアム・ジェイムズ（William James）は，モダン哲学[2]を拒否して，その見解を発展させた。彼らは，特に科学的進歩のアイディア，絶対的真理の探究，そして思想の二重性へのモダニストの依存を拒否した。例えば，デューイがかつて「知の傍観者論」として述べた多くのモダン哲学者固有の考え方に，彼らは反対した。知ることすべては行動から生まれる，というプラグマティズムの信念は，知る人が受け身的な観察者というより，自ら知識の生産に関わるということが必須だとするものである[3]。

　デューイは，自身の理論が教示することを教育のプラグマティズムに応用した[4]。彼は，学習が生活経験の産物だとすれば，教育は何かを行うコンテクスト（文脈）において学生に学習機会を与えるべきものだ，と考えた。教師は，学生に実践的な状況において学習すること，またどんな言葉を発するかの手助けをすることによって学習を促進すべきである。デューイによれば，知の傍観者論によるインプリケーションを否定するために，教育者は想像力を育成し，

自己の内部と外部にある知る方法が不可分であることを尊重する必要がある。つまり，客観的な事物は，常にどこでも主観的な意味と織り合わされていると見なされねばならない[5]。経験される対象と経験する主体が実際上一体化しているというのは，この意味においてである。またプラグマティズムのパースペクティブに立てば，心／体，安定／変化，構造／主体といったモダニズムの二項対立も同じように一体化する。この信念において，プラグマティズムはほぼ1世紀を費やしてポストモダニズムの到来を予測したのである。

モダニストの組織論者はこれまで主に，組織論における理論／実践の二重性の実践側面を強く主張するためにプラグマティズムを用いた。多くのモダニストは，主体客体の合一を難解なポストモダンのアイディアと感じていたが，プラグマティズムの中に，モダニズムの支配的状況を脅かそうとするカオス的脅威に対抗する必要な修正手段があると考える研究者がいる。他方，既に述べたように，多くのポストモダニストはプラグマティズムを，モダニズムの目的と野心をより支援するものだと見ている。プラグマティズムは，相互に受け入れられることによって，組織論を古く退屈な議論から，新たなそして少なくとも異なる領域へと導く可能性があるとした。

プラグマティズムの可能性について考える1つの方法は，われわれの取り上げた3つのパースペクティブが，クルト・レヴィンのプラグマティズム的格言で問われたときに，どう反応するのかを比較してみることかもしれない。「よい理論ほど実践的なものがないなら，正確には，何が理論を実践的にするのか？」これに対してモダン・パースペクティブの主張者には，明白な答えがある。すなわち，実践性があるのは，いかに組織を構造化するか，いかに環境や技術の変化に応じるか，あるいは経営陣によって設定される戦略の方向性を支援する文化をいかに創造するのか，といった実践的な課題に対する有効な解決策を指摘する理論的説明力においてである。だが，シンボリック・パースペクティブあるいはポストモダン・パースペクティブによって，理論的理解やクリティカル（批判的）な認識において実践性が求められる場合，有効な理論が何であるかは不透明である。実践的と見なせる何をこれらのパースペクティブが提供するのだろうか？

われわれが直面する問題は，理解と認識が実践的価値を有さないということでなく，その有用性が，存在論的に，あるいは認識論的にその説明とは異なる点である。それがうまくいく理由について知れば，成果をコントロールできる。しかし，成果をコントロールするためにその現象の理解を利用しようとするのではなく，理解することによって理解の対象となる事物，人，プロセスに対する洞察と深い感情が芽生えるのである。同様に，認識は成果のコントロールあるいは洞察さえ対象としておらず，デューイがそうしたように，芸術，意図，創造を通じて可能性を開くことに仕向けられるのである[6]。実践に対するこうした異なるアプローチは期待を調整し，行為を理論と実践に合わせることを要求する。理解と認識は，説明と同じようには行われない。理論の実践的価値が知的に実現されない理由は，それが何もないことを意味しているのではない，という点を思い出してほしい。実践的価値は，感覚，聴覚，視覚によって容易に実現され，実際に行為すること（すなわち，行動することによる暗黙的に学習する）によって，また感情移入，想像，芸術的才能，直感によっても容易に実現されるのである。

　プラグマティズムをより組織論になじませるために，組織論が組織化の実践，すなわち組織デザインと組織変革に応用されてきた2つの方法を振り返ってみよう。将来を展望するために，次にこの考え方を，組織論の分野で，特に実践論とプロセス論で新しい発展を起こせるような方法で再構築しようと思う。

▌組織をどのようにデザインするのか？

　今日，組織環境の変化と技術のグローバル化，その他の変化で求められるのは，組織化をいかになすか，という昔からの問題に対する新しい解決策である。コンティンジェンシー理論には，多くの妥当的な解決策があるものの，どのような組織デザインが，ある状況で最も優れた業績を上げるかについて結論を出そうとする型どおりの試みは満足いくものとはいえない。この欠点を解消するために，モダニストが採用するいくつかの技能（technicalities）を考慮に入れても，現象の複雑性から可能なコンティンジェンシー要因をすべて明らかにし

て測定することは困難であり，数学的モデルで明確な解決策をまとめることはできない。にもかかわらず，理論と実践の融合から，実務家にとって主要な選択肢となるような一定の包括的な組織デザインが生まれる。

　組織デザイン（organizational design）論は，組織の業績を高めるために組織の構造とプロセスを意図的に選択して実行する問題に取り組もうとする点で，規範的な性質を持つ。モダニストは伝統的に，組織デザインを主導し規範的な影響力を持っていたが，他方シンボリック・パースペクティブにも大きな貢献が認められる。つまり，シンボリック・パースペクティブによって，組織の設計者は，文化に根ざした意味がすべての社会秩序を文脈化していることや，異なる組織デザインを示す組織図のような表出物がシンボルとしての意味を持つことに敏感になるように求められたのである。組織デザインが日々の経験に及ぼす影響の研究は，組織デザインに従う人びとの利害に焦点を当てるポストモダニストの奮闘を助けてきたが，人びとへの支配を確立し，排除と辺境化につながるあらゆるプロセスもまたポストモダニストの関心対象である。ポストモダニストは，職場の民主化といった構造化の実践に対する倫理的に望ましい代替案を推奨するため，あるいは個人の自由に対する組織の制約をものともしない逃げ道となる抵抗と口実を求める観点から組織デザインを批判する。

　モダニストのパースペクティブからすれば，よい組織デザインは，分化と統合という社会的構造の要因あるいは次元のバランスをとることによって組織の業績を最適化するものである。モダニストは，しばしば効率性と有効性といった基準を用いて，競合するデザイン案を評価する。例えば，組織デザインは，組織の戦略を充足する分化した活動に従業員の関心を向け，従業員間の統合を容易に促進してその活動を支援し調整するなら，その組織デザインは有効である，と考えられる。また，それは，組織目標を達成するために必要な時間，労力，資源を最小化するならば効率的だと考えられるのである。

　組織デザインを注意深く分析することによって，効率性と有効性がどの場合に達成されないかが明らかになるため，組織デザインの変化はこの問題に取り組む場合生じる。しかし留意すべき点は，すべての社会的構造には，複雑で高度に分化した組織を十二分に統合することが実践的に不可能であるために生ま

れるギャップがあることである。このギャップから生じるコンフリクトは，悪いものと解釈する必要はない。コンフリクトは不全さをもたらすにもかかわらず，不全な社会的構造が作動できるように機能することがある。

　組織論者と経営者は同様に，組織図（organization charts）を組織デザインの印象がすぐに浮かぶように利用する。組織図は組織内に配分される役割と責任の構造を示すための用具であり，組織構造を再デザインするのにも有用である。組織図は権限の階層や分業の一般的な考え方を明確に表現するが，調整メカニズムや非公式な関係（ドット線で表すこともあるが）について，あるいは公式的な階層を越えて派生するパワー（権力）の分布についてあまり情報を提供しない。

一般的な組織デザイン

　組織論者と経営者が組織構造をデザインする際のテンプレートとして用いる一般的な組織デザインがいくつかある。モダニストが長年にわたって精力的に研究してきたのは，社会的構造の理論的諸概念，技術，環境，コンフリクト，コントロール，分化に関連する組織デザインを特徴づける研究であり，そして，実務家が測定したがる業績にその特徴を関連づける研究である。これらの研究から発見された主要な点をそれぞれのデザインの説明とともに示し，また必要な場合には，一般的または実際の組織図を示すことにしよう。

単純な組織

　極端に小規模ないし高度に有機的な組織は，しばしば，あったとしてもごくわずかな公式の社会的構造あるいは規則しか持っていないように見える。すなわち，典型的な組織デザインは最も単純なものとして記述される。分化が限定的で十分に柔軟な社会的関係によって特徴づけられる単純なデザインは，階層性をほとんど示さない。単純な組織においては，各人が多かれ少なかれ，個々の仕事をこなすため，権限委譲と専門化の機会がほとんどない。

　単純な組織デザインにおいて，経営者の命令ないし合意によって決定されるタスクの割り当ては，常に直接的で非公式な調整と監督によって行われる。こ

れは相談と指示が常にできる権限を持つ人の活動の一部となっている。単純な組織デザインは，新しく形成された組織（例：企業家的ベンチャー）あるいは永続的に小さな組織（例：伝統的なかかりつけ歯科医院）の特徴である。それらはまた，プロトタイプの実験グループ，製品デザインのチームやプロジェクト・チーム内で見られるし，クロス・ファンクショナルな管理者グループや大組織における数多くの下位単位でも見られるが，後述の組織デザインによって生み出される構造の部分的な脱分化から生まれる。

職能別組織

複雑すぎて単純なデザインでは管理できないほどに成長する組織は，通常，増大する分化の要求に応じるため職能別デザインを採用する。職能別デザインは，仕事の職能（人びとが行う仕事の性質）における類似性のロジックに従い活動をグループ化するためにそう呼ばれる。しかし，職能の類似性はまた高度なタスクの相互依存性と共通目標を含意する。例えば，典型的な製造組織の職能には，生産，販売，購入，人事（あるいは人的資源管理），会計，そしてエンジニアリングに責任を持つ単位にグループ化された職務が含まれ，またファイナンス，マーケティング，研究開発，PR，コミュニケーション，ファシリティ・マネジメントが含まれることがある（図9.1）。こうした職能のそれぞれにおいて，人びとは，同種の関連した，あるいは独立した業務を行い，特定の目標を達成しようと努力する。ホノルル市・郡の組織図において見ることができるように，多くの行政組織で共通に利用される職能別デザインが見いだされるだろう（図9.2）[7]。

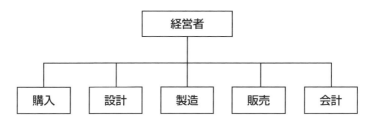

図9.1 職能別組織

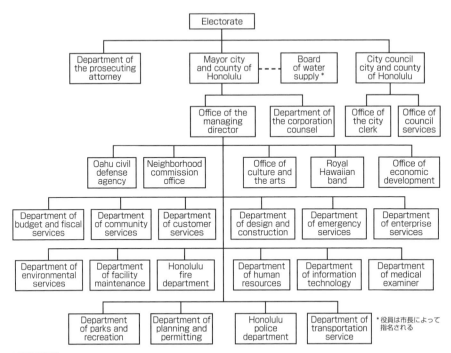

図 9.2 ホノルル市・郡の組織図

　職能別デザインは，専門化の成果として「規模の経済」を最大化するため，活動の重複を制限するという意味で効率的である。職能別にデザインされた組織のロジックは，自部門が行うタスクと他部門が行うタスク（例えば，マーケティングの仕事は会計や製造の仕事とは容易に分化される）の結合を容認できる従業員にはきわめて明瞭である。業務の職能別分化の欠点は，従業員が組織全体よりその職務にロイヤリティーを多く持つようになってしまうこと，つまり職能別のタテ割り問題である。

　職能別デザインによって，経営者は組織内のメンバーが何をするかに関して全体図を描ける地位にある唯一の存在という意味で，厳格なコントロールができる。とはいえ，このコントロールには大きな欠点がある。つまり，唯一の権

力者として,とりわけ組織が成長し始めたときに,経営者には意思決定の責任が過度に付与される点である。組織内には同じように広範囲な展望や責任を持つ人が誰もおらず,もし経営トップを急に失った場合,組織内の他のマネジャーが取って代わることは容易にできない。

事業部制(M型)組織

　組織の発展的な観点でいえば,職能別デザインを超えて成長する組織は,しばしば,負荷の高い意思決定者の負担を軽減する手段として多事業部(multi-divisionalを短縮してM型)形態になる。M型組織は本質的に,それぞれ職能別構造を持った部門の集合体であり,各部門が本社スタッフと指揮報告の関係にある(図9.3)。各職能別に構造化された単位の部門管理者は,日々の組織内部の業務(例:生産計画,販売,マーケティング)を管理する責務がある一方,本社スタッフは,財務コントロールと長期的戦略の展開に責任があると想定される。

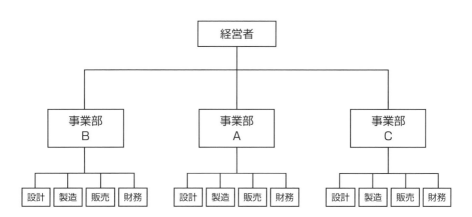

図9.3 事業部制組織

M型組織は，人，職位，業務単位を次の3つの方法のどれかでグループ分けする。すなわち，製品ないし生産プロセスの同一性，顧客タイプ，地理的活動領域である。例えば，NASAのグレン研究センターは，4人の幹部（航空学，研究と科学技術，宇宙，エンジニアリングと技術サービス，）を擁し，それぞれが生産部門に配置されている[8]。ブリティッシュ・テレコム（BT）社は顧客別事業部制であって，BTグローバル・サービス事業部（世界中で事業サービスとソリューションを提供），BTリテール事業部（家庭用とビジネス向けの通信サービス提供），BTホールセール事業部（遠距離通信ネットワークの提供，他の通信キャリアに対するネットワーク網と着信装置の販売），BTイグザクト事業部（ネットワークの設計，遠距離通信のエンジニアリング，ITシステム，BTの事業に対するその他のサービス提供），BTオープンワールド事業部（国際的なマス・マーケット向けインターネット・サービスの提供）で構成されている。そしていずれの部門も持ち株会社のBTグループ公開有限会社によって管理されている[9]。アメリカの地勢調査局（アメリカ内務省の1部門）は，3地域，すなわち西部，中部，東部をベースに地理的に事業部化している[10]。

　これらがプロフィットセンターとして扱われると，事業部制（M型）組織は，職能別組織では不可能なある種のアカウンタビリティ（説明責任）が可能になる。つまり，（事業部同士の）競争相手と比較して市場での業績評価ができるのである。職能別組織では，グループ間の相互依存の高さゆえにこの種のアカウンタビリティは不可能である。しかしながら，M型組織内でも職能別のアカウンタビリティ問題が残ることを容認すべきである。にもかかわらず，M型組織は通常，顧客ニーズへの対応度を高めることが可能である。なぜなら，組織を専門化することによって，各部門が当面の事業にますます特化できるからである。

　企業は，特定の産業内で製品を分化するのではなく，異なる産業にまたがって事業を営むことがある。そうした組織は，コングロマリットや持ち株会社として知られている。コングロマリットは通常，他組織との対等合併や吸収合併によって形成される。もっとも，合併が必ずしもコングロマリットになるとは限らない。コングロマリットが形成されるのは，一般的に財務的理由からであっ

て，垂直的統合と水平的統合によって生み出されるような，また対等合併や吸収合併によって実現できるような技術的経済性や市場優位性に関心を持つからではなく，投資機会を求めるからである。コングロマリット組織のコア活動は，異なる環境において用いられる別々の技術から構成されることがしばしばあるため，すべての情報は，経営陣が比較して予算決定を行えるような共通の基準単位に還元しなければならない。共通の基準単位は収益性であるので，利益に対する関心がこのような組織内での推進力になる。

　他のM型組織と同じように，コングロマリットにおける企業戦略の焦点は各部門への資源配分の管理にある。これらは，資本投入と予算手続き，また部門の創設，獲得，売却によって行われる。事業戦略と業務上の意思決定は，事業部長に託される。コングロマリットとM型組織の主要な相違は，コングロマリットの経営陣が，組織を特定のマーケットや環境に財やサービスを提供するという観点より，ほとんど財務的な観点から見る点にある。こうした考え方は，組織の他レベルのところに浸透する。その1例が，予算決定に多大の関心を寄せることによって，また，それゆえ中間層の管理者がときには事業の他の部分を犠牲にしてでも，予算決定の資料となる財務報告に大きな関心を払うようになる場合である[11]。（図8.1が示しているのは，環境から資源が組織の全レベルに流れる一方，予算化された資源が反対の方向に流れていかに成果となるかを報告するある種のコントロール・システムの1例である）。

　コングロマリットの部門内の，必ずしもすべてでないがその大半の成果は，収益性をいかに計算するかの決定と，その計算をめぐる議論に依存する。例えば，各部門が互いに製品を販売すると，移転価格についてコンフリクトが生じる。ある部門の利益は他部門の費用だからである。M型組織の皮肉なところは，利益を強調しつつも，職能別組織に比べて収益性が劣ることであり，その理由の1つが，政治的争いに資源を費やすためである[12]。さらに皮肉なのは，コングロマリット内で発展した財務によるマネジメントモデルが，他のデザインを用いる多くの組織にとっても制度的な特徴となったところである。M型組織はその他の組織デザインに比べて収益性が劣るという根拠があるにもかかわらず，この種の組織構造を支持する制度的圧力が，多くの経営者にM型組織を優

先するきっかけを与えている。一般的にいえば，組織が大きくなればなるほど，経営陣が求める報酬は膨らむ。以上述べたことと合わせて，これがM型組織の収益性を低くすることにもなるのである。

　M型組織が職能別組織ほど収益的でないというもう1つの理由は，販売，会計，生産および購入という職能部門が1つだけでなく，各事業部門がそれぞれを重複して抱える点である。こうした各部門の重複が増せば増すほど，M型組織は運営コストが増すことになる。この重複を削減できるのはいくつかの職能を集中化する場合のみである（例：販売要員，サプライチェーン）が，その調整コストは高くつき，市場適応の優位性は，組織が集権化した職能別デザインに戻るほど失われる。多くの事業部門からなる組織構造を統合するコストもまた嵩む。トップ経営陣はしばしば地理的に分化した部門を調整する必要がある。複雑性が増せば管理上の浪費，旅費，コミュニケーションの必要性といった点でコストがかかるのである。

　このようにいくつかの欠点があるにもかかわらず，M型組織には推奨すべき利点もある。その第1は規模である。事業部制組織は職能別組織より持続的に大きくなる。規模によって組織が競争優位を得られるのは，小規模組織よりも，巨大組織は環境に影響を及ぼし，組織間ネットワークにおいて中心的地位を占めるという側面があるからである。組織が大きくなれば，最高の経営者を迎えることができる。なぜなら，彼らは大きな組織が意のままにするパワーと影響力に魅力を感じるからである。まして，組織が提示する報酬はいうまでもない。第2は，巨大組織のコントロール下にある資源によって，M型組織は国内外で競争的活動を拡大する機会を広く得られる点である。M型組織はまた，職能別組織より将来の経営者候補によりよい訓練の機会を提供する。すなわち，事業部長は大雑把にいって職能別組織の社長と同じパースペクティブと責任を持って業務を行うし，本社のスタッフは職能別組織では得ることが不可能な広範囲な経験を積むのである。

マトリックス組織

　マトリックス組織は，職能別組織の効率性とM型組織が持つ柔軟性と責任性

を結びつける意図で開発されたものである（図9.4）。マトリックス組織には2つの構造があると考えられる。それぞれの構造は，別々の管理者（マネジャー）グループが責任を持っている。マトリックスの職能側の管理者の職責は，専門家を各プロジェクトに配置し，彼らの技能の維持と獲得を助け，その働きぶりを職能的専門性の基準からモニタリングすることにある。

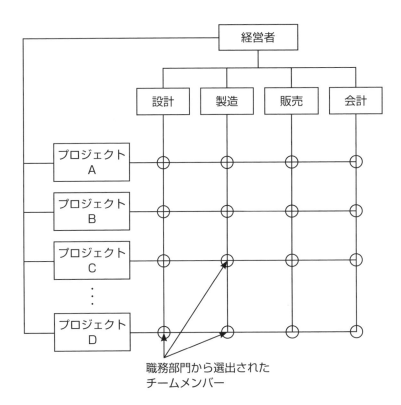

図9.4 マトリックス組織

一方，マトリックス組織のプロジェクト側の管理者の職責は，特定のプロジェクトの管理・監督である。つまり，プロジェクトを計画し，資源を配分し，仕事の調整を行い，課題の進み具合をモニタリングし，プロジェクトの要求と期限を満たせるようにする。プロジェクト管理者の目標はプロジェクトを時間通り，予算内で完遂することにある。

　マトリックスのデザインを利用する際に最も困難なのは，マトリックス組織内で働く従業員に対する権限の二重性に内在するコンフリクトを管理することである。職能側の管理者は，マトリックス組織内の従業員がその専門性の要件を満たすことを期待する。一方，プロジェクト側の管理者は，プロジェクト・チームの要求に合わせ，顧客の期待を充足ないし超えることを期待する。それゆえ，マトリックス組織内の従業員は，しばしば矛盾する期待に苦しむことになる。一方では，高い専門性で複雑なタスクを行うことを求められ，同時にコストを最小にしつつ厳しいスケジュールに合わせるという重圧に直面する。従業員が1つ以上のプロジェクトに従事する場合，彼らは複数のプロジェクト・リーダーによる対立する要求にさらに直面することになる。だが職能別の基準とプロジェクトの要求の双方に同時に注意を払うマトリックス構造の主たる利点をもたらしているのが，このコンフリクトであるということを容認すべきである。

　また，職能側のリーダーである管理者とプロジェクトのボスである管理者の職務間にもコンフリクト（対立）がもたらされる。例えば，マトリックス組織のこのレベルで，プロジェクトへの部下の配置をめぐってコンフリクトがしばしば生じるのである。明らかに他と比べて好まれる人やタスクの割り当てが存在するし，プロジェクト・チームの編成プロセスにおいて政治的策略が見え隠れすることもある。マトリックスの組織についてもう1つの取り組むべき課題は，マトリックス構造全体に責任のある人は，職能制の利点とプロジェクト制の利点のバランス，つまりマトリックスで構成する1つの側面が他の側面を支配しないようバランスをとる必要である。そのバランスを欠くと，マトリックス組織の形態を利用する利点，つまりM型組織の柔軟性あるいは職能別組織の効率性という利点の大半を失うことになる。

マトリックス組織のもつコンフリクトと重圧に対応する際につきものの多大な困難にもかかわらず，この組織デザインには，そうした欠点を相殺するにたる優位点がある。第1は，新しいプロジェクトに取りかかるための高度な柔軟性である。職能別組織デザインにおいても，M型組織デザインにおいても，新しい活動を始める際には，一般的に，大きな構造調整が必要である（例：すべての職能に対して職責を付け加えたり，新しい事業部を設けたりする）が，新しいプロジェクトを始めるのは，マトリックス組織においては容易な点である。プロジェクト管理者を指名し，チームを編成するだけでよい。それゆえ，マトリックス組織は，顧客サービスを提供し環境における機会に応じるためのM型組織の柔軟性も保持する。

　マトリックス組織のもう1つの利点は，高給取りの専門家の価値を最大化するマトリックス組織ならではの能力にある。これは，有能な専門家を組織内に抱えておきながら，さまざまなプロジェクトに起用することができるためである。このようなプロジェクトの中には，相互に関連のないものもあり，M型組織の中では構造的に相互に関連のないままになりがちである。個々の専門家は，この相互に関連がないことによる断片化した仕事をしなければならないかもしれない（例：2つかそれ以上の相互に関連のないプロジェクトで仕事をし，さらに，専門家のプロジェクト間で競合する責任にほとんど関心を払わないようなプロジェクト管理者の場合）。しかし，組織全体の視点に立てば，プロジェクト間で専門的な能力を分け合えれば，M型組織と職能別デザインを比べた場合に，後者が持つと考えられる効率性を生み出す。これは，M型組織は，専門家を事業部ごとに雇わなければならず，その能力は潜在的に重複するが，マトリックス組織は，彼らの能力すべてをより容易に利用することができるためである。

ハイブリッド型デザイン

　これまで検討してきた組織デザインは，純粋な組織形態であったが，実際の組織は必ずしもこれらと一致しない。ハイブリッド型デザインは1つのデザイン型であるとともに，また別のデザイン型でもある。例えば，研究開発部門が

マトリックス型を利用しても，他の部門は職能別に組織化される場合が挙げられる。ハイブリッド型が生じるのは，組織デザインの担当者が2つないしそれ以上の異なる形態が持つ各利点を融合するからであり，また組織が変化していて，新しい構造を実現する中途にあるだけ，という場合もある。今日，ほとんどの大規模組織で見られるのは，スタッフ型，マトリックス型，事業部制型を結合するハイブリッド型である。ハイブリッド組織は，組織のある部署から別の部署へと異動すると，関係の基盤が変わるという点で混乱するものである。他方，ハイブリッド組織によって組織は，さまざまな部門の多様なニーズと好ましい仕事方法に最も適したデザインの採用を柔軟にできるのである。

戦略的提携とジョイント・ベンチャー

　戦略的提携は，新製品の開発や技術移転といった新しい機会に対して協力を得るさまざまな組織間で生み出される比較的長期の契約関係を表している。戦略的提携が可能になるのは，同一産業ないし異なる産業における対組織，あるいは国家における対政府組織や政府組織間においてであり，また競合相手同志においてである。それらはジョイント・ベンチャー（合弁）や契約の形態（例：ライセンス供与，供給元と流通業者の契約）をとることができるし，製品・サービスをデザインし，生産し，流通するために2つ以上の組織が協働することを含んでいる。ジョイント・ベンチャー形態においては，提携企業とは独立した組織が提携関係を管理するために作られるが，その場合，契約上の連携においてであって，少なくとも形式上は，新しい組織ではない。戦略的提携とジョイント・ベンチャー双方の型で事業を行う企業は，親会社の強みを活かし，不確実性を削減し，学習し，コストを最少にし，リスクを共有し，新市場に低コストで参入するのを促すパートナー企業の手助けをするのである。

　日産とルノーのケース（事例）は，本社が日本とフランスにある2つのグローバルな自動車メーカー間でうまく提携できることを例証している。両組織は，若干ながらマーケットで競合するが，生産設備と自動車のデザインを共有し，ときには経営者も共有する法的に独立した企業である。カルロス・ゴーンは，日産の大転換期にCEO職につくためルノーから派遣されたが，現在ルノーと

日産両社のトップ経営者である。

　エアバス社はジョイント・ベンチャーの1例である。このフランス，ドイツ，スペイン，イギリス各国の企業からなるヨーロッパ・コンソーシアムは，ヨーロッパ企業が開発コストを分担し，より巨大なアメリカの航空機メーカー（ボーイング社）と競争するために1970年代に設立された。そして2001年にエアバス社はEADS社（ヨーロッパの大手航空・宇宙企業で2014年「エアバス・グループ」に社名変更）とBAEシステム社（航空宇宙関連企業）の共同出資を受け入れて単一企業になった。エアバス社は，フランスのトルースを基盤に，10人で構成される経営会議によって経営され，これまでにグローバルな航空機マーケットで約50%のシェアをとるにいたっている[13]。

多国籍企業（MNC）とグローバルなマトリックス組織

　今日の増大する国際競争において多くの組織は，戦略的にグローバルな競争機会で優位性を得るために自らの位置づけをする。多国籍でグローバルな規模で事業を行うために国内志向を乗り越えようとする組織は，構造適応をする必要性に直面する。これは，新たな志向によって組織は新規の活動に取り組むことを求められ，既存構造に分化の圧力がかかるからである。

　例えば，製品やサービスを海外で売り込みたい組織，あるいは国内市場用に製品を生産するため低コスト労働の優位性を得たい組織は，輸出入業務に取り組む新しい部門を設置するのが一般的である。多くの場合，組織が進出を考える市場で専門性を持つ組織と下請け契約を結ぶ。この段階で組織は実際には多国籍でない。なぜなら，国内志向のビジネスのロジックにとどまっているからである。新しい構造を追加することで，分化のプロセスが始まるのである。

　組織は，国外市場での経験を蓄積するにつれて，さらなる機会を知るようになるが，少なくとも，いくつかの海外拠点でその機会に取り組む経験を積むことになる。この時点で，当初下請け契約だった活動の多くは自組織内に持ち込まれ，国際部門が形成される。この段階で採用されるM型構造によって組織は，本質的に，複数の国内市場志向が維持できるようになることに注目してほしい。すなわち，コングロマリットが同時にいくつかの産業で事業を行うのと同じよ

うに，いくつかの国内市場で，同時に事業を行う企業として活動するのである。

　企業活動が，もはや国内単位あるいは国際単位に分離できないならば，また国際部門が多国籍な製品別ないし地域別M型構造に取って代わられ，すべての活動単位が国際活動の調整に携わるならば，多国籍企業（MNC）が登場する。特に多国籍企業への転換が生じるのは，海外の売り上げが企業収入の大半を占めるようになるときであり，多様な国から構成される供給業者，製造業者，流通業者が真に多国籍な規模で独立した組織間ネットワークを形成するからである。M型のコングロマリットと同じく，組織は国内の成長を通じて，あるいはジョイント・ベンチャー，対等／吸収合併を通じて多国籍な構造を完成できるのである。

　多国籍な製品別事業部や地域別事業部は，国内中心のM型組織と同じ弱点に直面する。それゆえ，より効率的かつ柔軟になりたいという欲求から，図9.5で描かれたようなグローバルなマトリックス構造がもたらされる。グローバルなマトリックス構造においては，地域単位の管理者（マネジャー）と，製品別・製品グループ別管理者（マネジャー）が存在する。それは，世界のある特定地域でのニーズに応えるという点での企業の有効性についての関心と，地域市場をまたがる生産活動において企業の知識と効率性を高めたいという関心の２つによって，現地の組織単位が組織化されるためである。現地の各単位は，自立して操業する企業であり，多国籍企業を構成する単位の配置は本章で描かれた他のデザインのハイブリッド型でもある。

　明らかに，多国籍企業とグローバルなマトリックス構造の主要な弱点は，度をすぎた複雑性である。大半の目的地との間で電子的コミュニケーションと高速輸送を行っても，多国籍企業が生み出す調整問題は，モダニストの組織デザインで処理できる限界に達している。組織図で表せる二次元／三次元を超えた問題に注意を払う必要が生じ，複雑性が増大したため，ポストモダニストが述べる断片化と不統一が，ますますはっきりとしてきている。

　全社を統一する企業戦略という大きな物語（grand narratives）を持たずに事業を行う緩く結びついた利害関係のネットワーク，という断片化した組織についてのイメージは，モダニストの組織論によって提供される計画化とコント

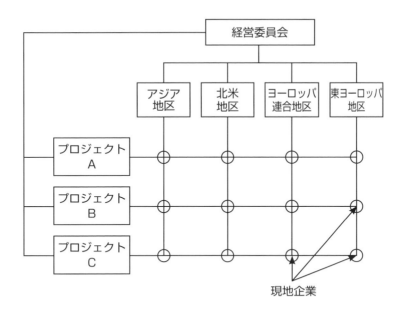

図 9.5 グローバル・マトリックス

ロールの牧歌的なイメージを圧倒する。シンボリズムの重要性もまた否定するのが難しい。それは，シンボルがネットワークのパートナー間で社会的関係や文化的関係の網の目を形成する唯一の手段だからである。例えば，ベネトン社の議論を呼んだ「ベネトンのユナイテッド・カラー」という国際的な広告キャンペーンを考えてみてほしい。その挑発的なイメージは人びとに，人間の不正義に責任があることや，異民族同士の結婚や同性同士の結婚を受け入れることについて考えるように問いかけるものだった[14]。こうしたシンボルの意味と解釈は，世界的に見てコントロール可能とはいえないが，それらは，ネットワークのパートナー間の関係が一点にまとまるネットワーク・アイデンティティの焦点になり得る。

ネットワークとバーチャル組織

人間の接触点から構成される非階層的な関係性は，ノード（結節点）と呼ば

れるが，ネットワーク構造を形成する。組織として見ればネットワークは，本社を子会社と，単位を他の単位と，またステークホルダーや従業員と結んでいる。ネットワークは，組織間のネットワークを表す図3.3のように，結びつけられたノードを表す地図によって描かれる。

バーチャル（仮想）組織はネットワークであり，その結びつきは対面的な相互作用と対照的に，主として，あるいはもっぱら電子メディアを介して生じるネットワークである。例えば，e ベイで創出されるマーケットで，買い手と売り手はインターネットを介して接触するだけで取引交渉をする。ウィキペディアは，オンライン百科事典であり，また別のバーチャル組織である。これは，すべてオンライン上でお互いの書き込みを編集するユーザーでもあるボランティアから構成されているもので，新規に書き込みする者も仲間として取り込まれる[15]。もちろん，いくつかのバーチャル・ネットワークは，出会い系サイトのように，人びとが非バーチャルに出会う手段を創出するために存在する。そのため，バーチャル組織と伝統的ネットワークを結びつけるハイブリッド型のネットワークを見いだすことができる。

組織のネットワークは，組織が急激な技術変化に直面し，製品のライフサイクルが短くなると，そして市場が分散化し専門化すると形成される可能性が高い。複数のネットワークにおいて，必要な資産が配分されるのは，製品やサービスを生み出す特定のネットワーク内の一組織でなく，むしろ生産者や供給者であるネットワーク全体のパートナー間である。すべてとはいえないが，大半の垂直的コミュニケーションとコントロールの関係は，こうしたネットワークにおいて，組織間の水平関係とパートナーシップに取って代わられる。

ベネトン社はネットワーク組織の1例である。その構成は，数百に及ぶ小規模な衣類メーカー（製造業者）と数千のフランチャイズ化された販売拠点から成り立っているが，そのいずれもが，ある共通の情報システムとコントロール・システムを有する主要な流通チャネルの周辺に配置されている。ベネトン社のネットワーク内のある製造業者は，ベネトンの本来の業務からスピンオフしたものである。一方，ネットワークに他の製造業者が参加したのは，小規模でもし参加しなければベネトン社が参加している国際的ファッション市場から外さ

れてしまうからである。流通チャネル（これもネットワークの一部である）の管理に加えてベネトン社は，供給業者に対しても技術面で製造の専門家と必要な設備の大半を，そしてときには資本を提供し，ネットワークのマーケティング業務を統括している。

　ネットワーク構造の中でパートナー等は，自由な市場システムと似て供給業者と顧客の関係によって結びつけられる。つまり，商品は，オープンな市場で見られるようにネットワークのパートナー間で売買される。このように，供給パートナーには競争圧力がかかり，価格を低下させる圧力が生じる。また，活動を調整するマーケット・メカニズムの利用を通じて，伝統的組織に見られる垂直的階層の必要性の大半がなくなり，管理上の間接費が削減される。ネットワーク組織のこうした特徴から，ネットワーク全体のコストが低減し，効率性と収益性は増大し，その結果，ネットワークの競争力が維持される。ドイツのTV産業は，一時的なプロジェクト・ベースの組織に関するネットワーク事例である[16]。放送局がテレビ番組を注文すると，プロデューサーは独立の放送作家，ディレクター，カメラマン，俳優，そして他のメディア専門職を呼び集め，プロジェクトの仕事につけさせる。もちろんその協働作業は，プログラムの終了時に終わる。

　ネットワークに関連していくつかの優位点がある。すなわち，ネットワークによって情報共有が促され，意思決定が自由になり，イノベーションが喚起される点である。さらに，ネットワークを通じて素早い情報交換ができる点である。なぜなら，多面的な情報を同時処理できるからである。情報交換が早ければ，ネットワーク参加者は，ネットワークに入ってない競合相手が事業機会の存在を知る以前にそれを活用できる。意思決定が相対的に自立していると実験と学習することが可能になり，新しい学習はネットワークを通じて急速に拡散する。情報の拡散をさらに進めることによって，また多様なロジックを結びつけて新しい情報の組み合わせをすることによって，ネットワークはイノベーションのための条件を規定する。

　他方，ネットワーク・パートナーの間の単純な経済的関係では，重大な情報ないし資源のコントロールによる収奪を可能にすることがある。つまり，より

広範囲なシステムの中で，依存の優位性を創出し活用できる主要な供給業者がこの好例である（例：かりに売り惜しみで高値を提示しても，その製品に対する需要がネットワークのどこかから生まれてくるような状況）。このような状況では，ネットワークのある部分が，そのどこかを人質にとって高い利益を得ようとする。ここに，経済関係をこえて発展したネットワークの利点がある。一例として，友情，評判，イデオロギーの共有に基づく関係は，信頼と協働を生み出すような強力な能力があるという点でより有効なのである。

ネットワークが享受する利点の多くは，自発的にイノベーションを起こすため，相互の問題を解決するため，そして活動を調整するために働くメンバーに依存する。この場合，組織のチームワークは並以上のレベルが要求される。ネットワークは，より深い関係性を持つ基盤となる情報交換の網の目と相互義務を生み出すが，この関係性は自動的なものでない。すなわち，管理しなければならない。ネットワークのパートナーは，自己利益を追求することでネットワークの有効性を蝕むかもしれない。そして，ネットワーク内のミドル・マネジャーと技術的な専門家は，協働について必ずしも情熱的でないかもしれない。たぶん，ネットワークの関係性を管理する最大の挑戦は，組織アイデンティティと地理的／文化的多様性に直面しての目的感，さらに緩く結びついた利害と活動を開発して維持することである。

組織化の新しい形態

賢者の中には，組織がすぐに，以前の企業活動の一部だけを残してそのほとんどの活動を外部委託（アウトソース）するだろうと予測する人がいる。西側世界の産業組織における製造活動の多くは既に外部委託されているが，その経営陣は残って，臨時雇い労働者に社内で残る仕事をさせるコンサルタントを監督する管理者（マネジャー）を統括する。コンサルタントたちは，グローバルにサービスを提供する組織として順次働くが，この組織は，適切なイントラネットサーバーを介して仕事をする科学者，技術者，その他知識労働者の多元的に重なり合うネットワークに支えられる。もちろん，どこでもアウトソースされた活動は，伝統的な方法（例えば，単純組織，職能別組織，M型事業部制組織）

でデザインされた組織によって行われるが，新しいデザインを採用するところもある。

ビジネスモデルは，クラウドソーシング，ハッキング，その他の創発的プロセスによって，プラットフォームへと形態変化するという主張がある。このプラットフォームは，前産業時代の職人がそうであったように，プロジェクトごとに契約し報酬を得るフリーランサーによって行われる仕事を組織化する。フリーランサーは，プロジェクトを見つけ，仕事を引き受け，報酬を受け取るが，これらすべてをインターネットに接続された電子機器をモニターするコンピュータで行うことができる。インターネットにつながるネットワークは，週7日24時間，地球上どこからでも機能するが，地球にとどまらない日が来るかもしれない。こうした変化が支持されるにつれ，伝統的なオールド・エコノミー（製造企業を中心とした経済）型の組織は後退するか，変化とともに消えてしまうと信じる人もいる。

いくつかの組織が消えたとしても，他の組織が登場してくる。例えば，新種の組合は，フリーランサーのグループに健康保険や他の福利について団体割引を提供し，ニュー・エコノミー（IT企業を中心とした経済）において典型的な，孤立，疎外，分散という労働条件によって創出される社会的欲求を満たすように擬似的な職場集団を組織化する。同時に，グルーバルビジネスの制度的環境内のさまざまな行為主体は，巨大企業をコントロールする必要性を認め，主としてNGOを形成することによって，あるいは地球を救うため，貧困を撲滅するため，ないし人権のために戦うグローバルな社会的運動に参加すること通じて，組織化しつつある。制度的フィールドの再編と連動するニュー・エコノミーにおける労働生活の条件に合った要因によって，組織は活動停止ではなく再形成されると主張する人もいる。

これから述べることは推測の域を出ないが，近年の地球環境の変化は，以前には見られなかった規模で起こる政治的活動をもたらすサスティナビリティ（持続可能性）と人権をめぐる関心が増大したためであり，バーチャル組織とネットワーク組織の特徴を社会運動と結びつけるような組織形態を出現させる条件を創出しているようだ。今日，多くの従業員は，自分が働く組織と同様に

社会にも関心を持っていることを考えてほしい。社会への関心を示す個人は，仕事では，組織が社会に対して，あるいはより広く人類に対して奉仕の役割を果たすように努力するし，権力者の経済的・技術的利益を表現する単なる道具になることに対して反対する。産業社会（オールド・エコノミー）からポスト産業社会（ニュー・エコノミー）への移行の結果，以上述べたことの実現を望む人びとがいる。

　図9.6のダイアグラムが表しているのは，産業社会からポスト産業社会へ移行するにつれ，組織と組織化が果たす役割の移行である。パネル1の三角形は，オールド・エコノミーで財とサービスの産出の仕事を全体として行う組織を表している。多くの小さな灰色のブロックはさまざまなステークホルダーであり，一部はその位置が三角形の内側に示されているように，組織に直接アクセスできる。例として上得意先や大株主，重要な供給業者を思い浮かべてほしい。またその他のステークホルダーは三角形の外部に位置している。つまり彼らは組織の視点では，辺境（周縁）の存在であり，そこには，組織に圧力をかけて環境と社会的責任に関する行動ないし倫理を変化させることになるかもしれない活動家と特別の利害関係集団が含まれる。

　パネル2では，多くのステークホルダーの関心が，ますます組織内でさまざまな職能によって考慮されるようになってくる。つまり，顧客に尽くすマーケティング，従業員に尽くす人的資源管理，資本市場に対応する財務，メディアとコミュニティの関係を扱う広報，企業イメージや評判として表れる世の中の見方を扱うコミュニケーションなどの職能である。時間が経つにつれ，組織の内部と外部の間に関係が生まれ，アウトサイダーが組織にアクセスできるようになり，彼らを，または少なくとも彼らが持つ関心を組織の境界内に入り込ませることが可能になる。今日これが見られるのは，レゴ社のグループのような組織においてである。レゴ社のグループは，レゴのファンの助力を得て新製品を創出し，新しい従業員を教育する。レゴのファンは，レゴ社の組織内において自発的に製品デザイナーやアンバサダーとして働くのである。

　パネルの1と2を比べると，より多くのブロックによる組織への侵入が見られる。一時的に，パネル2組織の目的は，関与できる魅力に惹き付けられた非

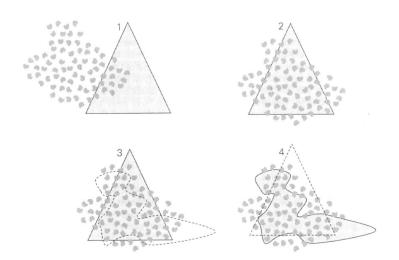

図 9.6 原材料，エネルギー，影響力，資本に貢献する活動家と人々の関心をめぐる組織の形成と再形成の起こり方

パネル1は伝統的組織を表しており，パネル2の状況は，組織とその資源にアクセスできるステークホルダーの数が増加するにつれ生じる。パネル3では，組織の一部が従業員とその他のステークホルダーによって共有される利害を巡って再編された状況であり，それは利害と人々の移り変わりに応じて徐々に変わる一時的な構造を作るためである。パネル4では，この位置的な調整と関係性が，以前の伝統的組織を巡る境界が背景に退いたり溶解すると，1つ以上の新しい有機的な組織に集約される。

出所：Hatch（2011）．

常に多くの相対立するステークホルダーの利害の影響を受け，混乱するようになるかもしれない。しかしその効果は，すべてのステークホルダーから見た正当性を組織が追求することによって妥協的なものになる。そして企業の関心が広まると，組織はパネル1で描かれた状態に戻る。すなわち，ニュー・エコノミーに適応させようとする圧力に抵抗するのである。その代り，パネル3で示されるシナリオはより明らかである。組織がステークホルダーに対応する新しい方法を発見するように，彼らによってデザインされる組織も出てくる。

パネル3で描かれる組織では，従業員を他の行為者から区別することが

難しい。それは，ステークホルダー・エンゲージメント[訳注]（stakeholder engagement）によって，組織の壁を越えて組織メンバーの一部が配置され，さらに，ますます多くの外部ステークホルダーが組織内部に取り込まれ，組織内の仕事と資源にアクセスすることが容易になるからである。こうしたことが起こるとき，従業員とステークホルダーは一体となって関係を構築し，組織に利益をもたらすかのように，組織の外部ステークホルダーの利害をもとに行為することが可能になる。例えば，いくつかのケースで，企業の社会的責任（CSR）が重要な関心事となって，うまくやる（例として，利益を上げる）ことよりも，良いことをする（すなわち，社会に貢献する）ことに焦点を置く新しいビジネスモデルが見られる。ステークホルダーが共通の利害をめぐって従業員と協力し，ともに企業の資源と能力を用いてそれらを実現する活動をするにつれ，新しい境界がパネル3の三角形の内部および周辺で出現する。

IBMのコーポレート・サービス・コー（Corporate Service Corps, 略称CSC：IBMの海外支援チーム）は，パネル3の組織化の例を提供している。IBMのCSCボランティアは，奉仕することを約束した貧しいコミュニティで6ヵ月から12ヵ月にわたって生活することによって，「地球を，より賢く，スマートに（Smarter Planet）」作り出すという企業ビジョンを推進する。そこでは，現地の人との共同のデザインでプロジェクトに取り組み，コミュニティで最も緊急を要する課題を解決するためにIBMの能力を活用する。マーケット拡大のためにIBMがこれを試みたとの批判があるかもしれないが，コミュニティ・メンバーの視点からいえば，これはこの巨大企業の資源と能力を利用するための機会である。パネル3は，インサイダーとアウトサイダーが一体化するにつれ，IBMのような組織の境界がいかに移動し始め，社会的構造と物的構造と同じくアイデンティティと文化をいかに再編するかを示している。

IBMのコーポレート・サービス・コーによって促されたような，社会と企業の提携が制度化されれば，さらに変化が起きるだろう。パネル4において，協力し合うステークホルダーの利害をめぐって，実線だが有機的な形状で境界

訳注：経営者と各ステークホルダーとの対話。例えば，機関投資家との対話。

が引かれているのは，異なる組織が最初は内部で成長し，後にその最初の組織から異なる組織が出現する可能性のあることを示している。三角形の点線は，古い形態，官僚制が想定されるが，その消滅の可能性を示唆している。

　組織化が継続して新しい創発的な特徴を生み出すなら，制度化はより起こりにくくなる。パネル4で表される新しい境界は保持されず，パネル3の中心に有機的形状で描かれる組織化とパネル4の公式組織の境界が消失することがより生じやすい。この見解からすると，長期にわたって持続するようなはっきりとした境界を持たない一時的な組織が，ネットワークから出現し，ネットワークに再び溶け込む。かつて中身があった，オールド・エコノミーによる組織が少々存続しているとはいえ，それらは，もはや事実上貝殻のようになってしまったのが現実的な姿で，常に変化しているニュー・エコノミーのフリーランサーの集団が，そこにヤドカリをしているのにすぎない。だがこれは，一緒に働く人びとの文化的ダイナミクスが終了することを意味するのではなく，単に組織化は一時的なものにすぎないという性質によって，（構造のような）静態的な理解が，もっと流動的な形態にとって代わられることを意味する。そしてもちろん，こうした有機的で，一時的で，利益主導の組織化形態は，古い企業と共生的・寄生的関係で共存できないわけではない。図9.6のパネル3と4の中心にある有機的な形態のように，ダイナミックな組織化の増殖を受け入れるか，あるいはパネル1と2のスタイルの組織に戻れるのかどうかはすでに見たとおりである。だが，次節で考察する逃走線（lines of flight）とハックティビズム[訳注]のようなアイディアを用いると，どこにイノベーションの機会があり，伝統的な組織化の方から人を解放する便益とコストはどのようなものになるのかを理解し始めることができる。

組織デザインに対するデザイナー的アプローチ

　近年，デザインとデザイン・マネジメントの分野で，組織デザインにアプローチする方法が述べられ始めた。しばしばデザイナーが持つビジュアルスキルは，

訳注：ハッキングによって変革を目指す活動

デザインについての解説や研究の焦点になりつつあるが，より重要な点は，共感力と美的想像力，クライアントと集中的に仕事をすることによって身につけた表現力と相互作用力である。

　一般的に，デザイナー的アプローチは，伝統的な組織開発（OD）の実践を建築，ファッション，サービス・デザインといったデザイン分野で行われるスタジオでの教育活動の中で行うものへと変えている[17]。この種の組織活動の大半は，現に始まりつつあるが，ここでは，1つの興味をそそる事例を挙げてみたい。スウェーデンのファッション理論家でデザイナーであるオット・フォン・ブッシュ（Otto Von Busch）がどのように，ファッション産業を支配するオールド・エコノミーの組織形態を保ちながらニュー・エコノミーの自由を勝ち取ったかを考えてみよう。そして，彼のデザイナーとしての仕事方法が組織のイノベーションと変革にどんな意味を持つかを考察してみよう。

　フォン・ブッシュは，部分的にジル・ドゥルーズ（Gilles Deleuze）とピエール・フェリ・ガタリ（Pierre Felix Guatari）の研究成果に依拠して，自己のデザイン実践の基礎とした。彼らフランスの哲学者は，国家の階層性と官僚制（図9.7）の枠内で存在する逃げ道を記述するため**逃走線（lines of flight）**というポストモダンのコンセプト（概念）を作り出した。猟師が鳥の群れのど真ん中に銃を撃って驚かせれば，飛び立つ鳥の群れは多くのランダムな飛行軌跡を描くだろう。ドゥルーズとガダリらポストモダンの理論家は，逃走線とこのランダムな飛行軌跡のイメージの結びつきをはっきりと否定した。そうではあるが，私は，この鳥の飛行軌跡の心的なイメージが役立つと思う。なぜなら，鳥が再び群れをなしてバラバラな軌跡を再び1つにするように，ドゥルーズとガタリが次のように主張したからである。多様だが文化的に結びついた人間にとって，一貫性は（再）設定されるが，次に起こる意図せざる出来事あるいはショックによって何度でも乱れるのである。

　ドゥルーズとガタリは，（鳥の群れの鉄砲のたとえのような）外因性ショックに対するランダムな反応については述べなかった。その代わり彼らは，抑圧的な社会的構造内にある機会を記述するのに興味を持った。彼らの概念を認識する手がかりは，その空間に進入し，階層，特権，習慣のシステムといった重

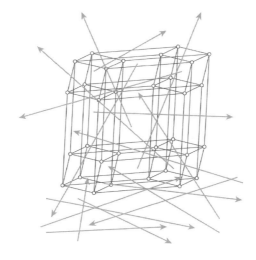

図 9.7 逃走線

この図の背景にあるグリッドは，矢印で描かれる逃走線が逃げ道を表す状況の装置というドゥルーズとガタリの考えを表している。

出所：ジョゼフ・マルコヴィッチの A5 キューブ。

　層化するシステムを分解することによって既存の構造を劣化（deterritorialize）させる逃走線のパワーである。この点で，逃走線は，区分化する思考の抑圧，つまり訓練や組織によって課されるような抑圧から逃れ，それを損なう。この巧妙な手段は，ドゥルーズとガタリによれば，古い行動・思考パターンを横断し，多様性を相互に結びつけるもので，潜在的で 1 ヵ所に固まって隠されている能力を解き放つのである。彼らは，逃走線を，期待されるパターンを壊し，雑草が地下茎でつながってはびこっていくように分裂していく音楽にたとえている。つまりは，ダイナミックで予測不可能だといいたいのである[18]。

　フォン・ブッシュ（Von Busch）はドゥルーズとガタリの逃走線の記述を，ハッキングに必要なマインドセットに対応させた。彼らはこのアイディアをコンピュータの分野から借用し，ファッションに適用した。「クラッキング」と「ハッキング」を区別し，彼が示したのは，クラッキングはコンピュータ・プ

ログラムに危害を加えたり破壊するためにプログラムを破壊することを意味するが，ハッキングは，プログラムに新しいことを行わせるために既存のコードを利用する。ドゥルーズとガダリによって提示された用語を用いて，フォン・ブッシュは次のように説明した。

> ハッキングそのものは逃走であるが，逆説的にいえば，再構造化・再領域化である。そういえるのは，それが新しい関係，つまりまだオープンで，オープン・ソース・コードやオープン・プロトコルのような関係を築くからである。再領域化のプロセスは避けられないので，このプロセスに最大の影響を与える方法や逃亡線を強く，オープンかつアクセス可能にしておく方法に注意するのが重要である。[19]

自称ハッカー主義者のフォン・ブッシュは，「ファッション化できる」活動の推進と研究を行い，人びとが単なる衣服を美しい創造物へと変換することを助けると同時に，産業の在り方を変えるために，ファッションで遊んでしまおうという意図を持っていた。彼が組織作りを手伝い，ファシリテーターを務めたあるイベントで，参加者に，例えばグッチのブランドコードを切り裂き，それを用いてグッチ風のファッションをつくるような改変によって，デザイナーのファッションをハッキングする方法を教えた。こうしてできる「グッチ風」のファッションは，単なるコピーではなくて，ブランドのコアの性格と価値観をもつ変異種である。

ファッションをハッキングする単純な例を提示するために，フォン・ブッシュはステファニ・シユコ社の「偽造品を手編みで作ろうプロジェクト（Counterfeit Crochet Project）」について述べた[20]。このプロジェクトでは，デザイナーハンドバックの偽造品を編み物でつくるための編み図を提供した。まずコピー機の拡大機能を用いて，オリジナルのバッグの写真から低解像度のイメージを作り，このピクセル化したイメージを編み物のパターンとして用い，遊び心あふれる変わり種を作り出す。この変わり種はコピーではなくて，ハッキングされたブランドというアイディアを表す新しい方法なのである（と同時に，偽造品

をつくるということを皮肉っている)。

　ハックティビズム(hacktivism)の産業への適用において，フォン・ブッシュはデイルスコ社のケースに携わったが，同社はノルウェーの地方の小さな靴メーカーであり，労働者を数百人規模から10人程度に次第に減ずることになる熾烈な競争に苦しんでいた。フォン・ブッシュが，ノルウェーの6人の有能なファッション・デザイナー，有名なファッション写真家，スタイリスト，そして靴の作り手／師範とともに，ワークショップを開いて，従業員と関わりに来たのは，この企業の歴史においてこのように厳しい時点である。フォン・ブッシュはそのストーリーを以下のように展開した。

> このワークショップで期待されたのは，脱工業的生産への新しい道筋をつけ，通常の厳格な線形的な生産プロセスにおいて，自発性と職人的介入が可能な「非線形の」行為手段と共同デザインが存在することを証明することにあった。ワークショップにおけるすべての実験は，工場での協働にしっかりと根づいたものだった。彼らの役割を1つにまとめ，参加者間のさまざまな相互作用の可能性を生み出す能力は，工場内の仕事の手順を変えるとともに，関わる人すべての全技能を使って，独自性の高いデザインを生み出すことになると思われた[21]。

このプロセスはカオス的な製造技術と標準的な製造技術を結びつけた。

> 仕事のプロセスで使うべきでないときに機械を使ったり，間違った順序で部品を組み立てたり，生産上さまざまな部品に対して違う大きさの工具を用いたりするなど，工場設備を操作的に間違って使用することで，新しい行為を起こす方法のあることが明らかになった。……これは，小規模な場合に起こるものだが，まだ大量生産や規模の経済が求められる中でも依然として見られる。しかもこの手工業と大量生産の混合は，デイルスコ社といった小規模工場での製造規模で行われるのである。

フォン・ブッシュは次に，デイルスコ社の労働者が3日間のワークショップにどのように反応したかを述べている。

> ワークショップ初日，その場の雰囲気は期待で満ち溢れていたが，工場の労働者（職人）らはこのワークショップのプロセスについていささか懐疑的であるかのようだった。「なぜ変わるのか？」。しかし，プロセスが進むにつれ，ムードは一変した。最初の日，すべての労働者は仕事の終了を告げるベル音が鳴ると帰宅した。しかしワークショップの最終日には，多くの労働者は仕事が終わっても同僚が靴の生産を終えるのを手伝い，おしゃべりをして職場に止まった。

デザイナーが演じた役割を説明するために，フォン・ブッシュは彼らのうちの1人が，そのプロセスにどのように関わったのかについて述べている。

> おそらく，この種のハッキングの完璧な手口と見なせるのは，（デザイナーである）シヴ・ストーダル（Siv Stoldal）の仕事である。彼女は，デイルスコ社が持っていた既存モデルを活用して，材料とパーツを再結合して新しい形を生み出した。そして，材料の革を変え，モデル毎に靴底を取り替え，ランダムに穴の空いた飾りをデザインに取り入れた。しかし同時に，彼女は各部分の一般的なデザインには手を触れずそのままにした。靴をカスタマイズするという計画によって，同じ靴は2足と存在しないことになった。このモデルはデイルスコ社の伝統的なモデルと一貫性を保っていたので，彼女が将来にわたって，デイルスコ社とコラボレーションを行っていく上での出発点にして手段となった。

このプロジェクトは，メディアの関心を呼び，デイルスコ社にかなりの利益をもたらした。

> ワークショップの間，プロジェクトはまた，新聞，ラジオ，ＴＶの地元記者のかなりの関心を集めた。協働的な仕事のプロセスがメディアの関心を集め，脚光を集めるようになると，工場内の職人気質に新たなプライドが生まれた。デ

イルスコ社が評価され，尊敬されるようになったのは，1世紀もの歴史を有する価値ばかりでなく，さらに，グローバルなファッションと関わりを持つ進取的な地元プレーヤーであり続けるために革新的であることに関心を持つからである。メディアの注目は，この努力を要する仕事を賞賛する形となり，工場に対する信頼を高めた。過去において工場は，主要な雇用主であり町の宝であったが，現在は，将来に強い野心を持つ創造的・革新的スピリットを有すると証明した。そして，再び，郷土の誇りの源である。

その他の結果は同じく印象的である。

ワークショップの終了後の今日でも，プロジェクトの軌跡は見ることができる。ストーダルはデイルスコ社と協働し続け，第4番目のコレクションを作っているが，いまだに，既存のモデルを実際の出発点にしている。新しい靴が，ロンドン，パリ，東京のファッション・ウィークでお披露目され，ロンドンおよび他の都市の店で販売されている。工場もまた，試作品ラボを開設し，それ以降ハッキングに幾人かの外部のデザイナーや服飾学校からのインターンを受け入れている。さらに，社の取締役会が改革され，靴の作り手／師範ばかりでなく，1人のデザイナーが取締役に登用された。2008年には，プロジェクトはヨーロッパ・ファッション賞の特別賞も獲得した。

フォン・ブッシュは，デイルスコ社のハッキングがモダンの技術とポストモダンの組織化の手法を慎重に結合していると主張した。そしてまた，組織変革のために介入を図る際のひらめきとして「逃走線」を意図的に用いて，理論を実践化するデザイナーの介入を示している。このデザイナーの介入は，ハッキングがモダニストの産業組織化の実践が置き去りにした問題に対してどのように創造的な解決策を生み出し，モダニストのまさに技術的な領域でイノベーションを生み出し得るのかを示している。しかも，組織が古い働き方の制約を逃れることを助ける彼の方法は，昔ながらのデザイン原則である「**フレーム壊し（frame breaking）**」を証明した。しかし，組織デザインの議論で最も重要

なのは，フォン・ブッシュのハッキング実践が，ある点で，図9.6のパネル3と4で描かれたイメージと似ている組織化のバージョンを提供していること，しかもこの新しい骨格に肉づけをしていることである。

組織変革と変革マネジメント

　組織変革（organizational change）に関して実務家がいつもする質問は，なぜ組織を変革するのか，変革をいかに管理するのか，の2つである。変革は多くの組織にとって生来の特徴である。環境は変化し，組織は成長し，イノベーションは新技術を創出し，コンフリクトが起こる。例えば，これまでに見てきたように，グローバル化によって起こる変化は，資本移動をめぐって成立する複雑な依存関係をもつネットワークへと経済の世界を変化させてきたが，それによって，世界中で次々と組織構造を変えてもいる。結果として，多くの人が知覚する最も大きな変化の1つは，変化率それ自体が上昇する点である。その反応として，多くの経営者はもはや組織を安定させようと悩むことはやめ，代わって，組織を変革しようとすることに時間を費やし，少なくとも多くの変化におくれまいとする。

　年代記的にいうと，システム論によって組織が環境に依存するという考えが導入されたとき，つまり第2次大戦の終わりごろに安定から変革に振り子が動き始めた。経営者は，組織存続のカギとして適応を考え，そして，必要な変革を通じて組織を方向づけるメカニズムとして戦略を考え始めた。環境の中に，組織の戦略的適合を発見し，維持する重要さが容認されるとともに，計画的な組織変革を通じて戦略を実行する必要性が生じた。レヴィンの計画的変革の段階モデルは，これに対するひとつの答えであり，組織変革の最初の規範論の1つとなった。

レヴィンによる計画的組織変革の規範モデル

　1950年代にレヴィンは均衡論を展開したが，それは，組織を含む社会的制度は変化を推進するものと，変化を抑制するものがある諸力のバランスから生

まれる，という信念をベースにしたものである。レヴィンによれば，安定は，変革に反対する諸力によって維持されるばかりでなく，変革についての賛否の諸力（図9.8）の膠着状態を表している。レヴィンにとって，変革とはそうでなければ安定しているはずの均衡を中断させる一時的で不安定なものであった。そして彼の理論は，計画的変革をもたらす管理された不安定さを誘発する要因を提示した。そのモデルによると，計画的変革には3つの独立した実践的な活動，すなわち，解凍，変動，再凍結がある。

解凍（unfreezing）によって組織の安定性を持続させる均衡のバランスは欠くことになる。そしてレヴィンの見解によれば，これは，現在の行動パターンを十分不安定にし，変革への抵抗を克服することによってなされる。例えば，既存のストレスや不満を利用すると，システム内で変革を求める諸力が増大し，解凍にいたる。解凍はまた，抵抗を低減すること，つまり変革の必要性につい

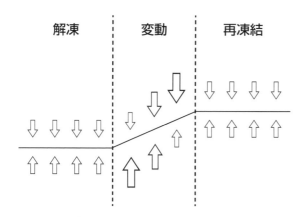

図 9.8　レヴィンの計画的組織変革モデル

変革は，組織の安定性を持続させる力の場での混乱から生じる。変革を促進する力が抵抗する力より大きい場合，組織はある状態から違う状態に移る。計画的変革において，変動は古い均衡状態を解凍することによって引き起こされ，新しい状態に移行する。そして，新しい事態で均衡を再びなすことによって再凍結が起こる。

出所：Lewin（1951, 1958）．

て組織メンバーを教育することでも起こすことができる。

ひとたび解凍が起こると，**変動**（movement）は今や不安定になったシステムの変革の方向に影響を与えることを意味する。変革の方向に影響を与える戦略は，新しい行動パターンの訓練，上司部下の関係と報酬システムの変更，異なるマネジメント・スタイルの導入（例として，権威的なスタイルを参加マネジメントのスタイルで置き換えること）を含んでいる。

推進力と抑止力の間の新しいバランスが，再凍結によって成立されるまで変動は続く。**再凍結**（refreezing）が起こるのは，新しい行動パターンが制度化される場合である。再凍結戦略の1例として，新しい採用方針の形式化を指摘できる。こうした形式化によって新規採用者が組織文化を共有し，新しい構造と報酬システム，および新しい管理スタイルの下でうまく働くようにする。

組織開発（OD）の分野を含む組織変革の事例研究と理論的議論の大部分は，レヴィン・モデルが喚起した見方に沿って定式化される。組織開発は，解凍・変動・再凍結のプロセスについてわかりやすくまとめている。1例を挙げれば，アメリカの組織開発の専門家であるレオナルド・グッドスタイン（Leonard Goodstein）とワーナー・バーク（Warner Burke）はレヴィン・モデルを適用して，1980年代初期のブリティッシュ・エアウェイズ（BA）で行われた変革を分析した[22]。

グッドスタインとバークは，BAでの変革は環境による2つの影響が低迷する企業業績と結びついたときに行われたと主張した。第1は，イギリスの首相であったマーガレット・サッチャー（Margaret Thatcher）が企業の公有制に反対したことである。第2は，世界中の政府が，結果として航空会社間で厳しい航空運賃競争を引き起こすよう，国際的な航空網の規制緩和をしたことである。BAの前年までの収益不足は，差し迫る民営化という難題と運賃競争によってさらに悪化した。例えば，1982年にBAは，ほぼ9億米ドルの損失を計上し，巨額の政府補助金を必要としたため，サッチャー政権の目論むBAの民営化を勢いづかせた。存続が苦しくなるにつれ，BAはラディカルな変革の必要性を認め，1982年から1987年にわたって変革が行われた。グッドスタインとバークによれば，その時期にBAは，巨額の損失に直面してマーケットシェアを失

いつつあった国営企業でなく，また官僚的な命令・コントロールの文化を持つ組織でもなく，4億米ドル以上の利益を出しマーケットシェアを増大させる，サービス志向でマーケット主導の文化を持つ民間企業に変貌した。

グッドスタインとバークは，BAによる変革努力の多種多様な要因を明らかにした。第1に，BAは従業員を59,000人から37,000人に削減した。そして第2に，実業家を取締役会の会長にした上，マーケティングに強い新しいCEOを指名した。こうした新しい経営リーダーは，その多くが退役したイギリス空軍の将校だった前任者らとはかなり異なっている。グッドスタインとバークは，新しい経営陣の任命には，BAの価値観に差し迫った変化が必要だということを告げる効果があったと主張した。第3に，訓練プログラムが創出されて，「現場の職員とマネジャーに航空産業のサービスの本質が理解できる」ようにした。従業員の削減，新しいトップ経営陣，そして広範囲な従業員訓練を組み合わせて解凍が行われたのである。

変動は，管理者の訓練プログラム，構造と報酬システムの変化，新しくよりユーザー・フレンドリーな経営情報システム，そしてチーム構築を通じて進められた。管理者の訓練プログラムは，BAが従業員のコミットメントと関与を強調する参加型管理スタイルを採用するのに役立った。解凍段階の2つの要因，すなわち，変革の実施を計画する職能横断（クロス・ファンクショナル），階層横断（クロス・レベル）のチームの導入と中間管理者層の削減は，参加型管理の必要性を告げた。この管理スタイルは変動プロセスの時期に，新しいユーザー・フレンドリーなコンピュータ・システムの導入，利益共有，そしてボトムアップ型の予算編成プロセスによってシンボリックに強化された。さらに変動期には，CEOが訓練プログラム時の質疑応答のセッションに加わることで参加型のシンボルになった。グッドスタインとバークは，BAが運輸企業からサービス企業にアイデンティティを変更したのはこの段階だと主張した。感情労働[訳注]のコアの考えは，新しいサービスの特徴の主要な部分となり，サービス提供者がしばしば経験する燃え尽き（バーンアウト）を打ち消せるようにす

訳注：怒りなどの感情の抑制が求められる労働

る感情についての支援システムの開発を含んでいた。

　BA は，すべてのレベルで新しい従業員に対する導入プログラム，新しい企業価値観を象徴する人を昇進させる方針，トップ・フライト・アカデミーと呼ばれる経営者と管理者に対する教育プログラム，などによって再凍結を実施した。それに加え，業績評価と報酬システムは，顧客サービスと従業員育成に報いるという原則で展開された。同時に，新しい制服，機材の更新，「われわれはサービスするために飛ぶ」というモットーの新しいロゴは，BA の新しいアイデンティティを伝達した。常にチームワークを用いること，経営層にデータのフィードバックをすることは，BA が新しい参加型管理スタイルを維持するのに役立った。もちろん，グッドスタインとバークが指摘したとおり，既知で望ましくない状態から，望ましいが未知の状態へ変動することは，秩序を欠き有効性の低い移行期間を伴う。この期間では，勇気ある献身的なリーダーが怒り，不安，恐れを相殺する，と彼ら研究者は主張している[23]。

　レヴィン・モデルは，望ましい変革を安定的な社会や組織に導入する道筋を明らかにしたが，計画に基づく変革の導入に対してシステムがどのように反応するかについてはあまり明らかにされていない。マックス・ウェーバーによって提示された初期の理論は，このプロセスに洞察を加えレヴィン論を補完しているのである。

ウェーバーによるカリスマのルーティン化（日常化）と変革のリーダーシップ

　ウェーバーは，カリスマ的リーダーシップ（charismatic leadership）が社会的変革において果たす役割を理論化し，カリスマ的リーダーが導入する新しいアイディアが受け入れられるのに応じて，日常生活が変わると主張した。カリスマのルーティン化（routinization of charisma）についての理論は，世界中で革命的変革がなぜどのように起こるのか，そしてその結果が社会的行為に及ぼす影響がなぜどのように起こるのか，を説明している[24]。ウェーバーはカリスマを次のように定義している。

　　個人の特性。それによって，並外れた存在だと考えられ，超自然・超人的，ま

たは少なくとも特別に圧倒的な力や才能を授かった存在だと見なされる。このような特性は，常人には縁がなく，天与のものとして，あるいは模範的と見なされ，これらに基づいて，個人は「リーダー」と見なされる[25]。

　一見したところ，このカリスマの定義によれば，ウェーバー理論が適用できる範囲は限られているように思われる。多くの組織リーダーは，カリスマの資質を備えているとはいえない。もっとも，有名な CEO の出現を見てみると，このレベルの影響力を持っている人がいること自体は確かだとも思う。アップルのスティーブ・ジョブス（Steve Jobs）やヴァージンのリチャード・ブランソン（Richard Branson）を思い浮かべてほしい。さらに，経営者は，組織文化を変えようとするとき，カリスマ的な影響力を熱望する。カリスマのルーティン化と組織変革の結びつきは，以下のようにウェーバーがカリスマを理性の力と分けたときにより明快になる。

　　革命的な「理性」の力は，それなくして作動する。すなわち，生活状況の，それゆえ問題状況の変更によって，最終的には，この方法で人の態度を変更する，あるいは個人を知的にする。他方，カリスマは主観的ないし，苦痛，コンフリクト，熱意から生まれる内的な再方向づけに影響することがある。そして，世界のさまざまな問題に対峙する態度のすべてについて，きわめて新しい方向性を持つ中心的態度と行為を急に変更することがある。[26]

　カリスマ的リーダーが社会に対して革命的影響を及ぼした後に何が起こるかは，計画的組織変革に対する反応を理解する上で，特に関心がもたれる点である。カリスマ，ないし拡大解釈すれば，組織におけるリーダーシップの主体的影響は，直接的な影響を与えるものではない。なぜなら，ルーティン化プロセスが，カリスマのアイディアを変革努力の対象者の欲求と利益に適合させるからである。カリスマ的リーダーシップは影響力が高いかもしれないが，その影響は，ウェーバーが述べたルーティン化の2つの下位プロセス，つまり体系化と順応化を通じて戦略ビジョンを遂行しなければならない人びとによる変革プ

ロセスの最中にルーティン化される。

　ウェーバーによるルーティン化の説明の仕方はこうである。カリスマ的リーダーによる新しいアイディアの導入に従い，信奉者は社会の他のメンバーに対してそのカリスマ個人のアイディアを擁護することになる。この擁護するという行為によってリーダーの考えが社会に広がるにつれ，革命的なアピールのいくつかは，そのアイディアが日常生活のさまざまな世俗的側面に結びつくために拡散沈着する[27]。ウェーバーはこの下位プロセスを体系化(systematization)と呼んだ。なぜなら，このアイディアが広がるにつれ，それらが既存の社会的システムと文化に適合するよう再生されるからである。ルーティン化プロセスの第2の部分である順応化(accommodation)には，パワー（権力）とポリティクス（政治的駆け引き）が含まれる。新しい考えの影響を受ける人は，彼らの信念と価値観を新しい考えに順応させるために，いかに再解釈すべきか，そして彼らに要求される新しい義務をいかに果たすべきかをめぐって交渉する。こうした交渉のポリティクスは，彼らが新しいアイディアに慣れることによって，カリスマ的影響力をさらに具体化し変化させる。この過程で，その実行は，多かれ少なかれ既存のパワー関係と文化的規範に一致するようになり，新しいアイディアが，日常生活の中でルーティン的なものへと変わるのである。

　ウェーバーによると，カリスマ的アイディアをシステム化するオリジナルな革命的アピールの消失は，既存のパワー構造と文化規範の中での順応化とともに，カリスマをルーティン化し，それゆえ，変化がありふれたように社会に内在化される。ルーティン化が起こる理由は，フォロワーが日々の生活の必要に追われ，カリスマ的リーダーが提示する社会に参加したいと思わないばかりでなく，その社会的地位が安定し，物質的安寧を維持したいと願うからである。それゆえ，ウェーバーは，カリスマ的権威は社会変革の主要な源泉であると主張しつつも，そのルーティン化が，変革プロセスにおいて，メンバーにかなりの影響力を与えることを認めている。彼の見解では，カリスマ的権威の問題は，リーダーが導入するアイディアを日々の生活，そして政治的，宗教的，知的，経済的利害に合うように変えるのである。

　ウェーバーは，リーダーならおそらく自分自身のカリスマ性を彼らに対する

大衆の態度に依存するとは見なさないだろうとしつつも,リーダーの権威はフォロワーや部下等が彼らをどのように見ているかにかかっていると主張した。ウェーバーは次のように述べている。「一般的にいって,すべての権威の基盤,またそれと照応して従属しようとするすべての意思の基盤は,信念,すなわち,権威を行使する人に威信がもたらされるという信念であるということを明確に心に留めておくべきである」[28]。換言すれば,組織メンバーの信念は,リーダーがいかに見なされるかばかりでなく,誰がリーダーとして見なされるかを決定するのである。

信念としての権威のようなアイディアを持って,ウェーバーは,現実の社会的構築を認めたが,変革目的の脱構築を引き起こしているようにも思われる。また,カリスマのルーティン化は制度化プロセスとの比較をもたらしている。ウェーバーが体系化と順応化のプロセスを通じてのカリスマの影響による変革を認めたことは,制度の変化,つまり制度論に対する主たる批判として生じたアイディアを説明するのに役立つ。

制度変化と制度的企業家:文化についてはどうか?

制度論は,制度的環境にゆだねられた期待が,強制,規範,模倣といった圧力を通じていかに組織行動を抑制するか,それゆえ,正統的構造をそれとわかるようにいかに安定させるかを説明するのに成功してきた。しかし,行為者がよく考えずに,正統性を維持するため当然視される実践活動を行うという説明では,制度がいかになぜ変化するかを説明する余地がほとんどない。実際のところ,いくつかの制度は変化し,新しい制度が次々と誕生し,中には消滅する制度もある。批評家が制度論者に突きつける中心問題は,どのように行為者は,制度的環境が自分たちの行為と信念を決定するときを変えることができるのか,という問いである。

最近まで制度論者は,制度変化は,行為者が可能であったとしても限定的なコントロールしか及ぼせない外生的なショック(例として,危機ないしスキャンダル,破壊的な技術革新,あるいは規制変化)によって生じると考えてきた。それゆえ,制度フィールド内の行為主体(agency)は変化を説明する部分だ

と考えられなかった。ロイストン・グリーンウッド（Royston Greenwood），ロイ・サダビー（Roy Saddaby），そしてロバート・ヒニングス（C.Robert Hinings）の理論によれば，そうした外生的なショックは，行為者に新たな考え方と行為方法の導入ができるという，当然の前提に対して疑問を抱かせることによって，制度フィールドで社会的に構築されたコンセンサスを弱めるのである[29]。1例を挙げると，1980年代に西ヨーロッパ各国は経済的危機に直面し，それがヨーロッパ連合（EU）につながった[30]。

構造化理論が登場すると，そこでの行為主体の位置づけが制度論者にとって魅力的に思われたが，それは，制度の変化という難問に対する1つの答えとなっただけではなく，行為主体が，実務に携わるマネジャーの規範的な関心に答える手段となったからである。アメリカの制度論者ポール・ディマジオ（Paul DiMaggio）は，**制度的企業家（institutional entrepreneurship）**を行為主体に根ざした制度変化の内生的説明要因として取り上げた最初の1人である[31]。彼の指摘では，制度的企業家は，制度の破壊，創造，分散，または安定に寄与する組織，連合体，社会運動といった集合体，あるいは個人の行為によって実現される制度変化のプロセスを意味している。

制度的企業家によって変化がどのように説明されるのか？ある説明では，新興と成熟それぞれの制度フィールドの違いを検討し，新興の制度フィールドにおいては制度的企業家は既存の制度に直面することはなく，単に新しい制度を構築するだけであることが明らかにされた。制度論者の主張によれば，この条件の下では，不確実性を削減して正統性を形成するため行為者は，関係性，意味，考え方，実践を安定させるように動機づけられる。他方，成熟した制度フィールドにおいては，周縁の行為者は，既存の制度的編成があるゆえに不利益を被っていると考えるので，それらを不安定にして変化させるように励む。同時に，力のある行為者は，問題を避けるため，あるいは新しい機会を活用するために既存の制度的編成の変更を探るのである。例えば，業界大手の会計事務所は，新たな多面的な活動で先駆的であり，顧客にセットで提供される付加的なサービスの機会を生み出すなどした。この制度的企業家の革新的な行為は，2001年のエンロン・スキャンダルという形で，制度フィールドに外生的な制

度的ショックを与え，そのすぐ後に，革新的な制度的企業家の1つであるアーサー・アンダーソンが倒産した[32]。

　制度的企業家を促進し，制度変化をもたらす他の条件として，複数の制度ロジックの使用を挙げることができる。複数のロジックは，選択の可能性と複数の相反する制度的圧力を生み出し，結果として制度的秩序が不安定化し，制度的企業家の行為も刺激される[33]。1つの制度的環境から移植された新しいアイディア，そして戦略的行為の両者は，制度化が進んだ制度フィールドでの変化を説明できる。カナダの制度論者であるクリスティン・オリバー（Christine Oliver）が論じたように，不確実性がより低い場合なら，行為者は自信を持って戦略的に行動して，イノベーションと変革を進められるのである[34]。

　最後に，制度論者の中には意図的結果に関心を持つ人がいる。変化が意図的でなくても，意図的結果は制度的企業家の産物として見なせるのだろうか。制度変化を生み出す分散した努力の集積はどうだろうか。社会運動はこうした問題のよい例だが，それは，独立した努力が連帯して1つの運動となるために，複数の意図と対立する利害を調整することができるからである。企業家的努力を特定することは，行為主体が明確に関与する場合でさえ難しい[35]。まだ研究すべきことが多く残っているが，少なくとも，制度を安定させるのは何か，何が制度を変化させるのか，ということを説明するのに文化の役割は欠くことができない。

　文化の問題を挙げると，それは制度論と文化論における今日の最もホットなテーマの1つを生み出すことになる。つまり，文化的ダイナミクスのプロセスは，矛盾語法と思われる制度的企業家のような概念よりも制度変化を説明するのに役立つのか。この分野の研究は組織論において新しいため，さらなる発展を目指すべきである[36]。制度論と文化論を融合することによって示唆されるクロスレベルの現象の解明から，組織論は有益な新しい研究分野を手に入れられる可能性がある。この分野は，ポストモダニストとプラグマティック・パースペクティブの支持者が求めている二元主義の崩壊に新たな論点を付け加えるものである。

実践論とプロセス論

　ハックティビズムによって生み出されたような変革，ないしカリスマのルーティン化によって調節されたような変革を考察すると，組織論者は動態的な思考が求められる。組織論において，組織化を動態的な変化として捉えるアイディアは，組織をイナクトメント，意味形成，社会的構築プロセスの持続的な遂行として見るようになって，初めて生まれた。誰もが知るとおり，ワイクはこれらのアイディアを用いて，実在するという組織の静態的なアイディアを，より動態的な組織化というコンセプトによって置き換えることを示唆した[37]。実践論とプロセス論のいずれも，組織化活動に対して動態的な説明，理解，そして認識をしようとするものである。

実践論

　実践（practice）は，知識に基づく行為のセットとして定義づけできる。ひとたび何らかの仕方を知れば，それを生活のルーティン（型にはまった）部分に取り入れることができる。そして，行為可能な知識を他の人に拡大適用したければ，実践についてのルール（規則）を作って，社会や組織において継続して使用されるようにしてもよい。この意味で，実践はルーティンとルールに関連しており，実践論の一分野はこの観点，つまり，構造化理論の構造（主体に対して）の方を支持する見方で実践を定義する。これらの用語で実践論を捉える人にとって，ルールは実践を定義する支配構造として見なされる[38]。

　しかしながら，実践は単に，ルールに従うことから生じる業務手続きではない。しかもルーティンは固定的でなく，変化がないわけではない。実践を，厳密に行為主体の活動領域にしか存在しないものとして定義すれば，他の実践論者は自らの研究をアクター・ネットワーク論で組み立てることになるため，アクター・ネットワークを構成する行為者，活動，手続き，テクスト，そしてディスコース（言説）といった客観的に観察可能な，あるいは報告可能な実践面に研究の焦点を当てることになった。

　例えば，マーサ・フェルドマン（Martha Feldman）とブライアン・ペント

ランド (Brian Pentland) は,ルーティンは正確にいえば二度と同じように行われることがないという意味で,柔軟であることを明らかにした[39]。実践にルールを適用する際には即興の側面があり,その実践はシステム全体を動態的にする。つまり,行為実践のあらゆる変更が,それを支配するルールの解釈にフィードバックするため,将来の実践のイナクトメントに影響を与える。こうした記述は,構造化理論の主体側面を支持するものである。

実践をスキルである具体化された行為として定義することを好む論者もいる。これは,ニューヨークの通りを目的地に向かって歩く男をネタにした古いジョークによく示されている。通行人を止めて,「カーネギーホールにはどうやって行けばいいですか？」と男は尋ねるのだが,返ってきた答えは,「行ってみればわかるよ！」。実践についてスキルを生む行為だと定義づけることは,ドラムの練習や,人によっては経営の実践というように,学習に焦点を合わせることである。この定義づけで好まれるのは,行為遂行の理論に基づく実践に対する美学的アプローチである。それはまた,フーコーによる知識／権力の概念をマネジメントの実践に応用するクリティカル（批判）論者にとって興味をそそるものである。

例えば,クリティカル論者が観察するのは,経営者が自分の利益のために知識を生み出し,それを広める経営コンサルタントによい報酬が支払う場合である。しかし,経営者が最も知りたい知識は,コンサルタントが勧めるどの知識が他の経営者を成功させたかである。この理論が示すように,経営の実践はコンサルティング実践の影響を受け,また両者が混じり合っているため,経営実践を考える上で,経営コンサルティング業界内部での流行廃りのようなその他の現象にも研究の価値があることは明らかだ[40]。

これとは異なる思想潮流に沿って,フランスの社会学者であるピエール・ブルデュー (Pierre Bourdieu) が提示したのは,実践と文化を結ぶハビトゥスという概念である。ブルデューは,マルセル・モース (Marcel Mauss) によるハビトゥス概念に依拠しており,モースは,ハビトゥスを,身体と個人,集団,社会,国家の日常的実践に根づいた文化の一部として定義した。そこに含まれるのは,身についた習慣,身体的技能,スタイル,好み,そして特定の集

第9章 理論と実践

団によって当然とされ，もはや理屈ではなくなったその他の知識である。そのため，ブルデューによれば，ハビトゥスはその意味合いにおいて，行動するために社会的に獲得したいくつかの心的傾向から構成されている。

　文化を理解する場所として身体化を強調することで，ブルデューは，合理的なイデオロギーに内在する自省する前の感覚意識の状態と実践行為に注意を向けた。ブルデューによれば，行為者は，明確な合理的かつ経済的な基準に従って継続的に計算をしているわけではなく，暗黙的な実践ロジックと身体に一体化した心的傾向に応じて動くのである。実践のロジックが，権力者による支配を支持するのは，実践は実践を再生産するように機能し，その結果，階層構造を維持することになるからである。実践共同体を研究する人たちは，同じように，実践という現象を文化的コンテクストで認識すべきだと主張する。彼らの注目対象は，共有された知識基盤を形成するディスコース（言説）である。この知識基盤は，実践を通して，実際に起こる組織問題を解決するために適用できる。

　以上のような実践論のすべては，伝統的な組織論の中で異なる逃走線を提示している。だがそれらは，各々の方法で，知識は実践の資産であるというプラグマティズムの前提に強く根づいている。実践そのものを含めて，あらゆることが実践的だと定義することは，生活の必要性に応じられることを想定している。そして，この点から，実践は実用的な存在論上の立場が付与される。例えば，タイヤの交換方法を知っていてタイヤを実際に交換できるなら，その知識は実用的な価値があり，真実である。ニュートン力学がアインシュタインの相対性理論や理論物理学の他の研究によって置き換えられたからといって，ニュートン理論は，多くの状況で実際の価値を提供できる限り依然として「真」なのである，ということを気づいてほしい。プラグマティズムに依拠している点で，実践論は，組織論の研究でのもう1つの次世代分野，すなわちプロセス論と基盤を共有する。

プロセス論

　ギリシャ出身の組織論者ハリディモス・ツォウカ（Haridimos Thoukas）と

イギリスのロバート・チャイア（Robert Chia）は，まず，安定より変化を想定する組織論の構築を提案している。彼らは，組織化が常に進化するプロセスであるので，組織は絶え間のない状態にある，つまり生成（becoming）の状態にあると論じる。この再構成は，モダン・パースペクティブが伝統的に促進してきた実在，構造，最終の状態に対して，出現，流動，変化，運動に関心を寄せる。ツォウカスとチャイは次のように述べている。

> われわれが止める必要があるのは，組織の実在を存在論的に優先し，それゆえ，変化は例外的なものであり，特殊な状況で，ある種の人びと（変革主体）によってのみ起こされる，と見なすことである。われわれが始めるべきところは，変化は普遍的であり，細分化不可能であるという前提，つまり，［プラグマティストのウィリアム］ジェームス（1909/1996: 253）の適切な言辞を借りれば，「人生の本質はその常に変化する性格にある」という前提であり，その上，われわれが組織を理解する際に何が引き起こされるのかを理解すべきである[41]。

さらに，「変化は組織の特性として考えてはいけない。むしろ組織は，変化の創発的特性として理解されねばならない。変化は存在論的に組織より前に存在する。換言すれば，変化は組織が存在できる条件である」。ツォウカとチャイアは以下のように続けている。

> プロセス志向の哲学者とエスノメソドロジストに依拠すると，変化とは，行為者の網の目状の信頼と行為習慣を再編することであり，相互作用を通じて得られる新たな経験の結果である。このことが持続するプロセスである限り，つまり，行為者が世界を意味づけし，世界で一貫性のある行為をしようとすればするほど，変化は人間の行為に内在する。要するに，人間の行為は流動性を内在的にはらんでおり，組織とは，特定の意味とルールが一般化され，制度化されることを通じて，これらを秩序づけ，一定の目標へとつなぎ，それに一定の形を与えようとする試みである。また同時に，組織は変化から派生して，構成され形づけられるパターンである[42]。

ツォウカとアン・ラングリー（Ann Langley）は，プロセス論は「実在よりもプロセスを普遍的形態だと見なす世界観」の刺激を受けていると主張する。さらに彼らによれば，「プロセス志向は，製品より活動を，永続より変化を，持続性より新規性を，決定より表現を優先する。生成，変化，流動は，創造，破壊，非決定と同様に，プロセス世界観の主要なテーマである」[43]。ラングリーとツォウカが例示する中には，社会的構築主義論，ディスコース論，ナラティブ論，実践論，行為遂行論，アクター・ネットワーク論，そして経営史がある。これらをプロセス志向の例だとして主張するのは，それらが組織現象を「既成事実というより，社会事実的実践に内在する相互作用する行為者，すなわちその行為が制度的，言語的，客観的人工物によって媒介される行為者を通じて（再）創造されるもの」として見なすからである[44]。

　アメリカの認知心理学者であるジェローム・ブルナー（Jerome Bruner）は，論理科学的認識論を伴うナラティブ（語り）と対比することによって，プロセス論をナラティブに基づいて知る方法と結びつけた。彼は，さまざまな因果関係のタイプを2つの認識論に識別して，それらを，「もしXならYである」といった論理的命題によって伝えられる論理的説明（logico-scientific explanation）を持つものとは「明確に異なるもの」だと記している。彼の主張によれば，ナラティブに基づく理解（narrative understanding）とは，「王が死んだ後に王妃も死んだ」というようなプロットにおいて生起する。「普遍的な真理の探究を行う人もいれば，2つの出来事で考えられる関係，喪失の悲しみ，殉死，暗殺を探究する人もいる」[45]。ナラティブによって知ることは，実証主義者が論理的に知ることと比べて解釈的である。プラグマティストであったデューイが，よく注意していたように，われわれは両方をともに必要としているのである。

要　約

　本章では，組織論分野を活性化させる理論と実践の対立を再び検討した。プラグマティズムの哲学は，理論と実践の間で広がる対立を是正するために期待できるものとして提示されたが，それは，シンボリックおよびポストモダンの研究成果による侵略だ，と多くのモダニストが批判する。哲学としてプラグマティズムは，強力な理論的基盤を提供するが，同時にその焦点は，それに基づく理論を実際の経験に根ざしたものにすることであり，その経験は実践の研究へと拡張された。

　実務家が長期にわたって関心を抱いてきた組織デザインと組織変革の現象は，管理化と組織化の実践に次のような見方，すなわち，組織論は歴史を通じてどのように知識を提供し，また実践によってどのように知識が伝えられるか，という見方をもたらした。組織デザインは，異なる組織形態の発展と，それらが組織論の指摘してきたさまざまな中核概念とどのように関係しているのかという点から検討された。他方，組織変革については，計画的変革とカリスマのルーティン化から，制度的企業家という今日的関心までの進化をたどって検討された。これらのアイディアの歴史的変遷をみると，組織デザインと組織変革の現在の関心がどこに向いているかが見通せるようになる。歴史的な流れに沿って，私はいくつかの考えを示したが，それは，どのような新しい組織形態が行為主義とハックティビズムから生まれるのか，また制度的企業家への関心が組織文化論をいかに活性化するか，などである。

　実践論とプロセス論によって結論づけられたのは，理論と実践を組織論において不可分にする方法の検討である。そして，理論によって提供される新しい言語と概念が組織論を再編する仮説との関係で提示された。それは第1に，身体化された行為の中で組織化が生起すること，第2に，組織化に焦点を当てて静態的な考えを動態的な考えに置き換えることであり，そのインプリケーションは，この先ずっと組織論の関心を占めることになろう。

重要用語

プラグマティズム（pragmatism）
組織図（organization charts）
組織デザイン（organizational design）：
　単純組織（simple organization）
　職能別組織（functional organization）
　事業部制（M型）組織（multi-divisional (M-form) organization）
　マトリックス組織（matrix organization）
　ハイブリッド組織（hybrid organization）
　戦略的提携（strategic alliance）
　ジョイント・ベンチャー（joint venture）
　多国籍企業（MNC）（multinational corporation (MNC)）
　グローバル・マトリックス（global matrix）
　ネットワーク（network）
　バーチャル組織（virtual organization）
逃走線（lines of flight）
劣化と再編化（deterritorialization and reterritorialization）
ハッキングとハクティヴィズム（hacking and hacktivism）
枠組み壊しのデザイン原則（design principle of frame breaking）

組織変革（organizational change）
レヴィンの計画的変革モデル（Levin's planned change model）：
　解凍（unfreezing）
　変動（movement）
　再凍結（refreezing）
カリスマ的リーダーシップ（charismatic leadership）
カリスマのルーティン化（routinization of charisma）：
　体系化（systematization）
　順応化（accommodation）
制度的変化（institutional change）
制度的企業家（institutional entrepreneurship）
実践（practice）
実践論（practice theory）
ハビタス（habitus）
プロセス論（process theory）
論理的説明（logico-scientific explanation）
ナラティブに基づく理解（narrative understanding）

注

1. Dewey (1929).
2. 私は主に Dewey に頼っている。その理由は，彼が最も興味をそそるプラグマティストだからである。読者は，William James ないし Charles Sanders Peirce のプラグマティズムが Dewey とともにより気に入るかもしれない。彼らはいずれもプラグマティズムの共同創設者と見なされている。しかしさらに，ネオ・プラグマティストを探りたいと思うなら，必要最小限でも Richard Rorty を読むこと。プラグマティズムは主にアメリカの哲学であるので，以上の人物はみなアメリカ人である。
3. Dewey (1938).
4. Dewey (1934).

5. Dewey (1929: 215).
6. Dewey (1934).
7. www.co.honolulu.hi.us/budget/cityorganization/
8. www.grc.nasa.gov/WWW/RT2002/intro/b-divchart.html
9. www.btplc.com/Corporateinformation/Principalactivities/BTstructure.html
10. www.usgs.gov/bio/USGS/orgcharts.html
11. Tosi (1974).
12. Rumelt (1986).
13. www.airbus.com
14. 国家首脳同士キスしている姿を表すベネトンのUnhate広告については論文を参照すること。この会社が，意識高揚の広告キャンペーンで政治的かつ社会的問題に取り組むために行う長年の努力の1例は，http://www.huffingtonpost.com/2011/11/16/benetton-unhate-campaign-worldleaders-kissing_n_1097333.html（アクセス日は2012年4月4日）.
15. www.wikipedia.org
16. Windeler and Sydow (2001).
17. Boland and Collopy (2004); Brown (2008, 2009); Sarasvathy, Dew, and Wiltbank (2008); そして，デザインについての *Organization Science* (2006) の特集号.
18. Deleuze and Guatarri (1980/2004: 13).
19. Von Busch (2008: 244).
20. 「偽造品を手編みで作ろうプロジェクト」とそれで生産された唐草模様のアイテムのイメージについては次のサイトで知ることができる http://www.counterfeitcrochet.org/（アクセス日は2012年10月4日）.
21. Von Busch 引用の残りは以下から (2008: 208-14).
22. Goodstein and Burke (1991).
23. 最近の10年以上にわたるBAの変革について読むには Hatch and Schultz (2003) を参照のこと.
24. Weber (1968/78); see also Schroeder (1992).
25. Weber (1968/78: 241).
26. Weber (1968/78: 243-45, emphasis in the original).
27. Schroeder (1992: 10).
28. Weber (1968/78: 263, emphasis in the original).
29. Greenwood, Suddaby, and Hinings (2002).
30. Fligstein and Mara-Drita (1996).
31. DiMaggio (1988); 用語を造った人物として主として引用されるのが Eisenstadt (1980) である.
32. Greenwood and Suddaby (2006).
33. Rao (1998); Clemens and Cook (1999); Seo and Creed (2002).
34. Oliver (1992).
35. Rao, Morrill, and Zald (2000).
36. 制度論と組織文化論を相互関連できる方法を検討する一連の論文に対しては *Journal of Management Inquiry* (Vol.21, 2012) を参照のこと.

37. Weick (1979).
38. Lave and Wenger (1990).
39. Feldman (2000); Feldman and Pentland (2003).
40. Abrahamson (1991, 1996).
41. Tsoukas and Chia (2002: 569).
42. Ibid. p.570.
43. Langley and Tsoukas (2010: 2).
44. Ibid. p.9.
45. Bruner (1986:11; 以下も参照のこと，1990).

参考文献

Abrahamson, Eric (1991) Managerial fads and fashions: The diffusion and rejection of innovations. *Academy of Management Review*, 16: 586-612.
—— (1996) Management fashion. *Academy of Management Review*, 21: 254-85.
Boland, Richard J. Jr. and Collopy, Fred (2004) *Managing as Designing*. Stanford, CA: Stanford University Press.
Bourdieu, Pierre (1977) *Outline of a Theory of Practice*. Cambridge: Cambridge University Press. (Originally published in 1972 as *Esquisse d'une théorie de la pratique, précédé de trois études d'ethnologie kabyle*).
Brown, Tim (2008) *Change by Design: How Design Thinking Transforms Organizations and Inspires Innovation*. New York: Harper Collins.
—— (2009) *Design Thinking*. New York: Allworth Press.
Bruner, Jerome (1986) *Actual Minds, Possible Worlds*. Cambridge, MA: Harvard University Press.
—— (1990) *Acts of Meaning*. Cambridge, MA: Harvard University Press.

Clemens, Elisabeth S. and Cook, J. M. (1999) Politics and institutionalism: Explaining durability and change. *Annual Review of Sociology*, 25/1: 441-66.
Deleuze, Gilles and Guattari, Felix (1980/2004) *A Thousand Plateaus* (Brian Massumi, trans.). London and New York: Continuum.
Dewey, John (1929) *Quest for Certainty*. New York: Minton Balch and Company.
—— (1934) *Art as Experience*. New York: Perigee (Putnam's Son's).
—— (1938) *Experience and Education*. New York: Touchstone.
DiMaggio, P. J. (1988) Interest and agency in institutional theory. In L. Zucker (ed.), *Institutional Patterns and Organizations*. Cambridge, MA: Ballinger, 3-22.
Eisenstadt, S. N. (1980) Cultural orientations, institutional entrepreneurs and social change: Comparative analyses of traditional civilizations. *American Journal of Sociology*, 85: 840-69.
Feldman, Martha (2000) Organizational

routines as a source of continuous change. *Organization Science*, 11: 611-29.

—— and Pentland, Brian T. (2003) Reconceptualizing organizational routines as source of flexibility and change. *Administrative Science Quarterly*, 48: 94-118.

Fligstein, N. and Mara-Drita, I. (1996) How to make a market: Reflections on the attempt to create a single market in the European Union. *American Journal of Sociology*, 102/1: 1-33.

Goodstein, Leonard D. and Burke, W. Warner (1991) Creating successful organization change. *Organizational Dynamics*, Spring: 5-17.

Greenwood, R. and Suddaby, R. (2006) Institutional entrepreneurship in mature fields: The big five accounting firms. *Academy of Management Journal*, 49: 27-48.

———— and Hinings, C.R. (2002) Theorizing change: The role of professional associations in the transformation of institutionalized fields. *Academy of Management Journal*, 45/1: 58-80.

Hatch, M. J. and Schultz, M. S. (2003) Bringing the corporation into corporate branding. *European Journal of Marketing*, 37: 1041-64.

Journal of Management Inquiry (2012) Editor's Choice series on organizational culture and institutional theory, 21: 78-117.

Langley, Ann and Tsoukas, Haridimos (2010) Introducing perspectives on process organization studies. In T. Hernes and A. Langley (eds.), *Process, Sensemaking and Organizing*. Oxford: Oxford University Press, 1-26.

Lave, Jean and Wenger, Etienne (1990) *Situated Learning: Legitimate Peripheral Participation*. Cambridge: Cambridge University Press.

Lewin, Kurt (1951) *Field Theory in Social Science: Selected Theoretical Papers* (Darwin Cartwright edn.), Oxford: Harpers.

—— (1958) Group decision and social change. In E. E. Maccoby, T. M. Newcomb, and E. L. Hartley (eds.), *Readings in Social Psychology*. New York: Holt, Rinehart and Winston, 197-211.

Oliver, Christine (1992) The antecedents of deinstitutionalization. *Organization Studies*, 13: 563-88.

Organization Science (2006) Special issue on design, 17/2.

Rao, H. (1998) Caveat emptor: The construction of nonprofit consumer watchdog organizations. *American Journal of Sociology*, 103/4: 912-61.

—— Morrill, C., and Zald, M. N. (2000) Power plays: How social movements and collective action create new organizational forms. *Research in Organizational Behavior*, 22: 239-82.

Rumelt, Richard (1986) *Strategy, Structure and Economic Performance*. Boston, MA: Harvard Business School Press (first edition 1974).

Sarasvathy, S., Dew, N., and Wiltbank, R. (2008) Designing organizations that design environments: Lessons from entrepreneurial expertise. *Organization Studies*, 29: 331-50.

Schroeder, Richard (1992) *Max Weber and the Sociology of Culture*. London: Sage.

Seo, M. and Douglas Creed, W. E. (2002)

Institutional contradictions, praxis and institutional change: A dialectical perspective. *Academy of Management Review*, 27/2: 222-47.

Tosi, Henry L. (1974). The human effects of budgeting systems on management. *MSU Business Topics*, Autumn: 53-63.

Tsoukas, Haridimos and Chia, Robert (2002) On organizational becoming: Rethinking organizational change. *Organization Science*, 13: 567-82.

Von Busch, Otto (2008) *Fashion-able: Hacktivism and Engaged Fashion Design*. Gothenberg, Sweden: Art Monitor.

Weber, Max (1968/78) *Economy and Society*, ed. G. Roth and C. Wittich. Berkeley: University of California Press.

Weick, Karl E. (1979 [1969]) *The Social Psychology of Organizing*. Reading, MA: Addison-Wesley.

Windeler, Arnold and Sydow, Jörg (2001) Project networks and changing industry practices: Collaborative content production in the German TV industry. *Organization Studies*, 22: 1035-60.

さらに理解を深める文献

Bourdieu, Pierre (1990) *The Logic of Practice*. Cambridge: Polity Press.

Czarniawska-Joerges, B. and Sevón, G. (1996) *Translating Organizational Change*. Berlin, New York: Walter de Gruyter.

Garud, R., Jain, S., and Tuertscher, P. (2008) Incomplete by design and designing for incompleteness. *Organization Studies*, 29: 351-71.

Hernes, Tor (2007) *Understanding Organization as Process: Theory for a Tangled World*. London: Routledge.

Rorty, Richard (1984) *Philosophy and the Mirror of Nature*. Princeton, NJ: Princeton University Press.

Van de Ven, A. H. (2007) *Engaged Scholarship: A Guide for Organizational and Social Research*. Oxford: Oxford University Press.

Weick, Karl (1977) Organization design: Organizations as self-designing systems. *Organizational Dynamics*, Autumn: 38-49.

Wicks, A. C. and Freeman, R. Edward (1998) Organization studies and the new pragmatism: Positivism, antipositivism, and the search for ethics. *Organization Science*, 9(3): 123-40.

Loose ends: Some promising new ideas in organization theory

第 10 章

仮の結論：組織論における将来有望な新しいアイディア

　本章であなたが目にするアイディアは，分析レベルを越えて基本的なパースペクティブを結合し，しかも実践とプロセスのパースペクティブから理論化すれば，組織論を最適に再編できるものだと思う。そこでまず取り上げるのは，組織学習と知識マネジメントである。いずれも暗黙知や共感できる理解，そしてコミュニティ・ダイナミクスによって演じられる実践ベースの役割を強調することで，組織変革に対する関心を再統合するテーマである。もう1つの重要なテーマは，組織アイデンティティで，そのプロセスが提示されるが，それは，組織文化や物的構造，パワー（権力）というトピックと関連するアイディアでもある。そして3番目のテーマは組織美（美学）である。豊かで充実した組織生活を過ごすための業務遂行とその表現の技法と芸術性を意味するテーマであり，この組織美を探求して，分散化した現象としての組織のアイディアを1つにまとめる。最後に，非常に古い解釈学を検討して，第10章および本書を終えることにするが，その内容は，実践論とプロセス論が示唆する方法で組織論の分野を再編するのに必要なパースペクティブを提供できるプラグマティズムと結びついたものである。

組織学習，暗黙知，知識転換

　ジェームズ・マーチとともに書いた論文の中で，アメリカの組織論者であるバーバラ・リービット（Barbara Leavitt）は，個人が学習するように組織の学習が可能である証拠は経験曲線で示されると主張した[1]。つまり，経験曲線は，組織学習にとってユビキタスなシンボルとなったため，多くの人が今やそれを学習曲線と呼んでいる。経験曲線の存在を示す組織の実例としては，航空機の生産量を増せば増すほど，その製造コストが下がるということがある。明らかなのは，何を学んだか明確にいえなくても，航空機製造について何か学んだことである。

　知っていることを明確にできないことが**暗黙知（tacit knowledge）**の特徴である。オーストリア生まれのイギリスの化学者・哲学者・科学者であるマイケル・ポランニ（Michael Polanyi）は，暗黙知の説を提示した最初の1人である。ポランニの理論によれば，暗黙知は，曖昧にしか理解されていないため記述できない，と説明される。暗黙知に含まれるのは，個人的で，直観的な，コンテクストに依存した理解や認識のすべてであり，このおかげで人は，既存の文化的コンテクストでうまく振る舞い，十分に活動することができる。

　哲学者であるアメリカのスコット・クック（Scott Cook）と組織論者であるボラ・ヤノウ（Dvora Yanow）は，「世界最高のフルート」を制作する組織が使う暗黙知の根拠を示した。この研究は，ボストンおよびその周辺で操業する3社で働く高い技能を持つフルート職人に焦点を当てたものであった[2]。クックとヤノウは，その制作プロセスが連続的であることに注意しながら，フルート職人が，仕事の際に行ったこと，話したことを観察・記述した。職人たちは，制作の各段階で，つまり穴を空け，弦とキーをつなぎ，キーパッドとキーを接着し，キーとキーパッドを調整するなど，それぞれ個別の作業に携わっていた。

　クックとヤノウは，不備があればどの生産段階でも，職人である労働者は前行程にフルートを差し戻すことができると指摘した。その際，職人は概して次のようなことだけを口にしたという。「このフルートは出来がいまいち」。生産段階が進むにつれ，フルートは極上の姿を次第に見せてくるが，これは，その

生産段階が協働的かつ共同的であるのと同じように多くの点で，言葉にしがたいものであった。その上，全体的に体系だったシステムとしての組織は，生産の各段階にあるフルートの出来映えについて暗黙知を使い，それを作り変え続けていた。彼らは，フルート職人が絶えず学習すると結論づけて，フルートの制作会社を**学習する組織**（learning organization）の1例としたのである。

日本の知識マネジメント論者である野中郁次郎と竹内弘高の両氏は，知識転換の4つの起こり得るモード（訳注：共同化，表出化，連結化，内面化）とそれらが内包するプロセス（スパイラルな関係）を明らかにするため，暗黙知と形式知を区分した（表10.1）[3]。

野中と竹内の枠組みは，知識の転換が通例起こるドメインばかりでなく，各ドメインにおいて研究を行う最も適切な方法を理解するのに有用である。例えば，クックとヤノウのフルート制作者の研究が示しているように，暗黙知は，同一文化メンバーのある種の共同化プロセスとしての行為に直接触れることによって転換する。彼らのエスノグラフィックな研究方法によって，他の方法では感知されない暗黙知から暗黙知への転換についての洞察が明らかにされたのである。

これとは異なり，研究者が組織メンバーと一緒に変化を再創造するアクションリサーチは，内面化によって形式知から暗黙知へ知識転換が起こる実践領

表10.1　野中・竹内による知識転換の4モード

モード	転換プロセス	ドメイン／リサーチ・メソッド
暗黙知→暗黙知	共同化	文化／エスノグラフィ
暗黙知→形式知	表出化	アカデミア／概念化，理論化
形式知→形式知	連結化	知識マネジメント／情報システムの開発と利用
形式知→暗黙知	内面化	実践（理論の応用を含む）／アクションリサーチ

出所：Nonaka and Takeuchi (1995) を基に作成。

域でより適切なものである[4]。ここでは，理論が実践へと転換されている。反対に，暗黙知から形式知への転換は，グラウンデッド・セオリー（grounded theory）ないし詳しい記述によって文字で表される理論化の領域で起こる。これが実践によって導かれる理論である。モダニストの研究方法は，既知の事項を組み合わせる知識マネジメントの領域で起こる形式知から形式知への転換の研究に最もふさわしい。これは，情報が記憶によって学習される場合に起こる知識転換の形態である。

活用と開発

マーチは組織学習についてもう1つの違うモードを紹介している。それは，効率性の要求と柔軟性の要求を組織は絶えずバランスさせる，という考えに基づくものである[5]。このコンテクストにおいて，マーチは組織学習の2つのモード，すなわち活用と開発について記述している。活用（exploitation）は，既知のことから価値を得る既存の知識と資源の利用であり，例えば，より効率的に同じことをなすために必要な手順の見直しである。

開発（exploration）は，以前は予見されていなかったような方法で知識を再考したり，資源を再活用することに似たものであり，新しい選択肢の探索，実験，研究などを含むが，これらはすべて，組織の柔軟性を示し組織変革を生み出す。開発による組織学習は，伝統的な組織変革論へ挑戦し，変革についての考え方を変える手段としての学習する組織というメタファーを導入している。変革を変えるという点で，開発はダブルループ学習の形態といえる。

ダブルループ学習と自己組織化システム

アメリカの学者であるドナルド・シェーン（Donald Schön）は，急激な技術的変化が原因で組織は業務ルーティンを根本から変える，という観察に基づいて組織学習に関する理論を構築した。1973年にシェーンは，『安定的な状態を超えて（Beyond the Stable State）』の中で次のように述べている。

　　安定状態の欠如が意味するのは，われわれの社会と制度は絶えず変化のプロセ

スにある，ということだ。われわれが生きている間，持続し続ける新しい安定状態を期待することはできない。……われわれは，変化する状況や要求に応えて制度を変える必要がある。いわゆる「学習するシステム」であり，すなわち，持続的変革が可能である制度を発明し，開発しなければならない。安定状況の欠如が，人に対して，制度に対して，全体としての社会に対して必要とするタスクは，学習することについての学習である[6]。

シェーンの学習するための学習に関する考えは，学習する組織に関する著作で知られているアメリカの組織行動論の専門家，クリス・アージリス（Chris Argyris）とともに開発した**ダブルループ学習（double-loop learning）**についての理論的基礎となった。この理論によれば，**シングルループ学習（single-loop learning）**は，行為の結果を観察するプロセスおよび，将来同じ誤りを犯さないためにそれに続く行為を調整する知識を利用するプロセスにおいて生成するフィードバックから生じる[7]。

アージリスとシェーンは，部屋が暑すぎたり寒すぎたりする場合に，暖房や冷房のスイッチを入れたり切ったりするサーモスタットの例を挙げた。もう1つの例は企業予算で，資本支出の考えや目標が設定され，実際の支出パターンと比較される。予算は，望ましい部屋の温度を達成するためにサーモスタットがリセットされるように，経時的に望ましい行動を引き出すために調整可能である。

シングルループ学習は，シングルループのシステムがそれ自身で作動できる（例えば，外部の温度が変化しても長い間室内の温度を安定させるために）という意味で判断能力を持っているように見えるが，このシステムはいかなる状況でも望ましい温度が何度なのかを決定することはできない。オペレーターは，経営者が予算編成を行う際にパラメータを設定しなければならないように，サーモスタットを設定しなければならない。標準が適切に設定されなければ，システムは望まれない結果を容易に抵抗なくもたらし，行動の変化は望み薄になる。シングルループのシステムは，与えられた問題は解決できるが，なぜ物事がうまくいかないのか，なぜ修正が必要なのかは示すことができない。

ダブルループ学習を遂行するシステムは，適切な行動が何かを明らかにし，適応によってシステム自体を効果的に調節することができる。しかし，行動の適切性を問題にする場合に価値判断を伴うため，ダブルループ学習は，機械的でルーティン化されたシングルループ学習モデルの範囲外のものといえる。この種の学習は，主観的な要因を含み，ダブルループ学習をしてその仮説と価値に疑問を呈することを可能にする。それゆえ，内省が可能で，また同時に，それに依存する自己組織化のシステムへと根本的に変化する行為が可能になるのである。

　自己組織化システムの考えと関連するダブルループ学習の内省的な特質は，チリのシステム論者であるフンベルト・マチュラナ（Humberto Maturana）とフランシスコ・ヴァレラ（Francisco Varela）によって初めて提示された[8]。**自己組織化システム（self-organizing systems）**は学習するために学習し，したかも，システム自体の作動基準や，行動，アイデンティティを明確にし，変化させるのに十分な判断能力を持つ。自己組織化はダブルループ学習を組織内に広めるが，マチュナラとヴァレラによれば，そのことが意味するのは，安定性が消え，トップマネジメントの要請よりむしろ学習の内部ダイナミクス（例えば，シングルループのシステム）から生じる新しい秩序が絶えず古いものに取って代わるということである。

　マチュナラとヴァレラの自己組織システム論が登場するまで，社会技術システム論者は，最少の職務記述書と適切な教育研修の機会があるとことを通じて，従業員が変化する状況に適応するため仕事をいかに再編するかを観察し，それがダブルループ学習だと述べた[9]。労働者は，トップマネジメントの介入，指示，コントロールなしに組織の社会的側面と技術的側面の適合を常に再最適化したのである。

多様性（ダイバーシティ）による組織学習，企業の社会的責任，サステイナビリティ，ブランド化

　さまざまな組織にわたって，同様の組織学習プロセスを独自に追跡した研究がいくつかある。多様性と企業の社会的責任（CSR）から企業のブランド・マ

ネジメントに及ぶビジネス上の問題に焦点を当てた研究があるが，それらは，組織学習と変革を結びつけるプロセスを示唆し始めているという点で，一致するようだ。

組織の多様性プログラムに関する長期の研究において，アメリカの組織研究者であるデイビット・トーマス（David Thomas）とロビン・イーライ（Robin Ely）は，多くの組織が多様性を形成する方法について学習する上で経験した3つの発展段階を明らかにした。トーマスとイーライによれば，最初の段階は組織の差別と公正に対して関心をもつという特徴を持つ。この段階で彼らが観察した経営者は，均等な雇用機会と従業員の公正な処遇を求める連邦規制に従うことに関心を寄せた。例えば，この段階の企業は大概，多様なアイデンティティ集団（女性，有色人種など）のメンバーを採用して，引き留めるために推奨される指標を利用して自己評価のシステムを設定する。このアプローチは通常，結果的にスタッフの多様性を増したが，組織が遂行する仕事の質を必ずしも変えたわけではなかった。そして，従業員の多様性を増そうとさせる外部の圧力に応じることから得る価値は，あったとしてもごくわずかであった。トーマスとイーライは，多様性から生み出される組織文化の変化を恐れることによって，しばしばこの段階から次段階に移行することに抵抗が起きたと述べた。そのため，企業の中には決してコンプライアンス以上のことをしようとしないところもある。

利用可能性と正当性の段階と呼ばれる第2段階にある企業は，多様性の利用を探求したが，しばしばそれは，人種やジェンダーのカテゴリーに属する従業員を，同様に分類されたステークホルダーのグループに対応させるといった最も明白なやり方でのみ行われた。例えば，ラテン系の従業員は，ラテン系の顧客に販売する仕事，あるいはラテン系のクライアントの口座を任される仕事になった。結果として，第2段階では，多様性をもたらした従業員は組織内でより多くの，より良い職務の機会を利用できたのである。しかし，それはある時点までである。利用可能段階によって，従業員には，依然として最初の段階にある企業の場合より，組織内でより多くの正当性と昇進機会がもたらされたが，組織は価値観の多様性が企業に何をもたらすかを十分に理解しなかった。マー

チが提示した用語を用いれば，組織は多様性がもたらした差異を活用しただけで，それらを開発しなかったのである。トーマスとイーライは，第2段階にある企業のマインドセットを次のように特徴づけた。

> われわれは，ますます多文化化する国の中で生きている。そして，新しいエスニック・グループが消費者パワーを急速に獲得しつつある。企業は，こうした差異化したセグメントを利用するために，人口統計学的により多様化した労働力を必要としている。われわれが必要とするのは，顧客をよりよく理解してそれに尽くし，そして顧客から信頼されるための多言語を駆使できる従業員である。多様性は，単に公正問題でなく，ビジネス上意義がある[10]。

利用可能性と正当性は概して多様性を持つ候補者に昇進の機会をもたらすことになるが，その新しい昇進地位は戦略レベルとは区分される範囲に止まり，従業員は，経営者レベルに昇進することはガラスの天井によって妨げられていると，息苦しく感じ続ける。

第3段階は，今日多くの企業で達成されていないが，トーマスとイーライによって，多様性がもたらす利点を十分に享受する学習段階として描かれている。企業が学習と有効性の段階に入るのは，多様性がもたらす影響を受け入れることで，マーケット，製品，戦略，ビジネス実践，組織文化を見直す場合である。換言すれば，第3段階の組織は，従業員の差異を内部化しそれに適応することで生起する学習によって変革されるのである。そうした企業は，当然，より良い人材を採用し，引き留めることができるが，とりわけ，新製品のアイディア，新しい顧客基盤，新しいビジネスといった従来想像しなかった機会を発見するのである。

企業の社会的責任（CSR）に挑戦する企業の研究というコンテクストにおいて，フィリップ・マーヴィス（Philip Mirvis）とブラドリー・グーギンス（Bradley Googins）は，トーマスとイーライの段階モデルときわめて類似したモデルを開発した[11]。CSRは，気候変動，貧困，飢餓，人権のような問題に組織が対応することと関わる。当初，企業はこうした関与を組織の問題というより社会

の問題として解釈したが，企業の責任を株主に止まらずすべてのステークホルダーを含むように拡大することによって，CSR についてより洗練されたアプローチをとる組織がいくつか出現し始めた。CSR が多くの組織において戦略的になるにつれ，さまざまな組織変革が行われるが，なかには洞察をもたらすことになる例がいくつかある。例えば，企業の海外活動において人権を守ること，エコ・フレンドリーな技術を創造すること，財務公開の透明性を確保すること，ファミリー・フレンドリーな雇用主であること，そして差別のない雇用実践の活用についてである。

　マーヴィスとグーギンスによる CSR に取り組む組織の長期にわたる研究は，異なる学習経路があり得ることを示したが，総じて，外部の圧力（例えば法的，特別の関心など）に従うこと（コンプライアンス）が，研究対象とした企業が CSR に取り組むために学習する最初の段階だといえる。CSR 関連の活動に明確に配分された資源の利用を学ぶこと（例として，活用）によって，企業は次に，コンプライアンスの視点からより活動的な関与，すなわち戦略的フィランソロフィとPRキャンペーンのような行動に移る。そして第3段階として続くイノベーションの期間は，新しい活動（開発など）の副産物として，新製品や新サービスが発明ないし発見されたりする。しかしこれらは総じて断片的で相互に関連がなく，第4段階では，統合するための努力が必要となる。第4と最終の第5段階が生じるのは，統合の努力によって文化の深いレベルで新しい価値が確立し，組織内外から知覚される組織アイデンティティが変化したような企業である。この段階では，市場の創造とともに今やビジョナリーと見なされる企業に対する外部からの関心を実質的に伴う。

　組織変革の研究者であるラモナ・アモデオ（Ramona Amodeo）は，マーヴィスとグーギンスの第5段階を達成した企業の1例を提示した。アモデオは，インターフェイス・フローリング・システム（インターフェイス社）が環境的に持続可能（サスティナブル）な企業になった組織変革について回顧的事例研究を行った[12]。商業用カーペットのグローバルなメーカーであるこの企業は，革新的なカーペット・タイルをリサイクル素材から製造することを学習した。さらに，他の世界中の企業にカーペットを貸し出すことによって，製造プロセス

にリサイクル素材を止めることなく確実に供給できるようにした。このようにして，インターフェイス社はよりサスティナブルになったばかりでなく，他の企業もサスティナブルな道筋を追求できるようにしたのである。

アモデオは，インターフェイス社の創業者で CEO のレイ・アンダーソン（Ray Anderson）も含むさまざまな従業員によって語られた組織変革をビデオ撮りして分析し，この企業の発展段階を，覚醒の段階，隔離保護の段階，形態変化の段階，創発の段階として描いた。覚醒段階で，アンダーソンは，次世代のために地球を保護する社会のリーダーとして，またメンバーとして，自分には責任があることを認識した。その結果，彼は他の組織メンバーに影響を及ぼし始め，インターフェイス社が環境サスティナビリティの方向に変化することを助長した。組織のメンバーは，組織内の対話を経験し，リーダーの抜本的変革に直面し，彼の掲げる挑戦に会社は従うべきだと考えた。また，隔離保護の段階でアンダーソンは，変革プロセスの指導を担う諮問会議を設置することによって，ポール・ホーキン（Paul Hawkin）といったサスティナビリティ（環境持続可能性）運動の有名な擁護者を取り込んだのである。

サスティナビリティの価値観を実現するための変革が次に起こった。この段階で企業のエンジニアは，サスティナビリティという価値観によって示唆された目標について，収益を上げつつ追求する方法を編み出し，営業担当者は関心を持つ顧客との関係を構築した。組織のメンバーと重要なステークホルダーが熱狂的になるにつれて，インターフェイス社での文化の深いレベルでの変革が生じ，最終的に創発の段階で，アンダーソンとその他の人がその変革のストーリーと世界に対するサスティナビリティのメッセージを語り始めるまでになった。例えば，アンダーソンはドキュメンタリー映画「ザ・コーポレーション」の中で企業のストーリーを話すために招待され，インターフェイス社は数多くのサスティナビリティに関する賞を獲得したのである。

最後に，メイケン・シュルツ（Majken Schultz）と私は，デンマークのおもちゃ会社であるレゴ社が新しい企業ブランド戦略を実行する際の組織変革を研究した[13]。上述の３つの研究とは異なり，われわれはスタート期，連結期，巻き込み期，統合期と名づけた４つの変革サイクルを発見した。しかしレゴ社の変革

プロセスは，われわれの研究が終わったときにまだ完結していなかったので，追加の段階があるかもしれない。

スタート期に会社はレゴ・ブランドの遺産を検討し，市場でのイメージを調査した。その結果をベースに，経営陣は新しいブランド・ビジョンとその構成を考え，それをサポートする組織変革のプログラムを公表した。連結期は，ブランド会議を設置し，グローバル・ブランド・コミュニケーション部門の執行役員を任用し，クロス・ファンクショナルなグローバル・ブランド・チームを編成することによって，企業のブランド活動を中心にレゴ社の構造的再編に取り組んだ。巻き込み期にレゴ社は，ブランド・スクールを創設した。このスクールによって，従業員がブランドについて学び，ブランドについてトップ経営陣の意思決定に影響を与えることができるようになり，そして，年齢別カテゴリーを廃止し，顧客と新しいコミュニケーション・チャネルを開くために市場細分化戦略を変更することができるようになった。統合期は，ブランドの利用と表示についてガイドラインを設定し，ブランドショップを設計・建築し，全社規模の価値連鎖分析を実施し，ユーザー・コミュニティを活用し，彼らの意見を新製品の開発プロセスとブランドの形成に利用できるようにした。

以上の検討してみた研究は，明らかに異なったビジネス問題に対応する組織変革に焦点を当てたものだったが，それらは学習ベースの組織変革（表10.2）に共通するパターンを示唆している。変革は組織の一部で始まり，資源の投入，そして新しい活動，実践，構造を取り入れることによって，それが他の部分に広がる。その後，新しい形が古いものと統合されるのに伴って，ガリアルディの漸進的文化変革モデルによって示唆されたように価値観が見直され，ときには再活性化されると，組織学習は組織文化のコアを変革することが可能になる。さらに，ここで検討されたモデルはすべて次のこと示唆している。すなわち組織は，文化の変革に取り組む前に，経済的な価値について検討する必要がある。これは，カリスマのルーティン化に関するウェーバーの説明と同じように，シャインの文化論を支持する見解である。

表10.2 組織変革プロセスの4研究の比較

モデル	ビジネス問題	組織変革プロセスで識別される段階
Thomas and Ely (1996)	多様性	差別と公正―法律と他の制度化された期待へのコンプライアンス 利用可能性と正当性―多様性のある従業員の職務,企業に対する市場 学習と有効性―組織全体の部分
Mirvis and Googins (2006)	企業の社会的責任 (CSR)	基礎―法律と標準へのコンプライアンス 関与―CSRと環境サステナビリティはコンプライアンス以上のことを含む イノベーション―社会的及び環境的ステークホルダーに対して職能部門によって対応 統合―内部組織に組み込まれたCSRとサステナビリティの包括的な見解 変革―ビジネスモデル,製品,サービスがCSR/サステナビリティの価値を表現
Amodeo (2005)	サステナビリティ	覚醒―リーダーが責任を認識して他者に影響 隔離保護―内的な対話と変革の必要性の対立 形態変化―企業がサステナビリティの価値を合わせるため重要な変革を実施(探索) 創発―外部世界にサステナビリティに至る道筋について企業のストーリー聞かせる(活用)
Schultz and Hatch (2005)	企業ブランディング	スタート―企業が遺産と顧客ベースと再結合 連結―望ましい変革を強調するためのリストラ 巻き込み―内外のステークホルダーを役員会に 統合―実践,政策,コミュニケーションにおいて一貫性を創出

組織学習についての若干の注意

リービットとマーチは,学習経路に多くの困難が散在することを指摘した。そして彼らは,特に,迷信学習,成功の曖昧さ,能力のワナの観点に注意することが必要だと示唆した。

迷信学習(superstitious learning)によって,組織は間違ったことを学ぶ可能性がある。このワナに陥るのは,行為と結果のつながりを誤って捉えてしまう場合である。例えば,昇進は高いパフォーマンスを示すものとして受け止められるが,実際は,昇進した者が既存のリーダーの特徴(白人,男性,自信あ

る態度など）を持っていただけの場合がある。このような（昇進の）原因の取り違いは，昇進した者が自分は組織にとって適切な意思決定をするための能力があると過大評価する場合に，迷信学習をもたらすのである。

　組織ないし部門が利益を上げている理由がわかっていると信じている場合に，実際に利益が上がっていると，その原因を間違えてしまうことがある。この現象は，1990年にドナルド・マクロスキー（Donald McClosky）による，エコノミストのディスコース（言説）についてのナラティブ分析『もしあなたが賢いなら：エコノミストのナラティブ』で風刺された。この題名は「もしあなたが賢いなら，なぜ金持ちでないのか？」といいたいのである[14]。成功の曖昧さ（ambiguity of success）として知られるこの学習の失敗ゆえに，いつ組織が成功したのかを知るのは難しい。なぜなら，成功の指標は絶えず修正され（目標が移動し続け），特定の指標に対する希求水準もまた長期にわたって変化するからである。組織が成功するのは，優れた組織構造やマネジメントの実践があるからだ，と考えるのはよくある誤りである。組織を成功させたのは自分だと主張されるのは，組織行動とそのパフォーマンスの結びつきとはほとんど関係しない政治的行動の場合である。同じく，ネガティブな結果は組織が実際は達成したこともわかりにくくしてしまうし，このことが因果図式を混乱させるかもしれない。成功をピンポイントに指摘するのが難しいとき，過去においてうまくいったことを基盤に学習するのは困難である。

　能力のワナ（competency trap）は方法の改善をもたらすが，これは，競争優位とはほとんどないしまったく関係ない。このようなワナに落ちるのは，組織が1つかそれ以上のよく使われる方法を改善し，その方法が限定的ながらも一連の成果をもたらす場合である。その結果，その利用を強化する一方で，もっと良い方法を探求するモティベーションを減じてしまう（シングルループ学習のためにダブルループ学習が犠牲になる）のである。もし競争相手がその間により良い方法を開発しているなら，当該組織は自身の学習プロセスによって生み出された能力のワナに捕らわれることになる。

組織アイデンティティ

　多くの場合，個人レベルの分析で開発された理論を用いて組織現象を概念化するのはよくないアイディアだと見なされている。組織アイデンティティ論に対する批判者は，こうした考え方に基づいて，この理論に異議を唱える。批判者は特に，アイデンティティを問う「私は何ものか？」という問いにおいて暗黙の前提となっている（と思っている）組織が自己を持つという発想は自明だといえないと考えている。しかし，組織アイデンティティ論者は，組織メンバーが自分たち自身に「われわれは何ものか？」と問うことはきわめて普通のことだと述べ，彼らのコア概念を守ろうとする。そうして，彼らの関心現象を実証しようとする。

　組織アイデンティティは，組織について語るときに個々人が用いる言語で最も目立つものであり，このテーマには言語的アプローチが自然のように思える。組織アイデンティティに関する最初の定義は，組織には，組織メンバーとその他利害者集団にとってみて何か中心的で，独自で，持続的なものがあり，これらが組織アイデンティティを構成しているという主張を軸に展開された。アメリカの組織論者ステュ・アルバート（Stu Albert）とデイブ・ウェッテン（Dave Whetten）は，組織アイデンティティのこの定義を使って，危機下にあった彼らが所属する大学の研究を行った。倒産危機は緊縮財政を伴い，組織メンバーに対して，もし教育プログラムがカットされるとどうなってしまうのかという不安を引き起こした。アルバートらは，組織アイデンティティは主として危機の間に顕在化すると仮定したが，これは個人的分析レベルでのアイデンティティの危機というアイディアを組織レベルに拡張したものである[15]。

　多くのモダニストによる研究は，中心的で，独自で，持続的というアルバートとウェッテンによるアイデンティティの定義に先導されたが，こうした特徴は，彼らの研究が最初に示唆したように，客観的な本質を指しているのか（モダンの視点），社会的に構築された現実を指しているのか（シンボリックの視点），それとも潜在的に危険なシミュラークル（模像）を指しているのか（ポストモダンの視点），という点で重大な意見の相違がある。ウェッテンは，後に，

組織を社会的行為者として定義づけ，組織はカテゴリーに基づくアイデンティティ，例えば，銀行，学校，病院，メーカー，サービス業といったアイデンティティを有することを暗示し，この論争で制度論的な立場に立った[16]。彼は，カテゴリー別のアイデンティティが，行動を支配する政治的，社会的，文化的（規範的）期待と同じく，技術的，規制的，法的（強制的）義務をもたらすと主張した。

　社会的構築主義者は，組織アイデンティティはモダンに立脚する本質主義が認めるよりも柔軟であると信じている。それゆえ，アイデンティティを絶えず変化の状態にあると考えることに賛同して，アイデンティティを持続的なものと捉える見方を捨てるのである。例えば，デニス・ジオイア（Dennis Gioia），メイケン・シュルツ（Majken Schultz），そしてケヴィン・コーレイ（Kevin Corley）は，アルバートとウェッテンの持続するものという概念を，適応的不安定という概念で置き換えることを提案した[17]。こうした研究者の議論によれば，アイデンティティが持続的であるように思われるのは，実際には幻想にすぎず，この幻想が作られるのは，安定的な組織アイデンティティのラベルの意味が変化する状況に適応するために変化するときである。安定的なラベルの意味を変化させることによって，組織メンバーは組織が持続性を有するという幻想を保持するのである。

　ポストモダニストもまた，組織アイデンティティは，言語の使い方の流動性と変化に基づくと見なしている。アイデンティティを推論的シミュラークル，つまり，オリジナルを持たずに漂流する意味の素である変幻自在な産物として見ることで，彼らはアイデンティティが管理可能であることを疑い，さもなければ率直にその存在を否定する。この立場は，アイデンティティを管理しようとする試みに対しての批判を妨げるものではなく，アルバートとウェッテンの組織アイデンティティは中核的である，という考えに批判が向けられる。というのは，強力な経営者がある組織の特徴や活動を中核として定義する場合，彼らは組織に対して異なる見方をする人びとや，中核として定義された活動の範囲では役に立たない人びとを周縁化するからである。それゆえ，組織に代わって経営者やコンサルタントによってなされたアイデンティティの主張は，脱構

築と批判的内省の素材となる。

　組織の個体群生態学と制度論の研究は，アルバートとウェッテンによる組織アイデンティティの定義が注目する独自性という要因を否定する。個体群生態学によれば，組織アイデンティティは個体群レベルで形成される。活動フィールドに参加する組織は，個体群レベルで明確な特徴を採用するからである。銀行，新聞，ビール業界などの歴史的研究が示すところでは，これらの組織を説明する制度化されたカテゴリーは競争相手との差異ではなく，同様の活動をしているかどうかによって，アイデンティティが付与される。1例として，グレン・キャロル（Glenn Carrol）とアナンド・スワミネイサン（Anand Swaminathan）は，1975年から1990年までのアメリカのビール業界を分析して，業界の資源蓄積が分割されるにつれ，新しい個体群が登場したことを発見した[18]。また歴史的な分析を補う定性的研究から，資源の分割とそれに続く個体群発展のストーリーは，新しい個体群，つまりマイクロ・ブリュワリーというアイデンティティの発達に依存することが明らかになった。

　アルバートとウェッテンが主張する独自性という要因を個体群生態学が攻撃するのは，競争圧力が組織アイデンティティに同一性を強制するという前提に基づく。この前提は，さまざまなルートを通じての強制的，規範的，そしてあるいは模倣的な圧力によって同一性を強いるという正統性に関する制度的圧力の主張と似ている。しかし，アイデンティティ形成のプロセスを個体群レベルではなく組織レベルから眺めてみると，違った図式が登場する。この図式では，組織アイデンティティが他組織とは差別的な集約点となる場合，独自性が優越する。この差別的な集約点の周囲に，その組織ならではの集団的な所属感覚が顧客，投資家，パートナー，従業員，潜在的な従業員を惹き付け，忠誠心を引き出し，さもなければアイデンティティの喪失を引き起こすのである。

　差別化は，競争優位性を発見，創出，利用しようとする欲求に根ざした経済学的，戦略論的，マーケティング論的な関心事である。組織アイデンティティはこの目的のために使われる程度に応じて，経営者的思考の一部を形成したことが何度かあった。例えば，企業メッセージと一致した建築物や企業のロゴ・デザインに対する一貫したアプローチを通じて伝達される組織アイデンティ

ティの象徴研究（シンボリクス）によって，組織のコントロールはより良いものになり，そしてより信頼できるパフォーマンスが上げられる，というウォーリー・オーリンズ（Wally Olins）の理論を思い起こされたい。だが，モダニストの伝統によらない組織アイデンティティ論が提示するのは，規範的色彩の薄いこれとは異なる代替案である。

　メイケン・シュルツと一緒に開発したそうした理論で，私は組織アイデンティティを組織内外のステークホルダー間の相互作用によって創発される持続的な社会構築プロセスとして述べた[19]。この理論は，個人レベルのアイデンティティ構築論に触発されたものであり，個人レベルから組織レベルの分析を想定することの利点と限界の両方を示している。しかし，個人レベルの現象を基に組織レベルの現象が想定できると仮定しなかったことではなく，むしろ，アイデンティティが形成されるプロセスは，これら2つのレベル間で大きな差異はないと仮定したことに注目してほしい。組織レベルのプロセスは，組織レベル対個人レベルのアイデンティティ構築に関わる人がより多いため複雑になるとはいえ，こう仮定してよいと思う。アメリカの実践主義的心理学者のジョージ・ハーバート・ミード（George Herbert Mead）は，われわれの組織アイデンティティのダイナミクス・モデルが基盤とする個人アイデンティティ論を提示している[20]。

　ミードの理解では，個人アイデンティティは，個々人の自我を形成する社会的コンテクストから表出し，社会的コンテクストと交織するものである。彼は，アイデンティティを，「アイ（I）」と「ミー（me）」（図10.1）の間で生起する対話の産物として概念化した。「ミー」は個人の社会的コンテクストに強く埋め込まれ，「アイ」はそれに合致するように現れる。ミードの観察によれば，「ミー」は幼児が自分のことについて他人が言うのを聞く場合（「君の鼻はキュートで小さいね」，「大きくなったね」）に生まれ，自我についての考え（「私の鼻」，「私の容姿」）を体系的に発達させていくことで，その特性を自分のものにする。自分の「ミー」を持つことによって「アイ」が生まれ，他人がいうことを拒否する（「あなたは私のことを知っていると考えているようですが，知ってはいません」）能力を持つようになる。ミードによれば，「アイ」が現れる瞬間から，「ア

図10.1 個人レベルのアイデンティティ・ダイナミクス

出所：Hatch（2011）における Mead（1934）を基に作成。

イ」は「ミー」に反応し応答するし、その逆もある。つまり両者は人生を通じて常に影響し合っている。それゆえ、自分たちは何ものかについて、社会的コンテクストに組み込まれかつ常に動的な感覚を持つような個々人を形成するのである。

　もちろん、あなたのアイデンティティ形成を助けるプロセスにおいて、会話の相手は自分のアイデンティティ・ダイナミクスに関与する。あなたについて私が持っているイメージは、あなたのアイデンティティに影響を与え、これは逆に、私のイメージを私のアイデンティティに反映させる。この相互に絡み合うアイデンティティ構築プロセスは、集団アイデンティティの対話にとって重要な個人レベルの基盤となり、集団アイデンティティは組織アイデンティティを生み出す。個人アイデンティティに対する含意について深入りするつもりはないが、個人の組織に対するアイデンティフィケーション（同一化）と脱アイデンティフィケーションが、組織アイデンティティ論の本質であり、その逆もある、ということがここでの重要な点である[21]。

　ミード理論の組織レベル版を展開することは、アイデンティティの対話を「ア

ス（us）」（組織レベルで「ミー」と同等）と「ウィー（we）」（組織レベルで「アイ」と同等）の間で起こるものと見なすことである。「アス」はステークホルダー間で起こる多くの相互作用で構築され，一方「ウィー」は組織メンバーが「アス」に応答する際の相互作用から生じる。組織アイデンティティは「アス」と「ウィー」の間の対話として定義されるので，従業員とステークホルダー間に分散共有される。それゆえ，組織アイデンティティは，持続的で，多面的で相互に絡み合うという意味を持ち，また意味を形成する。

　アイデンティティの対話が絶え間なく続く例として，モーガン・スパーロック（Morgan Spurlock）によって製作された2004年のドキュメンタリー映画「スーパーサイズ・ミー」に対するマクドナルド社の反応を考えてみよう。映画の中で，スパーロックは1ヵ月間毎日3食マクドナルドを食べてみせた。彼の食べる超特大ハンバーガーには特大サイズのポテトとソフトドリンクがつき，店員は毎度このメニューをマクドナルドの当時の「スーパーサイズ・ミー」マーケティング・キャンペーンの一部ですと勧めるのであった。撮影中にスパーロックは，25ポンド（11.3キロ）体重が増したが，結局，健康を気にしたガールフレンドと医者によって説き伏せられ，実験と映画を終了させた。

　誰もこの映画を真剣に受け止めたりしないだろうと考えたものの，マクドナルド社は，実際にそうする人が出てきたことを悟り，自社の系列店でスーパーサイズというメニューを廃止し，ステークホルダーに当社は健康的なライフスタイルに貢献していることを信じてもらおうと一連の新しいマーケティング・キャンペーンを始めた。この試みには新しいサラダ路線の着手が含まれていた（マクドナルド社は健康路線にこのとき初めて取り組んだのではなく，こうした路線に取り組むたびに，少しずつヘルシーな代替メニューを成功させられると想定していたようだ）。以上の行為が示唆するのは，ステークホルダーのイメージがマクドナルド社の「アス」に影響を及ぼし，彼らの「ウィー」からここで述べたような反応を引き出したということである。このことが，時間を経るにつれ，アイデンティティの変化発展を将来にわたって継続させる他の行為や反応を生み出すことは疑いないが，同社の将来のコンテクストと化すには，少なくとも部分的に，糖尿病の蔓延にこの会社が関わっているという継続中の

社会的議論が影響するであろう。

マクドナルド社の他者とのアイデンティティの対話には，異なるステークホルダーが含まれる。ステークホルダーの中にはマクドナルドを，例えば愛すべきブランドや顧客による選択権利のシンボルとしてとして擁護する人びともいる。反マクドナルド者たちが対話に持ち込んだイメージに反応するのと同じように，マクドナルドの「ウィー」は，マクドナルドファンたちが作り上げるのを助けた「アス」に反応する。マクドナルド社による当初のアイデンティティ・マネジメントの努力は，同社のやり方を根本から変えることがないように設計されていたのかもしれないが（例えば，反マクドナルド者たちは，「ヘルシー」メニューもきわめて高カロリーだとクレームを付けていた），外部からの影響への抵抗でさえ「ウィー」に新しい何かをもたらすのである。マクドナルド社の組織アイデンティティの対話の複雑さからわかるように，ステークホルダーのイメージ，あるいはそこから生まれる「アス」に内的一貫性があることは期待できない。

図10.2で表されるモデルが示すように，組織アイデンティティの対話は以下のようなものになる。まず，組織がブログの閲覧やツイッターのつぶやきのフォローを含むメディア分析とマーケット調査技法によって集めるステークホルダーが抱くイメージの他に，売上時やサービス提供時の顧客フィードバック情報や組織メンバーとの他の相互作用によって直接的に伝達されるイメージもある。つまり組織の「アス」は，ステークホルダーを鏡として，そこに写るアイデンティティについて組織メンバーが感じ考えることを中心に形成される。この「アス」についての内省が，組織文化とあらゆる下位文化の注目を集め，これらが「アス」が示すイメージを解釈するためのコンテクストとなるのである。もし「アス」が「ウィー」を裏付けるなら変化の誘因はないが，そうでなければあらゆる反応が新しい理解と異なる構築の可能性をもたらす。

長期にわたり，対話によって外部の影響が組織アイデンティティに与えられる。というのは，「アス」についての内省が「ウィー」を裏付けるにせよ否定するにせよ，組織メンバーは外部者に反応し，自分たちが何もので，何を主張するかを表現するからである。組織メンバーの反応は意図的な場合と非意図的

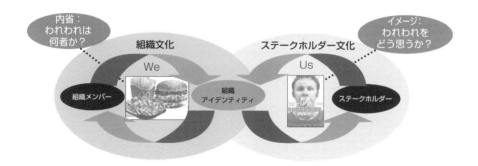

図10.2 組織アイデンティティのダイナミクス

出所：Hatch and Schultz（2002, 2008）を基に作成。

な場合があるが，いずれにせよその一部が反応することが，この対話を継続させ，ステークホルダーにさらなる印象を与え，彼らの持つイメージを修正するように促す。そしてこれは，さらに変化の可能性をもたらし，この繰り返しが一致点に到達するまで続く。もちろん，新たな問題は次々と生じるので，アイデンティティの対話は常にダイナミックである。

　組織アイデンティティを理論化するアプローチがその他数多く提案されてきたが，制度的アイデンティティのナラティブにおける文化に注目するバーバラ・チャルニャフスカ（Barbara Czarniaswka）のナラティブ・アプローチ，組織の物的構造のシンボリズムに基礎をおく組織・集団・個人アイデンティティの理論などいくつかは，他の章で扱った。紙幅の関係からここで詳細に検討することができないものを挙げれば，アンドリュー・ブラウン（Andrew Brown）とケン・スターキー（Ken Starkey）が提案する精神力学アプローチ，マイケル・プラット（Michael Pratt）とピーター・フォアマン（Peter Foreman）による組織は多元的なアイデンティティを維持するという仮説に基づく理論，またカレン・ゴールデン - ビドル（Karen Golden-Biddle）とハヤグリーヴァ・ラオ（Hayagreeva Rao）によって提案されたような組織アイデンティティを制度の影響として議論しようとする試みが指摘できる。そしてもちろん，組織アイデンティティの構築を，権力争いとして探求するクリティカル・アプローチの余

地はもっと大きい。マット・アルベソン（Mats Alvesson）が例証したように，そのアプローチではコントロール，監視，コンフリクト，抵抗がその役割を与えられている[22]。

組織アイデンティティ論の適用についての規範的なアプローチには多くの形があるが，そのすべてが想定するのは，組織アイデンティティは管理可能で，もしうまく管理されれば，組織にとって好ましい結果をもたらすということである。例えば，優れた業績，潜在的な従業員・投資家・パートナーにとってより高い魅力をもたらし，組織文化の変革にとって特にテコの支点となる。後者の見解は，最も早い組織アイデンティティ研究の1つによって示された。この研究は，アメリカの組織論者であるジェーン・ダットン（Jane Dutton）とジャネット・デュケリッチ（Janet Dukerich）によるもので，ニューヨーク市とニューヨーク港湾局のアイデンティティが脅威にさらされたとき，組織行動と組織文化の基本的前提の両方に変化がもたらされることが明らかにされた[23]。

メイケン・シュルツと私は，アイデンティティ・ダイナミクス・モデルによって企業ブランドのマネジメントに適用する規範的枠組みを開発した[24]。

この枠組みでは，アイデンティティ・ダイナミクス論は，経営者に組織アイデンティティの対話を組織文化とステークホルダーのイメージに一致させる手段として捉えるようにするものである。こうして，組織の外部からの見え方も，ステークホルダーが企業と直接接触する場合にわかることと確実に一致するようにし，企業がいかなる立場に立ち，いかに行動・運営するかについて従業員がその本質を見失わないようにするのである。

経営陣は，アイデンティティ・ダイナミクスに関与する際に，顧客サービスの課題，新製品のアイディア，肥満やオンコセルカ症，エイズとの戦い，将来世代に対する地球天然資源の保全といった関心事について，従業員と外部のステークホルダーとの対話を促進することによって，組織文化とステークホルダーのイメージが一致した戦略的ビジョンを容易に形成できる。その際，形成されるビジョンは，組織内外のステークホルダーの期待と願望をすでに備えたものとなり得る。したがって，誰かにビジョンを受け入れるように説得する必要性がきわめて少ない状況が生まれるはずであり，すべての関係者が実行の問

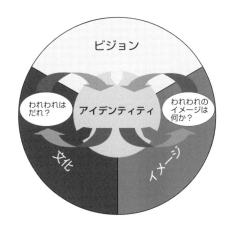

図10.3 ビジョン，文化，イメージの整合としてのアイデンティティ・ダイナミクス
出所：Hatch and schultz（2008：68）を基に作成。

題に取り組む時間的余裕が広がり，このようなプレッシャー（重圧）は小さくなる。ビジョン(V)，文化(C)，イメージ(I)，つまりVCIの一致は企業ブランディングや変革プログラムにとっての強力な土台となる。VCIの不一致が従業員，ステークホルダー，経営者の間に生じるほど，ブランディングや変革プログラムに投下される努力の質を低下させるであろう。

分散した現象

組織アイデンティティ，組織学習，文化，ブランド，そして他のシンボリックな概念は，分散した現象（distributed phenomena）の記述にふさわしい。アメリカの人類学者であるラール・ローゼス（Lars Rodseth）は，分散した現象を，「本質でも構造でも分類でもないが，世界に存在する特定の出来事」，「空間と時間において，さまざまに分散した歴史上の事柄」と定義する[25]。

ローゼスが文化に関して観察したところでは，個々人は，小規模な社会においてでさえ自分だけに通用する「文化」しか持っておらず，それぞれ独自の社

会的,意味的立場から社会や集団の文化を見る。文化内での共有と文化間の境界を強調する伝統的な人類学の概念に対して,意味的な集合として定義される文化は,相対的に広がる持続的な意味の分散として描かれる。ローゼスによれば,文化を分散した現象と捉えることで,「個々人は,文化的理解と信念の点でそれぞれ個性的であり,独自性を持つ個人」と見なされる[26]。この考え方は,アン・スウィドラー(Ann Swidler)のシンボル用具のキットとしての文化論を補完し拡張している[27]。もし文化的資源と文化的意味が当該文化メンバーに現実を構築する用具一揃いを提供するなら,さらに,ローゼスの理論が示唆するようにそれぞれが独自のやり方で構築するならば,文化それ自体はメンバーが訪れる場所すべてに運ばれ,彼らがどこへ行こうともその痕跡を残すのである。

ローゼスは,生物学から援用した個体群の概念について,「抽象的ないし生命を感じさせない物体の対極にある変化,相互作用,再生そして拡散する現象,いうならば生き物にまさに適合する」と主張した。生き物として意味を扱うことで,必然的に意味は,ダイナミックで,形態を変化させ,相互作用的であり,さらに,言葉,価値判断,アクセントで構成されるものになる。単なる抽象化より,「人間の脳に蓄えられ,スピーチや他の形態の行為で表現され,世の中において書物や人工物の形で伝達される」文化のモノとしての具体化を彼は強調するが,それによって見えざる文化に形が与えられるのである[28]。

ローゼスは,ロシアの文学論者であるミハイル・バークティン(Mikhail Bahktin)を引用して,「意味は,生き物であるだけではなく,社会的なものでもある…相互作用し再結合し,連綿とつながる全体を生み出す。そしてそれをわれわれは文化の形態として認識する」と述べた[29]。ローゼスは,イメージがわくように,「文化の何千本ものの生きている撚り糸」[30]と述べ,文化の物質性とダイナミズムを詩的に言い表している。

生物学的個体群と同じように,意味論的個体群はユニークで変化し得る実体から構成される。言葉1つをとってみても,規範的に意味が定まっている単位であるように思われるが,実は辞書に載っている意味の羅列に止まらず,生きて

いる多元的な意味とアクセントを備えている（ヴォロシノフ Volosinov, 1986: 77）。言葉とその意味は，さらに，すべての人の心の中にその人ならではの語彙目録を形成する。したがって2人の話し手がまったく同じ語彙目録を持つようなことはない。もし持てるとしても，両者の語彙目録で見いだされる多くの言葉は，2人に異なった意味とアクセントをもたらす。言葉と語彙目録についていえることは，他の文化要因にも明らかに当てはまる。そうした構成要因は，あらゆる人間集団内でさまざまに分散している。そして，すべての人はより大きな集合の中での意味のさまざまな断片のみを持ち歩いている[31]。

ローゼス理論の示唆は，分散した現象を存在論的ないし認識論的に完全に把握できる人はいない，ということである。それは，間主観的に社会的に構築されることもあるが，抽象的概念を離れてその全体像を把握するにはわれわれの能力に限界があることを受け入れなければならない。文化やブランドのような抽象的概念を，この全体像を把握するために形成することもある。それゆえ，複雑性を尊重するとともに，その豊穣さと変化性をとことん認めるべきである。ローゼスはさらに次のように述べている。

（ポスト・モダニズムは）社会的形態とアイデンティティを極度まで断片化することをポスト・モダニティの新しさの1つとして捉えている。さらにそうした断片の見方で，人間の経験に伴う大半の特徴である多様性，不一致，無理解についての詳細な形態が識別可能である。そしてそれは分散したモデルで最もよく把握することができる[32]。

ローゼスは，システム論の考えを確証しているように思える。つまり，われわれは個人として，われわれの間に分散して存在するシステムを物的に把握することはできない。にもかかわらず，美意識を用いれば，分散した現象をより十分に認識する手段を見つけることができるかもしれない。そのためには，おそらく，説明しようとする以上に想像力と技法を用いてそれらに取り組むのが最適であろう。

組織と組織化の美学

　あなたは，人生を振り返ったときに，圧倒的な喜び，恐怖，怒りの感覚を抱く瞬間を思い浮かべることができるだろうか。視覚や臭覚によって記憶が引き出されたことがあるだろうか。あなたにとって非常に強い感情を引き出す音楽やアートはあるだろうか。感覚は，知性によって生じるものとはまったく異なった経験上の認識を生み出すことができる。感覚的な認識は，組織の美学について有用な出発点を形成するものである。

　例えば，数年前に，本書の第2版を書く手助けをしてくれたアンは，自分の研究プロジェクトの一環として，小規模な織物会社の社長と上級マネジャーにインタビュー試みた。彼女は織物会社のドアを通り抜けたときに，湿気のある素材の臭いを感じ，子ども時分にイギリスのランカシャー地域の織物工場で働いていた祖母を訪問したことを思い出した。彼女は，あたかも「過去に戻り，祖母の手を握りながら色が豊富な布地からタペストリーを編むうるさい機械の列を歩いていると感じた」と報告している。アンのような美的な経験は，われわれの生活の仕事以外の面と同様に，仕事の中にも充満している。

　美に関する知識は，知的努力と対照的に感覚経験を通じて生じるが，組織を美学の立場から研究し，創造し，管理する方法は詩的，芸術的なものに及ぶ。美学論が仮定するのは，人間の感覚と認知は，組織の構築において主要な役割を果たすことと，「現実の経験の第一歩は，物的現実に関する感覚経験である。」[33]。組織の美学に興味のある人びとは，身体化した感覚経験に注意を払い，そして組織生活のこれらの側面を表現し認識することで，仕事のリズムとその流れにおいて経験する美しさ，楽しさ，ないし日々の人との相互作用における喜劇，皮肉，悲劇を明らかにすることができる。

　イタリアの組織社会学者で組織文化の研究者であるとともに熟練の芸術写真家でもあるアントニオ・ストラティ（Antonio Strati）は，早くから組織論において組織美が重要であることを認識していた。ストラティは，組織美にアプローチするいくつかの異なる方法を明らかにしたが，そのためには，次のような点の研究が不可欠である。

a．組織アイデンティティに関連するイメージ
b．組織の物的なスペース
c．物的人工物
d．芸術家としてのマネジャー，社会的組織の美的，漫画的，悲劇的，神聖的側面についての美学的理解
e．経営陣が，例えば音楽，ダンス，ストーリー・テリング，素描，絵画，彫刻を用いて，美的な形態と内容から学習する方法[34]

ストラティの見解によれば，組織は製品の作り方やサービス提供の仕方によって美を創造するが，そのため組織美は，製品デザインの魅力や職場，工場，建物のデザイン，ないし従業員の訓練方法やポリティクスの作法において見られる。ニュアンスと微妙さ，強調，そして語られ得ぬことは美知識を構成する一部であり，製品作り，クライアントや顧客へのサービス，部下の管理などのような組織的な仕事プロセスが有する技法・芸術性において表現される。

組織の美学研究に対するもう１人の初期の貢献者である，イタリアの組織論者パスカル・ガリアルディ（Pasquale Gagliardi）の主張によると，組織文化は美的反応から作られた感覚マップである。従業員は，美的反応を通じて，物的・文化的状況の中で道標を得る。文化は価値観と前提（組織の本質や存在理由）とエトス（ルール，モラル，倫理コード）に関連してばかりでなく，パトス，つまり組織生活をいかに感じ，経験するかに関しても研究されるべきだ，と彼は示唆している[35]。そもそもパトスは，古代ギリシャでロゴスとエトスに対して定義され，直感的で本能的なものである。そのためガリアルディは，美は他の知り方（knowing）の形態すべて（ロゴスとエトスを含む）の基礎にあり，組織研究に含まれるべきだと結論づけた。

美学論に基づくフィールド研究の中には，美的労働に注目したものがある。美的労働とは，職場における業務遂行を（ゴフマンのように）行為や行為することではなく，豊かな身体化された感情とその創造と見なす概念である。アン・ウィッツ（Anne Witz），クリス・ウオーハースト（Chris Warhurst），デニス・ニクソン（Dennis Nickson）による職場の業務遂行の研究は，サービス労働の

身体的性質に焦点を当てている[36]。そこで彼らが発見したのは，あるホテル・チェーンでは，ゲストの美的経験を作り出すのは，物的な人工物ではなく，美的な組織化された労働だということであった。企業は，(パーソナリティ，情熱，スタイルの点で) 適切なイメージを持つ人を採用し，身だしなみと立ち振る舞いの訓練を施すことで，彼らと彼らの行為を美的労働へと変換していた。しかし，美的な業務遂行を好んで受け入れる従業員もいれば，負担だと感じる従業員もいた。こうした結果は，ヒーサー・ホフル（Heather Hopfl）の，管理者による職場の業務遂行命令から自我の一部を失い，感情的ストレスを経験した航空会社の従業員についての研究を補うものである。

　パトリシア・マーティン（Patricia Martin）は，イギリスの介護老人ホームの研究において，組織の感情的経験および感覚（視覚，臭覚，聴覚）経験を探求した。彼女は，こうした施設は，入居者の身体的精神的衰えに関連するがゆえに，また，肉体的限界を踏まえて介護するゆえに，根源的な美的経験を引き起こすと示唆した。例えば，身体は，入居者の分類に応じて管理（洗浄，着衣，投薬）され，コントロール（いつどこに歩いて行くのか）され，配置（寝室なのか食堂なのか）される。彼女が入居者と従業員に話しかけることによって，またこれらの組織における自身の感覚経験を通じて発見したのは，そこに家庭らしい場所がある一方，老人ホーム然とした場所もある，ということである。彼女によれば，美学アプローチを採用することによって，こうした組織において生活し働く場合に感じるものを認識しやすくなり得るし，美的経験と支配力がどのように相互に関係があるのかを示すこともでき，健康的な環境と病につながる環境のいずれも作ることができる[37]。

　組織美について，そこまで頭を使わないアプローチはAACORN（技法〔Art〕，美学〔Aesthetics〕，創造性〔Creativity〕，組織研究〔Organization Research〕に関わるネットワーク（Network））のメンバーによって実践されている[38]。多くのAACORNメンバーは，研究のエネルギーを組織状況における研究業務の技法に注ぎ，あるいは組織を技法表現の主題と伝達手段の両方またはどちらか片方として扱う。例えば，組織論者でしかも脚本家のスティーブン・テイラー（Steven Taylor）は，若い研究者たちの生活について何本か

の脚本を書いて演出し、彼らが経験する労働条件に対する美的反応を表現し、引き出した。出演者は、各自の専門をもとに決定され、他の専門家仲間からなる観客のために演じた。各公演に続いてテイラーはすぐに、出演者と観客を招いて対話を行い、演劇と彼らの生活の美的経験を振り返った。そして、それらのうち2つの劇とその反応のいくつかは学術誌でも公表された[39]。つまり、演劇を通じてテイラーとその仲間は、内省的に彼ら自身の学問的実践を（再）配役し、演劇化したことになる。また同時に、主流派組織論のディスコースに入り込むのみならず、それらを脱構築した場合もあった。

他のAACORNメンバーは、ビジネス環境での美的経験を生み出した。例えば、フィリップ・マービス（Philip Mirvis）は、組織変革のための美的コンテクストを創造するために、演劇と他の芸術表現（お面作りとその運動を含む）を用いている。ユニリーバ社のオランダ食品部門は、このアプローチを採用して、部門メンバーにスコットランドのハイランド地方をめぐる旅をさせ、そして後に、ヨルダンの砂漠を歩く旅をさせた。その上で、ユニリーバ社食品グループのリーダーシップが新しいマネジャーに委ねられることになった[40]。この出来事は、組織内の変化の劇場と化し、その重要性が強調されたが、より刺激的な方法で変革を行う美的なコンテクストを提供したのである。すなわち200人以上のマネジャーが、チームを作り、古い土地を旅しながら、その組織をいかに変革するかを計画した。マネジャーらの歴史的色彩に富んだ旅が与えた時間と空間は、たき火を囲んで何度も語られた個人的ストーリーや仕事上のストーリーの共有を通じて、コミュニティを形成したのである。

組織に美的経験をもたらすユニリーバ社のマネジャーに見られるような努力は、支配目的のために美を利用しているとして、批判する組織論者もいる。その1例として、イギリスの組織論者であるカトリーナ・アルフェロフ（Catrina Alferoff）とデイビット・ナイト（David Knight）は、イギリスにおける3つのコールセンターの研究に基づいて、職場の美は、組織コミットメントを誘うものであるため、支配（コントロール）形態として利用できると結論づけた[41]。彼らは、ポスター、署名、装飾、服飾、競争、そしてテーマ日（例えば、ワールド・カップのサッカー開催日であり、その日は従業員がナショナルチームの

ユニフォームを着て，マネジャーは業績目標としてサッカーのゴール・イメージを使う）のような物的レイアウトと人工物がいかに仕事を面白くするかを提示した。アルフェロフら研究者は，経営者がひそかに業務活動を強化し統制しようとすると主張した。アルフェロフとナイトが発見したのは，従業員の中にはこうした活動を彼らのアイデンティティに対する脅威だと受け止め，チームのジャージを着るのを拒否することで抵抗する者がいるということである。彼らの研究によれば，経営者の支配活動が，文字通り着飾ったもので，組織の持つ手段的野心を遊び心いっぱいに表し，それに取り組むためにデザインされた楽しい美的活動であろうとしたのに対し，経営者のパトスは，従業員の努力に介入し，努力が美的とは別様に経験される源になるよう，エネルギーをよりつまらない結果へと向けるかもしれない。

　組織の美学を研究する興味深いインプリケーションの1つは，学問の方法を広げる点である。共感と芸術性を研究に取り込むには，経験的かつ創造的な方法論が必要となる。こうした方法論は，アート（芸術）と科学を融合することによって生み出すことができるが，少なくとも，それらは上演活動がその場限りで蓄積も移動もできない点，すべての形態のアートや芸術性が繊細なものである点を認めることが必要である。これらは，伝統的な研究手法への挑戦であり，それらの中に逃走線を見いだすことになろう。

解釈学

　解釈学として知られる解釈の実践は，（宗教活動において）忠実な信者に教え込むために，タルムードや聖書といった聖典から深く隠された意味を引き出すための方法として発展し，古代に始まったものである。実質的にその方法は，法学的解釈と文学的解釈に拡大し，その後，解読の対象となるものすべて，つまり口語的言明，文化的文物，人間行動，建物，制度，そして病気や神経症，精神病の徴候から広告，銀行，組織まで拡大した。現代の哲学的解釈学は解釈の理論を意味している。要するに，組織論者によって応用される場合，大半が組織における解釈プロセスの研究か，解釈行為として組織化を理解することに

つながる。

　解釈学は，社会科学においてモダニズムのライバルとしてのシンボリック・パースペクティブを確立するのに役立ったが，組織論に及ぼすその影響は現在に至るまでかなり限定的だった。組織論分野における解釈学は，強固な地位を築いてこなかったがゆえに，かなり遅れて登場したものであるが，解釈プロセスを研究する方法として，あるいは本格的な理論パースペクティブとしてその重要性を増している。

　解釈学という名称を用いるいろいろなアプローチが数多くあるが，私は，解釈学が分散した解釈ないし解釈プロセスとしての組織および組織化現象に適用される方法に焦点を当てたい。この解釈学のロジックは，ドイツの哲学者であるマルティン・ハイデガー（Martin Heidegger）によって述べられた解釈学的循環のアイディアと，20世紀のドイツ哲学者であるハンス・ゲオルグ・ガダマー（Hans Georg Gadamer）の解釈学理論におけるその具現化を基盤にしている[42]。

　ハイデガーの解釈学的循環（hermeneutic cycle）は，全体の理解は部分の理解と循環的に交織している，という仮説に依存している。拡大解釈すれば，循環性が意味するのは，テクストとコンテクストが交織しているためテクストの内容は，それが内在している社会的，文化的，歴史的状況と切り離すことができないということである。それゆえハイデガーの立場では，解釈学的循環が日々の存在からなる細かい特殊なもの（部分）の中で分散する現実（全体）を生み出す。重要な点は，ハイデガーにとって，解釈学的理解には意味形成の一時的連続性が含まれることである。まずあらゆる理解は，そのプロセスを後戻りしてみれば，初期の，あるいは事前の理解の上に成り立っていることがわかる。その後，拡大し続ける解釈学的循環に，追加的な動きが加わってその弧を伸ばしていくように，意味の上に意味が積み重なっていく。そのため，解釈説明（interpretation）の解釈学的循環には，終わりがなく，現在と現在を結合・再結合させ，過去と現在の双方を未来へ向けて拡大しているのである。

　ハイデガーの教え子であるガダマーは，解釈学的循環は現実についての新しい理解が継続的に生み出される反復プロセスである，ということに同意してい

る。ガダマーはこの解釈学理論に，解釈学的循環は１人で行為する個人ではなく，歴史的コンテクストの中で活動しつつも，それを創造する相互作用する個々人から生まれるというアイディアを追加した。人々はこの歴史的コンテクストから現在における意味を引き出し，それを未来に投影するのである。

　ガダマーは，テクストが異なることを歴史上異なる時点でどのように意味づけることになるか，を説明したかったのである。彼にとってテクストの意味づけは，長期にわたり，社会的および歴史的コンテクストで行為する個人によって形成される多元的な，重層的解釈から生じる。ガダマーは次のように述べている。

> われわれの歴史的意識は，過去の反響が聞かれるさまざまな声でいつも充満している。われわれは，そうであるかのように，過去が反響する新しい声を聞く場合はいつも歴史の新しい経験を有する[43]。

　ガダマーの解釈学を組織に応用することは，かつて解読したことのある歴史を引きずる場合でも，組織が新しい解読ごとにそれが再生されることを含意する。解読者／ステークホルダーが他者との対話におけるテクストとして定義される組織を生み出し，彼らの期待が，過去・現在・未来をつなぐディスコース（言説）によって，形成，再形成されるのは，そのためである。それゆえ，解釈学的解釈は，古代文明の思想家が信じていたように，ある意味，伝統の継承である。しかし人は，現在の解読によって，新しい意味を付け加え期待を形成する。ガダマーによれば，解釈学的解釈は，ある意味では，この現在の解読によって，時代を遡って投射された予期された未来である。このような立場で，ガダマーは解釈学を，多元的で絶えず変化する理解を生み出す分散した解釈プロセスと結びつけている。その上で，解釈学的循環に関わるすべての循環経路によって，解釈プロセスは意味を積み重ね，意味の層を形成する。さらに，この層をなした意味がその時点での理解を生み出し，この循環をめぐる将来の循環経路を形成する期待を再構成する。

　ジェームス・ルービン（James Rubin）と私は，ガダマーの解釈学をブラ

ンドの解釈に応用したが，われわれが使用したアプローチは組織にも同じく応用可能である[44]。ドイツの文学者ハンス・ロベルト・ヤウス（Hans Robert Jauss）とウォルフガング・イーザー（Wolfgang Iser），またアメリカの文学者スタンリー・フィッシュ（Stanley Fish）によって知られるようになったが，彼らの意見によるガダマーの解釈学は，解釈学的循環の以下の3つの重要な要因に依拠している。すなわち，(1)著者の意図の追跡，(2)期待によって形成される過去から未来へと向かう軌跡，(3)読者の反応を通じて意味に付与される反響[45]。

著者の意図は，伝統的に，テクストを書く場合の著者が言いたいことである。組織化の場合，著者の意図は，戦略的変革や企業ブランディングに関するアイデンティティ・マネジメントに見られるような組織のデザインされた側面に最もよく当てはまる。その場合，意図は，顧客との望ましい感情的な結びつきを示唆したり，戦略的意図が従業員にとって強化メッセージへと変えられるような意味のあるシンボルを生み出す。著者の意図が，ストラテジスト（戦略立案者）と著者（本人）で同一だと意味される場合，期待の広がりから文化的コンテクストが導入され，その中でステークホルダー／聴衆がブランド／テクストを解読する。ヤウスは，テクストの地平を，想像上の解読者，つまり初期における解読の結果として，テクストを何が可能であるかについて「永続的な予測」を持って解読する者，という観点から定義する。その結果，解読者は，テクストが「その意味を十分に表しておらず，全体としての意味合いを置き去りにしている」ことに気が付くかもしれない[46]。この意味でブランドは，それを「解読する」人，あるいは将来「解読する」人すべての影響を受けるので，いつもその意味合いが未完である。解読が識者間で分散し，しかも解読が時間的に継続することから，テクストの地平が過去，現在，未来の対話であるとヤウスが信ずる理由は明らかである。そのため，地平のコンセプトは，遡る軌跡という考え，つまり時間を通じての期待の動きを示唆するのである。

テクストの意味の軌跡上で，読者の期待が動くとき，読者と著者による共同作業が生じる。イーザーは，ここからいかに意味が生じるかを強調した。ガダマーは，テクストの意味が長期にわたって，また社会的，文化的，歴史的コン

テクストが異なれば変化すると主張した。このアプローチの中心的なアイディアによれば，テクストは初期の解釈から切り離すことが不可能であり，それに続く解釈が次の解釈を特徴づける。ここに，歴史的な読者という考え方は，それがどのような意味であろうとも，また状況依存的であっても，想像上のものであっても，ある時点で，「読者」が組織やブランドを集合的に理解する方法が分散しているというものである。この意味形成によって作られる期待の軌跡に準じると，将来においてテクスト，ブランド，組織を構築する解釈の幅はその期待で制限されるのである。

要 約

　正直にいうと，本章の要約の仕方がわからない。組織学習，組織アイデンティティ，暗黙知，分散した現象，そして解釈学などを紹介するに当たって，私が意図したのは，あなたの知的欲求を刺激し，この分野の将来の発展を述べることであった。これらの考えの中には，雰囲気以上のものを伝えられるまでに私の頭の中で熟していないものもあれば，充分に練れているものもある。しかし，いまだこれらのストーリーを，この本の他の章の内容とどう適合させればよいのかについては不明な点がある。これらの論点から，本書が依拠してきたパースペクティブの枠組みを脱構築し，次の版ではまったく違う何かを書くはめになることすらあるかもしれない。読むことと書くことの解釈学的循環がわれわれにとって，どのようなものであろうとも，この反復こそ私は取り組む価値があると思う次第である。

重要用語

組織学習（organizational learning）
　学習組織（learning organization）
　学習曲線（learning curves）
　形式知と暗黙知（explicit and tacit knowledge）
　知識転換（knowledge transfer）
　シングルループ学習とダブルループ学習（single and double-loop learning）
自己組織化システム（self-organizing systems）
マネジメント問題（management issues）
　多様性（diversity）
　企業の社会的責任（corporate social responsibility）
企業ブランディング（corporate branding）
迷信学習（superstitious learning）
成功の曖昧さ（ambiguity of success）
能力のワナ（competency traps）
組織アイデンティティ（organizational identity）
　中心的（central）
　独自的（distinctive）
　持続的（enduring）
アイデンティティ・ダイナミクス（identity dynamics）
分散した現象（distributed phenomena）
解釈学的循環（hermeneutic circle）

注

1. Leavitt and March (1988).
2. Cook and Yanow (1993); さらに Yanow (2000) を参照のこと.
3. Nonaka and Takeuchi (1995).
4. アクション・リサーチの紹介については Reason and Rowan (1981) を参照のこと.
5. March (1991); さらに Levinthal and March (1993) を参照のこと.
6. Schön (1973: 28-29).
7. Argyris and Schön (1978).
8. Maturana and Varela (1980).
9. Emery (1969); さらに Emery and Trist (1973) and Weick (1977) を参照のこと.
10. Thomas and Ely (1996: 83).
11. Mirvis and Googins (2006); Googins, Mirvis, and Rochlin (2007).
12. Amodeo (2005).
13. Schultz and Hatch (2003, 2005) and Schultz, Hatch and Ciccolella (2005).
14. Mcclosky (1990).
15. Albert and Whetten (1985).
16. Whetten (2006).
17. Gioia, Schultz, and Corley (2000).
18. Carroll and Swaminathan (2000); see also Lamertz, Heugens, and Calmet (2005) and Kroezen and Heugens (2012).
19. Hatch and Schultz (2002).
20. Mead (1934).
21. この問題議論については Bligh and Hatch (2011) を参照のこと.
22. Golden-Biddle and Rao (1997); Alvesson (1990); Brown and Starkey (2000); Pratt and Foreman (2000).
23. Dutton and Dukerich (1991).
24. Hatch and Schultz (2008).
25. Rodseth (1998: 56).
26. Ibid. p.57.
27. Swidler (1986).
28. Rodseth (1998: 55).
29. Ibid. pp.55-6.
30. Ibid. p.65.
31. Ibid. p.56.
32. Ibid. p.57.
33. Gagliardi (1996: 311).
34. Strati (1999, 2000); さらに Barry (1996); Ottensmeyer (1996); Barrett (2000); Nissley, Taylor, and Butler (2002); Guillet de Monthoux (2004); Taylor and Hansen (2005) を参照のこと.

35. Gagliardi (1990); さらに (1996) を参照のこと.
36. Witz, Warhurst, and Nickson (2003).
37. Martin (2002).
38. http://aacorn.net/index.htm
39. Taylor (2000, 2003); Rosile (2003).
40. Mirvis, Ayas, and Roth (2003).
41. Alferoff and Knights (2003).
42. Gadamer (1960/2004); Heidegger (1962).
43. Gadamer (1994: 267).
44. Hatch and Rubin (2006).
45. Iser (1978, 2001); Fish (1980); Jauss (1982a and b).
46. Jauss (1982b: 145).

参考文献

Albert, S. and Whetten, D. A. (1985) Organizational identity. In L. L. Cummings and M. M. Staw (eds.), *Research in Organizational Behavior*, 7: 263-95. Greenwich, CT: JAI Press.

Alferoff, C. and Knights, David (2003) We're all partying here: Targets and games, or targets as games in call centre management. In A. Carr and P. Hancock (ed.), *Art and Aesthetics at Work*. London: Palgrave, 70-92.

Alvesson, M. (1990) Organizations: From substance to image? *Organization Studies*. 11: 373-394.

Amodeo, Ramona (2005) 'Becoming sustainable': Identity dynamics within transformational culture change at Interface. PhD Dissertation, Benedictine University.

Argyris, Chris and Schein, Donald A. (1978) *Organizational Learning: A Theory of Action Perspective*. Reading, MA: Addison-Wesley.

Barrett, Frank J. (2000) Cultivating an aesthetic of unfolding: Jazz improvisation as a self-organizing system. In S. Linstead and H. Höpfl (eds.), *The Aesthetics of Organization*. London: Sage, 228-45.

Barry, David (1996) Artful inquiry: A symbolic constructivist approach to social science research. *Qualitative Inquiry*, 2: 411-38.

Bligh, M. C. and Hatch, M. J. (2011) If I belong, do I believe? An integrative framework for culture and identification. *Journal of Psychological Issues in Organizational Culture*, 2/1: 35-53.

Brown, Andrew D. and Starkey, Ken (2000) Organizational identity and learning: A psychodynamic perspective. *Academy of Management Review*, 25: 102-20.

Carroll, Glenn and Swaminathan, Anand (2000) Why the microbrewery movement? Organizational dynamics of resource partitioning in the US brewing industry. *American Journal of Sociology*, 106: 715-62.

Cook, Scott and Yanow, Dvora (1993) Culture and organizational learning. *Journal of Management Inquiry*, 7: 373-90.

Dutton, Jane and Dukerich, Janet (1991) Keeping an eye on the mirror: Image and identity in organizational adaptation. *Academy of Management Journal*, 34: 517-54.

Emery, Fred E. (1969) *Systems Thinking*. Harmondsworth: Penguin.

—— and Trist, Eric L. (1973) *Toward a Social Ecology*. London: Tavistock.

Fish, S. (1980) *Is There a Text in This Class? The Authority of Interpretive Communities*. Cambridge, MA: Harvard University Press.（小林昌夫訳『このクラスにテクストはありますか』みすず書房, 1992）

Gadamer, Georg (2004) *Truth and Method* (trans. J. Weinsheimer and D. G. Marshall; 2nd edn.), New York: Crossroad (originally published in 1960).（轡田收・麻生建・三島憲一・北川東子・我田広之・大石紀一郎訳『真理と方法Ⅰ 哲学的解釈学の要綱』法政大学出版局, 1986；轡田收・巻田悦郎訳『真理と方法Ⅱ 哲学的解釈学の要綱』法政大学出版局, 2008；轡田收・三浦國泰・巻田悦郎訳『真理と方法Ⅲ 哲学的解釈学の要綱』法政大学出版局, 2012）

Gadamer, Han Georg (1994) The historicity of understanding. In Kurt Mueller-Vollmer (ed.), *The Hermeneutics Reader*. New York: Continuum, 256-92.

Gagliardi, Pasquali (ed.) (1990) *Symbols and Artifacts: Views of the Corporate Landscape*. Berlin and New York: de Gruyter.

—— (1996) Exploring the aesthetic side of organizational life. In S. R. Clegg and C. Hardy (eds.), *Studying Organization: Theory & Method*. London: Sage, 311-26.

Gioia, D. A., Schultz, Majken, and Corley, Kevin (2000) Organizational identity, image, and adaptive instability. *Academy of Management Review*, 25: 63-81.

Golden-Biddle, K. and Rao, H. (1997) Breaches in the boardroom: Organizational identity and conflicts of commitment in a nonprofit organization. *Organization Science*, 8/6: 593-609.

Googins, B., Mirvis, P. H., and Rochlin, S. (2007) *Beyond 'Good Company': Next Generation Corporate Citizenship*. New York: Palgrave.

Guillet de Monthoux, Pierre (2004) *The Art Firm: Aesthetic Management and Metaphysical Marketing*. Stanford, CA: Stanford University Press.

Hatch, M. J. and Rubin, J. (2006) The hermeneutics of branding. *Journal of Brand Management*, 14(1/2): 40-59.

—— and Schultz, M. S. (2002) The dynamics of organizational identity. *Human Relations*, 55: 989-1018.

—— (2008) *Taking Brand Initiative: How Corporations Can Align Strategy, Culture and Identity through Corporate Branding*. San Francisco, CA: Jossey-Bass.

Heidegger, Martin (1962) *Being and Time*. New York: Harper & Row (originally published in German, in 1927).（熊野純彦訳『存在と時間 1・2・3・4』岩波書店, 2013）

Iser, Wolfgang (1978) *The Act of Reading: A Theory of Aesthetic Response*. Baltimore, MD: Johns Hopkins University Press.（轡田收訳『行為としての読書―美的作用の理論』岩波書店, 2005）

―― (2001) *The Range of Interpretation*. New York: Columbia University Press.（伊藤誓訳『解釈の射程―〈空白〉のダイナミクス』法政大学出版局, 2006）

Jauss, Hans Robert (1982a) *Aesthetic Experience and Literary Hermeneutics* (trans. Michael Shaw). Minneapolis: University of Minnesota Press.

―― (1982b) *Toward an Aesthetic of Reception* (trans. Timothy Bahti). Minneapolis: University of Minnesota Press.

Kroezen, Jochem J. and Heugens, Pursey P. M. A. R. (2012) Organizational identity formation: Processes of identity imprinting and enactment in the Dutch microbrewing landscape. In M. Schultz, S. Maguire, A. Langley, and H. Tsoukas (eds.), *Constructing Identity in and around Organizations*. Oxford: Oxford University Press, 89-127.

Lamertz, Kai, Heugens, Pursey P. M. A. R. and Calmet, Lois (2005) The configuration of organizational images among firms in the Canadian beer brewing industry. *Journal of Management Studies*, 42: 817-43.

Leavitt, Barbara and March, James G. (1988) Organizational learning. *Annual Review of Sociology*, 14: 319-40.

Levinthal, Daniel A. and March, James G. (1993) The myopia of learning. *Strategic Management Journal*, 14:95-112.

March, James G. (1991) Exploration and exploitation in organized learning. *Organization Science*, 2: 71-87.

Martin, Patricia (2002) Sensations, bodies, and the 'spirit of a place': Aesthetics in residential organizations for the elderly. *Human Relations*, 55: 861-85.

Maturana, Humberto and Varela, Francisco (1980) *Autopoiesis and Cognition: The Realization of the Living*. London: Reidl.（河本英夫訳『オートポイエーシス―生命とはなにか』国文社, 1991。）

McCloskey, Donald N. (1990) *If You're So Smart: The Narrative of Economic Expertise*. Chicago, IL: University of Chicago Press.

Mead, G.H. (1934) *Mind, Self and Society*. Chicago, IL: University of Chicago Press.（稲葉三男・滝沢正樹・中野収訳『精神・自我・社会』青木書店, 2005。）

Mirvis, Philip, Ayas, Karen, and Roth, George (2003) *To the Desert and Back*. San Francisco, CA: Jossey-Bass.

Mirvis, P. H. and Googins, B. (2006) Stages of corporate citizenship: A developmental framework. *California Management Review*, 48/2: 104-26.

Nonaka, Ikujiro and Takeuchi, Hirotaka (1995) *The Knowledge-Creating Company: How Japanese Companies Create the Dynamics of Innovation*. Oxford: Oxford University Press.（梅本勝博訳『知識創造企業』東洋経済新報社, 1996）

Nissley, Nick, Taylor, S., and Butler, O. (2002) The power of organizational song: An organizational discourse and aesthetic expression of organizational culture. *Tamara: Journal of Critical Postmodern Organizational Science*, 2: 47-62.

Ottensmeyer, Edward (1996) Too strong to stop; too sweet to lose: Aesthetics as a way to know organizations. *Organization*, 3: 189-94.

Pratt, Michael G. and Foreman, Peter O. (2000) Classifying managerial responses to multiple organizational identities.

Academy of Management Review, 25: 18-42.
Reason, Peter and Rowan, John (1981) (eds.) Human Inquiry: A Sourcebook of New Paradigm Research. Chichester: John Wiley & Sons.
Rodseth, Lars (1998) Distributive models of culture. American Anthropologist, New Series, 100: 55-69.
Rosile, Grace Ann (2003) Critical dramaturgy and artful ambiguity: Audience reflections on 'Ties That Bind'. Management Communication Quarterly, 17: 308-14.
Schön, Donald (1973) Beyond the Stable State. Harmondsworth: Penguin.
Schultz, Majken S. and Hatch, Mary Jo (2003) The cycles of corporate branding: The case of LEGO Company. California Management Review, 46/1: 6-26.
—— (2005) A cultural perspective on corporate branding: The case of the LEGO Group. In J. Schroeder and M. Salzer (eds.), Brand Culture. London: Routledge.
—— and Ciccolella, F. (2005) Expressing the corporate brand through symbols and artifacts. In A. Rafaeli and M. Pratt (eds.), Artifacts in Organizations: Beyond Mere Symbolism. New York: Lawrence Erlbaum & Associates, 141-60.
Swidler, Ann (1986) Culture in action: Symbols and strategies. American Sociological Review, 51/2: 273-86.
Strati, Antonio (1999) Organization and Aesthetics. London: Sage.

—— (2000) The aesthetic approach in organization studies. In S. Linstead and H. Höpfl (eds.), The Aesthetics of Organization. London: Sage, 13-34.
Taylor, Steven S. (2000) Aesthetic knowledge in academia: Capitalist pigs at the Academy of Management. Journal of Management Inquiry, 9: 304-28.
—— (2003) Ties that bind. Management Communication Quarterly, 17: 280-300.
—— and Hansen, Hans (2005) Finding form: Looking at the field of organizational aesthetics. Journal of Management Studies, 42/6: 1210-31.
Thomas, David A. and Ely, Robin J. (1996) Making differences matter: A new paradigm for managing diversity. Harvard Business Review, Sept.-Oct.: 80-90.
Von Busch, Otto (2008) Fashion-able: Hacktivism and Engaged Fashion Design. Gothenberg: Art Monitor.
Weick, Karl (1977) Organization design: Organizations as self-designing systems. Organizational Dynamics, Autumn: 38-49.
Whetten, D.A. (2006) Albert and Whetten revisited: Strengthening the concept of organizational identity. Journal of Management Inquiry, 15: 219.
Witz, Anne, Warhurst, Chris, and Nickson, Dennis (2003) The labour of aesthetics and the aesthetics of organization. Organization, 10: 33-55.
Yanow, Dvora (2000) Seeing organizational learning: A 'cultural' view. Organization, 7: 247-68.

さらに理解を深める文献

Corley, K. G., Harquail, C. V., Pratt, M. G., Glynn, M. A., Fiol, C. M., and Hatch, M. J. (2006) Guiding organizational identity through aged adolescence. *Journal of Management Inquiry*, 15(2): 85-99.

Easterby-Smith, Mark, Araujo, L., and Burgoyne, J. (eds.) (1999) *Organizational Learning and the Learning Organization*. London: Sage.

Gioia, Dennis A., Price, K. N., Hamilton, A. L., and Thomas, J. B. (2010) Forging an identity: An insider-outsider study of processes involved in the formation of organizational identity. *Administrative Science Quarterly*, 55: 1-46.

Human Relations (2002) Special issue on organizing aesthetics, 55(7): 755-885.

Humphreys, Michael and Brown Andrew D. (2003) Narratives of organizational identity and identification: A case study of hegemony and resistance. *Organization Studies*, 23: 421-47.

Linstead, Steven and Höpfl, Heather (eds.) (2000) *The Aesthetics of Organization*. London: Sage.

Nicolini, Davide, Gherardi, Silvia, and Yanow, Dvora (eds.) (2003) *Knowing in Organizations: A Practice-Based Approach*. Armonk, NY: M. E. Sharpe.

Organization (1996) Special issue on aesthetics and organization, 3(2): 186-310.

Schultz, Majken, Maguire, Steve, Langley, Ann, and Tsoukas, Haridimos (eds.) *Constructing Identity in and around Organizations*. Oxford: Oxford University Press.

Senge, Peter M. (1990) *The Fifth Discipline*. London: Century Business.（守部信之訳『最強組織の法則』徳間書店，1995）

あとがき

　このような本を書くためには，果てしない選択が求められる。つまり，何を取り上げて何を省くべきか，今後の版のために何をとっておくべきか，どのくらい既存の枠組みを援用すべきか，項目のどこから始めてどこで終わらせるのか，どこまで統合的な組織構造を提示するのか，カオスで苦しむものをどこで受け入れるのか，といった選択である。

　もちろん，本書の内容を選択した責任はすべて私にあるが，読者のあなたがまだそうした経験をしていないとしても，いずれ経験すれば，こうした責任を負うことになるだろう。あなたの役に立つよう，理論の構築と再構築のために理論家が用いる策のいくつかを本書のあちこちで述べたが，最後の2章でより多くのことを示唆した。その若干の例を挙げれば，分析レベルの変更，パースペクティブの転換を通じて，新しい概念が開発されることである。

　最後になるが，これからまったく新規の本を書くなら，結論の章で扱われた項目から始めたい。また，そこから内容的に新しい枠組ができるようにしたい。なぜなら，モダン，シンボリック，ポストモダンの各パースペクティブだけでは，あまりにも数が少ないと感じるからであり，正直にいえば，それらにはいささか飽きてきたからである。おそらく，あなたにとっても同じであるはずだ。どんな理論的枠組みでも，実質的に，毛嫌いされるところがある。私の希望は，読者のあなたが本書で扱えなかったところを穴埋めするよう十分に学習し，そして継続的な研究によって組織理論に活力を与えてくれることである。あなたが学習を続けてくれるのであれば，私はあなたを組織論分野へ率先して迎え入れたい。もしあなたが，人生において何かを選択するならば，本書で学んだことが，これからの長い年月にわたって価値あることだと証明されることを期待している。

訳者あとがき

　本書は，Mary Jo Hatch with Ann L. Cunliffe (2014), *Organization theory: Modern, Symbolic, and Postmodern Perspectives*. Third Edition. Oxford University Press. の全訳である。原著は組織論のテキストとして1997年の初版刊行以来ユニークな体系をもつものとして好評を博し，2006年に第2版，2013年に第3版が出版されるなど，欧米の大学で広く採用され定評を得ている。

　一般的に，欧米の組織論テキストは，初級用・上級用のレベルを問わず，組織とは何かから始まり，組織論の歴史的発展を整理するとともに，組織の構造・デザイン，行動プロセス，変革を中心に述べられてきた。そして，組織理論の実践応用を事例でもって述べる機能主義的な立場のものが大半である。それに対して本書は，組織研究が近代主義のモダンの発想ともいえる機能主義の立場からのものが多いことを明らかにした上で，それ以外のパースペクティブ（シンボリックとポストモダン）も有用であることを強調している。同じ組織現象を複数のパースペクティブで見ていく点，またさまざまな理論の分析レベル（社会，組織，個人）の違いを強調する点で，本書は組織論のテキストとしてきわめてユニークな特徴をもつとともに，組織アイデンティティ論や組織美の議論など，従来のテキストでは見られない最新のテーマも取り上げ，組織論の発展動向を知る上で有用である。

　本書は，組織研究の過去・現在・未来という観点から3部構成され，組織研究の必要性とその歴史，組織の中核概念と諸理論，理論の実践応用と将来の方向性について，数多くの事例を取り入れ説明するとともに，ネットワーク論など関連分野の考察を踏まえながら著者の組織論に対する主張も明示的である。

　第1部は組織論とは何かと題して，組織が形成・運用される組織現象を解明するために，モダンの単一パースペクティブだけでなく複数のパースペクティブから組織現象をもたらす組織化のロジックについて述べられている。すなわち，モダン，シンボリック，ポストモダンという3つのパースペクティブから同じ組織現象を分析・解明できることの例証である。その上，本書では，

組織論の展開において伝統的な規範的パースペクティブによる知見が上記3つのパースペクティブそれぞれに内在していることを指摘しつつ，規範内容がパースペクティブによって異なることも指摘されている。

　第1章で明示される3つのパースペクティブは，第2部，第3部で実践応用されるが，それは組織の理論と実践を架橋する可能性を明らかにするためである。具体的にいえば，組織と組織化について，モダン・パースペクティブでは「説明」を，シンボリック・パースペクティブでは「理解」を，ポストモダン・パースペクティブでは「認識」を図ることが主眼であると主張される。それゆえ，組織現象の説明・理解・認識のどれを軸に組織論を展開するかでその体系とコア概念に違いが生じるのは明らかである。それゆえ，もしその違いを強調するなら，複数のパースペクティブを用いることによって，組織を有効にする組織化の実践が可能になる。本書は組織理論の実践応用を強調するが，それは，組織と組織化を実際に体験すればするほど組織現象の理論化につながるという著者の信念からである。

　第2部のコア概念と諸理論においては，組織を実際に分析し理解するのに役立つさまざまなコア概念と理論が紹介・説明されている。すなわち，組織に影響を与える組織環境論，組織メンバーが形成する社会的構造論，組織行動に影響する組織のテクノロジー論，組織の歴史的な所産（文物）である組織文化論，物的構造論，資源依存関係があると避けられないパワー（権力）論，コントロール論，コンフリクト論などである。そして第2部を構成する各章は，原著第2版以降の刊行物・資料を踏まえてより内容豊かに書き改められていることから，最新の組織論の内容を理解するのに有用な部分である。

　第3部の過去を振り返り未来を見据える部分では，組織のあり方について，組織デザインと組織変革の観点から理想的な組織を実現する際に組織理論が実践的に応用できることが述べられている。つまり，組織論の知見をベースとした実践論とプロセス論が述べられ，組織デザイン論，組織変革論，組織学習論，組織アイデンティティ論に関する理論的論点が明瞭に示されている。そして，実践とプロセスの理論化に資するパースペクティブとして，新たにプラグマティズムと解釈学のパースペクティブが，モダン，シンボリック，ポストモ

訳者あとがき

ダンの3つのパースペクティブにそれぞれ追加できる可能性が取り上げられている。また組織論をさらに発展させる可能性を引き出す考え方として，分散した現象，逃走線，ハックティビズムが取り上げられ，それらと既存の組織文化論，組織構造論，テクノロジー（技術）論との関連が議論されている。すなわち第3部は，本書が基本とする3つのパースペクティブを超えて，新たなパースペクティブの可能性が示唆され，今日の組織論研究が進化している様子を示している。したがって，このことから本書で提示した組織論の枠組みが，将来的に別の枠組みによって再編される可能性も高い。また，もし既存モデルの再構成によってもその実践応用で有用な成果が得られるのであれば，理論的に不都合な実践モデルだったとしても，それで刺激を得られれば実践上有効といえるのである。

　ハッチ教授は，建築学を学ぶためにコロラド大学に入学するも，インディアナ大学に転校し専攻を英文学に変えて卒業，その後同大学でMBA（ファイナンス分野），さらにスタンフォード大学において組織行動分野の博士論文でPhDの学位修得を経て，文系・理系の垣根を越えた学問の遍歴を背景に，組織論研究の発展に独自の貢献をしてきた学者である。とりわけ，組織文化論と組織アイデンティティ論の分野では*Administrative Science Quarterly*（ASQ），*Academy of Management Review*（AMR），*Human relations*（HR）など欧米のトップジャーナルに多数の論文を公表し，影響力のある業績を残している。また近年，企業ブランディングの研究に取り組むとともに，2011年にはアメリカ経営学会（AOM）の組織とマネジメント部門で教育特別功労賞を授与されるなど，研究面ばかりでなく教育面でも大きな功績を残している。ハッチ教授は，若いときから多方面に好奇心をもって行動し，しかも一般的に想定される学者像とは異なる独自の生活スタイルを実践しているため，一見頑固者と見なされることもあるようだが，研究に関しては定説や既存の枠組みにこだわらず，組織現象の解明に柔軟な立場をとって取り組んでいる。研究スタンスを変えないために単一のパースペクティブに固持することをよしとする傾向がある中で，ハッチ教授は，柔軟に多様なパースペクティブから組織現象の解明に励むことの有効性を自らの研究実践を通して明らかにしてきたが，そうした複数

のパースペクティブを使ってみることの有効性は本書を読めば賛同せざるを得ない。

　翻訳の開始は，原書第3版が出版されて間もない頃だったので，出版にこぎつけるまでゆうに3年以上の月日がたってしまった。これはひとえに，翻訳者の力不足が最大の原因といえるが，また本書は内容自体が普通の組織論文献と比べて多岐にわたり，特にシンボリズムやポストモダニズムの思想動向を的確に踏まえた上で議論が展開されているため，それを踏まえた文意を正確に訳出するのに多大な時間を要したのも事実である。とはいえ，この点こそ本書の他の組織論文献とは異なる優れた特徴であり，シンボリズムやポストモダンのパースペクティブに基づく組織現象の分析事例が紹介されているところなどは，本書の大きな魅力である。とりわけ，「良い理論ほど実践的なものはない」というK. レヴィンの言明を，多様な文献資料を紹介しながら例証しているところは本書の際だった特色といえよう。実際に分析・応用できてこそ理論は有益なのである。本書を手に取って学習した学部学生や大学院生の皆さんが，これを手がかりに，多様なパースペクティブを援用しながら理論的基盤がしっかりとした組織研究を行い，卒業論文や修士論文などを書いてくれることを望むばかりである。また，日々の組織問題に直面しているビジネスパースンにとっては，本書で紹介されている良い理論を学び，その実践応用の効果を実感してもらいたい。

　この日本語版は，原著出版後まず大月研究室での輪読会を契機に，とりわけ当時大学院生だった川﨑千晶さん（東京理科大助教），金倫廷さん（早稲田大学助教），黄雅雯さん（北星学園大専任講師）等による大月担当部分の仮訳作業から翻訳出版の話が持ち上がり，その後，組織論に詳しい山口善昭教授と日野健太教授に翻訳チームに入ってもらい，実際の翻訳分担作業が始まった。しかし，訳語の確定・統一，翻訳文の何度もの見直しなど，予想以上に時間を要してしまい，ハッチ教授をはじめ翻訳出版を心待ちにした関係者には多大の迷惑をおかけすることになってしまった。翻訳作業の推進・改善にご協力を下さった多くの方々に心よりお礼を述べるとともに，参考文献の日本語版チェックをしてもらった古田駿輔君（早大大学院生）にも感謝したい。訳出に当たっては

努めて日本語としての読みやすさを心掛け,極力文意の正確さを期したが,なお思わぬ読み違いがないとはいえない。誤訳等,至らぬ点のご指摘をいただければ幸いである。

　最後に,版権取得をはじめアカデミック文献の翻訳が歓迎されない中で出版を快諾していただいた同文舘出版には心よりお礼を申し上げたい。とりわけ,翻訳企画の当初から親身になってお世話をいただくとともに,われわれの翻訳作業の遅延,度重なる見直し要求に辛抱強く対応し,丁寧な編集作業・チェックをしていただいた青柳裕之氏と大関温子氏には感謝に堪えない。本書ができるだけ多くの人に長く読まれ,それぞれの目的に役立てられることを念願する次第である。

2016年12月

翻訳者を代表して
大月　博司

付記：本書は科学研究費補助金基盤研究（C）（課題番号：25380484, 研究代表者 大月博司）,（課題番号：15K03621, 研究代表者 日野健太）による研究成果の一部である。

事 項 索 引

A~Z

AACORN ････････････････ 512, 513
ANT ･･･････････････ 226, 227, 238
CEO ･･････････････････････ 467, 494
CSR ･･････････････････ 490, 492, 493
LMFs ･･････････････････････････ 396
M&A ･･････････････････････････ 346
PDCA サイクル ･･････････････････ 392
POSDCoRB ･･･････････････････････ 45
QC ･･････････････････････････････ 392
SCOT ･･････････････････････ 228, 238
SOM 建築事務所 ･･････････････････ 354
TQM ･･････････････････････････ 392

あ

アイデンティティ ･･････････ 335, 401, 411
　――ダイナミクス ･･････････････ 506
　――の対話 ････････････････ 502, 503
　――のポリティクス ･･････････････ 375
アイデンティフィケーション ･･････････ 502
曖昧性 ･････････････････････････ 125
アウトソース ･････････････････････ 452
アウトプット・コントロール ･･･････････ 382
アカウンタビリティ ････････････････ 440
アクセシビリティ ･････････････････ 331
アクター・ネットワーク論（ANT） ････ 226, 227, 238
アクタン ････････････････････････ 226
アストン・グループ ････････････････ 230
アストン研究 ････････････････････ 161
アストン大学 ･･･････････････････ 160
アブセンス ･････････････････････ 187
安定した環境 ･･･････････････････ 155
暗黙知 ･････････････････････････ 486

意思決定 ･･･････････････････････ 451
一般システム理論 ････････････････ 48

イデオロギー ･･･････････････ 352, 391
移転価格 ･･････････････････････ 441
イナクトメント ･････････ 57, 200, 474
　――理論 ･･････････････････ 56, 123
イノベーション ･･ 156, 252, 451, 457, 464, 493
意味形成 ･･････････････････････ 474

ヴォイド（空白の）戦略 ･････････････ 357

影響力 ････････････････････････ 442
エージェンシー理論 ･･････････････ 385
エクセレント・カンパニー ････････････ 255
エコロジカル・ニッチ ･･･････････････ 115
エスノグラフィック ･････････････････ 487
　――研究 ････････････････････ 226
エスノメソドロジー ････････････････ 273
エトス ･････････････････････････ 511
エンジニアリング技術 ･････････････ 212

大きな物語 ･･･････････････････ 68, 448
オープンシステムモデル（構造発展の）･･ 170
オールド・エコノミー ･･････････ 454, 457, 458

か

外因性ショック ････････････････ 458, 472
解釈学 ････････････････････････ 514-516
　――的解釈 ･･････････････････ 516
　――的循環 ･･････････････････ 515-517
　――的理解 ･･････････････････ 515
解釈主義者 ･･･････････････････････ 19
解釈プロセス ･･････････････････ 514, 515
カイゼン ･･･････････････････････ 392
階層 ･･･････････････････････ 38, 149
　――横断 ････････････････････ 467
解凍 ････････････････････････ 465
概念（➡コンセプト）･･････････ 6, 7, 25
　――化 ･･････････････････････ 10, 11
開発 ･････････････････････････ 488

533

下位文化 ········ 253, 334, 341, 411, 417
開放性 ················· 330
開放的なオフィス ············ 331
科学的管理法 ············ 40, 394
学習曲線 ················ 486
学習する組織 ·············· 487
革命的変化 ··············· 300
可視性 ················· 330
下層労働者のパワー ··········· 378
価値観 ··············· 267, 511
活動領域（縄張り） ··········· 341
　——の拡がり ············· 323
活用 ·················· 488
カビル族 ················ 348
ガラスの天井 ·············· 492
カリスマ ·············· 373, 468
　——的権威 ············· 39, 470
　——的リーダー ·········· 468-470
　——的リーダーシップ ········· 468
　——のルーティン化 ··· 468, 469, 474, 495
カルマル工場（ボルボ） ········· 186
感覚環境 ················ 334
環境 ·················· 415
　——不確実性 ············· 109
関係性 ················· 452
間主観性 ················ 55
感情労働 ················ 467
関心現象 ················ 6
間テクスト性 ·············· 291
管理者（マネジャー） ······· 448, 452
管理諸原則 ··············· 44
管理体制主義 ·············· 391
官僚制 ········ 39, 147, 161, 387, 458
　——の脱構築 ············· 184
機械的構造 ··············· 230
機械的組織 ············ 109, 155
企業 ·················· 490
　——の社会的責任（CSR） ··· 490, 492, 493
　——の発展段階 ············ 494
　——文化 ··············· 253
企業家 ················· 167
技術 ·················· 416

——システム ············· 51
——的イノベーション ········· 218
——的複雑性 ···· 204, 212, 216, 230, 237
——的要請 ·············· 229
——領域 ··············· 102
規則 ·················· 234
規範 ··············· 267, 471
　——的パースペクティブ ········ 12
　——パワー ·············· 376
規模 ·················· 161
　——尺度：物的構造の ········· 325
基本前提 ················ 265
客観主義者 ············· 17, 19
客観的存在論 ·············· 17
凝集性 ··············· 342, 407
強制 ·················· 471
　——パワー ·············· 377
業績基準 ·············· 383, 412
競争力 ················· 451
協同組合 ················ 396
共有的相互依存 ············· 233
虚偽意識 ················ 391
距離 ·················· 330
規律訓練権力 ·············· 402

空間 ·················· 326
　——言語 ··············· 329
　——識 ················ 346
　——性 ················ 352
　——の個人化 ············· 343
グーグルプレックス ··········· 327
組立ライン ··············· 352
クラウドソーシング ··········· 453
グラウンデッド・セオリー ······ 272, 488
クラフト技術 ·············· 211
クラン ················· 387
　——・コントロール ····· 296, 388, 402
クリティカル論者 ············ 475
グローバル ··········· 447, 448, 453
　——・マトリックス ·········· 449
　——化 ··········· 107, 431, 434
クロス・ファンクショナル（職能横断）
　 ················ 437, 467, 495

534

経営者によるコントロール	376	合理性	222
計画的変革	465, 479	効率性	222, 435, 448, 451
経験曲線	486	合理的意思決定	371
経済領域	101	コーポレート・アイデンティティ	339
形式合理性	40	コーポレート・サービス・コー（IBM）	456
形式知	488	国際化	104
劇場メタファー	287	互恵的相互依存	235
言外の意味	275	個室	331
権限	373	個人アイデンティティ	342, 501
——委譲	436	個人主義対集団主義	263
——の二重性	444	個人目標	383
言語	392, 400	個体群生態学（ポピュレーション・エコロジー）	
——共同体	183		115, 500
——ゲーム	69, 183	コミュニケーション	22, 237, 415, 442, 450
——的トリック	355	——的合理性	395
——論的転回	20, 221	コングロマリット	440, 441, 447
現実の社会的構築	471	コンセプト（➡概念）	458, 474
言説的実践	72	コンティンジェンシー理論	52, 154, 238, 434
建築デザイン	334	コンテクスト	432, 486, 515
限定合理性	371	コントロール（➡支配, 統制）	200, 222, 381,
権力（➡パワー）	22, 199, 329, 351		434, 438, 441, 453
——関係	390	コンフィギュレーション	330
——関係の物質的固定化	353	コンプライアンス	491, 493
——の第3の顔	393	コンフリクト（対立）	406, 436, 444
——／知識	403	——の局地的条件	410

さ

コア・テクノロジー	201, 204, 213, 230	サービス	202
行為者	476	差異	492
行為主体	471, 472	再構成	516
——性（ギデンズの）	173, 349	最小有効多様性の原理	111
行為遂行性	475	再凍結	466
行為遂行的発話	289	サイバー組織	200, 224, 225, 243
公共部門と市場コントロール	387	サイバネティック・コントロール	383
公式化	150	サイボーグ	224
交渉	372	サイロ	254, 334, 341
——された秩序	273	差延	187
構造	145	——作用	76
——化	433	作業のルーティン	230
——化理論	173, 238, 348, 472, 475	サスティナビリティ	490, 494
——適応	447	サプライチェーン	98
——と行為主体性の二重性	173	参加型管理	467
行動コントロール	383		
合法的権威	39		

産業社会	454	社会正当性	119
ジェネレーティブビルディング	356	社会的構築プロセス	474
ジェンダー	400	社会的構築論	55, 218
時間・動作研究	41	社会的コンテクスト	501
時間秩序	350	社会的コンフリクト	36
時間―空間の圧縮	325	社会領域	100
事業部制（M型）組織	439-442, 445	尺度	323
資源依存のポリティクス	380	ジャズ	180
資源依存理論	112, 379	収益性	441, 451
資源とコンフリクト	413	周縁化されたアイデンティティの集団	376
自己組織化	186	修景（ランドスケーピング）	327
――システム	488, 490	集権化	157
市場	387	集中型	233
市場，官僚制，クラン	387	――技術	207, 208, 235
市場と企業組織	387	主観主義者	18
システム階層	48	主観的存在論	18
――論	464	準自律チーム	186
自然地理	323	順応化	470
下請制	128	ジョイント・ベンチャー	446
七人のこびと	358	小バッチ	205
シックスシグマ	392	情報共有	451
実質合理性	40	情報処理理論	111
実証主義者	233, 478	ショートウォール工法	51
実践	474, 475	職能横断（クロス・ファンクショナル）	437, 467, 495
――共同体	182, 476	職能別組織	437, 440-442, 445
――的価値	434, 434	職場民主主義	396
――による評価	176	自律的作業集団	51
――論	476, 479	新技術	214-216, 240
実用テクノロジー	239, 240	シングルループ学習	489, 490, 497
シナリオ分析	126	真実の主張	70
支配（→コントロール，統制）	43, 355	身体化組織論	346, 347
――のパターン	375	進歩神話	67
資本	175	シンボリズム	335
シミュラークル（模像）	77, 498, 498	シンボリック	177
社会―技術システム論	50, 186	シンボリック・コントロール	390
社会運動	181	シンボリック・パースペクティブ	13, 24, 53, 214, 433, 435
社会化	56	シンボリック・マネジャー	255
社会協働システム	46	シンボリック条件づけ	344
社会構造	38, 416	シンボリックパワー	380
――の次元	152	シンボル	275, 380, 449, 504
社会構築主義者	499		
社会システム	51		

水平的コントロール ････････････ 395
スタッフ ････････････････ 439, 442
ステークホルダー ‥ 96, 450, 454, 455, 501, 504
ステークホルダー・エンゲージメント ‥ 456
ステークホルダー理論 ････････････ 132
ストーリーテリング ･･････････ 63, 280
——組織 ･･････････････････ 281
スパン・オブ・コントロール ･･････ 206

成功の曖昧さ･･････････････････ 497
政治組織論 ････････････････････ 371
政治的行動 ････････････････････ 370
政治プロセス ････････････････ 372, 380
政治領域 ･･････････････････････ 101
生成 ･･････････････････････････ 477
制度 ･･･････････････････････････ 58
　——化 ･････････････････････ 59, 181
　——化プロセス ･･･････････････ 471
　——的圧力 ･･････････････ 121, 473
　——的環境 ･･････････････ 471, 473
　——的企業家 ････････････ 472, 473
　——的神話 ･･････････････････ 122
　——的模倣（と物的構造）･･････ 353
　——的論理 ･････････････････ 181
　——フィールド ･･････････ 472, 473
　——変化 ･･･････････････ 472, 473
　——論 ･････････････････ 119, 471, 473
正当性 ･･････････････････ 121, 492
製品事業部 ････････････････････ 448
性分化 ････････････････････････ 399
　——した組織 ････････････････ 400
セオリー Z ････････････････････ 255
漸進的変化 ････････････････････ 300
センスメーキング ･･････････････ 57
専門化 ･･････････････････ 436, 450
戦略 ･･････････････････････ 335, 416
　——的意図 ･････････････････ 517
　——的コンティンジェンシー理論 ‥ 377
　——的提携 ･････････････････ 446
　——的適合 ･････････････････ 464

相互作用 ････････････････ 329, 332
相互調節 ････････････････ 236, 237

装飾 ･･･････････････････････ 334
ソーシャルネットワーク論 ･･････ 228
ソーシャルメディア ･･････････ 240
疎外 ･････････････････････････ 37
組織 DNA ････････････････････ 165
組織アイデンティティ ‥ 326, 339, 452, 485,
　　　　　　　　　　 493, 499, 500, 504, 506
組織化 ･･････････････ 204, 452, 457, 479
組織開発 ･･････････････････ 458, 466
組織学習 ････････ 486, 488, 490, 491, 495
組織環境 ･･･････････････････････ 93
組織間ネットワーク ･････････････ 97
組織個体群 ･････････････････････ 116
組織図 ････････････････････････ 436
組織地理 ････････････････････ 323
組織デザイン ･･････ 165, 232, 435, 445, 479
組織のアイデンティティ ･･････ 498
組織の境界 ･････････････････････ 95
組織の社会構造 ･･････････････ 146
組織のストーリー ･･･････････････ 279
組織のナラティブ ･･･････････････ 279
組織の美学 ･･････････････ 510, 514
組織のライフサイクル ･･････････ 166
組織美 ･････････････････ 485, 510, 511
組織文化（➡文化）･････ 346, 387, 402, 417,
　　　　　　　　　　　　　 485, 495, 506
　——質問票 ････････････････ 272
　——とリーダーシップ ･･････ 255
組織変革 ････････････ 464, 496, 479, 495
組織ポリティクス ････････････ 375
組織目標 ･････････････････････ 383
即興 ･････････････････････ 179, 343
存在論 ･･･････････････ 16, 18, 24, 432

た

ターミナルビルディング ･･････････ 356
体系化 ････････････････････････ 470
対抗パワー ････････････････････ 373
タイト・カップリング ･･････････ 216
大バッチ ･･････････････････････ 206
大量生産 ･･････････････････････ 206
多義性 ･････････････････････ 125, 335

537

妥協	43	デザインの限界	331
多国籍企業	447, 448	鉄の檻	40, 185
タスク	438	転換プロセス	212, 487
タスク可変性	210, 211	伝統的権威	39
タスクの相互依存	233, 330, 412, 416		
タスク分析可能性	210, 211	道具的合理性	395
脱・分化	185	道具的戦略	299
脱アイデンティフィケーション	502	同型化	111, 353
脱工業化	129	統合	43, 158, 229, 230, 435
脱構築	74, 293, 352	——された多様性	125
たばこ工場	377, 405	投射	176
ダブルループ学習	488-490, 497	統制（と物的構造）	351
多様性	490-492	逃走線	459, 463
男性的対女性的	264	淘汰	116
断片化	292, 448	特権を与えられたアイデンティティの集団	376
		ドラマツルギー	287
地域化	104	——アプローチ	288
地域別事業部	448	『努力しないで出世する方法』	381
チームディズニー・ビルディング	358	ドレスコード	338
知覚された不確実性	109		
知識	19		
——転換	487		
——マネジメント	488		

な

知の傍観者論	432
チャンク化	8
中核と辺境	355
抽象化	6, 11
長期志向対短期志向	264
調整	237, 436, 442
——形態	233
——コスト	442
長連結型技術	207, 234, 235
地理的特徴	325
強い文化	254
ディスコース	20-22, 183, 411, 474, 476, 497, 516
適応的構造化理論	239
テクスト	21, 515-517
テクネ	199
テクノロジー	199, 200, 224, 229, 238, 240
——の社会的構築論	218, 228, 238

内省	65
内面化	404
ナラティブ	64, 281, 284, 478, 505
——に基づく理解	478
——分析	497
二元論	225
二項対立	347
二項対立的な性差観	399
二重の新奇性	399
二重の命令・報告関係	149
二重労働市場	398
ニュー・エコノミー	453-455, 457, 458
人間的意思決定プロセス	390
認識論	16, 18, 21, 24, 432
ネットワーク	450-453
——アイデンティティ	449
——組織	450, 451

濃密な描写・・・・・・・・・・・・・・・・・60, 278
能力のワナ・・・・・・・・・・・・・・・・・・・・497
ノード（結節点）・・・・・・・・・・・449, 450
ノートルダム大学・・・・・・・・・・・・・・・336

は

場・・・・・・・・・・・・・・・・・・・・・・・・・・・175
バーチャル組織・・・・・・・・・・・・449, 450
媒介型技術・・・・・・・・・・・207, 208, 233
配置・・・・・・・・・・・・・・・・・・・・・・・・・327
ハイパーリアリル・・・・・・・・・・・・・・・78
ハイブリッド型デザイン・・・・・・・・・445
白人男性・・・・・・・・・・・・375, 394, 398
場所・・・・・・・・・・・・・・・・・・・・・・・・・326
ハッカー主義者・・・・・・・・・・・・・・・・460
ハッキング・・・・・・・・・・・・・・・・・・・453
ハックティビズム・・・・・・・461, 474, 479
パトス・・・・・・・・・・・・・・・・・・・・・・・511
ハビトゥス・・・・・・・・・・・・175, 475, 476
バリューチェーン・・・・・・・・・・・・・・・98
パワー（➡権力）・・・・・・・112, 222, 372,
　　　　　　　　　　　　　　436, 442, 470
　——格差・・・・・・・・・・・・・・・・・・・259
反・統治理論・・・・・・・・・・・・・・・・・188
反復・・・・・・・・・・・・・・・・・・・・・・・・・176

非公式組織・・・・・・・・・・・・・・・・・・・・38
ビジネスプロセス・リエンジニアリング・・392
ビジネスモデル・・・・・・・・・・・・・・・456
非熟練化・・・・・・・・・・・・・・・・・・・・394
美的労働・・・・・・・・・・・・・・・・・・・・512
人の消滅・・・・・・・・・・・・・・・・・・・・・73
批判的アプローチ・・・・・・・・・・・・・220
批判的ポストモダニスト・・・・・・・・・238
表出的戦略・・・・・・・・・・・・・・・・・・299
標準化・・・・・・・・・・・・・・・・・・・・・・209
標準的手順・・・・・・・・・・・・・・・・・・234
ピラミッド型の組織構造・・・・・・・・・153
非ルーティン技術・・・・・・・・・・・・・・212

不安定な環境・・・・・・・・・・・・・156, 158
フェミニスト官僚制・・・・・・・・・・・・188

フェミニスト組織・・・・・・・・・・・・・・187
フェミニスト理論・・・・・・・・・・・・・・399
フォーディズム・・・・・・・・・・・・・・・・・41
不確実性・・・・・・・・・・・・378, 415, 473
不確実性回避性向・・・・・・・・・・・・・262
複雑性・・・・・・・・・・・・・・・・・109, 448
服装・・・・・・・・・・・・・・・・・・・・・・・・338
複層化（労働市場の）・・・・・・・・・・・398
物的構造・・・・・・・・・・・・・・・・・・・・417
物的領域・・・・・・・・・・・・・・・・・・・・103
物理的パワー・・・・・・・・・・・・・・・・・376
不適応・・・・・・・・・・・・・・・・・・・・・・334
普遍性・・・・・・・・・・・・・・・・・・・・・8, 9
プライバシー・・・・・・・・・・・・・・・・・331
プラグマティズム・・・・・・432-434, 476, 479
フラットな組織構造・・・・・・・・・・・・153
ブランド化・・・・・・・・・・・・・・・・・・・490
フレーム壊し・・・・・・・・・・・・・・・・・463
プレゼンス・・・・・・・・・・・・・・・・・・・187
プロジェクト・・・・・・・・・・・・・・・・・444
　——・チーム・・・・・・・・・・・・437, 444
プロセス論・・・・・・・・・・・・・・478, 479
プロフィットセンター・・・・・・・・・・・440
分化・・・・・・・・・・158, 230, 435, 436, 447
文化（➡組織文化）・・・・・・・・・・59, 335
　——的価値観・・・・・・・・・・・・・・・388
　——的コンテクスト・・・・・・・・・・・476
　——の3つのレベル・・・・・・・・・・・266
　——のダイナミクス・モデル・・・・・301
　——の同質化・・・・・・・・・・・・・・・107
　——領域・・・・・・・・・・・・・・・・・・100
　——論・・・・・・・・・・・・・・・・・・・・473
分業・・・・・・・・・・・・・・・・・34, 148, 436
分権化・・・・・・・・・・・・・・・・・・・・・・157
分散した現象・・・・・・・・・・・・・507, 509
分析レベル・・・・・・・・・・・・・・・・・・・48
文物・・・・・・・・・・・・・・・・・・・・・・・・269
文脈化・・・・・・・・・・・・・・・・・・・・・・275
分離・・・・・・・・・・・・・・・・・・・・・・・・330

ヘゲモニー・・・・・・・・・・・・・・・・・・・391
変異・・・・・・・・・・・・・・・・・・・・・・・・116
変化の速さ・・・・・・・・・・・・・・・・・・109

偏心化	73
変動	466
報酬	385, 412
報償・報酬パワー	376
法律領域	100
ホーソン実験	321
保持	116
ポスト産業社会	454
ポストモダニスト	19, 21, 22, 220, 221, 224, 435, 499
ポストモダニズム	20, 227, 433
ポストモダン	184
──・パースペクティブ	14, 24, 221, 433
ホット・デスキング	333
ホテリング	333
ポピュレーション・エコロジー(個体群生態学)	115, 500
ボロロ族	345

ま

マイノリティ	398
マトリックス組織	442, 444, 445, 447
まなざし	404
見せかけの変化	300
密着度	329
3つのパワー(権力)回路	405
ミンツバーグの組織構造の5類型	163
無境界性	132
無組織	185
明示的意味	275
迷信学習	496
メタファー	488
モード	487
モダニスト	20, 433, 435, 448, 479, 498
モダン・パースペクティブ	13, 24, 46, 199, 433
モニタリング	444
模倣	471

や

ヤンテの掟	259
優位性	447
有機的構造	230
有機的組織	109, 155
有効性	435, 452

ら

リーヴァーハウスビルディング	354
立地(ロケーション)	325
理念型	147
流通チャネル	451
理論	4, 6, 25
──化	6, 8, 9, 11, 485
──パースペクティブ	12
倫理的意思決定プロセス	390
ルーティン	178, 231, 474
──技術	210, 213
レイアウト	327
レヴィン・モデル	466, 468
歴史的コンテクスト	516
劣化	459
連合体	372
連続処理生産	206
連続的相互依存	235
ロイヤリティー	438
労働過程説	394
労働者管理企業	187
労働者経営企業(LMFs)	396
労働の商品化	36
ロゴス	511
ロジスティクス	325
ロングウォール工法	51
論理的説明	478

人 名 索 引

あ

アージリス（Chris Argyris）......... 489
アイゼンハート（Kathleen Eisenhardt）.. 386
アッカー（Joan Acker）............. 400
アッシュクラフト（Karen Ashcraft）
.... 401, 188
アモデオ（Ramona Amodeo）.... 493, 494
アルバート（Stu Albert）......... 498-500
アルフェロフ（Catrina Alferoff）.. 513, 514
アレン（Thomas Allen）............. 330

イーザー（Wolfgang Iser）........... 517
イーライ（Robin Ely）........... 491, 492

ヴァレラ（Francisco Varela）......... 490
ウィーナー（Norbert Weiner）........ 225
ウィッツ（Anne Witz）............. 511
ヴィトゲンシュタイン（Ludwing Wittgenstein）
.... 69
ウィリアムソン（Oliver Williamson）.. 387
ウィルモット（Hugh Willmott）... 222, 347
ウェーバー（Karl Emile Maximillian Weber）
.... 38, 147, 468, 470
ウェッテン（Dave Whetten）...... 498-500
ウェンガー（Etienne Wenger）........ 182
ウォーハースト（Chris Warhurst）.... 511
ウォールトン（Richard Walton）....... 408
ウッドワード（Joan Woodward）.. 203, 204, 206, 215, 229-233, 238
ウルガー（Steve Woolgar）........... 227

エチオーニ（Amitai Etzioni）.......... 377
エドワーズ（Richard Edwards）....... 353
エミルベイヤー（Mustafa Emirbayer）.. 176

オオウチ（William Ouchi）....... 376, 387
オーリンズ（Wally Olins）....... 339, 501
オリコウスキ（Wanda Orlikowski）.. 239, 240

オリバー（Christine Oliver）......... 473
オル（Julian Orr）............... 219, 220

か

ガーフィンケル（Harold Garfinkel）... 273
カール・ワイク（Karl Weick）........ 214
カーン（Albert Kahn）.............. 353
カーン（Robert Kahn）.......... 107, 406
カザンジアン（Robert Kazanjian）.... 181
ガダマー（Hans Georg Gadamer）.. 515, 516
ガタリ（Pierre Felix Guatari）.... 458, 459
カッツ（Daniel Katz）........... 170, 406
ガリアルディ（Pasquale Gagliardi）.. 298, 511
ガルブレイス（Jay Galbraith）.... 237, 238

ギアツ（Clifford Geertz）............. 59
ギーリン（Thomas Gieryn）......... 348
ギデンズ（Anthony Giddens）.... 173, 349
キャロル（Glenn Carrol）........... 500
ギューリック（Luther H. Gulick）...... 45

グーギンス（Bradley Googins）... 492, 493
クーパー（Robert Cooper）...... 185, 225
クームス（Rod Coombs）........... 222
クック（Scott Cook）............... 486
グッドスタイン（Leonard Goodstein）
.... 466, 467
グラムシ（Antonio Gramsci）......... 391
グリーンウッド（Royston Greenwood）.. 472
グリン（Mary Ann Glynn）........... 181
グレイナー（Larry Greiner）......... 166
グレゴリー（Derek Gregory）......... 352
クレッグ（Stewart Clegg）.... 186, 356, 405
グレマス（Algirdas Julien Greimas）... 226
クロジェ（Michel Crozier）...... 377, 405
クロッツ（Heinrich Klotz）........... 357
グロピウス（Walter Gropius）......... 354

541

コールハース（Rem Koolhaas）······· 357
コーレイ（Kevin Corley）············ 499
コーンバーガー（Martin Kornberger）·· 356
コッター（John Kotter）············· 329
ゴッフマン（Erving Goffman）········ 287

さ

サイモン（Herbert Simon）·········· 371
サダビー（Roy Saddaby）············ 472
サランシック（Gerald Salancik）·· 112, 379

ジェイムズ（William James）········· 432
シェーン（Donald Schon）······· 488, 489
ジオイア（Dennis Gioia）············ 499
シャイン（Edgar Schein）············ 265
シュルツ（Majken Schultz）······ 494, 499, 501, 506

スウィドラー（Ann Swidler）········ 508
スウェル（Graham Sewell）·········· 395
ストーカー（George Stalker）···· 108, 155
ストラティ（Antonio Strati）········· 510
ズボフ（Shoshona Zuboff）·········· 214
スミス（Adam Smith）··············· 33
スワミネイサン（Anand Swaminathan）·· 500

セボン（Guye Sevón）··············· 398
セルズニック（Philip Selznick）········ 58

ソシュール（Ferdinand De Saussure）·· 68

た

ダーウィン（Charles Darwin）········ 116
タウンリー（Barbara Townley）····· 404
田口玄一························ 392
竹内弘高························ 487
ダットン（Jane Dutton）············ 506
ダットン（John Dutton）············ 408
タネンバウム（Arnold Tannenbaum）·· 370
ダルトン（Melville Dalton）········· 373

チャイア（Robert Chia）············ 477
チャルニャフスカ（Barbara Czarniawska）
······························ 398

ツォウカ（Haridimos Thoukas）······ 476

ディーツ（Stan Deetz）············· 402
ディマジオ（Paul DiMaggio）········ 472
テイラー（Frederick Winslow Taylor）·· 40
テイラー（Steven Taylor）··········· 512
デール（Karen Dale）··············· 352
デール（Robert Dahl）·············· 372
デミング（W. Edwards Deming）····· 392
デューイ（John Dewey）········ 432, 434
デュケリッチ（Janet Dukerich）······ 506
デュルケーム（Emile Durkheim）······· 37
デリダ（Jacques Derrida）········ 74, 187

ドゥルーズ（Gilles Deleuze）····· 458, 459
トーマス（David Thomas）······· 491, 492
ドナルドソン（Lex Donaldson）······· 155
トフラー（Alvin Toffler）············ 129
ドラジン（Robert Drazin）··········· 181
ドリンジャー（Peter Doeringer）····· 398
トンプソン（James Thompson）
············· 203, 207-209, 215, 233, 412

な

ナイツ（David Knights）············ 222
ナイト（David Knight）········· 513, 514

ニクソン（Dennis Nickson）·········· 511

ネイスビッツ（John Naisbitt）········ 130

野中郁次郎······················· 487

は

パーカー（Martin Parker）··········· 225
バーガー（Peter Berger）············· 55
バーク（Warner Burke）········ 466, 467

バークティン（Mikhail Bahktin）‥‥‥ 508
バーナード（Chester Barnard）‥‥‥‥ 45
ハーバマス（Jürgen Habermas）‥‥‥ 395
バーンズ（Tom Burns）‥‥‥ 108, 127, 155
バイケル（Wiebe Bijkel）‥‥‥‥‥ 218
ハイデガー（Martin Heidegger）‥‥ 20, 220, 221, 515
バカラック（Samuel Bacharach）‥‥‥ 371
ハサード（John Hassard）‥‥‥‥‥ 347
ハラウェイ（Donna Haraway）‥‥‥‥ 224
バレル（Gibson Burrell）‥‥ 185, 352, 405

ピアス（Charles Sanders Peirce）‥‥‥ 432
ピオレ（Michael Piore）‥‥‥‥‥‥ 398
ヒクソン（David Hickson）‥‥‥‥‥ 378
ヒニングス（C. Robert Hinings）‥ 378, 472
ヒルシュ（Paul Hirsch）‥‥‥‥‥‥ 181
ピンチ（Trever Pinch）‥‥‥‥‥‥ 218

ファーマー（David Farmer）‥‥‥‥ 188
ファヨール（Henri Fayol）‥‥‥‥‥‥ 44
フィッシュ（Stanley Fish）‥‥‥‥‥ 517
フーコー（Michel Foucault）‥‥‥ 71, 402
フェッファー（Jeffrey Pfeffer）‥‥ 112, 323, 375, 379
フェルドマン（Martha Feldman）‥ 178, 474
フォレット（Mary Parker Follett）‥ 42, 369
フォン・ブッシュ（Von Busch）‥ 460, 461
フリーマン（R. Edward Freeman）‥‥ 132
ブルデュー（Pierre Bourdieu）‥‥ 175, 348, 475, 476
ブルナー（Jerome Bruner）‥‥‥‥ 478
ブレーバーマン（Harry Braverman）‥ 394
フレッチャー（Joyce Fletcher）‥‥‥ 401

ベル（Daniel Bell）‥‥‥‥‥‥‥‥ 129
ペロー（Charles Perrow）‥‥‥ 203, 210, 215-217, 232, 233, 238
ベンサム（Jeremy Bentham）‥‥‥‥ 403
ペントランド（Brian Pentland）‥‥‥ 474
ベントレスカ（Marc Ventresca）‥‥‥ 181

ボードリヤール（Jean Baudrillard）‥‥ 77

ホーマンズ（George Homans）‥‥‥ 322
ホフステード（Geert Hofstede）‥‥‥ 257
ホフル（Heather Hopfl）‥‥‥‥‥ 512
ポランニ（Michael Polanyi）‥‥‥‥ 486
ホリデー（Ruth Holliday）‥‥‥‥‥ 347
ホワイト（William Foote Whyte）
‥‥‥‥‥‥‥‥‥‥‥ 342, 411, 413

ま

マーヴィス（Philip Mirvis）‥‥‥ 492, 493
マーチ（James March）‥ 371, 486, 488, 496
マーティン（Patricia Martin）‥‥‥‥ 512
マーネン（John Van Maanen）‥‥ 64, 251
マクロスキー（Donald McClosky）‥‥ 497
マッケルビー（William McKelvey）‥‥ 165
マテュラナ（Humberto Maturana）‥‥ 490
マリノフスキー（Bronisław Malinowski）
‥‥‥‥‥‥‥‥‥‥‥‥‥‥‥‥ 66
マルクス（Karl Mar x）‥‥‥‥‥‥‥ 35

ミード（George Herbert Mead）‥‥‥ 501
ミッシェ（Ann Mische）‥‥‥‥‥ 176
ミンツバーグ（Henrry Mintzberg）‥‥ 163

ムンビー（Dennis Mumby）‥‥‥‥ 401

メイヨー（Elton Mayo）‥‥‥‥‥‥ 321

モース（Marcel Mauss）‥‥‥‥‥‥ 475

や

ヤノウ（Dvora Yanow）‥‥‥‥ 339, 486

ら

ラウンズベリー（Michael Lounsbury）‥ 181
ラックマン（Thomas Luckmann）‥‥‥ 55
ラッシュ（Scott Lash）‥‥‥‥‥‥ 186
ラトゥール（Bruno Latour）‥‥‥ 226, 227
ラングリー（Ann Langley）‥‥‥‥‥ 478

リプチンスキー（Witold Rybczynski）‥ 337
ルークス（Steven Lukes）‥‥‥‥‥ 393
ルービン（James Rubin）‥‥‥‥‥ 516
ルフェーヴル（Henri Lefebvre）‥ 352, 355

レイヴ（Jean Lave）‥‥‥‥‥‥‥ 182
レヴィ＝ストロース（Claude Levi-Strauss）
‥‥‥‥‥‥‥‥‥‥‥‥‥‥‥‥ 345
レヴィン（Kurt Lewin）‥‥‥‥ 3, 464, 465

ローシュ（Jay W. Lorsch）‥‥‥‥ 112, 158
ローゼス（Lars Rodseth）‥‥‥‥ 507, 508
ローラー（Edward Lawler）‥‥‥‥‥ 371
ローレンス（Paul R. Lawrence）‥ 112, 158

わ

ワイク（Karl Weick）‥‥‥‥‥‥ 56, 179
ワインマン（J.D. Wineman）‥‥‥‥ 342

【著者紹介】

メアリー・ジョー・ハッチ（Mary Jo Hatch）
　バージニア大学マッキンタイヤ・スクール名誉教授。シンガポール経営大学特任教授，イエテボリ大学客員教授，オックスフォード大学企業レピュテーション研究所国際招聘研究員も兼任。インディアナ大学卒業，同大学MBA（ファイナンス），スタンフォード大学PhD（組織行動）を取得後，サンディエゴ大学，コペンハーゲン・ビジネススクール，バージニア大学マッキンタイヤ・スクールなどで教鞭をとる。『組織論：3つのパースペクティブ』『リーダーシップの3つの顔』『コーポレート・ブランドの戦略価値』など，これまでに数多くの著作を出版するとともに，75本以上の論文を公表。最近の研究は主に，企業ブランディング，組織文化，組織アイデンティ，アートと組織に関するものである。またビジュアルアーティストとしても才能を発揮し，学問分野ばかりでなくアート分野でも精力的に国境を越えて活躍している。

アン・L・カンリフ（Ann L. Cunliffe）
　リーズ大学教授。ランカスター大学で修士と博士の学位を取得後，ニューメキシコ大学，カリフォルニア州立大学，ニューハンプシャー大学で教鞭をとる。最近の研究関心は，リーダーシップ論，意味形成論，自省論，定性研究方法論であり，*Human Relations*（HR），*Organizational Research Method*（ORM），*Management Learning*（MR）等の学術誌において論文を掲載。2002年には，*Journal of Management Inquiry*（JMI）で「最新の分析枠組み」という賞を授与される。またMRの共同編集長を歴任するなど，いくつかの国際的な学術誌の編集に携わっている。

【訳者紹介】（五十音順）〔担当章〕

大月　博司（おおつき　ひろし）〔1章, 5章, 9章, 10章, あとがき〕
 1951年　東京生まれ
 1975年　早稲田大学商学部卒業
 1982年　早稲田大学大学院商学研究科博士課程後期単位取得退学
 1982年　北海学園大学経済学部専任講師，その後助教授，教授を経て2004年から早稲田大学商学学術院教授

その他，ワシントン大学（シアトル）ビジネススクール，デューク大学フクアスクール，カーディフ大学ビジネススクールで客員研究員，博士（商学）早稲田大学
〈主要業績〉
『行為する組織』（共訳）同文舘出版，2012年
『組織変革とパラドックス（改訂版）』同文舘出版，2005年

日野　健太（ひの　けんた）〔はしがき, 4章, 7章, 8章〕
 1972年　東京生まれ
 1996年　早稲田大学商学部卒業
 2003年　早稲田大学商学研究科博士後期課程単位取得退学
 2003年　駒澤大学経営学部専任講師，准教授を経て，2013年から教授

その他，ダラム大学ビジネススクールで客員研究員，博士（商学）早稲田大学
〈主要業績〉
Romance of leadership and evaluation of organizational failure, *Leadership and Organization Development Journal.* 34(4), pp.365-377, 2013年（共著）
『リーダーシップとフォロワー・アプローチ』文眞堂，2010年

山口　善昭（やまぐち　よしあき）〔2章, 3章, 6章〕
 1957年　東京生まれ
 1980年　早稲田大学商学部卒業
 1987年　早稲田大学商学研究科博士後期課程単位取得退学
 1987年　富士短期大学専任講師，その後助教授，教授を経て2002年から東京富士大学教授
〈主要業績〉
『組織とジェンダー』（共著）同文舘出版，1998年
『ハーバードで教える企業倫理』（共訳）日本生産性本部，1995年

平成29年2月25日	初版発行	
令和6年3月15日	初版7刷発行	略称：ハッチ組織論

Hatch 組織論
― 3つのパースペクティブ ―

		大　月　博　司
訳　者 ©	日　野　健　太	
	山　口　善　昭	
発行者	中　島　豊　彦	

発行所　同文舘出版株式会社

東京都千代田区神田神保町 1-41　〒 101-0051
営業 (03) 3294-1801　　編集 (03) 3294-1803
振替 00100-8-42935　　https://www.dobunkan.co.jp

Printed in Japan 2017

DTP：リンケージ
印刷・製本：三美印刷

ISBN978-4-495-38741-9

JCOPY〈出版者著作権管理機構　委託出版物〉
本書の無断複製は著作権法上での例外を除き禁じられています。複製される場合は，そのつど事前に，出版者著作権管理機構（電話 03-5244-5088，FAX 03-5244-5089，e-mail: info@jcopy.or.jp）の許諾を得てください。